Zur See

Herausgegeben von Vize-Admiral z. D. von Henk

unter Mitwirkung von Marinemaler Niethe, Contre-Admiral a. D. Werner,
Hauptmann v. Wedell, Königlich Norwegischem Commandeur-Kapitän
Baron Wedel-Jarlsberg und mehreren deutschen und englischen
See-Offizieren.

Illustriert von Direktor Professor A. v. Werner, Marinemaler Niethe,
Marinemaler Lindner, Maler Krickel, und anderen.

Redigiert von Hauptmann v. Wedell

Mit 376 Textabbildungen und 14 ganzseitigen Kunstbeilagen in
Holzschnitt, Autotypie, Chromolithographie, Kupfer- und Lichtdruck.

Mit einem Vorwort zur Neuauflage von Arnold Kludas

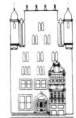

Gerstenberg Verlag · Hildesheim
1982

CIP-Kurztitelaufnahme der Deutschen Bibliothek

Zur See / hrsg. von Vize-Admiral z. D. von Henk
unter Mitw. von Niethe Ill. von A. von Werner
— Reprograf. Nachdr. d. 2. Aufl., Hamburg,
Verl.-Anst. u. Druckerei Actien-Ges.
mit e. Vorw. zur Neuaufl. von Arnold Kludas.
Hildesheim: Gerstenberg, 1982.
ISBN 3-8067-2001-0
NE: Henk, L. von. [Hrsg.]; Werner, Anton von [Ill.]

Gerstenberg Verlag, Hildesheim 1982
Reprographischer Nachdruck der 2. Auflage
Umschlagzeichnung Günter Pietsch, 3209 Schellerten
Herstellung Druckhaus Gebr. Gerstenberg, 3200 Hildesheim
ISBN 3-8067-2001-0

Vorwort zur Neuauflage

Als das illustrierte Prachtwerk „Zur See" um 1895 zum ersten Mal erschien, war das Zweite Deutsche Reich ein Vierteljahrhundert alt. Nach dem 1871 gegen Frankreich gewonnenen Krieg war Bismarck die Einigung der deutschen Teilstaaten gelungen. Überall in Deutschland setzte ein nachhaltiger wirtschaftlicher Aufschwung ein. Die deutsche Industrie schickte sich an, den britischen Vorsprung aufzuholen. Der Agrar- und Handwerkerstaat Deutschland machte sich auf den Weg, eine wirtschaftliche und politische Weltmacht zu werden.

1895 hatte das Deutsche Reich die Hälfte jener 40jährigen friedlichen Aufwärtsentwicklung hinter sich, die das Land zu einem allseits geachteten, wenn auch nicht überall geliebten, Staat gemacht hatten. Wenige Jahre vorher, 1888, hatte der junge, marinebegeisterte Wilhelm den deutschen Kaiserthron bestiegen. Die Deutschen sahen Mitte der 90er Jahre ihrer Zukunft optimistisch entgegen. Noch waren die verhängnisvollen Schritte, die später wesentlich zum Ausbruch des Ersten Weltkrieges beitragen sollten, nicht eingeleitet. Noch war Tirpitz nicht Staatssekretär des Marineamtes. Noch hatte der Kaiser nicht die Vision einer auf Wasser liegenden deutschen Zukunft, und erst vier Jahre später würde Wilhelm II. die Worte sprechen: „ . . . bitter Not ist uns eine starke deutsche Flotte". 1895 war die Welt noch in Ordnung, und die Deutschen konnten mit Recht auf das in den vergangenen zwei Jahrzehnten Erreichte stolz sein.

Das galt ohne Einschränkung auch für das deutsche Seewesen und seine internationale Bedeutung. Die deutsche Handelsflotte nahm hinter Großbritannien und den USA den dritten Platz der Weltrangliste ein, wobei sie in der Tonnage der Dampfer die Amerikaner übertraf. Deutsche Schifffahrtsgesellschaften zeigten ihre Flaggen auf allen sieben Meeren. Hamburg-Amerika Linie und Norddeutscher Lloyd gehörten zu den größten Reedereien der Welt, mit einem beinahe weltumfassenden Liniennetz. Die 1871 gegründete Hamburg-Südamerikanische Dampfschifffahrts-Gesellschaft zählte zu den führenden Reedereien im Verkehr von Europa nach den aufstrebenden südamerikanischen Staaten. Im folgenden Jahr begann die DDG „Kosmos" ihre Fahrten nach der Westküste Südamerikas. Die 1880er Jahre sahen das Erscheinen weiterer deutscher Weltreedereien auf den Meeren. Woermann-Dampfer fuhren nach Afrika, die DDG „Hansa" eröffnete Liniendienste nach Vorderasien, Kingsin-Linie und Norddeutscher Lloyd bezogen Ostasien in ihre Fahrpläne ein und die Deutsch-Australische Dampfschiffs-Gesellschaft bediente den fünften Kontinent. Daneben gab es nicht minder berühmte Linienreedereien der europäischen Fahrt, wie die Deutsche Levante-Linie, die Oldenburg-Portugiesische Dampfschiffs-Reederei oder die Argo-Linie. F. Laeisz war die berühmteste Segelschiffsreederei. Auf dem Nordatlantik, der damals für Europa wichtigsten Verkehrsstraße, spielten deutsche Redereien eine herausragende Rolle. Die vier Schnelldampfer der Hamburg-Amerika Linie zählten zu den schnellsten und modernsten Schiffen der Welt, und in den 1880er Jahren hatte der Norddeutsche Lloyd mit seinen Schnelldampfern der Flüsse-Klasse das größte Passagieraufkommen aller internationalen Nordatlantik-Reedereien gehabt.

Der deutsche Schiffbau hatte in den Jahren des Kaiserreiches die Kinderschuhe abgestreift und inzwischen die Leistungsfähigkeit britischer Werften erreicht. So waren vier der oben genannten Schnelldampfer auf der damals führenden deutschen Werft, dem Stettiner „Vulcan", entstanden.

Aber auch die Neubauten von Werften wie Blohm & Voss, Schichau, Howaldt, Reiherstieg oder der AG „Weser" brauchten keinen internationalen Vergleich mehr zu scheuen.

Die Kaiserliche Marine war damals, verglichen mit anderen Flotten, eher zweitklassig. Spitzenschiffe waren die 1890 bis 1894 gebauten sogenannten Panzerschiffe I. Klasse der „Brandenburg"-Klasse, die rund 10000 Tonnen Wasser verdrängten und mit sechs 28-cm-Geschützen bewaffnet waren. Die im Bau befindlichen Linienschiffe vom Typ „Kaiser Friedrich III." waren kaum größer oder stärker. Das allerdings sollte nach dem Willen Wilhelms II. anders werden. Wie schon die deutsche Handelsschiffahrt und der deutsche Schiffbau, so sollte auch die deutsche Flotte im Weltmaßstab einen der oberen Plätze einnehmen.

Dem Erreichen dieses Zieles dienten schließlich auch Bücher wie das hier vorliegende. Das wird deutlich, wenn man die zeitgenössische Einleitung des Redakteurs liest. Bücher wie dieses sollten in den einflußreichen und begüterten Kreisen von Adel und Bürgertum Verständnis und Unterstützung für den Seegedanken hervorrufen und die Jugend dieser Gesellschaftsschicht für den Beruf des Seeoffiziers begeistern. Das Werk erlebte mehrere Auflagen, ehe wenige Jahre später der Deutsche Flottenverein diese Zielsetzung aufgriff. Die politischen Intentionen der Herausgeber werden heute — nach 85 Jahren und zwei Weltkriegen — sicher anders beurteilt als damals. Dem Quellenwert des Buches tut das keinen Abbruch.

„Zur See" ist sozusagen eine Momentaufnahme der damaligen maritimen Welt Deutschlands. Ein Blick in das Inhaltsverzeichnis beweist die Vielfalt der behandelten Themen. Auf kaum eine Frage aus dem seemännischen Alltag zur Zeit der Jahrhundertwende bleibt dieses Buch eine Antwort schuldig. Es gibt kein zweites Werk, das Schiffe, Häfen, Werften, Dienstbetrieb und Arbeitsleben in jener Zeit so umfassend und — dank der 400 Abbildungen — anschaulich darstellt. Dabei ist der Quellenwert für den Historiker ebenso groß wie für den Soziologen. Der technisch Interessierte findet in Wort und Bild detaillierte Darstellungen längst aus dem Gebrauch gekommener Maschinen und Geräte, für den Modellbauer eröffnen sich ganze Fundgruben wertvoller und seltener Hinweise, und dem shiplover werden die herrlichen Schiffsdarstellungen begeistern. Selbst der kaum an der Schiffahrt interessierte Betrachter wird sich dem kulturgeschichtlichen Reiz der Abbildungen nicht entziehen können. Dem Verlag gebührt Dank dafür, daß er dieses in Antiquariaten kaum noch erhältliche Werk jetzt — leicht verkleinert — wieder allen Interessierten zugänglich macht.

Arnold Kludas

Kaiſer Wilhelm II. auf der Commandobrücke der „Hohenzollern“.

Nach einem Gemälde von H. Prell.

Zur See

Herausgegeben von

Vize-Admiral z. D. von Henk

unter Mitwirkung von

Marinemaler Diethe, Contre-Admiral a. D. Werner, Hauptmann v. Wedell,
Königlich Norwegischem Commandeur-Kapitän Baron Wedel-Jarlsberg
und mehreren deutschen und englischen See-Offizieren.

Illustrirt von

Direktor Professor A. v. Werner,

Marinemaler Diethe, Marinemaler Lindner, Maler Krickel und Anderen.

Redigirt von

Hauptmann von Wedell.

Mit 376 Textabbildungen und 14 ganzseitigen Kunstbeilagen in Holzschnitt, Autotypie, Chromolithographie,
Kupfer= und Lichtdruck.

Zweite durchgesehene und vermehrte Auflage.

Hamburg.

Verlagsanstalt und Druckerei Actien-Gesellschaft
(vormals J. F. Richter).

Einleitung.

Das junge Deutsche Reich hat sich in den letzten beiden Jahrzehnten in kraftvollem und zielbewußtem Streben eine Machtstellung errungen, die ihm — dank der Weisheit und Mäßigung seiner politischen Leitung — unbestritten eine der gewichtigsten Stimmen im Rathe der Völker zuweist.

Welches patriotische Herz wird nicht in der Erkenntniß dieser raschen Machtentwickelung unseres geeinten Vaterlandes freudig bewegt und von dem Gedanken erfüllt, daß Jeder an seiner Stelle fördernd mitwirken müsse in dem nationalen Streben, Deutschlands Machtfülle nach innen und außen zu festigen und zu stärken.

Dies Nationalbewußtsein der Zusammengehörigkeit findet seinen glänzendsten Ausdruck in den beiden die Macht= mittel des Reiches darstellenden Institutionen, in Deutschlands Heer und Flotte!

Die ruhmvollen Siege und die zum Schutze des heimischen Herdes gemeinsam bestandene Kriegsgefahr, die zum festen Band für Deutschlands Einheit wurde, hat naturgemäß das „Reichsheer", das die erste sichtbare Verkörperung der Macht und Einheit des jungen Reiches bildete, in den Vordergrund des nationalen Interesses gerückt. Um so größer und allen Kreisen gemeinsam ist dies Interesse, als durch die allgemeine Wehrpflicht die Kenntniß unserer militärischen Einrichtungen in allen Schichten des deutschen Volkes heimisch ist. Aber auch zahlreiche, wissenschaftlich wie populär gehaltene Werke wetteifern in dem Bestreben, Verständniß für militärische Dinge in immer weitere Kreise zu tragen und zum Gemeingut der Nation zu machen.

Ein gleicher Anspruch auf das regste Interesse der gesamten Nation gebührt aber auch unserer vortrefflichen Flotte.

Unsere junge Kriegsmarine ist in stetem Wachsen und gedeihlicher Entwickelung begriffen, sie hat sich durch ihre innere Tüchtigkeit, in der sich ernstes Streben nach höchster wissenschaftlicher und praktischer Vervollkommnung mit muthiger Entschlossenheit und strengster Disziplin harmonisch vereinen, eine achtunggebietende Stellung unter den Marinen der Großstaaten zu erringen gewußt und vertritt als die Trägerin deutscher Machtfülle in fernen Meeren und Ländern mit Nachdruck die Interessen deutscher Staatsangehöriger und deutschen Handels.

Die beiden wesentlichsten Faktoren für die Entwickelung unseres internationalen Handels und unserer Kolonien und somit für die Förderung unseres heimischen Wohlstandes sind unsere Kriegsflotte — als die Schützerin unserer überseeischen Beziehungen — und unsere Handelsflotte, die einst — zur Zeit der Hansa — die größte in Europa war und auch heute noch in der Tüchtigkeit der Fahrzeuge und ihrer Bemannungen hinter keiner der anderen Nationen zurücksteht.

Darum ist es wohl an der Zeit, in unserem Vaterlande, in dem bislang Verständniß und Interesse für das Marinewesen nur vereinzelt und eigentlich nur in den an der See gelegenen Provinzen zu finden war, auch im Binnenlande für eine recht weitgehende Verbreitung maritimer Interessen, für eine Verallgemeinerung der Kenntniß seemännischen Lebens in allen gebildeten Kreisen unseres Volkes Sorge zu tragen. Dies Ziel zu erreichen, ist der Zweck des vorliegenden Werkes, das gerade in der jetzigen Zeit von um so aktuellerer Bedeutung erachtet werden muß, wo das wachsende Interesse an der Entfaltung unserer deutschen Kolonien die Aufmerksamkeit weitester Kreise auf unsere maritime Entwickelung hingelenkt hat und es unserer Kriegsmarine beschieden ist, die unmittelbare Machtsphäre des

Reiches über seine Grenzen hinaus in ferne Welttheile zu tragen und weite Länderstrecken dem unermüdlichen Schaffen deutschen Geistes und deutscher Arbeit zu erschließen.

So möge denn dies Werk mit dazu beitragen, sowohl unserer Marine, der nicht bloß im Kriege der Schutz der vaterländischen Küsten anvertraut ist, sondern die gerade im Frieden große und für die wachsende Wohlfahrt des Landes segensreiche Aufgaben zu erfüllen hat, wie auch unserer Handelsflotte in immer weiteren Kreisen des Volkes verständnißinniges Interesse und warmen Antheil zu gewinnen.

Welch' anderes Gebiet böte aber auch so abwechslungsvollen und mannigfaltigen Stoff, so viel des Interessanten und Fesselnden dar — als die Marine und das Element, in dem sie sich bewegt?

Hier ist es Wissenschaft und Technik, die dem ernsteren und wißbegierigeren Leser Gelegenheit zur Belehrung giebt, dort das vielgestaltige Seeleben in allen seinen Phasen — die Freuden und Leiden des Berufes, im Hafen wie auf hoher See, in heimischen Gewässern und fernen Meeren, — endlich der Seemann selbst, der elastisch sich dem wechselnden Zufall des Tages anbequemen muß, und in Gefahren gestählt — im Vertrauen auf die eigene Kraft — mit unerschütterlicher Ruhe dem Kampf mit dem entfesselten Element, ja — wenn's sein muß — dem Tod mit festem Muth ins Auge schaut.

Wohl ist der Bau des Schiffes eine der großartigsten und imposantesten Schöpfungen des menschlichen Geistes, die Summe des Wissens bewundernswerth, die uns in den Stand setzt, jene schwimmenden Kolosse zu schaffen und zu lenken, wohl bieten die Abenteuer und mannigfachen Schicksale des Seemannes viel des Interessanten, aber all' das tritt zurück vor dem überwältigenden Eindruck der fesselnden und wechselvollen Scenerien, die die See in ihrer unvergleichlichen Schönheit und Formenfülle uns vor Augen führt.

Welches menschliche Gemüth könnte sich dem Zauber dieses Eindrucks entziehen? Wie lieblich ist die blaue Tiefe, kristallklar bis in den Abgrund, von keinem Lufthauche bewegt — spiegelglatt im Sonnenglanz —, und die leichte Welle, die, in zierlichem Linienrhythmus gleichmäßig kommend und gehend, anmuthig die Farben des klaren Himmels wiederspiegelt, oder nachts in phosphorescirendem Leuchten aufblitzt. Wie anders, wenn die krause See mit leichtem Schaumkopf unter frischer Brise läuft, wenn sie zur hohen Woge wird, die vor dem steifen Winde rauschend überbricht — und wie erhaben ist die wilde See, die der Sturm aufwühlte, hinter der die wüthende Hagelbö einfällt, der schwere Brecher mit weißer Gischtkrone, der bergesgleich sich heranwälzt, — vernichtend, worüber er hinwegstreicht!

Ja, die tiefe unendliche See hat Bilder voll Sonnenglanz und Frieden — aber auch Gemälde von düsterer Pracht, Scenerien erbarmungslosen Kampfes, des gefahrvollen Ringens menschlicher Kraft gegen die Gigantengewalt des entfesselten Elements!

———

Der Seemann und der Künstler wirken gemeinsam, in Wort und Bild dies vielgestaltige Gebiet des gesamten Seewesens in vorliegendem Werke darzustellen, das ebenso den wissenschaftlichen Interessen des Fachmannes, wie der Belehrung und Anregung des Laien in warm empfundenen Schilderungen, wie endlich in seinen Illustrationen dem künstlerischen Standpunkt Rechnung tragen will.

Möge dies erste deutsche Marinewerk sich die Gunst der Leserwelt erwerben und in weiteste Kreise unseres Volkes Verständniß und Interesse für die Förderung und Entwickelung deutschen Seewesens tragen!

v. W.

Inhalt.

Diejenigen Abschnitte, bei denen der Verfasser nicht genannt ist, sind von Vize-Admiral z. D. von Henk.

Redaktion des Werkes: M. von Wedell, Hauptmann a. D.

Kunstbeilagen.

PRINZ HEINRICH VON PREUSSEN,
als Lieutenant zur See
1883

Verlagsanstalt u. Druckerei A. G (vorm. J. F. Richter.) in Hamburg.   Original Zeichnung v. A. von Werner.   Druck v. L. Angerer in Berlin.

Erste Abtheilung.

Schiff und Werft.

Erste Abtheilung.

Schiff und Werft.

Schiffe und Seewaffen des Alterthums

(bis 400 n. Chr.).

Die ersten Versuche, das Ufer zu verlassen, wurden unzweifelhaft da gemacht, wo nahe überseeische Ziele deutlich erkennbar waren, ein ewig klarer Himmel leuchtete und ein glattes Meer keine Gefahren erkennen ließ. Leicht erreichbar winkte den Phönikern Kypros, den Arabern das nahe gelegene Afrika. Nirgends hat sich die Technik des Alterthums daher auch früher und bedeutungsvoller entwickelt, als bei den Phönikern, und auch im Schiffbau wird ihnen der Preis zuerkannt. Hier im östlichen Becken des Mittelmeeres, auf dem breiten Nilstrom ersetzte das Wasser unmittelbar die fehlenden Straßen. Der Kampf mit den Elementen weckte den Erfindungs- und Unternehmungsgeist, und so sehen wir dort zuerst eine frühe Kultur erblühen, die mit Hülfe der Schifffahrt sich in immer weitere Kreise verbreitete.

Die ältesten Nachrichten, die uns über das Seewesen überkommen sind, finden sich naturgemäß nicht in schriftstellerischen Aufzeichnungen, sondern in bildlichen Darstellungen auf Denkmälern, Kunstgegenständen und Münzen. So sind von Dr. Dümichen Darstellungen von ägyptischen Schiffen aus den Jahren 2500—1300 v. Chr. als Skulpturen auf den Wänden altägyptischer Gräber aufgefunden und veröffentlicht worden. Die ältesten dieser Skulpturen stellen ägyptische Flußfahrzeuge dar. Die äußere Form derselben hat eine gewisse Aehnlichkeit mit den gegenwärtigen größeren Flußkähnen; sie sind flachgehend, langgestreckt, und ihre beiden Enden ragen in schräger Richtung aus dem Wasser empor.

Im 17. Jahrhundert v. Chr. treten zum erstenmale Seeschiffe auf, und zwar beziehen sich die Darstellungen derselben auf eine Expedition, welche die Witwe des Königs Tutmosis von der ägyptischen Küste nach der arabischen entsandte. Die spätesten von Dümichen entdeckten Darstellungen gehören dem 14. Jahrhundert an.

Bis zur Zeit des trojanischen Krieges — etwa um das Jahr 1100 v. Chr. — scheint das Seewesen wenig Fortschritte gemacht zu haben, da die Homerische Beschreibung der griechischen Schiffe auf die früheren ägyptischen paßt. Sie hatten auch nur einen Mast, eine Reihe Ruderer und die größten faßten etwa 120 Mann. Die schriftlichen Ueberlieferungen aus der Urzeit der Schifffahrt fließen nur spärlich. Der heidnische Osten der alten Welt, wo die ersten staatlichen Gemeinwesen entstanden, Künste und Wissenschaften sich zuerst heranbildeten, hinterließ uns aus der ältesten Zeit nur Bruchstücke, die den Namen Geschichte kaum verdienen.

Erst die Zeit vom 11. bis zum 9. Jahrhundert v. Chr. bringt in dem hellenischen Heldenepos, der Iliade Homers, die ersten Hinweise auf den Schiffbau in Europa. Sieben Jahrhunderte später berührt Herodot das Seewesen in seiner Beschreibung der griechisch-persischen Feldzüge, und unmittelbar nach ihm Thukydides in seiner Abhandlung über den peloponnesischen Krieg.[1] Das älteste einfache Lastfahrzeug diente dem Handel und Seeraub zugleich, je nachdem die

---

[1] Alle diese Aufzeichnungen sind indessen nur fragmentarisch, und erst in neuester Zeit ist es den vereinten Forschungen und Darstellungen des Professors Böckh in seinen Urkunden über das Seewesen des attischen Staates, Berlin 1840; ferner des Dr. Graser in seinem Werke: De veterum re navali, Berlin 1864,

Umstände Gewalt erlaubten oder verboten. Aus diesem entwickelten sich schon in vorhomerischer Zeit ganz naturgemäß die beiden großen Klassen des langen (scharfgebauten) Kriegsschiffes mit schlanken, eleganten Formen und feinen Linien des Rumpfes und des runden (vollgebauten) Handelsschiffes mit tiefem, geräumigem Rumpf zur Unterbringung großer Warenvorräthe. Man verwandte zuerst nur Menschenkraft zu ihrer Fortbewegung. Da diese Kraft aber gegenüber der Macht der Elemente oft nicht ausreichte, machte man sich durch Anwendung des Segels den Wind nutzbar, und es entstand das Segelschiff, zunächst in einer Verbindung der Ruder- und Segelkraft. Man trieb durchweg nur

Alter Pharus.

Küstenfahrt und nächtigte, wenn möglich, am Lande.

In einer Zeit, in welcher man nur das Recht des Stärkeren kannte, hatte man neben dem unheimlichen Elemente des Meeres auch die Menschen zu bekämpfen.

Man versah daher zu Anfang der Schifffahrt die Schiffsbesatzungen mit jenen Waffen, deren man sich am Lande bediente, oder schiffte auch einige Bewaffnete ein. Als dann geordnete Staatswesen sich bildeten, wandten sie naturgemäß der See ihre Aufmerksamkeit zu. Das Interesse der an den Gestaden des Mittelmeeres seßhaften Völker verlangte den Schutz des Handels; man forderte auch Ausdehnung und Sicherung der

Altägyptisches Kriegsschiff nach einem thebanischen Basrelief.

Altägyptisches Schiff nach Wandskulpturen.

eigenen Machtsphäre. Das Bestreben, die heimische Waffenmacht jenseits eines bestimmten Meeresabschnittes zur Wirksamkeit zu bringen, überwog zunächst offenbar die Absicht, auf der See selbst Gebrauch davon zu machen. Vorwiegend war also das Transportbedürfniß maßgebend.

Das Transportschiff war daher die erste Form des Kriegsschiffes, welches für den Landkampf ausgerüstete Krieger an Bord führte, von denen man während der Fahrt auch die Ruder bedienen ließ. So sollen sich dem Zuge gegen Ilion nach Thukydides 1200 solcher Schiffe mit je 50 bis 120 Kriegern an Bord angeschlossen haben. Zwischen Kriegern und Ruderern bestand damals noch kein Unterschied; nach den Angaben Homers waren sämtliche Ruderer Bogenschützen.

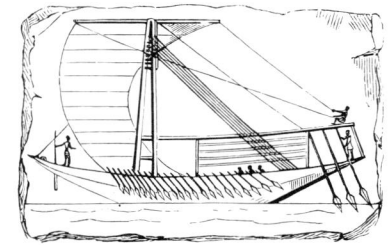

Großes Nilboot.

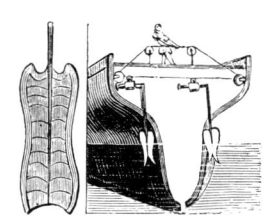

Antike Schaufelruder.

Die Form der Schiffe muß eine geschweifte mit hohen, gekrümmten Vor- und Hinterfteven gewesen sein, denn Homer spricht von hochgehörnten, krummschnäbeligen Schiffen. Es waren offene Fahrzeuge mit einer am Heck für den Steuer-

mann hergerichteten Plattform. Zu ihrer Fortbewegung diente eine Reihe Ruder (seemännisch Riemen) an jeder Seite, die an besonderen Pflöcken (seemännisch Dollen) in ledernen Schlingen hingen. Ein mittschiffs aufgestellter Mast, der nach vorne, seitwärts und hinten durch Taue gehalten wurde, führte ein Raasegel, das bei günstigem Winde

welches sich hauptsächlich auf das athenische Flottenmaterial zur Zeit des Demosthenes bezieht, und den Forschungen des schon oben angeführten Dr. Dümichen in seiner Zusammenstellung der Resultate der 1868 nach Aegypten entsandten archäologischen Expedition gelungen, uns ein genaueres Bild über das Seewesen der um das östliche Mittelmeer wohnenden Völker bis etwa 2500 v. Chr. zu geben. Auch die Werke von Professor Curtius, Ranke, Zöller, Brunn, Jähnisch, Breusing, Jurien de la Gravière, du Sein, Jal, Lemaître, Fincati u. A. liefern schätzbares Material. Ebenso geben uns in neuester Zeit die Zusammenstellungen im Separatabdruck aus: „Baumeister, Denkmäler des klassischen Alterthums — Seewesen—" von Dr. E. Aßmann, München 1887, sehr werthvolle Aufschlüsse, besonders über den Bau und die Beschaffenheit der Schiffe des Alterthums. — Siehe auch Mittheilungen aus dem Gebiete des Seewesens. Pola, 1889, Nr. III. und IV.

als Beihülfe zur Fortbewegung diente. Das jetzige Steuerruder (Ruder) wurde durch zwei Steuerriemen,[1] die zu beiden Seiten des Hinterschiffes hinausragten, ersetzt. Eigentlich haben diese Fahrzeuge auf den Namen Kriegsschiffe keinen Anspruch, denn sie dienten nur zum Transport der Streiter und des Kriegsmaterials: gekämpft, Schiff gegen Schiff, auf offenem Meere, wurde zu jener Zeit noch nicht. Indessen blieb es nicht bei dieser einseitigen Verwendung der Schiffe. Denn durchkreuzten die mit Bewaffneten bemannten Schiffe in feindlicher Absicht das Meer, so war die Möglichkeit eines Zusammenstoßes mit anderen nicht ausgeschlossen. Es war daher nothwendig, das Transportschiff so umzugestalten, daß es selbst zum Träger des Kampfes werden konnte. Dazu gehörte eine stärkere Bauart, größere Geschwindigkeit und eine Sicherung der Manövrirfähigkeit der Schiffe. Man gab denselben mehr Länge im Verhältniß zur Breite, erhöhte erheblich die Riemenzahl und sorgte für eine zweckdienliche Unterbringung der Ruderer (Riemenmannschaft). Außerdem verstärkte man den ganzen Schiffskörper in seinem Verbande, insbesondere aber dessen Bug, da derselbe als Waffe in dem engen Ringen von Schiff gegen Schiff verwendbar war, zu welchem sich die Kämpfe in der Regel gestalteten. Man

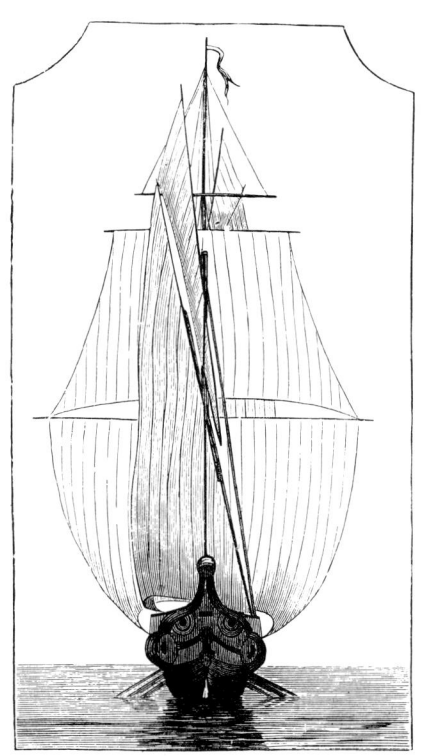

Buganſicht einer griechiſchen Triere.

verſah daher den Bug mit einem ſtarken Stoßbalken oder Sporn mit eherner Spitze in, bezw. unter der Waſſerlinie zum Leckſtoßen feindlicher Schiffe. Vorn und hinten erhielten die Schiffe Aufbaue: Back und Schanze, deren Verbindung durch Laufplanken an beiden Bordſeiten zwiſchen dem Schiffsrande und der oberſten Ruderreihe hergeſtellt wurde, die auch zur Aufſtellung von Bewaffneten, Thürmen, Wurfmaſchinen u. ſ. w. dienten. Die Manövrirfähigkeit verlangte aber auch bald eine Trennung der Ruderer, bezw. der Schiffsmannſchaft von den Kriegern, weil man mitten im Kampfe die Riemen nicht entbehren konnte, unter Segel aber zu damaliger Zeit nicht gekämpft wurde. Dies letztere blieb Regel weit über das Alterthum hinaus. Mit Rückſicht auf die in jener Zeit gebräuchlichen Waffen mußte aus nächſter Nähe gekämpft werden, da nur durch

das Handgemeinwerden der Bewaffneten ein Erfolg erzielt werden konnte. Um aber das feindliche Schiff zum Nahkampfe zu zwingen, war eine größtmögliche Schnelligkeit der Schiffe ſchon damals nothwendig und ſpielte alſo die Geſchwindigkeit derſelben eine Hauptrolle.

Seit dem ſiebenten Jahrhundert v. Chr. ſchritt man zum Bau von Kriegsfahrzeugen mit höheren Wänden, auf denen, ohne durch feſte Decks getrennt zu ſein, die Ruderer in zwei, drei und mehr Reihen übereinander ſaßen. Nach Plinius ſollen die kleinaſiatiſchen Erythräer die erſten Zweireihenſchiffe, nach Thukydides die Korinther durch Ameinokles die erſten Dreireihenſchiffe — Trieren — erbaut haben. —

Arrangement der Ruderer. Profil.

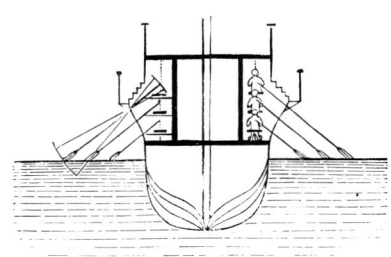

Durchſchnitt der griechiſchen Triere.

Nach Graſer hatten die Trieren etwa 149 Fuß Länge, 14 bis 18 Fuß Breite, 8½ Fuß Tiefgang, 19½ Fuß Geſammthöhe vom Kiel bis zum Deck und einen Raumgehalt von 232 Tonnen (à 1000 kg). Die Länge der Riemen betrug bei einer Höhe der unterſten Ruderpforten von 3 Fuß über dem Waſſerſpiegel 7½, für die darüber liegende, mittlere Reihe 10½, für die oberſte Riemenreihe 13½ Fuß. Mußten die Riemen hohen Seegangs halber eingezogen werden,

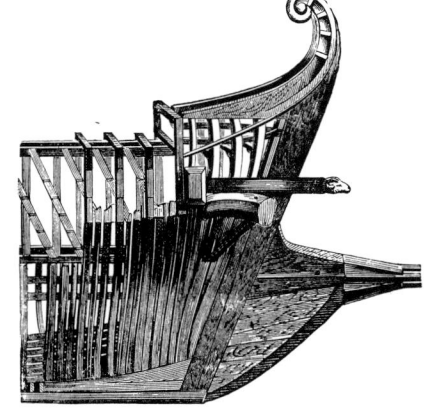

Bug der griechiſchen Pentere.

ſo umwand man den Schiffskörper mit langen Leinwandſtreifen, um das Eindringen des Waſſers durch die Ruderpforten zu verhindern. Im übrigen waren die Trieren ſchon mit einer ziemlich komplizirten Takelage ausgerüſtet.

---

[1] Nach Plinius ſoll Typhis, der Lotſe des Schiffes Argo, die Steuerriemen, die Tyrrhener den Anker erfunden haben. Pauſanius dagegen ſchreibt die letztere Erfindung Midas, dem Sohne des Gordius, zu.

Der Großmast war dem einer Fregatte neuerer Zeit ähnlich getakelt, während Fock- und Besanmast lateinische (Ruthen-) Segel führten. An Bord befanden sich vier Anker.

Die Besatzung bestand aus 174 Ruderern, 20 Matrosen, 10 Soldaten und zählte mit Einschluß der Offiziere u. s. w. im ganzen etwa 225 Köpfe.

Der kriegerische Werth der Triere, deren Taktik hauptsächlich in geschicktem Kampfe von Schiff gegen Schiff bestand, gipfelte in ihrer Schnelligkeit und in ihrer außerordentlichen Manövrirfähigkeit. Mit dem Sporn die Seite des Gegners zu treffen, denselben zum Sinken zu bringen oder ihn kampfunfähig zu machen, war die Hauptaufgabe im Gefecht. In dem Sporn finden wir das Vorbild der Waffe, die heut unsere Panzerschiffe führen.

Erst gegen das Jahr 500 v. Chr. kamen die Trieren voll zur Geltung und bildeten während der späteren großen Kriegsperioden das Gros der griechischen Flotte.

„Baut Trieren!" mahnte Themistokles die Athener, als sich die Heere der Perser gen Westen wälzten, „denn nur zur See sind wir den Barbaren gewachsen, nur durch eine bedeutende Seemacht ist Athen für die Dauer gegen ihre Angriffe gesichert!" Und die Ereignisse vor Salamis, wo die gewandte, seemännische Strategie des klugen Griechen über Persiens plumpe vierfache Uebermacht den Sieg errang, bewiesen, wie richtig der Führer die Verhältnisse zu beurtheilen verstanden hatte.

In jener Schlacht führte nach Plutarch jedes attische Schiff nur 14 Schwerbewaffnete (Hopliten) und 4 Schützen, welche außer mit Pfeil und Bogen mit einer besonderen Art von Speeren, Wurfspießen, Schwertern und zum Theil mit einer beim Entern gebrauchten Sichellanze bewaffnet waren.

Bei den Vier- und Fünfreihenschiffen, welche letztere außer den Ruderern eine Bemannung von 24 Matrosen und 18 Kriegern hatten, stiegen, nach den attischen Seeurkunden, die

Griechische Pentere. Seitenansicht.

Dimensionen auf 158 bis 168 Fuß Länge und 365 bis 534 Tonnen Raumgehalt und die Besatzung auf 300 bezw. 375 Mann; in der späteren — römischen — Zeit, in den punischen Kriegen, durch Vermehrung der Seesoldaten, auf 420 Mann, den Stab nicht eingerechnet. Jeder Ruderer hatte eine Fläche von 8 □ Fuß Profil; an ein Rechteck von zwei Fuß Höhe und drei Fuß Länge schloß sich nach oben ein Quadratfuß Raum für den Kopf und eine gleiche Fläche nach unten für die Füße, so daß sich bei vier Fuß Höhe für den Ruderer drei Fuß Länge des Profils boten.

Die berühmte Triere hatte zwar ihre großen Vorzüge, war aber ebensowenig wie die Pentere als durchaus seetüchtig zu bezeichnen, sondern nur für ruhige See und leidlich gutes Wetter berechnet. Ganze Flotten dieser stolzen Kriegsschiffe sind im Sturm untergegangen. Sie wagten keine Winterfahrt und flüchteten bei herannahendem Unwetter in den Hafen oder wurden auf den flachen Sandstrand gezogen.

In den Trieren, mit denen Themistokles gesiegt, und in den späteren Vier- und Fünfreihenschiffen (Tetreren und Penteren), mit deren Hülfe das verbündete Griechenland unter Perikles das gesamte östliche Becken des Mittelmeeres seiner Herrschaft unterwarf und seine Kolonien bis an die Grenzen Karthagos vorschob, mit denen aber auch die griechischen Seemächte im peloponnesischen Kriege sich gegenseitig vernichteten, hat die Zeit der Blüthe Athens Triumphe in der nautischen Architektur gefeiert, die im Alterthum unerreicht dastehen und mit denen der modernen Zeit wetteifern.

Das ganze Alterthum hindurch blieb, sobald einmal das eigentliche Kriegsschiff sich herausgebildet hatte, dessen Typ ein in der Hauptsache gleicher; nur die Größe war verschieden und darnach änderte sich auch die Zahl der Riemen. Die griechische Triere — das Dreireihenschiff — bildet in den großen Aktionen den Hauptbestandtheil der Flotte; weniger häufig waren die Fünfreihenschiffe.

Etwa ein und ein halbes Jahrhundert reichten die Trieren und Penteren aus, dann wuchsen die Dimensionen der Kriegsschiffe in erstaunlicher Weise. So führte der in allen Zweigen des Kriegswesens hervorragende Demetrius Poliorketes (der Städtebezwinger) in der 306 v. Chr. bei Salamis auf Cypern gegen den ersten in Aegypten herrschenden Ptolemäer, Soter oder Lagi, und dessen Bruder Menelaos gelieferten Seeschlacht außer anderen Großschiffen auch ein Sechszehnreihenschiff in den Kampf, welches wenigstens 1000 Ruderer nöthig gehabt haben muß. Ptolemäus Philadelphus, der Nachfolger in Aegypten, ging noch weiter bei Entwickelung seiner bewunderungswürdigen Seemacht. Es befanden sich darunter Dreißigreihenschiffe, für deren Bemannung wohl mindestens 2000 Ru=

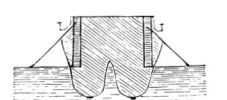

Querschnitt des Doppel= schiffs (Vierzigreihenschiffs) des Ptolemäus.

derer erforderlich waren. Hiero II. von Syrakus, 269—215 v. Chr., folgte mit der „Alexandria" von 20 Ruderreihen, nach einem Entwurf des Archias von Korinth und unter der Oberleitung des Archimedes gebaut, einem Schiffe von der Größe unseres Panzers „König Wilhelm". Etwa zu gleicher Zeit ließ Ptolemäus Philopater sogar ein

Vierzigreihenschiff und zwar als Doppelschiff erbauen, einen fast räthselhaften „Leviathan", länger noch als „Italia" und „Lepanto" der jetzigen italienischen Marine, für 4000 Ruderer. Es ist noch heute nicht genau bekannt, wie die bauliche Anordnung dieser Schiffe für die Ausübung der Ruderkraft war. Ein hohes technisches Geschick muß jedenfalls vorausgesetzt

Staatsschiff des Hiero von Syrakus.

werden, daß man an solche Ausführungen überhaupt den= ken konnte, und das Alterthum scheint es besser verstanden zu haben als wir, so große Massen in Holz zu verbinden. In diesem Riesenschiff hatte man freilich alles Maß überschritten und war dasselbe nicht see= fähig. Mit der Erbauung solcher Kolossalfahrzeuge hatte die griechische Schiffbaukunst

Prachtschiff der Kleopatra.

ihren Höhepunkt erreicht. Als Hellas Kraft durch die blutigen Bruderkriege gebrochen war, sank auch die griechische Schiffbaukunst schnell von ihrer Höhe herab und ging bald gänzlich zu Grunde. —

Nach dem peloponnesischen Kriege spielte im östlichen Becken des Mittelmeeres das maritime Kriegswesen keine entscheidende Rolle. Dagegen wendeten im westlichen Theile desselben die Karthager dem Seeverkehr ihre volle Auf= merksamkeit zu. Ihre Schiffe durchkreuzten nicht allein das ganze Mittelmeer, sondern nahmen auch ihren Weg bis außerhalb der Säulen des Herkules. Die Rivalität zwischen Rom und Karthago führte zu den punischen Kriegen. Wiederum bedurfte man nicht allein großer Transportflotten auf beiden Seiten, sondern es wurde auch auf dem Meere der Kampf ausgefochten.

Mit dem Eintritt Roms in die Reihe der Seemächte fand ein Umschwung in der Bauart der Schiffe statt. Während die Griechen großes Gewicht auf Schnelligkeit, Beweglichkeit und geschickte Handhabung ihrer Schiffe legten, und ihre Baumeister die letztere Aufgabe mit Geschick lösten, ging man in

Alte Schiffssäule.

Rom von anderen Prinzipien aus, da den dortigen Machthabern jede seemännische Er= fahrung fehlte. Um mit Karthago und Griechenland zu rivalisiren und beide zur See zu bezwingen, suchte Rom die überlegene Seemannschaft des Feindes durch den Massen= angriff zu bewältigen. Es opferte die feinen Linien des Rumpfes und damit die Geschick= lichkeit im Manövriren der Anforderung an hohe Tragfähigkeit zur Aufnahme einer mög= lichst großen Zahl von Soldaten und erbaute Schiffe mit vollen, plumpen Formen.

Die römische Quinquereme (Fünf= reihenschiff) im ersten punischen Kriege zählte 300 Ruderer und 120 Soldaten nebst einer entsprechenden Anzahl Seeleute.

Auf dem Schiffsvordertheile erhob sich eine hohe Säule, um welche eine breite Holzbrücke vermittelst Rollen leicht nach allen Seiten gedreht werden konnte. Die Brücke hatte statt der Geländer hohe Brustwehren und ihr vorderes Ende war unterwärts mit scharfen eisernen Stacheln (Corvi) versehen. Sobald das feindliche Schiff nahe genug war, wurde sie auf dessen Verdeck geworfen, in welches die eisernen Spitzen sich fest einbohrten, und der Nahkampf war eröffnet. Dem ehernen Schritt der römischen Legionäre, die mit dem kurzen Schwert in der Faust über die Enterbrücke schreiten und, Mann gegen Mann fechtend, Roms siegreiche Taktik des Landkrieges auf den Kampf zu Wasser übertragen, erliegt schon in der ersten Schlacht die karthagische Seetüchtigkeit bei Mylae 260 v. Chr. Einunddreißig Schiffe, welche dem Sieger in die Hände fallen, und die reiche Beute, die er im Verlauf des Krieges in den feindlichen Arsenalen findet, dient Rom als Schiffbau- und Ausrüstungsmaterial für den dritten punischen Krieg; dann fällt Karthago selbst, Roms Seemacht tritt siegreich in Aktion gegen Mithridates von Pontus und hilft die Herrschaft über das ganze Mittelmeer fast ein halbes Jahrhundert behaupten.

In den asiatischen Provinzen Roms vollzieht sich zur Zeit des Antonius abermals ein Wechsel in der Bauart der Kriegsschiffe. Man versieht dieselben mit einem Holzpanzer zum Schutz gegen den Sporn und stellt Wurfmaschinen verschiedener Art, Katapulten und Ballisten, zum Schleudern von schweren Steinen, Balken, Speeren und brennbaren Stoffen wider den Gegner an Bord auf. Thürme werden errichtet, in denen Bogenschützen postirt werden können, um die feindlichen Decks mit ihren Pfeilen zu bestreichen — kurz, man beginnt den Fernkampf und es treten die ersten Formen einer maritimen Artillerie zu Tage.

Die Fahrzeuge selbst sind wieder schlanker in ihren Formen und somit manövrirfähiger.

In der Schlacht von Actium erliegen 31 v. Chr. die mächtigen Schlachtschiffe des Antonius, die zum Theil acht, neun und zehn Ruderreihen führten, dessenungeachtet den leichteren, schnelleren Fahrzeugen des Octavian, und treten seitdem jene großen Schiffe immer mehr in den Hintergrund. Zwar finden sich in den prätorischen Flotten noch Fahrzeuge mit vier, fünf und sechs Ruderreihen; das Gros der Flotte aber bilden Ein-, Drei- und besonders Zweireihenschiffe (naves liburnae), welche mit ihren Raasegeln am Großmast und ihren lateinischen Segeln am Fock- und Besanmast noch in späterer Zeit als Muster dienen.

Die Durchführung der Seegefechte bot viel Analogie mit den Verhältnissen am Lande. Die Seeschlachten des Alterthums wurden durchweg in nächster Nähe der Küste geliefert. Man wußte, daß man weder mit einer siegreichen,

Altrömisches Schiff mit drei Ruder-reihen.

Altrömisches Schiff nach einer Mosaikdarstellung auf einem pompejanischen Grabmal.

noch mit einer geschlagenen Flotte die See halten konnte. Als Gefechtsform wählte man, bis auf wenige Ausnahmen, die ein-fache oder doppelte Linie, Schiff neben Schiff, der Bug dem Feinde zugekehrt, womöglich unter Rückhalt einer Reserve. Bisweilen war die geschlossene Frontlinie auch in zwei Treffen geordnet, und man trachtete die feindliche Linie zu durch-brechen oder sie zu umfassen und im

Rücken anzugreifen. Die Stärke der Kriegsfahrzeuge bis zu diesem Zeitabschnitt lag im Bug, die Schwäche derselben in den Seiten, wo ihre Festigkeit geringer und die Ruderer mit ihren Riemen Aufstellung hatten. Mit den Riemen allein aber war man im stande, anzugreifen, den Angriff zurückzuschlagen oder demselben auszuweichen. Den Sporn in die Seite des Gegners zu bohren und, unter Entsendung von Geschossen aus nächster Nähe, denselben zum Sinken zu bringen oder leck zu stoßen war die Aufgabe der Schiffe bei Salamis wie in den peloponnesischen Kriegen.

Die Einführung der eigentlichen Schußwaffen, mit Ausnahme von Wurfmaschinen, wie man sie am Lande ver-wandte, gehört erst einer späteren Zeit an, doch gelangten schon Brennstoffe im Seekampfe zur Verwendung.

Im Jahre 40 n. Chr. soll, nach Diocassius, Caligula eine Maschine besessen haben, womit er Blitze nachahmen und Donnerkeile schießen konnte. Unter Konstantin dem Großen, 330 n. Chr., bediente man sich im Seekriege des Griechi-schen Feuers, von dem drei Arten erwähnt werden: Naphtha, das auf dem Wasser brannte, ein Gemenge von Harzen, das man an Pfeilen befestigte, und endlich eine „donnernde" Mischung, wahrscheinlich aus Salpeter, Schwefel und Kohle bestehend.

Die Schlacht bei Actium ist historisch von nicht geringerer Bedeutung, als jene von Salamis. Sie schloß auch für lange Zeit den Seekrieg im Mittelmeere ab; nur zur Unterdrückung des Seeraubes und zu Transportzwecken fanden die Kriegsschiffe Verwendung. Weder auf den Kriegszügen des Germanicus, noch während der Eroberung Britanniens durch Agricola wurde zur See gekämpft. Fremde Horden überflutheten und verwüsteten die Kulturstaaten. Die alte Bildung, die an der maritimen Entwickelung so hohen Antheil gehabt, erlosch und ward ausgerottet vom Vandalenthum.

Aber auch im Norden Europas, an den Gestaden der Nord- und Ostsee, war man schon von altersher mit der See-fahrt vertraut. Die Sage berichtet von vielfachen Kämpfen zur See und von dem Ruhme gewaltiger Helden. Waren beim Eindringen der Römer in unsere Flußmündungen bei den Germanen auch nur primitive Einbäume von nur mangelhafter Beschaffenheit vorhanden, so ist um so mehr ihre Kühnheit zu bewundern, mit der sie mit so unvollkommenen Geräthen dem stürmischen Meere Trotz boten. Gerade dieser Theil Europas ist es, von dem aus der Schifffahrt ein neuer, frischer Impuls gegeben werden sollte.

Schiffe und Seewaffen des Mittelalters.

(400—1500 n. Chr.)

Jn den nächsten Jahrhunderten nach dem Zusammenbruch der römischen Weltmonarchie blieb das Seewesen unverändert. Die Fahrzeuge, mit denen Griechen und Römer ihre großen Seekriege ausgefochten hatten, waren den mittelalterlichen weit voraus. Es war auch nicht möglich, die Form des Seekriegswesens neu zu gestalten, so lange die Grundlagen, d. h. der Motor und das Waffenwesen, keine Aenderung erfahren hatten. Große entscheidende Kämpfe wurden zur See ebensowenig geschlagen. Es ist eine eigenthümliche Erscheinung, daß man den großen Unternehmungen, welche durch Seetransporte eingeleitet wurden, nicht mit bewaffneten Schiffen auf hoher See entgegentrat. Wir brauchen nur an die Kreuzzüge zu erinnern, die doch so vielfach zu hindern gewesen wären, wenn man versucht hätte, die Transportflotte zu zerstreuen oder zu vernichten; oder an Wilhelm des Eroberers Landung bei Hastings (1066), welcher die Angelsachsen sich erst entgegenstellten, als das normannische Heer den Boden der Insel betreten hatte. Wesentlichen Ausnahmen begegnen wir bei den großen italienischen Republiken: Venedig, Genua und Pisa und im Norden Europas bei der „Hansa", die das Seewesen eifrig gefördert haben.

Die Entwickelung der gesamten Marine des Mittelalters läßt sich in zwei große Gruppen scheiden, wenn auch die Grenzen sich nicht überall scharf erkennen lassen: in die Mittelmeergruppe, d. h. die der Ruderschiffe, und die Oceangruppe, die der Segelschiffe. Eine Zeitlang vereinen sich beide zu einem Mischtypus, indem der Ruderapparat der werthvollere Theil des Fortbewegungsmechanismus bleibt, die Segel ihm nur zur Aushülfe beigeordnet werden. Diese Erscheinung tritt besonders während der Kreuzzüge auf, welche für längere Zeit die nordischen Völker auf den Fahrten über das Mittelmeer denselben lokalen Bedingungen unterwerfen, unter denen die südlichen Völker von jeher gelebt und der Seefahrt obgelegen hatten.

Heck einer venetianischen Galeere.
(Ende des 16. Jahrhunderts.)

Als aber das Zeitalter der Entdeckungen beginnt, als im Verkehr der Kulturvölker der atlantische Ocean an die Stelle des Mittelmeers tritt, vollzieht sich die Trennung von neuem und der Riemen weicht dem Segel wieder.

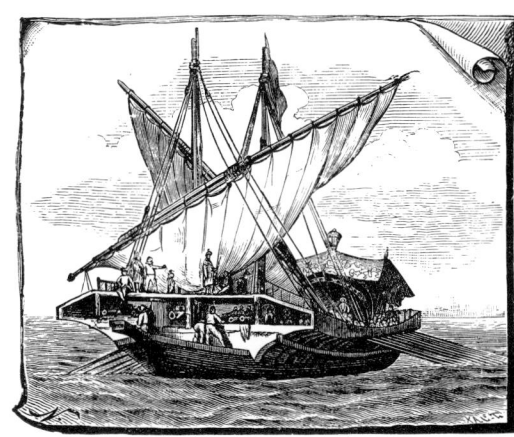

Venetianische Galeere.

Der stärkere Wogendrang des Oceans und der nordischen Meere fordert fester gefügte Schiffe, der gewaltigere Wind spottet der Kraft der Riemen und wird nur durch das Segel genügend ausgenutzt.

Selbst im Bereich des Mittelmeers hat sich das Ruderschiff auch nicht annähernd wieder zur alten Vollkommenheit erhoben.

Zu der Mittelmeergruppe zählen besonders die Flotten Venedigs, Genuas und Pisas. Diese Republiken mußten zur See eine bedeutende Macht entwickeln, denn die Wurzeln ihrer Kraft und ihres steigenden Reichthums ruhten im

3

Seehandel. Besonders war es Venedig, das, zwischen das Ost- und Weströmische Reich in die Mitte gestellt, rasch an Reichthum und Selbständigkeit wuchs. Die Kriege gegen die Normannen und die Saracenen Unteritaliens, sowie gegen die illyrischen Seeräuber stählten die kriegerische Kraft des jungen Staates. Auch die Rivalität, welche zwischen den drei genannten Städten herrschte und zu häufigen Differenzen unter denselben Anlaß gab, trug zur Pflege des Seewesens nicht wenig bei. Zwar stand der Seedienst in diesen Republiken in hohem Ansehen, allein eine besondere Neugestaltung hat das Seewesen in denselben nicht erfahren. Die Kriegsfahrzeuge des 8. bis 12. Jahrhunderts im Mittelmeere waren die Dromonen, meist mit zwei Ruderreihen, sowohl zum Rudern als zum Segeln eingerichtet, stark gebaut und zum Rammstoß geeignet. Sie führten meistens in zwei Reihen 100 Riemen übereinander mit 100, später mit 250 Ruderern besetzt. Unter der Back des Schiffes stand ein erzgefüttertes Syphon zum Werfen des griechischen Feuers, und über dieser Vorrichtung erhob sich das Pseudoparion, eine Art Kastell aus starken Balken, von dem aus, sowie von einem zweiten Gerüst gleicher Art in der Mitte des Decks die Soldaten den Feind beschossen. Neben dem griechischen Feuer als Hauptwaffe führten die Dromonen große Wurfmaschinen zum Schleudern von Steinblöcken.

Calabrische Schebecke aus der Mitte des 19. Jahrhunderts.

Der gemischte Typus von Ruder- und Segelschiff und zwar hervorragend in der Galeere mit 2 Masten und lateinischen Segeln, findet sich nicht allein in den mächtigen Flotten der Republiken Venedig und Genua, sondern auch noch in der spanischen Armada (1586), wo er durch 6 Galeassen mit 720 Streitern und Seeleuten und 1800 Ruderern und durch 40 Galeeren mit 3200 Bewaffneten und Seeleuten und 8000 Ruderern vertreten war. Die Galeere war flach gebaut, 35—45 m lang, 5 bezw. 6 m breit, infolgedessen leicht manövrirbar; das einzige Deck, meist mit 24—26 Riemen an jeder Seite, lag etwa 1 m über Wasser. Die Rudermannschaften waren größtentheils angekettet und unbekleidet; sie bestanden aus Sträflingen, Sklaven (Kriegsgefangenen) und Vagabunden. Sie waren in drei Wachen eingetheilt; ein harter, anstrengender Dienst. Zwischen der Back und der Hütte des Kapitäns waren über den Riemen an jeder Seite Laufplanken angebracht, wo auch die Seesoldaten aufgestellt wurden. Am Bug[1] befand sich ein kastellartiger Aufbau, hinten eine emporragende Hütte, um den im Mittelalter so viel geltenden Vortheil der Ueberhöhung auch im Seekampfe zu verwerthen. Später, nachdem bei den Flotten die Geschütze zur Einführung gelangt waren, stellte man dieselben unter der Back und zwar parallel mit dem Kiel auf, so daß die Kanonen nur in der Vorwärtsrichtung feuern konnten. Diese neue Waffe verdrängte den Sporn, mit dem die Galeeren bis dahin noch versehen waren. Im übrigen war jedes größere Fahrzeug außer den Wurfgeschützen zum Schleudern von Steinen mit Fässern voll Kalk und Brennstoffen aller Art, sowie mit Enterhaken ausgerüstet. Galeeren von größeren Dimensionen hießen Galeassen. Im Jahre 1085 führten die Tuneser auf ihren Schiffen schon Maschinen, mit denen sie unter donnerartigem Geräusch Feuer auswarfen. Im Jahre 1089 sollen die Griechen unter Alexius Comenus in einem Seetreffen mit den Pisanern an den Enden

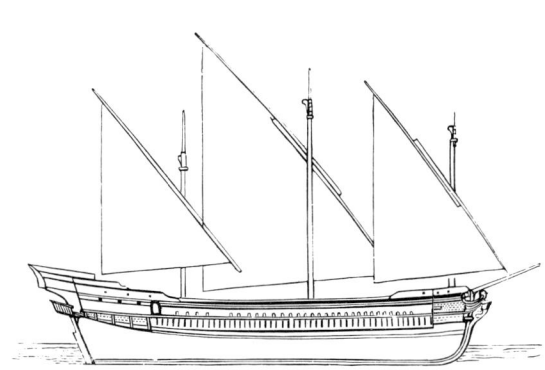

Venetianische Galeaß aus dem 17. Jahrhundert.

der Schiffe Feuerrohre in Gestalt von Thierköpfen verwendet haben.

Statt des Sporns kommen die Brander im Gefecht mehr zur Geltung, welche schon von den Byzantinern, den Besitzern des griechischen Feuers, gepflegt worden waren. Auch stellte man verschiedene Wurfmaschinen auf Deck auf; aber die Hauptsache blieb doch der Nahkampf und womöglich das Entern. Die Taktik des rangirten Treffens konnte auch jetzt nur dieselbe sein, die für Hellenen und Römer maßgebend gewesen, nämlich der Frontangriff. Die Einführung der Feuerwaffen (Geschütze) änderte die Bauart der Schiffe und war der Anlaß zu einer ganz neuen Epoche des Seekrieges. Wollte man das Geschütz als Hauptwaffe installiren, dann mußte auch die ganze Einrichtung des Schiffes

---

[1] Noch heute finden sich unter den Fischerbooten an den Küstenstrichen des Mittelmeeres, z. B. bei der calabrischen Schebecke, Bugformen, welche an die frühere Galeere erinnern.

der Geschützaufstellung angepaßt werden. Ein wesentliches Hinderniß für die Geschützaufstellung lag in den Riemen, und mit der Einführung der Schiffsgeschütze mußte man daher auch auf die Aenderung des Motors Bedacht nehmen. Man stellte schon auf den Galeeren Geschütze auf, die aber nur in der Kielrichtung feuern konnten.

Im Jahre 1342 kamen vor Algesiras große eiserne Bombarden zur Verwendung, und soll etwa zu gleicher Zeit der König von Tunis die Schiffe des Königs von Sevilla in einem Seetreffen mit Geschützen bekämpft haben.

In der Schlacht von Lepanto, am 7. Oktober 1571, standen 250 Galeeren, 6 Galeassen und 60 andere Schiffe verschiedener Größe unter Don Juan d'Austria 250 Galeeren und 70 kleineren Schiffen unter Ali Pascha gegenüber. Das Kreuz siegte zwar über den Halbmond, allein die christlichen Mächte vermochten diesen Sieg nicht auszunutzen, so daß die türkischen Flotten trotzdem bis Ende des Jahrhunderts der Schrecken des ganzen Mittelmeers blieben.

Auch an den übrigen vom Mittelmeere bespülten Küsten Galliens und der pyrenäischen Halbinsel ist die Entwickelung des Seewesens nicht gegen das der genannten Mittelmeer-Republiken zurückgeblieben. Schon der erste Gothen-König Ataulph (ermordet 416 n. Chr.) baute eine Flotte zum Schutz seiner Küsten und erweiterte den Hafen von Barcelona. Sisebut (612—621) vernichtete die Seeräuber, zerstörte deren Schlupfwinkel an der afrikanischen Küste und eroberte Tanger und Ceuta. Während der Regierung Alfons X. von Castilien (gest. 1284) waren (1278) 80 Galeeren, 20 Galeassen und 35 kleinere Fahrzeuge bei der Eroberung von Algesiras betheiligt. Es wurden gesetzliche Bestimmungen für die Königliche Marine erlassen und die Bewaffnung der Schiffe bestimmt, so daß dieser Zeitpunkt wohl als Anfang einer stehenden Marine in Spanien zu bezeichnen ist.

ährend der Wandlungen des Seewesens innerhalb des Mittelmeerbereiches waren, unabhängig davon, auch die Anwohner der nördlichen Meere nicht unthätig geblieben. Sie traten erst spät in den Schauplatz der Geschichte ein, verlegten aber allmählich den Schwerpunkt des Weltgetriebes in ihre Reiche und sind dann die Träger — wie überhaupt der modernen Kultur — so auch der neueren Schiffbaukunst, insbesondere die eigentlichen Förderer der Oceanschifffahrt geworden.

Die ersten Nachrichten über eine nautische Thätigkeit deutscher Stämme beziehen sich auf die Binnenschifffahrt. Die Römer fanden bei ihrem Eindringen in unsere Flußmündungen, also zu einer Zeit, wo die Mittelmeerschifffahrt ihre Blütheperiode längst hinter sich hatte, nur kleine aus Weidengeflecht mit Thierhäuten bezogene Fahrzeuge vor, deren Segel ebenfalls aus Fellen bestanden. Trotzdem waren die alten Sachsen, und besonders die Friesen, als Seefahrer berühmt. Mit ihren leichten Fahrzeugen, Myoparen und Kiele (ciulen) genannt, traten sie nicht nur den heftigen Winden und hohen Wogen ihrer gefährlichen Meere entgegen, sondern griffen sogar, wenn sie dabei auch im Kampfe unterlagen, verwegen die äußerst vollkommenen Trieren der Römer an. Auf solchen Ciulen fuhren Cäsar und Claudius nach Britannien; auf eben solchen landeten dort im fünften Jahrhundert n. Chr. die Angelsachsen.

Nach Tacitus waren die Suionen, mit welchem Namen er alle skandinavischen Germanen bezeichnet, durch ihre Flotten mächtig. Die Gestalt ihrer Schiffe schildert er an beiden Enden spitz und dadurch geeignet, beliebig mit dem Bug oder dem Heck auf den Strand zu laufen. Sie hatten sowohl Segel als Riemen. Der Steuerapparat bestand, wie im Mittelmeer, aus zwei großen Schaufelrudern.

Von nicht viel besserer Verfassung waren die Drachen der normannischen Wikinger auf ihren Seeräuberfahrten im sechsten und siebenten Jahrhundert. Diese Fahrzeuge zeigen entweder in ihrer ganzen Form die Gestalt eines Drachen oder einer Schlange, oder tragen am Bug Gebilde von Köpfen fabelhafter Thiere. Kleinere Fahrzeuge hießen Schnecken.

Drache.

Allgemein bekannt war die seemännische Geschicklichkeit der Nordmänner, welche sich in schwierigen Gewässern bewegen mußten. Hierzu war der Bau und die Einrichtung solcher Fahrzeuge nöthig, die dem oft stürmischen Meere auch Trotz bieten konnten. Die Fortbewegung der Fahrzeuge geschah anfangs durch Riemen, bis die fortschreitende Kultur auch hier wie bei den übrigen Völkern die Segel zur Anwendung brachte. Friedlicher Natur waren die Unternehmungen

Normännisches Kastellschiff.

Schiffe Wilhelm des Eroberers. Nach einer alten Tapisserie.

der Nordmänner nicht, und so finden wir denn schon in frühester Zeit Schiffe mit 20—30 Ruderbänken, die aber trotz der vielen Mannschaften, welche sie an Bord hatten, offen und ohne Deck waren. Die Nordmänner waren weithin gefürchtete Raubgesellen, welche durch Jahrhunderte als Schrecken der Küstenländer ihr Wesen trieben, bei denen der Begriff des

Krieges mit jenem des Raubzuges zusammenfiel, und der beutebeladene Mann nicht weniger Ruhm erntete, als der Sieger im Kampfe.

Die Nordmänner gaben ihre Streifzüge erst auf, als einmal an den von ihnen heimgesuchten Küsten stärkere Mächte ihnen entgegentraten, und andererseits durch die Niederlassung in fremden Landen wie in der Normandie und in England und durch die Entwickelung der skandinavischen Staaten ihr fahrender Sinn in geregeltere Bahnen gelenkt wurde.

Die erste zuverlässige Nachricht von dem Vorhandensein einer französischen Flotte findet sich in den Schriften des Gregorius von Tours, welcher zur Zeit des Königs Theodorich, des Sohnes von Chlodwig, lebte. Derselbe lieferte um das Jahr 540 den Normannen eine größere Seeschlacht. In der späteren Zeit der fränkischen Capetinger erhob sich das erweiterte Reich im Streite mit dem äußeren Feinde zu einer starken Macht. Die Herrscher des Landes wandten, nach Befestigung des Friedens, ihre Aufmerksamkeit dem Seewesen zu. Wilhelm, der tapfere Herzog der meereskundigen Normannen, unternahm mit einer Flotte von 907 Schiffen (die Transportschiffe ungezählt), auf welcher sich ein Heer von 60000 Mann befand, die Eroberung des benachbarten Englands (1066).

Die Schiffe Wilhelm des Eroberers, auf welchen er sein Heer nach den Küsten Englands übersetzte, etwa zweitausend an der Zahl, waren im Vergleich zu denen des Mittelmeeres nur kurz (50 bis 60 Fuß), die Takelage mangelhaft, und wenn man auf den Abbildungen auch keine Einrichtung zum Gebrauch der Riemen findet, so müssen die Fahrzeuge, in Rücksicht auf ihre unvollkommenen Segeleinrichtungen, doch solche gehabt haben, obwohl sie im allgemeinen mehr Aehnlichkeit mit den jetzigen Schiffstypen, als mit den Galeeren zeigen. Ihre Bauart unterscheidet sich besonders vortheilhaft durch gefälligere Formen des Bugs und des Hecks. Es tritt bei ihnen

Schiff Wilhelm des Eroberers.

an Stelle der früheren zwei Steuerriemen das eine moderne Ruder (seemännisch Steuerruder), welches am Hintersteven hängt und mit dem Oberende durch eine Oeffnung im Heck bis innenbords auf Deck reicht, wo es durch die Ruderpinne gelenkt wird.

Das Segel als einziges Mittel der Schiffsbewegung und damit zugleich der Anfang einer vollkommeneren, der modernen ähnlichen Takelage beginnt erst allmählich nach Einführung des Kompasses, nach der Erfindung des Schießpulvers und nach der Gründung einer stehenden englischen Marine durch Heinrich VII. in den Vordergrund zu treten. Mit der Einführung der Feuerwaffen werden die alten Schleudermaschinen, die Katapulten und Ballisten, von den Schiffen verdrängt.

Das Seewesen Englands wurde in erster Reihe durch König Alfred (871—901) gefördert. Er kam zu der Ueberzeugung, daß zur Vertheidigung seines Reiches eine Flotte nothwendig sei und verstand es, sich bald in den Besitz von Schiffen zu setzen, die denjenigen seiner Gegner, besonders der Dänen, sowohl ihrer Bauart wie ihren Einrichtungen nach weit überlegen waren. Das Vortheilhafte ihrer Bauart bestand nämlich darin, daß sie das Entern oder Anhaken verhindern konnten. Hatte der Gegner den Vortheil des Windes, so half man sich englischerseits durch Rudern, denn die Schiffe waren nach Art der Galeeren konstruirt. König Edgar förderte den Ausbau und die Fortentwickelung der Flotte und brachte die Zahl der Schiffe auf 1000. Die Flotte war in drei Geschwader getheilt und an der Süd-, Ost- und Westküste stationirt. Unter Ethelred II. (979—1016) gerieth dieselbe jedoch wieder in Verfall, und war 40 Jahre nach dem Ableben Edgars so vernachlässigt, daß sie die räuberischen Angriffe der Küsten nicht mehr abzuwehren im stande war.

Der nächste Zeitpunkt, von dem wir Genaueres über das nordische Seewesen wissen, beginnt mit dem 11. Jahrhundert.

Eine gewisse taktische Formation unter Segel wurde zuerst von den Engländern in der bedeutendsten aller Seeschlachten des Mittelalters, in der Schlacht bei Slys, beobachtet. 400 französische Schiffe nebst einer Abtheilung genuesischer Galeeren lagen im Hafen und auf der Rhede von Slys vor Anker, um vereint gegen England zu operiren. Eine englische Flotte von 120, nach anderen Angaben von 260 Schiffen, traf am 23. Juni 1340 unter der Führung Eduard III. vor Slys ein und beabsichtigte, den Feind im Hafen selbst zu überfallen. Nach stattgehabter Rekognoscirung nahm man jedoch von einem sofortigen Angriff Abstand und steuerte wieder seewärts. Dies Manöver verursachte bei den französischen Admiralen ernste Meinungsverschiedenheiten, infolgederen nur ein Theil der Schiffe auf die Rhede ging, während der andere so lange in Unthätigkeit verblieb, bis die inzwischen eingetretene Ebbe ein Auslaufen unmöglich machte. Eduard III. hatte seine Flotte in 2 Treffen luvwärts (auf der Windseite) vom Feinde rangirt und im ersten Treffen seine stärksten Schiffe so vertheilt, daß zwischen je zwei mit Bogenschützen eins mit Schwerbewaffneten (Enterern) aufgestellt war, während die Bemannung der Flügelschiffe zumeist nur aus Bogenschützen bestand. Im zweiten Treffen nahmen in entsprechender Entfernung und unter Bedeckung die Transportschiffe Aufstellung; eine Reserve=Abtheilung, aus leichten Schiffen bestehend, hielt sich bereit, erforderlichenfalls in das Gefecht mit einzugreifen.

Am Morgen des 24. Juni scheinen die französischen Schiffe, nach den vorhandenen Aufzeichnungen zu schließen, noch vor Anker gelegen zu haben, während die genuesischen Galeeren einen heftigen Angriff auf die englische Flotte aus=

Caravellen des Columbus.
Nach einem alten Stich.
In der Darstellung der Takelage inkorrekt.

führten, bald aber, zurückgeschlagen, das Weite suchen mußten. Darauf stürzten sich die Engländer, ähnlich wie späterhin Nelson bei Aboukir, mit je 2 Schiffen (eins mit Bogen= schützen, das andere mit Schwerbewaffneten) auf je ein feindliches Schiff und kämpften so lange, bis dasselbe genommen oder vernichtet war. Am Abend war die französische Flotte mit einem Verlust von 20—30000 Mann trotz hartnäckigen Widerstandes gänzlich geschlagen und 200 Schiffe die Beute des Siegers. Auch die Engländer hatten be= trächtliche Verluste erlitten, drei ihrer Schiffe waren durch große, aus Wurfmaschinen geschleuderte Steine mit ihrer ganzen Besatzung zum Sinken gebracht worden.

Während nun England, dessen Flotte in der Schlacht von Slys fast gänzlich vom Gebrauch der Riemen als Fortbewegungsmittel Abstand nahm und fast lediglich unter Segel manövrirte, damit den Uebergang zur maritimen Taktik der Neuzeit ein= leitet und seine Aufmerksamkeit vorzugsweise der praktischen Seite der Schiffbaukunde zuwendet, sehen wir Frankreich große Erfolge in der Theorie der maritimen Technik erzielen. Auf Anregung des Constructeurs Decharges in Brest gelangt die Auf= stellung der Geschütze in der Breitseite zunächst in Frankreich, später auch in England zur Einführung und wird in der Folge von entscheidendem Einfluß auf die Entwickelung des Seekriegswesens. Die Armirung der englischen Flotte mit schweren Kanonen in der Breitseite erfolgte 1347. Vierzehn Jahre später bedienen sich die Lübecker der neuen Waffe zur See gegen die Dänen, 1372 die Franzosen gegen die Engländer im See=Gefecht von la Rochelle, während die Venetianer 1378 schon Bombarden mit 140= bis 195=pfündigen Steingeschossen gegen die Flotte von Genua in den Kampf führen.

Die Anwendung des Kompasses erweitert die Grenzen der Seefahrt; nautische Instrumente, freilich noch primitivster Art in Form von Gradstöcken, ermöglichen die Bestimmung der geographischen Breite. Sind auch die

Schiff des Bartholomäus Diaz.

Caravellen, auf denen Columbus seine erste abenteuerliche Fahrt nach Amerika antritt, wie auch die Fahrzeuge eines John Cabot, Amerigo Vespucci, Vasco de Gama, Bartholomäus Diaz und anderer kühner Seefahrer noch klein und gebrechlich, so nimmt doch die Schiffbaukunst rasch einen erheblichen Aufschwung. Unter den Kriegs= schiffen finden sich Gallionen, mit drei Decks, mit Bugspriet, drei vollgetakelten Masten und Raasegeln versehen.

Während im vierzehnten Jahrhundert bei den Engländern und Franzosen so namhafte Verbesserungen im Schiffbau zu Tage treten, ist sonderbarer Weise die Entwickelung der deutschen Seemacht, die unter der Flagge der Hansa fast ein Jahr= hundert hindurch — wenigstens in Bezug auf die Kauffahrteimarine — die Suprematie in Europa behauptet hat, nur von wenigen konstruktiven Fortschritten begleitet. In seiner Blüthezeit umfaßte der Hansabund mehr als siebenzig Städte. Seine Faktoreien waren bis in den äußersten Norden, südwärts bis nach Italien, im Westen bis an den atlantischen Ocean und gen Osten weit nach dem Innern Rußlands vorgeschoben.

Die hanseatischen Großhandelsherren verbanden mit dem weitausschauenden Blick des gewandten Kaufmanns ein hohes Maß von kriegerischer Tüchtigkeit. Da keine Staatsflagge ihren Handel schützte, so war jeder Kauffahrer zugleich als Kriegsschiff ausgerüstet; wiederholt haben die Flotten der Verbündeten siegreiche Kämpfe gegen Dänemark und Schweden bestanden und ihrer Flagge auf der ganzen Erde Achtung zu verschaffen gewußt. Trotzdem aber einzelne Handelshäuser, wie die der Fugger und Welser, großartige transatlantische Handelsbeziehungen, u. a. durch die Erwirkung eines Frei= briefs vom König Emanuel von Portugal Privilegien im direkten Verkehr mit Ostindien besaßen, so hat doch der Bund selbst es nicht verstanden, den durch die transoceanischen Entdeckungen herbeigeführten wesentlichen Veränderungen Rechnung zu tragen und seine Handelspolitik den neuen Anforderungen gemäß zu erweitern und umzugestalten. Dazu kamen noch Streitigkeiten innerhalb des Bundes; einzelne Städte bemühten sich, ihre Sonderinteressen in den

Vordergrund zu drängen, und so begann gegen Ausgang des vierzehnten Jahrhunderts die Glanzperiode deutschen Handels und deutscher Seeherrschaft zu erblassen, um später in den blutigen Greueln des dreißigjährigen Krieges ihr Ende zu finden.

Wohl ist der Bund der Hansa mit dem Niedergang des Deutschen Reiches erloschen, nicht aber sein unternehmender Geist, der nur Jahrhunderte hindurch eines sicheren Ausgangspunktes entbehrte, um das Verlorene zurückzugewinnen und sich neue Bahnen zu eröffnen. Mit der Einigung Deutschlands hat auch die deutsche Handelswelt wieder die Stütze gefunden, wie zur Zeit der Hansa sich überseeischen Unternehmungen in großem Stile zuzuwenden. Der kaiserliche Aar in der Flagge Deutschlands, die in sich das schwarzweiße Banner der Hohenzollern und das Roth und Weiß der Hansen vereinigt, breitet seine starken Schwingen schützend über die Kinder seiner Heimath, die an fremder Küste wohnen. War der Große Kurfürst weder stark noch mächtig genug, um seine weit hinausreichenden Pläne, welche zu einer Kolonisation in Afrika sich verstiegen, zu verwirklichen, so hat sein Nachkomme Kaiser Wilhelm II., in dem Gefühl weltbeherrschender Macht, nicht allein in der Nähe Groß-Friedrichsburgs festen Fuß gefaßt, sondern durch das Abkommen mit England vom 1. Juli 1890 dem Deutschen Reiche bedeutende Länderstrecken an der Ostküste des schwarzen Welttheils bis zu den Seeengebieten im Innern gesichert. Seit dem 9. August 1890 weht auch die Reichsflagge auf der rothen Felseninsel vor den deutschen Strommündungen der Nordsee. Es kennzeichnet den Werth, welchen man an höchster Stelle auf die Erwerbung der Insel, trotz seiner nur 2000 Seelen zählenden Bevölkerung legte, daß Se. Majestät der Kaiser als einer der Ersten die jüngst erworbene Felseninsel besuchte. Es war ein denkwürdiger Tag, den die August-sonne des Jahres 1890 über das wogen-umrauschte Helgoland heraufführte — denkwürdig für die kleine, ihrem Volksthum wiedergegebene Insel, denkwürdig aber auch für das gesamte deutsche Vater-land, wo in allen patriotischen Herzen dies Ereigniß das Gefühl nationaler Befriedigung hervorrief:

„Bist du auch arm, bist du auch klein,
Denk' ich als gute Mutter dein,
Bis ich dich sicher weiß da draus,
Verlornes Kind im Vaterhaus,
Roth is de Kant,
Witt is de Sand —
Das ist das deutsche Helgoland.[1]

Helgoland aus der Vogelschau.

Und wiederum hat gewiß manchem Patrioten, welcher am 2. September 1890 in Kiel den jungen von der Menge um-jubelten Kaiser Wilhelm an Bord des „Hohenzollern" steigen sah, um eine Flotten-Revue über 40 stattliche deutsche Kriegsschiffe abzunehmen, das Herz vor Freude geklopft, wenn wohl in uns Aelteren auch gleichzeitig traurige Erinnerungen an das Jahr 1848 empor-stiegen, denn der Gedanke der Schaffung einer deutschen Flotte war ja das Erbe jenes unglücklichen Jahres. Aber die Verhältnisse haben sich auf anderen glücklicheren Grundlagen aufgebaut; ein reges selbstbewußtes Leben herrscht heute in Kiel wie an der Jade, und daß schon so bald das Reichsbanner vor der Jademündung auf Helgoland flattern würde, hat sich vor 42 Jahren niemand träumen lassen!

---

[1] Sang Karl Tannen (geb. 1827 zu Leer in Ostfriesland) am Schluß seines Liedes 1867.

Schiffe und Seewaffen der Neuzeit

(von 1500 n. Chr. bis heut).

Mit der eigentlichen Segelschifffahrt beginnt das Zeitalter der transoceanischen Entdeckungen. Die unabsehbare Wasserfläche des Oceans bietet nicht, wie das Mittelmeer in unweit voneinander entfernten, schnell erreichbaren Merkzeichen am Festlande die erforderlichen Anhaltepunkte für die Ortsbestimmung; der Seemann sieht sich darauf angewiesen, hierzu die Himmelserscheinungen zu Rathe zu ziehen, sich der nautischen Hülfswissenschaften zu bedienen.

Hatte schon in der Mitte des fünfzehnten Jahrhunderts Regiomontanus Erd- und Himmelsgloben verfertigt, die Libration des Mondes und die Schiefe der Ekliptik beobachtet, vor allem aber durch seine Forschungen Kopernikus zur Ausbildung desjenigen Weltensystems veranlaßt, welches die Grundlage der rationellen Astronomie geworden ist, so fand Kepler die Gesetze der Gestirnbewegung und als Frucht seiner optischen Untersuchungen das astronomische Fernrohr, entwickelte die Theorie der Lichtbrechung (Dioptrik) und schuf so an Stelle einer unsicher nach dem Rechten tastenden, dem Aberglauben Thür und Thor offen lassenden Doktrin die klare reale Naturwissenschaft.

Gilbert untersucht Elektricität und Magnetismus; Torricelli erkennt die Ursache des atmosphärischen Druckes und erfindet das Barometer, den treuen Wetterpropheten und Rathgeber des Seemannes, Drebbel das Thermometer. Columbus erkennt die Abnahme der Temperatur nach den höheren Luftschichten hin und führt damit in die Untersuchung vom Gesetz der Stürme ein. —

In Bezug auf die Entwickelung in der Schiffsarchitektur läßt sich die Neuzeit in zwei Perioden scheiden:

a) Die Zeit von 1500 bis 1840, die Periode der wirklichen Segelschiffe. Das Schiff führt glattes Geschütz als Breitseitbewaffnung; mit dem Segel allein wird im Gefecht manövrirt. Der Bug dient nicht mehr, wie ehedem, zum Angriff, sondern wird die schwächste, am leichtesten verletzliche Stelle des Schiffes.

b) Die Zeit von 1840 bis heut. Der Dampf ersetzt als Motor den Wind und macht die Segel überflüssig. Das Schiff führt verbessertes, gezogenes Geschütz in verschiedener Aufstellung an den Seiten, im Bug und am Heck. Es erfolgt die Rückkehr zur antiken Waffe, dem Sporn, und damit zum Angriff mittelst Rammens neben der Verwendung der Artillerie.

Der Uebergang in der marinearchitektonischen Entwickelung in die erste dieser beiden Perioden aus dem älteren Modus der Verwendung der Ruderkraft erfolgt nicht bei allen Kulturvölkern zu gleicher Zeit und in demselben Umfange.

Englische Pinaß aus dem 16. Jahrhundert.

Spanien und Frankreich, deren Küsten sowohl vom Mittelmeer als vom Ocean bespült werden, haben den Gebrauch der Riemen selbst für Fahrzeuge mit mehreren Geschützreihen am längsten beibehalten.

Die der großen spanischen Armada angehörigen Galeassen und Galeeren hatten sämtlich noch eine Reihe Riemen unter der untersten Geschützreihe, die von Galeerensklaven bedient wurden. Diese mächtige Flotte, welche Spanien in jahrelanger Anspannung aller Kräfte sich hergerichtet, verließ unter dem Oberbefehl des Herzogs von Medina-Sidonia am 28. bis 30. Mai 1588 den Tajo, um vereint mit einem bei Calais zusammengezogenen Expeditionscorps in England zu landen. Ganz Europa war um das Schicksal der britischen Inseln besorgt. Sie war in 10 Geschwader getheilt und zählte 132 Schiffe von zusammen 46184 Tonnen Gehalt mit 2094 Kanonen, 7113 Seeleuten, 16914 Soldaten und 2088 Galeerensklaven.

Nach beschwerlicher Fahrt und einer Reihe von Kämpfen im englischen Kanal gegen die Admirale Lord Howard, Drake, Hawkins u. A. ankerte sie erst am 7. August auf der Rhede von Calais.

Doch schon in der darauf folgenden Nacht wird sie, noch ehe das Expeditionscorps an Bord genommen ist, durch englische Brander angegriffen, und das Zerstörungswerk durch Sturm und die Kopflosigkeit ihrer Führer vollendet. Sie erliegt, als letzter Repräsentant der alten Kombination von Ruder- und Segelkraft, schmachvoll dem an Zahl weit geringeren Gegner. Selbst der entkommende Rest fällt zum Theil heftigen Stürmen zum Opfer und rettet, nach einem Gesamtverlust von 20000 Menschen, nur einen Bruchtheil, 35 in dürftigstem Zustande befindliche Schiffe durch eilige Flucht. Hatte die soviel gepriesene „unüberwindliche" Armada bei ihrem Auslaufen die Welt mit Staunen erfüllt, so wurde sie nun — nach ihrer Rückkehr — zum Gegenstand des Spottes.

Im Laufe des sechzehnten Jahrhunderts, nach der Entdeckung Amerikas und Ostindiens, wird die möglichste Vervollkommnung des Segelapparates zur zwingenden Nothwendigkeit, um Fahrzeuge zu schaffen, die den weit entfernten Kolonien den Schutz der Flagge des Mutterlandes in möglichst kürzester Frist zu gewähren vermögen. Man führt, ein wesentlicher Fortschritt, zum Schutz gegen Anwuchs und Bohrwurm den Kupferbeschlag für die Schiffsböden ein, verringert den thurmartigen Aufbau der Kriegsschiffe, vergrößert die Dimensionen in der Länge und Breite und richtet ein bestimmtes System in der Takelung ein.

Bug und Heck
eines holländischen Kriegsschiffes aus dem 17. Jahrhundert.

Tons Gehalt besaß noch eine plumpe Rumpfform, hohen Aufbau und führte in den beiden Batterien 54 Stück Achtzehn- und Neunpfünder, auf dem Oberdeck, bezw. Back und Schanze 26 Stück Sechs- und Einpfünder. Während diese Anordnung des Geschützes den Schwerpunkt des Schiffes zu weit nach oben verlegte und dadurch die Stabilität des Schiffes beeinträchtigte, außerdem auch die

Das zu Woolwich im Jahre 1515 vollendete Linienschiff „Henry-Grâce-à-Dieu" von 1000 unzweckmäßige Stellung der 4 Masten mit Raasegeln und das primitive Bugspriet das noch mangelnde Verständniß für die Segelwirkung erkennen lassen, zeigt der ums Jahr 1550 erbaute Zweidecker „Great Harry" nach jeder Richtung hin bereits erhebliche Fortschritte.

Auch die Osterlinge ließen ähnliche Seekolosse vom Stapel. So erbauten die Lübecker kurz vor dem Frieden von Malmö den „Salvator" von 1400 Tonnen und im Jahre 1567 den „Adler" von 2000 Tonnen, dessen

Henry Grâce à Dieu.
Nach einer alten Zeichnung.

Great Harry.
Nach einer alten Zeichnung.

Artillerie aus 8 vierzigpfündigen Karthaunen, 6 Halbkarthaunen, 26 Schlangen mit zehn-, neun- und achtpfündigen Geschossen und einer ganzen Anzahl kleinerer Geschütze bestand.

Im siebzehnten Jahrhundert folgte nun eine strikte Sonderung der Flottenbestände in bestimmte Schiffstypen, unter Berücksichtigung der Kanonenzahl. Man unterschied Linienschiffe (Schlachtschiffe), d. h. solche, welche sich in Linie schlagen, und Fregatten, letztere besonders zum Depeschendienst und für auswärtige Stationen.

In England stammt die erste Klassifikation der Kriegsschiffe aus dem Jahre 1546; dieselbe enthielt: Ships, Galeasses, Pynasses und Row Barges.

Andere Typen, unseren modernen Korvetten, Briggs und Schonern ähnlich, existirten nicht; man zog zum Aviso= dienst oder zum Schutze gegen Kaper[1] und Piraten, je nach Bedarf, schnelle Segler der Handelsflotte heran und armirte diese.

Uebrigens war in England diese Heranziehung von Handelsschiffen zu Kriegszwecken schon seit dem elften Jahrhundert unter Eduard durch die Institution der „fünf Häfen" geregelt worden, deren Befehlshaber verpflichtet waren, im Augenblick der Gefahr sich gegen= seitig zu unterstützen und im Bedarfsfalle geeignete Handelsschiffe für Kriegszwecke zu stellen.

Siegel der Barone von Dover,
einem der „fünf Häfen".

In dem englischen Dreidecker „Sovereign of the seas" oder „Royal Sovereign" von 252 Fuß Länge, 48 Fuß Breite und 1500 Tonnen Gehalt mit 100 Geschützen, welches später aus Mangel an Stabilität rasirt und in einen Zweidecker umgeändert wurde, war im Jahre 1640 ein Modell der Schlachtschiffe geschaffen, welches zwei Jahrhunderte hindurch alle Meere beherrschte und bis zur Einführung des Dampfes als Motor auf Schiffen und später des Schiffspanzers sich nur wenig in seinen äußeren Formen, wohl aber in dem Verhältniß der Breite zur Länge, geändert hat.

Das erste Schiff, welches in England den Namen Fregatte führte, war die 1633 erbaute „Constant Warwick" von 380 Tons Größe, mit 18 kurzen Neun= und 8 kurzen Sechspfündern armirt.

Sovereign of the seas.

Mit der allmählich stattgehabten Vergrößerung des Geschützkalibers ging die Vervollkommnung der Geschützfabri= kation Hand in Hand. Die Erweiterung der Kalibergrenzen führte auch zur Vermehrung der Bemannung. Während man im siebzehnten Jahrhundert etwa fünf Mann pro Geschütz als Bedienung rechnete, stieg diese Zahl im achtzehnten und neunzehnten Jahrhundert bis zu zehn, später bei den Panzer= schiffen auf das Vierfache.

Im siebzehnten und achtzehnten Jahrhundert, wo der Schwerpunkt der Manövrirkunst, sowohl bei der Führung des einzelnen Schiffes, wie im Geschwader, in der vortheil= haftesten Verwendung der Segel bei jeder möglichen Windrichtung liegt, entwickelt sich in den Marinen ein echt seemännischer Geist; Bauart, Takelung, Kaliber der Geschütze stehen in Harmonie zu einander; feste Offiziercorps werden geschaffen, Gesetze und Verordnungen für den Dienst am Bord des Kriegsschiffs erlassen. Die imposante und dabei schlanke Fregatte, schnell und elegant im Manövriren, und die schmucke, bewegliche Brigg, beide mit feinen Linien im Rumpf, dem majestätischen Aufbau der schlanken, in schöner Proportion vertheilten Masten, mit ihren weißen Segeln wie Schwingen der Möven, werden die Lieblinge des Seemanns und sind bis heut an Schönheit unerreicht geblieben.

Heckansicht zweier Schiffe mit Back und Schanze im Gefecht.
(16. Jahrhundert.)

Der gerade, felsenfeste Sinn, die innige, oft eifer= süchtig liebevolle Anhänglichkeit an das Schiff, zu dessen Seeeigenschaften und dessen Verhalten in Sturm und See= gang das eigene Wohlergehen, der eigene Vortheil in engster Wechselbeziehung steht, kennzeichnen den alten Seemann von echtem Schrot und Korn, der mit souveränem Stolz auf den Landbewohner herabschaut.

Jener alte Geist der Seemannschaft, ein schweigsames, derbes Heldenthum, war am engsten verwachsen mit dem reinen Typus der Segelschiffe; unter dem Einfluß dieses Geistes haben die Niederlande, Frankreich und England ihre blutigen Schlachten um die Herrschaft zur See geschlagen, haben de Ruyter, Tromp, Tourville, Du Quesne, Rodney, Nelson u. A. ihre reichen Lorbeern erworben. —

---

[1] Kaper sind bewaffnete Schiffe, die, ohne der Kriegsmarine direkt anzugehören, von einer Staatsregierung mit einem „Kaperbrief" versehen werden, um für den Auftraggeber auf eigene Hand feindliche Schiffe zu nehmen und den feindlichen Handel zu schädigen.

Die neuere Zeit weist vom reinen Typus des Segelschiffs in den Kriegsmarinen, mit unerheblichen Abweichungen, nur noch die Briggs auf, in der Verwendung meist nur als Schulschiffe für Schiffsjungen; alte Linienschiffe und Fregatten werden als schwimmende Kasernen benutzt.

Die neue Zeit hat an Stelle des Windes als zuverlässigeren und stärkeren Motor den Dampf, die treibende Kraft der modernen Industrie, gesetzt. Seine Nutzbarmachung durch Fultons Erfindung hat auf dem maritimen Gebiet der technischen Spekulation Bahnen eröffnet, die vordem außer aller Berechnung lagen, hat eine völlige Umwälzung im Seewesen herbeigeführt.

Wohl war schon 1545 auf Befehl Karls V. im Hafen von Barcelona eine von Blasco de Garay erfundene Maschine, Schiffe ohne Segel und Riemen zu treiben, erprobt und der Erfinder reich belohnt worden, die Erfindung

Kriegsbrigg, Segel setzend.

selbst aber blieb ungenutzt. Seit dieser Zeit stritten sich England und Frankreich um den Ruhm der Erfindung der Dampfmaschinen. Bekannt ist das tragische Schicksal jenes de Caux, des Wahnsinnigen von Bicêtre, aus dessen 1614 erschienenem Werke: „Raisons des forces mouvantes" Marquis von Worcester das Projekt entnommen, die Expansion des Dampfes zum Betrieb von Maschinen zu benutzen.

1769 und 1780 trat James Watt, der Vater der modernen Dampfmaschine, 1779 Matthew Wasborough, 1780 James Pickard, 1787 Patrick Miller, 1789 James Taylor mit Verbesserungen an der Dampfmaschine, beziehungsweise mit Plänen zu deren Verwendung als Motor an Stelle von Ruderern zu beiden Seiten des Schiffes hervor. 1780 baute Perier in Frankreich die erste Dampfmaschine nach Watts System. 1802 ließ William Symington ein Fahrzeug mit hinten angebrachtem Rade auf der Clyde laufen. Er nannte es Charlotte Dundas, nach der Tochter seines Protektors Lord Dundas. Die Maschine glich im Prinzip schon denen der heutigen Raddampfer.

In Amerika hatte bereits 1784 James Rumsey auf die Bewegung von Riemen durch Dampf ein Patent vergeblich erstrebt; er ging deshalb nach England, sah sich dort aber schon überflügelt.

Wenige Jahre später erhielt Fitch in den Staaten Pennsylvania und New York das ausschließliche Recht, Dampfer auf den dortigen Gewässern einzustellen, und soll er bis 5, später bis 7 Knoten Geschwindigkeit erreicht und ein verbessertes Radschiff von ihm 1790 regelmäßigen Passagierdienst auf dem Delaware versehen haben. Er fand jedoch für seine Unternehmungen keine Unterstützung und ertränkte sich, in Armuth und Verzweiflung gerathen, 1798 im Alleghany.

Auch die Versuche Cox Stevens aus New York, welcher zugleich einen Kessel mit 41 Kupferröhren konstruirte, verliefen ebenso, wie die Samuel Moreys aus Connecticut, resultatlos. 1786 baute der Amerikaner Oliver Evans einen Kessel für sehr hohen Druck und experimentirte damit auf dem Delaware.

Erst Robert Fulton, 1765 in Little Britain, Pennsylvania, geboren, hat es zu wirklichen Erfolgen gebracht. Als er seine erste Erfindung, ein Dampfboot, der französischen und englischen Admiralität vorlegte, fand er wenig Gehör. In Frankreich fertigte man ihn kurz ab, als sein Dampfer auf der Seine gesunken war und nach der Hebung nicht die erwartete Schnelligkeit zeigte. Aehnlich, jedoch in etwas milderer Form, erging es ihm in England, und Fulton kehrte enttäuscht nach Amerika zurück. Indes weit davon entfernt, sich dadurch entmuthigen zu lassen, arbeitete der ingeniöse Mann unermüdlich weiter und ließ bereits am 20. Juni 1814 den Kiel strecken für das erste Kriegsdampfschiff der Welt, das Radschiff „Fulton".

Trotz der bewundernden Anerkennung, die dasselbe bei den Seemächten fand, konnte man sich in Europa zu einer allgemeinen Einführung von Raddampfern für eigentliche Kriegszwecke dennoch nicht entschließen. Der Umstand, daß sie mitschiffs keine Geschütze zu führen vermochten und daß ihre zum größten Theil über Wasser gelegene Maschine, besonders aber die Schaufelräder, durch feindliches Feuer gefährdet waren, während auf die Takelage, die nicht mehr in früherer Vollständigkeit durchführbar war, im Gefecht nur in beschränktem Maße zurück-

Patrick Millers Räderboot.

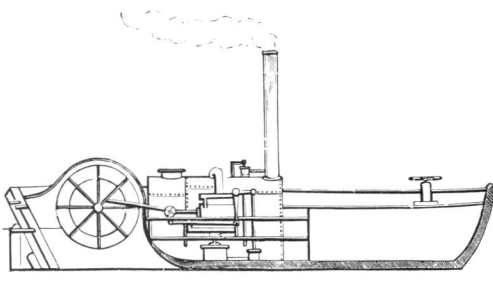

Charlotte Dundas.

Fitchs Dampfboot.

gegriffen werden konnte, stellte ihren militärischen Werth in Frage.

Indessen wurden 1828 in England und zwei Jahre später in Frankreich doch eine Anzahl Raddampfer als Avisos, Korvetten und Fregatten in Bau genommen.

In der Handelsmarine fand der neue Schiffstypus überall Eingang, besonders für transatlantische Fahrten, als mit dem enthusiastisch begrüßten Eintreffen des „Sirius" und „Great Western" in New York, welche die Reise von England nach dorthin in siebzehn resp. fünfzehn Tagen vollendet hatten, der von gelehrten Fachleuten früher wiederholt gemachte Einwurf, daß die Raddampfer nicht Raum genug für den zu transatlantischen Fahrten erforderlichen Kohlenbedarf böten, sich als unhaltbar erwies. Heutzutage ist dieser Typus meist nur für schnelle Schiffe zu kurzen Reisen beliebt, wo starker Kohlenverbrauch weniger in Betracht kommt.

Für die Flußschifffahrt, namentlich in seichtem Wasser, sind Raddampfer noch jetzt in hervorragendem Maße in Gebrauch; die amerikanischen Ströme weisen eine große Zahl derselben von ungewöhnlichen Dimensionen auf, deren luxuriöse Ausstattung den höchsten Ansprüchen genügen dürfte.

Vom Standpunkt des Seemannes aus haben die Raddampfer manche unliebsamen Eigenschaften. Während sie vorzüglich gegen Wind und Seegang steuern, weil dann beide Räder gleichmäßig in das Wasser greifen, ist dies in nur unvollkommener Weise der Fall, wenn Wind und Seegang rechtwinklich auf die Längenachse des Schiffes wirken (dwars, oder quer See's); dann taucht das eine Rad häufig zu tief ein, während das andere seine Umdrehungen über dem Wasser macht, die Maschine wirkt unregelmäßig und das Schiff manövrirt und steuert daher ungenügend.

Allerdings sind die heutigen Maschinen so eingerichtet, daß jedes Rad unabhängig vom anderen arbeiten, unter Umständen das eine rotiren, das andere still stehen (stoppen) oder rückwärts gehen kann; doch vermag man von dieser Einrichtung, deren man sich mit Vortheil für ein beabsichtigtes Manöver bei ruhiger See bedient, in dem vorbesprochenen Fall keinen Nutzen zu ziehen.

Fast gleichzeitig mit dem Radmechanismus wurde die archimedische Schraube[1] als Motor für Schiffe in Vorschlag gebracht.

---

[1] Ueber deren Konstruktion siehe unter Schiffsmaschinenbau.

Im Mai 1804 konstruirte der Amerikaner J. Stevens eine Art Propeller. Der Ingenieur Trevethick ließ sich 1815 eine Schraube patentiren, welche in einem Cylinder vorn, an der Seite oder am Heck des Schiffes rotiren sollte, und schon im folgenden Jahre erfand Robert Kinder eine der modernen ähnliche Schraube. In Frankreich gilt Frederic Sauvage, dem in Boulogne ein Denkmal errichtet wurde, als deren Erfinder, während England die endgültige Einführung des neuen Motors den durch Kapitän John Ericsson, einen schwedischen, in London wohnenden Ingenieur, vorgenommenen Verbesserungen zuschreibt, auf Grund deren sein Schiff „Francis Ogden" 10 Knoten Geschwindigkeit erreichte. Die mit dem Ogden angestellten Versuche erregten die Aufmerksamkeit des zu einem Besuch in London anwesenden Offiziers Stockton von der Marine der Vereinigten Staaten, welcher, den Werth des neuen Mechanismus mit dem praktischen Scharfblick des Amerikaners erkennend, nicht nur sofort für seine eigene Rechnung zwei eiserne Schraubendampfer bei Ericsson in Bestellung gab (einer davon, für den Dienst auf Flüssen bestimmt, erhielt den Namen „Robert Stockton"), sondern auch bei seiner Regierung der neuen Erfindung Eingang verschaffte und sie aus eigenen Mitteln weiter unterstützte.

Heck eines transatlantischen Raddampfers.

Die englische Admiralität entschloß sich erst acht Jahre später — zugleich mit dem Neubau des Raddampfers „Alecto" — zur Kiellegung des Schraubenschiffes „Rattler".

Im Jahre 1844 wurde dem Engländer Woodcroft eine Schraube mit verstellbaren Flügeln patentirt.

Eine allgemeinere Einführung der sogenannten Schiffsschraube in die Kriegsmarinen datirt jedoch erst von 1850, als die Probefahrten des in Toulon vom Stapel gelaufenen Schraubenlinienschiffes „Napoleon" durch Erreichen einer Geschwindigkeit von 12 Knoten die Vorzüge des neuen Systems dem Rade gegenüber grell hervortreten ließen. Die kaum zwei Decennien hindurch stattgehabte Verwendung der Raddampfer für Gefechtszwecke fand hiermit ein Ende.

Sowohl die Möglichkeit, die Maschine so zu konstruiren und aufzustellen, daß sie ganz unter der Wasserlinie, also vor Geschossen gesichert, liegt, wie der Vortheil, die volle Breitseitbewaffnung sowie die frühere Takelage beibehalten zu können, ohne doch im Gefecht von der Windrichtung und -stärke abhängig zu sein, und endlich der Fortfall der Mängel des Rad-

Aelterer transatlantischer Raddampfer.

schiffes in Bezug auf seine Seeeigenschaften verhalfen nunmehr dem neuen Prinzip bei den Flotten aller Nationen rasch zum Durchbruch.

Die Rad- und Schraubendampfer sind jetzt — dank der außerordentlichen Fortschritte in der Konstruktion wie in der Behandlung der Metalle — so hoch vervollkommnet, daß die Dauer der Fahrten gegen früher zum Theil auf ein Viertel der Zeit verkürzt, und eine Reise von Europa nach Amerika fast zu einer gefahrlosen Spazierfahrt geworden ist. Die neuesten Schnelldampfer brauchen zu einer Fahrt von New-York nach Liverpool kaum 7 Tage. Aber diese ungemeine Vervollkommnung wäre unerreichbar geblieben, wenn nicht an die Stelle des Holzes als Schiffsbaumaterial das Eisen, der Stahl getreten wäre. Die Nothwendigkeit, besonders für Kriegsschiffsbauten, ungeheure Mengen von Holz auf Jahre vorweg aufzuspeichern, um dasselbe genügend austrocknen zu lassen, ließ den Mangel an gut gewachsenem und zweckentsprechendem Baumaterial zeitweise sehr fühlbar werden, abgesehen davon, daß die Kosten sich bis zu abnormen Summen erhöhten. Auch litten die aus Holz hergestellten Schiffsverbände in kurzer Zeit so empfindlich von den durch die Umdrehungen des Rades, noch mehr aber der Schraube herbeigeführten Vibrationen, daß eine Lockerung des Verbandes und damit Leckagen eintraten, durch welche bei stürmischem Wetter die Sicherheit des Schiffes unter Umständen in Frage

Erster Schraubendampfer Robert Stockton.

gestellt wurde. So widersinnig es für den ersten Eindruck erscheinen mag, daß Eisen oder Stahl auf dem Wasser schwimmen könne, so hat doch Theorie und Praxis des Schiffbaues sogar die Thatsache erwiesen, daß eiserne Schiffe leichter sind, als gleich große hölzerne.[1]

Die Einführung des Eisens in den Schiffbau beginnt um das Jahr 1810 mit den dahingehenden Vorschlägen Trevethicks und Dickensons. Das erste eiserne Schiff wurde 1818 erbaut. Allerdings sind die Verwundungen des eisernen Schiffskörpers durch feindliche Geschosse schwerer reparirbar, als die früher in die Holzwandung geschlagenen runden Kugellöcher, die leicht durch Holzpfropfen (Schußpfropfen) zu verschließen waren. Doch steht dem Eisenschiff als wesentlicher Vortheil die Nichtentzündbarkeit des Materials speciell bei der Beschießung mit Sprenggeschossen zur Seite, ein Vortheil, der allein schon ausschlaggebend sein würde, wenn überhaupt Holzschiffe im stande wären, die modernen Anforderungen entsprechende Festigkeit in der Konstruktion beim Panzerschiffbau zu garantiren.

Nachdem in der Neuzeit — im Verein mit jenen Fortschritten in der Schiffbaukunst — neben einer vielseitigen Ausnutzung der Dampfkraft zu den verschiedensten Einzelzwecken auch die Verwendung des Elektromagnetismus, den Ampère, Gauß, Weber, Steinheil, Morse untersuchten, Einrichtungen an Bord ermöglicht hat, die früher sich aller Berechnung entzogen, repräsentiren die heutigen Schiffe, besonders die transatlantischen Dampfer, noch mehr aber die Schiffe der Kriegsmarine, die großartigsten und imposantesten Schöpfungen des kalkulirenden Geistes und der werkthätigen Hand. Fast alle realen Wissenschaften — Mathese, Physik, Ingenieurkunst, Chemie, Astronomie — haben sich verbunden, diese schwimmenden Kolosse zu schaffen und zu lenken, deren Anblick dem Uneingeweihten Verwirrung bereitet, in deren ingeniösem Mechanismus dennoch außerordentliche Klarheit und Einfachheit waltet.

---

[1] Näheres unter Eisenschiffbau.

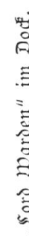

R. BRUCAMOUR XA Gravé A.

„Lord Warden" im Dock.

Schiffsjungen-Schulschiff „Nixe".

ach den im Vorstehenden beschriebenen Wandlungen führte man noch vor kurzem und führt man noch gegenwärtig in den verschiedenen Kriegsmarinen der Neuzeit folgende Typen von Schiffen:

1. Linienschiffe, Segel= oder Dampfschiffe, welche 60 bis 130 Geschütze auf zwei oder drei übereinander liegenden Batterie= oder Kanonendecks und auf dem Oberdeck (Back und Schanze) in der Breitseite führen. Dem entsprechend heißen sie Zwei= oder Drei=Decker, auch 70=, 90=, 120= u. s. w. Kanonenschiffe. Die Takelung ist die des Vollschiffes, d. i. drei voll getakelte (mit Raaen versehene) Masten und ein Bugspriet.[1] In der Zeit des Uebergangs zum Panzerschiffbau belegte man einzelne herunterge=schnittene (rasirte) Linien=schiffe mit Panzerplatten, und hat Frankreich erst unlängst zwei solche als gepanzerte Zwei=Decker konstruirte Schiffe, „Ma=genta" und „Solferino", bei denen die Takelage modifizirt war, aus der Reihe der Kriegsschiffe ge=strichen, während Eng=land noch heute den 1865 erbauten und später mit 114 mm Panzerplatten belegten „Lord Warden" in der Navy-List führt.

2. Fregatten, höl=zerne oder eiserne Segel= oder Dampfschiffe (resp. Panzer), welche eine Lage Geschütze in einer gedeckten Batterie in der Breitseite nebst einer An=zahl Kanonen auf dem Oberdeck führen. Segel=fregatten waren voll getakelt, nur in etwas kleineren Dimensionen, als die Linienschiffe. In neuester Zeit sieht man Panzerfregatten (Panzer=schiffe) mit sehr ver=schiedenartigen Betake=lungen, zum Theil auch ganz ohne eine solche, nur mit einem Signal=mast versehen.

S. M. gedeckte Korvette „Bismarck" im Dock.

Eine Abart der Fregatten bilden die Gedeckten Korvetten (Kreuzerfregatten). Sie führen auf dem Oberdeck nur Bug= und Heckgeschütze, doch ist die Batterie wie bei der Fregatte armirt.

---

[1] Ueber die Details der Takelage vergleiche die Ausführungen unter Schiffbau.

3. **Glattdecks-Korvetten** (Kreuzerkorvetten), hölzerne oder eiserne Segel- oder Dampfschiffe bezw. Panzer-schiffe, welche eine Lage Geschütze auf dem Oberdeck führen und eventuell den Fregatten ähnlich getakelt sind.

4. **Kriegsbriggs**, Segelschiffe, welche, wie die Korvetten, Geschütze auf dem Oberdeck haben und mit zwei vollgetakelten Masten versehen sind. Dampf- resp. Panzerschiffe mit zwei so getakelten Masten bezeichnet man als „brigggetakelt" oder „Schiffe mit Briggtakelage".

Preußische Ruder-Kanonenschaluppe.

5. **Kriegsschoner**, Segel- oder Dampffahrzeuge mit einer Anzahl Geschütze auf dem Oberdeck und zwei Masten, von denen meistens nur der vordere Raaen, der hintere ein Gaffelsegel mit darüber befindlichem Gaffeltop-segel führt.

6. **Kanonenboote** (Kreuzer), kleinere Dampffahr-zeuge mit 2 resp. 3 Geschützen auf dem Oberdeck und in der Takelage dem Kriegsschoner gleich. Sie heißen „schoner-barkgetakelt", wenn der vordere und mittlere Mast mit leichten Raaen, der hintere aber mit einem Gaffelsegel versehen ist.

Eine kleinere Art Kanonenboote besaß bis zum Jahre 1860 die Preußische Marine unter dem Namen Ruder-kanonenschaluppen (36 an der Zahl). Dieselben waren mit zwei schweren Geschützen (einem 25pfündigen Bomben-kanon am Bug und einem langen 24-Pfünder am Heck) armirt und hatten drei Masten mit lateinischen Segeln. Im Gefecht geschah die Fortbewegung durch 30 doppelhändige Riemen. Die Besatzung bestand aus einem Offizier, 3 Unter-offizieren und 60 Mann.

7. **Mörserboote.** Dieselben führten, außer einigen leichten Geschützen, in der Mitte auf starker Balken-unterlage einen oder zwei Mörser.

8. Zu **Avisos** ver-wandte man früher Schnell-segler, jetzt hölzerne oder eiserne Dampfer mit ver-hältnißmäßig starken Ma-schinen, und einer für den Depeschen- und Kundschafter-dienst entsprechend großen Ge-schwindigkeit. Sie sind theils voll, theils als Bark[1] oder Schoner getakelt und mit einer Anzahl mehr oder weniger schwerer Geschütze bewaffnet.

Kaiserlich deutsches Artillerieschiff „Mars".

9. **Königliche Yach-**ten, schnelle und mit zweckent-sprechendem Komfort eingerichtete Dampfschiffe, gewöhnlich Raddampfer, die meist mit 2 Pfahlmasten getakelt und nur mit wenigen Geschützen ausgerüstet sind. Die Kaiserlich deutsche Yacht „Hohenzollern" kann im Kriegsfalle, wenn erforderlich, als Aviso verwendet werden.

10. **Artillerieschiffe**, speciell für artilleristische Ausbildung von Offizieren, Unteroffizieren und Matrosen eingerichtete, mit Geschützen verschiedensten Kalibers ausgerüstete Schiffe, in neuester Zeit meist Dampfer ohne Takelage.

11. Zu **Kasernenschiffen** (schwimmenden Kasernen) verwendet man ausrangirte Kriegsfahrzeuge, heutzutage meist noch alte Linienschiffe oder Fregatten, auf denen die Takelage entweder ganz oder bis auf die Untermasten entfernt wird. —

---

[1] Vergl. Typen der Handelsschiffe.

Kaiserliche Yacht „Hohenzollern".

Aviso „Greif".

Kanonenboot „Eber".

ach der Einführung der Schiffsschraube haben sich im Kriegsschiffbau zuerst durch die Erfindung der Bombenkanone des französischen Oberst Paixhans und später der gezogenen Geschütze, endlich durch die Anwendung des Panzers fortdauernde Umgestaltungen und Wandlungen vollzogen. Schon am 5. April 1849 hatte sich bei der Beschießung eines dänischen Linienschiffes, einer Fregatte und einer Radkorvette mit zusammen 142 Kanonen die Wirkung der beiden einfachen Erdbatterien von 6 und 4 Geschützen, mit nur zwei Granatkanonen, in der Bucht von Eckernförde, trotz eines artilleristischen Stärkeverhältnisses von 1 : 14, die Unzulänglichkeit ungepanzerter Schiffskörper dem verbesserten Geschütz gegenüber ergeben. Mit Glühkugeln und Granaten, unter den denkbar ungünstigsten Verhältnissen beschossen, wurde nach etwa zwölfstündigem Geschützkampf (worin eine durch Parlamentiren ausgefüllte Waffenruhe von drei Stunden eingeschlossen ist), „Christian VIII." zum Streichen der Flagge gezwungen. Bald darauf senkte sich auch der Danebrog an der Gaffel der „Gefion".

Am 30. November 1853 fiel ein Theil der türkischen Flotte bei Sinope den russischen Granaten, deren Sprengladung das Innere der Schiffe in Brand gesteckt hatte, zum Opfer. Ebenso waren es russische Sprenggeschosse, welche beim Angriff auf Sewastopol auf der Flotte der Alliirten so außerordentliche Verheerungen anrichteten. — Als nun bald darauf zu solcher Geschoßwirkung noch die erhöhte Trefffähigkeit der gezogenen Geschütze hinzutrat, versuchte man durch Panzerung der Schiffswände den feindlichen Geschossen Einhalt zu thun. Bei den bedeutenden Flächen aber, wie sie die Linienschiffe boten, war eine volle Panzerung der Schiffswände nicht ausführbar. Da jedoch ein Schutz für die eigentlichen Schlachtschiffe füglich nicht mehr entbehrt werden konnte, so mußten die alten Typen der Linienschiffe und Fregatten, die Schiffe Nelsons, aus dem modernen Flottenmaterial verschwinden. Mit dem stolzen Dreidecker schied aus den Marinen der Lieblingstyp fast aller älteren Seeleute, wenigstens für die, welche mit den immer weiter fortschreitenden Neuerungen nicht sympathisiren konnten und ihr seemännisches Schönheitsgefühl in den späteren Schiffstypen wenig befriedigt fanden. Und wie natür-

Linienschiff vor Anker.

lich muß uns dies erscheinen! Wer des Lebens Höhe hinter sich hat, schließt sich nicht mehr enthusiastisch der Gegenwart mit ihren steten Neuerungen an, während die Erinnerung gern bei den Erscheinungen der Vergangenheit und ihren liebgewordenen Eigenthümlichkeiten verweilt, mit denen die volle Thatkraft des Mannes einst innig verknüpft war.

Das Verdienst, Schiffe zuerst mit Eisen gepanzert zu haben, gebührt Napoleon III., wiewohl nach amerikanischen Veröffentlichungen schon 1812 Stevenson die Konstruktion eines Panzerschiffes zur Vertheidigung des New Yorker Hafens in Vorschlag gebracht haben soll. Die ersten gepanzerten Kriegsfahrzeuge waren drei mit 10 cm (3½") Platten belegte französische schwimmende Batterien von etwa 48 m Länge, mit einer 150pferdigen Schraubenmaschine, sechszehn 50pfündigen Bombenkanonen und 300 Mann Besatzung. Die Platten waren unter dem Hammer ausgeschmiedet. Diese Fahrzeuge erhielten am 17. Oktober 1855 vor Kinburn die Feuertaufe durch russische Vollkugeln und Granaten aus 24- und 32-Pfündern auf etwa 2000 Schritt Distance. Der Ausgang des Kampfes, welcher mit der Uebergabe der Festung endete, entschied zu Gunsten der Panzerung von Kriegsschiffen. Schon 1858 wurde in Frankreich von dem genialen Constructeur des ersten französischen Schraubenlinienschiffes „Napoleon", Dupuy de Lôme, die erste Panzerfregatte „La Gloire" mit 120 mm starkem Eisenbelag aus Holz erbaut, der das rivalisirende England, nachdem es bereits Anfang der sechziger Jahre hölzerne Linienschiffe, wie den „Lord Warden" und sein 1876 aus der Liste gestrichenes Schwesterschiff „Lord Clyde" zu Panzerschiffen umgestaltet, bald zwei bedeutend größere aus Eisen mit 114 mm Panzer auf 457 mm Holzhinterlage, den „Black Prince" und „Warrior", entgegenstellte.

War mit dem Bau der ersten Panzerschiffe der Versuch gemacht, die artilleristische Wirkung der Waffen möglichst zu paralysiren, so zeigt sich von nun an das wechselseitige Bestreben, die Durchschlagsfähigkeit des Geschosses durch größere

Kalibergebung zu erhöhen, der neu erzielten Waffenwirkung aber wiederum verstärkte Panzerwände entgegenzusetzen. Man ist auf diesem Wege nach beiden Seiten hin zum Ungeheuren gelangt. Während das erste große Panzerschiff sich

Zerschossene Versuchs-Panzerplatte.

mit 120 mm Panzerung begnügte, ist man jetzt bereits bei 450 mm angekommen, und steht dieser modernen Panzerstärke ein Kaliber der Schiffsgeschütze von durchschnittlich 34 cm mit 400 kg Geschoßgewicht, neuestens sogar ein Kaliber von 45 cm mit 900 kg Geschoßgewicht gegenüber. Den Seestaaten hat dieses wechselseitige Uebertrumpfen schon Millionen gekostet, aber bis heute noch keinen Abschluß gefunden. Mit der Einführung so enormer Geschütze ward auch deren Handhabung immer schwieriger, und an die Stelle der Bedienung durch Menschenkraft mußte die durch hydraulische und Dampfmaschinen treten. Schiffe, welche bestimmt waren, so gewaltige Metallmassen in Panzer und Geschützen zu tragen, mußten nothwendig zu außerordentlichen Dimensionen, d. h. zu einem ungewöhnlich großen Deplacement kommen. So entstanden Monstreschiffe, wie sie deren fast jede Marine jetzt aufzuweisen hat. Beispielsweise besitzt der „König Wilhelm" der deutschen Marine ein Deplacement von 9700 Tonnen, von denen 776 auf den Panzer und 886, oder 8,9 pCt. des Deplacements auf die Artillerie kommen. „Kaiser" und „Deutschland" haben 7670 Tonnen Deplacement, wovon 1430 Tonnen auf den Panzer und 460 Tonnen oder 6,4 pCt. auf die Geschütze entfallen. Das englische Panzerschiff „Hood" hat 14150 Tonnen Deplacement, welchem Muster auch andere große Marinen folgen.

Bei der Herstellung der Panzerplatten reichte man den neuesten Fortschritten der Artillerie gegenüber schließlich mit der Verwendung einfachen Eisens nicht mehr aus. Die letzterreichte Grenze in der Dicke und Schwere der Panzerung war nicht mehr zu überschreiten, und doch war die erzielte Widerstandsfähigkeit unzulänglich. Man wandte sich zur Herstellung homogener Platten, und haben sich im Lauf der Zeit dabei hauptsächlich drei Fabrikationssysteme herausgebildet, die Herstellung durch Schmieden, durch Walzen und durch Schmieden und Walzen zugleich.

Zur Beurtheilung der mit der Fabrikation verbundenen Schwierigkeiten vergegenwärtige man sich folgende Manipulation:

Bug des englischen Panzerschiffes „Neptune".

Es werden 7 Packete Eisenplatten, worunter eins von 45 mm, die andern von 75—80 mm Stärke zu einer Gesammtschicht von 580 mm aufeinandergelegt und in Schweißhitze auf 280 mm Schichtstärke zusammengewalzt. Zwei so hergestellte Platten, wiederum auf 308 mm Stärke zusammengeschmiedet, ergeben die zur Verwendung kommende (12zöllige) Panzerplatte.

S. M. Panzerfregatte „König Wilhelm" an der Tête im Geschwader segelnd.

Im amerikanischen Bürgerkriege mußte man von einer derartigen Technik Abstand nehmen, da keine Zeit zur Herstellung experimenteller Scheiben vorhanden war, Schiffe aber nothwendig aus dem überhaupt zur Verfügung stehenden Material geschaffen werden mußten. Man nahm infolgedessen seine Zuflucht zu Eisenbahnschienen und schmiedeeisernen Platten von geringer Stärke und setzte sie in vielen Lagen zu einem sogenannten Lamellen-Panzer zusammen.

In England war die Konstruktion mustergültiger Panzer für die Flotte eine Lebensfrage und mußte ihr mit dem Aufgebot aller technischen Mittel entgegengetreten werden. Die englische Energie, unterstützt durch großartige Mittel, hat dort alles überboten, was je in diesem Industriezweige zu Tage getreten ist.

Auch Deutschland wollte und durfte darin nicht nachstehen. Die Dillinger Werke traten gleichfalls in die Fabrikation ein und stellten Walzeisenplatten her. Als aber der Kampf zwischen dem angreifenden Geschütz und dem abwehrenden Panzer sich auch bei 304 mm gegen den letzteren entschied, weil man die Belastung der Schiffe mit schwereren Platten kaum noch mit der Seetüchtigkeit in Einklang bringen zu können glaubte, traten als letzter Versuch, den Panzerschutz über die Geschoßwirkung zu stellen, die in Frankreich von Schneider durch die Creuzotwerke gelieferten Stahlplatten und die in England von Rawlinson vorgeschlagenen, aus einer Vereinigung von härterem Stahl und weicherem, zähem Schmiedeeisen hergestellten Compoundplatten auf. Welche von beiden Panzerungsarten sich als die vortheilhaftere bewähren wird, ist noch eine offene Frage. Vorläufig werden die im Bau befindlichen Panzerschiffe mit geringen Ausnahmen, wie in Frankreich, mit Platten nach dem Compound-System gepanzert.

Die Fabrikation solcher Compoundplatten nach der Methode im Dillinger Eisenwerk ist nach einer Veröffentlichung im Marine-Verordnungsblatt (Beiheft Nr. 35) folgende:

Zur Herstellung einer Compoundplatte von 5 m Länge, 2 m Breite und 204 mm Dicke wird zunächst eine Walzeisen-Fundamentalplatte von 310 mm Dicke, 3 m Länge und 1,8 m Breite gefertigt. Dann erfolgt die Herstellung einer Deckplatte von weicherem Stahl aus etwa 0,45 pCt. Kohlenstoffgehalt in der Weise, daß aus dem Siemens-Martin-Ofen ein Ingot (Stab, Barren), etwa 2½ Tonnen schwer, von 200 mm Dicke gegossen und auf 50 mm Dicke bei 3 m Länge und 1,8 m Breite ausgewalzt wird. Die aus Walzeisen bestehenden Längsseiten der Fundamentplatte werden mit je einer seitlichen Leiste aus Schmiedeeisen versehen, in welche die Deckplatte, im Abstande von 125 mm von der Grundplatte, durch Schraubbolzen befestigt ist. Stahlbolzen halten beide Platten auseinander, bis der Zwischenraum mit hartem Stahl ausgegossen ist. Die solchergestalt vorbereiteten Platten werden in den Glühofen gebracht, auf hellroth erhitzt, darauf aus dem Ofen genommen und mit möglichst geringem Zeitverlust in diesem Zustande so in eine Gußform gesetzt, daß die Langseiten vertikal stehen.

Mittlerweile ist der Stahlofen, dessen Beschickung aus Stahlschrot, resp. Gußeisen, Spiegeleisen und Abfällen von Radkränzen rc. besteht, derartig betrieben worden, daß der Abstich sofort erfolgen kann. Nach Installirung der Platten fließt etwa 5000 kg flüssiger Stahl in Weißgluthhitze in den Zwischenraum zwischen die Stahldeck- und die Walzeisen-Grundplatte. Die gegossene Platte bleibt so lange in der Form stehen, bis sie auf Rothgluth abgekühlt ist, wird dann herausgehoben und sofort auf die erforderlichen Dimensionen ausgewalzt.

Die Frage, wie dick die Stahllage überhaupt und in Beziehung zu der Gesamtstärke der Panzerplatte am zweckmäßigsten zu bemessen sei, ist noch nicht endgültig gelöst; bei Compoundplatten von 21 cm Dicke beträgt sie etwa 8 cm, bei 37 cm Dicke etwa 12 cm. Man nimmt als Maßstab für ihre Widerstandsfähigkeit an, daß sie mindestens 20 pCt. größer als eine gleich starke Walzeisenplatte sei.

Zur Anfertigung jeder einzelnen Panzerplatte werden je nach Dimensionen, Form und Schmiegung der Kante passende Schablonen aus Holz gefertigt. Werden die Platten genau der Schiffsform entsprechend vom Hüttenwerk geliefert, so beschränkt sich die vor Anbringung derselben noch auf der Werft vorzunehmende Panzerungsarbeit zunächst auf das Behobeln der Platten und Bohren der Bolzenlöcher. Ist dagegen die den einzelnen Platten auf dem Hüttenwerke gegebene Biegung nicht ausreichend, so muß diese Arbeit auf der Werft durch einen Panzerplattenglühofen und die Panzerplattenbiegemaschine ausgeführt werden.

eruhte die Offensivkraft der früheren Schlachtschiffe lediglich auf der Artillerie, so hat man bei den heutigen neben der ins Großartige gesteigerten Leistungsfähigkeit der Geschütze auf eine alte Waffe, den Sporn,[1] dessen Grundzüge an der antiken Triere wiederzuerkennen sind, zurückgegriffen, ein gewaltiges Kampfmittel, das unter Umständen angesichts der modernen Gefechtstaktik noch die verheerende Wirkung der Geschosse übertreffen dürfte.

Er ist dazu bestimmt, feindliche Schiffe durch Anrennen (Rammen) zu verwunden, und, wie schwerwiegend die Folgen der hierdurch herbeigeführten Verletzungen sind, haben die Vernichtung des „Re d'Italia" in der Schlacht bei Lissa am 20. Juli 1866, die Katastrophe des englischen Panzerschiffs „Vanguard" am 2. September 1875 und der Untergang des „Großen Kurfürst" bei Folkestone am 31. Mai 1878 zur Genüge bewiesen.

Nach den obigen Ausführungen besteht der Werth eines Panzerschiffes neben seinen Seeeigenschaften im allgemeinen und der Fähigkeit, einen möglichst großen Kohlenvorrath bergen zu können, in seiner Gefechtsstärke, d. h. in der Offensiv= und Defensivkraft. Dazu gehören zweckentsprechende artilleristische Ausrüstung, größtmöglichste Fahrgeschwindigkeit, Manövrirfähigkeit und in neuester Zeit Einrichtungen zum Gebrauch der Torpedos; ferner Widerstandsfähigkeit der Wandungen, bezw. des Panzers gegen feindliche Geschosse und Stärke des Verbandes, insbesondere soweit sie beim Stoß mit dem Sporn oder beim Versuch der Sprengung durch Explosionsmittel (Torpedos) in Frage kommt. Daß die Berücksichtigung aller dieser Momente für den Constructeur eine überaus schwierige Aufgabe ist, muß auch dem Laien verständlich sein.

Bei dem Bau der modernen Panzerschiffe kommt zunächst die Frage in Betracht, in welchem Umfange die Schiffsseiten mit Panzer versehen werden können. Wollte man die ganze Schiffswandung, etwa von 1,50 m unterhalb der Wasserlinie beginnend, bis zum Oberdeck in der jetzt nothwendigen Stärke panzern, so würde das Schiff, um solche Eisenmassen tragen zu können, ein so bedeutendes Deplacement beanspruchen, daß die erforderliche kriegsgemäße Manövrirfähigkeit, selbst mit Hülfe der stärksten, in dem engen Raum aufstellbaren Dampfmaschinen, nicht mehr zu erreichen wäre. Es ist jetzt schon, bei möglichster Einschränkung des Panzers, die für ein Schlachtschiff geforderte Mindestgeschwindigkeit von sechszehn Knoten nur noch mit den leistungsfähigsten Doppelmaschinen zu erreichen. Noch stärkere Maschinen würden aber einen so kolossalen Kohlenvorrath beanspruchen, daß ein solcher nur in einem Schiffskörper unterzubringen wäre, dessen kolossale Dimensionen eine praktische Verwendbarkeit überhaupt ausschließen dürften.

Dazu kommt noch die Nothwendigkeit, auch das lebende Werk des Schiffes, d. h. den unter Wasser befindlichen Theil desselben, gegen Senkschüsse, resp. gegen den Durchschlag solcher Projektile zu decken, welche in gekrümmter Flugbahn von oben treffen und gegen welche die Seitenpanzerung keinen Schutz bietet; dies geschieht, indem man die unteren Decks mit starkem Horizontal=Panzer belegt.

Als ferneres Schutzmittel gegen Sporn und Torpedo konstruirt man ein theilweises Doppel=Schiff, d. h. man bringt innerhalb der Panzerwand, besonders die vitalsten Theile des Schiffes umhüllend, eine zweite Wand nach einem folgerecht durchgeführten System von eisernen Zellen an, die, wasserdicht von einander abgesperrt, häufig mit Kork bezw. Kohlen belegt sind, so daß ein etwa durch einen Rammstoß oder anderweite Verletzung entstehendes Leck nur eine einzelne Zelle bezw. auch wohl die benachbarte zwar mit Wasser füllt, die Sicherheit des ganzen Fahrzeuges aber nicht ernstlich gefährdet.

Der ganze innere Raum des Schiffes wird ferner bis unterhalb des Panzer= bezw. Batteriedecks durch wasserdichte Querwände (Schotte) in eine größere Zahl von Abtheilungen getheilt, deren Ausdehnung den einzelnen Raumbedürfnissen entspricht. Dieses Arrangement vergegenwärtigt unsere Illustration „Deutsches Kanonenboot im Bau" auf Seite 35.

Ob durch dieses Zellen= und Schottensystem ein ausreichender Schutz gegen Torpedos und gegen die Ver-

---

[1] Näheres über die Form siehe unter Panzerschiffbau.

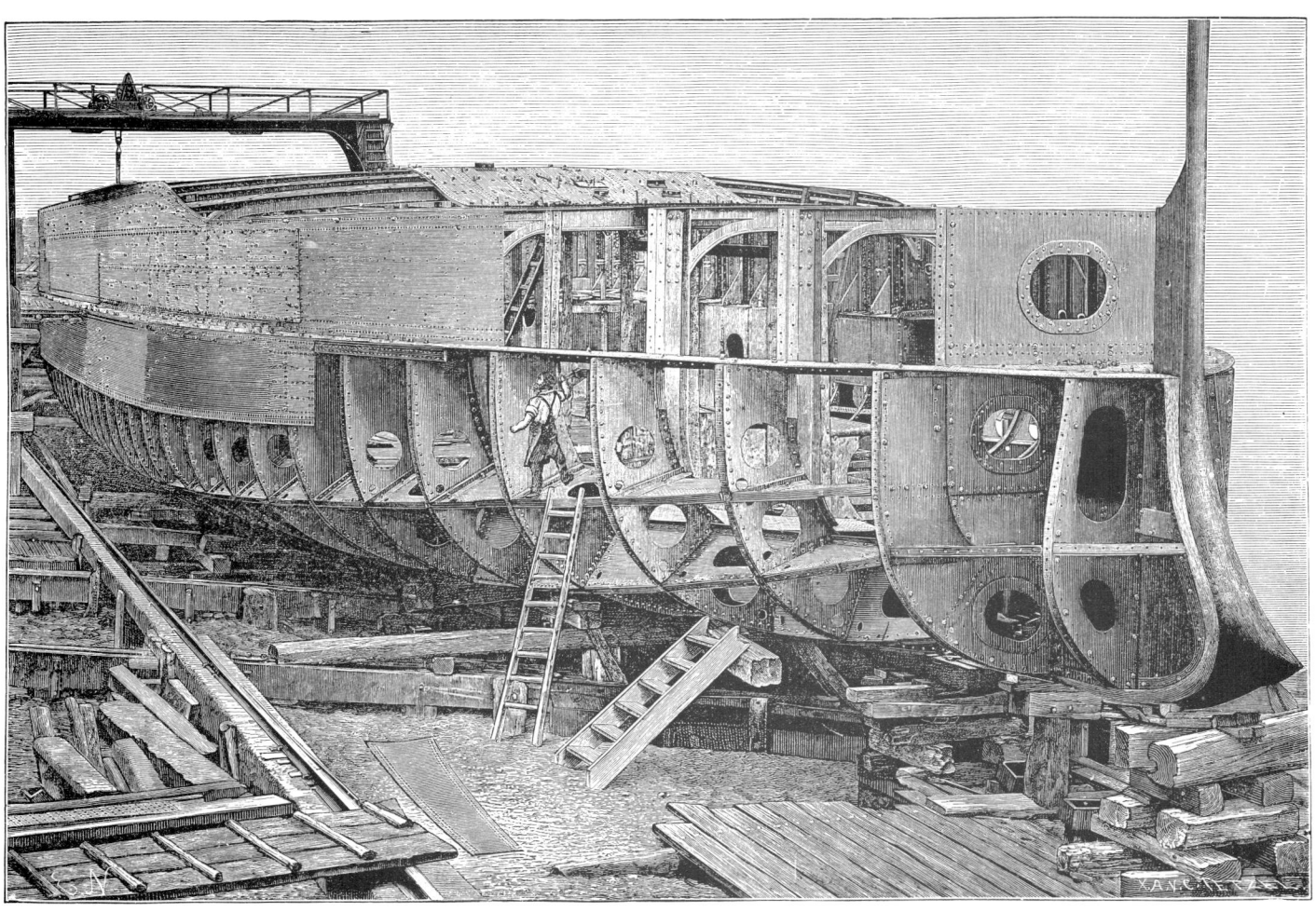

Deutsches Panzerkanonenboot im Bau.

wundung durch den Sporn erreicht wird, ist noch nicht sichergestellt; die oben angeführten Unglücksfälle mit dem „Vanguard" u. s. w. sprechen für das Gegentheil.

Bei der erforderlichen Stärke des Panzers liegt daher die Nothwendigkeit vor, die Flächenausdehnung desselben auf das geringste Maß zu bringen.

Während man bei den ersten Panzerschiffen, dem französischen „Gloire" (1859 erbaut), dem englischen „Warrior" (1860) und „Minotaur" (1864) — einem unpraktischen fünfmastigen Monstreschiff von 10,690 Tonnen bei 121,9 m Länge und nur 18,1 m Breite und 8,1 m mittlerem Tiefgang, — sowie bei den deutschen „Friedrich Karl" und „Kronprinz" (1867) und dem „König Wilhelm"[1] (1868) von 9757

S. M. Panzerschiff „König Wilhelm", Seitenansicht.

Tonnen bei 108,5 m Länge, 18,3 m Breite und 7,7 m mittlerem Tiefgang, d. h. bei dem Typus des Batterie=

[1] Unser Vollbild auf Seite 31 zeigt dieses größte, wenn auch nicht mehr stärkste deutsche Panzerschiff, mit raumem Winde an der Tête im Geschwader segelnd. Ihm folgt „Kronprinz", dann Panzerthurmschiff „Preußen", zuletzt Kreuzerkorvette „Louise".

Englisches Panzerbatterieschiff „Minotaur".

schiffs — so genannt, weil die Geschütze fast in der ganzen Längenausdehnung vom Bug bis zum Heck in einer durchlaufenden Batterie placirt sind — die ganze Schiffsseite mit Panzerung versah, greift man jetzt zur partiellen Panzerung zurück und umgiebt, dem Belt- oder Boxsystem folgend, das Schiff in der Wasserlinie, woselbst Verwundungen durch Schüsse höchst gefährlich werden, mit einem Gürtelpanzer von nur 3 m Höhe

und schützt außerdem diejenigen Theile desselben, wo die Maschinen und Kessel, die Steuerapparate, die Geschütze, Munitionskammern u. s. w. untergebracht sind,

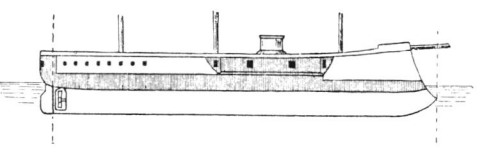

S. M. Panzerschiff „Kaiser", Seitenriß.

durch eine weiter nach oben reichende möglichst starke Panzerung.

      Dieses System finden wir beim Kasemattschiff. Hier stehen die Hauptgeschütze in einer verkürzten, nur ungefähr das mittlere Drittel des Schiffes einnehmenden, gepanzerten und in sich vollständig abgeschlossenen, durch quer-

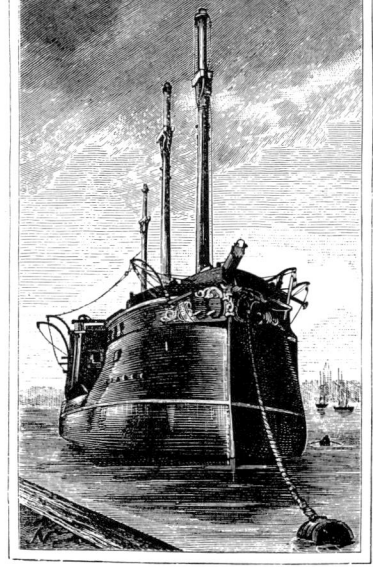

S. M. Panzerschiff „Kaiser".
Abgetakelt, in der Buganficht.

schiffs aufgestellte Panzerwände getrennten Batterie (Kasematte), die meistentheils als kastenförmiger Ausbau mit abgeschrägten Kanten aus der Schiffswandung

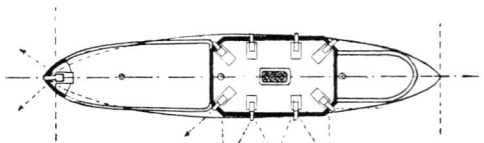

S. M. Panzerschiff „Kaiser", Batteriedecksplan.

vorspringt. Die vorderen und hinteren Ecken dieses Reduits, soweit dieselben aus der Schiffswand hervortreten, sind meistens abgeschrägt und erhalten Geschützpforten, aus denen die dahinter postirten Geschütze in der Kielrichtung nach vorn (Jagdschuß) und nach hinten (Retraiteschuß) feuern.

      Der Typus des Kasemattschiffs ist in der deutschen Marine durch den hier in der Buganficht dargestellten „Kaiser" und „Deutschland" von je 7676 Tonnen Deplacement bei 85,3 m Länge, 18,9 m Breite, 7,7 m mittlerem Tiefgang und einer Schnelligkeit von 15 Knoten, mit acht 26 cm Kanonen in der Kasematte, vertreten. Die Bordwände sind vor und hinter der Kasematte so eingezogen, daß mit den vorderen Geschützen in der Jagdrichtung

Englisches Kasemattschiff „Swiftsure", Heckansicht.

Englisches Kasemattschiff „Swiftsure", Buganfiht.

noch über die Kiellinie hinaus, mit den hinteren in der Retraiterichtung bis 15° von der Kiellinie gefeuert werden kann. Eine 21 cm Kanone hinter halbkreisförmigem Panzerschild auf dem hinteren Batteriedeck, mit einem Schuß=feld von 60°, vervollständigt die Heckvertheidigung. Die Stärke des Panzers in der Wasserlinie beträgt 254, an der Kasematte 224 mm auf 228 mm Holzhinterlage, die des Deckpanzers aus Stahl 51 bis 38 mm.

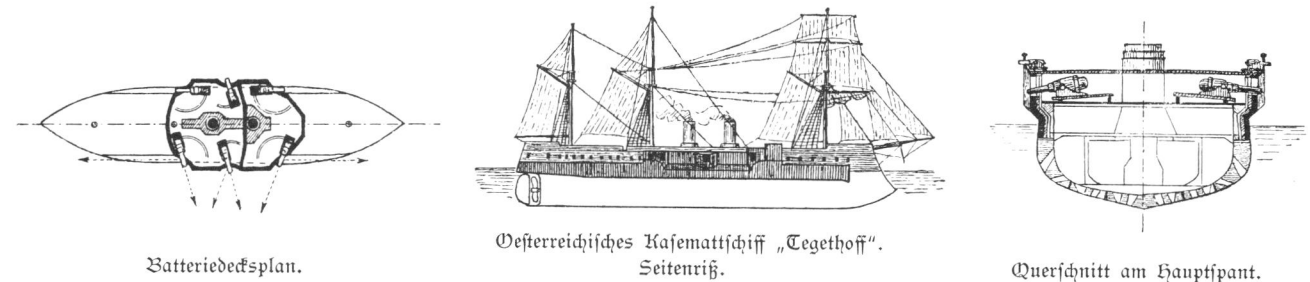

Batteriedecksplan.   Oesterreichisches Kasemattschiff „Tegethoff".   Querschnitt am Hauptspant.
                                                      Seitenriß.

Das österreichische Kasemattschiff „Tegetthoff" von ähnlicher Konstruktion und 369 mm Panzerplattenstärke hat ein Deplacement von 7390 Tonnen, eine Geschwindigkeit von 14 Knoten und führt sechs 28 cm Krupp=Geschütze in der Kasematte und außerdem eine Anzahl leichter Kanonen und Palmkranzmitrailleusen. — In England zählen hierher die Schiffe der Invincible=Klasse, von deren sechs Repräsentanten der oben erwähnte „Vanguard" während einer Uebungs=

Hinterdeckthurm des englischen Kasemattschiffes „Temeraire".

fahrt in dem irischen Kanal von seinem Schwesterschiff „Iron Duke" gerammt wurde und nach etwa 30 Minuten versank. Unsre Vollbilder auf Seite 38 und 39 zeigen den 1872 vollendeten „Swiftsure" von 6660 Tonnen, 85,3 m Länge, 16,8 m Breite und 7,7 m mittlerem Tiefgang in der Bug= und Heckansicht, bei der Ausbesserung der Takelage begriffen, Segel und Flaggen trocknend. Das Schiff hat zwei übereinander liegende Kasematten, mit 152 mm Plattenbelag, von denen aber nur die obere, die Deckkasematte, aus der Bordwand vorspringt und den Jagd= und Retraiteschuß aus den Geschützpforten in den abgestutzten Kanten gestattet. Sie führt an jeder Seite in der oberen Batterie zwei, in der unteren drei 9zöllige Geschütze, während die übrigen Geschütze geringeren Kalibers ohne Panzerschutz auf Deck stehen. — Ferner gehört hierher der durch die Aufstellung seiner Geschütze charakteristische

„Temeraire". Die vordere Abtheilung der von einer Panzerquerwand durchzogenen achteckigen Kaſematte im Batterie=
deck führt zwei 30,5 cm Geſchütze mit einem Schußfeld von 90° von der Kielrichtung nach vorn, die hinteren vier
25,4 cm Geſchütze für Breitſeitfeuer. Für den Retraiteſchuß iſt ein 30,5 cm Geſchütz auf dem Achterdeck und zur

S. M. Panzerſchiff „Preußen", abgerüſtet.

Verſtärkung des Feuers in der Jagdrichtung ein ebenſolches auf dem Vordeck und zwar auf drehbaren Scheiben je in
einem wie beim Barbettſchiff oben offenen, feſten Panzerthurm aufgeſtellt. Unſere Illuſtration zeigt (S. 41)
den hinteren dieſer Thürme, die im Grundriß eine längliche Form haben, um den Munitionstransport mit zu
umſchließen; derſelbe wird durch Röhren vermittelt, welche vom gepanzerten Deck bis zum Thurm hinaufgehen. — Von den Kaſemattſchiffen der fran=
zöſiſchen Flotte hat die 1879 vom Stapel gelaſſene „Dévaſtation" (vergl. den Kupferdruck), welche einen ſtark hervortretenden Rammbug und zum Schutze des Balance=
ruders[1] ein rundes, überhän=
gendes Heck zeigt, ein Deplace=

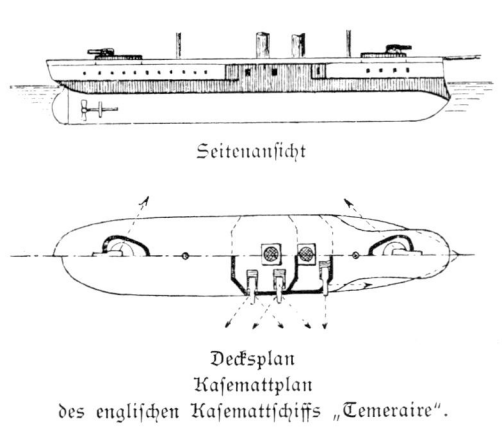

Seitenanſicht

Decksplan
Kaſemattplan
des engliſchen Kaſemattſchiffs „Temeraire".

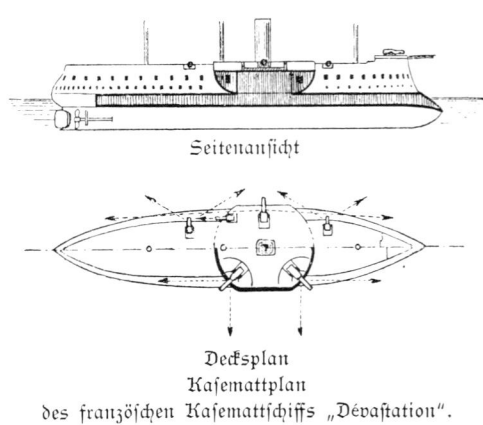

Seitenanſicht

Decksplan
Kaſemattplan
des franzöſchen Kaſemattſchiffs „Dévaſtation".

ment von 10,600 Tonnen und eine Panzerung bis zu 380 mm Stärke auf 320 mm Teakholzunterlage. Die Länge
beträgt 95,0 m, die Breite 21,3 m, der mittlere Tiefgang 7,3 m. Die durch 240 mm ſtarke Panzerplatten geſchützte
Kaſematte führt vier 34 cm Geſchütze und tritt ſchon von der Waſſerlinie ab aus der nach oben zu in der ganzen

---

[1] Siehe Schiffbau.

Schiffslänge stark eingezogenen Bordwand hervor. Ferner sind vier 27 cm Geschütze derart in Halbthürmen von geringem Panzerschutz auf Deck aufgestellt, daß sie direkt nach vorn und hinten in der Kielrichtung feuern können. Sechs 14 cm Geschütze auf dem Oberdeck nebst einer Anzahl Mitrailleusen vervollständigen die Armirung.

Beim Uebergang vom Batterie- zum Kasemattschiff hat neben der Absicht, den Umfang der Panzerung zu verringern und dafür deren Stärke zu erhöhen, das Prinzip zu Grunde gelegen, das Gesamtgewicht von Artillerie und Panzermasse möglichst nach der Mitte des Schiffes hin zu konzentriren, wo dieses, vermöge seiner Rumpfform, die größte Tragfähigkeit besitzt. Man entlastete dadurch Bug und Heck und erhöhte so die allgemeinen Seeeigenschaften des Schiffes, welches fähiger wurde,

Heck von S. M. Panzerschiff „Preußen“.

sich mit der anrollenden Woge zu heben, anstatt sie über sich hinwegbrechen zu lassen.

Ein weiterer Uebelstand bei den Batterieschiffen aber, von dem auch das Kasemattschiff nicht gänzlich frei, ist die bei stürmischem Wetter — besonders wenn das Schiff quer gegen die See liegt — häufig eintretende Unmöglichkeit, die Artillerie überhaupt noch gebrauchen zu können.

Dies legte den Wunsch nahe, den Standort der Geschütze höher über die Wasserlinie zu verlegen und führte zu einem neuen Typus, dem Thurmschiff, für welchen die Panzerung nach dem Belt-

system gleichfalls adoptirt werden konnte. Der englische Admiral Sir Thomas Symonds äußerte nach Abhaltung einer Reihe von Schießübungen im atlantischen Ocean, „daß ein einziges Thurmschiff während des hohen Seeganges genügt haben würde, einen erheblichen Theil seiner großen Breitseitschiffe zum Sinken zu bringen“.

Dies militärische Uebergewicht wird dem Thurmschiff dadurch verliehen, daß es seine Artillerie in gepanzerten, entweder drehbaren oben geschlossenen (Drehthurmschiff), oder festen oben offenen Thürmen führt, welche über das Ober-

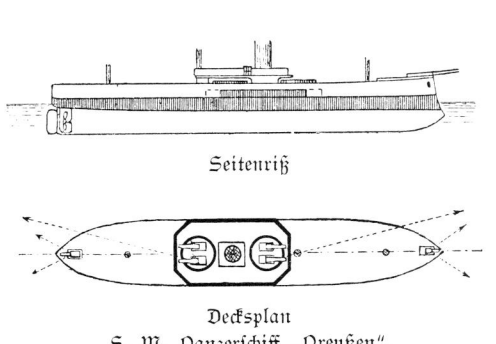

Seitenriß

Decksplan
S. M. Panzerschiff „Preußen“.

deck hinausragen und es gestatten, sowohl den Rohrachsen der Geschütze eine so hohe Lage über Wasser zu geben, als auch die Geschütze so in der Horizontalebene zu drehen, daß sie fast bei jedem Wetter gebrauchsfähig bleiben. Allerdings ist es nicht möglich, dieselbe Anzahl von Kanonen, wie bei den Batterie-Schiffen, in dem engen Raume

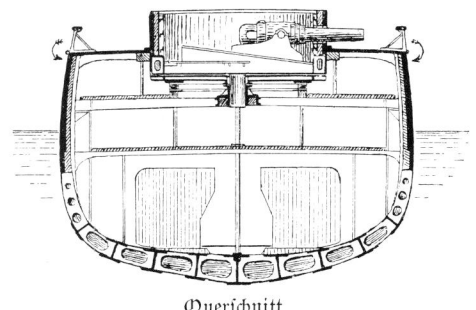

Querschnitt
S. M. Panzerschiff „Preußen“.

eines Thurmes unterzubringen, doch deckt man den Ausfall in der Zahl durch größere Kaliber und erleidet somit das Gesamtgewicht der zu schleudernden Eisenmasse keine Einbuße. Auch in einer Kasematte können an ihren beiden Bordseiten mehr schwere Geschütze aufgestellt werden, als in Thürmen, dennoch ist die artilleristische Leistungsfähigkeit der Thurmschiffe um deswillen nicht geringer als die der Kasemattschiffe, weil die gesamte Geschützwirkung der drehbaren Thürme beliebig nach beiden Seiten hin entwickelt werden kann.

Nur im Falle eines gleichzeitigen Angriffes von zwei Seiten würde die Artilleriewirkung der Thurmschiffe hinter der gleich großer Kasemattschiffe zurückstehen.

Das Drehthurmschiff hat meist zwei drehbare, aus kreisförmigen Oeffnungen im Oberdeck heraustretende Panzerthürme, welche entweder in der Längsachse des Schiffs, oder diagonal zu ihr aufgestellt sind. Jeder derselben führt in der Regel zwei schwere, parallel nebeneinander stehende Geschütze, deren Schlitten[1] fest in den Thurm eingebaut werden, so daß sie mit diesem um einen in der Mitte des Unterbaues feststehenden Pivot durch Dampfkraft oder hydraulische Apparate drehbar sind. Die dem feindlichen Feuer zugekehrten Stirnplatten der Thürme, in welchen sich die in ihren Abmessungen minimalen Geschützpforten befinden, sind auf ein Drittheil des Thurmumfanges stärker, als die übrige Thurmwand gepanzert. Der unter Deck befindliche Theil der Thürme ist zellenförmig mit durchbrochenen

---

[1] Siehe Schiffsartillerie.

Wänden konstruirt, um die Munition durch die Oeffnungen in das Thurminnere schaffen und gleichzeitig die unteren Schiffsräume ventiliren zu können.

Das Oberdeck umgiebt ein aus leichtem Eisenblech bestehendes Schanzkleid,[1] das während des Schießens nach außen hinuntergeklappt wird, damit die nur 0,5 m über Deck bezw. 3—4 m über dem Wasserspiegel stehenden Geschütze ein möglichst weites Schußfeld (bis 150°) erhalten.

Von der deutschen Marine gehört hierher[2] die 1873 auf der Werft des Vulkan zu Stettin vom Stapel gelassene, auf unseren Illustrationen (S. 42. 43) im Zustande der vollendeten Abrüstung dargestellte „Preußen" und der 1874 auf der Kaiserlichen Werft in Kiel erbaute „Friedrich der Große", je von 6770 Tonnen Deplacement, 93,6 m Länge, 16,3 m Breite, 7,3 m mittlerem Tiefgang und 14 Knoten Geschwindigkeit. Jeder der beiden in der Längsachse des Schiffs aufgestellten Drehthürme führt zwei lange Kruppsche 26 cm Ringkanonen, deren Rohrachsen 4,5 m über Wasser liegen. Der Gürtelpanzer hat eine Maximalstärke von 235 mm auf ungefähr gleich dicker Holzhinterlage. Die sich an ihn anschließende 208 mm Brustwehrpanzerung deckt nur die unteren Hälften der Thürme und die Kessel, während der übrige Schiffs-raum durch ein 16 mm Panzerdeck geschützt ist. Der 210 mm Thurm-panzer ist in der Um-gebung der Geschützpfor-ten auf 262 mm ver-stärkt. Für Jagd- und Retraiteschuß ist im Bug und Heck eine 17 cm Ring-kanone aufgestellt; einige Hotschkiß-Schnellfeuerka-nonen vollenden die Armi-rung. Ein eiserner Aufbau, über bezw. zwischen den Thürmen in der Längsachse bildet in einer Höhe von etwa 7 m über der Wasser-linie die Kommandobrücke und zugleich eine Art

Englisches Panzerthurmschiff „Neptune".

Sturmdeck. — In Eng-land ist diese Klasse u. a. vertreten durch den voll getakelten „Neptune" (siehe die Illustrationen auf Seite 30 und 44) von 91 m Länge, 19 m Breite, 7,6 m mittlerem Tiefgang, 9310 Tonnen Deplace-ment und 14 Knoten Ge-schwindigkeit. Jeder seiner beiden, ähnlich wie bei der „Preußen" placirten Thürme führt zwei 30,5 cm Geschütze, außerdem stehen hinter einem Panzer-schott unter der Back zwei 20,3 cm Kanonen für den Jagdschuß. — Die 1871 und 1874 im Bau be-endeten, unbemasteten englischen Panzerschiffe „Devastation" und „Thunderer" (dessen Thurmpartie die Illustration S. 45 veranschaulicht), sowie das etwas später fertiggestellte und in mancher Beziehung verbesserte Citadellschiff „Dreadnaught" von 10 820 Tonnen Deplacement entstanden aus dem Wunsche, Seekriegsmaschinen von größerem Gefechtswerth zu besitzen, als jede andere Marine, indem man ihnen durch die Ermöglichung der Aufnahme von enormen Kohlenvorräthen eine Dampfkraft sicherte, welche einen längeren Aufenthalt in See gestattet, ohne ihr Heizmaterial ergänzen zu müssen. Diese äußerlich unschönen Schiffe, welche die Bezeichnung „schwimmende Festungen" rechtfertigen, erreichen doch nur 14 Knoten Geschwindigkeit. Die untersten Räume bis zu dem durch drei Lagen 76 mm dicker Eisenplatten gepanzerten Zwischendeck weisen der Länge nach 24 wasserdichte Abtheilungen auf. Der das Schiff umgebende Panzergürtel besteht aus zwei Plattengängen von 1,9 m größter Breite und 355 mm größter Dicke mit 457 mm Holzhinterlage in der Mitte, verjüngt sich aber nach den Enden, zur Erzielung besserer Seeeigenschaften. An den Seiten reicht er etwas über die Deckslinie hinauf und schließt sich hieran eine aus leichter Eisenkonstruktion gebildete Wand, welche 2,1 m über Deck in gleicher Höhe mit der Oberfläche der gepanzerten Brustwehr abschließt und hier ein zweites Deck trägt. In diesen Ueberbau von 3,5 m Höhe über Wasser wird somit die Brustwehr ringsum eingeschlossen, aus der die beiden in der Längsachse postirten, mit je zwei 30,5 cm Kanonen ausgerüsteten Drehthürme hervorragen. Die Panzerung dieser Thürme setzt sich folgendermaßen zusammen: Auf eine äußere 229 mm Eisenbeplattung folgt nach innen zu eine gleich starke Eichenholzlage, darauf 152 mm Panzerplatten und in derselben Stärke abermals eine Holzhinterlage, dann eine Innenhaut von zwei 19 mm Blechen; schließlich schützt eine Lage von Taumatten im Innern die Geschützmann-

---

[1] Siehe Schiffbau.
[2] Auch der als Kasemattschiff entworfene und 1869 begonnene, nach geändertem Plane aber als Thurmschiff 1875 fertiggestellte „Großer Kurfürst" zählte hierzu.

schaften gegen etwa durch aufschlagende Geschosse losgesprengte Eisentheile. Die Pforten und Decke der Thürme sind hermetisch verschließbar, die in das Innere des Schiffes führenden Eingänge in See nur vom Sturmdeck aus zugänglich. Auf diesem Sturmdeck befindet sich ein gepanzerter Kommandothurm, von wo aus der Kommandant die Manöver mit

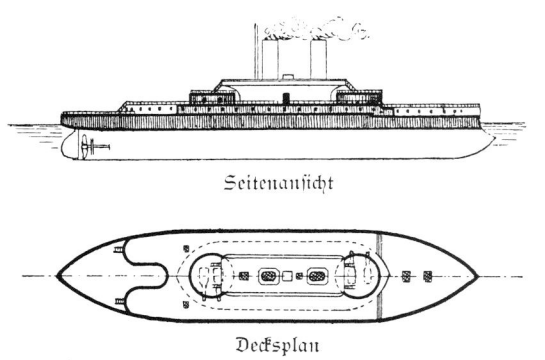

Seitenansicht

Decksplan
des englischen Panzerthurmschiffs „Thunderer".

dem Schiffe, sowie das Geschützfeuer in der Schlacht selbst dirigirt. Ein leichter Mast mit Raa für den Signaldienst trägt im Mars eine Gatling-Mitrailleuse. Sechs Nordenfeldkanonen auf dem Deck des Ueberbaues vervollständigen die Armirung.

Bei dem Typus der neuesten Thurmschiffe ist eine

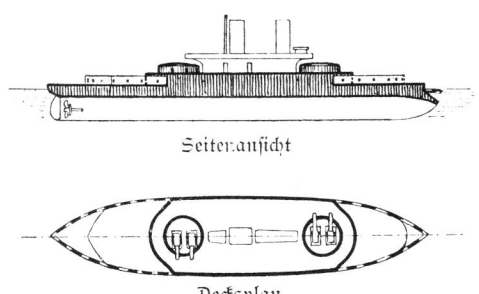

Seitenansicht

Decksplan
des englischen Panzerthurmschiffs „Dreadnaught".

Art Panzerschutz in Aufnahme gekommen, welcher eine bedeutende Beschränkung an Flächenausdehnung der Seitenpanzerung zuläßt. Man belegt nämlich das unter die Wasserlinie verlegte Zwischendeck der Länge nach mit Stahlplatten, wobei man von dem sonst nöthigen, diese Linie schützenden Gürtelpanzer Abstand nehmen konnte und ein unterer, die

Maschine, Kessel, den Steuerapparat, den Drehmechanismus der Thürme u. dgl. einschließender, gegen Vertikalfeuer sicherer Raum geschaffen wurde, welcher das Schiff noch seetüchtig erhält, selbst wenn der Oberbau im Gefecht stark demolirt ist. Der unter dem Panzerdeck liegende Schiffsraum ist in mehr als hundert wasserdichte Abtheilungen getheilt. Die Seitenpanzerung erstreckt sich allein auf das mittlere Drittel des Schiffskörpers, ist hier ringsum, wie beim Kasemattschiff, in sich selbst abgeschlossen und bildet ein etwas unter der Wasserlinie beginnendes Panzer-Reduit, das bis zum Oberdeck, bezw. etwas darüber hinaus reicht und den unteren Theil der aus der Oberfläche des Reduits hervorragenden Thürme schützt.

Der erste Repräsentant

Englisches Panzerthurmschiff „Thunderer".

dieses Typus ist der 1876 vom Stapel gelaufene englische aus Eisen konstruirte „Inflexible", dessen Thurmpartie unsere Illustration wiedergiebt, von 11 880 Tonnen Deplacement, 97 m Länge, 23 m Breite, 7,5 m mittlerem Tiefgang und 14 Knoten Geschwindigkeit. Sein Reduit, dessen ca. 2,0 m unter der Wasserlinie beginnender Panzer aus Platten von 305 mm Dicke mit 275 mm Teakholz-Hinterlage, dahinter 305 mm Platten mit 152 mm Teakholz und zuletzt zwei Eisenblechen von je 25 mm Stärke besteht, umschließt zwei diagonal zur Längsachse des Schiffs placirte Drehthürme, von denen der an Backbord[1] befindliche vor, der an Steuerbord[1] hinter der Mittschiffssektion steht. Die vordere und hintere Wand des Reduits ist weniger stark, als die Seitenwände gepanzert. Jeder führt zwei 81 Tons Woolwich-Vorderlader von 40,5 cm Kaliber. Das Schiff hat vier Decks. Im Gefecht wird an Stelle der Briggtakelage nur ein leichter Signalmast aufgestellt. — Der 1882 vom Stapel gelassene, dem Vorigen ähnliche „Colossus", von 9160 Tonnen, bei 352' Länge, 68' Breite, 25' 9" mittlerem Tiefgang, 14 Knoten Geschwindigkeit, ist aus Stahl erbaut und hat 14—18" Stahl- resp. Compoundpanzerung. Obgleich seine vier 45 Tonnen

---

[1] Diejenige Seite eines Schiffes, welche von einem auf dem Hintertheil desselben befindlichen, nach dem Vordertheil zu gewendeten Beschauer links liegt, heißt Backbord, die rechts Steuerbord.

Armstrong-Hinterlader-Thurmgeschütze von kleinerem Kaliber sind, als die des „Inflexible", sollen sie doch größ're Leistungsfähigkeit besitzen. Er führt außerdem vier 15 cm-Hinterlader, zehn Nordenfeld- und zwei Gardner-Kanonen. — Von der italienischen Flotte zählen hierher die 1879 fertiggestellten Panzerthurmschiffe „Duilio" und „Dandolo" von 11700 Tonnen bei 103 m Länge, 20 m Breite, 7,7 m mittlerem Tiefgang, 15—16 Knoten Geschwindigkeit und mit einer Panzerhaut von 55 cm Gesamtstärke. Jeder der beiden 3 m über Deck hohen, in der Diagonale auf- gestellten Drehthürme führt zwei 101 Tonnen Vorderlader von 45 cm Kaliber, welche einen Panzer von 61 cm zu durchschlagen vermögen.

Die Drehthurmschiffe haben jedoch auch verschiedene Uebelstände. Zunächst kann die Beweglichkeit des Thurmes im Gefecht durch einen unglücklichen Schuß in Frage gestellt werden, wenn z. B. die Splitter eines feind-

Englisches Panzerthurmschiff „Inflexible".
Thurmpartie.

lichen Geschosses sich in die nothwendig etwas weit zu haltende Spalte zwischen der cylindrischen Thurmwandung und der Oberkante des Führungskessels einkeilen. Ferner ist bei Seegang das Eindringen von Wassermassen durch die oben bezeichnete Spalte schwer zu vermeiden. Dazu kommt, daß der Aufenthalt im Thurm während des Feuers durch die übelriechenden Gase, welche nach dem Schuß und beim Wiederladen aus dem Geschützrohr nach dem Thurminnern entströmen, nahezu unerträglich wird. Besonders schwierig aber ist es, abgesehen von leicht möglichen Funktionsstörungen in dem komplizirten Drehungsmechanismus, auf bewegtem Wasser solche Gewichte, wie Thurm und Geschütze repräsentiren, so sorgfältig zu dirigiren, wie es bei einem genauen Visiren gefordert werden muß.

Um daher derartigen Uebelständen durch vortheilhaftere Einrichtungen Abhülfe zu schaffen, erbaute man Schiffe mit oben offenen, auf der Oberfläche des Panzerreduits feststehenden Thürmen, innerhalb welcher die über die gepanzerte Thurmwand hinausragenden Geschütze auf Scheiben mittelst Dampf- oder hydraulischer Kraft horizontal drehbar sind. Diese Geschütze sind „en barbette" aufgestellt, d. h. sie feuern „über Bank".

In der französischen Marine hat man den Gürtelpanzer beibehalten. Ueberhaupt hat die französische Schiffbaukunst in ihren Schöpfungen sowohl dem praktischen Werth wie der Formschönheit in hohem Maße Rechnung getragen und in mancher Beziehung den Engländern schon seit Jahrhunderten zum Vorbilde gedient. Als Rivalen in der Beherrschung der Meere mußte ihr Bestreben darauf gerichtet sein, sich auch in der Herstellung ihres schwimmenden Kriegsmaterials gegenseitig zu überflügeln, und ist es daher erklärlich, wenn beide Nationen in erster Reihe auch zu Vorkämpfern der verschiedenen Phasen des Panzerschiffbaues geworden sind.

Die Gruppe der Breitseitschiffe alten Typus ist in Frankreich durch die aus Holz gebauten Schiffe der „Provence"-Klasse und andere vertreten, deren maximale Panzerstärke in der Wasserlinie 150 mm, in der Batterie-höhe 110 mm beträgt, und deren Armirung durchschnittlich aus je acht 24 cm und vier 19 cm Geschützen besteht. Das

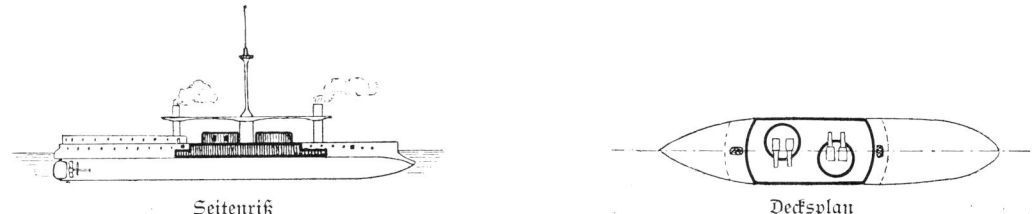

Seitenriß des italienischen Panzerthurmschiffs „Duilio". Decksplan

Drehthurmsystem in Verbindung mit Brustwehren ist durch eine Anzahl hauptsächlich zur Küstenvertheidigung bestimmter Schiffe vertreten, von denen die neuesten, die der „Caïman"-Klasse, aus Eisen bezw. Stahl gebaut, mit einem Sporn versehen sind und ein Deplacement von etwa 7500 Tonnen, eine Geschwindigkeit von 13 Knoten, eine Maximal-Stärke des Gürtelpanzers und der Brustwehr von 50 cm, des Thurmes von 45 cm und des Decks von 80 mm haben. Sie führen nur einen Drehthurm, der auf dem vorderen Drittel der Schiffslänge steht und mit zwei Geschützen ver-schiedenen Kalibers bis zu 42 cm armirt ist, außerdem noch einige leichte Geschütze und Mitrailleusen.

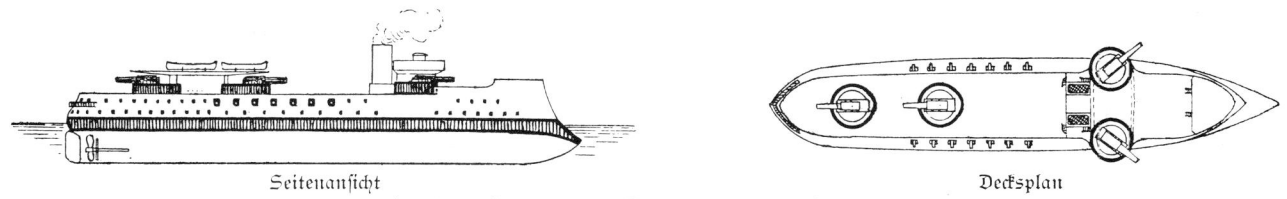

Seitenansicht des französischen Barbett-Thurmschiffs „Amiral Duperré". Decksplan

Das Kasemattsystem war zuerst in den Schiffen „Magenta" und „Solferino"[1] mit zwei Batterien übereinander (Linienschiffe) vertreten; später baute man die Ocean-Klasse — sämtlich noch aus Holz — mit einem Deplacement von etwa 7800 Tonnen, einer Panzerstärke in der Wasserlinie von höchstens 200 mm und der Kasematte von 160 mm. Die Armirung der Ocean-Klasse besteht aus vier 27 cm Geschützen in der Kasematte und weicht von den eng-lischen Schiffen dieses Systems dadurch ab, daß sie in vier über den Ecken der Batterie auf dem Oberdeck ange-

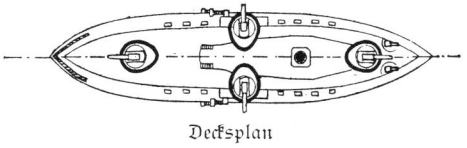

Decksplan des französischen Brustwehrschiffs „Neptune".

brachten gepanzerten Thürmen noch vier 24 cm Geschütze führt, die auf Drehscheiben placirt über Bank feuern. Die Batteriegeschütze stehen 3,6 m, die Thurmgeschütze 7,7 m über dem Wasserspiegel.

Eine verbesserte Klasse Kasemattschiffe der französischen Marine ist die bereits erwähnte, aus Eisen und Stahl gebaute „Dévastation" von etwas größeren Dimensionen wie die früheren, mit einem 380 mm starken Panzer-gürtel, der bis zum Sporn reicht, und bedeutend stärkerem Deckpanzer.

Von den Panzerschiffen neuester Konstruktion ist der 1879 vom Stapel gelassene „Amiral Duperré" von 10486 Tonnen Deplacement bemerkenswerth. Er führt auf dem Oberdeck vier Thürme mit je einem 34 cm Geschütz, von denen die beiden vordersten, vor dem Schornstein querschiffs einander gegenüber placirt, seitlich aus der Bordwand hervortreten, wodurch für ihre Armirung ein Bestreichungsfeld von 180° außerhalb der Kielrichtung gewonnen ist; die beiden anderen sind in der Längsachse des Schiffs, der eine etwas hinter der Mitte auf dem Achterdeck, der letzte hinter dem Kreuzmast aufgestellt.

Die Panzerschiffe „Amiral Baudin" und „Formidable" haben 100 m Länge, 21,4 m Breite, einen mittleren Tiefgang von 7,9 m und ein Deplacement von 11400 Tonnen bei 15—16 Knoten Geschwindigkeit. Die Armirung besteht aus drei 37 cm Geschützen in den Thürmen, zwölf 14 cm Geschützen in der ungepanzerten Batterie und acht Mitrailleusen nebst 14 Schnellfeuer-Kanonen auf dem Oberdeck. Der Gürtelpanzer beträgt 550 mm, der Thurmpanzer 450 mm, der an den Oberrand des Gürtels anschließende Deckpanzer 100 mm.

---

[1] Beide schon ausrangirt.

Ein anderes Geschützemplacement, wie die oben genannten, ist für den „Neptune" vorgesehen, dessen Größenverhältniß sich etwa zwischen dem des „Amiral Duperré" und „Amiral Baudin" bewegt, mit einem Gürtelpanzer von 450 mm, einem Thurmpanzer von 350 mm und einem Deckpanzer von 100 mm.

Von den vier Panzerthürmen des Schiffes steht einer vorn, der andere hinten, zwei etwa in der Mitte des Decks, der eine an Steuerbord, der andere an Backbord, mit je einem 34 cm Geschütz armirt, welche, auf Drehscheiben ruhend, über Bank feuern. Außerdem führt das Schiff noch zehn 16 cm Geschütze in der Batterie und Revolverkanonen auf Deck und im Mars.

Die letztgenannten fünf, in ihren Linien ebenso eleganten wie gefechtsstarken Schlachtschiffe zeigen einen weit hervortretenden Sporn und ein überhängendes rundes Heck.

Die österreichisch-ungarische Marine besitzt 2 Citadellschiffe, 8 Kasemattschiffe und eine Panzerfregatte; das Citadellschiff „Erzherzog Rudolf" hat auf dem Oberdeck 2 gepanzerte Barbettthürme, von denen der vordere, von ovaler Form, über die Bordwände hervortritt, während der hintere auf ein Drittel der Länge in der Mittschiffslinie steht. Zwischen den beiden Thürmen ist eine ungepanzerte Boxbatterie mit 12 cm Geschützen in Breitseitstellung. Ueber dem vorderen Barbettthurm befindet sich die Kommandobrücke und in

Italienisches Citadellschiff „Italia".

der Mitte derselben der gepanzerte Kommandothurm. Das Deplacement des Schiffes beträgt 6870 Tonnen, die Länge 94 m, die Breite 19 m, der mittlere Tiefgang 7,4 m, der Gürtelpanzer 305 mm, das Panzerdeck 69 mm, die Geschwindigkeit 16 Knoten. Die Armirung besteht aus drei 30,5 cm Kruppgeschützen und einer Anzahl 12 cm Geschützen, sowie 12 Mitrailleusen.

Auch in der niederländischen Marine ist das Drehthurmsystem sowohl bei den Hochsee- als den Küstenvertheidigungsschiffen vertreten, wie dies die Beschaffenheit der dortigen Wasserverhältnisse mit sich bringt.

Die beiden Hochsee-Panzerschiffe der niederländischen Marine sind „Prins Hendrik der Nederlanden" von 70 m Länge, 13,4 m Breite, 5,6 m mittlerem Tiefgang und 3350 Tonnen Deplacement, und „Koning der Nederlanden" von 82 m Länge, 15 m Breite, 5,8 m mittlerem Tiefgang und 5400 Tonnen Deplacement mit 203 mm Gürtelpanzer, Brustwehr und gepanzerten Drehthürmen mit vier 28 cm Geschützen.

Die neuesten italienischen Panzerschiffe „Italia" (September 1880 vom Stapel gelassen) und „Lepanto" sind aus schmiedbarem Stahl gebaut, ohne Seitenpanzer in der Wasserlinie und ohne Takelung; mit 13390

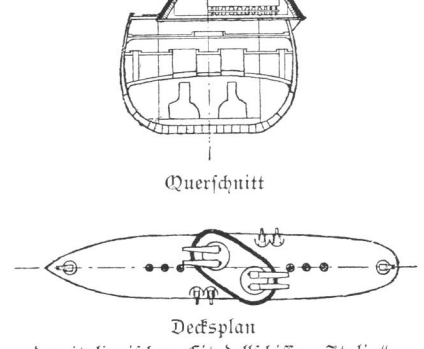

Querschnitt

Decksplan
des italienischen Citadellschiffs „Italia".

Tonnen Deplacement bei 122 m Länge, ausschließlich des 2,7 m vorspringenden Sporns, 22,3 m Breite, 8,7 m mittlerem Tiefgang, und 17—18 Knoten Maximalgeschwindigkeit. Von den vier 43 cm Geschützen, für welche eine Depression von 10°, eine Elevation von 15° zulässig ist, stehen je zwei parallel nebeneinander en barbette auf drehbaren Plattformen, welche in der Diagonale etwas hinter der Mitte des Schiffs befindlich und zusammen von

einem Panzerreduit mit 480 mm Compoundplatten und zwei je 15 mm starken Blechen eingeschlossen sind. Die Wände des Reduits stehen schräg um ca. 24° von der Vertikalen. Das Reduit ist ausschließlich des Raumes oberhalb der Drehplattformen von oben gegen Schüsse aus hochgelegenen Forts durch horizontale Stahlbleche geschützt. Der Höhe nach hat die „Italia" außer einem Doppelboden von circa 80 m Länge und 1 m Höhe noch vier wasserdicht voneinander getrennte und theilweise gepanzerte Decks und zwar: ein gewölbtes, an den Seiten 1,8 m unterhalb der Wasserlinie gelegenes, mit 75 mm-Compoundplatten belegtes Deck, welches sich auf die ganze Länge des Schiffes hin erstreckt, ferner ein 1,6 m über der Wasserlinie gelegenes, mit 75 mm Stahlplatten belegtes Deck, dann das Batterie- und endlich das Oberdeck.

Der Zwischenraum zwischen dem gewölbten und dem nächsten Deck ist der Länge nach durch zwei wasserdichte Vertikalwände, die etwa 1 m von jeder Seite entfernt stehen, in drei Theile getheilt, von denen die beiden schmalen Wall-

Korvette unter Leesegel.

gänge bilden, während das mittlere durch wasserdichte Längs= und Querwände wiederum in eine große Anzahl wasser=
dichter Zellen getheilt wird, die mit Kohlen, Kork, Proviant 2c. gefüllt werden.

Ueber dem Zellendeck befindet sich das erste gleichfalls 7 cm stark gepanzerte Batteriedeck, über demselben das
Oberdeck. Das das Zellensystem abschließende Batteriedeck dient zur Unterbringung der Besatzung, zu Wohnräumen,
Lazareth 2c., während auf dem zweiten Batteriedeck die 12 cm Hinterlader Aufstellung finden. Der Schiffskörper
unter Wasser wird mit einer Plankenlage bekleidet und ist hierüber ein Zinkbeschlag genagelt.

S. M. Panzerkorvette „Württemberg".
(Sachsenklasse.)

Citadellschiffe sind ferner die deutschen Panzer=Korvetten der Sachsenklasse ohne Takelage (siehe „Württemberg")
von durchschnittlich 7400 Tonnen bei 91,0 m Länge, 18,3 m Breite und 14 Knoten Geschwindigkeit, welche in der Zeit
von 1875 bis 1880 theils auf der Kaiserlichen Werft in Kiel, theils auf der des Vulkan bei Stettin erbaut worden sind.
Der Tiefgang durfte für den Zweck der offensiven Küstenvertheidigung 6,0 m nicht überschreiten. Die verhältnißmäßig
große Länge von 41,25 m der mit 254 mm Eisen + 200 mm Holz + 152 mm Eisen + 200 mm Holz + zwei
Eisenblechen gepanzerten Citadelle wurde gewählt, um den Schiffen durch den Mittelbau, im Anschluß an das vor und

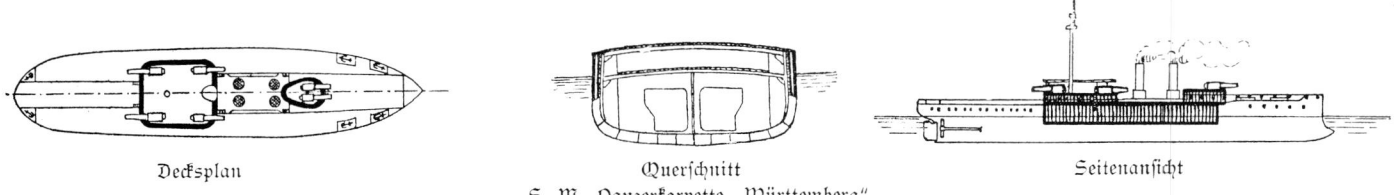

Decksplan   Querschnitt   Seitenansicht
S. M. Panzerkorvette „Württemberg".

hinter der Citadelle durchgehend 75 mm stark gepanzerte Zwischendeck, die Seetüchtigkeit selbst dann noch zu sichern,
wenn das ungepanzerte Vor= und Hinterschiff auch in der Wasserline demolirt sein würde. An die Citadelle schließt
sich nach vorn mit der schmaleren Seite ein ovaler, fester, oben offener Thurm, welcher zwei über Bank feuernde
Kruppsche 26 cm Mantelringkanonen auf Drehscheibenlafetten führt, während weitere vier solche Geschütze auf Pivot=
lafetten in den abgerundeten Ecken des größeren vierseitigen, gepanzerten Reduits — Hotschkiß=Schnellfeuerkanonen —
stehen. Die Schiffe führen an dem senkrecht zum Wasser abfallenden Vorsteven einen Sporn mit lanzenförmiger Spitze.[1]

---

[1] Die seit einer Reihe von Jahren weniger lebhaft betriebene Rekonstruktion der deutschen Panzerflotte ist seit der Thronbesteigung Kaiser Wilhelm II.
mit aller Energie in Angriff genommen worden, so daß unser Panzerschiffsmaterial in kurzer Frist durch den Neubau moderner Schlachtschiffe 2c. wiederum an
Gefechtsstärke gewinnen wird.

Einige Marinen, besonders die der Vereinigten Staaten von Nordamerika, welche keine eigentlichen Schlachtschiffe, sondern nur Küstenvertheidigungsfahrzeuge und Kreuzer besitzt, führen noch einen kleineren Typus von Panzerschiffen, der den Namen Monitor von seinem ersten, 1862 nach dem Plane Ericssons erbauten und im amerikanischen Bürgerkriege so berühmt gewordenen Repräsentanten beibehalten hat. Diese meist nur für die Küstenvertheidigung bestimmten Monitors, in der deutschen Flotte durch den 1864 bei Samuda in London gebauten „Arminius", der in unserer Illustration an der Boje liegend dargestellt ist, in der englischen Marine u. a. durch den „Glatton" vertreten, haben ein sehr niedrig über Wasser liegendes gepanzertes Deck, einen Panzergürtel in der Wasserlinie

H.M.S. Glatton

Skizze des englischen Brustwehr-Monitors „Glatton".
Handzeichnung[1] Sr. Majestät des Deutschen Kaisers Wilhelm II.

und an den Seiten, und ein oder zwei, um eine vertikale feste Spindel drehbare gepanzerte, oben geschlossene Thürme, meist mit je zwei parallel stehenden schweren Geschützen.

Der 114 mm Panzer auf 23 cm Teakholzunterlage des ganz aus Eisen erbauten „Arminius" geht um das ganze Fahrzeug und reicht von 0,9 m unter Wasser bis an das 1,2 m über Wasser liegende Deck, über welches die in der Mittellinie aufgestellten 114 mm gepanzerten Thürme von je 30 Tonnen Gewicht und 5 m Durchmesser etwa 1 m hoch hinausragen.

S. M. Panzerfahrzeug „Arminius".

Jeder Thurm führt zwei kurze Kruppsche 21 cm Ringkanonen auf Thurmlaffeten. Dieses älteste deutsche Panzerfahrzeug von 1583 Tonnen Deplacement mit Sporn ist 60,1 m lang bei 11,0 m Breite und 3,8 m mittlerem Tiefgang.

---

[1] Das Original befindet sich im Besitze des Herrn Banquier Alfred Gradenwitz in Berlin.

An Stelle dieses Typus sind in neuerer Zeit kleine Fahrzeuge mit starker Panzerung (mindestens von 200 mm) getreten, welche nur ein einziges, aber zum Durchschlagen starker Panzer auf große Entfernung geeignetes Geschütz schweren Kalibers im Bug führen, dessen Bedienungsmannschaft und Laffete zum Theil durch einen feststehenden halbkreisförmigen Panzerschild gedeckt ist. Man ging hierbei in der deutschen Marine von der Erwägung aus, die Küstenstrecken an der Nordsee zwischen den Mündungen der Eider und der Ems, welche nicht wie die Küstengruppe der Ostsee Häfen aufweisen, die durch ins Meer hinausgebaute Molen geschützt sind, zwischen denen das Fahrwasser durch Sperren und Strandbatterien vor feindlichem Eindringen sichergestellt zu werden vermag, durch diese flach gehenden und stark armirten Fahrzeuge gegen feindliche Landung zu decken. Es ergab sich als nothwendig, dem Gegner schon vor den eigentlichen

Deutsches Panzer-Kanonenboot im Watt.

Mündungen der deutschen Ströme, schon in den zum Theil weit nach See hinaus sich erstreckenden Watten (siehe unsere Illustration „Kanonenboot im Watt"), d. h. zahllosen zur Ebbezeit meist trockenen Sandbänken, entgegenzutreten, um ihm die Passage durch die tiefen fahrbaren Engen und die Wahl eines geschützten Ankerplatzes behufs Vorbereitung zu Angriffen auf die Städte oder zu Landungsversuchen unmöglich zu machen.

So ließ man auf der Werft der Aktiengesellschaft „Weser" zu Bremen die eisernen Panzerkanonenboote der Wespeklasse mit flachem Boden erbauen, von 43,5 m Länge, 10,7 m Breite, 3,1 m Tiefgang, 1109 Tonnen Deplacement mit je einem Krupp'schen 30,5 cm Geschütz auf Pivotlaffete, und sicherte sie vor dem Versinken im Verletzungsfalle durch doppelten Boden und wasserdichte Schotte, deren Arrangement in der Illustration auf Seite 33 zum Theil ersichtlich ist.

Die hohe Lage des Geschützes (Rohrachse 3,7 m) über Wasser sichert die Gebrauchsfähigkeit auch in beträchtlichem Seegang. Die Seiten-Panzerung ist 203 mm stark; ein 50 mm starker Deckpanzer schützt gegen Vertikalfeuer.

Rußland erbaute zur Küstenvertheidigung, speciell für die Dnieprmündung, 1873 eigenthümliche kreisrunde schwimmende Batterien nach dem Vorschlage des Vice-Admirals Popoff, welche selbst den berühmten englischen Constructeur Reed zu wiederholten Lobsprüchen veranlaßten, aber in nicht mehr ferner Zeit wieder vom Schauplatz verschwinden werden und bei anderen Marinen keine Nachahmung gefunden haben. Dieſe Popofffas von 2530, bezw. 3610 Tonnen Deplacement haben ungefähr die Form einer Linſe von etwa 37 m größtem Durchmeſſer und 4 m Raumtiefe. In der Mitte befindet ſich ein feſter gepanzerter Thurm, deſſen Geſchütze über Bank feuern. Sie ſind flachgehend, tragen ſehr ſchwere Panzer und werden durch 4 (anfänglich 6) Schrauben, wenn auch nur mit geringer Geſchwindigkeit, fortbewegt, ſind aber naturgemäß leicht um ihre Achſe drehbar und inſofern manövrirfähig. Die Kreisfahrzeuge „Nowgorod" und „Vice-Admiral Popoff" bildeten zuſammen mit den beiden Kanonenbooten „Nikopol" und „Siſtowo" bisher die Panzerflottille des Schwarzen Meeres. Sie konnte nur defenſiven Zwecken dienen. In neueſter Zeit aber hat Rußland als Erſatz für das

S. M. Panzerfahrzeug (Kanonenboot) „Wespe".

im Krimkriege vernichtete Flottenmaterial für offenſive Kriegführung im Schwarzen Meer drei Bruſtwehrſchiffe erſten Ranges „Katharina II" von 10 150, „Tſcheſme" und „Sinope" von je 8637 Tonnen Deplacement und 6,7 m Tiefgang in Bau genommen. Sie erhalten wie die verwandten Typen der franzöſiſchen Marine ſämtlich Gürtelpanzerung, das erſte von 381 mm, die beiden andern von 457 mm Stärke, während bei allen die oben offenen Thürme, für jedes Schiff

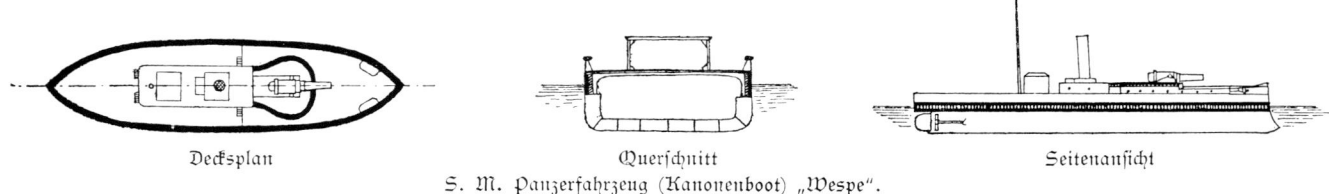

Decksplan　　　　　　　　　　Querſchnitt　　　　　　　　　　Seitenanſicht
S. M. Panzerfahrzeug (Kanonenboot) „Wespe".

drei, mit 356 mm, das Panzerdeck mit 76 mm Platten belegt wird. Die ſchwere Artillerie, ruſſiſche Zwölfzöller neuen Modells, deren Kaliber nahezu dem deutſchen von 30,5 cm gleich iſt und welche ein Durchſchlagsvermögen an der Mündung von 564 mm Eiſen beſitzen ſollen, wird in den Thürmen aufgeſtellt, und zwar in jedem zwei Geſchütze. Je vier Sechszöller, dem deutſchen 15 cm Kaliber entſprechend, ſollen als Breitſeit-, zwei als Bug- und einer als Heck- armirung Verwendung finden, während kleinere Schnellfeuerkanonen die Bewaffnung vollenden werden. Außerdem hat ſich die ruſſiſche Marine mit dem Bau von Kreuzer-Korvetten, die mit Gürtelpanzerung verſehen ſind, einen beſonderen Schiffstypus geſchaffen.

In neueſter Zeit iſt übrigens die ruſſiſche Regierung eifrigſt bemüht, in kürzeſter Friſt nicht allein das veraltete Flottenmaterial zu rekonſtruiren, ſondern auch in der Oſtſee, im ſchwarzen Meere wie in Oſtaſien eine gewaltige Flotte neuesten Typs, vom Monstrepanzerschiff bis zum Torpedoboot zu schaffen, und geht man nicht fehl, wenn man annimmt, daß die russische Gesamtflotte innerhalb weniger Jahre etwa 26 moderne Schlachtschiffe zählen wird.

Zu den Panzerschiffen im Allgemeinen zählen auch die „geschützten Kreuzer", die entweder mit einem Gürtelpanzer oder mit einem stark gepanzerten Deck versehen sind und deren Nothwendigkeit man in allen

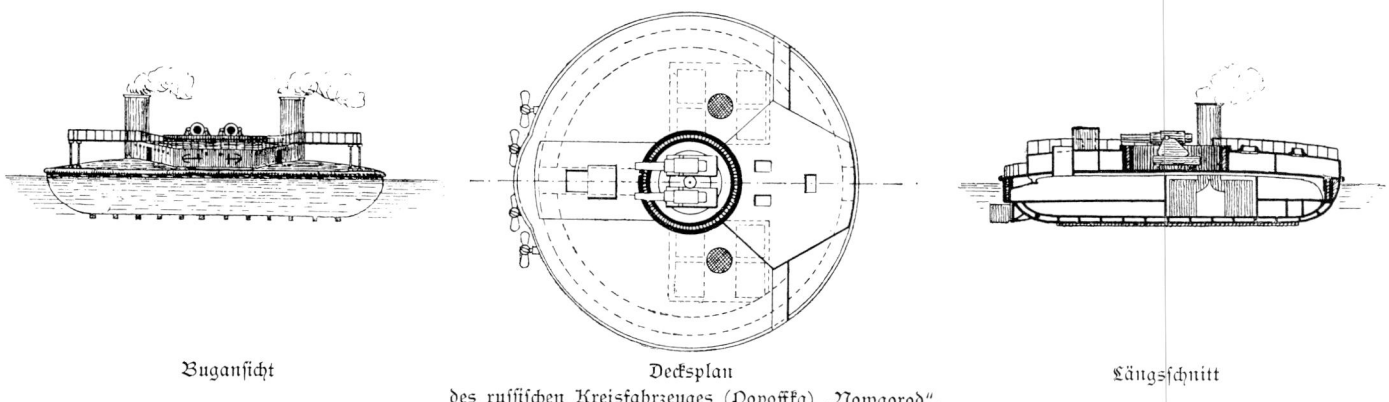

Buganicht   Deckplan   Längsschnitt
des russischen Kreisfahrzeuges (Popoffka) „Nowgorod".

Marinen anerkannt hat. Es sind dies schnelle Schiffe, meist aus Stahl, die zum Schutz des Handels während kriegerischer Ereignisse Verwendung finden sollen. So hat z. B. England in seinem Flottenerweiterungsplan von 1888/89 nicht weniger als 42 solcher Schiffe von 3400 bis 7300 Tonnen Deplacement vorgesehen; alle übrigen

Aviso „Pfeil".

Nationen folgen. Deutschland besitzt gleichfalls eine Anzahl derselben. Das neueste Schiff dieser Klasse ist die „Irene" mit 4400 Tonnen Deplacement und einem Panzerdeck von 76 cm Stahl. Armirt ist dieselbe mit 6 langen 15 cm Geschützen in Schwalbennestern (halbrunden Ausbauen), 6 Revolverkanonen und einer Anzahl von Lanzirrohren für Torpedos. Die Fahrgeschwindigkeit beträgt 17 Knoten; eine Betakelung besitzt die „Irene" nicht.

Kreuzerkorvette „Irene".

Neuester Schiffstyp der deutschen Kriegs-Marine „Siegfried".

Das auf dem Vollbilde Seite 55 wiedergegebene neueste Panzerfahrzeug der deutschen Marine „Siegfried“ eröffnet, im Gegensatz zu den veralteten Panzerfahrzeugen der Wespe-Klasse, eine Reihe von im ganzen 10 hochmodernen Panzerfahrzeugen, die vorwiegend zum Schutze unserer Küsten und Flußmündungen resp. Torpedosperren bestimmt sind, nebenbei aber so viel Seefähigkeit besitzen, um gegen eine Blockadeflotte auch offensiv vorgehen zu können. Es weicht sowohl von den Panzerschlachtschiffen, wie von den gepanzerten Kanonenböten in Größe, Bauart, Armirung 2c. ab, übertrifft aber, wenn dem Entwurf gemäß 16 Knoten Geschwindigkeit innegehalten werden, alle anderen Panzer an Geschwindigkeit. Das Fahrzeug hat eine verhältnißmäßig große Breite (15 m bei nur 73 m Länge) indeß nur in der Wasserlinie, die Bordwand ist stark eingezogen. Der Schiffskörper, mit einem Deplacement von 3495 Tonnen bei 5,4 m Tiefgang, ist aus Stahl, mit einer Ramme am Vorsteven versehen und nach dem Zellensystem gebaut. Zur Fortbewegung desselben dienen zwei Schraubenpropeller aus Bronze, welche durch zwei unabhängig von einander arbeitende, dreifach expandirende Compoundmaschinen von zusammen 4800 Pferdekräften getrieben werden und dem Fahrzeuge eine Fahrgeschwindigkeit von 16 Knoten geben sollen. Die beiden Maschinen sind in wasserdicht von einander getrennten Räumen aufgestellt. Zur Dampferzeugung dienen vier nach Art der Lokomotivkessel konstruirte Kessel, welche mit zehn Atmosphären Ueberdruck und künstlichem Zug arbeiten. Der Schiffskörper trägt einen Compoundpanzer von 240 mm Dicke, der sich als Gürtelpanzer in der Wasserlinie in einer Breite von 2,25 m über die ganze Länge des Schiffes erstreckt. Die Hauptarmirung des Fahrzeuges besteht aus 3 langen 24 cm Kruppschen Hinterladern (Ringkanonen), von denen zwei in einem ovalen, seitlich über die Bordwände hinausragenden Panzerthurm im Bug, das dritte in einem Barbettethurm am Heck stehen. Die Hülfsarmirung bilden 6 Schnellfeuerkanonen; vorne und hinten sind je zwei Torpedo-Lanzirrohre angebracht. Als eigene Schutzvorrichtung gegen die submarinen Torpedogeschosse ist das Fahrzeug mit Drahtnetzen ausgerüstet, die von hölzernen Spieren in gewisser Entfernung von den Schiffsseiten gehalten werden. Diese Vorrichtung ist auf dem Bilde erkennbar. Das Fahrzeug führt keine Takelage, sondern nur einen Signalmast.

Die vorstehende Klassifikation der Panzerschiffe giebt nur die Hauptgruppen bei den verschiedenen Marinen; es weichen selbst die zu demselben Typus gehörigen Schiffe in den Einzelheiten oft wesentlich von einander ab. Das ist um so erklärlicher, als ja mit jedem Neubau auch neue Fortschritte erreicht und das vorhandene Flottenmaterial fremder Staaten möglichst an Kriegsvollkommenheit übertroffen werden soll.

Solche Verschiedenheiten zeigen sich vornehmlich im Emplacement der Geschütze. Da es nicht, wie bei Monitors mit mindestens zwei Thürmen, immer zu erreichen ist, aus wenigen schweren Geschützen den größten Feuerkreis (360 Grad), d. h. den ganzen Horizont mit Geschossen bestreichen zu können, so stellt man außerdem an passenden Orten, vornehmlich im Bug und Heck für den Jagd- und Retraiteschuß, Geschütze entweder frei, oder hinter ungepanzerten, nur gegen Gewehr- und Mitrailleusenfeuer schützenden Wänden, oder hinter Panzerschilden auf. Fast alle vorstehend aufgeführten Schiffscharaktere zeigen Variationen nach dieser Richtung hin, deren an geeigneter Stelle Erwähnung geschehen ist. —

Die Panzerschiffe bilden gegenwärtig den Kern der Marinen. Das moderne Flottenmaterial hat noch nicht die Feuerprobe in der Schlacht bestanden; erst ein Kampf ebenbürtiger Gegner kann Resultate zu Tage fördern, welche zu korrekten Schlußfolgerungen über eine Umgestaltung der Kampfmittel für die Zukunft berechtigen. Jedenfalls sind schon jetzt die Anforderungen, welche an die physische und moralische Kraft Derjenigen gestellt werden, denen die Handhabung des großartigen Angriffs- und Vertheidigungsmaterials obliegt, außerordentliche hohe. Wahrlich, das Ausharren im Feuer, sei es bei der Detonation der kolossalen Geschütze in dem engen Raum der Kasematte, des Thurmes, sei es unter dem betäubenden Getöse beim Aufschlag der groben Geschosse gegen die schützende Wandung, erfordert vor allem vom leitenden Offizier eiserne Nerven.

Fregatte, Segel trocknend.

Die Schiffsartillerie.

Zur Zeit der Segelschiffe war es eine der Hauptaufgaben des Constructeurs, so viel Geschütze als möglich in der Breitseite des Schiffes aufzustellen, die Armirung selbst bot verhältnißmäßig wenig Schwierigkeiten. Auf Schiffen, welche mehr als eine Lage Kanonen führten, wie Fregatten und Linienschiffe, wurden die schwersten Geschütze in den untersten Batterien, die weniger schweren in den darüber liegenden, und auf dem Oberdeck die leichtesten Geschütze, meistens sogenannte Carronaden,[1] installirt, welche sich ihrer leichten Bedienung halber besonders für das Nahgefecht eigneten. Aus glatten Rohren von Gußeisen oder Bronce schoß man gußeiserne Vollgeschosse, Kartätschen, Ketten-, Stangen- und Paßkugeln, letztere Arten hauptsächlich, um das feindliche Takelwerk zu zerstören. Fast alle Seemächte bedienten sich in der Schiffsartillerie annähernd gleicher Kaliber.

So führten am Ende des 17. Jahrhunderts die Kriegsschiffe

Englands . . . . Geschütze von	66,	60,	53,		41,		33,		24,	19,	18,	15,		6, 4
Hollands . . . . „ „						32,		24,		18,		12,	8,	6,
Frankreichs . . . . „ „				36,				24,		18,		12,		6,
Spaniens . . . . „ „				36,				24,		18,		12,		6, .
Dänemarks . . . . „ „				36,				24,		18,		12,		6, .
Schwedens . . . . „ „	48,	42,		36,		30,	24,				12,	8,	6, .
Rußlands . . . . „ „		42,		36,		30,	24,		18,		12,	8,	6, .

Pfund Geschoß-gewicht.

---

[1] Nach ihren Erfindern, den Gebrüdern „Carron" in Schottland, so benannt, in deren Gießerei sie zuerst gefertigt wurden. Dieselben fanden 1779 bei den Engländern zuerst Anwendung.

Die Gefechtsformation war in der Regel die Schlachtlinie in geſchloſſener Ordnung. Beide Flotten, beim Winde ſegelnd, bildeten zwei Kiellinien,[1] in denen jedes Schiff einem feindlichen gegenüber lag und daſſelbe aus nächſter Nähe ſo lange beſchoß, bis entweder eins derſelben kampfunfähig ſich aus der Linie zurückzog, ſank oder in die Luft flog, oder bis man ſich Bord an Bord legte, zur Enterung ſchritt und im Kampfe mit der blanken Waffe Mann gegen Mann das feindliche Deck zu erreichen und das Schiff im Handgemenge zu nehmen ſuchte.

Die Verletzungen, welche der Schiffskörper durch die glatt durchſchlagende Vollkugel erhielt, waren — ſelbſt wenn er unter der Waſſerlinie getroffen wurde — durch proviſoriſch eingetriebene Holzpfropfen verhältnißmäßig raſch auszu=beſſern und die eindringenden Waſſermengen durch die Schiffspumpen zu bewältigen. So erhielt beiſpielsweiſe das Flaggſchiff Nelſons, die „Victory‟, in der Schlacht von Trafalgar etwa 800 Schüſſe in den Rumpf, ohne zu ſinken. Das Prinzip der Engländer in der Seeſchlacht war, ihr Feuer tief, d. h. gegen den Schiffskörper, zu richten und dadurch zugleich die feindliche Beſatzung zu decimiren, ein Grundſatz, welchem ſie nach Jurien de la Gravière damals die Herrſchaft zur See verdankten, während die Franzoſen hoch zu ſchießen pflegten, um die Takelage und damit die Manövrirfähigkeit des Feindes zu beeinträchtigen.

Weit zerſtörender wurde die Geſchützwirkung mit der Einführung der Bombenkanonen in die Schiffsartillerie, welche Geſchoſſe mit Sprengladung feuerten, die — wenn ſie in der Waſſerlinie krepirten — derartige Verletzungen in der Schiffswand hervorriefen, daß ein Stopfen des Lecks ſelten möglich war, oder aber, wenn das Krepiren im Innern des Schiffes geſchah, außerordent=liche Verheerungen, Feuers=brünſte ꝛc. erzeugten.

Das Beſtreben, das Geſchützmaterial in Bezug auf Schußweite und Trefffähigkeit zu vervollkommnen, führte zur Erfindung des gezogenen Rohres. Man verſah die ſonſt glatte Innenſeite (Seelenwand)

Decksgeſchütz einer Kriegsbrigg.

deſſelben mit gleich weit von einander entfernten Rinnen (Zügen) von rechteckigem, ſpäter keilförmigem Querſchnitt. Dieſe Züge führte man nicht in ge=rader Linie, ſondern in leichter Drehung (Drall), etwa wie Schraubengänge von mehr oder minder ſtarker Steigung, von der Kammer bis zur Mündung der inneren Rohrwand entlang. Das entſprechende oblonge Ge=ſchoß empfängt hierdurch auf ſeinem Wege bis zum Austritt

aus dem Rohr eine drehende Bewegung um die Längenachſe, welche es während des Fluges beibehält und die ihm eine größere Treffſicherheit verleiht.

Die glatten Geſchütze prädominirten indes noch zur Zeit des Krimkrieges in den Schiffsartillerien ſämtlicher Nationen. Der glatte 50=Pfünder (19 cm), deſſen 25,15 kg ſchwere Rundgeſchoſſe ſich nicht einmal dem 12 cm Panzer der „Gloire‟ gewachſen zeigten, war noch bis 1860 Frankreichs ſtärkſtes Geſchütz. Die auf hölzernen Marſilly=Laffeten inſtallirten 50=pfündigen Bombenkanonen waren nach der damaligen Anſicht vieler Offiziere das ſchwerſte Geſchütz, welches durch Menſchenkraft überhaupt noch bewältigt werden konnte, und wurden daher von Manchen als das größte für Schiffsgeſchütze überhaupt zuläſſige Kaliber angeſehen.

Die engliſche Flotte führte ebenfalls bis 1858, abgeſehen von einigen Lancaſter=Geſchützen mit elliptiſcher Bohrung, die ſich aber im Krimkriege durchaus nicht bewährten, nur glatte Geſchütze. Noch 1863, nachdem man ſich, der öffentlichen Meinung Rechnung tragend, zur theilweiſen Einführung von gezogenen Armſtrong=Hinterladern ent=ſchloß, erklärte der damalige erſte Lord der Admiralität den glatten 36=Pfünder noch immer für das ſtärkſte Geſchütz Englands.[2]

Bei den in den Vereinigten Staaten Nordamerikas während des Sezeſſionskrieges 1861—65 verwendeten Geſchützen ſpielten die 15= und 20zöllige Rodmann=Kanone mit ihren Vollkugeln von 200 reſp. 453 kg eine bedeutende Rolle, während verſchiedene andere Syſteme wegen ihres Mangels an Haltbarkeit geradezu verhaßt waren. So zerſprangen bei der Beſchießung von Fort Fiſher ſämtliche an Bord der Schiffe befindlichen Parrot=Geſchütze, durch deren herumfliegende Eiſenſtücke 45 Mann getödtet und verwundet wurden.

---

[1] Siehe Manöver.

[2] Dieſer Anſicht ſteht freilich das in der Naval and Military Gazette vom 3. Februar deſſelben Jahres veröffentlichte Urtheil des Admiral Sartorius entgegen, daß man bei richtiger Verwerthung der zahlreichen dem Techniker und Seeoffizier zu Gebote ſtehenden Mittel jedes Geſchütz, welches an der Küſte zu gebrauchen ſei, auch auf See, ja ſogar Geſchütze bis zu 30 Tonnen (d. h. 30 000 kg) Gewicht verwenden könne, wenn man das Schiff ſelbſt zur Laffete mache und in der Richtung des Kiels feuere, d. h. den gewaltigen Rückſtoß bei der Entladung in der Längsachſe des Schiffes und nicht in der Querachſe wirken laſſe.

Wenn auch in Frankreich schon seit 1842, in Preußen etwa seit 1846 und in anderen Ländern um dieselbe Zeit Versuche zur Erzeugung und Einführung gezogener Geschütze gemacht wurden, so war dabei doch nur die Absicht leitend, eine möglichst weittragende Präcisionswaffe von großer Trefffähigkeit mit einem zuverläßigen Verschluß herzustellen.

Erst die Einführung und Vervollkommnung des Eisenpanzers zwang die Artillerie zu weitergehenden Anstrengungen. Man begann die Wissenschaft mehr zu Rathe zu ziehen, wandte der Verbesserung des Pulvers und dem Studium der Ballistik besondere Aufmerksamkeit zu und erhöhte die Widerstandskraft des Geschützmaterials gegen die verstärkte Pulverwirkung, nachdem man entsprechend vortheilhaftere Fabrikationsmethoden für die Rohrmetalle gefunden hatte. Man legte ferner um denjenigen Theil des eigentlichen Kanonenrohres, welcher beim Abfeuern durch die Pulvergasentwickelung am meisten Widerstandsfähigkeit bedurfte, genau aufgepaßte Eisen= oder Stahlringe und schuf die sogenannten Ringgeschütze.

Durch Napoleon III. wurde das gezogene Geschütz endgültig als Schiffsgeschütz eingeführt und die nunmehr erreichten Erfolge, welche zugleich die öffentliche Meinung überall für sich gewannen, ließen die Fachleute erkennen, daß von der Verwendung des vorhandenen alten Rohrmaterials Abstand genommen werden und man sich der Herstellung von Geschützen besserer Konstruktion zuwenden müsse.

Kruppscher 1000=Pfünder im Fabrikhof.

In England nahmen mehrere Firmen Patente auf gezogene Geschütze, vornehmlich die Fabrikanten Armstrong und Whitworth, die sich gegenseitig zu überbieten suchten. Die Armstrong=Geschütze bestanden aus einer stählernen Bohrungsröhre, um welche eine Anzahl Eisenstäbe (coils) gewunden wurden, d. h. schmiedeeiserne, relativ schwache Stangen von trapezförmigem Querschnitt, welche spiralförmig über einen Dorn aufgewickelt und in einer der Rohrlänge entsprechenden Anzahl stumpf gegeneinander geschweißt waren. Ueber diese erste Lage wurde eine zweite geschweißt und die so gebildeten coils durch wiederholtes Erhitzen und Schmieden in eine homogene und kompakte Masse, in einen „Ring", umgewandelt. Die Schildzapfen, auf welchen das Geschütz in der Laffete ruht, waren an einem besonderen um das Rohr gelegten Ringe befestigt. Den Verschluß bildete ein von oben in ein Querloch eingesetzter Block (vent-piece), welcher durch eine hohle Schraube derart vorgepreßt wurde, daß sich sein kupferner Liderungsring an die Bodenfläche des Kupferfutters lehnte. Die gußeisernen Langgeschosse zu diesen Kanonen waren mit einem Mantel aus weicherem Metall versehen, in welchen sich die zahlreichen Haarzüge der Bohrung bei der Entladung einschnitten. Die beiden größten Kaliber waren der 40= und der 110=Pfünder (12 und 18 cm).

Bei dem Whitworth=Geschütz, einem Vorderlader mit weichem Stahlkern und mehreren kalt aufgezogenen Stahlreifen, hatte die Seele keine eigentlichen Züge, sondern zeigte im Querschnitt ein regelmäßiges Sechseck und den ungewöhnlich starken Drall von zwei Umdrehungen auf die Rohrlänge. Die dafür verwendeten gußstählernen Langgeschosse mit vorn abgeplatteter Spitze waren diesem Profil angepaßt und mindestens drei Kaliber lang.

Die romanischen Staaten verblieben im wesentlichen bei den gußeisernen Geschützen mit Stahlringen für Vorder=
ladung. Der Oberst Treuil de Beaulieu ließ 1861 zwei in Rive=de=Gier gefertigte gezogene Gußstahlgeschütze auf dem
Gâvre=Strande probiren und bereitete man schon um diese Zeit in Frankreich den Uebergang zur Hinterladung vor.

Die österreichische Marine führte noch in der Seeschlacht von Lissa nur wenig gezogene gußeiserne
15 cm=Kanonen (24=Pfünder) unseres Systems, während die italienische Flotte schon über eine bedeutende Zahl
gezogener Armstrong=Kanonen verfügte. Wenn erstere trotz der Inferiorität ihrer Artillerie siegreich aus jener Seeschlacht
hervorging, so wirkten eben hierauf andere Umstände ein.

In Preußen hatte man Schießversuche auf Panzerplatten vorläufig nur mit Geschützen von verhältnißmäßig
kleinem Kaliber vorgenommen, acceptirte das neue System aber, nachdem man aus den Versuchen mit einem massiven
Gußstahl=24=Pfünder (15 cm) mit Sicherheit festzustellen vermochte, welche Rohrlänge, in dem vorliegenden Falle
28 Kaliber, für gezogene Geschütze mit gepreßter Geschoßführung die angemessene wäre. Die Belagerung von
Düppel bot die erste Gelegenheit, die Vortheile gezogener Geschütze vor dem Feinde zu erproben und ließ
werthvolle Erfahrungen sammeln. Das gußeiserne Geschütz mit Kolben= resp. Keilverschluß erwies sich als mangelhaft.
Wenn auch das Material sich billig stellte und sich nicht so leicht ausschoß, so mußte seiner Sprödigkeit halber doch
eine große Metallstärke zur Verwendung kommen, von welcher später durch die Einführung der Bronce als Geschütz=

Preußisches 24 cm=Geschütz im Kruppschen Fabrikhof.

material Abstand genommen werden konnte. Die Bronce galt 1870, auch mit Rücksicht auf den Kostenpunkt, für das
zweckmäßigste Material für Festungs= und Marinegeschütze. In neuester Zeit aber ist sie, sowie alle ihr verwandten
Metalle, durch den Gußstahl verdrängt worden, der die guten Eigenschaften der Bronce und die des Eisens in erhöhtem
Maße in sich vereinigt, sich aber um so theurer stellt, als die unbrauchbar gewordenen Rohre nur von geringem Werthe,
weil nicht mehr für Neuguß verwendbar sind.

Rußland hatte die Kruppsche Fabrik mit der Lieferung von 12= und 25=Tonnen=Gußstahlring=Kanonen nach
preußischem System, jedoch mit französischem Verschluß, beauftragt.

Bei der Wahl des für die schwere Schiffsartillerie zweckmäßigsten Ladungssystems mußte in Betracht gezogen
werden, daß die Vorderlader größere Schiffsbreite beanspruchen, die Bedienungsmannschaft beim Laden im Gefecht
mehr exponiren, auch das Zubodenbringen des Schusses mehr Kraftanstrengung erfordert, während sie sich durch größere
Einfachheit und Sicherheit in ihrer Bodenkonstruktion auszeichnen, als die Hinterlader, deren komplizirter Verschluß
naturgemäß leichter Störungen und Beschädigungen ausgesetzt ist.

Auch die Konstruktion der Geschosse war ein schwieriges Problem, welches sowohl bezüglich der Wahl des
Materials, wie hinsichtlich ihrer Form einer Lösung bedurfte. Man fertigte Geschosse aus Gußeisen mit und ohne
Stahlspitze, aus Schmiedeeisen oder Stahl von cylindrischen, cylindrokonischen, cylindrosphärischen u. s. w. Formen, und
zwar theils Voll=, theils Hohlgeschosse, letztere mit Zündvorrichtung in der Spitze. Sie wurden zur besseren Führung mit einem
Bleimantel, d. h. in gleichmäßigen Abständen angebrachten Wulsten, umgeben, oder mit Geschoßwarzen (ailettes), oder in
neuester Zeit mit Kupferringen versehen. Das weiche Führungsmaterial preßt sich beim Abfeuern in die Züge des
Rohrs, schließt den Raum zwischen Geschoß und innerer Rohrwandung ab und ermöglicht dadurch sowohl einen

korrekten Gang (durch genaue Centrirung) des Geschosses, wie die volle Ausnutzung der Pulvergase, welche nicht seitlich entweichen können.

Die Geschosse der Schiffsgeschütze neuester Zeit sind eiserne, bezw. stählerne und zwar Hartguß- von etwa 2 und Langgranaten[1] von etwa 2½ Kaliber[2] Länge. Ihr cylindrischer, mit ogivaler Spitze versehener Eisenkern trägt einen Bleimantel, bezw. kupferne Führungsringe. Die Hartgußgranaten — auch Panzergranaten genannt — dienen zum Durchschlagen der Eisen- bezw. Stahlpanzer und haben daher starke Wandungen und nur geringe Sprengladung ohne Zündvorrichtung, da das Pulver bei dem Durchschlagen von etwa 15 cm Eisen von selbst entzündet wird. Die Wandungen der Langgranaten sind dagegen schwächer und fassen eine größere Sprengladung, die durch eine Zündung in der Spitze zur Explosion gebracht wird. Dieselben sind nur zur Verwendung gegen die ungepanzerten Schiffstheile

Einführen des Geschosses.

bestimmt. Die zur artilleristischen Ausrüstung der Schiffe gehörenden Kartätschen sind cylindrische Büchsen aus Weiß- oder Zinkblech, welche mit 40 bis 60 Stück 100 Gramm schweren Kugeln gefüllt sind.

Die vergrößerten Dimensionen des Geschützes, die Vermehrung des Rohrgewichts und der Pulverladung hatten naturgemäß auch bei den Laffeten Umgestaltungen zur Folge und mußte daher auch für diese auf ein anderes Material und zweckentsprechendere Konstruktion Bedacht genommen werden.

Die alten Schiffslaffeten, in der Regel aus Eichen- oder Ulmenholz gefertigt, bestanden aus zwei starken, meist parallelen, durch Riegel und Bolzen verbundenen Seitenwänden, die auf zwei Achsen mit Blockrädern ruhten. In der oberen Kante der Wände, über der Vorderachse, befanden sich die Lager zur Aufnahme der Schildzapfen des Geschützrohres.

---

[1] Die Granate hat ihre gegenwärtige cylindrische Form mit ogivaler Spitze erst mit der Einführung der gezogenen Geschütze erhalten. Vom 16. bis zum Anfange des 19. Jahrhunderts feuerte man aus den glatten Geschützen eiserne, mit Sprengladung oder Brandsatz gefüllte Hohlkugeln, und zwar als Bomben aus Mörsern mit großer Elevation, oder als Granaten aus kurzen Kanonen (Haubitzen). Vordem waren eiserne Vollkugeln an Stelle der ursprünglich verwendeten Steinprojektile getreten, und hat sich der Gebrauch, die Geschütze als 10-, 20- 2c. Pfünder nach dem Gewichte der dem Kaliber entsprechenden eisernen Vollkugel zu bezeichnen, bis in die neuere Zeit erhalten.

[2] Bei den neuesten Schießversuchen in Meppen sind auch 3½ bis 4½ Kaliber lange Geschosse zur Verwendung gekommen.

Diese sogenannten Breitseitlaffeten vereinten trotz mancher Mängel dennoch die nothwendige Stärke und Stabilität, Beweglichkeit und Einfachheit der Konstruktion, so daß sie während vieler Dezennien nur geringe Umwandlungen erfahren haben. Zum Hemmen des Rücklaufs beim Feuern diente das Brooktau, welches durch einen am Bodenstück des Rohrs befindlichen Brookring geschoren und mit seinen beiden Enden in Ringbolzen an den Seiten der Geschützpforte befestigt war. Das Nehmen der Seiten- und Höhenrichtung geschah vermittelst Hebebäume (Geschützspaken) und Seitentaljen, bezw. durch Unterschieben von Richtkeilen unter das Bodenstück. Diese Einrichtungen reichten bei geschulter Mannschaft (14 bis 16 Mann) noch aus, um mit einem glatten 36-Pfünder in zwei Minuten drei Schuß nach verschiedenen Richtungen hin abgeben zu können.

Die Carronaden hatten keine Schildzapfen, sondern eine an der unteren Seite des Rohrs angegossene Oese, welche mit der Laffete — dem Schlitten — durch einen starken Bolzen verbunden wurde. Der Schlitten bewegte sich auf einer festen Unterlage, die in der Mitte der Pforte um einen Bolzen (Pivot) seitwärts drehbar war, während das Nehmen der Höhenrichtung bei den Carronaden durch Richtschrauben bewerkstelligt wurde.

Die neuen Schiffslaffeten — Rahmenlaffeten — der schweren 17-, 21-, 24-, 28- und 30,5 cm-Geschütze bestehen aus der eigentlichen Laffete — Oberlaffete genannt — und dem Rahmen, beide aus Eisenblech, und in der Regel noch der Rücklaufsbremse. Die Oberlaffete ist das Gestell, in welchem das Rohr ruht, seine Höhenrichtung empfängt und mittelst dessen es kurze Rück- und Vorbewegungen für den Schießgebrauch u. s. w. ausführen kann. Der Rahmen bildet die Bahn der Oberlaffete. Derselbe ist entweder fest mit dem Geschützstand verbunden und erhält seine Seitenrichtung durch Drehung des letzteren (Drehscheibe, Drehthurm) oder er ist beweglich und hat dann besondere Einrichtungen zum Nehmen der Seitenrichtung. Zur Begrenzung des Rücklaufs der Laffete dienen Puffer. Die Rücklaufsbremse ist mit den correspondirenden Theilen an der Oberlaffete angebracht, deren Rücklauf sie beschränken soll, und am Rahmen, auf welchen sie den Rückstoß schonend überträgt.

Der Geschützstand der Rahmenlaffete muß durch seine Einrichtung einerseits den Rahmen festhalten, damit dieser dem Rückstoß Widerstand leistet, andererseits die Seitenbewegung des Rahmens möglichst erleichtern. Ist derselbe eine Drehscheibe, oder ein Drehthurm, so fällt letztere Bedingung fort, während erstere durch eine Befestigung des Rahmens in seiner ganzen Länge auf der Drehscheibe erfüllt wird. Ist der Geschützstand hingegen, wie gewöhnlich, nicht drehbar, so darf das Festhalten des Rahmens die Seitenbewegung desselben nicht hindern. Man verbindet hierzu den Rahmen nur an einem Punkte, seinem Schwenkpunkte, Pivot, mit dem Geschützstand. Schmale, kreisbogenförmige, concentrisch zum Schwenkpunkte auf dem Geschützstande befestigte Schienen, Schwenkschienen, stellen die zur Seitenbewegung dienende Schwenkbahn her. Zum Feststellen der Laffete auf jedem Punkte des Rahmens und zum Hemmen des Rücklaufs beim Feuern dienen die Kompressen, starke eiserne Klemmvorrichtungen, aus denen man die Laffeten stärker oder schwächer an den Rahmen preßt. Eine Art solcher Kompressen ist die Lamellen-Bremse, welche aus sechs bis acht 2,5 cm starken, hochkantig zwischen den Laufschwellen des Rahmens stehenden, mit diesem verbundenen eisernen Schienen besteht, in deren Zwischenräume gleiche, an der Laffete befestigte Schienen greifen, die durch eine Schraubenvorrichtung aneinander gepreßt werden können. Durch diese Schienen entstehen 12 resp. 16 Reibungsflächen, mit deren Hilfe es gelungen ist, den starken Rücklauf von Geschütz und Laffete zu hemmen.

Eine andere Art der verschiedenen Hemmvorrichtungen ist die hydraulische Bremse, bestehend aus einem mit Glycerin gefüllten, am Rahmen angebrachten Cylinder, dessen Kolben an der Laffete befestigt ist. Das Konstruktionsprinzip der hydraulischen Bremsen gründet sich auf die hemmende Gegenwirkung, welche eine in einem Cylinder eingeschlossene Flüssigkeit gegen einen in demselben anschließend beweglichen, mit Durchströmungsöffnungen versehenen Kolben äußert. Auch Brooktaue, die zu beiden Seiten der Laffete an der vorderen Seite des Rahmens befestigt sind, sind noch an den schweren Breitseitlaffeten in Gebrauch.

Zum Vor- und Zurückbringen der Laffete auf dem Rahmen bedient man sich einer Kette ohne Ende mit Räderbetrieb und Kurbeln. Ebenso geschieht das Nehmen der Seitenrichtung des Rahmens meist mittelst Taue, die um Wellen mit Kurbeln gelegt werden.

Die Höhenrichtung wird bei kleineren Kalibern mit der Richtschraube genommen, bei größeren bedient man sich in der englischen und deutschen Marine der Zahnbogenrichtmaschinen, die an das Bodenstück geschraubt sind. Die Laffeten haben kleine excentrische Metallräder, die auf den Laufschwellen des Rahmens ruhen. Will man das geladene Geschütz zu Bord bezw. nach innen holen, so läßt man die Räder wirken; soll dagegen die Laffete auf einem Punkte des Rahmens festgehalten werden, so setzt man die Räder außer Function. Ebenso hat die dem Pivot gegenüber liegende Seite des Rahmens Rollräder aus Stahl, welche auf der gemeinsamen Kreisschiene laufen.

Bei den Mittelpivotlaffeten, welche auf Kanonenbooten oder am Heck und Bug größerer Schiffe Verwendung finden und ihren Pivot in der Mitte des Rahmens haben, bilden die Schwenkschienen einen Kreis; der Rahmen ist vorn und hinten mit Rollrädern versehen. Zur Bewegung dient ein Schneckenschwenkwerk. Damit der Rahmen sich beim Schuß nicht abheben kann, ist unter seinem vorderen Bodenblech eine stählerne Klaue angebracht, welche den Rand der Schwenkschiene umfaßt.

Dem Befestigen der Geschütze muß ebenso wie in früherer Zeit auch heut große Aufmerksamkeit geschenkt werden, da auf hoher See im Sturm die Sicherheit des Schiffes davon abhängt. Früher wurden die Geschütze mittelst der Brooktaue und Seitentaljen, und im Sturm außerdem noch durch rund um die Batterie genommene starke Taue gegen die Schiffsseiten gelascht. Die Laffeten und Rahmen sammt den Geschützen neuer Konstruktion werden dagegen durch die Pivots, Ketten und Schrauben u. s. w. auf Deck befestigt bezw. niedergeschraubt. Losgerissene Geschütze können im Sturm durch Anhäufen von Hängematten am leichtesten in ihren zerstörenden Bewegungen gehemmt und bewältigt werden.

Das bisher bei den glatten Geschützen verwendete Pulver zeigte für das gezogene Rohr zu großen Gasdruck und scheiterten daher die Versuche zur Vermehrung der Geschwindigkeit und Durchschlagsfähigkeit der Geschosse bei Beibehaltung des alten Kalibers an der Brisanz des Pulvers. Man sah sich in Folge dessen zur Steigerung des Kalibers, also auch zur Vermehrung des Rohrgewichts, gezwungen. Bei den 1868 (bis wohin das preußische Geschützpulver allen Anforderungen genügt hatte) gegen Panzerplatten vorgenommenen Schießversuchen stellte sich heraus, daß bei einer Ladungssteigerung über gewisse Grenzen hinaus die Geschwindigkeitskurve sich nicht innerhalb der bekannten Gesetze hielt, und mußte man annehmen, daß ein Theil der Ladung, durch die Intensität der anfänglichen Gasspannung zu einer festen Masse zusammengepreßt, nicht rechtzeitig zur völligen Verbrennung gelangen könne.

Von derselben Anschauung geleitet, hatte man sich bereits in Amerika zur Fabrikation des sogenannten prismatischen Pulvers und in England zur Herstellung sehr grobkörnigen Pulvers entschlossen. Seit dem Jahre 1869 findet auch in der deutschen Marine-Artillerie das prismatische Pulver Verwendung.

In neuester Zeit werden zu Sprengladungen vielfach statt des Pulvers, Schießwolle, Dynamit, Mélinit, Bellit, Roburit u. a. Sprengstoffe verwendet. Ebenso werden überall Experimente mit dem rauchlosen Pulver angestellt. Ungeachtet der täglich erscheinenden Artikel und Mittheilungen über die rauchlosen Pulverarten begegnet man nirgends einer Aufklärung über die chemische Natur desselben, die wir aus naheliegendem Grund auch hier nicht näher erörtern können. Für die Schiffsgeschütze ist dasselbe zur Zeit noch ungeeignet.

Seitenansicht eines Panzerzieles.

Der Wettkampf zwischen Geschütz und Panzer hat in der neuesten Zeit Erfolge auf dem artilleristischen Gebiete zu Tage gefördert, an welche die Gewalt der Breitseiten der früheren hölzernen Schlachtschiffe, die Geschoßwirkung aus ganzen Reihen von Feuerschlünden, nicht mehr hinanreicht.

Während zu Nelsons Zeit ein Linienschiff von 100 Kanonen eine Breitseite von 600 kg, in der Schlacht bei Lissa 1866 das Flaggschiff Tegetthoffs „Ferdinand Max" 236 kg und das hölzerne Linienschiff „Kaiser" 1013 kg Eisen warf, betrug das Geschoßgewicht einer Breitseite des italienischen Thurmschiffs „Affondatore" mit nur 2 schweren und 8 leichten Geschützen 270 kg, das des in Grund gerannten „Ré d'Italia 823 kg. Das deutsche Panzerschiff „König Wilhelm" mit 23 Geschützen vermag aus einer Breitseite 1447 kg, die Panzerkorvette „Sachsen" mit 6 Kanonen 1100 kg zu schleudern, die englischen Panzer „Sultan" (8 schwere, 4 leichte Geschütze) 968 kg, „Alexandra" (12 Geschütze) 1200 kg, „Invincible" (14 Geschütze) 3084 kg; die italienischen Schiffe „Duilio" (4 sehr schwere, 4 leichtere Geschütze) 3682 kg und „Italia" (4 sehr schwere, 18 leichtere Geschütze) 4072 kg.

Für die Abschätzung der Geschoßwirkung und damit zugleich der Widerstandskraft der Panzerwände legt man als praktischen Maßstab dasjenige Kraftmoment zu Grunde, welches aus der gesammten dem Geschosse innewohnenden sogenannten lebendigen Kraft resultirt (totale Energie gleich dem Produkt aus Masse und Geschwindigkeit), und zwar reduzirt entweder auf einen Längenzoll des Geschoßumfanges oder einen Quadratzoll des Geschoßquerschnittes. So hat sich z. B. bei den mannigfaltigen Versuchen zur Prüfung von Panzerplatten in England ergeben, daß eine im Durchmesser siebenzöllige Panzergranate von 20 englischen Fußtonnen lebendiger Kraft pro Zoll ihres Umfangs eine Panzerplatte von 3,8 Zoll Stärke, eine Granate von 23 resp. 42 Fußtonnen pro Zoll ihres Umfangs eine 4,5 resp. 5,5 zöllige Platte durchschlägt.

Die Wirkung fand bei senkrechtem Auftreffen des Geschosses statt; je spitzer der Winkel wird, unter dem ein Geschoß aufschlägt, desto geringer wird natürlich seine Kraftäußerung, beziehungsweise desto relativ größer die Widerstandskraft der Eisenwand. Nach diesen auf dem Schießplatz erlangten Resultaten blieb die Widerstandsfähigkeit der massiven Panzerplatten noch nach geschehener Befestigung an der Schiffswand zu untersuchen. Man fand, daß die starke und zugleich elastische Hinterlage von Teakholz in etwa 18 Zoll Dicke diese Widerstandskraft am besten unterstütze.

Heut rechnet man 22 Metertonnen (mT)[1] lebendige Kraft als erforderlich, um eine 11,8 Zoll (30 cm) starke Eisenplatte zu durchschlagen. Die Unterschiede, welche sich in den Resultaten zeigen, z. B., daß ein Geschoß von 22 Metertonnen pro cm seines Umfangs das eine Mal eine Platte von 12,4, das andre von 12,8 Zoll durchdrungen hat, finden ihre Erklärung zumeist in der Wahl der bei den Scheiben als Hinterlage verwendeten Holzart.

---

[1] 1 Metertonne (mT) pro Centimeter Geschoßumfang entspricht 8,2 Fußtonnen pro Zoll Umfang.

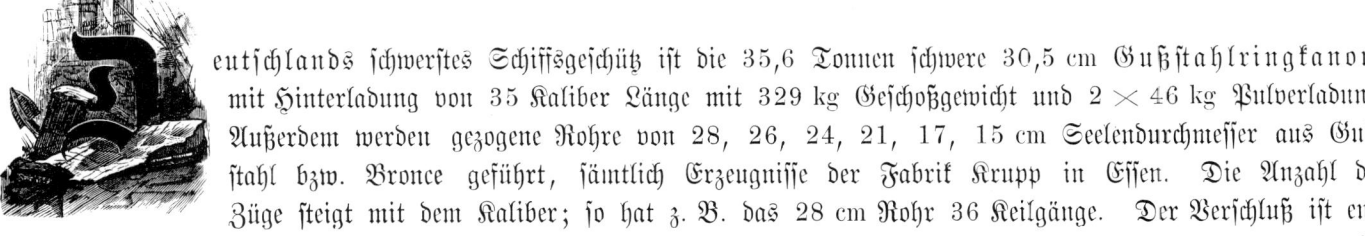

Kruppsche 40 cm Kanone in hoher Rahmenlaffete mit hydraulischer Rücklaufbremse, auf dem Schießplatz bei Meppen.

eutschlands schwerstes Schiffsgeschütz ist die 35,6 Tonnen schwere 30,5 cm Gußstahlringkanone mit Hinterladung von 35 Kaliber Länge mit 329 kg Geschoßgewicht und 2 × 46 kg Pulverladung. Außerdem werden gezogene Rohre von 28, 26, 24, 21, 17, 15 cm Seelendurchmesser aus Gußstahl bzw. Bronce geführt, sämtlich Erzeugnisse der Fabrik Krupp in Essen. Die Anzahl der Züge steigt mit dem Kaliber; so hat z. B. das 28 cm Rohr 36 Keilgänge. Der Verschluß ist entweder ein Einseits= oder Doppelkeil. Bei gepreßter Führung haben die Vollgeschosse und Granaten, nicht aber die Kartätschen, auf dem cylindrischen Theil ihrer Oberfläche eine Ummantelung von Blei, beziehungsweise Bleilegirung (Hartblei) oder Kupferringe. In neuester Zeit sind Seitens der Krupp'schen Fabrik auf dem Schießplatz von Meppen Versuche mit einem gleichfalls 10,7 m langen 30,5 cm Geschütz von 49,7 Tonnen Rohrgewicht angestellt worden, welches mit 147 kg Pulver ein Geschoß von 455 kg feuert und sich in seinen Leistungen mit den schwersten englischen Geschützen messen kann. Das Geschoß durchschlägt auf eine Entfernung von 2200 m einen 65 cm starken Eisen= oder 55 cm starken Stahlpanzer und würden demselben also nur die Panzer der „Italia" und „Lepanto" Widerstand leisten können.

Das oben veranschaulichte Krupp'sche 40 cm Rohr hat eine Gesammtlänge von 10 m und mit dem Verschluß ein Gewicht von 720 000 kg; das der Oberlaffete beträgt 12 400 kg, das des Rahmens 32 600 kg. Mit einer Ladung von 205 kg prismatischen Pulvers und einer Panzergranate von 775 kg wird eine Anfangsgeschwindigkeit von 502,4 m (pro Sekunde) erzielt.

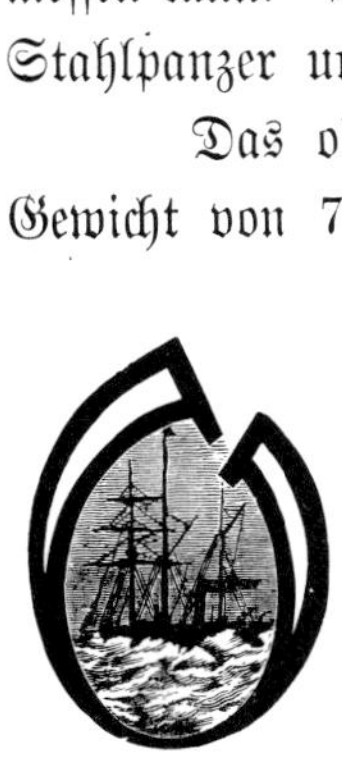

esterreichs Schiffs= und Küstengeschütze, aus Gußeisen und mit Kolbenverschluß versehen, waren früher zum Theil nach deutschem Modell gearbeitet; seit einigen Jahren verwendet man nach dem für die neuen Feldgeschütze adoptirten Uchatius'schen Verfahren eine Legirung von 92 % Kupfer und 8 % Zinn als Material. Das Geschützrohr wird um einen Kern aus geschmiedetem Kupfer gegossen, nunmehr die Seele (z. B. für 8,7 cm=Rohre nur auf 8,0 cm lichte Weite) ausgebohrt und dann nach und nach durch Eintreiben entsprechender

Stahlcylinder von zunehmender Stärke bis auf die beabsichtigte Weite (z. B. die vollen 8,7 cm) aufgetrieben; dadurch erhält die Bronce an der Seelenwand eine dem Gußstahl gleiche Festigkeit und rechtfertigt ihre Bezeichnung als Hart- oder Stahlbronce.[1] In neuester Zeit führen auch die österreich-ungarischen schweren Panzerschiffe 30,5 cm, 28 und 26 cm Stahlkanonen von Krupp.

England ersetzte 1865 die oben besprochenen Armstrong-Hinterlader durch Woolwich-Vorderlader nach der Konstruktion von Fraser. Hiernach zog man nur wenige aus starken Barren gebildete coils auf die Bohrungsröhre und schweißte den Schildzapfenring mit dem Bodenstück zusammen. So entstanden in rascher Folge die 7, 8, 9, 10 und 11zölligen Woolwich-Kanonen von 7, 8, 12, 18, 25 Tonnen Gewicht, denen bald die 35 Tonnen schweren 12-Zöller, die 12½ zölligen 38-Tonnen- und schließlich die für den „Inflexible" verwendeten 16zölligen (43 cm) 80-Tonnen-Geschütze folgten.

Von besonderem Interesse ist die in England sich jetzt vollziehende Rückkehr vom Vorder- zum Hinter-ladersystem. Ausschlaggebend für die Systemänderung war das Urtheil der Untersuchungs-Kommission, welche die Ursachen des am 2. Januar 1879 auf dem Thurmschiff „Thunderer" stattgehabten Zerspringens einer 38-Tonnen-Kanone zu ermitteln hatte. Die Kommission ordnete an, daß das neben dem zersprungenen stehende Geschütz nach dem Schießplatz geschafft, dort mit einer doppelten Chargirung (zwei Kartuschen und zwei Geschossen) geladen und abgefeuert wurde. Das Resultat war, daß dasselbe in ähnlicher Weise wie das erste zersprang. Es ist also mit Sicherheit anzu-nehmen, daß der Unglücksfall durch eine vermittelst des hydraulischen Apparates eingesetzte doppelte Ladung gleichfalls verursacht wurde, ein bei Hinterladern unmögliches Vorkommniß. Wie sich die auf den neuesten englischen Panzerschiffen „Victoria", „Benbow" 2c. installirten Monstregeschütze von 110 Tons Gewicht, welche 13,3 m lang sind und mit einer Pulverladung von 363 kg, einem Geschoß von 816 kg Gewicht, 1041 mm Länge und 406 mm Durchmesser auf 914 m eine 889 mm dicke schmiedeeiserne Panzerplatte glatt durchschlagen, bewähren werden, muß die Erfahrung lehren. Dieselben sind aus der Armstrong-Fabrik hervorgegangen.

Auch die Vervollkommnung der Laffetirung hält mit den Fortschritten in der Geschützkonstruktion gleichen Schritt, und ist die Firma Vavasseur u. A. mit der Aptirung, beziehentlich Verbesserung von Laffeten beschäftigt.

Für die Handhabung der schweren Geschütze, d. h. zum Laden, Ein- und Ausrennen, Nehmen der Seitenrichtung u. s. w. wurden hydraulische Apparate erfunden, welche z. B. für die 38-Tonnen-Geschütze des „Thunderer" eine mittlere Feuergeschwindigkeit von 2½ Minuten bei einer Bedienung durch nur 8 Mann ermöglichen.

Das zur Verwendung kommende Pulver ist theils grobkörniges (Pebble Powder), theils prismatisches; die Projektile sind gußeiserne Langgeschosse mit und ohne Sprengladung nach den Modellen Armstrong und Pallister, mit oder ohne Stahlspitze.

Frankreich stellte im Jahre 1867 gezogene 14, 16, 19, 24, 27 cm-Rohre von 2000—20 000 kg Gewicht ein, deren cylindro-ogivale Geschosse von annähernd dreifachem Gewichte der kalibermäßigen Voll-kugel des mangelhaften Pulvers wegen nur eine verhältnißmäßig geringe Anfangsgeschwindigkeit erreichten.

Der Schraubenverschluß der Hinterlader wurde verbessert und eiserne Laffeten mit Armstrong-Lamellenbremse eingeführt.

Im Jahre 1870 wurden im Marineartilleriematerial abermalige Veränderungen vorgenommen. Unter Beibehalt der vorstehend bezeichneten Kaliber zog man Ringe auf die Rohre und gab ihnen eine Stahlseele mit Haarzügen, aptirte die Verschlußstücke und ersetzte die Oberzündung durch Centralzündung; ferner wurden 32 cm-Geschütze hergestellt, deren 350 kg schwere Panzergeschosse bei einer Anfangsgeschwindigkeit von 418 m (pro Sekunde) einen 24 cm dicken schmiede-eisernen Panzer samt der 80 cm Holzhinterlage durchschlugen. Den ebenfalls cylindro-ogivalen Geschossen von ca. 2,25 Kaliber Länge gab man — außer einem kupfernen Führungsband am Boden — noch in einem Abstand von der Spitze von ⅓ ihrer Länge einen Gußwulst behufs genauer Centrirung und erreichte dadurch eine erhöhte Treffähigkeit.

Durch Einführung eines langsam brennenden grobkörnigen Pulvers steigerte sich die Geschoßgeschwindigkeit erheblich ohne gleichzeitige Vermehrung des Gasdrucks.

1875 schritt man zur Herstellung der 27 cm- und später der 34, 42 und 45 cm-Rohre aus geschmiedetem Gußstahl von 70 bis 100 Tonnen Gewicht. Das 425 kg schwere Geschoß aus dem 34 cm-Rohr durchschlug bei einer Pulverladung von 120 bis 126 kg und bei 500 m Anfangsgeschwindigkeit eine Eisenplatte von 54 cm Stärke. (Vier solcher Geschütze, welche, wie oben ausgeführt, auch in der Jagd- und Retrairichtung feuern können, sind in der

---

[1] Auch gewalzte Broncerohre sind, wie die vom russischen Oberst Lawrow gefertigten erwiesen haben, haltbarer als gewöhnliche.

durch 240 cm Panzer geschützten Kasematte der „Dévastation" installirt.) — Dagegen führt der „Caïmann" zwei 42 cm Kanonen, dessen Thürme mit 450 cm Panzer versehen sind. Die beiden neuen Thurmschiffe „Admiral Baudin" und „Formidable" sind jedes mit drei 37 cm (75 Tons) und zwölf 14 cm Geschützen, sowie mit 16 Mitrailleusen 2c. armirt.

Wenn auch daraus erhellt, daß man in Frankreich die Panzerschiffsgeschütze — Hinterlader nach System Bange — bis auf 42 cm Kaliber und darüber zu bringen trachtet, so ist vorläufig auch dort noch das Kaliber von 37 cm der 48=Tonnen=Geschütze als Durchschnittssatz für schwere Geschütze anzusehen. Frankreich bezieht sein pris= matisches Pulver in erster Linie aus der belgischen Fabrik „Wettern" und besitzt in den Le Creuzot= und St. Chamondwerken zwei Hauptetablissements für seine Stahlgeschützindustrie.

Italien verwendet in seiner Marine meist Artilleriematerial aus der Fabrik Armstrong, welche auch die acht 45 cm Geschütze für „Duilio" und „Dandolo" geliefert hat. Diese Riesenkanonen haben ein Rohrgewicht von 103 Tonnen und feuern Geschosse von 1000 kg, deren Anfangsgeschwindigkeit sich auf 455 m stellt, während an der Rohrmündung gemessen die lebendige Kraft total 10558 mT, pro cm Umfang 74,9 mT und das Durchschlagsvermögen 606 mm beträgt. Ebenso sind von der Firma Armstrong acht 43 cm Geschütze für „Italia" und „Lepanto" geliefert worden, welche noch wirksamer als die vorigen sein sollen. Sie haben nämlich erweiterte Pulverkammern von 48 cm Durchmesser für eine Ladung von 350 kg und eine totale lebendige Kraft des Geschosses von 16 200 mT. Die neuesten italienischen Panzerschiffe sollen mit den 110 Tonnen englischen Monstregeschützen armirt werden.

In Bezug auf die Küsten=Artillerie ist Italien bestrebt, sich vom Auslande unabhängig zu machen. General Rosset hat mit den von ihm hergestellten gußeisernen 45 cm Hinterladern mit Schraubenverschluß, deren Kernrohr durch Puddelstahlringe in drei Lagen verstärkt wurde, gute Resultate erzielt. Zur Ladung wird Würfelpulver verwendet, die gußeisernen Geschosse haben Kupferführung. Das Geschoßgewicht beträgt 910 kg, die Pulverladung 220 kg, die Anfangsgeschwindigkeit 453 m (pro Sekunde).

Rußland hat für seine Schiffs= und Küstenarmirung, mit Ausnahme einer Anzahl 12 und 15 cm=Rohre englischen Systems, Geschütze nach deutscher Konstruktion gewählt, die zum großen Theil von Krupp bezogen wurden, seit einigen Jahren aber nur in russischen Fabriken gefertigt werden. Man führt 6, 8, 9, 12zöllige Gußstahlringkanonen, welche zum Theil mit französischem Schraubenspindel= verschluß versehen sind. In Obuschoff wurde vor etwa Jahresfrist eine 15 cm Drahtkanone hergestellt. Dieselbe ist 35 Kaliber lang und wiegt 5,5 Tons; der aufgewickelte Draht hat ein Gewicht von 750 kg und ist direkt auf das Kernrohr aufgewunden. Der Mantel ist mit den Schildzapfen aus einem Gußeisenstücke gefertigt, alle anderen Theile bestehen aus Stahl. Das Geschoßgewicht beträgt 32,6 kg, die Ladung 12,2 bis 17,2 kg, die Anfangsgeschwindigkeit 644 m Das Geschütz soll sich gut bewährt haben.

Die Fortschritte im Torpedowesen, namentlich in der Erzeugung kleiner, blitzschneller Torpedoboote, haben zur Abwehr derselben die Einführung von Revolverkanonen in die Schiffsartillerie nothwendig gemacht. Die gebräuch= lichsten sind die Systeme Gatling, Gardener, Nordenfeldt und Hotschkiß.

Bei der deutschen Marine ist die 3,7 cm=Hotschkißkanone eingeführt, ein fünfläufiges, schnellfeuerndes Revolver= geschütz. Die 5 Läufe aus Stahl sind durch zwei Bündelscheiben fest verbunden und ruhen mit ihrer Achse vermittelst eines broncenen Rahmens in einer Pivotgabel, die den Läufen mit dem Rahmen eine vertikale und durch die mit ihrem Schafte drehbare Pivotsäule eine horizontale Bewegung gestattet. An dem Rahmen ist ein Schulterstück angebracht, welches zur Bewegung der Geschützläufe durch die Schulter des Schützen beim Richten und Abfeuern dient. Die Dreh=, Lade=, Abfeuer= und Ausziehvorrichtung befindet sich in dem Bodenstück des Geschützes, auf welchem oben links die Laderinne angebracht ist, die auch während des Gebrauches ein fortgesetztes Laden gestattet. Das Geschoß, die Pulverladung und Zündung sind, wie bei dem Gewehre, in einer Metallpatrone zusammengefaßt. Als Geschoß führt die Revolverkanone eine gußeiserne, etwa 2½ Kaliber lange Granate von cylindro=ogivaler Form mit Messing= oder Kupferführung, die 400 Gramm schwer ist und 23 Gramm Sprengladung enthält.

Am Schluß noch einige Bemerkungen über die Treffähigkeit der modernen Geschütze auf hoher See. Das richtige Schätzen der Entfernungen ist bekanntlich schon im Landkriege für die Feldartillerie unter Umständen keine leichte Aufgabe; weit schwieriger ist aber das sichere Treffen auf hoher See, weil das Treffobjekt ein verhältnißmäßig kleines ist und die Bestimmung der richtigen Entfernung von demselben im Moment des Feuerns noch durch die Bewegung des Geschützstandes (Schiffes) bedeutend erschwert wird. Die Bewegungen eines Schiffes sind doppelter Natur: einmal oscillatorische in einer beliebigen Schwingungsebene und zweitens in der Fortbewegung auf einer grad= oder krumm=linigen Bahn oder beide zugleich. Das Letztere ist gewöhnlich der Fall. Diese Schwingungen bei bewegter See sind mehr oder weniger heftig und beruhen auf der größeren oder geringeren Steifheit des Schiffes, bezw. auf der niedrigeren oder höheren Lage des Schwerpunktes desselben, der sich bekanntlich auf Dampfschiffen je nach dem Kohlenverbrauch ändert. In dem Verhalten eines jeden Schiffes in den verschiedenen Graden noch gefechtsmäßigen Seeganges oder Dünung liegt daher das relativ wichtigste Moment seiner artilleristischen Leistungsfähigkeit.

Die den einzelnen Geschützen oder Geschützsystemen eigenthümliche Trefffähigkeit oder Regelmäßigkeit der Flugbahn der Geschosse hat daher in dem Schießen bei bewegter See, von schnell und unregelmäßig bewegtem Geschützstande aus nach in Richtung und Entfernung rasch veränderlichen Zielen, bis zu einem gewissen Grade eine mehr untergeordnete Bedeutung. Von Werth bleibt hier von allen ballistischen Eigenschaften eines Geschützsystems allein die Rasenz der Flugbahn, diese aber auch wesentlich nur im Sinne der Erleichterung der Aufgabe des Schießenden.

Die Kunst des Schießens auf See gipfelt daher, abgesehen von der für ein regelrechtes Schießen unerläßlichen Nothwendigkeit einer sachgemäßen und gleichartigen Bedienung des Geschützes, und namentlich der richtigen Ermittelung der Entfernung, zumeist in der praktischen Uebung und in der auf scharfen Sinnen und kräftigen Nerven beruhenden mechanischen Fertigkeit. Die seemännische Schießkunst beansprucht nach Maßgabe der steigenden Schwierigkeit der entstehenden Aufgaben eine erhöhtere Leistungsfähigkeit und Geschicklichkeit als beim Landartilleristen.

Führte die mit eiserner Strenge von Lord St. Vincent und Nelson angebahnte artilleristische Ausbildung der Flottenmannschaften hauptsächlich zum Siege der Engländer über die Franzosen, so ist eine noch gründlichere Ausbildung der Geschützführer unserer modernen Panzerschiffe, die auch in artilleristischer Beziehung einer Ausstellung von Maschinen gleichen, bei bewegter See um so mehr erforderlich, wenn sie im Ernstgebrauch den Anforderungen entsprechen sollen.

Wenn auch die in vorstehendem Abschnitt aufgeführten Daten Zeugniß davon geben, mit welcher Hartnäckigkeit der Kampf zwischen Angriff und Vertheidigung auf dem Schießplatz geführt wird, so bleibt die Entscheidung im Ernstfalle doch von vielen der Berechnung sich entziehenden Umständen abhängig. Selten wird sich dem Geschoß ein senkrecht zu seiner Bahn stehendes Panzerziel im Toben der Seeschlacht darbieten, selten wird in Anbetracht der heutzutage in so großer Schnelligkeit ausführbaren und nothwendigen Schiffsbewegung ein Ziel sicher ins Auge gefaßt werden können, es sei denn, daß man vor Anker oder in mäßiger Fahrt gegen Landbefestigungen zu operiren hätte.

Ein sicherer Anhalt für den praktischen Erfolg der modernen großartigen Entwickelung in der maritimen Welt ist bis jetzt noch nicht gewonnen worden. Der letzte Seekampf, die Schlacht bei Lissa am 20. Juni 1866, hat vollgiltige Resultate nicht zu Tage gefördert. Die Panzer der betheiligten Schiffe waren dem damaligen Stande der Artillerie gegenüber noch als kugelfest zu bezeichnen. Und wenn trotzdem das Geschütz, in Bezug auf welches die Italiener den Oesterreichern nicht nur an Zahl, sondern auch im Kaliber weitaus überlegen waren, keine hervorragende Rolle gespielt hat, so ist der Grund wohl in der Leitung zu suchen, welche die schwache Seite des Gegners nicht aus=nutzte, sondern demselben stetig Gelegenheit zum Spornangriff gab, bis der „Ré d'Italia" solchem erlag und der Kampf schließlich sein Ende fand, der nur ein unausgesetztes Hin= und Herfahren und gelegentliches resultatloses Schießen gewesen und dem der Charakter des Ringens der gegenseitigen Kraft vollständig gefehlt hat.

Heute dürften die Kampfmittel für Angriff und Vertheidigung zur See wohl fast an der Grenze des Möglichen angelangt sein. Vielleicht wird man auf der einen Seite zu kleinerem Kaliber zurückkehren, auf der anderen die höchst=gesteigerte Panzerung als unzulänglich erachten müssen, wenn diejenigen Versuche zu brauchbaren Ergebnissen führen, welche in jüngster Zeit mit einer Granatenfüllung aus so brisanten Sprengstoffen vorgenommen worden sind, gegen welche der Effekt der Sprengladung aus Pulver weit zurücksteht. Bis jetzt ertrug der neue Sprengstoff den gewaltigen Stoß der Pulvergase im Rohre beim Abfeuern nicht und explodirte sogleich.

Gelänge es jedoch, die Selbstentzündung in den Augenblick des Auftreffens, wie es bei der Zalinski=Dynamit=kanone beabsichtigt ist, auf das Ziel zu verlegen, dann wäre man in der Lage, Miniaturtorpedos durch die Luft mit Blitzesschnelle und Verderben bringender Sicherheit zu entsenden, und würde von neuem der Angriff über die Vertheidigung den Sieg davon tragen.

Angreifende Torpedoboote bei Nacht.

Torpedo und Torpedoboote. Seeminen und Sperren.

Die Kriegführung liefert zahlreiche Beweise dafür, daß das Auftreten eines neuen Faktors in der Bewaffnung eine zeitweise Verschiebung der militärischen Machtverhältnisse hervorruft. So kommen in neuester Zeit auch die kleineren Marinen, die aus finanziellen Rücksichten verhindert sind, eine Rekonstruktion des schwimmenden Flottenmaterials in so raschem Tempo vorzunehmen, wie es das rapide Fortschreiten der Technik fordert und wie es von den finanziell besser gestellten Seemächten ersten Ranges zur Ausführung gebracht werden kann, in die Lage, auch das weniger vollkommene Flotten=material mit einiger Aussicht auf Erfolg verwerthen, beziehungsweise unter verhältniß=mäßig geringen Opfern ihre Kampfmittel auf der Höhe der Zeit halten zu können. Seit der Einführung der neuesten, alle anderen an Zerstörungskraft übertreffenden Waffe, des Torpedos, ist nämlich das unbedingte Uebergewicht der Panzerkolosse für die Wehr=haftigkeit zur See einigermaßen wieder in Frage gestellt, obgleich keine Seemacht von Belang ohne solche denkbar ist.

Gleich dem kleinen Sägefisch, der unbemerkt unter den Körper des Walfisches gelangt und das Ungethüm der Tiefe, das sich seiner nicht zu erwehren vermag, tödtlich verwundet, schießt der Torpedo unsichtbar mit großer Geschwindigkeit unter dem Wasser dahin und verletzt, sobald er gegen das Unterschiff in Wirkung tritt, mit gewaltiger Explosion den getroffenen Schiffskörper derart, daß meist eine ernstliche Gefährdung des Schiffes eintritt.

Mit dem Namen Torpedo belegte man zu Anfang dieses Jahrhunderts alle unterseeisch wirkenden festen oder bewegten Sprengkörper, auf die man um diese Zeit sein Augenmerk zu richten begann. Der Name stammt von dem im Mittelmeer und den südamerikanischen Binnenseen vorkommenden Zitterrochen oder Zitteraal, spanisch torpedo, fran=zösisch torpille. Dieser Fisch hat bekanntlich die Eigenschaft, bei der Berührung mit anderen animalischen Körpern elektrische Schläge auszutheilen, und so lag es nahe, diese Bezeichnung auch auf Sprengkörper zu übertragen, die beim Zusammenstoß mit anderen Gegenständen ihre Explosivkraft entfalten. Heutzutage heißen Torpedos speciell Spreng= körper von offensivem Charakter, d. h. solche, welche entweder durch äußere Kräfte oder durch einen in ihrem Innern angebrachten Bewegungsmechanismus im Wasser fortgetrieben werden; während man Sprengkörper defen= siver Natur, welche an einem bestimmten Punkte festgelegt, verankert sind, mit dem Namen Seeminen bezeichnet. Zu diesen gehören die mit selbstthätiger Zündung versehenen, durch das Anstoßen eines fremden bewegten Körpers in Funktion tretenden Stoß= (Kontakt=) minen und die durch Kabelleitung auf elektrischem Wege im geeigneten Moment entzündbaren Beobachtungsminen. Letztere haben vor den Kontaktminen den Vorzug größerer Sicherheit im Funktionieren der Zündung, da bei diesen dem Kontaktmechanismus durch Muschelansatz die Entzündungsfähigkeit leicht geraubt wird, überdies dem Feinde die Möglichkeit geboten ist, Kontaktminen durch Gegentreiben von Balken u. dergl. vorzeitig zu entzünden und wegzuräumen.

Die Verwendung der Seeminen als Kriegsmittel datirt aus dem sechszehnten Jahrhundert. Bei der Belagerung Antwerpens durch die Spanier unter Alexander Farnese 1585 ließen die Holländer durch den in ihrem Dienste befindlichen Italiener Gambetti zwei solcher Höllenmaschinen herstellen. Man nahm dazu Schiffe, baute Maga= zine mit sehr dicken Wänden hinein und füllte sie mit 3500 kg Pulver, welches mittelst eines Uhrwerkes zur Explosion gebracht werden sollte. Die Magazine umgab man oben und an den Seiten mit einer großen Anzahl von Projektilen. Beide Schiffe wurden Nachts in Bewegung gesetzt, um durch die Strömung gegen eine über die Schelde geschlagene Brücke, deren Zerstörung man beabsichtigte, getrieben zu werden. Die Spanier hielten die herantreibenden Schiffe für Brander und beeilten sich, sie unschädlich zu machen. Sie bestiegen sie in großer Zahl, um das die Brücke bedrohende

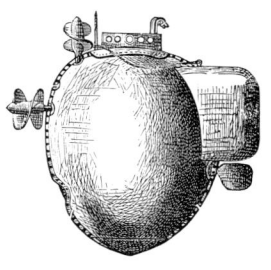
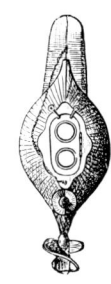

a. Seiten-Ansicht.   b. Obere Ansicht.   c. Durchschnitt.

Bushnells Taucherboot.

Feuer zu löschen. Zwar gelang es, eins der Schiffe auf eine Untiefe zu bringen, doch flog das andere in die Luft und legte etwa siebzig Meter der Brücke in Trümmer, wobei 800 Spanier umkamen.

Gegen Ende des siebzehnten Jahrhunderts rüstete ein Mr. Meesters für die englische Regierung ähnliche Schiffe infernal machines genannt, zur Zerstörung französischer Seefestungen aus. Bei der Expedition gegen St. Malo 1693 zerstörten die Engländer mit einem solchen mit 10 000 kg Pulver gefüllten Minenschiffe einen großen Theil der Stadt, doch entsprach das Resultat nicht ihren Erwartungen.

Dagegen gelang es den Russen 1770, zwei solcher Fahrzeuge im Hafen von Tschesme gegen die türkische Flotte zu dirigiren, durch deren Explosion ein Theil der Festungswerke zusammenstürzte, und eine Anzahl der türkischen Schiffe in Brand gesteckt und vernichtet wurde.

Im Jahre 1776 während des amerikanischen Unabhängigkeitskrieges wurde zuerst der Gedanke verwirklicht, submarine Treibtorpedos zur Anwendung zu bringen.

Der Amerikaner Bushnell konstruirte ein Taucherboot, das annähernd die Form einer Schildkröte hatte, um mit demselben unter den Boden feindlicher Schiffe zu fahren, dort Sprengkörper zu befestigen und diese durch ein Uhrwerk zur Explosion zu bringen. Die mit dem Boot gegen englische Schiffe unternommenen Angriffe schlugen zwar fehl, auch waren die Erfolge der Bushnell'schen Treibtorpedos, welche durch einen Stoß gegen die feindlichen Schiffe explodiren sollten, nur geringfügig, doch löste diese Erfindung das Problem, sich mit einem Fahrzeuge längere Zeit unter Wasser in bestimmten Tiefen zu halten und nach verschiedenen Richtungen hin zu bewegen; ein Problem, dessen Ausführbarkeit man bis dahin angezweifelt hatte und dessen Lösung im Prinzip bis heute noch nicht in besserer Form gelungen ist.

Die weitere Ausführung des damit angeregten Gedankens übernahm erst nach etwa 20 Jahren der intelligente Fulton, der ein ähnliches Taucherboot erbaute.[1] Fulton bot seine Erfindung Napoleon I. an, tauchte 1801 auf den

---

[1] Vergl. auch Fultons Erfindung Seite 20.

Rheden von Havre und Brest, blieb volle vier Stunden unter Wasser, befestigte Sprengkörper unter verschiedenen Schiffen und zerstörte diese. Aber trotz des günstigen Erfolges fand er weder in Frankreich, noch in England, wohin er sich 1804 wandte, die nöthige Anerkennung. Ein französischer Admiral bezeichnete diese Art submariner Kriegführung als eine für Piraten angemessene, aber für ritterlich kämpfende Männer unziemliche, eine Ansicht, die bei den älteren englischen Seeoffizieren vollen Wiederhall fand. Indessen wurde im September 1804 auf Anregung des englischen Ministers Pitt eine mit Seeminen nach dem Projekte Fultons ausgerüstete Expedition nach der Rhede von Boulogne entsandt, um die dort zu einer Invasion gegen England sich sammelnde französische Flotte zu zerstören. Die Absicht der Engländer war jedoch den Franzosen nicht unbekannt geblieben, und griffen die mit den Katamarans — an beiden Enden zugespitzten Kasten von etwa 21′ Länge und 3¹/₂′ Durchmesser, welche mit Pulver gefüllt waren und durch ein Uhrwerk zur Explosion gebracht werden sollten — im Schlepptau vorgehenden englischen Boote an, bevor sie ihr Ziel erreichten. Wenn auch durch die Strömung einige der Sprengkörper in die Nähe der französischen Schiffe getrieben wurden und theilweise zur Entzündung kamen, so blieb doch der Erfolg weit hinter den gehegten Erwartungen zurück und mußte das Geschwader des Admirals Lord Keith unverrichteter Sache wieder abziehen.

Fulton fand auch bei der amerikanischen Regierung, in Folge des abfälligen Urtheils des Vorsitzenden der Prüfungs= kommission, Commodore Rodger, weder für seine Projekte zu einer Hafensperre durch Seeminen, die unter der Wasser= oberfläche verankert und durch Anstoß zur Explosion gebracht werden sollten, noch für seine aus einem kleinen Geschütz zu lancirenden Harpunen=Torpedos mit Uhrwerkentzündung zum Angriff gegen verankerte Schiffe und ebensowenig für sein Boot mit Spieren=Torpedos die gewünschte Anerkennung.

Später wurden von dem französischen Artillerie=Kapitän Paixhans (Erfinder der Bombenkanone), dem Amerikaner Samuel Colt (Erfinder des Revolvers), dem Italiener Reveroni, dem deutschen Ingenieur Bauer und Anderen Versuche mit submarinen Booten angestellt, jedoch ohne daß man zu brauchbaren Resultaten gelangt wäre. Auch in neuester Zeit taucht wiederum das unter Wasser wirkende unterseeische Fahrzeug zum Zweck der Anbringung von Minen unter feindlichen Schiffsböden auf, wie es bereits Bushnell, Fulton und Andere konstruirt hatten. Die Rivista maritima vom März 1890 enthält Details über die Konstruktion der submarinen Boote der Gegenwart: von Gymnote, Goubet und Peral. Ebenso bringt die Broschüre von H. Burchard „Torpilles et Torpilleurs des nations étrangères", Paris 1889, Details über dergleichen Boote von Goubet, Nordenfeldt, Peacemaker, u. A. Auch der Export vom 9. Februar 1886 enthält eine ausführliche Beschreibung über das Nordenfeldtsche submarine Boot. Die Berichte über einzelne Experimente mit den Fahrzeugen lauten günstig, doch scheint die Beleuchtung unter Wasser noch ein Stein des Anstoßes zu sein.

Eine kriegsgemäße Verwendung der Seeminen in größerem Umfange fand zuerst während des Krimkrieges 1854 an den Küsten der Ostsee und des Schwarzen Meeres statt. Die russische Regierung ließ zum Schutze der Rhede von Kronstadt birnförmige Hohlkörper aus Kesselblech verankern, welche im oberen breiten Theile eine Sprengladung von 56 Pfund Pulver enthielten, während der untere spitze, mit Luft gefüllte Theil dem Gefäße den nöthigen Auftrieb verlieh und es über seinem Anker in einer be= stimmten Wassertiefe, 3—4 m unter der Oberfläche, schwimmend erhielt. Diese Minen waren Kontaktminen oder Kontakttor=

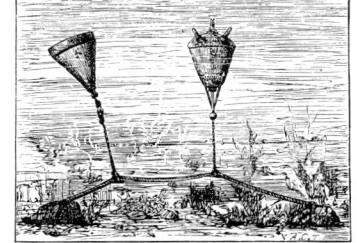

Russische Kontakttorpedos vor Kronstadt

pedos. Der Zünder bestand aus einer mit Schwefelsäure gefüllten, durch eine auf= geschraubte Bleikuppe leicht geschützten Glas= röhre, bei deren durch Anstoß herbeigeführtem Zerbrechen sich die Säure über ein Gemisch von chlorsaurem Kali und Zucker ergoß und die hierdurch erzeugte Flamme die Mine zur Explosion brachte.

Während des österreichisch=französischen Krieges 1859 wurde der Hafen von Venedig ebenfalls durch solche Minen geschützt, jedoch waren sie durch Baron Ebener schon bedeutend vervollkommnet. Derselbe konstruirte sogenannte Beobachtungsminen, die von Stationen vom Lande aus durch elektrische, nach Belieben des Beobachters ein= und auszuschaltende Leitungen entzündet werden konnten. Die Franzosen machten jedoch keinen Angriff und kamen daher die Minen nicht in Thätigkeit.

Die allgemeine Einführung der Minen als Kriegswaffe datirt erst aus dem amerikanischen Sezessionskriege (1860—64), indem sie dort eine so hervorragende Rolle zu spielen begannen, daß sie die Aufmerksamkeit aller Seestaaten auf sich zogen. Während desselben wurden 40 Schiffe der Nordstaaten, darunter 8 gepanzerte, durch solche Minen theils zerstört, theils außer Gefecht gesetzt und in Folge dessen zu wiederholten Malen eine geplante Kooperation der Armee und Flotte vereitelt. Solche Resultate waren allerdings dazu angethan, die furchtbaren Wirkungen der un= heimlichen Waffe klar erkennen zu lassen.

Die elektrische Zündung blieb jedoch noch immer hinter den Erwartungen zurück, war unvollkommen und es wurde deshalb fast allgemein die mechanische, in ähnlicher Weise wie die Russen sie bewerkstelligt, angewendet. Dagegen that man darin einen großen Schritt vorwärts, daß man die Torpedos nicht allein als Vertheidigungs- sondern auch als Angriffswaffe benutzte, indem man sie an langen beweglichen Stangen befestigte, die sich am Bug kleiner, niedriger Dampfer befanden, und damit Nachtangriffe machte. Die Zerstörung des südstaatlichen Panzers „Albemarle" durch den kühnen Torpedoangriff des nordstaatlichen Lieutenants zur See Cushing mit einer Dampfbarkasse, war ein glänzender Erfolg dieses Systems, das deshalb gleichfalls von den übrigen Seemächten angenommen wurde.

Auch im deutsch-dänischen Kriege 1864 waren dänischerseits Seeminen mit etwa 10 kg Pulverladung ausgelegt worden, um den Uebergang der deutschen Truppen über den Alsensund zu verhindern. Ebenso wurden 1870 im Kriege, gegen Frankreich an den deutschen Küsten sowohl Kontaktminen nach dem oben beschriebenen russischen System, wie elektrische Beobachtungsminen in ausgedehntem Maße angewendet. Ein derartiger Küstenschutz war um so mehr erforderlich als der damalige Stand unserer Flotte ein offensives Eingreifen in den Kampf nur in beschränktem Maße gestattete, und hat das Vorhandensein der Seeminen wesentlich dazu beigetragen, die französische Flotte von Unternehmungen gegen unsere befestigten Küstenplätze abzuhalten.

Minenprahm und Boote beim Legen von Seeminen.

Während des letzten Decenniums haben alle Staaten im Seeminenwesen außerordentliche Fortschritte gemacht. Besonders hervorzuheben ist die Einführung einer Sprengladung von vierfach größerer Gewalt als das früher verwendete Pulver, wodurch die Mine an Volumen bedeutend verkleinert und handlicher für das immerhin gefährliche Legen gemacht werden konnte. Dieser Sprengstoff war zuerst das Dynamit[1] und ist in neuerer Zeit die Schießwolle.[2] Fast überall wird elektrische Zündung verwendet. Das gesamte Sperrmaterial befindet sich heutzutage in einem solchen Stadium der Vollkommenheit, daß die Möglichkeit der Herstellung einer effektiven Hafensperre vermittelst der M i n e n p r ä h m e (Siehe Illustration) bei geübtem Personal in w e n i g e n S t u n d e n durchführbar erscheint. Diese Prähme nehmen eine größere Anzahl Minen an Bord und geben sie, von einem Dampfer an den passenden Ort geschleppt und hier verankert, an die mitgenommenen und zu Wasser gelassenen Boote ab, welche die Sprengkörper einzeln an die bestimmten Stellen führen und versenken.

---

[1] Das von dem Italiener Sabrero 1847 erfundene, Nitroglycerin genannte, Sprengöl war in flüssiger Form zu leicht explosibel. Auch das Verfahren des schwedischen Ingenieurs Stobel, das Oel in poröse Stoffe (Infusorienerde und Holzmehl) aufzusaugen, um dem nunmehr Dynamit genannten Sprengstoff seine Explosionsfähigkeit bei Gelegenheit von Erschütterungen möglichst zu benehmen, hat die Gefahr nicht ganz beseitigt.

[2] Die Schießwolle wird aus feiner, sehr gereinigter und trockener Baumwolle hergestellt, die man mit Salpetersäure tränkt, wäscht, in Centrifugalmaschinen bis auf 20% von Wassergehalt befreit und dann, zu Brei gemahlen, in cylindrische Formen preßt. Diese Wolle brennt bei Anzündung in freiem Raum (ebenso wie Dynamit und Pulver) langsam ab und ist nicht durch Stoß oder Reibung entzündlich; wohl aber die ganz trockene Schießwolle, die auch bei 150° C. Wärme von selbst explodirt. Ein kleines Quantum davon wird in eine Sprengbüchse wohl verschlossen und erst kurz vor dem Hinabsenken der Mine an entsprechender Stelle eingesetzt.

Naturgemäß wird in den verschiedenen Staaten mit großer Sorgfalt auf die Geheimhaltung der Konstruktionsdetails für das eingeführte Minenmaterial gesehen. Das Wenige, was darüber in die Oeffentlichkeit gelangt, ist zu unzuverlässig und ungenügend, um eine klare Anschauung zu gewähren. Die zuweilen in der ausländischen Fachlitteratur veröffentlichten Beschreibungen und Zeichnungen behandeln meistens nur solche Apparate, welche mehr in das Gebiet der Elektro-Technik gehören, ohne gerade speciellen Werth für die Kenntniß der eigentlichen Minentechnik zu besitzen. So viel scheint aber festzustehen, daß der Gebrauch der Seeminen wie der Torpedos selbst für Denjenigen, der sich ihrer zur Abwehr oder zum Angriff bedient, mit großen Gefahren verknüpft ist, welche nur durch die peinlichste Sorgfalt in der Behandlung und die genaueste Kenntniß des Sprengkörpers vermieden werden können.

So weit bekannt, wird sich zur Zeit bei den meisten Seeuferstaaten die Minensperre aus einem kombinirten System von Kontakt- oder Stoßminen mit selbstthätiger elektrischer, und Beobachtungsminen ebenfalls mit elektrischer, aber vom Willen des Beobachters abhängiger Zündung zusammensetzen und zwar in der Weise, daß erstere das Material für die eigentliche Sperre bilden, in welcher sich jedoch Offensivlücken befinden, die durch tiefliegende Minen der letzteren Art geschlossen werden. Die Explosionskörper, der Form nach den oben beschriebenen russischen ähnlich, werden gewöhnlich so an Drahttauen verankert, daß sie, wenn nicht besondere Zwecke es anders bedingen,

in einer Tiefe von etwa 3 m unter dem Wasserspiegel schwimmen.

In der Mine befindet sich ein kleines Zinkkohlenelement und über demselben ein Glasgefäß mit stark erregender Bunsenscher Flüssigkeit. Direkt von dem Element geht der eine Draht nach außen, während ein zweiter seinen Weg durch einen in der Sprengladung befindlichen Zünder nimmt, der mit Knallquecksilber und mit eingefügtem Platindraht versehen ist. So lange die beiden Drähte außen nicht miteinander in Verbindung treten, den Stromschluß also nicht herstellen, was während der Arbeit

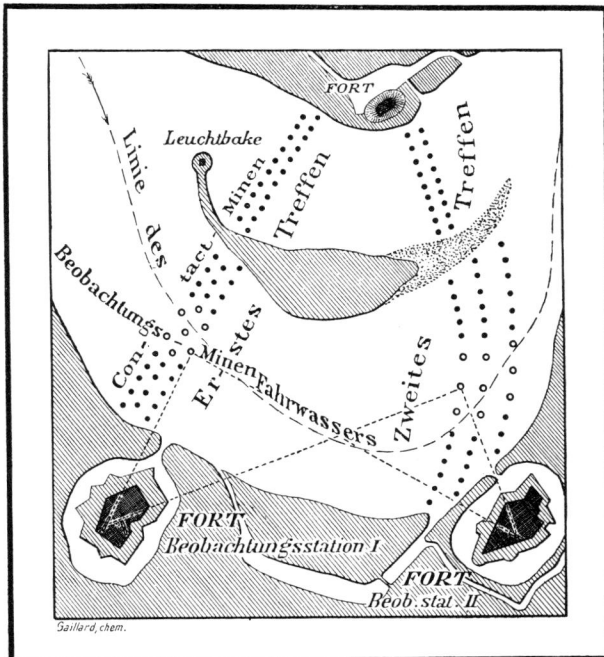

Karte einer Hafensperre mittelst Kontakt- und Beobachtungsminen.

des Minenlegens leicht zu verhindern ist, bleibt man vor einer vorzeitigen Entzündung der Minen völlig gesichert.

Die Leitungsdrähte für die Beobachtungsminen werden vom Lande aus dirigirt, und erfolgt die Entzündung durch die Zündpatrone bei dem Einstellen der elektrischen Batterie zum Stromschluß. Durch diese Maßnahme ist der Moment der Explosion ganz in die Hand des den Zündapparat bedienenden Beobachters gelegt, und kann die Passage für die eigenen Schiffe, während sie über die Beobachtungsminen in den Offensivlücken hinweggehen, völlig gefahrlos

gehalten werden, während die Stoßminen für Freund und Feind gleich gefährlich bleiben. Für die genaue Beurtheilung desjenigen Momentes, in welchem sich ein feindliches Schiff über einer Beobachtungsmine befindet, hat man zweierlei Verfahren. Nach dem in Oesterreich üblichen, von Ebener, befindet sich auf der Beobachtungsstation ein Plan des Hafens in verjüngtem Maßstabe, auf dem die Lage der Beobachtungsminen genau verzeichnet ist, und eine Camera obscura mit einer Anzahl von Spiegeln, deren Arrangement so gewählt ist, daß sie alle Schiffsbewegungen entsprechend auf den Situationsplan reflektiren, also den für die Entzündung passenden Moment in dem Augenblicke erkennen lassen, wo sich das Spiegelbild eines ankommenden Fahrzeuges mit einer eingetragenen Minenmarke deckt. Nach dem zweiten, in anderen Staaten üblichen Verfahren sind zwei Beobachtungsstationen eingerichtet, welche sich telegraphisch miteinander verständigen können. Auf der einen, welche zugleich Zündstation ist, wird ein dem Siemensschen Distanzmesser konformer, mit einer Meßtischplatte versehener Apparat aufgestellt. In der auf der Platte befestigten Karte ist die Lage der Minen eingetragen; das bewegliche Fernrohr wird auf das ankommende Schiff eingestellt. Ein Lineal bezeichnet die Visirrichtung auf der Karte. Dicht über ihm gleitet in der Horizontalebene ein zweites Lineal, aus Glas, welches mit einem korrespondirenden Fernrohr auf der zweiten Station derart in elektrischer Verbindung steht, daß es genau dessen Visirlinie bezeichnet. Der Schnittpunkt beider Lineale markirt auf der Karte den Standort des Schiffs. Deckt sich Schnittpunkt und Minenmarke, so genügt ein Fingerdruck am elektrischen Apparat: der Strom schließt sich und die Mine explodirt. Für den Fall, wo der Gesichtkreis des Beobachters durch Dunkelheit, Nebel oder Schnee verhüllt ist, hat man die Minen durch elektrischen Draht mit über ihnen schwimmenden selbstthätigen

Stromschließern, gewöhnlich von der Form kleiner Bojen (zweier mit der Grundfläche aneinander stoßender Kegel), in Verbindung gebracht, welche im Augenblick der Berührung mit dem Unterschiff ein bei der elektrischen Batterie befindliches Läutewerk in Bewegung setzen und die Mine anzeigen, über welcher das Schiff sich befindet. Auf diese Weise ist es zur Unmöglichkeit gemacht, selbst bei Nacht und Nebel unbemerkt durch die Offensivlücken zu gehen, um zu rekognosciren oder den Angriff zu eröffnen. Durch die Einführung der Seeminen ist somit in die Seekriegführung ein Wendepunkt zu Gunsten der Vertheidigung eingetreten. Während die Minensperre früher nur durch versenkte oder verankerte Schiffe, Pfahlreihen, Ketten und Balkenwerke[1] hergestellt werden konnte, bedient man sich heute, neben der Verwendung der Sprengkörper, nur selten noch jener Schutzmittel, dagegen müssen die gesamten Sperrvorrichtungen unter wirksamem Geschützfeuer liegen. Ebenso bedarf es der Abwehr solcher Versuche, welche der Feind mit Booten unternimmt, um die Kabelleitungen, die Schließungsdrähte, zu zerstören, oder die Minen selbst durch Anwendung von Gegen- oder Quetschminen wegzuräumen. Man legt infolgedessen mehrere Reihen von Minen in schachbrettförmiger Ordnung aus und setzt dadurch dem Vordringen des Gegners noch erhöhte Schwierigkeiten entgegen, so daß man stets noch Zeit behält, die angegriffene Position nach Maßgabe der Umstände genügend zu verstärken.

Es ist wohl begreiflich, daß angesichts der durch die neuesten Verbesserungen auf einen bedeutenden Grad gebrachten Vollkommenheit die Torpedowaffe eine nicht geringe Aufregung auch über die betheiligten Fachkreise hinaus hervorgerufen hat, weil damit die Sicherheit, welche die eisernen Panzerkolosse in ganz anderem Maße als die hölzernen Linienschiffe aus der Zeit Nelsons gewähren sollten, wieder illusorisch geworden ist; denn die neue Waffe richtet ihre zerstörende Gewalt gegen den unter Wasser befindlichen nicht gepanzerten Theil des Schiffes. Aber auch wenn die Panzerung des Bodens möglich wäre, so würde sie doch den Schiffskörper gegen die durch die Explosion des Torpedos herbeigeführte zerstörende Erschütterung der Verbände 2c. nicht zu schützen im stande sein. Wenn man auf diese Weise die Minen so vervollkommnet hat, daß sie als Vertheidigungsmittel kaum noch etwas zu wünschen übrig lassen, so lag es auf der Hand, daß die Seemächte dahin strebten, sie auch als ebenso wirksame Angriffswaffe zu verwerthen. Die Zer-

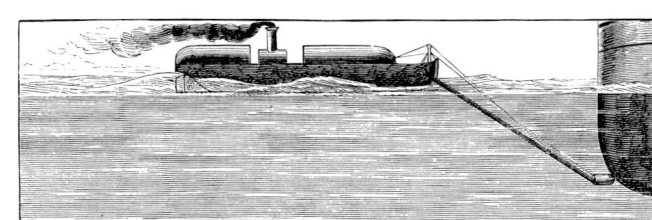

Spieren-Torpedo.

störung des oben erwähnten südstaatlichen Panzers „Albemarle" führte zur allgemeinen Einrichtung von Offensiv-Torpedos (Spieren-, Schlepp- [Harvey-] Torpedos u. a.), sowohl auf größeren Schiffen, wie na-

mentlich auf kleinen besonders dazu bestimmten Dampfbooten. Spieren-Torpedos sind an der Spitze einer etwa 5—6 m langen Stange befestigte Sprengkörper mit Kontakt- oder mit elektrischer Willenszündung, die man entweder vom Schiff selbst oder von Booten aus unter den Boden feindlicher Schiffe zu schieben sucht, welche jedoch bei der Explosion bisweilen auch die eigenen Fahrzeuge gefährden.

Der Harvey-Torpedo, nach seinem Erfinder benannt, besteht aus einem kupfernen, mit Holz bekleideten, trapezoidischen Kasten von 1,4 m Länge, 0,8 m Höhe und 0,15 m Breite, der 25 kg Schießbaumwolle aufzunehmen vermag und im unterem Theile mit Blei beschwert ist, um stets in seiner aufrechten Lage zu verbleiben. Auf der oberen Fläche des Kastens ist eine Anzahl Hebelarme so befestigt, daß, wenn auch nur einer derselben gegen das Schiff oder gegen einen anderen harten Körper stößt, die Sprengladung zur Explosion gebracht wird. Der Apparat wird vom Schiff an einer Schleppleine lancirt, indem mehrere in einem Ring zusammenkommende kurze Taue so angebracht sind, daß der Torpedo beim Schleppen querweg ausweichen kann. Durch diese Vorrichtung sucht man ihn entweder direkt unter den Boden eines feindlichen Schiffes zu dirigiren, oder so zu manövriren, daß dasselbe über die Leine hinweglaufen muß und damit sein Schicksal besiegelt. Der Harvey-Torpedo wird besonders gegen feindliche Rammstöße verwendet, ist aber im Seetreffen für Freund und Feind gleich gefährlich. Um unzeitige Zündung zu verhüten, hat man zwar den Zündbolzen mit einem Sicherheitsschlüssel versehen, der sich durch eine angefügte lange Leine im rechten Augenblick herausreißen läßt, doch ist das Funktioniren dieser Vorrichtung höchst unsicher.

An ähnlichen großen Mängeln leiden alle anderen derartigen Konstruktionen von Torpedos, in welche die Bewegungskraft von außen hineingetragen wird, und man wäre deshalb auf diesem Wege nicht sehr weit gekommen, wenn nicht durch den englischen Ingenieur Whitehead ein Torpedo erfunden wäre, der durch die ihm innewohnende Kraft selbständig sich unter Wasser in bestimmter Richtung fortbewegen und auf weitere Entfernung gegen den Feind entsendet werden könnte.

---

[1] Von den Konföderirten aufgestellte Böcke mit schräg gerichtetem Oberbalken, an dessen Kopf, 3 bis 4 m unter Wasser, kleine Minen befestigt waren, bildeten eine von den nordstaatlichen Schiffen sehr gefürchtete Sperre.

Der Whitehead-Torpedo wird in Form einer Cigarre oder eines Fisches aus Stahl, in neuester Zeit aus Phosphorbronze gebaut und polirt. Er ist 4—6 m lang bei einem Maximaldurchmesser von 35—40 cm und 250—350 kg Gewicht. Der vordere kegelförmige Theil, der Kopf, enthält die in einer Kupferhülse eingeschlossene Sprengladung, welche aus 20—50 kg nasser Schießbaumwolle besteht.[1] Ihre Entzündung erfolgt durch eine erst kurz vor dem Ernstgebrauch einzulegende Sprengbüchse mit trockener Schießbaumwolle und einer Zündpille, welche von einem am Vorderende des Kopfes befindlichen und nach innen beweglichen Nadelbolzen durchstochen und entzündet wird, sowie der Torpedo gegen das Angriffsobjekt anprallt. Die neben dem Kopfe befindliche zweite Hauptabtheilung, auch wohl der sekrete Theil genannt, enthält unter Einschluß eines Mechanismus zur Abmessung der bis zum Auftreffen, beziehungsweise bis zum Aufschwimmen oder Zugrundegehen des Torpedos abzulaufenden Entfernung, den Mechanismus für selbstthätige Richtigstellung des außen am Schwanzende befindlichen Horizontalruders, mittelst dessen der Torpedo bei seinem Laufe durch das Wasser in derjenigen Tiefe[2] gehalten wird, in der er explodiren soll. Dieser außerordentlich

Torpedoboote im Dock.

ingeniösen Vorrichtung liegt das Prinzip des Aneroïd-Barometers zu Grunde. Die vordere Wand der Kammer des Tiefenapparats hat eine Oeffnung, welche durch eine mittelst starker Spiralfedern nach vorne gedrückte und in ihrer Lage festgehaltene Platte verschlossen ist, zu der das Wasser durch eine rundum gehende Reihe kleiner Bohrlöcher Eintritt hat. Der nun je nach dem Dichtigkeitsgrade der Wasserschichten, d. h. nach der vom Torpedo befahrenen Tiefe sich ändernde hydrostatische Druck zwängt die Platte etwas nach innen hinein und diese überträgt durch Vermittelung der genannten Spiralfedern den empfangenen Impuls auf ein nach dem Ende durchgehendes Gestänge. Dasselbe öffnet einen leicht spielenden Hahn an dem dahinter gelegenen Luftkessel, welcher mittelst starker Pumpen auf 70—90 Atmosphären Druck mit komprimirter Luft gefüllt ist. Alsbald tritt mehr oder weniger Luft in eine hinter dem Kessel in der dritten Abtheilung der Maschinenkammer befindliche Steuermaschine und setzt sie in Bewegung. Diese zwingt das Horizontal-Ruder zu einer geringen Drehung. Sofort steigt oder sinkt der Torpedo etwas, bis sich das Spiel von

---

[1] Es giebt übrigens schon Torpedos mit 115 kg Sprengladung.

[2] 1—5 m. In geringerer Tiefe läuft der Torpedo nicht korrekt (auch bei leichtem Wellengang); die gewöhnliche Tiefe ist 3 m, in welcher Schiffe am sichersten verwundbar sein dürften.

neuem wiederholt und somit die durchlaufene Bahn eine leicht geschwungene Wellenlinie wird. Die Funktionen der Platte allein würde aber als zu plötzlich wirkend den korrekten Gang des Torpedos innerhalb genügend kleiner Grenzen noch nicht sicherstellen. Deshalb ist mit dem Gestänge ein Pendel so in Verbindung gebracht, daß sein Vorwärtsschwingen

In der Lancirkammer eines Torpedobootes.

beim Sinken und sein Rückwärtsschwingen beim Steigen des Torpedos die Arbeit der Steuermaschine vergrößert, verringert oder aufhebt und somit die Ruderbewegung gleichfalls beeinflußt. Der bei der rapiden Fahrt des Torpedos durch das Ruder trotz dessen kleiner dem Wasser dargebotener Seitenfläche auszuhaltende Druck ist verhältnißmäßig sehr erheblich. Die Vertikalruder, welche sich als flossenartige Ansätze am Ruderstück befinden, werden parallel mit der

Längsachse des Torpedos festgestellt und ihre Stellung bei der Adjustirung (Einschießen) des letzteren event. korrigirt. In der dritten Abtheilung ist ferner eine kleine dreicylindrige, den Schiffsmaschinen im Prinzip gleiche Maschine von ebenfalls höchst penibler Ausführung aufgestellt, welche — durch die im Luftkessel aufbewahrte und durch eine Luft= vertheilungsvorrichtung zugeführte komprimirte Luft getrieben — die beiden am Schwanzende angebrachten Schrauben= propeller in Rotation versetzt und dadurch den ganzen Zerstörungsapparat vorwärtsbewegt. Das Lanciren des Torpedos geschieht auf verschiedene Art: auf allen größeren Schiffen durchschnittlich aus Rohren, die, aus dem innern Schiffe reichend, vorn, hinten oder seitwärts außenbords, unter oder über Wasser münden. Früher verwendete man auch von Deck aus leichte kanonenähnliche Gestelle, jedoch hat man die Idee wieder aufgegeben. Das Ausstoßen des Torpedos geschieht durch komprimirte Luft aus einem in der Nähe befindlichen Accumulator. Beim Verlassen des Rohres stößt ein darin befestigter Stift gegen den Kopf eines kleinen aus dem Torpedo hervorragenden Hebels, dadurch öffnet sich das Zuströmungsventil und die Maschine setzt sich in Gang.

Die Geschwindigkeit des Torpedos richtet sich nach der zu durchlaufenden Entfernung und demgemäß nach dem Verbrauche der komprimirten Luft. Gewöhnlich stellt man erstere auf 700 m, und dann genügt der Vorrath, um ihn mit 16—18 Knoten[1] Fahrt (8—9 m in der Sekunde) zu treiben, während bei nur 200 m Laufzeit z. B. sich die Fahrgeschwindigkeit auf 20—25 Knoten erhöhen läßt. Das im Kessel befindliche Luftquantum reicht für einen Weg von 2000 m aus.

Auf kleinen Booten, Dampf= barkassen zc., welche nur gelegentlich zum Lanciren von Torpedos benutzt werden, wendet man einen Hand= lancirapparat an. Derselbe besteht aus einem krinolinartig durchbroche= nen Rohr, zu dessen Innern das Wasser freien Zutritt hat, so daß der Torpedo darin schwimmt, sobald das Rohr zu Wasser ge= lassen wird. Diese Rohre werden an Gelenkarmen über Bord gesetzt, das Zuströmungs=Ventil wird geöffnet und der Torpedo beginnt seinen Lauf.

Man füllt die Torpedos mit

Am Revolver-Geschütz (Hotschkiß-Kanone).

komprimirter Luft in besonderen Depots. Obwohl allmählich etwas Luft entweicht, so bleiben erstere doch 3—4 Tage gefechtsbereit, bedürfen aber dann der Revision bezw. einer Nachfüllung. Bei Entfernungen von mehr als 200 m läßt die Treffähigkeit dieses automatischen Fisches manches zu wünschen übrig; auch sind die sich nach und nach verringernde Geschwindigkeit, die Empfindlichkeit der komplizirten Theile, die Beeinflussung der Flugbahn durch Strömung, sowie die Schwierigkeit des Zielens beim Ablassen des Torpedos nicht zu verkennende Uebelstände. Die Herstellungskosten eines Exemplars belaufen sich auf 7500 bis 10000 Mark. Obgleich demnach diese Waffe, wie ein französischer Schriftsteller richtig bemerkt, „eine höchst delikate ist, die sich oft den besten Kombinationen für eine zuverläßige Verwendung entzieht", so liegt es doch auf der Hand, daß sie, wenn man ihren militärischen Werth auch noch nicht auf Grund umfassender Erfahrungen zu beurtheilen vermag, besonders für die Küstenvertheidigung eine nicht zu unterschätzende Bedeutung hat.

In Bezug auf die militärische Verwendung der Torpedos war man eine Zeit hindurch der Ansicht, daß eine Armirung aller Kriegsschiffe mit denselben die Herstellung sogenannter Torpedoboote, d. h. lediglich zum Zweck der Lancirung solcher Sprengkörper eingerichteter kleiner Fahrzeuge, unnöthig mache. Inzwischen ist man aber zu der Ueberzeugung gelangt, daß sowohl im Küstenkriege, wie in der Seeschlacht, bei Nacht und Nebel schwer sichtbare schnelle Blitzboote für den Torpedoangriff höchst wirksam seien, ja daß man den Schlachtschiffen selbst eine Anzahl der= selben zum Sicherheitsdienst gegen feindliche Torpedoboote beigeben müsse.

---

[1] 1 Knoten = ¼ geographische Meile oder 1855 m pro Stunde.

1871 gelang es der Firma Thornycroft in Chiswick bei London, ein Torpedoboot herzustellen, welches bei nur 2,5 Tonnen Deplacement eine Fahrgeschwindigkeit von 15 Knoten erreichte. In kurzer Zeit hatten jedoch auch die Firmen Yarrow in Poplar bei London, die Schiffbau-Aktiengesellschaft Weser in Bremen, Schichau in Elbing, der Vulkan in Stettin, Normand in Havre u. A. Fortschritte im Bau von solchen Blitzbooten zu verzeichnen, scheinen aber z. Zt. sämtlich von der deutschen Firma Schichau in Elbing überflügelt worden zu sein.

Man unterscheidet gewöhnlich zwei Klassen von Torpedobooten: solche, welche genügend groß sind, um selbständig operiren und bis zu einem gewissen Grade die See auch bei stürmischem Wetter halten zu können, und solche von geringeren Dimensionen, welche den größeren Schiffen als Beiböte mitgegeben werden. Beide Arten werden aus weichem Gußstahl gebaut und sind meistens mit dreicylindrigen Compoundmaschinen versehen. Sie haben nur sehr geringe Bordhöhe, sind völlig gedeckt und enthalten eine Anzahl wasserdichter Abtheilungen. Die Armirung besteht gewöhnlich aus 2—4 Whitehead-Torpedos, die aus Lancirrohren abgelassen werden, oder sind außerdem noch, wie in Frankreich und Rußland, mit Spierentorpedos versehen.

Das russische von Yarrow in Poplar erbaute Torpedoboot erster Klasse „Batum" von 100' Länge, 12½' Breite und einem Tiefgang bis zu 4' hat ein erhöhtes Walfischrücken-Deck, welches ein Drittel der Bootslänge einnimmt, und an dessen Hinterende der Gefechtsthurm, der Platz für den Kommandanten, aufgestellt ist. Von hier aus gehen Sprachrohre nach der Maschine, und ist der Kommandirende im stande, das Fahrzeug zu steuern und die Hebel zur Entsendung der Torpedos in Bewegung zu setzen. Das Boot hat 7 wasserdichte Querschotten; der dritte der dadurch gebildeten Räume — von vorn gerechnet — dient zum Aufenthalt für die Mannschaft und als Lagerplatz der Torpedos, der fünfte enthält die Kessel, der sechste die Maschine, im siebenten finden die Offiziere Unterkommen, während im hintersten der Proviant und die übrigen Vorräthe lagern. Zwei

Stapellauf des englischen Torpedo-Rammschiffes „Polyphemus".

vorn und hinten am Fahrzeug angebrachte Balanceruder geben demselben eine bedeutende Manövrirfähigkeit. Gesteuert wird es nach dem Patentkompaß von Sir William Thomson. An Bord befinden sich 4 Whitehead-Torpedos, von denen 2 in den im Bug mündenden Lancirrohren untergebracht werden; auf Deck sind Einrichtungen für Spierentorpedos getroffen.

Frankreich zählt 5 Klassen von Torpedofahrzeugen: torpilleurs de haute mer von 100 Tonnen Deplacement und darüber, torpilleurs de 1re classe von 60 bis 100 Tonnen,[1] torpilleurs de 2e classe von 40 bis 60 Tonnen, torpilleurs de 3e classe zwischen 20 und 40 Tonnen und torpilleurs-vedettes unter 20 Tonnen Deplacement.

Die Torpedoboots-Bauwerft von F. Schichau in Elbing hat im Mai 1890 drei neue Torpedo-Fahrzeuge für die russische Regierung fertig gestellt, welche einen neuen Triumph der deutschen Schiffsbautechnik verzeichnen. Es sind dies der Torpedokreuzer „Lieutenant Kasarsky" von 58 m Länge, 7,5 m Breite und 3500 Pferdekräften, ferner das Torpedoboot „Anacreon" von 39 m Länge, 5 m Breite und der Torpedo-Eclaireur „Adler" von 46,5 m Länge, 5,2 m Breite und 2200 Pferdekräften. Für letzteres Fahrzeug war eine kontraktliche Geschwindigkeit von 26,5 Knoten bedungen, und man zweifelte in Marinekreisen allgemein daran, daß eine solche außerordentliche Leistung zu realisiren sei. Die kürzlich auf der Rhede von Pillau mit diesem Fahrzeuge vorgenommenen Probefahrten haben jedoch bewiesen, daß solche Fahrgeschwindigkeiten seegehender Schiffe nicht allein möglich, sondern noch übertroffen werden können. Der „Adler" erzielte während einer zweistündigen ununterbrochenen Fahrt eine mittlere Geschwindigkeit von 26,6 Knoten und erreichte eine Maximalgeschwindigkeit von 27,4 Knoten. Die russische Marine besitzt somit ein Kriegsfahrzeug, welches als das schnellste der Welt bezeichnet werden muß.

Die großbritannische Marine zählt seit dem Jahre 1881 ein aus Stahl gebautes und durch einen 7,5 cm Deckpanzer aus Stahl geschütztes Torpedo-Rammschiff „Polyphemus", welches bei einem Verhältniß der Breite zur

---

[1] Auch in der deutschen und anderen Marinen hat man größere Torpedofahrzeuge, sogenannte Torpedojäger und Torpedokreuzer, von großer Fahrgeschwindigkeit und Manövrirfähigkeit, welche außer der Torpedoarmirung noch einige Schnellfeuerkanonen zur Zerstörung resp. Abwehr von Torpedobooten führen, während die kleineren Torpedoboote keine Geschützarmirung haben.

Länge von 1 : 6, bei 6 m Tiefgang und 2640 Tonnen Deplacement, eine Geschwindigkeit bis zu 17 Knoten erreicht haben soll. Das Walfischrückendeck dieses merkwürdigen Fahrzeuges ragt in der Mitte nur 1,5 m über Wasser; vor dem Schornstein steht (wie aus den Abbildungen S. 78 und 79 ersichtlich) der Signalmast und auf dem Sturmdeck der Kommandothurm. An jeder Seite des Sturmdecks befinden sich drei Thürme mit Nordenfeldtschen Mitrailleusen, die aus ihren vier Läufen hundert Schuß und darüber pro Minute abgeben können. Unter der Wasserlinie an den Seiten

Englisches Torpedo-Rammschiff „Polyphemus", Bugansicht.

des Schiffes sind vier Lancirrohre für Fisch-Torpedos und eins im Sporn angebracht. Als besondere Eigenthümlichkeit des Fahrzeuges ist noch zu erwähnen, daß in einem hierfür geschaffenen Spalt des Kiels eine Anzahl schwerer Eisenstücke als beweglicher Ballast angebracht sind, durch deren Loswerfen (Dechargiren) das Fahrzeug im Falle eines Auflaufens wieder flott gemacht werden kann.

Die deutsche Marine, welche hinter keiner anderen in Bezug auf das Torpedowesen zurücksteht, führt statt der stählernen Whitehead-Torpedos solche aus Phosphorbronze, deren Mischungsverhältniß das Geheimniß der Schwarzkopfschen Maschinenfabrik in Berlin ist, und hat die Genugthuung, andere Seemächte bereits ihrem Beispiel folgen zu sehen. Diese Bronze=Torpedos unterliegen weder im Seewasser noch in der feuchten Seeluft einer das Funktioniren des Apparates schädigenden Oxydation, ihre Luftkammer hat größere Festigkeit, gestattet einen höheren Druck und ermöglicht dadurch eine größere Geschwindigkeit.

Wie tief der Torpedokultus bereits in allen Seestaaten Wurzel gefaßt hat, geht daraus hervor, daß es jetzt kein Schlachtschiff, Kreuzer, Aviso, u. s. w. mehr ohne Torpedoarmirung giebt. Gleichzeitig beweist die folgende Liste der Torpedofahrzeuge der einzelnen Staaten, welchen hohen Werth man auf die Torpedowaffe überhaupt legt: England zählt 207, Frankreich 191, Rußland 138, Italien 128, Deutschland 100, Oesterreich=Ungarn 60, Griechenland 51, Türkei 29, Dänemark 22, Schweden und Norwegen 19, Spanien 15 größere und kleinere Torpedoboote 2c. Was nun den Gefechtswerth dieser Waffe betrifft, so läßt sich derselbe etwa folgendermaßen zusammenfassen:

Der automobile Torpedo ist eine Waffe von gewaltiger Wirkung, Schiffen gegenüber wohl das gefährlichste Kampf= mittel, das bis jetzt überhaupt zur Verfügung stand. Seine Sprengkraft ist so bedeutend, daß sie den Schiffs=

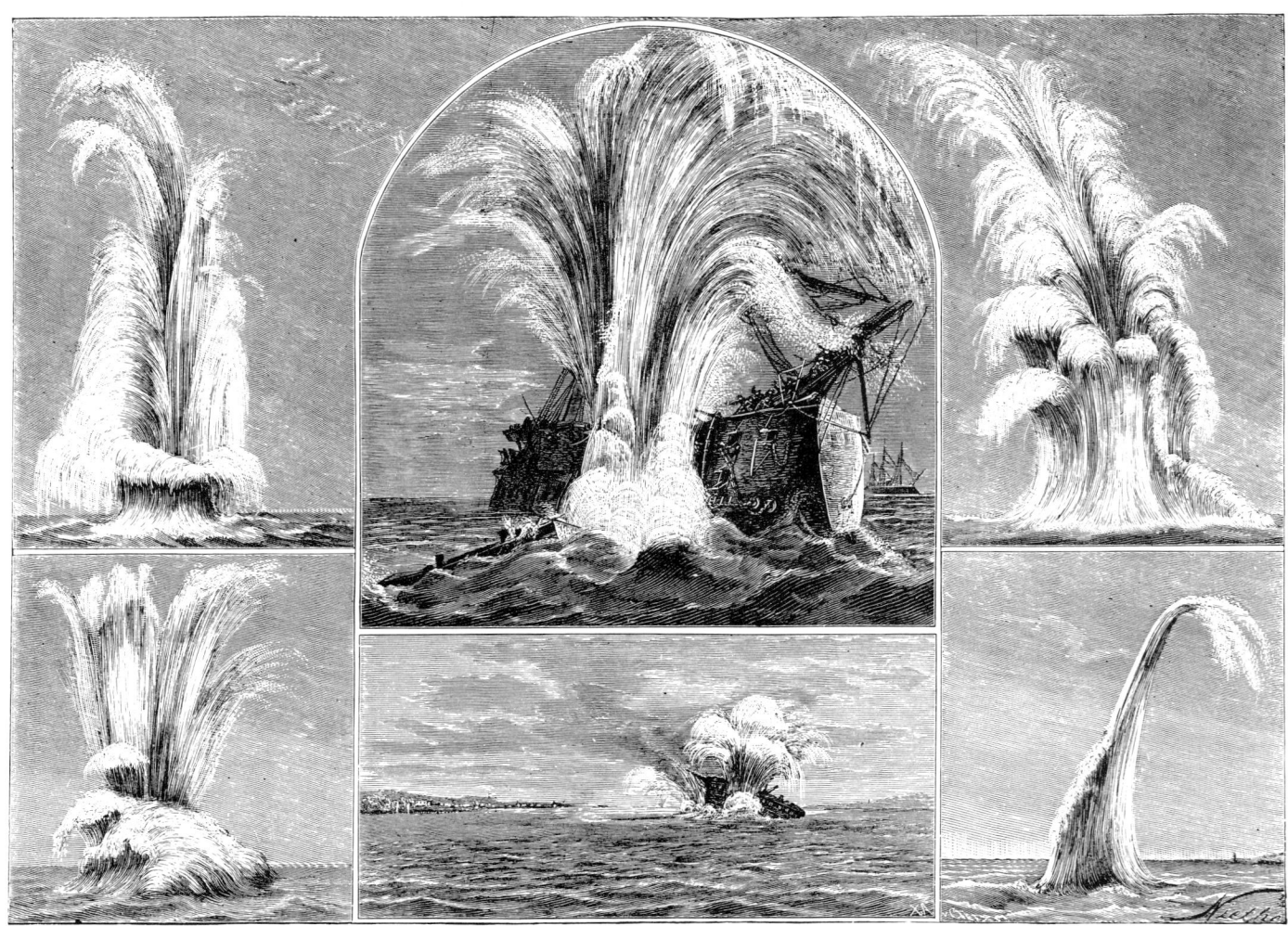

Sprengung eines Panzerschiffes durch den Torpedo. — Bei Versuchsexplosionen beobachtete Wassersäulen.

verband in den Grundfesten lockert, eine ganze Reihe von Wänden undicht macht und einer Wassermenge Zutritt verschafft, die in vielen Fällen kaum mehr bewältigt werden kann und daher oft bedingungslos den Untergang, sicher aber augenblickliche Gefechtsunfähigkeit des getroffenen Schiffes herbeiführt. Indessen ist der Torpedo nicht, wie z. B. die Artillerie, in allen Gefechtslagen verwendbar; auch bleibt trotz der vorzüglichen Resultate, welche man in neuester Zeit bezüglich der Treffsicherheit dieses Kriegsinstrumentes erzielt hat, noch abzuwarten, wie er sich im Ernst= falle bewähren wird, da die Kriegsbegebenheiten bis jetzt noch wenig Gelegenheit geboten haben, nach dieser Richtung hin genügende Resultate zu sammeln.

Kein Kriegsschiff kann aber jetzt noch als dem heutigen Stande der Kriegskunst entsprechend ausgerüstet an= gesehen werden, wenn es nicht mit Torpedos armirt ist.

Bei dem hohen Werth, den man in allen Staaten dieser Waffe beimißt, und bei dem Eifer, mit dem in allen Marinen auf eine Verbesserung und Vermehrung desselben hingewirkt wird, ist es zu einer brennenden Tagesfrage geworden, ob das zum Lanciren automobiler Torpedos eingerichtete Torpedoboot oder eine Flotille solcher

Boote dem bisherigen Begriff der taktischen Grundeinheit, dem Panzerschiff, seine Bedeutung nehmen, vielleicht sogar ihm substituirt werden könne. Wohl ermöglicht der Torpedo — bei geringstem Einsatz an Menschenleben und Geldmitteln — die Erzielung gewaltigster Resultate, wohl vermag unter Umständen das kleine Boot dem Panzerkoloß von Millionen an Werth und mit starker Besatzung einen jähen Untergang zu bereiten, dennoch sind alle diese Argumente nicht schwerwiegend genug, um bei der Abwägung des Werthes beider Kampfmittel dem Torpedoboot den unbedingten Vorrang zuzuerkennen.

Nach wie vor wird der Seekrieg einer Kampfeinheit bedürfen, die einen möglichst hohen Grad von Schutz, Gefechtskraft, Bewegungsfähigkeit und Unabhängigkeit von Ort, Zeit und Witterung in sich vereinigt — unerläßliche Bedingungen für den offensiven Seekrieg, die nur das große Panzerschiff, niemals aber das Torpedoboot oder die Torpedoflottille erfüllen kann. Für den Kampf auf bewegter See, den Angriff auf Küstenbefestigungen, sowie das Forciren von Hafeneinfahrten wird man niemals das Panzerschiff entbehren können, doch dürfte der Torpedo in der Konstruktion der Panzerschiffe vermuthlich noch erhebliche Veränderungen hervorrufen. Natürlich ist bei den Panzerschiffen alles geschehen, um sie gegen Torpedoangriffe zu schützen oder ihre Wirkung abzuschwächen. Man umgiebt die Schiffe mit Stahlnetzen, die in einer gewissen Entfernung 2—2½ m tief in das Wasser tauchen. In ihnen fängt sich der Torpedo und beschädigt das Schiff nicht, aber wenn man diese auch vor Anker anwenden kann, so hindert eine solche Vorrichtung Fahrt und Geschwindigkeit dermaßen, daß in einer Seeschlacht kein Gebrauch davon gemacht werden kann. Die Revolverkanonen, von denen jedes Schiff eine ganze Anzahl führt, sind gefährliche Gegner, da ihre Geschosse die dünnen Wände der Torpedoboote bis auf 1000 m durchschlagen, aber im dichten Pulverdampf nützen sie nichts. Wird aber ein Panzerschiff unter hohem Dampfdruck von einem Torpedo im Boden unter den Kesseln getroffen, so ist es unrettbar verloren. Man wird verständigerweise von dem Bau ungeheurer Panzerkolosse abgehen, wenn man auch selbst in neuester Zeit sich noch nicht dazu entschließen konnte; man wird kleinere, leichter bewegliche, nur in den vitalsten Theilen gepanzerte, aber schwer armirte Fahrzeuge bauen; und der Verlust eines einzigen durch einen Torpedotreffer wird nicht mehr zugleich den Verlust eines so erheblichen Theiles der Seestreitkraft bedeuten, wie es bisher der Fall war.

Nicht unerwähnt möge hier auch bleiben, daß das Torpedoboot ein vorwiegend maschinelles Kriegsmittel von solcher Feinheit des Mechanismus ist, daß es an die Besatzung Anforderungen stellt, denen selbst ausgesuchte Leute von erprobter Leistungsfähigkeit für längere Zeit, wie sie eine weitere Seefahrt erheischt, nicht gerecht werden können, um so weniger, als der Aufenthalt auf einem Torpedoboote auch für den abgehärtetsten Seemann auf die Dauer geradezu unerträglich ist, da er selbst des primitivsten Komforts entbehrt. Ein deutscher Marineschriftsteller äußert sich treffend dahin, daß im Torpedokriege derjenige Sieger bleiben wird, dessen Bootsbesatzungen die festesten Nerven haben.

Wenn somit die Frage, ob das Torpedoboot in Zukunft das Panzerschiff verdrängen oder gar ersetzen könne, entschieden verneint werden muß, so soll damit keineswegs dem Torpedo die hohe Bedeutung abgesprochen werden, die ihm als Waffe für den Seekrieg der Zukunft gebührt. Zweifellos werden Torpedoflottillen in künftigen Kriegen die Geschwader begleiten, und wird die Zukunft lehren, ob und welche Resultate im Gefecht mit ihnen erzielt werden können; selbständig werden sie aber in hoher See niemals zu operiren vermögen, wenn man nicht gerade ihr wesentlichstes Stärkemoment opfern will, ihre Manövrirfähigkeit und Kleinheit, vermöge deren sie leicht ungesehen dem Angriffsobjekt sich nähern, unter Umständen auch schwer von dort mit Sicherheit beschossen werden können.

Das unbestrittene Wirkungsgebiet der Torpedoflottillen ist der Küstenschutz und die Abwehr von Blockaden, hier sind sie ganz unentbehrliche Kampfmittel und dazu berufen, unter schneidiger Führung eine große Rolle zu spielen.

Auf Stapel.

Die Werft.

Kiel.

Deutschland besitzt zwei Kriegshäfen: Kiel an der Ostsee und Wilhelmshaven an der Nordsee. Mit beiden sind großartige Marine=Anlagen verbunden; denselben reiht sich die Bauwerft Danzig als dritte Staatswerft an.

Die Kieler Föhrde (Kieler Bucht im weiteren Sinne) ist einer der zahlreichen Einschnitte an der schleswig= holsteinischen Ostseeküste und erstreckt sich von Bülk bezw. Bottsand etwa 17 km in südwestlicher Richtung in das Land hinein. Sie umfaßt drei Zonen: die südliche ist der Handelshafen der Stadt Kiel, welche bei der Linie Stadt= schloß—Wilhelminenhöhe in die mittlere übergeht; diese schließt den inneren, eigentlichen Kriegshafen und die Werftanlagen ein und erstreckt sich bis Bellevue im Düsternbroker Holz, wo die Föhrde eine Breite von 1500 m erreicht. Beide Zonen werden gemeiniglich unter dem Namen Kieler Bucht im engeren Sinne zusammengefaßt. Die Strecke bis Bülk bildet die nördliche Zone.

Die Kieler Bucht im weiteren Sinne ist schon seit Jahrhunderten der Schauplatz mancher maritimen Kriegs= operationen gewesen, wenn sie auch von den Hauptkämpfen zu Zeiten der Wikinger (Meerkönige) und den vielen See= kriegen der Dänen mit den Wenden und der Hansa wenig berührt worden war.

Erst die Kämpfe um Fehmarn (1416—1427) hatten ein Nachspiel auf der Föhrde im Gefolge; Seeräuber und Kaper beunruhigten die Bucht während der Pausen in den Fehden der Dänen, Lübecker und Holsteiner.

Die erste größere Flotte führte im Jahre 1628 Christian IV. von Dänemark in die Föhrde, nachdem er Fehmarn erobert und Eckernförde überrumpelt hatte. Ein Angriff auf Kiel mißlang zwar und nöthigte zum Rückzuge nach Fehmarn=Sund, der König ließ sich jedoch dadurch nicht hindern, während der folgenden Jahre Kriegsschiffe zur Abwehr feindlicher Landungen dauernd in der Kieler Bucht zu stationiren; 1633 lag er längere Zeit hindurch mit einer größeren Flottenabtheilung bei der kleinen, im Jahre vorher neu angelegten Festung Christianspries, dem jetzigen Friedrichsort vor Anker.

Die erste bedeutende Seeschlacht in der Kieler Bucht wurde zwischen etwa 40 schwedischen Linienschiffen, Fregatten, Brandern und Gallioten unter Kommando des Admirals Claas Fleming und einer etwa gleich starken dänischen Flotte unter Christians IV. persönlicher Leitung am 1. Juli 1641 „auf der Colberger Heide", östlich von Bülk, geschlagen. Der hartnäckige, von Tagesanbruch bis zum Abend dauernde Kampf, in welchem der siebenundsechzigjährige Monarch, mit Wunden bedeckt, ein blutiges Tuch vor dem Auge, bis zum Ende der Schlacht auf Deck blieb und seine Befehle ertheilte, endete mit dem Rückzuge der Schweden nach der Kieler Föhrde, südlich von Christianspries, und deren Einschließung durch die dänische Flotte. Hier, zwischen Möltenort und der Wiker Bucht, ankerte der Admiral Fleming mit seinen Schiffen in zwei Kolonnen und glaubte sie bis zur Ausbesserung der Schäden sicher untergebracht. Nach der Einnahme von Kiel durch die Kaiserlichen und der Errichtung einer dänischen Batterie am östlichen Ufer gegenüber von Christians= pries wurde aber seine Lage eine höchst kritische, und beschloß er daher, sich um jeden Preis durchzuschlagen, sobald der Wind günstig würde. Der erste Versuch am 28. Juli mißglückte infolge des wohlgezielten Feuers der dänischen Batterie. Nunmehr befahl der König am 29. Juli seinem Admiral Galt, sofort Anker zu lichten, den Schweden in enggeschlossener Ordnung, ohne zu feuern, auf den Leib zu gehen und erst aus nächster Nähe die Breitseiten abzugeben. Diesen Befehl scheint indessen der dänische Admiral nicht ausgeführt zu haben, denn, während der König durch seine schweren Verwundungen verhindert war, sein Lager zu verlassen, gelang es der kleineren und geschwächten schwedischen Flotte, in der Nacht vom 30. zum 31. Juli das größere feindliche Blockadegeschwader zu durchbrechen, ohne dabei den geringsten Verlust zu erleiden, und zu entkommen.

Am 13. Oktober desselben Jahres kam es bei Langeland abermals zur Schlacht, in welcher die Dänen unterlagen und einen großen Theil ihrer Schiffe einbüßten.

Charakteristisch für die Anschauungen der damaligen Zeit sind die Aeußerungen Christians IV. rücksichtlich der Behandlung der schwedischen Gefangenen: es wäre besser, die Ueberwundenen ohne Ausnahme todt zu schlagen, hoch und niedrig; alsdann würden die Leute schon die Lust zum Soldatenhandwerk verlieren; — und ein dementsprechender Ausspruch des schwedischen Admirals von Wrangel: daß es klüger gewesen wäre, die dänischen Gefangenen über Bord zu werfen, als ihnen Quartier zu geben.

Nach längerer Zeit der Ruhe infolge des Friedens von Brömsebro 1645 wurde am 24. April 1715 wiederum bei Bülk eine Anzahl dänischer Schiffe vernichtet, welche sich hierher nach einer Schlacht nordöstlich von Fehmarn vor der siegreichen schwedischen Flotte geflüchtet hatten.

Fast anderthalb Jahrhunderte später operirte in der Kieler Bucht die neu entstandene schleswig-holsteinische Marine gegen die Dänen. Es fanden zwar außer einem größeren Gefecht bei Eckernförde am 5.

KARTE vom KIELER HAFEN

April 1849 nur kleine Scharmützel zwischen den im Kieler Hafen und vor der Schlei stationirten Ruder-Kanonenbooten gegen vereinzelte dänische Blockadeabtheilungen, Dampf- und Segelschiffe, statt, doch wurden die Dänen durch die stete Beunruhigung der ersteren an der Konzentrirung ihrer Seestreitkräfte gehindert.

Seit jener Zeit haben die Anlagen an der Kieler Föhrde manche Umänderungen erfahren. Für die Einseglung der Schiffe bei Nacht sind Leuchtthürme bei Bülk und Friedrichsort, letzterer auf einer Sandbank hart am Rande eines Riffes erbaut. Bei unsichtigem Wetter werden bei Tage wie bei Nacht die von den vorüberfahrenden Schiffen gehörten Nebelsignale vom Bülk-Leuchtthurm mittelst einer Sirene in Pausen von 40 Sekunden vom Friedrichsort-Leuchtthurm durch periodisches Schlagen eines Gong — chinesische Glocke — beantwortet. Für den inneren Hafen dienen während der Dunkelheit ein rothes Feuer bei Düsternbrook sowie Pfahl- und andere Laternen bei Wilhelminenhöhe und an der Stadtseite als Leiter.

An der westlichen Seite der Mündung ist die Festung Friedrichsort, welche an Stelle des 1648 geschleiften Christianspries durch König Friedrich III. von Dänemark in dem Zeitraum von 1663 bis 1690 wieder erbaut worden und dann fast zwei Jahrhunderte hindurch ohne weitere wesentliche Veränderungen geblieben war, unter Ausnutzung ihrer von Natur für Vertheidigungszwecke günstigen Lage den Ansprüchen der Neuzeit gemäß erweitert worden.

Der Name Friedrichsort bezeichnet heutzutage nicht mehr allein das aus verfallenen dänischen Ueberresten zu formidablen Werken ausgebaute und bei seiner hohen Lage schon weit von See aus sichtbare Fort, sondern zugleich ein kleines freundliches Oertchen, das sich um die Festung herumzieht und ein städtisches Gepräge trägt, freilich mehr in einer Form, wie wir sie uns etwa für eine römische Militärkolonie denken mögen. Von seiner Hauptstraße zweigen sich mit Bäumen bepflanzte Nebenstraßen mit stattlichen, villenartigen Bauten ab, während ihre Verlängerung in sanfter Krümmung nach dem Strande zu auf den Braunen-Berg und hier zu dem nördlichsten, den Hafeneingang am westlichen Ufer schützenden Fort Falkenstein führt. Auf einer anderen durchkreuzenden schmucklosen Straße gelangt man zu den Wällen der Festung Friedrichsort, die eine unmittelbar am Meeresspiegel aufsteigende Anhöhe krönt. Zu unsern Füßen in südlicher Richtung liegt der Boots- und Torpedohafen, während sich nach Norden hin das von Fahrzeugen aller Art belebte Meer ausbreitet. Eine Umschau zur Sommerzeit ist besonders anziehend.

Die Kieler Föhrde ist ein Waffenübungsplatz, wie ihn selten ein anderer Hafen bietet; kaum dürfte man irgend sonstwo Gelegenheit finden, sowie Material, so große Uebungen und interessante Versuche mit anzusehen. Besonders großartig sind die Uebungen der Torpeder auf ihren raschen Booten; nach allen Richtungen hin bezeichnen aufsteigende Bläschen auf dem Wasser die Bahnen der entsendeten automobilen Fische. Auf einem anderen Terrain werden Seeminen gelegt und wieder aufgefischt, während wir bald wie tiefes Brummen, bald als erschütternden Donnerschlag, je nach der Richtung des Windes, die groben Stimmen Kruppscher Hinterlader schwersten Kalibers von den Strandbatterien der Forts Stosch, Jägersberg, Korögen und Möltenort, am gegenüberliegenden östlichen Ufer, her vernehmen.

Küstenartillerie und Seeminen sind in erster Linie die Defensive unserer Häfen. Für beide stellt das Bedienungspersonal die Matrosen-Artillerie-Abtheilung in Friedrichsort, die, wenn sie auch die Uniform der Matrosen trägt und von Seeoffizieren kommandirt wird, sich doch nicht aus Seeleuten von Beruf rekrutirt. Sie giebt die Besatzung aller Hafenforts. Auf die Ausbildung dieses wichtigen Marinetheils wird große Sorgfalt verwendet, und sind daher bei den großen Uebungen allsommerlich ausgezeichnete Resultate erzielt worden.

In dem bis Bülk hinausreichenden Gebiet des Kriegshafens übt die kaiserliche Marinebehörde die Hafenpolizei aus, während für den Handelshafen die Vorschriften der Civilbehörde Geltung haben.

Eine Reihe großer rother Bojen von Düsternbrook bis zum Stadtschloß dient zum Festlegen der dienstbereiten Kriegsschiffe und bezeichnet gleichzeitig die östliche Grenze der Passage für Handelsschiffe.

Die Anlegeplätze des Handelshafens befinden sich an der Stadtseite, im südlichsten Theil der Föhrde, nahe dem Bahnhof. Die Schiffe liegen meistens am Bohlwerk. Damit die Waren aus ihnen unmittelbar auf Eisenbahnwagen verladen werden können, führen Schienengeleise am Hafen entlang bis zur Einfahrt zum Kleinen Kiel. Hier ist der Anlegeplatz der Post-Dampfschiffe „Kiel-Korsör".

Der Theil der Föhrde von Friedrichsort bis zur Stadt Kiel ist in seiner ganzen Länge von einem Höhenplateau umgeben, das nur durch das Thal der Schwentine, des Nord-Ostsee-Kanals und einzelne Niederungen von geringer Breite unterbrochen wird. Jeden Augenblick ändert sich die Scenerie; bewaldete Höhen wechseln mit saftigen Wiesen ab, 30 bis 40 m hohe steile Hügel treten bis an die Bucht heran und sind zum Theil von Villen und Etablissements gekrönt; so bei Bellevue, Holtenau, Friedrichsort am westlichen, bei Möltenort, Alt-Heikendorf, Mönkeberg, der Schwentinemündung und bei Wilhelminenhöhe am östlichen Ufer.

An der westlichen Seite, fast am innersten Zipfel der Bucht, liegt die Stadt Kiel. Vom Bahnhof, der am Hafen liegt, zieht sich quer durch die Stadt, dem Quai fast parallel, die Holstenstraße nach dem Schloß, der einstigen Residenz der Herzöge von Holstein-Gottorp. Im 13. Jahrhundert erbaut, erhielt dasselbe seine jetzige Gestalt von der Kaiserin Katharina II. von Rußland. Jetzt flattert stolz von seiner Zinne das Banner der Hohenzollern. Prinz Heinrich, der Bruder unseres Kaisers, residirt hier. Vor dem Schlosse sehen wir die Landungsbrücke für Kriegsschiffsboote — Barbarossabrücke —, und auf ihr viele Schaulustige, die das Anlegen eines Kutters, einer Jolle erwarten, welche mit taktmäßigem Ruderschlag herangeschossen kommt. Die Brücke hat ihren Namen von dem alten „Barbarossa", welcher, 1852 bei der Veräußerung der deutschen Flotte nebst der „Gefion" (s. weiter unten) als Bundesantheil auf Preußen entfallen, nach Danzig gebracht und später nach Kiel übergeführt worden war. Hier hat er, aus einem Raddampfer zum Kasernenschiff umgewandelt, lange Jahre noch als solches Dienste geleistet, bis er endlich bei einem Flottenmanöver vor Kaiser Wilhelm I. durch einen Whitehead-Torpedo zerstört wurde.

Eine derartige Verwendung ausrangirter Kriegsschiffe ist in allen Marinen gebräuchlich. England hat noch heut in Portsmouth und Plymouth, Frankreich in Toulon, Brest und a. O. alte Linienschiffe, zum Theil riesige Dreidecker, Veteranen aus großen Schlachten ruhmreicher Zeit, als Kasernen- und Schulschiffe verankert liegen. Sie führen zum Theil eine Interimstakelage von geringeren Dimensionen, zum Theil sind sie nur mit Maststumpfen zum Hissen der Wäsche und mit Krähnen an den Seiten versehen (Hulks; vgl. Illustration). Wenn aus See gekommene Schiffe ins Dock wollen, wo die Besatzung während der Dauer der Reparatur nicht an Bord bleiben darf, legen sich dieselben längsseit der Hulks und lassen die Leute dorthin übersiedeln, um sie später wieder an Bord zu nehmen.

Von der alten Barbarossabrücke aus zieht sich die prachtvolle Düsternbroker Allee mit ihren hundertjährigen Eichen und Buchen, der Lieblingsspaziergang der Kieler, an der Bucht entlang bis nach Bellevue hin, umsäumt von Villen mit sauber gehaltenen, im Schmuck der Blumen prangenden Gartenanlagen, darunter das Dienstgebäude des Marine=Stations=Chefs; weiter nordwärts bemerken wir das Terrain der früheren Badeanstalt Düsternbrok, welches bis zur Fertigstellung der kaiserlichen Werft in Ellerbek als Platz für das Marine=Depot diente und jetzt das Marine=Akademie=Gebäude umschließt. Links vom Wege, unmittelbar außerhalb der Stadt, liegen das Universitäts=Gebäude und auf einer Anhöhe die Marine=Kaserne, das Marine=Lazareth, die Garnison=Kirche, die städtische Klinik, die Sternwarte u. a.

Altes Kasernenschiff (Hulk) im Hafen.

Am westlichen Hafenufer, dicht an der Stadt, sieht man die Werften für Holzschiff=bau. Am östlichen Ufer der Bucht, zunächst in Gaarden — Dorfgarten — befinden sich Privatwerften zum Bau eiserner Schiffe; daran schließt sich nach Norden hin, zwischen Wilhelminenhöhe und Ellerbek, die Kaiserliche Werft, und daneben auf einer Anhöhe die Kaserne der Werft=Division. Vor dem südlichen Ende des Werft=Quais liegt ein großes schwimmendes Dock (siehe Illustr. S. 98), welches auch Handelsschiffen zur Verfügung gestellt wird, wenn es nicht für Kriegsschiffe beansprucht ist. Nordöstlich von Ellerbek mündet zwischen hohen Ufern die Schwentine in die Kieler Föhrde. Hier liegt Neu=mühlen mit dem zur Zeit wohl größten Mühlenetablissement ganz Deutschlands. Damit Schiffe direkt an dasselbe gelangen können, ist die Flußmündung entsprechend vertieft und die Baggerrinne zu beiden Seiten mit kleinen Tonnen gekennzeichnet.

Auch auf dem Ellerbeker Hafen, in einiger Entfernung von der Werft, wird an der Beseitigung einer Untiefe gearbeitet. Ein großer eiserner Eimer= oder Kübelbagger mit Dampfbetrieb, nach allen Seiten hin verankert, schüttet das an die Oberfläche beförderte Baggergut in die zu beiden Seiten bereitliegenden eisernen Baggerprähme, welche, sobald sie beladen sind, durch einen Dampfer nach der Wiker=Bucht, nördlich von Bellevue, geschleppt und dort in seichtem Wasser entleert werden.

Alter Bagger.

Die Quailänge der gesamten Kaiser=lichen Werftanlagen mit ihren stationären und transportablen Krähnen verschiedener Größen be=trägt etwa 1000 m, die Breite des Werftterrains, welches gegen die drei Landseiten durch eine Mauer abgeschlossen ist, etwa 500 m.

Durch das Hauptportal in der südlichen Mauer treten wir sogleich in das Verwaltungs=gebäude ein. Ein zur Dienstleistung hierher kommandirter Berliner Schutzmann führt uns nach Vorzeigung der zum Werftbesuch berechti=genden Erlaubnißkarte umher. Der Weg für den Besucher ist vorgeschrieben, das Betreten der Werkstätten oder Magazine den Fremden nicht gestattet. Das imposant erscheinende Gebäude der Werftverwaltung ist aus rothen Ziegeln erbaut. Auf langen Korridoren begegnen wir akten=schleppenden Bureaudienern und blicken in kahl und ernst aussehende Zimmer mit nüchtern bureaumäßiger Ausstattung. Modelle aller Art, darunter zuweilen sehr kostbare, erregen unser Interesse.

Indem wir uns der westlichen Quaimauer zuwenden, sehen wir drei Hellinge für Neubauten vor uns liegen, deren Vorhellinge in die Föhrde hineinreichen. Links neben ihnen dehnt sich der Holzhafen aus. An der Wasserseite, am Kopfende der Hellinge, sind die Schmiede= und anderen Werkstätten zum Bearbeiten der Panzerplatten aufgestellt.

Wir sehen unter der mit hydraulischer Kraft betriebenen Biegemaschine eine 21 cm Panzerplatte wie ein Stück Blech in die entsprechende Form gebogen werden. Rechts hiervon erheben sich die Magazine für die zu verarbeitenden Materialien; überall finden wir die größte Ordnung und Sauberkeit; an den verschiedenen Abtheilungen sind schwarze Tafeln mit dem Verzeichniß der aufbewahrten Gegenstände angebracht. Vor einem besonderen Gebäude hält ein bärtiger Arbeiter in blauem Feuerwehranzuge, mit einem Gürtel um die Hüften, die Streitaxt auf der Schulter, Wache; es ist das Spritzen= haus. Das Wasserreservoir (Hochreservoir) liegt unweit an der südlichen Werftmauer, während das Wachtlokal der aus dem Werftarbeitercorps gebildeten Feuerwache sich in einem Flügel des Verwaltungsgebäudes befindet.

Unser Cerberus aus Berlin führt uns vor den Helling, auf dem das Panzerschiff Friedrich der Große erbaut und 1874 von Sr. Majestät dem Kaiser getauft worden ist, und macht uns wohlgefällig auf die feinen graziösen Linien der jetzt hier auf Stapel stehenden neuen Kreuzerkorvette aufmerksam, die zum großen Theil aus Stahlplatten gefügt ist; er meint, dieser Minerva würden wohl nur wenige Schiffe es an Schnelligkeit gleich zu thun vermögen.

Die mit dem Nieten der Platten beschäftigten Eisenarbeiter machen aber einen ohrenzerreißenden Lärm, so daß wir willig unsern Schritt nach der Nordseite der Werft zu lenken. Hier führt eine 190 m lange und 100 m breite

Eimer= oder Kübelbagger.

Einfahrt in das Ausrüstungsbassin, von etwa 290 m Länge und 220 m Breite, welches mit dem eigentlichen Baubassin durch einen Einlaß in Verbindung steht. Derselbe ist meistens durch ein Pontonthor abgeschlossen. Dadurch wird der Wasserstand im Bassin auf gleichmäßiger Höhe gehalten, auch wenn draußen in der Föhrde die heftigen Nordost= oder Südweststürme bedeutende Niveauschwankungen herbeiführen.

Auch um das Baubassin sind Werkstätten, Ausrüstungs= und Kohlenmagazine in zweckmäßiger Anlage gruppirt. Schienengeleise durchkreuzen in großer Zahl das ganze Werftterrain und stehen, am Ausgange vereinigt, mit der Kiel= Hamburger Eisenbahn in Verbindung.

An der Westseite des Reparatur= oder Baubassins liegen vier aus Granitquadern gebaute Trockendocks verschiedener Größe; am Kopfende des südlichsten befindet sich das gemeinsame Schöpfwerk. In einem der Docks hat die auf der Werft des Vulkan in Stettin gebaute Kreuzerfregatte „Prinz Adalbert", behufs Vornahme von Reparaturen an der Kupferhaut, Aufnahme gefunden. Zwei andere Docks sind mit Wasser gefüllt, während das vierte leer gepumpt wird, um das darin stehende Transportschiff ausbessern zu können. Am Kopfende quer vor den Docks ist die Schlosserei errichtet, weiter hin, an der südlichen Seite des Bau=Bassins, der Boots=, Rundholz= und Mastenschuppen, an der nördlichen Seite die Maschinen=Reparaturwerkstatt und die Kesselschmiede. Zwischen dem Ausrüstungs= und Baubassin liegen die Inventarien=, nördlich davon, dem Quai nahe, die Artillerie=Magazine; südwärts die Ketten=Reinigungs= und

Probiranstalt. Hier werden die Ankerketten u. a. von Rost gereinigt; man bringt sie in Längen von etwa 30 m in eine große mit scharfen Eisenabfällen versehene Trommel und dreht diese so lange, bis die einzelnen Glieder wieder blank geworden sind; dann wird die Kette eingespannt, gliederweise geklopft und auf schadhafte Stellen untersucht, worauf die Prüfung auf Halt= barkeit mittelst einer hydraulischen Maschine folgt; fällt sie günstig aus, so wird die Kette getheert und ins Magazin geschafft.

Vor dem Inventarienmagazin auf dem westlichen Quai des Baubassins liegt zum Empfang von Ausrüstungs= gegenständen die schlanke, schön getafelte Kreuzerfregatte „Moltke". Wir erkennen deutlich am Buge die Büste des großen Strategen. Ihr gegenüber füllt ein Werftdampfer seine Bunker aus einem der Kohlenschuppen am östlichen Quai.

Wir begeben uns an Bord der Fregatte und zählen auf Deck vier 15 cm Geschütze. Die gleiche Anzahl Hotchkißrevolverkanonen mit je fünf gezogenen Rohren sind am Bug und Heck vertheilt; zwei 8 cm Boots= und Landungsgeschütze aus Bronce sind in der Nähe des Kreuzmastes aufgestellt. Zwischen diesem und dem Großmast führt uns eine Treppe in die Batterie. Hier stehen auf jeder Bordseite in gleichen Abständen sechs 15 cm Geschütze und stecken ihre Mündungen zu den Pforten hinaus. Mittschiffs, zwischen Fock= und Großmast, sind die Whitehead= Torpedos in langen schmalen eisernen Kasten mit kleinen Rollrädern sorgfältig aufbewahrt. Hinter dem Fockmast vor der großen Kombüse (Schiffsküche), in deren Umgebung die nöthigen Kochapparate aufgehängt sind, steht ein Mann in weißem Anzug und Mütze: der Kommandanten= und Offizierkoch, der mit seinen Gehülfen die Zubereitung der Speisen für die betreffenden Messen zu besorgen hat. Neben ihm erblicken wir einen Mann in Matrosen= uniform und mit dem Abzeichen eines Avancirten — den Schiffskoch — vor einem großen Bottich stehen, in welchem er den Teig zu den handfesten Klößen (mit Pflaumen) für die Mannschaftsmahlzeit zurecht= rührt. Sein Adjunktus ist soeben darüber her, auf einem der zu Seiten des Heerdes hängenden Tische ein Regiment netzförmiger Beutel mit Nummerbrettchen aufzureihen, die er einem großen Kessel entnimmt. In jedem Beutel ist die abgekochte Fleisch= ration für eine „Backschaft" einge= schlossen, d. i. eine zusammengehörige Tischgesellschaft von Matrosen unter

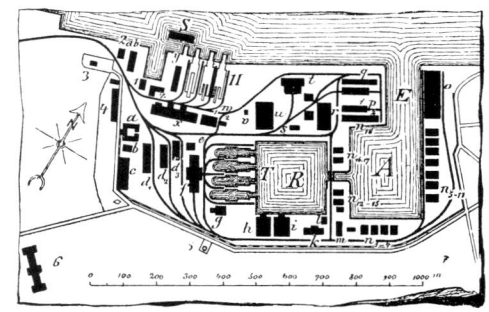

Plan der Kaiserlichen Werft in Kiel.

A. Ausrüstungsbassin. E. Einfahrt. H. Hellinge. R. Reparatur= bassin. S. Schwimmdock. T. Trockendock. a. Verwaltungsgebäude. b. Gebäude für Kontrolle gelieferter Gegenstände. c. Gasanstalt. d 1—3. Magazine für zu bearbeitende Materialien. e. Spritzenhaus. f. Schlosserei. g. Schöpfwerk für Trockendocks und Wasserversorgung. h. Bootsschuppen. i. Rundholz= und Mastenschuppen. k. Takelage= und Segelmacherei. l. Brabank (Magazin für kleines Inventar). m. Kettenprobirmaschinen. n 1—18. Ausrüstungsmagazine für einzelne bestimmte Schiffe. o. Kohlenschuppen. p. 1. 2. Geschützschuppen. q. Artillerie=Inventarium. r. Kesselschmiede. s. Maschinenbaubureau. t. Gießerei. u. Maschinen=Reparaturwerkstatt. v. Schiffbaubureau. w. 1. 2. Werkstätten zum Biegen und Bearbeiten der Panzerplatten. x. Schmiede. y. Schnürboden. z. Holzschneiderei. 1. Dielenschuppen. 2. Holzschuppen. 3. Wohnung des Ober=Werftdirektors 4. Speise= Anstalt. 5. Hochreservoir. 6. Kaserne.

Vorsitz eines Unteroffiziers, für welche um zwölf Uhr beim Signal „Backen und Banken" der Wochendeputirte (Backschafter) die Kost in Empfang nimmt. — Wir gehen weiter nach dem Vorschiff und finden hier das Laza= reth, dem Licht und frische Luft durch Seitenpforten zugeführt wird. In der Nähe des großen Luks steht ein Trinkwasserbehälter aus Eisen, der täglich aus den Reservoirs der Last gefüllt wird; er ist durch einen Deckel geschlossen und trägt an der unteren Seitenfläche ein Krähnchen. Ein Posten steht da= neben, um jeden Mißbrauch des kost= baren Inhalts zu verhindern.

Am hinteren Ende der Batterie führt eine Mahagonithür in die Wohnräume des Kommandanten; links und rechts vor derselben bemerken wir je zwei Offizierkammern, die Pantry (Speisekammer) für den Kommandanten sowie das Bureau. Der Posten vor der Thür des Kapitäns läßt uns eintreten, und wir werfen einen flüchtigen Blick in das Empfangszimmer, ein durch die ganze Breite des Schiffes gehendes Gemach, aus dem auf der rechten Seite eine Thür in das Arbeitskabinet, links eine in die Schlafkammer des Kapitäns führt.

Eine Etage niedriger, im Zwischendeck, schon unter der Wasserlinie, reichen drei wasserdichte eiserne Querschotten bis zum Batteriedeck. Am hintersten Ende des Zwischendecks befindet sich ein Torpedoraum, die Brot= und Offizier= Proviantlast; hieran schließt sich nach vorne die Offizier=Messe von verhältnißmäßig nur geringen Dimensionen und gerade ausreichend, um etwa zwanzig Mitgliedern als Salon und Speisezimmer zu dienen. Ventilirt wird sie durch einen bis zum Oberdeck reichenden Luftschacht von ziemlich bedeutendem Durchmesser. An den Längsseiten der Messe liegen, durch leichte Bretterwände voneinander getrennt, eine Anzahl Offizierkammern, sowie der Instrumenten= raum. Um den Besanmast, der mitten durch die Messe geht, ist ein mit rothem Plüsch bezogener Divan angebracht. Vor der Messe, weiter nach vorne bis zum ersten Querschott, reihen sich zu beiden Seiten die Offizierpantry und einige Offizier= bezw. Beamtenkammern an. In der nächsten, wasserdichten Abtheilung befinden sich an beiden Bordseiten die Kammern und Messe der Deckoffiziere, ferner die Arrestzellen, und an Steuerbord neben dem vorderen Querschott die Schiffsapotheke, „zwar klein, aber niedlich"; in der folgenden erhebt sich der Schornsteinmantel; die beiden Seiten der inneren Schiffswände sieht man mit den Kleidersäcken und den weißgemalten und numerirten Effektenkasten der Mannschaft garnirt. In diesen Kistchen mit Schiebedeckel und Vorhängeschloß birgt der Kriegs=

schiffsmatrose die Dinge, die nächst Vaterland, guter Nahrung und Kleidung seinem Herzen am nächsten stehen, als da sind: Kau= und Rauchtabak, hin und wieder ein von Land eingeschmuggelter kräftiger Labetrunk, das Bild seines Schiffes (das aber richtig von der langen Seite aufgenommen sein muß, wobei das Wie der Ausführung weniger wichtig bleibt), Mützen= bänder, Nähzeug, Briefe und Photographie von der Liebsten, Reserveschuhsohlen, und zuletzt Spiegel, Kamm und Seife.

Ueber den Kleiderregalen haben die „Backsgeräthe", die Schüsseln, Eßnäpfe u. dergl. ihren Platz. Zwischen den Decksbalken sind Tische und Bänke aufgehängt, um vor Beginn der Mahlzeit herabgenommen und „aufgeschlagen", nach deren Beendigung aber sogleich wieder weggeräumt zu werden. — Durch kleine runde Fenster in den Bordwänden, sogenannte Bulleyes (Ochsenaugen), die bei gutem Wetter offen stehen, bei schlechtem dicht verschraubt werden, wird das Zwischendeck nothdürftig erleuchtet, bezw. ventilirt. Vor dem vordersten wasserdichten Querschott sind Kammern für Deckoffiziere, Köche und Kellner eingerichtet. Vorne im Bug, durch eine feste Wand abgeschlossen, befindet sich wieder ein Torpedoraum. Vom untersten Schiffsraum nehmen die Maschine, Kessel und Kohlenräume den meisten Platz in Anspruch. Außerdem befinden sich darin die Pulver= und Granatkammern, die Wassertanks, Proviant=, Ketten= und Taulasten, Vorrathsräume, der Destillirapparat u. a. m.

Kriegshafen von Kiel.

Die Mannschaften schlafen in Hängematten aus einem länglich viereckigen Stück Segeltuch, welches am Kopf= und Fußende an kurzen, in einem Ringe vereinigten „Scheerleinen" ausgespannt erhalten wird, sobald diese Ringe oder die daran befestigten „Steerte" in entsprechende Haken an den Decksbalken gehängt worden sind. Die Hängematten werden, jede mit der Schiffsnummer des Inhabers versehen, bei Zapfenstreich an die Leute ausgegeben und im Zwischen= deck und in der Batterie in vier oder fünf Reihen längsschiff nebeneinander aufgehängt. Durch einige Laternen sind während der Nacht die Schlafräume genügend erhellt, und wer dann durch diese passiren will, muß sich hübsch bücken und unter den Hängematten entlang kriechen, darf sich auch nicht wundern, wenn ihm gelegentlich ein frei pendelndes Bein in den Weg herabhängt. Wenn am Morgen Reveille geschlagen wird, nimmt Jeder seinen Schlafapparat herab, zurrt ihn vorschriftsmäßig zusammen und trägt ihn an Deck, um ihn wieder in die Finknetzkasten 2c. wegstauen zu lassen. — —

„Es ist Kaiserwetter!" Mit diesen Worten empfängt uns der Bootsführer, als wir, die Werft verlassend, sein Fahrzeug besteigen, das uns den Hafen hinunter führen soll. Der Himmel wölbt sich blau und wolkenlos über der Kieler Föhrde, die heute ein prächtiges, belebtes Hafenbild darbietet. In langer Linie liegen auf der schimmernden, flimmernden Wasserfläche an ihren Bojen die schmucken Schiffe, von deren Gaffel stolz das deutsche Banner weht: die Panzer Baden und Sachsen, die Kreuzerfregatten Leipzig und Gneisenau. Ein amerikanisches Sternenbanner und ein blaues Andreaskreuz in der Nähe des Schlosses künden die Anwesenheit fremder Kriegsschiffe. Ein vielstämmiger Mastenwald erhebt sich drinnen im Hafen. Emsig fahren die vielen kleinen Passagier-Dampfer, die flinken Dampfpinassen der Kriegsschiffe, schwerfällige Schlepper und andere Arbeitsdampfer hin und her zwischen den großen rothen Bojen, an dem mächtigen Schwimmdock vorbei hinaus nach Norden, wo der Hafen sich erweitert, oder nach der Werft zu und hin an Land.

Auch der mächtige schwimmende Krahn streckt sein 60 m hohes Dreibein in die Luft und trollt, mit Geschützen beladen, hinter einem kleinen Dampfer im Schlepptau her. Der Krahn besorgt das Heben und den Transport schwerer Lasten, wie Maschinentheile, Geschütze und Ausrüstungsgegenstände von entfernt liegenden Schiffen nach der Werft oder dem Hafen und umgekehrt. Drei aus Eisenblech hergestellte Röhren bilden seine Beine und sind am oberen Ende durch ein Querstück vereinigt, an dem schwere Giens (Flaschenzüge) hängen. Zwei dieser Beine stützen sich mit ihren Fußenden auf

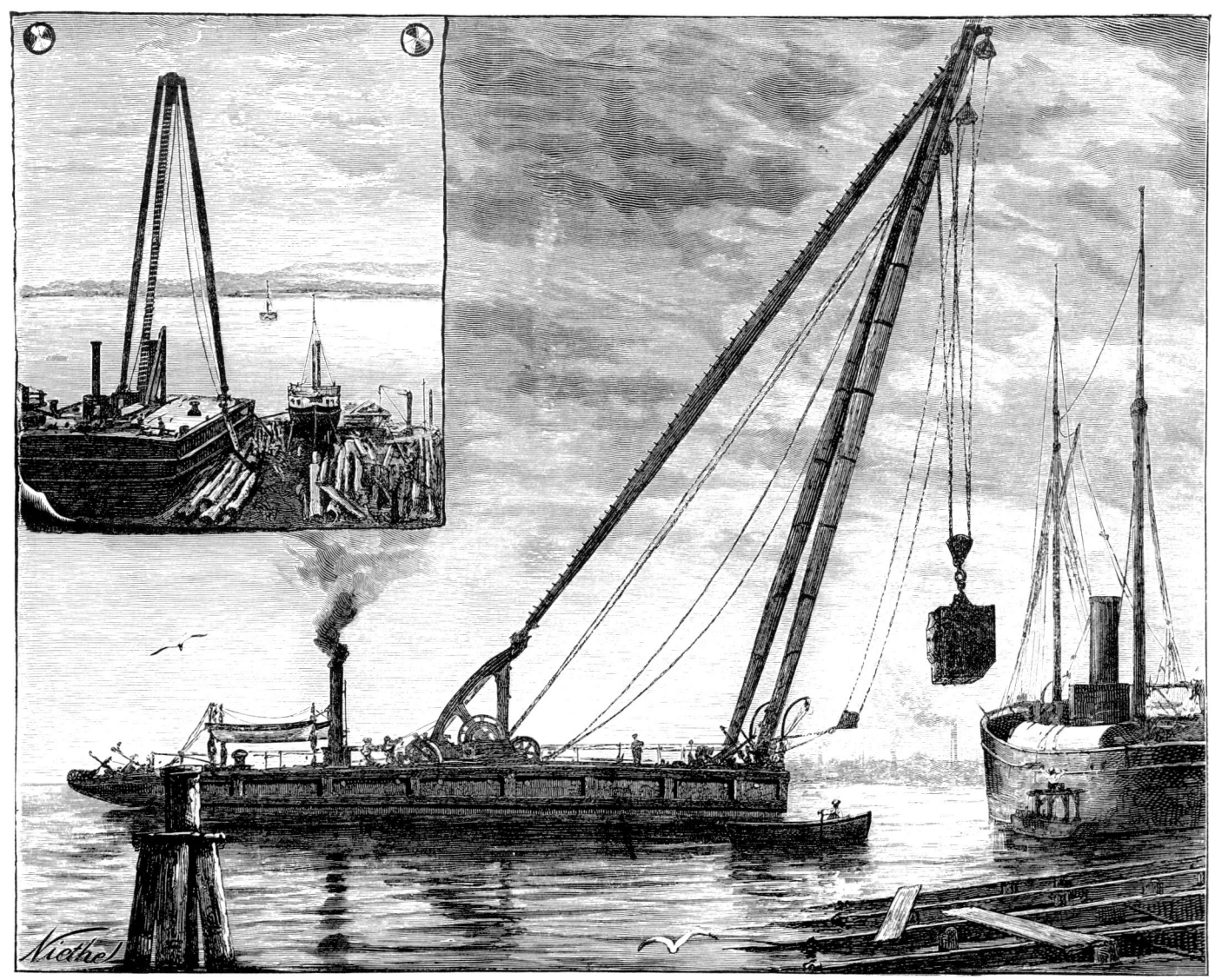

Schwimmender Krahn.

den Vorderrand des rechteckigen, kastenartigen Unterbaues aus Eisen. Das Unterende des dritten nach hinten gestreckten Beines greift an einen Bock, welcher an Schraubenspindeln durch eine Dampfmaschine in der Längsrichtung des Unterbaues vor= und rückwärts bewegt werden kann und dadurch das Herüberholen oder Hinüberschaffen von Lasten ermöglicht. Die Kettenläufer der Giens wickeln sich auf eine eiserne Winde, die von derselben Maschine gedreht werden, und heben die Last. Der Krahn besitzt eine Tragfähigkeit von 400 Tonnen.

Ein ähnliches Dreibein von gleichen Dimensionen steht auch an der Wasserseite der Werft auf dem Quai. Schienenstränge führen von den verschiedenen Werkstätten und Magazinen bis unter diesen festen Krahn.

In früherer Zeit etablirte man schwimmende Hebevorrichtungen als Mastenkrähne (sheer hulks; s. Illustration) auf ausrangirten Linienschiffen, welche bis zur untersten Batterie rasirt waren. Es wurde aus zwei starken Spieren ein Bock gezimmert und auf einer festen Unterlage an einer Schiffsseite aufgerichtet; an seinem Oberende hielten ihn starke Giens nach rückwärts, die an dem Top eines Maststumpfes fest waren. Der Mast pflegte außer durch einige

Wanten noch durch zwei Spieren abgestützt zu werden. Die Lasten wurden an schweren Giens durch Gangspille und Menschenkraft gehoben.

Unser Boot führt uns an einem Schiff vorüber, welches wir an der Flagge des Hafenadmirals im Kreuztop als das Wachtschiff „Arkona" erkennen. Sie hat diesen wohlverdienten Ruheposten erhalten, nachdem sie schon am 17. März 1864 bei Jasmund gegen einen überlegenen Feind sich die Sporen verdient und viele ehrenvolle Fahrten in nahe und ferne Meere gemacht hat. An jenem Tage griff sie im Verein mit „Nymphe" und „Loreley", unterstützt durch die bei Rudoe (Greifswaldoe) stationirte Kanonenbootsdivision sechs größere dänische Schiffe mit mehr als 170 Kanonen an, welche als Blockadegeschwader vor der Swinemünder Bucht kreuzten. Dem damaligen Befehlshabers des kleinen deutschen Geschwaders ist vor mehreren Jahren wieder ein Zeichen dankbarer Erinnerung an seine kühne That gegeben worden: Seine Majestät Kaiser Wilhelm I. befahl den Vice-Admiral von Jachmann[1] zur Taufe einer neuen Kreuzer-korvette nach Danzig. Das Schiff war hier als erstes auf dem Horizontalslip[2] als Ersatz für „Nymphe" erbaut worden. Admiral von Jachmann taufte es am 18. Mai 1885 auf den Namen „Arkona" nach seinem ehemaligen Flaggschiff.

Im Vortop der „Arkona" geht das Signal auf: „Kriegsschiff in Bewegung". Ein schwarzes schwerfälliges Ungethüm mit kurzen Stumpfen statt hoher Masten kommt immer näher. Durch den Rauch aus seinen vier Schornsteinen hindurch erkennen wir die Mündungen Kruppscher Riesengeschütze über eine gepanzerte Brustwehr hinwegdrohen. Noch einige Minuten, während welcher der ankommende Koloß stoppt — und vom Panzer-schiff „Württemberg" fällt, das Ende einer Probefahrt bezeichnend, der schwere Anker in die Tiefe. Alle Bojen waren besetzt, es konnte daher an keiner an-legen. Wir sehen ein schnee-weißes Boot zu Wasser lassen und hurtig seinen Kurs nach der Barbarossa-brücke an der Wasserallee nehmen. Bunte Flaggen steigen am Mast der „Würt-temberg" auf, und die Sig-nale werden vom Wachtschiff beantwortet. Bald darauf

Alter Mastenkrahn.

lichtet der Panzer wieder den Anker und dampft vor-sichtig dorthin, wo rauchende Schlote die Werft kenn-zeichnen.

Langsam segelt unser Boot an der Linie der Kriegsschiffe vorüber. Dort flattert im Vortop der „Leipzig" die rothe Pulver-flagge. Man schafft aus einem an der Backbordseite liegenden roth gestrichenen Fahrzeug Munition an Bord. Auch der Amerikaner hat ein Werftfahrzeug an der Seite, auf welchem ein Theil der Mannschaft an einem Pumpwerk arbeitet; es ist

der Wasserprahm, der die im Hafen liegenden Schiffe aus dem auf der Werft befindlichen Reservoir mit Trinkwasser versieht.

Kurz vor zwölf Uhr wird es auf den Kommandobrücken der Schiffe belebter, die Fernrohre der Navigations-Offiziere sind nach der auf einer Anhöhe hinter dem Düsternbroker Gehölze erbauten Sternwarte gerichtet, deren Kuppe noch am Eingange der Föhrde und selbst von See aus sichtbar ist. Der Bootsführer macht uns darauf aufmerksam, daß an einer Flaggenstange auf der Kuppel der Sternwarte genau um zwölf Uhr Mittags mittlerer Kieler Zeit ein Zeitball fällt, die Navigations-Offiziere diesen Moment daher nie vorübergehen lassen, den Gang ihrer Chronometer am Bord danach zu beobachten, bezw. zu prüfen.

Aehnliche Einrichtungen für die wichtige Uhrkorrektion auf Seeschiffen finden sich in vielen größeren Häfen. Unsere Illustration zeigt den Bremerhafener Zeitball, der auf einer schlanken Säule aus Mauerwerk weithin sichtbar ist.

Der Längenunterschied in Zeit zwischen der Sternwarte von Kiel und Greenwich beträgt 40 Minuten 33,55 Sekunden. — Beim Fallen des Zeitballs hört man auf allen Kriegsschiffen das Kommando der wachthabenden Offiziere: „Acht Glas! Alle Mann Mittag"! Darauf ertönen acht Schläge der Schiffsglocken und zugleich die langanhaltenden Pfiffe der Bootsmannspfeifen, welche die Leute von der Arbeit wegrufen. Zugleich entfaltet sich von jedem Fockmast ein gelb und blau gestreifter Wimpel als Aufforderung an die bis dahin entfernt gehaltenen Bumboote, sich den Schiffen an Backbordseite zu legen und ihre Eßwaaren u. dgl. m. feil zu bieten. Nur auf der „Leipzig" wird weiter gearbeitet. Während der Uebernahme von Pulver und Geschossen darf nirgend an Bord Feuer brennen und die Eßstunde wird verschoben.

---

[1] Bereits verstorben. — [2] Siehe Seite 99.

Auf unserer Bootfahrt die Föhrde abwärts kommen wir an der „Preußen" vorüber. Sie liegt nördlich von Bellevue, in der Wiker Bucht, an einer großen rothgestrichenen Boje, Deviationsboje genannt, in Abständen von 115 m von vier kleinen Bojen umgeben. Auf der Kommandobrücke sieht man eine Anzahl Offiziere, deren Blicke sich nach Süden richten, beim Peilkompaß beschäftigt, während das Heck des Schiffes langsam um die Deviationsboje gedreht wird. Im Verlauf der Drehung (des Schwoiens) wird zur Ermittelung der Deviation[1] der Kompasse bei jedem der 32 Kompaßstriche der von obiger Boje genau rechtweisend Süd 10° Ost etwa 10 km entfernt liegende Thurm von Elmschenhagen-Kirche mittelst des Peil- resp. Regelkompasses gepeilt; die so erhaltenen Resultate stellt man in einer Tabelle (Deviationstabelle) zusammen, um aus dieser die später auf See für jeden Strich des Steuerkompasses erforderliche Korrektur des zu steuernden Kurses unverweilt ablesen zu können.

Zeitball in Bremerhafen.

Etwas nördlich von der Deviationsboje, ebenfalls am westlichen Ufer der Föhrde, zwischen Friedrichsort und Bellevue bei Holtenau, ist die östliche Einfahrt des früheren schleswig-holsteinischen Kanals; ein viereckiger Obelisk aus grauem Sandstein steht an ihrem nördlichen Ufer. Der Kanal gestattete Fahrzeugen von 3 m Tiefgang die Durchfahrt, doch darf, der zu passirenden Schleusen wegen, die Länge nicht mehr als 30 m und die Breite nicht über 8 m betragen.

Seit zwei Jahren ist der Bau des Nord-Ostseekanals in Angriff genommen, dessen Osteinfahrt bei Holtenau gleichfalls in die Kieler Föhrde mündet. Ob aber bei der zu erwartenden Frequenz die zwischen Friedrichsort und Holtenau liegende Wasserfläche räumlich für die sich hier ansammelnden Schiffe ausreichen, ob die Passage zwischen beiden genannten Orten besonders während finsterer stürmischer Nächte eine genügende Sicherheit bieten wird, muß mindestens zweifelhaft erscheinen.

In der Bucht nördlich von Holtenau ist durch rothe Bojen mit Flaggen eine Wasserfläche abgegrenzt, die als Versuchsfeld für Seeminen und Torpedos dient. Ueber dies Gebiet darf, so lange die Marken liegen, kein Fahrzeug hinwegfahren, da es der Gefahr ausgesetzt ist, möglicherweise in die Luft gesprengt zu werden. Am westlichen Ufer erblickt man zwei Baken, von denen die eine ein Dreieck, die andere ein Viereck am oberen Ende trägt. Das Alignement dieser Baken bezeichnet den südlichen Anfangspunkt einer genau abgemessenen Entfernung zur Bestimmung der Fahrgeschwindigkeit der Schiffe. Der Endpunkt derselben ist bei Friedrichsort durch ein ähnliches Alignement von Baken festgelegt.

In Friedrichsort steigen wir an Land. Unser Bootsführer hat uns zum Schluß auf das gewöhnlich etwas südwärts liegende Zollwachtschiff aufmerksam gemacht, in dessen Nähe alle von See kommenden oder in See gehenden Handelsschiffe beidrehen, stoppen oder ankern müssen, um sich der zollbehördlichen Kontrole zu unterziehen.

---

[1] Deviation ist der Winkel, welchen die Kompaßnadel unter dem Einfluß des Eisens im Schiff mit der magnetischen Nord-Südlinie macht.

Klar zum Ablauf.

R. BRENDAMOUR X.A.

24

Schiffbauanstalten.

iesenhaft, wie der Titan, der in ihr heranwächst, ist auch die Wiege des Schiffes, die Werft. Sie vereinigt in sich zahlreiche industrielle Anlagen, deren jede für sich ein selbständiges Gewerbe repräsentirt. Der Zimmerplatz und die mannigfachen Zweige der Metallindustrie, die Gießerei, die Schmiede mit ihren riesigen Dampfhämmern, die Metallhobel= oder Drehbank, die Schlosserei und die Kesselwerkstätten, sodann die Reeperbahn, die Block= macherei und der Segelmacherboden — sie alle sind Arbeits=Etappen in der Errichtung jenes kunstreichen Gebäudes, das die Bestimmung hat, losgelöst vom festen Lande und dessen Hülfsquellen, gleichsam eine Welt für sich zu sein und alles in sich zu bergen, dessen der Seefahrer bedarf, um sich und sein Schiff zu erhalten und es — seinem Willen unterthan — durch die Wogen des Weltmeeres zu führen.

Naturgemäß muß die Werft unmittelbar an genügend tiefem Wasser, meist an einer Bucht oder einem Hafen, liegen. Ihre Ausdehnung, die Größe und Zahl ihrer Werkstätten und Magazine richtet sich nach dem Umfange des Betriebes; die Grundzüge der Einrichtungen bleiben jedoch im großen wie im kleinen dieselben.

Senkrecht zur Uferlinie und meist parallel zu einander sind auf den Erdboden Fundamente aus eingegrabenen Lang= schwellen gelegt; die größeren werden aus einem Pfahlrost oder Mauerwerk mit darauf befestigtem Bohlenbelag gebildet. Auf der Mittellinie dieser Fundamente, Hellinge genannt, stehen in etwa 1,5 Meter Entfernung voneinander Stapelklötze, welche dazu bestimmt sind, zunächst als Unterlage für den Kiel des zu erbauenden Schiffes zu dienen. Ist dasselbe ein Kriegsschiff, dessen Herstellung vielleicht mehrere Jahre in Anspruch nimmt, und aus Holz zu erbauen, so pflegt man über der Helling ein hohes Dach zum Schutze gegen atmosphärische Niederschläge zu errichten. Die Ebene dieser eigentlichen Bauplätze, der Stapelhellinge, ist etwa 5 Grad gegen die Wasserlinie geneigt und weit in das Wasser hinein durch eine sogenannte Vorhelling verlängert, welche dem vom Stapel laufenden Schiffe bis zu seinem Aufschwimmen als Gleitbahn dienen soll. Ihr tiefster Punkt liegt je nach der Größe der Anlage 2—6 Meter unter der Wasserfläche. An Orten mit Gezeitenströmung werden die Vorhellinge durch Thore oder Pontons während der Bauperiode vom Wasser abgesperrt.

Bis in die neueste Zeit verwendete man als Material für den Schiffbau hauptsächlich Eichenholz, auch Föhre und Fichte, Buche, Ulme, Teakbaum (indische Eiche), Guayakbaum (Pockholz) und anderes, und stellte die Verbindung der Bautheile durch Eisen, Kupfer, Zink u. s. w. her. Ein so komplizirter Bau, wie beispielsweise der eines Linienschiffes, dessen Rumpf aus vielen Tausenden von Hölzern zusammenzusetzen war, forderte in Rücksicht auf die Dauerhaftigkeit nothwendig die peinlichste Sorgfalt in der Auswahl des Materials. Nur kerngesunde, auf gutem Boden gewachsene, wohlkonservirte Hölzer, die zuweilen noch jahrelang austrocknen mußten, nachdem sie bereits in die erforderliche Form gebracht waren, konnten den Anforderungen genügen; ein einziges ungesundes Stück zog die umliegenden Theile in Mitleidenschaft und konnte die Sicherheit des ganzen Schiffskörpers auf See gefährden.

Daher waren nur staatliche Etablissements in der Lage, so bedeutende Holzvorräthe zu beschaffen und sachgemäß aufzubewahren, da sie allein über die hinreichenden Geldmittel und Einrichtungen zu verfügen und die Zinsen der enormen Kapital=Anlagen[1] zu opfern vermochten, während die Privat=Industrie häufig gezwungen war, Schiffsbauten auf Kosten der Dauerhaftigkeit in frischerem Holz auszuführen.

---

[1] Folgende Zahlenwerthe mögen als Anhalt zur Beurtheilung der Herstellungskosten für verschiedene Kriegsschiffe älterer und neuerer Zeit dienen: Ein Segel-Linienschiff (Dreidecker) von 120 Kanonen kostete in England (wo man bei Segelschiffen 1000 Pfd. Sterl. pro Kanonenpforte rechnete) zur Zeit Nelsons circa 2 400 000 Mark; ein Zweidecker von 80 Kanonen circa 1 800 000 Mark; eine Segel-Fregatte von 50 Kanonen circa 1 040 000 Mark; eine Korvette von 18 Kanonen circa 340 000 Mark.

Mit dem Aufschwung, den die Schifffahrt seit Beginn dieses Jahrhunderts genommen hatte, und mit dem Anwachsen der Zahl der Neubauten gegenüber den früheren auf das Doppelte und Dreifache begann sich allmählich ein Mangel an gutem Bauholz fühlbar zu machen, und stieg damit der Preis des Rohmaterials ganz erheblich; außerdem stellte die Einführung der Dampfmaschine als Motor an die Festigkeit des Schiffsverbandes wesentlich erhöhte Anforderungen (vergl. S. 24 und 25), denen das Holzmaterial sich nicht mehr gewachsen zeigte; infolgedessen trat an seine Stelle das Eisen und späterhin der Stahl. Im allgemeinen pflegt nur noch für den Bau kleinerer Segelfahrzeuge und Boote Holz verwendet zu werden.

Das Eisen sichert größere Festigkeit des Verbandes, der für jede Ausdehnung leichter herstellbar wird. Im Fall einer Verletzung, besonders unter Wasser, sinken aber Eisenschiffe, sofern sie nicht mit doppeltem Boden oder wasserdichten Abtheilungen versehen sind (vergl. S. 34 und 35), schneller als hölzerne, an denen sich Reparaturen leichter ausführen lassen.

Bei der Eisenkonstruktion wird an freiem Laderaum erheblich gewonnen, weil die Dicke der metallenen Baustücke, insbesondere der Schiffswandung, eine viel geringere ist. Auch die Unterhaltungskosten ermäßigen sich ganz bedeutend, denn während z. B. hölzerne Dampfschiffe schon nach acht Jahren einer Grund(Haupt-)reparatur unterzogen werden müssen, können Eisenschiffe bei sachgemäßer Behandlung mehr als zwanzig Jahre ununterbrochen im Dienst bleiben. Die Eisenkonstruktion ermöglicht schärfere Wasserlinien und damit größere Fahrgeschwindigkeit. Allerdings kann diese Geschwindigkeit bei einem eisernen Schiffsboden leichter während der Reise, besonders in warmen Gegenden, beeinträchtigt, zuweilen bis um ein Drittheil verringert werden durch das sogenannte „Bewachsen" des Bodens mit Schalthieren, Muscheln und Korallen, während man Holzschiffe für weite Fahrten zur Verhinderung des Ansatzes unter der Wasserlinie mit einer Kupfer= oder einer (billigeren) Zinkhaut belegt. Man hat das Gleiche bei Eisenschiffen, für welche ein direktes Auflegen von Kupferplatten unthunlich wird, weil sich zwischen Kupfer, Eisen und dem Seewasser ein galvanischer, dem Eisen schädlicher Strom erzeugt, durch Vernickelung oder Auftrag eines gifthaltigen Anstrichs zu erreichen versucht, aber bis jetzt ohne eigentlichen Erfolg.

Korallen-Ansatz am Schiffsboden.
(Natürliche Größe.)

Nur zwei Verfahren haben sich bewährt, sind aber für Handelsschiffe zu kostspielig. Nach dem ersten erhält der Eisenboden außen einen gleichmäßig aufzutragenden Anstrich von Marine=Leim; darüber wird eine Lage Teakholzplanken gelegt und mit dem Schiffe fest verbolzt, die Nähte werden sorgfältig abgedichtet und verpecht; eine zweite Lage Teakholzplanken wird mit der ersteren mittelst Bronzeschrauben verbunden und auch die Nähte dieser Plankenlage sorgfältig abgedichtet und verpecht, so daß jedes Herantreten des Seewassers an die eisernen Bodenplatten ausgeschlossen ist; hierauf wird schließlich eine Kupferhaut genagelt, deren Oxydation infolge des entstehenden metallischen Giftes (Grünspan) die Seethiere vom Ansetzen abhält, beziehungsweise absterben läßt.[1]

Bei der zweiten Methode erhält der eiserne Schiffsboden nur eine Lage Teakplanken und darüber einen Zink= beschlag; die Nähte bleiben unabgedichtet, so daß das Meerwasser zu den Bodenplatten wie zu dem Zinkbeschlage gleich= zeitig Zutritt hat. Der hierdurch erzeugte galvanische Strom wirkt aber nicht wie bei Kupfer und Eisen zerstörend auf die Bodenplatten, sondern auf den Zink, dessen Oberfläche beständig oxydirte Theile abstößt und auf diese Weise frei von Anwuchs erhalten wird.

Schiffe, deren Boden einer Reinigung bedarf, oder die durch irgend welche Umstände unter Wasser schadhaft,

---

In Frankreich stellte sich ein Dreidecker gleicher Größe auf circa 2 060 000 Mark; ein Zweidecker auf circa 1 570 000 Mark; eine Fregatte auf circa 1 030 000 Mark; eine Korvette auf circa 320 000 Mark.

Dagegen betrugen die Baukosten des deutschen Panzerschiffes „König Wilhelm" mit 23 Geschützen rund 10 102 800 Mark; des „Kaiser" und „Deutschland" mit je 9 Geschützen rund die Summe von je 8 226 000 Mark; des „Kronprinz" mit 16 Geschützen 6 296 700 Mark; des hölzernen Panzer= schiffes „Hansa" mit 8 Geschützen 3 665 400 Mark.

Die italienischen Monstreschiffe „Duilio" und „Dandolo" kosten jedes etwa 18 000 000 Lire oder 14 400 000 Mark.

[1] Der Kupferbelag schützt jedoch nicht immer vor Anwuchs, besonders wenn Schiffe längere Zeit in flachem Wasser still liegen. So hatte sich am Boden der deutschen Fregatte „Gefion" während ihres mehrmonatlichen Aufenthalts auf der Rhede von Montevideo ein mehrere Zoll starker Muschelansatz gebildet, der ihre Geschwindigkeit auf der Weiterfahrt derart beeinträchtigte, daß bei frischer Brise die leichtere „Amazone" mit kleinen Segeln die „Gefion" unter vollen Segeln zu umkreisen vermochte. Der Anwuchs konnte später nur mit Hammer und Meißel entfernt werden.

vielleicht leck geworden sind, müssen behufs Ausführung der nothwendig gewordenen Arbeiten, sobald sich solche nicht unter Wasser (durch Taucher) ausführen lassen, trocken gelegt werden.

Da, wo die Gezeitenströmung einen genügend großen Höhen-Unterschied im Wasserniveau herbeiführt, kann eine Sandbank, über welcher das Schiff zur Fluthzeit sich noch schwimmend erhält, auf welcher es aber zur Ebbezeit bis zum Kiel trocken liegt, eine natürliche geeignete Reparaturstätte abgeben. An einigen Orten, wo derartiges Vorland nicht vorhanden ist, hat man vor einzelnen Werftquais eine Plattform mit Balkenbelag, Dockbank, hergerichtet, auf welche das Schiff mit Hochwasser geholt wird. Mit eintretender Ebbe beginnen die Bodenarbeiten. Diese Methode heißt das Banken der Schiffe. Um das Trocknen der Bodenfläche, welches zur Vornahme von Zimmermanns-Arbeiten nothwendig wird, möglichst zu beschleunigen und die Ebbezeit zur Arbeit ausnutzen zu können, entzündet man unter dem Schiffsboden Stroh, Rohr oder mit Theer getränkte Hobelspäne u. dgl.

Kielholen.

An Orten ohne oder mit nur geringer Gezeitenströmung pflegte man früher zur Vornahme von Bodenreparaturen die Segelschiffe zu kielholen.[1] Das Schiff wurde, nachdem es entleert und unter Umständen abgetakelt worden, mittelst starker, unterhalb der Marsen an den Masten befestigter Flaschenzüge (Kielgiens), deren untere Blöcke auf der Werft oder auf einem Kielprahm (Kielhult) fest waren, durch Erdwinden so weit auf Seite gelegt, bis der Kiel über Wasser kam. Man trocknete den Boden auf die soeben beschriebene Weise und konnte die Reparaturen auf der vom Wasser freien Seite ohne Unterbrechung zu Ende führen. Wenn nöthig, wiederholte man das Verfahren, um auch die andere Seite in Arbeit zu nehmen. Bei großen, schweren Schiffen mußte man, um genügenden Auftrieb bis zur Hebung des Kiels aus dem Wasser zu bekommen, unter die einzutauchende Seite eine Anzahl leerer und dichtgemachter Fässer laschen. Um das Schiff vom Werftquai freizuhalten, nahm man entweder unterm Boden in entgegengesetzter Richtung zu den Kielgiens wirkende Grundtaue durch oder ließ das Schiff sich gegen ein Kieljoch aus Balkengerüst stützen.

War der Boden ohne Kupferbelag, so pflegte man einen Anstrich aus Theer, Schwefel und Arsenik in heißem Zustande aufzutragen und durch angezündetes Stroh u. dgl. zu trocknen (vgl. die Illustration). Dabei war Vorsicht wohl vonnöthen. Das Linienschiff „Trocadero" brannte bei einer solchen Prozedur im Hafen von Toulon ab.

Heutzutage hat man andere ausgiebige Hülfsmittel, um auch an den größten Schiffen jegliche Reparatur mit unbedingter Sicherheit ausführen zu können.

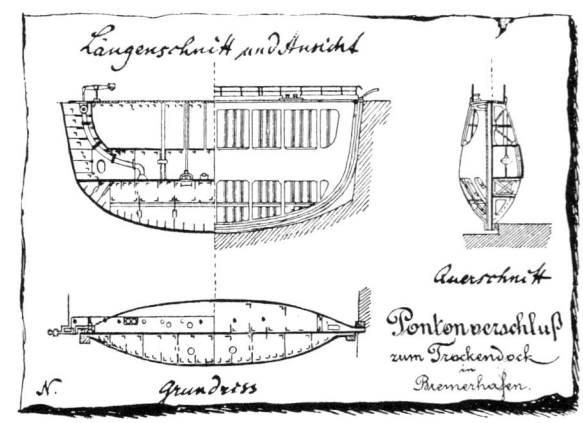

Man bringt das Schiff, ohne erst zur Herausnahme auch nur eines Theils der Ladung genöthigt zu sein, was ein erheblicher Vortheil ist, ins Dock, reparirt es und läßt es wieder aufschwimmen, damit es unverweilt seine Reise fortsetze.

---

[1] Nicht zu verwechseln mit dem früher auf Kriegsschiffen gebräuchlichen ebenfalls „Kielholen" genannten Strafverfahren. Dabei wurde dem Inkulpaten das eine Ende eines Jollentaues, welches durch einen Block an der Nock der Großraa geschoren war, und von dort nach Deck fuhr, um den Leib und an den Füßen ein Tiefloth von 30—40 Pfund Gewicht befestigt. Sobald auf ein gegebenes Zeichen der Mann bis unter die Raa aufgeholt worden und das Tau an Deck losgeworfen war, stürzte er mit großer Schnelligkeit zu Wasser und wurde mittelst eines von der entgegengesetzten Raanock aus unter dem Boden des Schiffes hinweggeführten Jollentaus ein oder mehrere Male unter dem Kiel durchgezogen, um zum Schluß, mit zerschundenem Gesicht auf Deck zurückgekehrt, noch durchgepeitscht zu werden. — Diese Strafe (jetzt abgeschafft) wurde noch in der Kurfürstlich brandenburgischen Marine verhängt. Cfr. § 27 des betreffenden Artikelsbriefes

Dabei unterscheiden sich zwei Verfahren: das Trockenlegen des Schiffes entweder durch Senkung des Wasserspiegels oder durch Hebung aus dem Wasser.

Die nach dem ersteren Prinzip eingerichteten Trockendocks[1] sind aus dem Erdreich ausgehobene Räume im Grundzuge von der Form eines Rechtecks, dessen Längsrichtung senkrecht zur Uferlinie ist. Die ins Land hineingelegenen drei Wände sind fest mit Steinplatten ausgemauert und zeigen ringsumlaufende Stufen in amphitheatralischer Anlage, welche die Fußpunkte für die Stützen abgeben, mittelst deren das Schiff in aufrechter Stellung erhalten wird. (Vergleiche die Illustr. auf Seite 25.) Die Größenverhältnisse dieses Raumes, der Dockkammer, sind dem lokalen Bedürfniß angepaßt; die Länge wechselt zwischen 60 und 300 Metern. In der mittleren Längsachse der Grundfläche stehen, in etwa 1 m Entfernung voneinander, die Kielklötze, auf welchen der Kiel des gedockten Schiffes ruht und ihnen zur Seite auf Gleitbahnen eine Anzahl Kimmschlitten, welche den Schiffsboden in der Kimm stützen. Die nach dem Wasser zu gelegene Seite der Dockkammer zeigt zwischen zwei das Dockhaupt bildenden Einfassungsmauern eine Oeffnung von genügender Größe, um bequem das Schiff hindurchholen zu können. Ist dies geschehen, so wird das Dock entweder durch Schleusenthore geschlossen oder es wird ein aus Eisen gefertigtes Verschlußponton „eingefahren", versenkt, und dadurch jene Oeffnung wasserdicht abgesperrt. Das Ponton hat die Form eines Schiffskörpers, dessen Kiel, Vor= und Hintersteven in entsprechende Falzen des Dockhauptes passen. Seine innere Anordnung weist übereinander drei durch wasserdichte Decks getrennte Etagen auf, deren unterste mit Eisenballast gefüllt ist; in der obersten ist eine Anzahl eiserner Kasten aufgestellt. Diese werden nun mit Wasser gefüllt. Dadurch sinkt das Ponton soweit, daß auch durch zwei Seitenöffnungen Wasser in die mittlere Etage dringt, sie füllt und das Ponton

Verletzungen am Ruder= und Achtersteven eines Norddeutschen Cloyd=Dampfers infolge von Auflaufen auf Grund.

bis auf den Grund versenkt. Jetzt beginnen die starken Dampfpumpen im Schöpfwerk zu arbeiten, saugen das Wasser durch Vermittlung der von den tiefsten Punkten der Docksohle ausgehenden Abflußkanäle aus der Dockkammer und befördern es ins Hafenbassin zurück. Wie der Wasserspiegel sinkt, wird nach und nach, von oben beginnend, das Schiff abgestützt. Infolge des Drucks der Wassersäule von der Hafenseite her schließt das Ponton die Dockkammer wasserdicht ab. (Vergl. technische Skizze Seite 97.)

Die Arbeiten am Schiff können beginnen.

---

[1] „Nasse Docks" siehe unter Kapitel „Hafen".

Die auf Seite 97 beigefügte Illustration zeigt die Verletzungen am Ruder- und Achtersteven, welche ein Dampfer des Norddeutschen Lloyd bei Auflaufen auf Felsgrund erlitten hat, einem eigenthümlichen Fall der Bodenkollision, da die Schraube unversehrt geblieben ist, während die umliegenden Eisentheile fortgerissen sind.

Man benutzt die Trockendocks auch zu Neubauten sogar großer Panzerschiffe und vermeidet dadurch die als Folgen des Stapellaufs so häufig nothwendig werdenden Reparaturen.

Sind die Arbeiten am Schiff beendet, so füllt man das Dock durch Oeffnungen in den Seitenmauern oder im Dockhaupt wieder mit Wasser, hebt das Verschlußponton, nachdem man das Wasser aus seiner mittleren Etage durch die Seiten-Oeffnungen in das Dock entleert und diese wieder verschlossen hat, durch Auspumpen des Wassers aus den Kasten der oberen Etage, fährt es wieder aus und holt das Schiff aus dem Dock. Die zur Ponton-Entleerung gebräuchlichen Pumpwerke werden entweder am Ufer aufgestellt oder auf dem Oberdeck des Pontons, welches bis dahin gleichzeitig einen Uebergang bezw. eine bequeme Passage zwischen den Seitenmauern vermittelt hatte.

Eisernes Schwimmdock.

In Häfen mit Gezeitenströmung bedarf man des Schöpfwerkes zur Dockentleerung nicht. Die Schiffe werden mit Hochwasser in das Dock gebracht und dieses danach geschlossen. Die Abflußkanäle bleiben aber geöffnet, damit das Wasser mit eintretender und fortschreitender Ebbe von selbst abläuft, bis die Docksohle trocken liegt. Jetzt werden auch die Kanäle geschlossen. Soll das Schiff nach beendeter Reparatur wieder ausgedockt werden, so öffnet man bei Eintritt der Fluth die Kanäle von neuem, läßt das Dock allmählich vollaufen und holt mit Hochwasser das Schiff hinaus.

Das Trockenlegen der Schiffe durch Heben derselben aus dem Wasser geschieht durch Schwimm-, hydraulische, Schrauben- oder Rostdocks.

Die Schwimmdocks älterer Konstruktion waren hölzerne Kasten, an deren einer Quer- und beiden Längsseiten sich, fest mit dem Boden verbunden, hohe Wände erhoben, während man über der andern Querseite ein Paar Stemmthore oder eine Klappe mit horizontaler Drehungs-Achse anbrachte. Die neuere Technik erbaut die Schwimmdocks ganz aus Eisen. Boden und Seitenwände enthalten zellenförmig angelegte wasserdichte Abtheilungen, die Querwände fehlen ganz. Um ein Schiff einzubringen, wird das Dock versenkt, indem man die entsprechende Anzahl Zellen voll Wasser laufen läßt. Ist das Schiff im Dock, so pumpt man das Wasser durch das auf einer Längswand aufgestellte Schöpfwerk aus und verholt unter Umständen den ganzen schwimmenden Apparat nach einer zur Vornahme der Bauarbeiten bestimmten Stelle. Unserer Kriegsmarine gehört ein Schwimmdock von großen Dimensionen in Kiel und eins in Danzig. Obige Illustration zeigt das erstere, welches aus der Fabrik von Borsig in Berlin hervorgegangen ist und etwa 77 m Länge, 25 m Breite und eine Höhe von 12 m hat. Der zellenartige Boden ist 2,5 m hoch und bietet eine untere lichte Dockkammerweite von 11,5 m, welche sich nach Maßgabe der beim vorstehend beschriebenen Trockendock angewendeten Terrassen-Konstruktion der Innenwandseiten nach oben zu bis auf 20 m erweitert und Schiffen bis 6,25 m Tiefgang und 2500 Tonnen Gewicht Aufnahme gestattet. Eine zwanzigpferdige Dampfmaschine und vier Kolbenpumpen bewältigen die Wasser-Entleerung aus dem Boden- und den Seitenkasten.

Um Schiffe senkrecht aus dem Wasser zu heben und behufs Vornahme von Reparaturen trocken auf eine Platt=
form zu stellen, erbaute man früher in Nordamerika die Schraubendocks. Eine Doppelreihe von Pfählen mit aufgelegten
Längsbalken bildet je eine der etwas über Schiffsbreite voneinander abstehenden Seiten des Docks. Jede Seite trägt
einen auf Rollen verschiebbaren Wagen von etwa Schiffslänge; zwischen den Längsbalken
dieses Wagens und zwischen denen seiner Gleitbahn sind in regelmäßigen Abständen
eiserne Walzen angebracht und hinter jeder Walze des Wagens eine starke Schrauben=
mutter, in welcher eine drehbare Schraube an ihrem Kopf eine über die entsprechenden
Walzen herabhängende Kette trägt. Die in den Buchten dieser Ketten ruhenden quer=
docks gerichteten Balken bilden die Unterlage für das aufzunehmende Schiff, welches
durch untergeschobene Keile bezw. Seitenschlitten abgestützt wird, und heben es beim
Anziehen der Schrauben oder beim Fortschieben der beiden Wagen mittelst hydrau=
lischer Pressen.

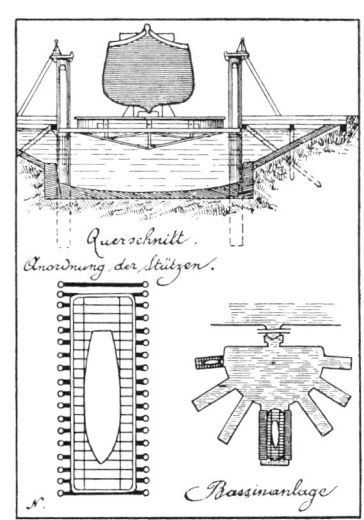

Querschnitt.
Anordnung der Stützen.

Bassinanlage

Hydraulisches Dock.

Diese Konstruktion ist jedoch bereits durch dauerhaftere und zweckmäßigere
ersetzt, vornehmlich durch das von Clarke in London erbaute hydraulische Dock.
Innerhalb eines von der Gezeitenströmung nicht berührten Bassins sind zwei parallele
Reihen einander gegenüberstehender hohler gußeiserner Säulen senkrecht eingelassen,
deren jede einen Stempel mit Kolben und eine hydraulische Presse enthält. Sämt=
liche Pressen werden von
einer gemeinsamen Druck=
pumpe gespeist. Je zwei
auf den Dockseiten einander gegenüberstehende Säulen
tragen an ihren Preßkolben an Ketten einen armirten
Balken. Ueber diese Unterlagsbalken wird ein der Schiffs=
größe entsprechendes Ponton gebracht und durch Oeffnen
von Ventilen soweit voll Wasser gelassen, bis es sich auf
die Balken setzt. Diese senken sich nun durch Ablassen
von Wasser aus den hydraulischen Pressen, bis das Ponton
tiefer als der Kiel des einzuholenden Schiffes liegt und
durch die Steuerungshähne der Pressen ins Gleichgewicht
gebracht werden kann. Nachdem jetzt das Schiff eingeholt
und in oben angegebener Weise abgestützt ist, beginnen
die Pressen dasselbe soweit zu heben, bis das nach Art der

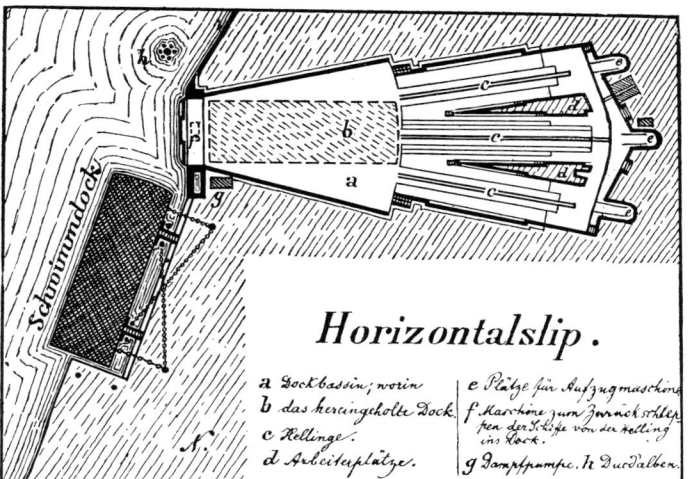

Horizontalslip.

a Dockbassin, worin
b das hereingeholte Dock.
c Hellinge.
d Arbeitsplätze.

e Plätze für Aufzugmaschinen
f Maschine zum Zurückschlep=
pen der Schiffe von der Helling
ins Dock.
g Dampfpumpe. h Duedalben.

Schwimmdocks selbst in Zellen getheilte Ponton genügend hoch kommt, um — entsprechend von Wasser entleert
— das Schiff frei tragen zu können. Danach bugsirt man Ponton und Schiff in ein flaches Bassin. Solche
Bassins von verschiedener Größe werden zweckmäßig als radikale Ausläufer um ein halbkreisförmiges Hauptbassin
angelegt.

Bei den vorbesprochenen Dockeinrichtungen verbleibt das Schiff während der Dauer der Reparatur auf dem
gehobenen Ponton. Um aber nur einer einzigen Hebevorrichtung zu bedürfen und diese, sobald mit derselben ein Schiff trocken
gelegt worden, wieder für weiteren Gebrauch frei zu erhalten, hat man Vorrichtungen getroffen, das Schiff nach der
Hebung auf das Land zu schaffen und dort zu repariren. Derartige Horizontalslips,
wie sie die deutsche Marine in Danzig, die österreichische in Pola besitzt, haben in
großen Zügen die Form eines Kreissegmentes, das aus mehreren von einem Haupt=
bassin radial auslaufenden Schleifbahnen gebildet wird. Nachdem das Schiff mittelst
Schwimmdocks gehoben, auf demselben in das verschließbare Hauptbassin geholt und
dieses von Wasser entleert ist, wird es durch hydraulische Zugvorrichtungen auf eine
der Schleifbahnen gezogen.

Rostdock zu Nikolajeff.

Die russische Regierung hat für das Aufschleppen ihrer kreisförmigen
Panzerschiffe, der Popoffken (siehe Seite 53), welche in keinem sonstigen Dock
Platz finden, in Nikolajeff ein Rostdock durch Clarke und Stanfield in London erbauen lassen, das aus selbst=
ständigen Hälften besteht, deren jede für sich auch für Schiffe von gewöhnlicher Form verwendbar ist. Eine
Anzahl hohler Querpontons sind auf ihrem einen Ende an ein hohes kastenartiges Längsponton gefügt, welches
auswärts, um die Dockhälfte stabiler zu machen, zwei durch Gitterwerk zu einem Schwimmer verbundene

und mit Ballast beschwerte Balanzirpontons trägt, die unter Umständen entfernt werden können. Ist das Schiff gehoben, so wird in der Querrichtung zu ihm das Dock nach dem Lande verholt, wobei sich die Querpontons zwischen korrespondirende Pfahlreihen schieben. Man senkt das Dock etwas und steift das auf den Holmen der Pfahlreihen stehen gebliebene Schiff durch entsprechende Unterlagen ab.

Patent-Slip.

Zum Aufschleppen von Schiffen werden zuweilen auch die Eingangs beschriebenen Hellinge verwendet. Nachdem alle schweren Gewichte aus dem Schiffskörper entfernt sind, bringt man einen Gleitbalken (Schmierplanke) unter den Kiel, sowie zur Aufrechthaltung des Fahrzeuges zwei Seitenschlitten unter den Boden. Die drei Unterlagen bewegen sich auf gefetteten Gleitbahnen, sobald die Aufzugvorrichtungen am Lande, wie Gangspille (Erdwinden), durch Menschen- oder Dampfkraft in Bewegung gesetzt werden.

Eine verbesserte Aufschleppvorrichtung, durch welche die Reibung auf ein Vierzigstel verringert wird, ist das von Morton erfundene Patent-Slip,[1] ein vollständiges Eisenbahngeleise mit niedrigen Wagen, welche unter das Schiff geschoben und sobald dasselbe fest liegt, mittelst hydraulischer Pressen auf die Helling gezogen werden. —

Das Taucherwesen. Seitdem der komplizirte Bau der Kriegs- und Handelsschiffe die Nothwendigkeit mit sich brachte, etwaige Beschädigungen am Schiffskörper unter Wasser, am Ruder, an der Schraube u. s. w. nachsehen und repariren zu können, wurden Apparate erforderlich, mittels deren ein Mensch längere Zeit ungefährdet und frei in seinen Bewegungen unter Wasser bleiben kann. Solche Apparate, welche den Menschen befähigen, ohne Weiteres den Meeresgrund bis zu einer gewissen Tiefe aufzusuchen um dort umfangreiche Arbeiten vorzunehmen, sind erst seit etwa 20 Jahren durch die Erfindung der Taucheranzüge geschaffen.[2]

Taucherapparat von Rouquayrol-Denayrouze.

Es sind hauptsächlich zwei Arten von Taucheranzügen, deren man sich jetzt bedient: der Scaphander, fast nur noch in England gebräuchlich, und der französische Apparat von Rouquayrol-Denayrouze, welcher letztere auch in unserer Marine Verwendung findet.[3] Der wesentliche Unterschied zwischen beiden Apparaten liegt in der Art der Luftzuführung. Bei dem Scaphander wird der Taucher direkt von der Oberfläche mit frischer Luft versorgt, während bei dem französischen Anzuge dies durch Benutzung eines besonderen Apparates des Regulators oder Lufttornisters geschieht. Die Hauptvortheile des letzteren gegen den englischen bestehen hauptsächlich darin, daß die Gesundheit des Tauchers in keiner Weise beeinträchtigt wird, daß er für Tiefen von 30 m und darüber brauchbar ist und dem Taucher eine freiere Bewegung gestattet.

Die Bestandtheile des Taucherapparates sind: Luftpumpe, Luftzuführungsschlauch, Manometer, Regulator, Anzug und Helm, Gewichte, Gürtel mit den zugehörigen Instrumenten (Beil, Messer u. s. w.), Signal- beziehungsweise Sicherheitsleine.

Die Luftpumpe von einfacher Konstruktion liefert bei 35 Kolbenschlägen 85 Liter Luft in der Minute.

---

[1] Ob das Projekt des Mr. Eads, Handelsschiffe mit voller Ladung auf ähnliche Weise über den Isthmus von Panama zu schaffen, sich bewähren wird, muß die Zeit lehren. Der Transport geschieht mittelst eines Wagens von etwa 1000 bis 1200 Rädern, die sich auf einer Anzahl Schienengeleisen bewegen, und zweier Lokomotiven.

[2] Schon Aristoteles († 322 v. Chr.) berichtet, daß Leute, um möglichst lange unter Wasser bleiben zu können, mit über den Kopf gestülptem Kessel in die Tiefe gingen.

[3] Jedes größere Kriegsschiff ist mit einem Taucherapparat ausgerüstet.

Der Luftzuführungsschlauch ist aus Kautschuck mit doppelt eingelegten verzinkten Spiralen und durch einen Ueber=
zug von Segeltuch gegen äußere Beschädigungen gesichert. Auf die Verbindungsstelle von Pumpe und Schlauch ist das
Manometer aufgeschraubt, welches den Druck der Luft, in welcher der Taucher arbeitet, angiebt. Befindet sich z. B.
ein Taucher auf 10 Meter Tiefe, so entspricht der Wasserdruck ziemlich einer Atmosphäre oder $7\frac{1}{2}$ kg pro Quadratzoll.
Der wichtigste Theil am Apparat ist der Regulator, welcher die von der Pumpe zugeführte Luft aufnimmt
und aus zwei Theilen: dem unteren, dem Luftreservoir und der darüber befindlichen Luftkammer besteht, welche
durch das Luftvertheilungsventil miteinander verbunden sind. Die Luft dringt in das Reservoir durch den Schlauch;
eine aus der Luftkammer führende Röhre leitet sie weiter in das Innere des Helmes und endet in einem Mundstück
von Gummi, welches der Taucher mit den Zähnen festzuhalten hat. An der Seite der Luftkammer befindet sich ein
Ansatz für das Ausathmungsventil, durch welches die vom Taucher ausgeathmete Luft entweicht.

Taucher bei der Arbeit.

Der Anzug ist aus einer doppelten Lage von mit flüssigem Gummi getränktem, starkgewebtem Baumwollenzeuge
gefertigt und wird an den Handgelenken durch Kautschuckmanschetten und Gummibänder, an den Fußgelenken durch die
Riemen der mit dicken Bleisohlen versehenen Schuhe geschlossen. Der Helm besteht aus zwei Theilen, dem Kragen
und dem eigentlichen Helm; beide Theile sind aus Kupfer geschmiedet, im Inneren verzinnt und werden durch Gummi=
liderung und Schrauben fest aneinander gepreßt. Im Helm befinden sich vier Glasfenster, von denen das vordere
ausgeschraubt werden kann. Seitwärts mündet in den Helm und an diesem angeschraubt der vom Regulator kommende
Athmungsschlauch und setzt sich, wie oben bemerkt, bis zum Munde des Tauchers fort. Die Schuhe sind aufgenietet
auf Sohlen von Blei; Brust= und Rückenbleie, die am Kragen befestigt werden, vollenden die zu Untertauchen
nöthige Belastung. Der Gürtel dient zum Befestigen des Handwerkszeuges; die Sicherheitsleine zum Verkehr mit
der Oberfläche und zum Emporziehen des Tauchers, wenn nicht, wie auf geringen Tiefen von 10 Metern, noch ein
Sprach= oder Hörrohr resp. ein Telephon zur Kommunikation zwischen Taucher und Oberfläche benutzt werden.
Eine Taucherlampe dient unter Umständen zur Beleuchtung des Arbeitsfeldes. Schließlich gehört zum Anzuge noch
der Nasenklammer; derselbe soll verhindern, daß der Taucher durch die Nase ausathmet und auf diese Weise die
Luft im Anzuge verunreinigt.

Für das Tauchen ist keineswegs eine möglichst robuste Körperkonstitution nothwendig; dagegen sind völlig gesunde Respirationsorgane, sowie große Ruhe und Besonnenheit unerläßliche Bedingungen.

Die Thätigkeit des Apparates ist folgende: Ist der Taucher in den Apparat eingeschlossen und langsam in die Tiefe hinabgestiegen, so wird die Pumpe durch lange und gleichmäßige Züge in Betrieb gesetzt. Der Luftdruck, welcher nach dem Manometer in einer Spannung erhalten wird, die der Tiefe entspricht, in welcher sich der Taucher befindet, tritt durch das Rohrstück in das Reservoir. Athmet der Taucher ein, so wird die Luft oben in der Luftkammer verdünnt, die Kautschukkappe, welche dieselbe nach oben hin abschließt, bewegt sich abwärts, weil der Druck von außen überwiegt. Ein an der unteren Fläche der Kautschukkappe befestigter Schaft stößt infolge der Abwärtsbewegung auf das Ventil und öffnet dasselbe. Die aus der Kammer eingeathmete Luft wird infolgedessen durch frische aus dem Reservoir ersetzt. Während der Taucher ausathmet, komprimirt er die Luft in der Luftkammer, die Spannung in derselben wird stärker als der äußere Druck, die Kautschukkappe kehrt in die frühere Lage zurück, der Schaft wird von dem Ventil abgehoben und dieses schließt sich. Durch das Ausathmungsventil entweicht die Luft solange, bis der Druck in der Luftkammer mit dem äußeren Druck im Gleichgewicht ist. Diese Manipulation wiederholt sich mit jedem Athemzuge.

Ist der Taucher gezwungen durch irgend welche Umstände schnell an die Oberfläche zu eilen, so entfernt er das Mundstück des Athmungsschlauches und läßt die Luft in den Anzug strömen, wodurch sofort der Auftrieb erfolgt. Einen Beleg für die mannigfachen Schwierigkeiten, welche sich den Taucherarbeiten in größerer Tiefe und bei starker Strömung entgegenstellen, liefern die vielen Anstrengungen, welche s. Z. zur Hebung des bei Folkestone gesunkenen Panzerschiffes „Großer Kurfürst" vergeblich gemacht worden sind. Weder der Zutritt in das Innere des Schiffes ist gelungen — der Trieb der Selbsterhaltung verbot das Wagestück — noch vermochte man das verhängnißvolle Leck zu stopfen.

Der Schiffbau.

chiffbau ist die Kunst, Schiffsgebäude mit größerer oder geringerer Tragfähigkeit herzustellen, die im Wasser aufrecht schwimmen und durch verschiedene Motoren (Ruder, Segel, Dampf) darin fortbewegt werden können. Muß es doch selbst den Laien mit Staunen erfüllen, wenn er sich vergegenwärtigt, welche Geheimnisse der Natur der menschliche Geist zu ergründen, welche Schwierigkeiten er zu besiegen, welche verschiedenartigen Kräfte er zu schaffen und zu entwickeln hatte, ehe sich die Möglichkeit bot, Schiffe zu konstruiren, die mit so bewunderungswerther Regelmäßigkeit und Sicherheit das Weltmeer durcheilen — unbekümmert um Sturm und Wogendrang!

Die Schiffsformen haben sich im Laufe der Jahrhunderte aus der seemännischen Erfahrung herausentwickelt. Die Theorie allein wird gegenüber Vielgestaltigkeit der Verwendungszwecke nie die allein maßgebende Bestimmung treffen können; es wird immerhin dem praktisch geschulten Blick des Schiffbauers und des Seemannes in der Hauptsache Rechnung zu tragen sein. Leonhard Euler, welcher 1741—66 an der Akademie der Wissenschaften zu Berlin thätig war, hat die bekannte Abhandlung über die beste Art der Bemastung von Schiffen geschrieben; der berühmte schwedische Seeoffizier Chapmann die schönsten Formen der Segelschiffe ermittelt, die noch längere Zeit den transatlantischen Dampfschiffen in der Schnelligkeit der Fahrten Konkurrenz machten u. s. w.

Der Schiffbau hat einen theoretischen und einen praktischen Theil; der erstere ist Sache des Constructeurs, der den Entwurf liefert; die praktische Ausführung übernimmt der Schiffszimmerer und die übrigen Fachleute.

Der Constructeur fertigt einen Aufriß (Längenplan) an, welcher die Linien des Kiels, der Steven, die Perpendikel (vertikale Linien P am Vor- und Hintersteven, deren Schnittpunkte in der Wasserlinie an der Außenkante der Sponung[1] liegen), die Umrisse des Ruders, unter Umständen die des Radkastens, die Stellung der Masten, die Geschützpforten, die Rehling u. s. w. enthält; der Grundriß (Wasserlinien- oder Sentenriß), welcher nur die eine der beiden kongruenten Schiffshälften zur Darstellung bringt, zeigt den Verlauf der Linien, welche sich an der äußeren Schiffsform bilden, wenn man sich horizontale Schnittebenen in gleichmäßigen senkrechten Abständen voneinander durch den aufrechtstehenden Schiffsrumpf gelegt denkt; und im Querriß (Spantenriß) zeigt die rechte Hälfte die Spantenlinien des Vorschiffs, die linke diejenigen des Hinterschiffs, welche entstehen, wenn man die vorstehend definirten Wasserlinien durch senkrechte Ebenen querschiffs schneidet und die jedesmal entstehenden Schnittpunkte in entsprechender Kurve miteinander verbindet.

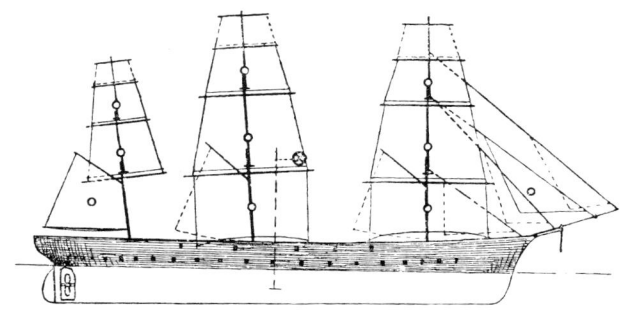

Segelzeichnung.

Bei Segelschiffen bedarf es ferner der Segelzeichnung, in welcher die Lage des Segelschwerpunktes (⊗ im Großmarssegel), d. h. desjenigen Punktes, in welchem man nach Maßgabe der gewählten Segelkombination die Wirkung der Windkraft vereinigt denken kann, die besondere Aufmerksamkeit des Constructeurs erheischt.

Zur praktischen Bauausführung kommen dann die Zeichnungen auf den Schnürboden, wo nach ihnen alle Maße in natürlicher Größe auf dem Fußboden abgeschnürt und hiernach wieder Modelle aus leichten Brettern angefertigt werden. Erst nach diesen Mallen werden die einzelnen Bautheile geformt und zusammengesetzt.

Ein in Ruhe befindliches und in unbewegtem Wasser schwimmendes Schiff verdrängt eine Wassermasse, deren

---

[1] Siehe S. 104 die Stevenskizzen und Erklärung S. 104 unten.

Gewicht gleich dem des Schiffes ist. Angenommen, die das Schiff umgebende Wassermasse erstarrt und ersteres würde herausgehoben, so hat der dadurch entstehende leere Raum die Größe und Form der vom Schiff verdrängten Wassermenge und heißt das Volumen des Deplacements oder kurz das Deplacement des Schiffs[1], das in Tonnen (1 Metertonne = 1000 kg, 1 englische Tonne = 1016 kg) angegeben zu werden pflegt.

Schiffe von gleichem Gewicht können daher ungleiche Formen und Dimensionen haben, ihre Volumina aber bleiben einander solange gleich, als die Schiffe in Wasser von gleichem spezifischen Gewicht schwimmen.

Das Gesamtgewicht eines seefertigen Schiffes zerlegt sich in das Eigengewicht des Schiffskörpers (einschließlich des Panzers) und in das Gewicht der Ladung, d. h. die Summe aller an Bord zu nehmenden Gewichte, als: Maschinen, Kessel, Ausrüstung, Armirung, Vorräthe und Ladung im engeren Sinne. Diese Summe repräsentirt die Tragfähigkeit oder das nützliche Deplacement. Jede Verminderung des Eigengewichts der Schiffe erhöht die Tragfähigkeit; die Einführung des Eisens und Stahls in den Schiffbau

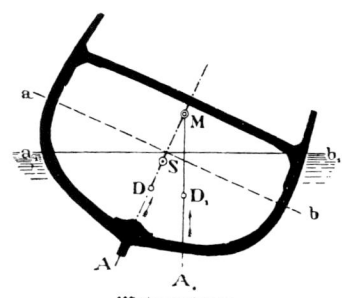

Metacentrum.

ist ein wesentlicher Fortschritt nach dieser Richtung hin. Der Punkt, in welchem man sich sämtliche, den Auftrieb oder die Schwimmkraft eines Schiffes bildenden Kräfte vereinigt denken kann, ist das Zentrum der Schwimmkraft, der Schwerpunkt des Deplacements. Er ändert seine Lage, sobald das Schiff die eigene und damit die Form des Deplacements ändert.

Wenn ein Schiff auf stillem Wasser frei und im Zustande der Ruhe schwimmt, so fällt auch der Schwerpunkt des ganzen Schiffes, der sogenannte Systemsschwerpunkt, dessen Lage sowohl von Form und Gewicht des Schiffskörpers als von der Vertheilung der am Bord befindlichen Gewichte abhängt, mit dem Deplacementsschwerpunkt in eine vertikale Linie. Der Systemsschwerpunkt ist durch Rechnung bezw. auf mechanischem Wege durch Versuche zu bestimmen und hat eine feste Lage, die sich nur durch Dislokation schwerer Gewichte, wie das Uebergehen eines losgerissenen Geschützes von großem Kaliber, Ueberschießen der Ladung in bewegtem Wasser merklich und dann oft in gefahrbringender Weise verändert, und die durch die variable Lage desjenigen Punktes (Segelschwerpunktes) beeinflußt wird, in welchem die Kraftäußerung des Windes auf die z. Z. stehenden Segel vereinigt zu denken ist.

Das Vermögen, welches ein durch irgend welche Kraft, also insbesondere durch Wind- und Wellenwirkung, aus seiner aufrechten Lage gebrachtes Schiff besitzt, wieder in diese zurückzukehren, ist seine Stabilität. Sie ist naturgemäß am größten gegen eine Neigung längsschiffs und hier nur insofern von

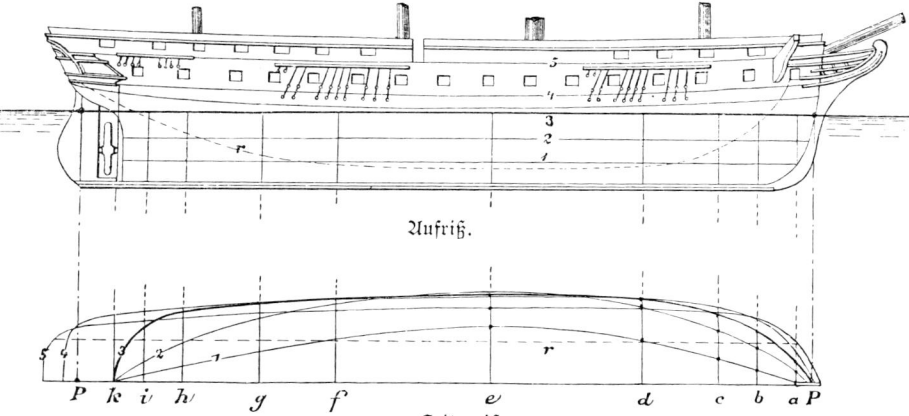

Aufriß.

Seitenriß.

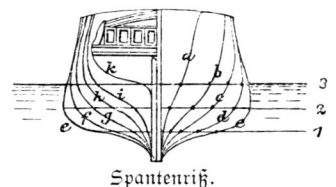

Spantenriß.

Interesse, als sie von Einfluß ist auf Aenderungen in der Steuerlastigkeit (d. h. wenn das Hinterschiff tiefer eintaucht als das Vollschiff) und auf das Schwingen des Schiffs um seine Querachse, d. h. die Stampfbewegungen, auf und nieder in bewegter See. Viel wichtiger ist die geringere Stabilität, diejenige gegen Neigungen querschiffs (Krängungen), welche ein Kentern (Umschlagen in die Seitenrichtung)[2] zur Folge haben, sobald die Stabilitätsgrenze überschritten wird. Diese Grenze ist abhängig

von der Lage des Metrazentrums M (s. S. 103), nämlich dem Durchschnittspunkt der Resultate A_1M des Auftriebs im Krängungsfall und der der aufrechten Lage entsprechenden Auftriebrichtung AM. Bei der Seitwärtsneigung ist der ursprüngliche Deplacementsschwerpunkt D zum Schwerpunkt D_1 des veränderten Deplacements geworden; die anfängliche Schwimmebene des Schiffs a b ist nach $a_1 b_1$ verlegt; S als Systemsschwerpunkt ist unverändert geblieben. Der Auftrieb bei der Neigung ist jetzt bestrebt, im Punkte M angreifend und nach dorthin gerichtet, das Schiff wieder in die aufrechte Lage zurückzudrücken und wird dies ermöglichen, wenn M über S liegt, wird indifferent bleiben, wenn M mit S zusammenfällt und wird das Schiff zum Kentern kommen lassen, wenn M unter S fällt. Bei der Konstruktion des

[1] Darunter wird im allgemeinen das auf Außenhaut des Schiffs gemessene verstanden.
[2] Das englische Panzerschiff „Captain" kenterte während eines Sturmes im atlantischen Ozean aus Mangel an genügender Stabilität und versant mit einem großen Theil der Besatzung in die Tiefe.

Schiffes ist daher so zu verfahren, daß die Lage des Metrazentrums M entsprechend hoch über dem Systemsschwerpunkt S bleiben muß. Das Maß dieser Entfernung ist bei jedem Schiff verschieden. Im allgemeinen genügen 3 m. Liegt M sehr hoch, so wird man ein steifes Schiff erhalten, das aber, einer Krängung (seitlichem Neigen) verhältnißmäßig großen Widerstand entgegensetzend, in See heftig um seine Längsachse schwingen (schlingen, rollen) und seine Takelage gefährden wird, während ein weniger hohes M ein rankes Schiff schafft, das sich zwar leichter neigt, aber ruhigere Bewegungen in bewegter See hat. Das in der Praxis vom Schiffsführer durch richtige Ladungsvertheilung zu erreichende glückliche Mittel zwischen beiden ergiebt ein bequemes handiges Schiff.

Der eigentliche Bau des Schiffes beginnt auf der Werft mit dem Legen oder Strecken des Kiels. Der Kiel, das Rückgrat des ganzen Gebäudes, besteht je nach der Größe des Schiffes aus einem oder mehreren Stücken, welche durch Laschungen mit einander verbunden und verbolzt sind. Als Material für Kielstücke wird Eichen=, Buchen= oder anderes hartes, zähes Holz verwendet, welches im Wasser der Fäulniß am meisten widersteht. Höhe und Breite des Kiels richten sich nach der Schiffslänge. Kriegsschiffe haben unter dem Hauptkiel noch einen oder zwei Loskiele, Planken von 8 bis 15 cm Höhe, die mittelst kurzer Bolzen oder starker Nägel (Spieker) an ersterem befestigt werden, hauptsächlich um ihn vor Beschädigung beim Aufstoßen auf Grund zu schützen, wobei sie ganz oder theilweise verloren gehen können, ohne die Sicherheit des Schiffes zu gefährden. An voll= gebauten Schiffen vermindern sie bei seitlichem Winde gleichzeitig die Ab= trift (das Seitwärtstreiben).

Parallel mit dem Hauptkiel unter dem Schiffsboden befestigte Seitenkiele verringern bei vollge= bauten Schiffen die Schlingerbewe= gungen derselben bei Seegang.

An die Kiellegung schließt sich das Richten der Steven. Der Vorsteven, durch Binnen= oder Innensteven verstärkt und an seinem Oberende zu beiden Seiten mit den Ohrhölzern (Judasohren) ver= sehen, zwischen welche später das Bug= spriet gelegt wird, besteht aus einem oder mehreren mäßig nach außen gekrümmten Stücken Eichenholzes, die am Vorderende des Kiels befestigt sind.

Vorsteven eines Linienschiffes.

a Loskiele.
b Kiel.
cc Aufklotzung.
d Kielschwein.
ee Kielschweinauflauf.
f Stempholz, Verstärkung des Binnenvorstevens
gg Binnenvorsteven.
h Unterlauf.

ii Vorsteven.
k Klütz.
ll Schegg.
mn Ausleger des Scheggs
o Auffüllung an Stelle eines Scheggknies.
pq Decks.
s-s Sponung des Kiels und des Vor- stevens.

} Gallion.

Der Hintersteven, ein auf= recht stehender Balken, trägt auf 7/8 seiner Höhe bei Schiffen mit plattem Heck den Heckbalken und ruht stumpf auf dem hinteren Ende des Kiels, mit demselben durch Zapfen und Metallplatten verbunden. Bei Segelschiffen und Raddampfern sind an seiner hinteren Seite die Ruder= ösen zum Anhängen des Ruders (Steuerruders) angebracht.

Die Verbindung beider Steven mit dem Kiel wird durch die sorg= fältige Verbolzung einer den Raum zwischen beiden ausfüllenden Holzmasse, Aufklotzung oder Todtholz ge= nannt, welches um so höher ist, je schärfer das Schiff wird, oder bei kleinen Schiffen durch die Reid= bezw. Stevenknie hergestellt. Kiel und Steven haben auf jeder Seite der

Länge nach einen dreieckigen Einschnitt, Sponung genannt, in welchen die Seiten bezw. Enden der Außenplanken eingefügt sind.

Bei Schraubenschiffen erhebt sich parallel zum Hintersteven auf einer Verlängerung des Kiels der zum Tragen des Ruders bestimmte Rudersteven.

Der durch die beiden Hintersteven begrenzte und als abgerundeter oder viereckiger Schacht bis an das Deck fort= geführte Zwischenraum bildet den Schraubenbrunnen, bei solchen Schiffen, deren Schraube zum Lichten eingerichtet ist, welche, von der Welle abgelöst, durch eine starke Windevorrichtung aus dem Wasser gehoben wird, sobald die Fahrt unter Segel allein fortgesetzt werden soll.

Nach erfolgter Befestigung der Steven wird das Hauptspant (⊕), und danach die übrigen Winkel= bezw. Kantspanten d. h. diejenigen Inhölzer gerichtet, welche die Form des Schiffes bestimmen, von welcher wiederum dessen nautische Eigenschaften und vornehmlich die größere oder geringere Schnelligkeit abhängig ist.

Die Winkelspanten bestehen aus zwei Lagen unter sich verbolzter Krummhölzer neben einander. Die eine Lage wird aus der quer über dem Kiel liegenden und mit diesem bezw. dem Kielschwein verbolzten Bodenwrange mit den an ihre beiden Enden als Fortsetzung stoßenden Kimmstücken (Sittern, Sitzern) und Auflangern gebildet; die andere aus den über dem Kiel zusammenstoßenden beiden halben Bodenwrangen, die ebenfalls durch eine Anzahl Auflanger sterlängert sind. Die Kantspanten, nur aus halben Bodenwrangen und einer Zahl Auflanger zusammengesetzt, stoßen mit ihren Füßen zu beiden Seiten gegen die Aufklotzung und bilden das Schiffsgerippe vor und hinter den Winkelspanten; das hinterste Kantspant, Randsomholz, bildet bei Schiffen mit plattem Heck die seitliche Ecke des letzteren.

Die Verbindung zwischen Kantspanten und Hintersteven wird durch den an der Oberkante der Gillung (Gilling) am letzteren befestigten Heckbalken hergestellt, welcher der Träger der Heckverzimmerung ist. Schiffe mit rundem Heck haben keinen Heckbalken; bei ihnen sind die Heckstützen fächerförmig, auf Kriegsschiffen je nach Anordnung der Heckpforten, aufgestellt.

Unterhalb des Heckbalkens wird die Verbindung des Hinterstevens mit den Kantspanten bezw. Randsomhölzern durch die Worpen hergestellt.

Bei Handelsschiffen sind zu beiden Seiten des Vor= bezw. Hinterstevens etwa 2 bis 3 m über der Wasserlinie des leeren Schiffes sogenannte Ladepforten, und in den Schiffsseiten über den Berghölzern Ballastpforten angebracht.

Neben den Ohrhölzern am Vorsteven befinden sich die Klüshölzer zur Aufnahme der Bugklüsen, durch welche die Ankerketten bezw. Ankertaue geführt werden. Auch am Heck befinden sich ähnliche Klüsen. Bei Kriegsschiffen wird der leere Raum zwischen den einzelnen Spanten vom Kiel bis etwas über die Wasserlinie durch Füll= hölzer zugedeckt, deren Fugen wiederum abgedichtet und ver= pecht werden, so daß bei ein=

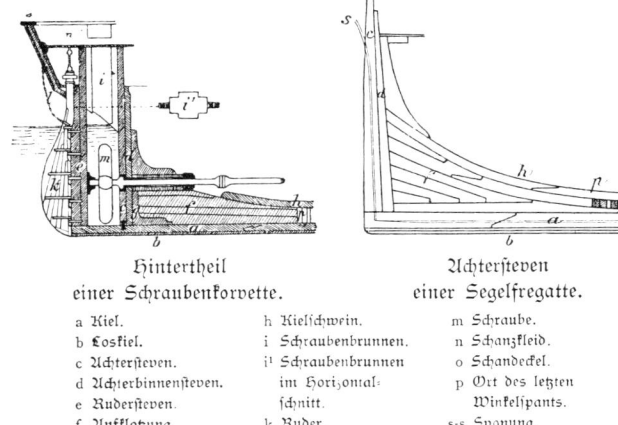

Hintertheil
einer Schraubenkorvette.

a Kiel.
b Loskiel.
c Achtersteven.
d Achterbinnensteven.
e Rudersteven.
f Aufflotzung.
g Reidknie.

Achtersteven
einer Segelfregatte.

h Kielschwein.
i Schraubenbrunnen.
i¹ Schraubenbrunnen
im Horizontal=
schnitt.
k Ruder.
l Heckstütze.

m Schraube.
n Schanzkleid.
o Schandeckel.
p Ort des letzten
Winkelspants.
s-s Sponung.

tretender Zerstörung der Außen= haut das Eindringen des Wassers in das Innere des Schiffes verhindert wird.

Auf den Kopfenden der Auflanger und zugleich auf den Kanten der äußeren und inneren Beplankung liegt, etwas nach außenbords zwischen dem ober= sten Farbgang und der Setz= bordplanke (s. weiter unten) des Oberdecks hinaustretend, der Schandeckel, ein starker horizontaler Plankengang aus

Eichen= oder Teakholz, welcher das Eindringen von Wasser zwischen Inhölzer und deren Verkleidung verhindert. Ueber ihn hinaus ragen die Rehlingsstützen aus Holz oder Eisen, welche entweder eine geschlossene Schanz= kleidung aus Brettern tragen oder durch Ketten und Stäbe verbunden, als Geländer erscheinen. Auf den Köpfen der Rehlingsstützen liegt die Rehling als horizontale Holzverbindung. Auf Kriegsschiffen bildet entweder diese oder der Schandeckel den Boden der Finknetzkasten, in denen die Hängematten (s. S. 108) den Tag über aufbewahrt werden. In früherer Zeit bediente man sich hierzu statt der kastenartigen Aufbaue einer Doppelreihe von Netzen aus dünner Leine (daher der Name), welche zwischen den Finknetz= bezw. Rehlingsstützen ausgespannt wurden. Die durch die

hineingestauten Hängematten herge= stellte Brustwehr diente als Deckung gegen feindliches Gewehrfeuer.

Auf der inneren Seite der Spanten über dem Kiel liegt das Kielschwein, eine Balkenlage aus Eichen= oder Greenhartholz, welches mit Spanten, Aufflotzung und Kiel verbolzt, den eigentlichen Rückgrat des Schiffes bildet. Auf dem Kiel= schwein ruhen die Füße der Masten. Seitenkielschweine, starke,

Holzschiff in Spanten.

parallel mit dem Kielschwein laufende und mit den Spanten verbolzte eichene Balkenlagen, erhöhen bei großen Schiffen den Längsverband derselben.

Die Verbindung der Spanten unter sich wird in der Längsrichtung durch Diagonalplanken bezw. Diagonalschienen[1] und durch die innere und äußere Beplankung, in der Querrichtung durch die Decks= balken hergestellt. Erst die Gesamt=

heit dieser Verbindungen vermag dem ganzen Bau diejenige Festigkeit und Widerstandsfähigkeit und zugleich eine gewisse Elasticität zu verleihen, deren er bedarf, um dem Andrange der Wogen und der Gewalt des Windes widerstehen zu können.

Diagonalplanken und Diagonalschienen sind Holz= oder Eisenverbände, welche meistens nur auf der Innenseite der Spanthölzer mit diesem unter einem Winkel von 45 Grad gegen den Horizont in entsprechender Zahl verbunden sind und sich in der Mitte des Schiffes kreuzen.

Die Spanten werden innen durch die Wegerung oder Garnirung, außen durch die Außenhaut, horizontale vom Vor= bis zum Hintersteven reichende Lagen Plankengänge, bekleidet, welche wiederum durch eiserne oder metallene Bolzen und Spieker, sowie Holznägel aus Akazien= oder fettem Kiefernholz mit den Spanten verbunden sind.

Die Garnirung setzt sich folgendermaßen zusammen: In der Höhe der bezüglichen Decks reichen vom Vor= bis

---

[1] Zuerst von Robert Sepping zu Anfang dieses Jahrhunderts in der englischen Marine eingeführt.

zum Hinterschiff die aus Eichen= oder Teakholz bestehenden und als Träger der Decksbalken dienenden Balkweger. Auf den oberen Enden der Decksbalken sind wiederum starke ringsum gehende Plankengänge (Wassergänge) aufgelegt und mit den Spanten und den Decksbalken verbolzt. Unmittelbar über den Wassergängen folgen die Setzbordplanken, welche auf Kriegsschiffen bis zur Unterkante der Geschützpforten reichen. Im unteren Schiff, in derjenigen wagerechten Linie, wo die Spanten ihre größte Krümmung zeigen, der Kimmung, bedecken die Kimmweger die Stöße der Bodenwrangen. Zwischen den Kimmwegern und dem Kielschwein liegen die Flur= oder Flachweger, von denen der dem Kielschwein zunächst liegende und von ihm etwa 30 cm entfernte, Sandstrak genannt wird. In dem dazwischen liegenden Raum, dem Wasserlauf, sammelt sich das in das Schiff gedrungene Wasser und wird von da durch die Lenzpumpen, deren Saugrohre bis dahin geführt sind, fortgeschafft. Auf Kriegsschiffen bedeckt man den Wasserlauf mit gußeisernen Platten, die gleichzeitig als Ballast dienen, auf Handelsschiffen mit Plankenenden, Füllungsplanken genannt.

Die Planken der Außenhaut bilden den wasserdichten Ueberzug des Schiffes und müssen sorgfältig aneinander gefügt werden. Man verwendet zu ihnen Eichen=, Teak=, Rothbuchen=, Fichten= und Lärchenholz.

Als oberste Plankengänge der Außenhaut füllen bei Kriegsschiffen mit gedeckter Batterie die Farbgangsplanken den Raum zwischen dem Schandeckel und der Unterkante der Geschützpforten aus, bei Handelsschiffen, je nach der Größe derselben, einen Raum von 1 bis 1,5 m vom Schandeckel abwärts. Unmittelbar unter den Farbgängen folgen die Berghölzer, bei Handelsschiffen die stärksten Plankengänge der Außenhaut, die sich bis etwa 0,5 m unter die Unterkante der Zwischendecksbalken erstrecken; bei Kriegsschiffen erreichen sie eine Dicke von 20 cm und darüber und nehmen den Raum bis zur ungeladenen Wasserlinie ein. Dann folgen die Kimmungsplanken von der Ober= bis zur Unterkante der Kimmung, weiter abwärts die Bodenplanken, von geringerer Dicke als die Berghölzer und die Kimmungsplanken und endlich die dem Kiel zunächst liegenden Planken, Kielgänge genannt, welche bei Kriegsschiffen bis

Zimmermann.

zu 30 cm stark, bei Handelsschiffen mit den Berghölzern von gleicher Stärke verwendet werden.

Läßt die Form des Schiffes es nicht zu, die Planken in kaltem Zustande anzubringen, so werden sie durch Wasserdämpfe in einem geschlossenen Raum, dem Dampfkasten, gekocht, und zwar so lange, als es die Dicke des Holzes und der Grad der zu erreichenden Krümmung bedingt.

Die seitlichen Begrenzungslinien —Nähte—eines Plankenganges bilden im allgemeinen eine fortlaufende Kurve.

Die Decksbalken, wichtige Theile des Verbandes, welche die beiden Schiffswände mit einander verstreben, sind mit den Spanten durch Balkenknie, entweder aus Holz oder Eisen bestehend, verbunden, und zwar in der Weise, daß der eine Schenkel mit dem Decksbalken, der andere mit der Schiffsseite verbolzt

wird. Je nach ihrer Form und der Art der Befestigung unterscheidet man: hängende, horizontale, einfache, Gabel=, Lappenknie u. s. w. Die Decksbalken sind sämtlich mehr oder weniger nach oben gekrümmt und werden aus Eichen=, Teak=, Mahagoni= oder Fichtenholz, in neuester Zeit selbst bei hölzernen Schiffen häufig aus Eisen hergestellt. Ihre Stärke richtet sich nach den Lasten, die sie zu tragen haben; auf Kriegsschiffen sind daher die Decksbalken der Batterien die stärksten. Halbe Decksbalken liegen parallel mit den Decksbalken und werden dort angeordnet, wo die letzteren der Masten, Luken, Schornsteine 2c. wegen weiter als 1 bis 1,25 m voneinander entfernt gehalten werden müssen. Parallel mit der Längsachse des Schiffes zwischen den Decksbalken eingefügte Hölzer sind die Schlingen.

Die Verbindung und Verstrebung der beiden Bordseiten im Vor= und Hinterschiff geschieht theils durch starke Krummhölzer, — Bug= bezw. Heckbänder genannt, — welche in der Mitte ihrer Krümmung mit dem Steven, an ihren zwei Armen aber, die sich horizontal an der inneren Schiffswand entlang strecken, mit den Spanten verbolzt sind; theils durch Deckbänder, auf denen später die Enden der Deckplanken des Vor= und Hinterschiffs befestigt werden.

Die Deckplanken werden in längsschiffs laufenden Reihen mit Nägeln auf den Decksbalken befestigt. Als Material verwendet man zu ihnen zumeist Fichten=, in neuerer Zeit auch Teakholz; nur soweit sie als Unterlage für Geschütze in Batterien von Kriegsschiffen in Frage kommen, werden sie aus Eichenholz hergestellt. Sie bilden in ihrer Gesamtheit die Decks oder Verdeck, von denen das Oberdeck das Schiff nach oben hin abschließt und ihm seine Seefähigkeit in stürmischem Wetter sichert. Handelsschiffe haben gewöhnlich nur ein Deck, große dagegen außer dem Ober= noch ein erstes bezw. zweites Zwischendeck; auf Kriegsschiffen findet man außer dem Oberdeck, ein erstes, zweites und drittes Batteriedeck, ein erstes bezw. zweites Zwischendeck. Die Theile des Oberdecks haben besondere Namen: die Back (bei älteren Schiffen das mit Kanonen besetzte Vorderkastell, jetzt im engeren Sinne die Bezeichnung für ein erhöhtes Vorderdeck) reicht vom Vorsteven bis nahe zum Fockmast. Hier folgt die Kuhl bis zum Großmast, ursprünglich der unbedeckte Theil des oberen Kanonendecks zwischen Back und Schanze (s. S. 18); sodann (bezw. bis zum Kreuzmast) das Achter- und dahinter bis zum Heck das Schanzdeck.

Den Decksrahmen bildet ringsum der Wassergang oder das Leibholz, durch welches hindurch die Speigatten dem auf Deck gekommenen Wasser den Abfluß nach außenbords gestatten.

Jedes Deck hat genügend große Oeffnungen, Luken, von rechteckiger oder quadratischer Form, die an den Rändern von starken Rahmen, Luksillen, eingefaßt sind und entweder die Kommunikation mit den verschiedenen Etagen und Räumen ermöglichen und dann durch Lukendeckel oder Gitterwerke verschlossen werden können, oder mit Fenstern (zuweilen von Dachform) versehen als Lichtluken (Decklichter) dienen.

Die Vortheile, welche die oben besprochene Verwendung der Diagonalplanken oder -schienen dem Schiffbau in Bezug auf die Festigkeit des Gesamtverbandes gewähren, haben zu einem System diagonal gebauter Schiffe geführt, das insofern Abweichungen von der vorstehend behandelten Bauart zeigt, als die dabei gebrauchten Spanten nur aus Boden-wrangen und einem einzigen Auflanger auf jeder Spantseite bestehen, welche, etwa 1 m unter dem Oberende der Wrange ansetzend, bis zum Schandeckel hinaufreichen, während die Außenhaut aus zwei oder drei Lagen übereinander befestigter Plankengänge besteht, von denen die eine bezw. die beiden inneren diagonal in einem Winkel von 45° gegen den Horizont gerichtet, verlaufen, während die äußere horizontale Lage in der oben be-schriebenen Weise ausgeführt wird. Man verwendet dabei Eichen-, Teak- oder Maha-goniholz.

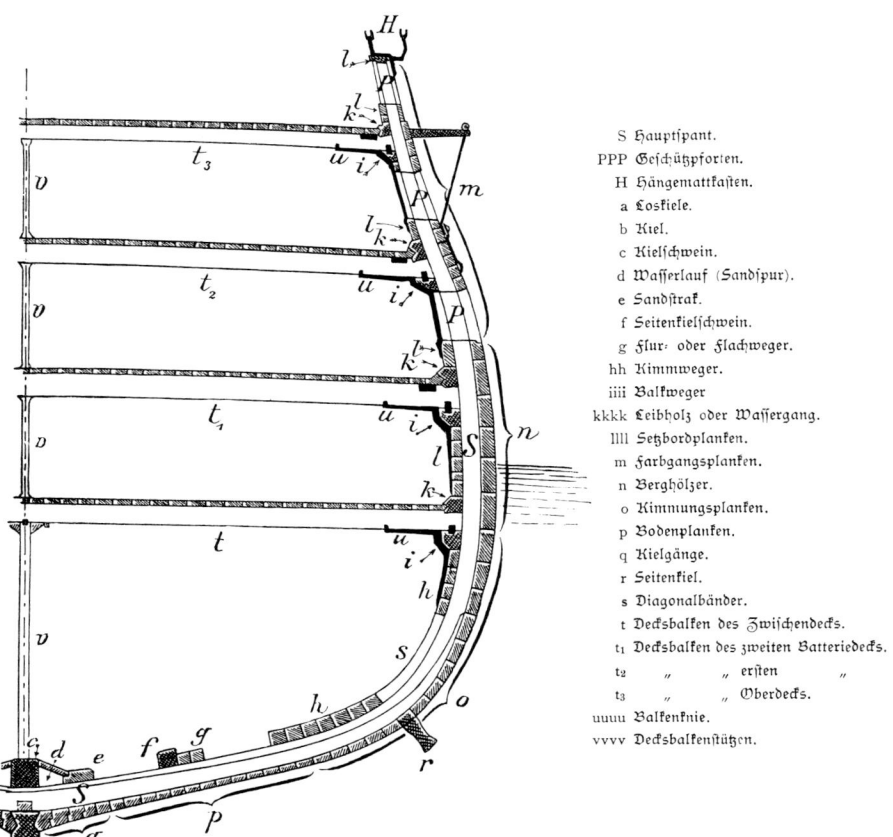

S Hauptspant.
PPP Geschützpforten.
H Hängemattkasten.
a Loskiele.
b Kiel.
c Kielschwein.
d Wasserlauf (Sandspur).
e Sandstrak.
f Seitenkielschwein.
g Flur- oder Flachweger.
hh Kimmweger.
iiii Balkweger.
kkkk Leibholz oder Wassergang.
llll Setzbordplanken.
m Farbgangsplanken.
n Berghölzer.
o Kimmungsplanken.
p Bodenplanken.
q Kielgänge.
r Seitenkiel.
s Diagonalbänder.
t Decksbalken des Zwischendecks.
t_1 Decksbalken des zweiten Batteriedecks.
t_2 „   „   ersten   „
t_3 „   „   Oberdecks.
uuuu Balkenknie.
vvvv Decksbalkenstützen.

Halber Querschnitt am Hauptspant eines Linienschiffes von 100 Kanonen.

Nach Vollendung der Außen- und Innenhaut, sowie der Deckbeplankung beginnt das Zustopfen, Kalfatern der Fugen (Nähte) zwischen den Plankengängen. Man treibt zu dem Zweck zunächst die Nähte mittelst des Scher- oder Scharfeisens mit meißel-förmiger Schneide etwas auf, um dann durch das stumpfe Dichteisen gedrehtes Werg fest in sie hinein zu treiben. Danach wird die Fuge durch Einschlagen von übrigem Werg mittelst Dichthammers und Rabatteisens, bei großen Schiffen mittelst Klamei-eisens und großen hölzernen Klameihammers vollends abgedichtet. Nach geschehenem Abdichten der Nähte werden dieselben gepecht d. h. mit einer Mischung aus heißem Harz und Pech überstrichen. Ist das Pech erkaltet, so beginnt das Pechschrapen. Ein dreieckiger Schraper kratzt mit scharfen Kanten das übergetretene Pech ab, worauf die etwa gebliebenen Fugen mit Marineleim ausgefüllt werden.

Der Schiffsboden muß sowohl gegen Anwuchs (vgl. S. 95) wie gegen einen gefährlichen Feind, den Bohrwurm geschützt werden. Dieses Thier, besonders in tropischen Gegenden, aber auch vereinzelt in nördlichen Gewässern (z. B. im Hafen von Kiel) zu Hause, bohrt sich mit seinen äußerst starken und scharfen Schneideorganen in die Beplankung hinein und richtet binnen kurzer Zeit darin Verheerungen an, welche die Sicherheit der Schiffe gefährden, ja wiederholt schon zu Verlusten der letzteren geführt haben. Zu dem Zwecke wird das Unterschiff, auch lebendes Werk genannt, mit einem Beschlag von Kupfer, Münzmetall oder Zink, der etwa 20 cm noch über die oberste bezw. geladene Wasserlinie reicht, versehen, nachdem zuvor die ganze zu bekleidende Fläche gleichmäßig mit Kohlentheer überstrichen und darüber eine Lage Lösch- oder Holzpapier oder dünner Filz geheftet worden ist. Bei Schiffen mit Kupferbeschlag dürfen bis auf 25 cm oberhalb der Beschlagsgrenze keine eisernen, sondern müssen kupferne Bolzen und Spieker verwendet werden (kupferfeste Schiffe), weil der durch Seewasser und Kupfer erzeugte galvanische Strom das eiserne Befestigungsmaterial bald aufzehren und

Leckagen oder Verbandslockerungen herbeiführen würde. Will man aber Schiffe mit eisernen Bolzen (eisenfeste Schiffe) kupfern, so muß vorher über ihren Boden ein dünner fichtener Belag Spiekerhaut genannt, mittelst Metallnägeln befestigt und auf diese dann die Kupferhaut genagelt werden.

In neuester Zeit findet man fast an jedem Orte, wo Werften sind, auch Trockendocks und geschieht dann das Kupfern erst nach dem Ablauf des Schiffs vom Stapel, weil die Nähte erst im Wasser vollständig dicht schließen, andererseits aber die Kupferhaut beim Ablauf leicht beschädigt werden kann.

Nach Abschluß sämtlicher am Boden vorzunehmenden Zimmerarbeiten: dem Anbringen der Tiefgangsmaße an den Steven, der Ruderösen, der Schraubenwelle, ihrer Stopfbüchse und der verschiedenen Bodenventile, Ausgußrohre, Lanzirrohre für Torpedos 2c., ist das Schiff zum Ablauf fertig.

Der Stapellauf geschieht auf verschiedene Weise, zumeist unter Zuhülfenahme von Holzverbindungen, die unter dem Gesamtnamen Ablaufsgerüst zusammengefaßt werden.

Dieses Gerüst besteht aus den Schmierplanken und den Schlitten. Erstere sind starke zu beiden Seiten der Stapelklötze auf dem Helling befestigte Balken, die bis über den Vorhelling hinaus in das tiefe Wasser reichen und an der Außenkante mit Führungsleisten versehen sind. Auf den Schmierplanken ruhen die Schlitten. Sie bestehen aus zwei Theilen, deren Berührungsflächen durch starke Balkenlagen gebildet werden. Der obere ist ein Gerüst von derartiger Zusammensetzung, daß es sich der Schiffsform anpaßt und an die Bodenplanken befestigt wird, während das untere auf den Schmierplanken ruht. Zwischen die beiden Balkenlagen der Schlitten werden, um das Schiff im Augenblicke des Stapellaufs zu heben und in Bewegung zu setzen, starke Keile getrieben.

Das ganze Gleitgerüst bildet somit während der Ablaufperiode eine Art Bett oder Lager für das Schiff.

Der Tag, die Stunde des Ablaufs ist bestimmt und bekannt gemacht, Tribünen sind für die Zuschauer zu beiden Seiten, eine Plattform am Bug des Schiffes hergerichtet für den, der den Taufakt vollziehen soll. Ein langes breites Band in den Landesfarben hängt am Vorsteven herunter, am unteren Ende eine gefüllte Champagnerflasche tragend.

Die Werft feiert einen Festtag. Draußen

Kalfatern, Pechen, Pechschrapen.

um ihre Thore drängt sich eine neugierige Schar; drinnen steht eine festlich geputzte Menge bewundernd vor dem hoch emporragenden Rumpf des Riesenkindes, das bald den Namen erhalten und seinem Element überantwortet werden soll, und sieht entzückt hoch über ihren Köpfen am Bord die Nationalflaggen und tausend bunte Wimpel im leichten Winde lustig flattern. Hie und da grüßt man sich mit den Offizieren in glänzenden Uniformen, und sagt den Technikern im schwarzen Frack Artigkeiten über ihr vollendet dastehendes Werk. Die Tribünen füllen sich mit Schaulustigen; Boote und Dampfschiffe bedecken den Hafen, dessen Quais dicht mit Menschen besetzt sind, und ringsum prangen die Schiffe im Flaggenschmuck. Auf dem Oberdeck des Täuflings macht man sich allgemein ein Vergnügen daraus, das gemischte Gefühl der Freude und Angst zu genießen, das der Moment des Stapellaufs bietet. Die Namensbretter am Gallion sind noch verhängt, die Hülle fällt erst mit dem Taufakt.

Alle nöthigen Vorbereitungen sind getroffen, die obere Fläche der Schmierplanken und die untere des Schlittens mit einem Gemisch von heißem Fett und grüner Seife bestrichen. Da inzwischen die Hauptbetheiligten sich versammelt haben, wird der Befehl zum Aufkeilen gegeben und hunderte von Armen rühren sich, um mit schweren Hämmern die Keile zwischen die Schlitten zu treiben, bis das Schiff hoch genug, sein Kiel frei von den Kielklötzen ist. Diese werden jetzt fortgespalten, die letzten Stützen entfernt; das Ablaufsgerüst ist nur noch durch ein Tau gehalten. Auf den Ruf „Fertig!" des leitenden Bauführers werden noch einmal die Keile angetrieben, um das Gerüst überall gleichmäßig das Schiff tragen zu machen; dann erfolgt lautlose Stille. Eine Dame, im Glanze der Jugend und Schönheit strahlend, spendet dem neuen Schiff die besten Wünsche und giebt ihm seinen Namen, indem sie die Flasche gegen den

Vorsteven schleudert, so daß deren Inhalt den Bug besprengt. Das haltende Tau wird gleichzeitig gekappt: langsam setzt sich der stolze Bau in Bewegung; alle Herzen schlagen voll Erwartung: wird der Täufling sicher die Bahn hinabgleiten zur Fluth oder wird ein Stocken der Bewegung die Vorbedeutung von Unglück sein? Die untergelegten

Taufe von Sr. Majestät Kreuzer-Korvette „Alexandrine" auf der Kaiserlichen Werft in Kiel am 7. Februar 1885
durch Se. Königliche Hoheit Prinz Wilhelm von Preußen.

Balken krachen und erhitzen sich durch die gewaltige Reibung, Rauchwolken erheben sich, man gießt Wasser auf, von Sekunde zu Sekunde nimmt die Geschwindigkeit zu, bis endlich in allen seinen Fugen erzitternd, das Schiff mit rasender Schnelle auf der Unterlage hingleitend sich in das Wasser stürzt, mächtig die Fluthen zertheilend. Ein tausendfaches Hurrah der Zuschauer verkündet den Augenblick. Nach beendetem Lauf wird das Schiff an den Quai, in das Werft=bassin geholt und befestigt.

Eisenschiffbau.

ie leitenden Grundsätze für die Konstruktion eiserner Schiffe sind ursprünglich die gleichen wie für den Holzschiffbau gewesen. Nur insofern haben sie sich geändert, als die Technik im Laufe der Zeit die Eigenthümlichkeit und damit die Vortheile des Eisenmaterials besser auszunutzen gelernt und die Bauausführung in Dimensionen möglich gemacht hat, welche das Holz nicht gestatten würde. Damit sind auch die Abweichungen in den Konstruktionsdetails begründet; die Nomenklatur für die Bautheile ist in der Hauptsache dieselbe geblieben. Auch das Abschlagen auf dem Schnürboden vollzieht sich ebenso wie für das Holzschiff. Die Eintheilung der Plattengänge für die Außen- und Innenhaut geschieht nach einer Spezialzeichnung und unter Umständen nach einem Modell.

Der Kiel besteht entweder als Plattenkiel aus nebeneinander befestigten, vertikal stehenden Platten, als Balkenkiel aus starken, miteinander vereinten Eisenstangen oder wird aus etwas gebogenen Platten als Hohlkiel geformt.

Panzer- und andere große Schiffe erhalten, um die Schlingerbewegung zu verlangsamen, an den Außenhautplatten zu jeder Seite statt eines nach unten hervortretenden Kieles, wie ihn Holzschiffe haben, einen oder zwei Seitenkiele aus Eisen oder Holz.

Aneinander geschweißte Eisenstangen bilden den Vorsteven, der bei Panzerschiffen häufig als Rammbug eine Schwanenbrustform oder eine unter Wasser stark konvex nach vorn vortretende Spitze erhält. Die Verbindung mit dem Kiel geschieht durch Vernieten oder Verschweißen. Unsere Illustration S. 112 zeigt das Richten eines solchen Vorstevens, einer kompakten Eisenmasse von mehreren Tonnen Gewicht. In ähnlicher Weise wird der Hintersteven gefertigt und mit dem Kiel verbunden; die hintere Seite behält am unteren Ende einen Ansatz als Auflager für das Ruder. Bei Schraubenschiffen zeigt der Hintersteven am Durchgangspunkt der Schraubenwelle eine Verstärkung und wird häufig mit dem Rudersteven, dem zwischen beiden liegenden Kielende und einem oberen Verbindungsstück zu einem Rahmenstück vernietet oder zusammengeschweißt.

Die Querspanten, welche auch hier wieder dem Schiffe die äußere Form geben, bestehen aus einer Anzahl Winkeleisen mit ungleichen Seiten, deren schmalste gegen die Platten der Außenhaut gekehrt ist. Soweit bei Dampfschiffen die Spanten unter der Maschine und den Kesseln liegen, sind sie aus doppelten Winkeleisen und entweder als ein einziges vom Schandeckel der einen über den Kiel hinweg bis zum Schandeckel der entgegengesetzten Seite reichendes Stück gebildet, oder stoßen am Kiel als zwei Hälften zusammen. Von Kimmung zu Kimmung haben sie eine senkrecht stehende breite Bodenwrangenplatte als wesentliche Verstärkung gegen Durchbiegen. Sie werden auf einer horizontal befestigten Plattform aus Gußeisen, der Richtplatte, gebogen, deren Oberfläche mit Oeffnungen versehen ist. Nach Maßgabe des aufgelegten Modells wird dessen Form durch Bolzen oder Kloben, zu deren Aufnahme diese Oeffnungen bestimmt sind, auf der Platte ausgesetzt und man biegt die Façon(Winkel)eisen für die Spanten nun in glühendem Zustande zwischen diese Bolzen hinein.

Bei Panzerschiffen bilden zwei Reihen übereinander befestigter Winkeleisen, durch dazwischen gesetzte Bleche verbunden und in ihrer Form gehalten, die Querspanten. Sie liegen in je 1,3 m Entfernung voneinander.

Der Längsverband des Schiffs erhält seine Festigkeit und zugleich eine gewisse erforderliche Elastizität durch die mit dem Kiel parallel laufenden Gurtungen, fünf bis sechs an jeder Seite, die, mit den Spanten vernietet, von Steven zu Steven reichen und ein Rahmwerk bilden.

Auf der obersten Gurtung ruht der Panzer mit seiner Hinterlage aus Teakholz.

Auf die äußeren Spantenwinkeleisen wird die äußere Beplattung genietet; die verkehrten Winkeleisen der Bodenwrangenplatten verstärken die äußeren Winkeleisen und auf ihnen wird die Wegerung befestigt.

Das Kielschwein besteht entweder aus einer vertikalen Platte mit daran befestigten Winkeleisen und heißt dann Plattenkielschwein, oder aus einem durch zwei vertikale und eine darüber gelegte horizontale Platte gebildeten und durch Winkeleisen verbundenen, unten offenen Kasten und ist dann ein Kastenkielschwein.

Beide Arten werden auf die Oberkante der Bodenwrangenplatten gestellt und durch daran befestigte Winkeleisen mit den verkehrten Winkeleisen dieser Platten verbunden; sie reichen soweit als irgend möglich nach vorn und nach hinten.

In neuerer Zeit werden Kiel und Kielschwein unmittelbar zusammenhängend hergestellt. Das letztere darf als wesentliches Längenverbandstück nicht von den im Schiffe angebrachten Querwänden (wasserdichten Schotten) durchschnitten werden, sondern muß ununterbrochen durch die ganze Länge des Schiffes sich erstrecken.

Außer dem Hauptkielschwein erhalten eiserne Schiffe an jeder Seite wenigstens ein, meistens jedoch mehrere Seitenkielschweine, große Handelsschiffe nur in der Kimmung oder zwischen dieser und dem Kielschwein einen solchen; bei kleineren bestehen sie meistens nur aus zwei in der Richtung der Sentenebenen Rücken an Rücken befestigten verkehrten Winkeleisen.

Auch die Decks= balken bestehen aus Winkel= eisen bezw. mit daran be= festigter vertikaler Platte, so daß sie eine den Eisen= bahnschienen ähnliche Form erhalten. Sie müssen bei eisernen Schiffen stets so angeordnet werden, daß sie an einem Spantwinkeleisen liegen. Zur Verbindung mit den Schiffsseiten werden die Enden der aus Wulst= eisen oder aus glatten ver= tikalen Platten mit oben daran befestigten Winkel= eisen, aus Façon=, oder aus einem einfachen Winkel= eisen hergestellten Decks= balken in der Mitte der Höhe, parallel mit der Ober= kante, eine Strecke weit auf= geschlitzt, die untere Hälfte wird heruntergebogen, in

Richten des Vorderstevens zu einem Panzerschiff.

den offen gewordenen Raum ein Stück eingeschweißt oder genietet und dadurch die Enden knieartig geformt.

Die äußere Be= plattung oder die Außen= haut besteht aus Eisen= oder Stahlplatten, die neben= und übereinander angebracht werden. Die Platten eines Ganges stoßen stumpf gegeneinander, und bilden von vorne bis hinten eine glatte Fläche. Dagegen werden die einzelnen Platten= gänge nebeneinander ver= schiedenartig etwa wie die Bretter eines Daches (klinkerweise) oder (bei klei= nen Dampfern) stumpf gegeneinander stoßend (kra= weel) befestigt. Bei der jetzt fast allgemein üblichen Methode liegt ein Platten= gang um den anderen dicht an den Spantwinkeleisen, der zwischen diesen beiden angebrachte aber bleibt da= von in seiner vollen Breite

um die Dicke der anliegenden Gänge entfernt und reicht über die Ober= bezw. Unterkanten dieser Gänge ein Stück hinaus. Die einzelnen Platten werden untereinander sowie mit den Spanten durch eine oder mehrere Reihen Niete verbunden, durch eine Doppelreihe mit dem Kiel, dem Vorder= und Hintersteven.

Auf jedem Deck und über die Enden der Deckbalken wird als Wassergang eine Plattenreihe gelegt und im ganzen Schiff rundumgeführt, welche man mit den Deckbalken, den Spanten und der Außenhaut durch Winkeleisen verbindet.

Wendet man hölzerne Wassergänge — Leibhölzer — bei eisernen Schiffen an, so werden dieselben auf den eisernen Wassergängen durch Bolzen befestigt.

Wie bei den hölzernen wird auch für Eisenschiffe zu den Deckplanken Fichten= oder Teakholz genommen und die einzelnen Gänge an den Deckbalken durch Bolzen befestigt.

Die Panzerschiffe erhalten entweder auf den Ober=, Batterie= oder den Deckbalken beider Decks gleichzeitig eine wasserdicht abschließende Beplattung von Eisen= oder Stahlblechen, auf der alsdann noch die Deckplanken liegen, welche letztere abgedichtet werden.

Da, wo die Decks nicht vollständig mit Eisenplatten belegt werden, also gegen horizontale Verschiebungen keine hinreichende Verbandstärke besitzen würden, werden unmittelbar über die Decksbalken des Oberdecks Längsbänder parallel mit der Mittellinie des Schiffs, und Diagonalbänder in diagonaler Richtung vom Wassergang der einen bis zu dem der anderen Seite reichend, gelegt und an diesen wie an jedem Decksbalken befestigt.

Die innere Beplattung wird, besonders bei Panzerschiffen, durch den doppelten Boden repräsentirt, der aber nur über den mittleren Theil des Schiffes reicht und an den vorn und hinten stehenden wasserdichten Quer= schotten (Wänden) endigt. Der so geschaffene wasserdichte Raum ist wiederum in eine größere oder geringere Anzahl wasserdichter Zellen getheilt, welche, wie überhaupt sämtliche Quer= und Längswände, etwaige Leckagen auf einen kleinen Theil des Schiffes beschränken. Sind Längsschotten eingebaut, so reicht die innere Bodenbeplattung bis zum Fuße derselben, wodurch dann eine doppelte Bekleidung fast des ganzen Schiffes geschaffen ist.

Im übrigen erhalten die von der Mannschaft bewohnten Räume, sowie Kohlenbunker, Proviantlasten u. s. w. außer den Wegerungsplatten eine hölzerne Bekleidung. Bei Panzerschiffen neuerer Konstruktion werden noch durch Längsschotten in einem Abstande von etwa 1,5 m von den inneren Schiffswandungen sogenannte Wallgänge gebildet, welche, der Länge nach sich ebenso weit erstreckend, als der Panzer über Wasser, durch die bezüglichen Querschotten begrenzt werden, in denen sich wasserdicht zu schließende Eingänge befinden. Diese Wallgänge gewähren freien Zutritt zu der inneren Bordwand und gestatten die Ausbesserung etwaiger Beschädigungen durch einschlagende Geschosse. Das sich in ihnen unter Umständen ansammelnde Wasser wird durch Ventile entfernt, die vom Oberdeck aus bedient werden können.

Ueber die Konstruktion und Panzerung von Kriegsschiffen entnehmen wir einem Vortrage des Geh. Adm.=Raths Brix[1] Folgendes. Als Typus ist ein Panzerschiff der Sachsen=Klasse der deutschen Marine gewählt, über dessen Dimensionen und Panzerung S. 49 zu vergleichen ist.

Für dieses Schiff ist ein neueres Spantensystem zur Anwendung gekommen, durch welches die Längsschiffsfestigkeit erhöht und zugleich größere Leichtigkeit erreicht wird.

Dieses Längsspantensystem, welches für Holzkonstruktionen ausgeschlossen bleibt, findet, weil kostspieliger als die Konstruktion in Querspanten, bei eisernen Handelsschiffen seltener Verwendung, obwohl die dadurch erreichte erhebliche Vergrößerung des nützlichen Deplacements, der Tragfähigkeit, dem disponiblen Ladungsraum zu gute kommt.

Indes existiren viele Handelsschiffe, bei denen dies System zwar in Verbindung mit Querspanten, aber ihnen gegenüber doch vorwiegend, zur Ausführung gelangt ist. Das bemerkenswertheste Beispiel dafür ist der „Great Eastern" von 22500 Tonnen Eigengewicht und 27400 Tonnen Ladungsfähigkeit, dessen Verband bei der kolossalen Länge von 680′ engl. (und der Breite von 83′; Tiefgang etwa 26′) schwerlich auf andere Weise die erforderliche Festigkeit erlangt haben würde.

Für Kriegsschiffe, insbesondere aber bei den der höchsten Verbandstärke bedürfenden Panzerschiffen findet Längsspantensystem in ausgedehntem Maße Verwendung und gestattet einen erheblichen Zuwachs am Gewicht von Panzer und Armirung.

Die Längsspanten der „Sachsen" bestehen in einer Reihe von Trägern — einem mittleren und je sechs sowohl das über wie unter ihm, fast in der Richtung der Sentenebenen in angemessenen Zwischenräumen angebracht —, die von vorn bis nach hinten sich erstrecken und an den äußersten Schiffsenden wasserdichte Plattformen tragen.

Diese Längsspanten (Längsgurtungen) sind von Bord zu Bord durch horizontale Eisenböden (selbstverständlich unter Ausschluß des Raumes für Kessel und Maschinen) so verbunden, daß dadurch das ungepanzerte Unterschiff in eine Anzahl übereinander liegender wasserdichter Räume geschieden wird, welche ihren Abschluß nach oben hin in dem zwischen Längsspant VI, zugleich dem Panzerträger, sich ausdehnenden Panzerdeck finden. Ein Theil dieser wagerechten Böden ist an entsprechenden Orten mit Ausschnitten (Oeffnungen) versehen, welche in ausgiebiger Weise die Kommunikation in den unteren Räumen und dem Doppelboden gestatten. Alle diese Bleche der Längsspanten sind mit den Außenplatten vernietet und unterstützen ihre Träger als fester Verband.

In regelmäßigen Abständen von etwa 1 m sind zwischen je zwei Längsspanten als rechtwinklig zu denselben von einer Bordwand zur andern durchgeführte senkrechte Flächen Querspanten eingebaut, von denen etwa jedes vierte ein wasserdichtes ist, während die dazwischen liegenden durchbrochen sind. Die unteren Spantenseiten wurden mit der Außen= haut durch Winkeleisen verbunden, die Winkeleisen an der oberen Seite dagegen sind ununterbrochen vom Panzerträger der einen bis zu dem der anderen Seite durchgeführt, durchbrechen die Längsspanten und bilden eine fortlaufende Ver= bindung und Unterstützung für alle Einzeltheile des Querspants.

---

[1] Siehe Grafers Annalen für Gewerbe und Bauwesen 1882, Band XI, Heft I.

Der Theil des Schiffes unter der Panzerung zwischen Längsspant V (von unten gezählt) und dem Panzerträger weist eine doppelte Anzahl von Querspanten auf, deren eine Hälfte die Fortsetzung der erst erwähnten, die übrigen Zwischenspanten sind. Sie helfen das so bedeutende auf dem Panzerträger lastende Panzergewicht tragen und schaffen gleichzeitig eine festere Verbindung des gepanzerten Oberbaues mit dem Unterschiff.

Sämtliche Querspanten sind über den Panzerträger hinaus bis zur oberen Panzergrenze in Form von starken an sie angeschlossenen Winkeleisen weitergeführt, und gegen diese Verlängerungen legt sich die Grundlage (s. weiter unten) die Panzerung.

Der Länge nach wird das Schiff wieder durch ein in der Mittelachse errichtetes, oberhalb der Wasserlinie bezw. bis zur Beplattung des Zwischendecks geführtes Längsschott, welches außerhalb des gepanzerten Theils nur bis zum Panzerdeck reicht, in zwei wasserdichte Theile geschieden. Jeder derselben hat seinen eigenen Maschinen= und Kesselraum, so daß das Schiff noch partiell kampf= und manövrirfähig bleibt, selbst wenn die eine Hälfte und deren Maschinen durch Beschädigung unbrauchbar geworden sein sollte.

Eine Anzahl längerer oder kürzerer Längs= und zahlreiche Querschotte zerlegen außerdem den Gesamtraum in viele kleinere wasserdichte Abtheilungen.

Dieses Zellensystem beschränkt die gefährlichen Folgen etwa eintretender Leckagen auf einen minimalen Theil des Schiffes, und erhält ihm seine Schwimm= und Manövrirfähigkeit bis zu den äußerst erreichbaren Grenzen.

Dazu kommen noch, soweit die Panzerung sich ausdehnt, zu beiden Seiten vom oberen Deckbalken bis zum Doppelboden als vertikale wasserdichte Schotten die schon vordem besprochenen Wallgänge, welche am Vorder= und Hinterende durch die Schotten mit den wasserdicht zu verschließenden Thüren begrenzt werden.

Die Außenhaut des Schiffes tritt oberhalb des Panzerträgers, soweit der Seitenpanzer reicht, um die volle Dicke desselben (einschließlich der Holzhinterlage) einwärts zurück, während der Panzer selbst die äußere Schiffsform bildet. Diese Beplattung hinter dem Panzer, welche gegen die weiter oben besprochenen Verlängerungen der Querspanten befestigt ist, besteht aus doppelt so starken Blechen als die der eigentlichen Außenhaut, weil sie die gemeinschaftliche Unterlagsscheibe für die Mutterbefestigungen zu allen Panzerbolzen abgiebt.

Auf diese wasserdicht verstemmte Grundlage der Panzerung sind sodann horizontale Gurtungswinkeleisen genietet, welche also die Querspanten rechtwinklig kreuzen und sowohl diese wie die der Beplattung im nothwendigen Maße versteifen. Ihre Zahl ist abhängig von derjenigen der Plattengänge.

Den Raum zwischen je zwei Gurtungswinkeleisen füllen horizontal angebrachte Balken von Teakholz. Diese Holzhinterlage des Panzers bezweckt einmal, die innere Beplattung gegen die Wirkung eines auf den Panzer treffenden Geschosses zu schützen, indem die an der metallenen Panzerrückwand entstehenden Aufbeulungen zunächst auf das relativ weiche und nachgiebige Holzmaterial wirken und die Eisenbeplattung unter Umständen unberührt lassen, in zweiter Reihe soll aber auch die Elastizität der Holzhinterlage der Widerstandsfähigkeit der Panzerplatten selbst und der sie haltenden Bolzen zu gute kommen.

Nachdem die Beplattung hinter dem Panzer auf der Außenseite zum Schutze gegen Korrosion mit Oelfarbe oder in Seewasser unlöslichem Marineleim gestrichen worden, bleibt nunmehr die Teakholzhinterlage mittelst schmiedeeiserner verzinkter Bolzen zu befestigen, ihre Oberfläche zu glätten, die Fugen und Nähte abzudichten und zu verpechen.

Auf dieser nachgiebigen Unterlage ruht bei Schiffen dieser Klasse, welche nach dem sogenannten Sandwich= (Klappstullen=) System gepanzert sind, zunächst die dünnere innerste Eisen= oder Stahlplattenlage (hier von 152 mm Dicke). Dann folgt die zweite Holz= und auf sie die dickere Plattenlage. Als nothwendig bei solcher Verbindung von Holz und Eisen müssen die Platten einen Anstrich aus Mennige erhalten und ist zwischen beiden Materialien eine Lage getheerter Filz anzubringen, theils um ihren zerstörenden Einfluß aufeinander zu neutralisiren, theils um Rostbildung zu verhüten.

Nunmehr wird die Platte, vorher gehobelt und mit sämtlichen Bolzenlöchern versehen, mit Hülfe eines schwimmenden Krahnes oder auf dem Schiff selbst aufgerichteten Bockes hochgehoben. Sie hängt in einem Kettenstropp, welcher durch Schäkel in den Bolzenlöchern befestigt ist, an dem schweren Gienblock der Hebevorrichtung und wird daran an Ort und Stelle dirigirt, sodaß sie auf dem Panzerträger, und die folgenden Platten auf der Oberkante der bereits angebrachten ruht. Nun ziehen die Muttern provisorisch eingeführter Schraubenbolzen sie an die Schiffsseite heran und halten sie, bis der Kettenstropp abgelöst ist. Alsbald genau eingefugt, wird sie mit weiteren, durch die Löcher in ihr gesteckten Bolzen vorläufig und schließlich endgültig durch drei Reihen solcher Bolzen befestigt, deren konische Köpfe sorgfältig versenkt werden, sodaß sie eine Ebene mit der äußeren Seite der Panzerplatte bilden. Das innere Ende dieser Bolzen wird auf der Rückseite der Beplattung hinter dem Panzer mit Muttern (washers) wasserdicht schließend verschraubt. — —

Der oben besprochenen Schwierigkeit, bei eisernen Schiffen den Boden gegen Anwuchs zu schützen, hat man dadurch zu begegnen gesucht, daß man statt der eisernen Außenhaut eine Holzbeplankung anbringt. Bei Schiffen, welche nach diesem Komposite (gemischten) System gebaut sind, müssen die Eisenspanten querschiffs angeordnet, der Kiel aus Holz konstruirt werden.

Im übrigen darf jedoch das Holz nicht als eigentliches Konstruktionsmaterial neben dem Eisen verwendet, sondern das Eisengerippe muß in sich fest genug konstruirt werden, um gegen Deformation und Zerstörung des Verbandes ausreichenden Widerstand leisten zu können. Die äußere Holzbeplankung darf nur als Material zum wasserdichten Abschluß, als Mittel zu dem einzigen Zwecke angesehen werden, eine Kupferhaut auflegen zu können. Dabei ist vollständiger wasserdichter Abschluß aller Eisenkonstruktionen gegen die Kupferhaut und gegen die kupfernen oder bronzenen Befestigungsmittel die Grundbedingung.

Ein Vergleich zwischen dem einfachen hölzernen Kriegs- und Handelsschiff zu Anfang dieses Jahrhunderts und einem modernen Panzerkoloß mit seinen 50 großen und kleinen Maschinen, seinen Monstergeschützen und Kohlenlagern bezw. einem schlanken mit Windeseile dahinfliegenden transatlantischen Passagierdampfer der Neuzeit mit seiner Eleganz und seinem Komfort, führt uns klar vor Augen, welch' große Erfolge die Wissenschaft auch in der Technik des Seewesens in den letzten Dezennien aufzuweisen hat; wie grundverschieden die Schiffe zu Nelsons Zeiten im Material sowohl wie bezüglich ihres Motors, ihrer Form, Konstruktion und sonstigen Eigenschaften von unseren heutigen sind und läßt es wunderbar erscheinen, wie die neue Entwickelung des Kriegsschiffswesens so unmäßig zum Kolossalen drängt! Ein modernes Panzerschiff gleicht thatsächlich einer Ausstellung von allen möglichen Maschinerien und sonstigen Sehenswürdigkeiten und macht selbst dem Fachmann einige Mühe sich im ersten Augenblick im Innern zu orientiren. An einzelnen Stellen laufen oft ein Dutzend und mehr Rohre nebeneinander und durcheinander, und man begreift nicht, wie die Leute an Bord sich durchfinden können. Die Schiffsmaschinen, der Feuerlöschdienst, das Pumpen- und Drainagesystem, der Doppelboden, die Schleusenschieber, die Querwände mit ihren wasserdicht zu verschließenden Thüren, das Artillerie- und Torpedomaterial u. a. sind namentlich in der Schlacht schwer zu übersehen und wächst damit die Schwierigkeit, Katastrophen zu vermeiden. Und dennoch herrscht eine fieberhafte Hast, sich in der Anhäufung neuer Maschinen zu überbieten, um Erfolgen nachzujagen, welche auf der anderen Seite die Sicherheit des Schiffes gefährden.

Wenn man hierbei berücksichtigt, daß die sämtlichen Kommandoelemente, Dampfsteuerapparate, Zielvorrichtungen von Geschützen und Torpedos c. im Gefecht in einem engen gepanzerten Thurm, dem Kommandothurm, konzentrirt, dem Kommandanten allein unterstellt sind, so dürfte sich uns wohl die Frage aufdrängen, ob auf dessen Schultern nicht eine zu große Last gewälzt wird, die er kaum zu bewältigen im Stande ist — es sei denn, daß er eiserne Nerven besitzt. Wohl weiß der Techniker geschickt zu ordnen und mit Vorbedacht zu bilden, aber der Kampf mit seinen psychologischen Momenten ist nicht von dem Geschick der Konstruktionen bedingt, noch weniger aber nach mathematischen Berechnungen der Kraftleistung zu führen. Die Schlachtenkunst erfordert einfache Elemente, welche den Gefahren unberechenbarer Zufälligkeiten nach Möglichkeit entzogen sind. Die technischen Ausführungen, so schätzenswerth sie auch sind, müssen sich diesen Bedingungen der Einfachheit nothwendig unterordnen.

Bei Stapellauf gekentert.

s erübrigt nun noch die Besprechung einzelner Bautheile, die in Form und Ausführung bei den verschiedenen Schiffen zwar voneinander mehr oder minder abweichen, deren Grundzüge aber überall dieselben sind.

Um Schiffe manövriren, d. h. ihnen eine dem freien oder durch das Verhalten der Elemente beeinflußten Willen des Lenkenden entsprechende Lage oder Bewegungsrichtung im Wasser unter allen Umständen geben zu können, bedarf es des Ruders. Dasselbe charakterisirt sich als eine senkrecht stehende, um den Achter= (bei Dampfern Ruder=) Steven als vertikale Drehungsachse bewegliche Fläche, deren Größe nach verschiedenen Methoden bestimmt wird. Bei den älteren Segelschiffen mit Längen von $3\frac{1}{2}$= bis 4facher Breite war die Ruderbreite gewöhnlich gleich $\frac{1}{30}$ der Länge des Schiffs oder $\frac{1}{8}$ der Breite desselben. Bei Dampfern ist sie $\frac{1}{60}$ bis $\frac{1}{40}$ der Länge; oder der Flächeninhalt des Ruders wird, wie bei Kriegsschiffen gebräuchlich, auf $\frac{1}{40}$ bis $\frac{1}{30}$ des unterhalb der geladenen Wasserlinie gelegenen Theiles des Longitudinalplanes d. h. des Produktes aus Schiffslänge und mittlerem Tiefgang, gebracht, bei kürzeren Panzerschiffen auf $\frac{1}{50}$ bis $\frac{1}{40}$, bei längeren (wie dem englischen „Minotaur", S. 36) auf $\frac{1}{60}$ bis $\frac{1}{50}$ dieses Produktes. Nach anderer Methode richtet sich die Breite des Ruders unter Berücksichtigung der Form des Hinterschiffes (vollgebaute Schiffe bedürfen eines breiteren Ruders als scharfe) nach der Breite des Hauptspants und beträgt bei scharfen Schiffen etwa $\frac{1}{15}$ derselben. Diese Abmessungen, zwar praktisch im Gebrauche, sind aber auch nicht völlig korrekt, indes muß hier von dem weiteren Raisonnement abgesehen werden.

Die Wirkung des Ruders beruht auf dem Drucke, mit welchem der bei einem in Bewegung befindlichen Schiffe von vorn fließende Wasserstrom gegen die schräg zur Längenachse des Schiffs gerichtete Ruderfläche stößt.

Liegt das Ruderblatt daher in der Längenebene des Schiffes, so wird der von vorn kommende Wasserstrom an beiden Seiten gleichmäßig wirken und das Schiff, wenn sich keine anderen Einflüsse geltend machen, in dieser Richtung weiterfahren. Legt man dagegen die (nach vorn zeigende) Ruderpinne nach rechts (von hinten nach vorn gesehen) — seemännisch steuerbord —, so bewegt sich das Ruderblatt nach links — seemännisch backbord —; das von vorn fließende Wasser übt daher auf das Hinterschiff einen Druck nach rechts aus, und das Vorderschiff erhält eine Drehung nach links (backbord). Das Umgekehrte findet bei einer backbord gelegten Pinne statt.

Auf diese Weise läßt sich durch geschicktes Drehen des Ruders das Schiff nach jeder beliebigen Richtung hin dirigiren.

Das Ruder erreicht das Maximum seiner Wirkung, wenn es auf 45^0 übergelegt ist, das Balanceruder aber wird meistens nur bis auf 40^0, gewöhnliche selten weiter als auf 35^0, die auf großen Dampfern bei Handradbetrieb aber kaum auf 25^0 Abweichung von der Längsrichtung gedreht.

Für Segelschiffe der Handelsmarine ist die mit a bezeichnete Form der nebenstehenden Skizze beliebt, b für Segel= und ungepanzerte

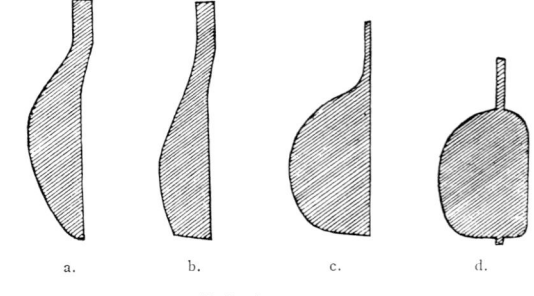

a.   b.   c.   d.

Ruderformen.

Schraubenschiffe der Kriegsflotte, c bei Dampfern aller Art. Das sogenannte Balanceruder d, bei welchem die Drehungsachse nahezu um ein Drittel nach rückwärts verlegt ist, findet zuweilen bei großen Panzerschiffen Verwendung, um besonders beim Manöver in schneller Fahrt den gewaltigen Wasserdruck auf die Ruderfläche, ohne seine Arbeit in Bezug auf die Drehung des Schiffes selbst vermindern zu brauchen, doch für die Handhabung des Ruders durch den Steuernden erheblich leichter überwindbar zu machen.

Das hölzerne Ruder besteht aus dem Ruderherz von Eichenholz und dem Ruderblatt, einer Verbindung fichtener Stücke, welche an die hintere Seite des ersteren angesetzt und durch die Ruderscheren zusammengehalten wird.

Der vordere Theil des Ruders, das Ruderherz,[1] reicht mit seinem oberen Theile, dem Ruderkopfe, durch eine hierfür eingerichtete cylindrische Oeffnung, den Ruderkoker, in das Schiff. Die an den Ruderscheren befindlichen Haken — Finger, Fingerlinge — um welche sich das Ruder dreht, werden in die am Ruderpfosten befestigten Ruderösen gehakt und stellen die Verbindung des Ruders mit dem Schiffe her.

In dem Kopfe des Ruders wird die Ruderpinne, meistens aus Eisen bestehend, befestigt, mittels deren das Ruder gedreht wird. Bei kleineren Schiffen geschieht diese Drehung, Steuern genannt, durch Menschenkraft, bei größeren durch Dampf= oder Menschenkraft mittelst eines Taues (Leder, Kette oder Draht), Ruder= oder Steuerreep genannt, das um eine Welle — Trommel — läuft und mit Hülfe des Steuerrades angeholt wird.

Eiserne Ruder, wenigstens kleinere, pflegen aus einem einzigen Stück geschmiedet zu sein, bei größeren ist ein äußeres Rahmenstück mit zwei Flächen Eisenblechplatten bekleidet, die zwischen sich eine Füllung aus Fichtenholz oder Korkschnitzeln aufnehmen, welche durch Marineleim zu einer Masse vereinigt sind. Die Finger des Ruders werden in das Rahmenstück eingesetzt.

Beim Balanceruder, wo Ruder= finger und =ösen selbstverständlich fortfallen, ruht die mit dem Rahmenstück zusammengeschweißte Ruderspindel mittelst eines Fußdorns in einer Platten= Verlängerung des Kiels, durch welche der Dorn hindurchgeht, um darunter durch Mutter und Contremutter gegen Ausspringen nach oben hin gesichert zu werden, und dreht sich im Heck in einer Stopfbüchse, über der sie von einem an ihr befestigten Kranz beweglicher konischer Rollen ge= tragen wird.

Die Balanceruder, in Eng= land und Frankreich mehr, in der Deutschen Marine nur beim „König Wilhelm" verwendet, haben sich als zu gebrechlich erwiesen. Man ist in neuester Zeit wieder zur gewöhn= lichen Form zurückgekehrt und hat für große Schiffe den Handbetrieb

Am Ruder.

durch Dampfsteuer=Apparate von sinnreicher Konstruktion er= setzt; diese ermöglichen es, daß auch beim schwersten Wetter ein einziger Mann mit Leichtigkeit das Ruder zu halten vermag.

Segelschiffe, besonders hochgebaute, haben in der Regel, Dampfer zuweilen, Panzerschiffe nie, vor dem Bug ein gallerie= artig vorgebautes Gallion (dem Schiffsschnabel der Alten ent= sprechend). Auf Kriegsschiffen be= finden sich hier die Latrinen für die Mannschaft, Reinigungsgeräthe zur Aufbewahrung u. dgl. m.[2]

Das Gallion stützt sich auf das Schegg, eine Holzverbindung auf der Vorderkante des Vor= stevens, um welche später die das Bugspriet niederhaltende Zurring genommen wird.

Auf jeder Seite des Bugs, nach vorwärts in einer Richtung von 45° zum Kiel, ragen die Krahnbalken hervor, gewöhnlich von Holz, bei Eisenschiffen aus Eisen konstruirt. An ihnen wird der bis zur Klüse aufgewundene Anker mittelst eines Flaschenzuges, der Katt, oder bei kleineren Handelsschiffen mittelst der durch den Ankerring geschorenen Porteurleine ganz aus dem Wasser gewunden. Dies Manöver heißt den Anker katten; dann wird er gefischt, d. h. seine Hände (Flügel) und zuletzt der ganze Anker auf das Schiff gezogen.

Betinge sind starke aufrechtstehende Hölzer, in neuester Zeit Eisenkonstruktionen, auf dem unteren bezw. oberen Deck der Kriegsschiffe vor dem Fockmast, bei schweren Panzerschiffen auch auf dem Hinterdeck, um die Ankertaue bezw. =ketten daran zu belegen (befestigen). In älterer Zeit waren beide Betinge durch einen horizontalen Betingsbalken miteinander verbunden.

Kleine Betinge, auch Mastenknechte genannt, stehen auf großen Schiffen hinter den bezüglichen Masten, um das laufende Tauwerk u. s. w. daran zu belegen.

Poller (Polder) sind auf Handelsschiffen über dem Schandeckel hervorragende Enden der Inhölzer, um welche die Festmachertaue u. dgl. belegt werden.

Galgen nennt man eine Art Gerüst aus zwei aufrechtstehenden Stützen und einem darüber liegenden Querholz.

---

[1] Kriegsschiffe führen gewöhnlich ein Reserve=Ruderherz mit; Handelsschiffe nur ein Modell desselben.
[2] In den Besatzungs=Etats der englischen Linienschiffe war für Beaufsichtigung des Gallions ein Bootsmannsmaat (Unteroffizier) als Captain of the head ausgeworfen.

Auf Handelsſchiffen befinden ſich ſolche gewöhnlich vor dem Großmaſt und hinter dem Fockmaſt bezw. vor dem Bratſpill auf dem Oberdeck. Ueber je zwei Galgen hinweg werden die Reſerve-Spieren gelegt und auf dieſe Weiſe ein Gerüſt oder Dach auf dem Namen Kuhbrücke gebildet.

Zwiſchen dem Galgen hinter dem Fockmaſt ſteht gewöhnlich das Kochhaus mit der Kombüſe (Schiffsküche).

Das Bratſpill iſt eine ſtarke, runde oder achtkantige, horizontal auf dem Vordeck der Handelsſchiffe aufgeſtellte drehbare Holzwelle, mittelſt welcher der Anker aufgewunden wird. Die Ankerkette (oder das Tau) geht in mehreren Lagen um ſie herum und die eingehiwten Strecken werden längsdeck mittelſt Kettenhaken ſtoßweiſe weitergeſchleppt,

Auf dem Bratſpill.

ſo daß ſie nach und nach in den im Raum befindlichen Kettenkaſten hinabgleiten. Die Spille müſſen äußerſt widerſtandsfähig auf Zug nach vorn abgeſtützt ſein, weil Kette oder Tau an ihnen feſtgemacht werden, wenn das Schiff vor dem ausgebrachten Anker oder mehreren liegen oder bei Sturmwetter und Seegang reiten ſoll.

Der Spillkörper mit ſeinen Köpfen an den Enden ruht zu beiden Seiten in vertikal aufgeſtellten Holzgerüſten, den Spill=Betingen. Er wird bei gewöhnlichen Spillen mittelſt langer Hebelarme, der Spillſpaken, gedreht; er iſt mit Verſchalungen belegt, welche ihn ſelbſt gegen Abnutzung ſchützen und in der Mitte von dem Pallkranz (Pallring) mit Pallgatten umgeben, in welche wiederum die am Pallbeting oder Pallpfoſten hängenden Pallen greifen, ſo daß der Spillkörper ſich nicht rückwärts drehen kann, ſondern die beim Ankerlichten eingewundenen Kettenſtrecken im Schiff bleiben. Diese einfachen Bratspille sind nur auf kleinen Fahrzeugen im Gebrauch; für größere reicht ihre Kraftleistung nicht aus. Hier stellt man Pumpspille auf, bei denen über dem Spillkörper ein Doppel=Hebel mit wagerechten Griffen (wie bei Feuerspritzen) liegt, bei dessen Auf= und Niederbewegung ein nahe dem Drehpunkte angebrachter Haken in ein an dem Ende oder in der Mitte der Welle befestigtes Zahnrad greift und dieselbe in Bewegung setzt.

Auf Kriegsschiffen geschieht das Ankerlichten ausschließlich mittelst aufrechtstehender Gangspille. Der Spillkörper mit den daran befestigten Rippen ist um eine starke vertikale Spindel aus Eisen, sei es durch Dampf= oder Menschenkraft drehbar. Sein runder Kopf ist ringsum mit Löchern zum Einsetzen der Spillspaken versehen, an welchen die Leute, im Kreislauf vorrückend, die Ketten einwinden. Der Pallkranz ist auf Deck befestigt, und in ihn eingreifend verhindern die am Fußstück des Spillkörpers beweglichen Pallen den Rückgang.

Die großen Postdampfer und Panzerschiffe lichten ihre Anker gewöhnlich durch Dampfbetrieb.

Brat= wie Gangspille, von welchen letzteren Handelsschiffe zuweilen zwei führen, werden außerdem zum Heben von Lasten und Arbeiten verwendet, die viel Kraft beanspruchen. — Das Initial auf Seite 116 zeigt ein kleines durch Handkurbeln zu drehendes Krüppelspill am Mast von Kauffahrern, mittelst dessen u. a. das Stengenwindereep und die Fallen der schweren Raaen eingewunden werden. —

Rüsten sind starke außenbords seitab von den Masten wagerecht gegen die Schiffswand gelegte Planken. Von ihrer Außenlängskante gehen die Püttingseisen zur Bordwand nieder. Dieselben umspannen dicht über der Rüst die unteren Jungfern, während sich um die oberen das Fußende der Wanttaue und Pardunen legt, welche Masten und Stengen (s. Ausrüstung) nach seit= und rückwärts halten. Durch je zwei übereinander gehörige Jungfern ist ein Taljereep geschoren, mittelst dessen jene Taue steifgesetzt und =gehalten werden. Die Breite der Rüsten richtet sich nach dem Einfall der Schiffsseite oberhalb derselben und der Höhe der Untermasten, ihre Länge nach der Zahl der Wanttaue u. s. w., die an ihnen angebracht werden sollen.

Zum Belegen (Festmachen) der Enden des von den Masten oder dem Bugspriet nach dem Deck geführten Tauwerks dienen die Koveien= oder Karveelnägel aus Holz, Eisen oder anderem Metall. Sie stecken senkrecht in den Nagelbänken, starken horizontalen Latten oder schmalen Planken in der Gegend der Rüsten innenbords, um die Masten, im Bug u. s. f.

Klampen im allgemeinen sind Hölzer von verschiedener Gestalt und Größe zum Belegen oder Festhalten und je nach ihrer Verwendung mit mannigfachen Benennungen. So heißen z. B. Bootsklampen Klötze, Holzverbindungen oder eiserne Gabeln, die in der Mitte einen Ausschnitt haben bezw. so geformt sind, daß der Boden der in ihnen aufzustellenden Deckboote hineinpaßt; sie stehen auf dem Oberdeck zwischen Fock= und Großmast. An den innenbords oder auf Deck befestigten Belegklampen, Hornklampen, Kreuzklampen wird irgend welches Tauwerk belegt. Rackklampen sind in der Mitte der Mars= und Bramraaen von Handelsschiffen an deren Hinterseite zwischen Raa und Stenge angebrachte Hölzer, welche zusammen mit den dazu gehörigen, an ihnen befestigten und um die Stenge herum= gelegten Tauracken den Raaen eine sichere Führung an den Stangen entlang geben und sie daran festhalten.

Durch die Pumpen wird das in den Schiffsraum eingedrungene Wasser wieder herausgeschafft. Auf Segelschiffen werden sie durch Menschenkraft, auf Dampfschiffen stellenweise durch Dampf in Bewegung gesetzt; auf Kriegsschiffen bedient man sich ihrer unter Verwendung von Röhrenleitungen von außenbords zum Feuerlöschen.

Die Raumberechnung (das Aichen) der Schiffe.

Um die Baukosten abschätzen und die von dem Schiffe zu erhebenden Gebühren bemessen, überhaupt Schiffe in Bezug auf ihre Größe miteinander vergleichen zu können, bedarf es eines zweckentsprechenden Maßes. Schon in alten Dokumenten findet sich die Bezeichnung „Tonnengehalt" und „Tragfähigkeit", aller Wahrscheinlichkeit nach als ein durch direktes Ausprobiren erhaltenes Raummaß für diejenige Anzahl Tonnen oder Fässer, welche ein Schiff zu laden vermochte. Es liegt nahe, daß sich sehr bald als wünschenswerth erwiesen hat, behufs Bestimmung dieses Raumgehalts von probeweisem Vollstauen Abstand nehmen und ihn durch Rechnung aus den Hauptdimensionen herleiten zu können.

Eine auf wissenschaftlicher Grundlage beruhende Regel, die Tragfähigkeit, Lastigkeit eines Schiffes festzustellen, das Aichen, die Raumberechnung auszuführen, würde zunächst auf das Deplacement zurückgreifen müssen; und die genaue Feststellung dieses Deplacementstonnengehaltes, d. h. des in Tonnen ausgedrückten Gesamtgewichtes, eines (bis zum größten Tiefgang eingetauchten) Schiffes macht wieder, wenn sie nicht durch den Constructeur auf Grund der Zeichnung, sondern wie erforderlich auch nach Fertigstellung des Schiffes zu erfolgen hat, komplizirte und unter Umständen, wenigstens beim schwimmenden

Schiff, schwer ausführbare Messungen nothwendig. Für Kriegsschiffe, welche ein bestimmtes Maximalgewicht haben, und deren Tiefgang sich nur durch den Verbrauch von Kohlen, Munition und Lebensmitteln ändert, wird der Deplacementstonnengehalt das zu Vergleichen brauchbarste Maß sein und überdies eine sichere Grundlage für die Bestimmung des einzuhaltenden Tiefgangs, der Höhe der Geschütze über Wasser u. s. w. abgeben. Handelsschiffe aber haben nicht eine bestimmte Ladung; bei ihnen ist der Tiefgang, bis zu dem sie, ohne auf See gefährdet zu sein, eintauchen dürfen, abhängig von der Eigenthümlichkeit der Ladung, der Jahreszeit, der zu durchfahrenden Gewässer. Darum liefert für sie diese Berechnung ein weniger angemessenes Resultat und hat man daher das Dead-weight measurement zur Feststellung des von ihnen zu ladenden Gewichtes in Tonnen in Vorschlag gebracht; dabei wird entweder bei Annahme einer höchsten Wasserlinie das derselben entsprechende Deplacement und daraus durch Abzug des auf Maschinen, Ausrüstung, Kohlen u. s. w. entfallenden Gewichtes das nützliche Deplacement bestimmt, oder man führt diese Berechnungen für verschiedenen Tiefgang aus und legt die Resultate als Deplacementsskala in dem amtlichen Attest über den Raumgehalt des Schiffes, dem Meßbrief, nieder. Im letztern Falle wird der Tonnengehalt eine veränderliche Größe, im ersteren ist er keine feste Norm, weil es schwierig ist, die Maximalwasserlinie durch Gesetz vorzuschreiben.

Für Yachten (Sportfahrzeuge) ist die Deplacementstonne als Größenmaß nicht eingeführt worden aus Besorgniß, man werde danach Wettfahrzeuge mit Innenräumlichkeiten bauen, die im Verhältniß zu den Haupt-Dimensionen sehr gering bemessen würden; auch könne eine Veränderung im Ballastgewicht für ein und dieselbe Yacht eine solche im Deplacementsmaß ebenso wie beim Handelsschiff bedingen, und manche Eigenthümer Einspruch gegen eine genaue Vermessung erheben, um sich vor Nachahmung und Verbesserung in Bezug auf die Form ihrer Yacht zu schützen.

Die Größe der Deplacementstonne ist in England ein Gewicht von 2240 Pfund engl. bezw. 1016 kg, in Deutschland, Frankreich und den andern Ländern, welche Metersystem haben, 1000 kg. Vor der Begründung des Deutschen Reiches pflegte man in Preußen nach Normallasten zu 4000 Pfund, in Hamburg nach Kommerzlasten zu 6000 Pfund zu messen.

Angesichts der Schwierigkeiten, ein korrektes Maß für den Raumgehalt zu finden, hat man im Laufe der Jahrhunderte wiederholt seine Zuflucht zu vereinfachten, praktisch mehr oder minder leicht zu handhabenden Methoden genommen, bei welchen man von der Berechnung des Deplacements absieht und sich mit annähernd genauen Resultaten begnügt.

Die älteste Vermessungsmethode, das englische Builder's old measurement (B. O. M.), obgleich ihrer Mängel halber nach mehrhundertjährigem Gebrauche 1836 für ungültig erklärt, hat sich noch bis 1872 selbst zur Bestimmung des Tonnengehalts der englischen Kriegsschiffe und noch bis heute in der Marine der Vereinigten Staaten, allerdings mit einigen Abänderungen, im Gebrauch erhalten. Die Vermessungsformel ist $\dfrac{(L - \frac{3}{5} B) \times B \times \frac{B}{2}}{94}$, worin unter L die parallel zum Kiel gemessene Schiffslänge von Hinterkante des Achterstevens bei der Kielsponung bis zu einer senkrechten Linie zu verstehen ist, welche von der Vorderkante des Vorstevens unter dem Bugspriet nach abwärts gezogen wird. Bei einem schwimmenden Schiff ist diese Messung, weil in der Tiefe nicht möglich, an der Wasserlinie vorzunehmen und dabei gestattet, von der Länge für jeden Fuß Tiefgang 3 Zoll auf den Fall des Achterstevens in Abzug zu bringen. Die Schiffsbreite B wird an der breitesten Stelle von Außenkante zu Außenkante der Beplankung gemessen und davon 10 bis 11 Zoll bei großen, 3 bis 4 Zoll bei kleinen Schiffen in Abzug gebracht, was aber bei Eisenschiffen (mit Ausnahme solcher Panzerschiffe, deren Panzerplatten über der eigentlichen Haut vorstehen) nicht geschieht; bei sehr breiten und flachen Monitors, überhaupt da, wo die Tiefe erheblich kleiner als die halbe Breite ist, wird statt der letzteren in die Formel diese Tiefe eingesetzt.

Die Formel gestattet, da bei ihrer Aufstellung von dem damals üblichen Verhältniß, Breite gleich ½ der Schiffstiefe, ausgegangen und dieser letzteren daher nicht allgemein gültig Rechnung getragen ist, Schiffe von kleinem Nominaltonnengehalt zu bauen und ihnen doch thatsächlich eine verhältnißmäßig große Tragfähigkeit zu geben, indem man dem Achtersteven starken Fall giebt, noch mehr aber, indem man die Tiefe im Verhältniß zur Breite erheblicher macht. Dabei erhält man schmale und tiefe Schiffe, bei denen Seetüchtigkeit und Sicherheit gefährdet sein kann, und ist daher für die Handelsmarine von dieser Formel abgegangen, während ihre Beibehaltung für Kriegsschiffe keine Veranlassung dazu geben konnte, zum Nachtheil für die Seeeigenschaften den Tonnengehalt nominell zu verringern. Jedoch hat sich ergeben, daß die durch den Fortschritt im Kriegsschiffbau bedingten Konstruktionsänderungen stetig mit den Begrenzungen des Tonnengehalts für die einzelne Schiffsklasse nach dem B. O. M. kollidirten.

Für die Vermessung von Yachten, wobei die Thames rule allgemein angenommen ist, ist die obige Formel als Yacht measurement nur insofern abgeändert, als von der Länge, statt ³/₅, die volle Breite in Abzug gebracht und dabei die Länge an Deck und zwar von der Hinterkante des Achter= bis zur Vorderkante des Vorstevens gemessen wird. Da die Tiefe auch hier gleich der halben Breite angenommen wird, haften diesem Verfahren dieselben Mängel an, wie dem vorigen, und darum vermißt u. a. der Corinthian=Yachtklub nach der Modifikation Länge mal Breite mal Schiffstiefe (gerechnet bis zum Schandeckel und wohl zu unterscheiden vom Tiefgang), das Produkt dividirt durch 200. Allerdings wird hiernach der Yachtinhaber, um einen geringen Tonnengehalt zu erzielen, vielleicht die Höhe des Freibords vermindern, wenn auch auf Kosten der Seetüchtigkeit; aber die Resultate werden nicht durch Veränderungen im Tiefgang beeinflußt. In New=York zieht man, gänzlich abweichend hiervon, für die Zeitvergütung[1] bei Regatten nur das Produkt aus Länge (gemessen an der Wasserlinie von Vorderkante Vor= bis Hinterkante Achtersteven) mal größter Breite in Betracht, vielleicht in der nur annäherungsweise zutreffenden Annahme, daß von dem so erhaltenen Produkt das Vermögen, Segel zu tragen, also die Bestimmung der Segelfläche abhänge.

Angesichts der vorstehend besprochenen Mängel hat man in neuerer Zeit in fast allen Ländern sich einer Aichungsmethode zugewendet, welche auf wissenschaftlicher Grundlage und mehr als zwanzigjähriger Erfahrung beruht und für Kriegs=, Handelsschiffe und Yachten offiziell angewendet wird (wenn auch letztere für Regattazwecke ihre Vermessung nach besonderen Systemen geschehen lassen). Das dabei angestrebte Ergebniß ist der Registertonnengehalt, der kubische Inhalt des gesamten Schiffsraumes einschließlich aller über Deck befindlichen geschlossenen Räume der Aufbauten, in englischen Fußen, dividirt durch 100 (weil 100 Kubikfuß engl. gleich 1 Registertonne sind). Die Zahl 100 als Divisor ist durch 2,832 zu ersetzen, sobald der Inhalt statt in Tonnen in Kubikmetern gegeben werden soll. Die Vermessungsmethode wurde in England bereits 1854 durch die Merchand Shipping Act und seine Ergänzungen offiziell eingeführt, ist aber, wie oben erwähnt, erst seit 1872 dort auch für Kriegsschiffe nach und nach thatsächlich zur Verwendung gekommen. Bei Handelsschiffen rechnet man Gross Register Tonnage, d. h. Groß= oder Bruttoraumgehalt aller geschlossenen Schiffsräume, gleichgültig, ob sie zur Aufnahme von Ladung, oder als Mannschaftswohnung, oder als Maschinen= und Kohlenräume u. dgl. m. dienen, und Net Register Tonnage, d. h. Nettoraumgehalt aller eigentlich nützlichen, also für das Unterbringen von Passagieren und Gütern verwendbaren Räume; die einfache Bezeichnung Registertonnengehalt hat speziell diese letztere Bedeutung.

---

[1] Ein kleineres Fahrzeug hat von dem an und für sich schneller segelnden einer höheren Größenklasse, sobald beide bei einem Race Konkurrenten sind, eine ihm gut zu rechnende Zeit zu beanspruchen.

Nach der für das Deutsche Reich erlassenen Schiffsvermessungsverordnung vom 20. Juni 1888, finden die nachstehenden Vorschriften Anwendung auf alle Schiffe, Fahrzeuge und Boote, welche ausschließlich oder vorzugsweise zur Seefahrt bestimmt sind.

Die Vermessung erstreckt sich auf die unter dem obersten Deck des Schiffes befindlichen Räume und auf die auf oder über dem obersten Deck fest angebrachten Aufbauten.

Das Ergebniß dieser Vermessung, in Körpermaß ausgedrückt, heißt der Brutto-Raumgehalt und nach Abzug der weiter unten näher bezeichneten Räume, der Netto-Raumgehalt des Schiffes. Die Art der Vermessung

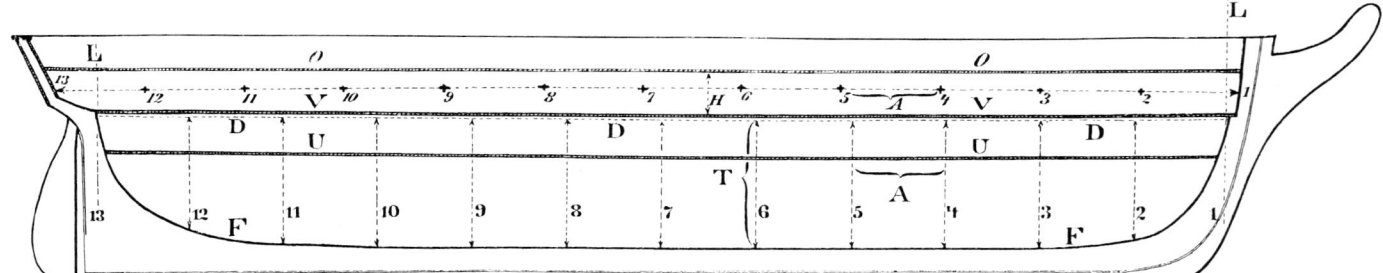

zerfällt in ein vollständiges und ein abgekürztes Ver= fahren; letzteres wird dann angewandt, wenn ein Schiff ganz oder theilweise beladen ist, oder Umstände anderer Art die erstere Methode verhindern.

Bei dem vollständigen Vermessungsverfahren heißt dasjenige Deck, welches auf Schiffen mit weniger als drei Decks das oberste und auf Schiffen mit drei und mehr Decks das zweite von unten ist, das Vermessungsdeck.

Die unter dem Ver= messungsdeck befindlichen Schiffsräume werden als Ganzes für sich gemessen, während die über demselben

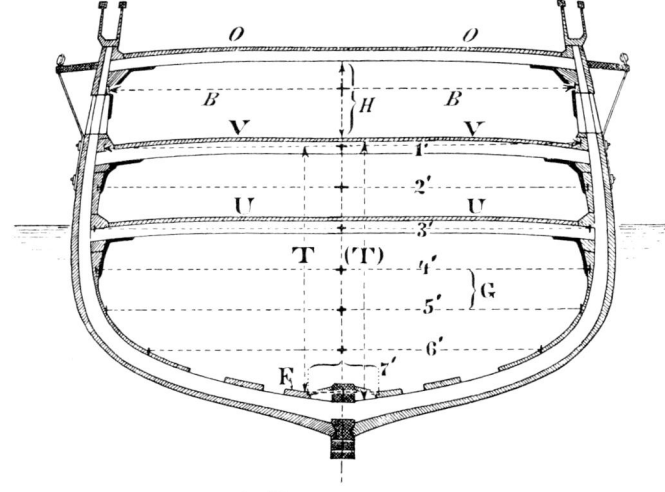

Schiffsraumvermessung.

FF Innere Fläche der Binnenbordsbekleidung neben dem Kielschwein.
UU Unterstes („Zwischen“)deck.
VV Vermessungsdeck.
L-L Reduzirte Länge des Vermessungsdecks.
DDD Linie, gezogen im Abstande von einem Drittel der Decksbalkenbucht unter dem Vermessungsdeck.
1, 2 u. s. w.-13 Querschnitte, für welche
  (T) die Tiefe ohne Abzüge,
  T die reduzirte Tiefe,
  A der gemeinsame Abstand der Querschnitte voneinander.

1'-7' Breiten eines Querschnittes, für welche
G der gemeinsame Abstand der Breiten von= einander.
O Oberstes Deck.
H Höhe des Raumes über dem Vermessungs= deck.
1-13 Vermessungslänge des über dem Ver= messungsdeck befindlichen Schiffsraumes;
1, 2 u. s. w.-13 Orte der Breiten für diesen Raum.
B eine dieser Breiten;
A deren gemeinsamer Abstand.

befindlichen Räume ein jeder für sich vermessen wird.

Die Vermessung des inneren Schiffsraumes unter dem Vermessungsdeck geschieht durch Aufnahme der Länge, einer je nach dieser Länge ver= schiedenen Anzahl von Quer= schnitten und durch Berech= nung der letzteren nach der dafür vorgeschriebenen Methode.

Die gefundene Länge wird in eine Anzahl gleicher Theile getheilt, und zwar: bei einer Länge bis zu 15 m in vier, bis 35 m in sechs, bis 55 m in acht, bis 75 m in zehn, bis 95 m in zwölf, bis 115 m in vierzehn, und über 115 m in sechzehn gleiche Theile.

Auf jedem dieser Theilpunkte wird ein Querschnitt des unter dem Vermessungsdeck befindlichen Schiffsraumes in folgender Weise gemessen: Als Tiefe jedes Querschnittes wird der normale Abstand zwischen zwei Punkten gemessen, welche in einer zum Längenschnitt parallelen Ebene liegen, von denen der eine in der unteren Fläche des Vermessungs= decks, der andere in der oberen Fläche der Bodenwrange neben dem Kielschwein liegt, abzüglich $\frac{1}{3}$ der Deckbalkenbucht in diesem Querschnitt und der mittleren Dicke der etwa vorhandenen festen oder dauernd angebrachten Wegerung. Bei Schiffen, welche mit einem konstruktiv zusammenhängenden Doppelboden versehen sind, dessen Länge mehr als die Hälfte der Länge des Vermessungsdecks beträgt, wird als Tiefe jedes Querschnitts, welcher in den Bereich des Doppelbodens fällt, der normale Abstand zwischen zwei Punkten gemessen, von denen der obere in der Mitte des Schiffes in der unteren Fläche des Vermessungsdecks, der untere in der tiefsten Stelle der oberen Fläche des inneren Doppelbodens liegt, abzüglich $\frac{1}{3}$ der Deckbalkenbucht in diesem Querschnitt und der mittleren Dicke der etwa vorhandenen festen oder dauernd angebrachten Wegerung.

Beträgt die Tiefe des durch den mittelsten Theilungspunkt der Länge gelegten Querschnitts nicht mehr als 5 m, so wird die Tiefe eines jeden Querschnitts in 4, beträgt sie dagegen mehr als 5 m, in 6 gleiche Theile getheilt, so daß anstatt fünf Breiten, sieben Breiten der Querschnitte zu messen sind. Durch jeden der 3 bezw. 5 mittleren Theil= punkte, sowie durch den oberen und unteren Endpunkt der Tiefe, werden sodann die inneren Breiten zwischen der

Binnenbords=Bekleidung jedes Querschnitts rechtwinklig zur vertikalen Kielebene gemessen und die 5 bezw. 7 gemessenen Breiten eines jeden Querschnitts von oben beginnend, mit 1, 2, 3, 4, 5 (bezw. 6 und 7) bezeichnet.

Die Summe, welche sich ergiebt, wenn jeder mit einer geraden Nummer bezeichnete Querschnitt mit 4, jeder mit einer ungeraden Nummer mit 2 multiplizirt wird und zur Summe dieser Produkte die erste und die fünfte bezw. siebente Breite addirt werden, wird mit dem dritten Theil des gemeinsamen Abstandes der Breiten voneinander mul= tiplizirt. Das Produkt ergiebt den Flächeninhalt des Querschnitts.

Aus dem in obiger Weise ermittelten Flächeninhalt aller einzelnen Querschnitte wird dann der körperliche Inhalt des unter dem Vermessungsdeck befindlichen Schiffsraumes in folgender Weise berechnet: die Querschnitte werden nach= einander mit 1, 2, 3 u. s. w. in der Art nummerirt, daß mit 1 der durch den Anfangspunkt der Länge am Bug und mit der letzten Nummer der durch den Endpunkt der Länge am Heck gelegte Querschnitt bezeichnet wird. Die Summe welche sich ergiebt, wenn jeder mit einer geraden Nummer bezeichnete Querschnitt mit 4, jeder mit einer ungeraden Nummer, mit Ausnahme der ersten und letzten Nummer, bezeichnete Querschnitt mit 2 multiplizirt wird und zur Summe dieser Produkte die mit der ersten und der letzten Nummer bezeichneten Querschnitte addirt werden, wird mit dem dritten Theil des gemeinsamen Abstandes der Querschnitte voneinander mul= tiplizirt. Das Produkt ergiebt den körperlichen Inhalt des unter dem Vermessungsdeck befindlichen Schiffsraumes in Kubikmetern.

Bei Schiffen, welche durch Dampf oder durch eine andere künstlich erzeugte Kraft bewegt werden, kann bei Ermittelung des körperlichen Inhalts des inneren Schiffsraumes unter dem Ver= messungsdeck in der Weise verfahren werden, daß die durch die festen, den Maschinenraum begrenzenden Querschotte gebildeten drei Abthei= lungen des inneren Schiffsraumes jeder für sich vermessen und die Summe dieser Räume als Gesamt= inhalt des inneren Schiffsraumes

Schmack.
(Zu: Typen der Handelsschiffe.)

unter dem Vermessungsdeck be= trachtet wird.

Hat das Schiff über dem Vermessungsdeck noch ein drittes Deck, so wird die innere Länge des Raumes auf halber Höhe desselben von der Bekleidung neben dem Vorsteven aus bis zur Be= kleidung der Inhölzer am Heck gemessen. Diese Länge wird in dieselbe Anzahl gleicher Theile getheilt, wie dies beim Ver= messungsdeck geschehen. An jedem dieser Theilungspunkte, sowie an den Endpunkten der Länge, am Bug und am Heck, werden die inneren Breiten ebenfalls auf halber Höhe gemessen und nach= einander, im Bug anfangend, wieder mit 1, 2, 3 u. s. w. bezeichnet. Einschließlich von der zweiten bis zur vorletzten werden alle mit geraden Nummern be= zeichneten Breiten mit 4, die

mit ungeraden, mit 2 multiplizirt. Die Summe dieser Produkte und der ersten und letzten Breite wird wieder mit dem dritten Theile des gemeinsamen horizontalen Abstandes der Breiten voneinander multiplizirt. Das Produkt ergiebt den Flächeninhalt der mittleren wagerechten Durchschnittsfläche und dieses, mit der mittleren Höhe des Raumes multiplizirt, den Inhalt des gemessenen Raumes.

Hat das Schiff mehr als drei Decks, so werden die über dem Vermessungsdeck befindlichen Zwischendeck= Räume, ein jeder für sich, in der zuletzt beschriebenen Weise vermessen.

Befinden sich Kajüten, Deckhäuser oder sonstige feste Aufbauten auf dem Oberdeck, so wird deren Raumgehalt wie folgt festgestellt:

Die innere mittlere Länge eines jeden solchen Raumes wird gemessen, in zwei gleiche Theile getheilt, und in halber Höhe desselben durch jeden der beiden Endpunkte sowie durch die Mitte der gemessenen Länge je eine Breite gemessen. Zur Summe der beiden Endbreiten wird sodann das Vierfache der mittleren Breite addirt und die Gesamt= summe mit einem Drittel des gemeinsamen Abstandes der Breiten voneinander multiplizirt. Das Produkt ergiebt den Flächeninhalt der mittleren wagerechten Durchschnittsfläche, und dieser, mit der mittleren Höhe des Raumes multiplizirt, den körperlichen Inhalt desselben.

Beim abgekürzten Vermessungsverfahrens wird die Länge auf dem obersten Deck gemessen von der inneren Fläche der Binnenbordsbekleidung neben dem Vorsteven bis zur hinteren Fläche des Achterstevens.

Es wird ferner die größte Breite des Schiffes gemessen zwischen den Außenflächen der Außenbords-Bekleidungen oder der Berghölzer. Auf der größten Breite wird sodann die Höhe des obersten Decks außenbords an beiden Seiten vermerkt und mittelst einer, straff um das Schiff und rechtwinklig zum Kiel herumgezogenen Kette die Länge derjenigen Linie gemessen, welche den einen der vermerkten Punkte unter dem Kiel hindurch mit dem anderen gegenüberliegenden Punkte verbindet. Zur Hälfte des so ermittelten äußeren Umfanges wird die Hälfte der größten Breite addirt. Die sich ergebende Summe wird mit sich selbst und dann mit der gemessenen Länge des Schiffes multiplizirt; darauf wird das Produkt nochmals, und zwar für Schiffe aus Eisen mit 0,18, für hölzerne und Kompositschiffe mit 0,17 multiplizirt. Die gefundene Zahl ergiebt den Inhalt des unter dem obersten Deck befindlichen Schiffsraumes in Kubikmeter.

Für die Bestimmung des Brutto-Raumgehaltes offener Fahrzeuge ist eine durch die Oberkante des obersten fest angebrachten Plankenganges horizontal gelegte Fläche als untere Fläche des Vermessungsdecks anzusehen.

Die Tiefen werden von denjenigen Querlinien abgemessen, welche von der Oberkante des obersten fest angebrachten Plankenganges durch die Theilungspunkte gezogen sind.

Im Uebrigen kommen die oben bezeichneten Meß- und Berechnungsverfahren zur Anwendung.

Befinden sich Kajüten, Hütten, Deckhäuser oder sonstige fest angebrachte Aufbauten auf dem obersten Deck, so wird der Inhalt dieser Räume in der Weise ermittelt, daß die mittlere Länge, mittlere Breite und mittlere Höhe derselben miteinander multiplizirt wird.

Kuff.
(Zu: Typen der Handelsschiffe.)

Zu den Abzügen vom Brutto-Raumgehalt zur Bestimmung des Netto-Raumgehaltes, nach welchem die von einem Schiff zu erlegenden Gebühren bemessen werden, gehören: die Räume zum Gebrauch der Schiffsmannschaft, Speisezimmer, Badezimmer, Kartenzimmer, Kochhäuser ꝛc., vergl. Seite 197 und 198 des Reichs-Gesetzblattes Nr. 28 des Jahres 1888.

Zum Schluß möge hier eine bequeme Regel nach Moorsum Platz haben, die für manche unserer Leser darum werthvoll sein dürfte, weil nach ihr der Raumgehalt eines Schiffes einfach aus den Hauptdimensionen mit ziemlicher Genauigkeit festzustellen ist.

Als Schoonerbark getakelter Kreuzer.

Für Maße in Metern ist

Raumgehalt in Kubikmetern = L × B × T × C; darin ist

L = Schiffslänge am Oberdeck zwischen Innenkante Bug- und ebenso Heckplanken,

B = Schiffsbreite innen von Binnenbordsbekleidung bis wieder dahin,

T = Schiffstiefe mittschiffs von Unterkante Oberdeck bis Innenfläche Bodenbekleidung.

Der Koeffizient C hat den Werth 0.70 für gewöhnliche Segelschiffe,

$\left. \begin{array}{l} 0.68 \\ 0.65 \end{array} \right\}$ für Klipper und Dampfschiffe $\left\{ \begin{array}{l} \text{mit drei Decks,} \\ \text{mit zwei Decks} \end{array} \right.$

0.50 für Yachten und Fahrzeuge über 60 Tonnen

0.45 für kleinere Yachten und Fahrzeuge.

Makrelenboot.

Im Maschinenraum.

Die Schiffsdampfmaschine.

ie Frage, wem die so überaus wichtig gewordene Erfindung der Dampfmaschine
zuzuschreiben sei, hat naturgemäß ein nicht geringes historisches Interesse
und ist vielfach, zumal in England und Frankreich, behandelt worden. Keine
Untersuchung hat indeß darzuthun vermocht, daß vor Ende des 17. Jahr=
hunderts eine nur einigermaßen brauchbare Vorrichtung zur Erzeugung von
Bewegungen vermittelst des Dampfes oder eine Art Dampfmaschine erfunden
worden sei. Die Kraft des Wasserdampfes kannte man schon in den
ältesten Zeiten. Jeder am Feuer überkochende Topf zeigte ihre Wirkung und
es lag nahe, auf die Verwerthung dieser Dampfkraft zu sinnen. Die ersten
Versuche, sie zur Erzeugung von Bewegung zu benutzen, beschreibt der griechische
Philosoph Hero von Alexandrien (120 v. Chr.) in seinem Buche „Spiritualia“. In
einem starken hohlen Metallgefäß, das mit einem Arme versehen und in zwei Lagern
drehbar aufgestellt war, verwandelte man Wasser in Dampf, ließ diesen aus einer an jenem
Arme seitwärts angebrachten kleinen Oeffnung entweichen, und bewirkte so durch Reaktion eine
Umdrehung des Gefäßes entgegengesetzt zur Ausströmungsrichtung. Hielt man dies erhitzte Gefäß,
den sogenannten Herons= oder Aeolsball in kaltes Wasser, so verdichtete sich der Dampf darin
und das Wasser drang durch die enge Oeffnung hinein.

Nach einer Mittheilung von Leonardo da Vinci soll auch Archimedes schon vorgeschlagen haben,
die Spannkraft des Dampfes zu benutzen und zwar zum Fortschleudern eines Geschosses aus kurzem Rohr.

Die alten Griechen und Römer haben also sehr wohl Kenntniß von der Dampfkraft gehabt, allein sie
kamen nicht über die angedeuteten Ideen hinaus; die etwa dafür beigebrachten Belege, daß die systematische Aus=
nutzung der Expansion des Dampfes zum Zwecke der verschiedenartigsten Arbeitsleistungen ihre Erfindung sei, ist daher
theils als untergeschoben zu verwerfen, oder dürfte in ihnen nur bei höchst willkürlicher Auslegung die Hindeutung auf
eine Dampfmaschine gefunden werden können.

Auch dem Ausspruch des Predigers Mathesius zu Schneeberg, eines vertrauten Freundes Luthers, in seiner
1562 erschienenen „Sarepta“: „daß man jetzt auch Wasser mit Feuer heben könne“, kann wohl kaum irgendwelches
historisches Gewicht beigelegt werden; ebensowenig einer angeblichen Nachricht von einem Dampfschiffe, das 1543 in
Spanien aufgetaucht sein soll. Der spanische Archivar Gonzalez wollte nämlich in einem Manuskripte gefunden haben,
daß ein Seekapitän, Blasco de Garay, Karl V. eine Maschine vorgeschlagen und in Barcelona vorgeführt habe, mittelst
welcher man Schiffe ohne Segel und Ruder zu treiben vermöge. Ueber die Beschaffenheit dieser Maschine fanden sich
aber keine Andeutungen; es war nur zu erkennen, daß sie aus einem großen Wasserkessel bestand, und daß sich Räder
auf beiden Seiten des Schiffes befanden; das 20 Tonnen große Fahrzeug soll angeblich in zwei Stunden drei Seemeilen
zurückgelegt haben. Indeß hat Mac Gregor nachgewiesen, daß hier ein Mißverständniß vorliege und nur von
Experimenten die Rede sein kann, Schiffe durch Schaufelräder mittelst Handbetriebs in Bewegung zu setzen. Anders
verhält es sich mit zwei Vorrichtungen, die der Franzose Salomon de Caux (Cauls) im Jahre 1615 und der
Italiener Branca 1629 vorschlugen, und die unstreitig darauf abzielten, durch die Kraft des Dampfes Bewegungen
hervorzurufen. Der de Caux'sche Apparat ist offenbar nichts anderes als eine Art von Heronsball, in welchem Dampf
statt Luft wirkt, während Branca den Dampfstrahl einer Aeolipile gegen die Schaufeln eines kleinen Rades strömen
läßt, so daß sich dieses durch den Anstoß umdreht.

Kircher spricht in seiner ars magna lucis et umbrae, Roma 1646 von den ägyptischen Versuchen zur Bewegung
durch Dampf und machte selbst einige Abänderungen an Heros und de Caux' Einrichtungen.

In England gilt seit langem und auch jetzt noch der 1667 verstorbene Marquis of Worcester, ein Liebling
Karls II., für den wirklichen Erfinder der ersten Dampfmaschine. Derselbe beschreibt nämlich in einem 1613 unter

dem Titel: „A century of the names and scantlings of the Marquis of Worcesters Inventions" abgefaßten Aufsatz, worin er alle seine angeblichen Erfindungen und deren ausgezeichnete Wirkungen anpreif't, auch einen Apparat, mit Hülfe des Dampfes Wasser in einem anhaltenden Strahle auf eine bedeutende Höhe zu erheben.

Mehr Aufsehen erregte 1698 Kapitän Thomas Savery mit einer neuen Wasserhebungsmaschine. Dr. Harvis erwähnt in seinem Lexikon Technikum nach einer besonderen Anwendung, die Savery mit seiner veränderten Maschine machen wollte: nämlich ein Schiff mittelst an den Seiten angebrachter Schaufelräder zu bewegen, wenn der Wind nicht günstig wäre.

Ungleich mehr Beachtung als alle vorhin genannten Versuche zur Nutzbarmachung des Wasserdampfes für die Technik verdienen aber ohne Zweifel diejenigen, welche der Franzose Denis Papin[1] gemacht hat. (Papinscher Topf, ein eisernes Gefäß von starken Wänden, dessen Deckel, mit einem Sicherheitsventil versehen, sich luftdicht aufschrauben läßt.) Wir sind durch ihn mit einer Eigenschaft des Dampfes bekannt gemacht worden, welche sich gegenüber der positiven nach seiner Entwicklung aus siedendem Wasser zur Wirkung gelangenden expansiven Kraft als negative bezeichnen läßt: des Vermögens, daß Dampf durch Abkühlung (etwa durch Berührung mit kaltem Wasser) sich niederschlägt, kondensirt, sich in Wasser zurück verwandelt und dadurch einen luftleeren Raum (Vakuum) erzeugt. Papin trieb einen massiven Kolben, ähnlich dem in einer gewöhnlichen Saugpumpe, aber ohne Klappe, in einem Hohlcylinder durch die Kraft des Dampfes in die Höhe und kondensirte diesen, nachdem der Kolben seinen höchsten Stand erreicht hatte. Da nun der Dampf einen siebzehnhundert mal größeren Raum einnimmt, als das Wasser, so mußte infolge des bei der Verdichtung unter dem Kolben entstehenden luftleeren Raumes die auf die Oberfläche des Kolbens drückende atmosphärische Luft den-

Raaschooner.
(Zu: Typen der Handelsschiffe.)

selben wieder hinabpressen. Mit dieser Erfindung trat Papin 1690 an die Oeffentlichkeit, ohne indeß die rechte Anerkennung zu finden und gab sie nach vielen Bemühungen zur Verbesserung selbst auf, um sich einer inzwischen 1696 patentirten Saveryschen Maschine zum Heben von Wasser (aus den tiefen englischen Kohlengruben) zuzuwenden, deren Prinzip erst in jüngster Zeit in dem Pulsometer wieder zur Anwendung gelangt ist. Im Jahre 1707 gab Papin zu Kassel seine Ars nova ad aquam ignis adminiculo efficacissime elevandam heraus und zwar erst, nachdem er mit Leibnitz darüber korrespondirt und selbst Zeichnungen von Saverys Maschine in London gesehen hatte.

Das wichtigste, was aus den Händen Papins hervorging, war das Modell eines Dampfwagens, wie er denn überhaupt auf dem besten Wege war, die Kraft des Dampfes zur Bewegung von Wagen und Schiffen praktisch anzuwenden. Der Gedanke, den Dampf als Treibkraft zu verwenden, hatte ihn zu der Konstruktion eines kleinen Fahrzeuges geführt. Am 24. September 1707 fuhr er von Kassel mit demselben ab, um es von Bremen auf einem Seeschiff mit nach England zu nehmen. Allein er kam nur bis Münden, wo ihm das Schiff von den dortigen Schiffern zerstört wurde.

---

[1] Geboren 22. August 1647 zu Blois, studirte Medizin und praktizirte zu Paris, beschäftigte sich aber unter der Leitung van Huyghens' nebenbei mit Physik und Mathematik, ging 1665 nach England, wo er mit Robert Boyle bekannt wurde, und 1687 nach Marburg als Professor der Mathematik, woselbst er auf Befehl des Landgrafen Karl die Versuche zur praktischen Anwendung der Wasserdämpfe machte. Er starb 1714 mittellos in England.

Größere Erfolge errangen der Schlosser Newcomen und der Glaser Cawley in England, welche zwar die Idee von Savery und Papin benutzten, aber Pumpen= und Dampfraum voneinander trennten und durch schnellere Konden=sation die Maschine wesentlich verbesserten. Genau betrachtet ist die sogenannte Feuermaschine des ersteren mehr eine atmosphärische als eine eigentliche Dampfmaschine, aber sie bildet dennoch das Band zwischen der früheren Erfindung und der vollkommenen Dampfmaschine, wie sie aus den Händen des unsterblichen James Watt hervorging, nachdem durch Potter 1712, Brighton 1718, Smeaton und Fitzgerald 1758 u. A. Verbesserungen gemacht waren. Durch die glänzenden Erfindungen, welche Watt, der Begründer der Lehre von der freien und gebundenen Wärme, gemacht hat und oft erst unter den größten Schwierigkeiten mit den Inhabern von Patenten auf ähnlich bereits vorhandene Detail=theile auszuführen vermochte, ist die Dampfmaschine auf einen solchen Grad von Vollkommenheit gebracht worden, daß man selbst bis zur Stunde kaum im stande ist, wesentliche Verbesserungen in Bezug auf ihre Haupttheile vorzunehmen. James Watt fand, daß viel Dampf durch eine unzweckmäßige Anwendung verloren ging. Er schloß daher zunächst den metallenen Cylinder in einen hölzernen Behälter, Mantel, ein und füllte den Zwischenraum zwischen beiden mit Asche aus, welche als schlechter Leiter die Wärme am Entweichen hindert. Dabei ließ er nicht mehr Wasser einspritzen, als unumgänglich nöthig war. Aber die Anwesenheit des Wassers im Cylinder war von Unzuträglichkeiten begleitet, welche erfolgreich zu beseitigen ihm erst im Jahre 1765 durch die wichtigste Abänderung, die Herstellung eines Kondensators gelang. Er leitete den Dampf, um ihn zu kondensiren, durch eine Röhre in einen besonderen Behälter, in welchem ihm die Wärme durch Einspritzwasser entzogen wurde. Durch ein Ventil wurde, um nach erfolgter Kondensation neuen Dampf unter den Kolben treten zu lassen, die Verbindung mit dem Kondensator geschlossen. Sobald der neue Dampf seine Wirkung gethan hatte, und der Kolben in die Höhe gegangen war, öffnete sich das Ventil wieder. Zur Weg=schaffung des warm gewordenen und daher zu neuer Arbeitsleistung nicht mehr tauglichen Einspritzwassers sowie der darin enthaltenen Luft brachte er eine Luftpumpe an. Auch der Druck der Atmosphäre auf den Kolben wurde voll=ständig ausgeschlossen und der Dampf selbst dazu benutzt. Dadurch wurde die Maschine, in ihrer Thätigkeit jetzt besser regulirbar, wieder zur eigentlichen Dampfmaschine. Eigenthümlich an der Wattschen Maschine war die Verwendung sehr niedrig gespannter Dämpfe (7 Pfund pro Quadratzoll, also etwa ½ Atmosphäre Ueberdruck) und datirt daher die Bezeichnung als Niederdruckmaschine, welche durch ihre Kondensationseinrichtung denselben Nutzeffekt erzielt, als die Hochdruckmaschinen (wie für Lokomotiven heutzutage gebräuchlich), mit hoher Dampfspannung, falls diese ohne Kondensation arbeiten. Watt hat allerdings in sein Patent von 1769 auch Maschinen der letzteren Art eingeschlossen, sie aber nicht praktisch verwerthet.[1] Er ersann im selben Jahre eine wichtige Verbesserung, welche im Prinzip heute überall angewendet wird und am Dampfverbrauch, also Betriebskosten spart: die Absperrung des Dampfes, bevor noch der Kolben seinen Weg vollständig zurückgelegt hat (Expansionsvorrichtung); führte sie aber erst neun Jahre später aus. Im Jahre 1778 und 1780 kam er auf den Gedanken, Kurbel, Lenkstange und Schwungrad auch bei der Dampfmaschine anzuwenden, doch kamen ihm Andere zuvor, da er mit der Sicherung durch ein Patent zögerte. 1774 hatte er dem Unterhaus die Zeichnung einer doppelt wirkenden Dampfmaschine vorgelegt und 1782 brachte er eine solche zur Ausführung. (Zwei Jahre später ließ er sich die Anwendung des Centrifugalpendels patentiren.)

Ungemein schnell verbreiteten sich die Dampfmaschinen auf den britischen Inseln und erfuhren nach und nach außer durch Watt selbst auch durch Murdock, Pickard, Wasborough, Murray, Woolf, Cartwright, Symington, Maudslay, Hornblower u. A. bedeutende Verbesserungen.

In Frankreich baute Perier 1780 die erste Dampfmaschine nach Watts System. In Preußen wurde die erste 1788 in Tarnowitz zum Wasserheben aufgestellt.

Bei der Woolfschen Maschine strömt Dampf von 5—6 Atmosphären zunächst in den kleineren Hochdruck=Cylinder, expandirt darin und wird nach Vollendung seiner Arbeit, also des Kolbenweges, von hier in den mehrmals größeren Niederdruckcylinder übergeleitet, expandirt hier abermals auf 1 bis 1½ Atmosphären Spannung und erzeugt, in den Kondensator abströmend, zum Schluß das Vakuum. Während bei dieser Maschine beide Kolben in derselben Richtung miteinander bewegt werden, und zur Ueberwindung des oberen und unteren todten Punktes in der Umdrehung der Welle die Anbringung eines Schwungrades (welche bei Schiffen ihrer unsteten Lage wegen unstatthaft ist) erforderlich wird, hat erst die Versetzung der Kurbeln in einen bestimmten Winkel zueinander an der Compoundmaschine die Verwendung der Woolfschen Kombination auf See ermöglicht. Die Schiffsmaschinen neuerer Zeit sind fast ausschließlich nach dem Compoundsystem gebaut.

---

[1] Um 1803 bauten die Engländer Trevethick und Vivian die erste Hochdruckmaschine ohne Kondensation für 6 Atmosphären Ueberdruck.

Einführung des Dampfes in die Schifffahrt.

Den ersten Versuch, den Dampf zur Fortbewegung von Fahr= zeugen zu verwenden, machte Thomas Savery 1698 an einem Boote mittelst Schaufel= oder Ruderräder. Diese Räder wurden aber nicht durch die Dampfmaschine selbst, sondern durch ein anderes Getriebe, auf welches das von der Maschine geförderte Wasser wirkte, in Bewegung gesetzt.

Im Jahre 1707 fuhr Papin, wie schon Seite 126 angeführt, mit einem durch Schaufelräder bewegten Dampf= boote auf der Fulda von Kassel nach Münden, so daß derselbe wohl als der Erfinder des Dampfschiffes anzusehen ist.

Der Engländer Jonathan Hull erhielt 1736 ein Patent, um mittelst einer Dampfmaschine Ruderräder auf einem Fahrzeuge und dadurch das Fahrzeug selbst zu bewegen; allein seine sinnreich ausgedachten Vorschläge kamen durch ihn nie zur Ausführung. Eine athmosphärische Maschine von Newcomen sollte durch Taue ohne Ende auf Räder wirken, diese ein Schaufelrad drehen und die Schiffe von dem Boote, auf welchem die Maschine stand, in's Schlepptau genommen werden. Allein die Bemühungen zur Ausführung dieser Idee blieben bei der englischen Admiralität unberück= sichtigt. Unter den Einwürfen, auf welche die abschlägliche Antwort begründet war, befand sich die Frage: „Werden die Meereswellen nicht jeden Maschinentheil in Stücke zerbrechen, den man so stellt, daß er sich im Wasser bewegen muß?"

Erst nachdem durch Watt die Dampfmaschinen vervollkommnet waren, konnte Hulls Vorschlag zur Durchführung gelangen. In Frankreich führte Perrier, welcher in England gewesen war und in der Folge Wattsche Maschinen baute, 1775 an den Ufern der Seine das erste Dampfschiff aus. Aber die Maschine war klein, besaß kaum eine Pferdekraft, und da sie nicht im stande war, das Fahrzeug stromaufwärts zu treiben, so wurde die Idee wieder auf= gegeben. 1781 war der Marquis von Jouffrai glücklicher; er ließ zu Lyon ein Dampfschiff für die Saône bauen, doch trieb die Revolution den Erfinder aus Frankreich. Vierzehn Jahre später nach Lyon zurückgekehrt, erfuhr er, daß ein gewisser Desblauc ein Patent auf Erbauung solcher Fahrzeuge erhalten hatte.

In England machte der schottische Banquier Patrick Miller[1] von Dalswinton den ersten glücklichen Versuch, ein Doppelboot gegen den Wind zu treiben, welches die kühnsten Hoffnungen des Unternehmers übertraf. Er ließ durch Symington ein Doppelboot von 25 Fuß Länge herstellen, in deren Zwischenraum ein Schaufelrad angebracht war, das mittelst einer Dampfmaschine in Bewegung gesetzt wurde. Die von Symington zusammengesetzte Dampf= maschine schätzte er auf eine Pferdekraft. Die Probefahrt — die erste, welche in England zur Erprobung von Dampf= kraft auf Schiffen ausgeführt wurde — fand am 14. Oktober 1788 statt.

Weitere ähnliche Versuche stellten 1791 Clarke in Leith, und 1801 Bunter und Dickinson auf der Themse an. Gleichzeitig hatte auch Symington theils nach den Ideen des vorgenannten Miller, theils nach seinen eigenen wiederum Fortschritte im Maschinenbau erzielt und sich ein Patent verschafft. Die für den Baron Thomas Dundas gebaute Maschine, zu welcher von Kapitän Shank das Boot Charlotte Dundas (siehe Seite 20) geliefert wurde, legte im März 1802 die erste Probe ab, indem das Boot 2 beladene Prähme in 6 Stunden etwa 20 englische Meilen weit schleppte. Diese Fahrt ist insofern bemerkenswerth, als sie die erste war, wo Dampfkraft auf einem schwimmenden Fahrzeuge zu einem kommerziell nützlichen Zwecke, wenn auch vorläufig nur versuchsweise, angewendet worden ist.

In Nord=Amerika hatte schon 1775 Franklin die erste Anregung zur Herstellung von Dampfschiffen gegeben. 1783 machte Jonathan Fitch (siehe Seite 20) auf dem Delaware seinen ersten Versuch mit einem Fahrzeuge, dessen Schaufelräder durch eine Wattsche Dampfmaschine gedreht wurden. Ein ähnliches entwarf der amerikanische Mechaniker Rumsey, fand aber in seinem Vaterlande keine Unterstützung. Er ging daher nach England und baute ein

---

[1] Miller, ein Freund des Wassersports, hatte bereits mit einem Raceboot von ähnlichem Arrangement, dessen zwei in der Mittschiffsebene gelegene Schaufelräder durch Menschenkraft gedreht wurden, einen als Schnellläufer bekannten Zollkutter geschlagen. Als sein Hauslehrer Taylor darauf hinwies, die Kurbeln durch Maschinenkraft zu drehen, wurde Symington herangezogen.

Themsedampfboot, welches aber nach mancherlei Versuchen ebenfalls den Erwartungen nicht entsprach. Auch Bernoulli und Livingston beschäftigten sich mit der Herstellung von Entwürfen für Fahrzeuge mit Dampfbetrieb. Nachdem Letzterer 1803 als nordamerikanischer Gesandter nach Paris gekommen war, verband er sich hier mit Robert Fulton. Als aber ein von Fulton gebautes Dampfboot, welches mit einer Geschwindigkeit von 1,6 m in der Sekunde auf der Seine stromaufwärts fuhr, nicht befriedigte, und die französische Regierung die von ihm gemachten Anerbieten abschlug, so kehrte dieser in sein Vaterland zurück. Boulton und Watt lieferten ihm eine Dampfmaschine von 20 Pferdekräften. Diese setzte er in das 1807 in New-York von ihm gebaute Dampfschiff Clermont von 160 Tonnen, welches am 7. Oktober 1807 den Hudson hinauf von New-York bis Albany mit einer Maximalgeschwindigkeit von 5 englischen Seemeilen in der Stunde fuhr und dauernd in Betrieb geblieben ist. Dieser Raddampfer glich im Prinzip schon den heutigen; doch ist hierbei nicht außer Acht zu lassen, daß Fulton eine 20pferdige Dampfmaschine von Watt, die Ruderräder von Miller, und zur Verbindung der Räder mit der Maschine wesentlich die Ideen Symingtons benutzt hat. Dieser glückliche Versuch erregte viel Aufsehen, und von jetzt ab nahm die Entwickelung der Dampfschifffahrt einen raschen Aufschwung. Am 20. Juli 1814 wurde unter Fultons Leitung auf der Werft von Brown zu New-York der Kiel zum ersten Kriegsdampfer der Welt, Demologos, später Fulton I. genannt, gestreckt, welcher schon am 29. Oktober 1814 unter den Hurrahs von Tausenden vom Stapel lief. Fulton selbst erlebte dessen völlige Fertigstellung jedoch nicht mehr; er starb am 24. Februar 1815. Die Dampffregatte oder schwimmende Batterie „Fulton I" von 2475 Tonnen Raumgehalt, 47,5 m Länge, 17,1 m Breite, 6,1 m Tiefe, bestand, wie das Millersche Fahrzeug, aus zwei zu einem Ganzen verbundenen Booten,[2] zwischen deren Kielen das Schaufelrad rotirte. In der einen Hälfte waren die kupfernen Kessel, in der andern die Maschine untergebracht.

Das erste Dampfschiff, welches in Europa dauernd Verwendung fand, war der „Komet" Bells, der 1812 von Wood an der Clydemündung für den Passagierverkehr zwischen Helensburgh und Glasgow erbaut wurde; es besaß an jeder Bordwand ein Schaufelrad, jedes an einer besonderen Welle. Fast gleichzeitig stellte Robertson ein Dampfschiff her, welches in euro

Skizze des englischen Panzerthurmschiffes Devastation.[1]
Handzeichnung Seiner Majestät des deutschen Kaisers.

päischen Gewässern die erste Seereise machte. Deutsche Flüsse (Rhein und Elbe) wurden 1818 von englischen Dampfern befahren, während in Frankreich die erste regelmäßige Dampfschifffahrt 1820 eröffnet wurde. Die erste transoceanische Reise von Savannah in Georgia nach Liverpool wurde 1819 von dem nur 300 Tonnen großen Raddampfer „Savannah" in 31 Tagen ausgeführt.

Die Urtypen der Dampfschiffe bildeten, wie aus dem Obigen ersichtlich ist, die Raddampfer, deren Bau auch noch heutzutage für bestimmte Zwecke fortgesetzt wird. Nach der Art des Motors d. h. derjenigen Vorrichtung, welche, von der Maschine getrieben, dem Schiffe seine Bewegung verleiht, zerfallen die Dampfschiffe in Raddampfer, Schraubendampfer (Propellerschiffe) und Turbinendampfer.

Bei den Raddampfern bilden zwei meist durch eine gemeinsame Welle verbundene Schaufelräder, seltener ein Schaufelrad den Motor. Die Achse der Räder liegt quer zum Schiff und in der Mitte desselben; während sie an ihren äußersten Enden die Treibräder trägt, wirkt auf ihren mittleren Theil die in den unteren Räumen des Schiffes befindliche Dampfmaschine.

---

[1] Das Original befindet sich im Besitze des Herrn C. F. Oppermann in Berlin.
[2] Jedes Boot hatte am Vorder- und am Achtersteven ein Ruder (Steuer); es waren somit vier solche vorhanden, um das Fahrzeug beim Vor- und Rückwärtsgange steuern zu können, ohne wenden zu müssen. Die Takelage bildeten zwei Masten mit lateinischen Unter- und oberen Raasegeln, sowie ein Bugspriet an jedem Schiffsende.

Bei den überwiegenden Schattenseiten der Raddampfer kann es nicht auffallen, daß man schon früh das Schaufel= rad durch einen praktischeren Motor zu ersetzen suchte. Als solcher ist jetzt allgemein, besonders bei See= bezw. Schlacht= schiffen die Schraube im Gebrauch.

Schon im Jahre 1785 beschäftigte man sich mit der Idee, Schiffe mittelst der archimedischen Schraube fortzu= bewegen, und ein Engländer Brama hatte bereits ein Patent auf Schrauben als neuen Schiffsmotor erhalten, doch scheinen seine Versuche den Erwartungen nicht entsprochen zu haben.

Auch der österreichische Techniker Joseph Ressel entwarf schon 1812 eine Zeichnung zu einem Propeller= schiff und versuchte, als ihm die Mittel zur Ausführung des Baues fehlten, vergeblich seine Erfindung nach Frankreich und England zu verkaufen. Nach einer Reihe von Jahren gelang es ihm, die erforderliche Unterstützung zu finden, um 1829 den Bau des Schraubenschiffes „Civitta" von sechs Pferdekräften in Triest auszuführen. Leider mißglückte die Probefahrt durch das Platzen eines Dampfrohrs an der Löthstelle; einer Wiederholung derselben legte die Polizei Hindernisse in den Weg. Man scheint den Werth dieser großartigen Erfindung in den betreffenden Kreisen nicht genügend gewürdigt zu haben, da erst 1836 in England Smith nach dem Resselschen Vorbilde einen Schraubendampfer „Archi= medes" vollendete, der allen Anforderungen entsprach.

Der Schraubenpropeller besteht aus zwei oder mehr schraubenartig gewundenen Flügeln, die in gleicher Entfernung voneinander von einer Nabe ausgehen, durch deren Mittelpunkt, rechtwinklig zur Stellung der Flügel, die Betriebswelle geht. Diese liegt in der Regel der Länge nach in der Mittellinie des Schiffes und trägt unmittel= bar nach ihrem Austritt den Propeller. Derselbe liegt, um vollständig zu wirken, ganz unter Wasser, während er dasselbe durch die schraubenartige Steigung seiner Flügel nach vorwärts greifend erfaßt, wirft er es in mehr oder weniger diver= girenden Strahlen in ent= gegengesetzter Richtung als Wassersäule wieder von sich. Obschon dieser „Propeller"

Skizze des englischen Panzerthurmschiffes Thunderer.
Handzeichnung Seiner Majestät des deutschen Kaisers.

schon seit etwa 50 Jahren in Gebrauch ist, so ist eine allen Zwecken entsprechende Normalkonstruktion der Flü= gel noch immer nicht fest= gestellt. Die Schrauben= welle besteht meist aus mehreren Theilen; ihr vor= deres Ende wird von der Dampfmaschine gedreht.

Das Schraubensystem hat neuerdings eine Ver= vollkommung erfahren, da man jetzt vielfach Schiffe mit Zwillingsschrauben baut, bei welchen nicht eine Schraubenachse in der Mittel=

linie des Schiffes liegt, sondern zwei solche in den Mittellinien der rechten und der linken Hälfte des Schiffes angebracht sind, die, aus dem Schiff hinten hervorragend, zu beiden Seiten des Steuerruders je eine Schraube tragen.

Dieses Zwillingsschraubensystem[1] hat in allen Kriegsmarinen, in der deutschen bei den Panzerschiffen der Sachsenklasse, sowie bei neueren Eingang gefunden. Sein Hauptvortheil ist, daß selbst nach dem Bruch einer Schrauben= welle dem Schiffe noch nicht die Bewegungsfähigkeit genommen ist, da man immer noch mit der zweiten Schraube bei verhältnißmäßig nur wenig verminderter Geschwindigkeit die Reise fortsetzen kann. Außerdem kann das Schiff schneller im Kreise drehen, indem ein Propeller vor=, der andere rückwärts arbeitet; im Fall des Ruderverlustes ist es zur Noth noch steuerbar; auch sind die Erschütterungen geringer als beim Einschraubensystem.

Aber auch die Schiffsschraube, wenngleich für den Seedienst vortheilhafter als das Rad, ist nicht von Mängeln frei. Sie wird durch Hindernisse im Wasser, oder bei der Fahrt über nicht tiefen, felsigen Grund, leicht beschädigt; Tauwerk, das in sie hinein geräth, macht sie unklar und setzt sie außer Thätigkeit, was im Gefecht verhängnißvoll werden kann;[2] beim Rückwärtsgange steuern die Schraubenschiffe infolge der Wirkung des gegen das Ruder zurückgestoßenen Wassers sehr schlecht, wodurch wiederum ihre Manövrirfähigkeit beeinträchtigt wird.

Diese Uebelstände vermeidet die dritte Art auf See verwendbarer Motoren, die hydraulischen Reaktions= röhren; sie wurden 1727 von Daniel Bernoulli vorgeschlagen; Allen ließ sich dasselbe Treibmittel 1729 patentiren. Das erste Schiff mit Reaktionsröhren erbaute Rumsey 1787; dann ruhte die Idee bis 1850, wo die

---

[1] Vgl. Initial auf S. 29.
[2] Durch solchen Umstand wurde das deutsche Kanonenboot „Meteor" am 8. November 1870 an der Fortsetzung des Zweikampfes mit dem französischen Aviso „Bouvet" verhindert.

schottischen Mechaniker Ruthven Vater und Sohn ein kleines Boot nach diesem Prinzip konstruirten; doch scheinen die Versuche mit demselben zu keinem günstigen Resultate geführt zu haben, so daß es 1855 dem deutschen Ingenieur Seydel vorbehalten blieb, das Reaktionspropellersystem zuerst an dem in Stettin erbauten „Albert" zu praktischer Verwendung zu bringen. Danach wurden weiter zwei Dampfer in Belgien, 1866 einer für den Passagierdienst auf der Themse und ein Jahr später das englische Panzerschiff „Waterwitch" erbaut. Auf diesen Turbinenschiffen tritt das Wasser durch Oeffnungen im Boden in eine durch Dampf getriebene Turbine (Centrifugalpumpe) und wird von derselben mit großer Kraft aus einem Knierohr an jeder Schiffsseite, welches unmittelbar über oder etwas unter der Wasserlinie mündet, nach hinten oder vorn, je nach Einstellung, ausgestoßen, wobei das Schiff vor- oder rückwärts geht; strömt das Wasser auf der einen Seite nach vorne, auf der andern nach rückwärts aus, so dreht sich das Schiff; geschieht der Ausfluß nach unten, so steht es still. Der Motor ist dabei einer Zerstörung nicht ausgesetzt, seine Thätigkeit hat keinen Einfluß auf die Steuerung des Schiffes, ja, im Fall des Ruderverlustes kann allein durch die Reaktion gesteuert werden.

Dennoch hat dies System, trotz seiner großen Einfachheit, des bedeutenden Kohlenkonsums halber bei verhältnißmäßig geringer Geschwindigkeit keine weitere Verwendung gefunden.[1]

Die von Dr. E. Fleischer in Kiel und Dresden in neuerer Zeit mit seinem Hydromotor vorgenommenen Proben scheinen ebenfalls nicht befriedigt zu haben. Er benutzt keine Dampfmaschinen zum Ausstoßen des Strahlwassers, sondern preßt nach dem

Triple-Expansions-Maschine der „Augusta-Victoria".
Doppel-Schrauben-Schnelldampfer der Hamburg-Amerikanischen Packetdampfschifffahrt-Gesellschaft.

Prinzip der Saverymaschine mittelst Dampfdruckes direkt das durch Luftleere anzusaugende Wasser aus dem Schiff. —

Für die Schleppschifffahrt auf Flüssen wird die Kette oder das Drahttau nach einem seit 1732 bekannten Prinzip zur Fortbewegung verwendet. Sie liegt im Flusse versenkt, wird vom Kettendampfer vorn aufgehoben, in mehreren Umgängen über eine Trommel geleitet, welche durch Dampfmaschinenkraft gedreht und am Hinterschiff wieder abgegeben wird. Dabei zieht sich der Dampfer an der Kette entlang.

Die Erfindung des Dampfschiffes und seine allgemeine Benutzung hat in volkswirthschaftlicher und handelspolitischer Beziehung eine wahre Umwälzung hervorgebracht. Vor allem bedeutungsvoll wurde der von Wind und Meeresströmungen nun ziemlich unabhängige regelmäßige, sichere und schnelle Verkehr zwischen Europa und den übrigen Welttheilen, welcher eine in früherer Zeit nicht geahnte Ausdehnung erhalten hat.

Nur bei großen Panzerschiffen bleibt der Umstand, daß die Dauer der Maschinenleistungen sehr beschränkt bleibt, weil die Schiffe nur eine relativ geringe Quantität Kohlen mit sich führen können, immerhin ein schwacher Punkt. Eine Maschine, wie beispielsweise des „König Wilhelm", gebraucht, selbst mit den neuesten Verbesserungen für Kohlenersparniße, unter vollem Dampf ungefähr 3000 kg oder 3 Tonnen per Stunde. Die disponiblen Kohlenräume, welche sowohl durch die Tragfähigkeit des Schiffes, als durch die für Armirung, Proviant, Mannschaftswohnungen ꝛc. erforderlichen Räumlichkeiten beschränkt werden, fassen aber nur etwa 700000 kg, d. i. auf 8 Tage Feuerungsmaterial für die Fahrt mit voller, auf 11 Tage mit halber Kraft. Bei den Kriegsschiffen neuester Konstruktion stellt sich dies Verhältniß jedoch, dank des rapiden Fortschrittes der Technik ꝛc., schon bedeutend günstiger.

---

[1] Unser Schleppdampfer „Rival" hatte früher eine Turbinenmaschine.

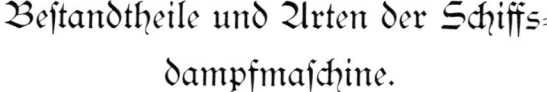

Bestandtheile und Arten der Schiffs=
dampfmaschine.

ampf ist jeder gasartige Körper, welcher durch die Einwirkung von Wärme sich aus festen oder flüssigen Substanzen bildet. Er heißt gesättigter Dampf, so lange er gerade so viel Wärme besitzt, als zu seinem Bestehen unter Beibehalt der vorhandenen Spannung hinreichend und erforderlich ist, überhitzter Dampf, wenn er mehr Wärme enthält. Er wird durch Wärmeentziehung oder Verminderung des von ihm eingenommenen Raumes (Kompression) in seinen früheren Aggregatzustand (zur Wasserform) zurückgebildet.

Wasser verdampft, verdunstet, wie alle Flüssigkeiten, bei jeder Temperatur auch unter dem Siedepunkte, dann aber nur langsam und an der Oberfläche. Die Dampf= bildung geschieht dagegen rasch und unter allen Umständen, wenn das Wasser bis zum Siedepunkte (80° Réaumur, 100° Celsius, 212° Fahrenheit) erhitzt wird. Wasserdampf ist an und für sich farblos und wird in der Luft (z. B. bei auftrocknenden Winden) nicht wahrgenommen, solange dieselbe nicht damit übersättigt ist, wird dagegen in der bekannten Nebelform (bezw. als Wolke) sichtbar, sobald ein solches Stadium eintritt oder die stattfindende Abkühlung ihn zu kleinen Tropfen verdichtet, bis er bei vollkommener Abkühlung wieder gänzlich zu Wasser kondensirt wird.

Die Eigenschaft des Dampfes, welche seine Verwendung zum Maschinenbetriebe so werthvoll macht, ist seine Expansionskraft, die Fähigkeit und das Bestreben sich stetig auszudehnen, zu expandiren; dies geschieht sowohl, wenn der auf ihm lastende Druck bei gleichbleibender Temperatur sich vermindert oder der von ihm eingenommene Raum ver= größert wird, als auch bei Zuführung neuer Wärme unter Beibehalt der Spannung.[1]

Er ist die bewegende Kraft in der Dampfmaschine und wird im Kessel erzeugt, gegen dessen Wände er mit einer Spannung drückt, welche mit dem Grade seiner Erhitzung und infolge dessen Ausdehnung, also Spann= oder Expansivkraft wächst. Wenn das Wasser den Siedepunkt erreicht hat, wobei es bekanntlich in tumultuarische Bewegung geräth, ist der daraus gebildete Dampf gleich dem Druck der atmosphärischen Luft, also im Stande, wie diese im Baro= meter eine Quecksilbersäule von 28 Zoll bezw. 76 cm Höhe und 15 alten oder 14 Zoll=Pfund bezw. 7,5 kg[2] Gewicht zu tragen. Wir nennen daher auch diesen Druck: einen Atmosphärendruck; er beträgt pro qem 1,0334 kg. Danach rechnet man im praktischen Maschinendienste eine Atmosphäre Spannung rundweg zu 1 kg pro qem.

Bei der Angabe des Dampfdruckes in Atmosphären ist zu unterscheiden zwischen absolutem und Ueber= druck. Der erstere bezeichnet das Uebergewicht der Dampfspannung über die absolute Luftleere; der Ueberdruck aber giebt an, um wieviel die Dampfspannung den Druck der atmosphärischen Luft übersteigt, also 1 Atmosphäre weniger. Die Dampfspannung wird in der Praxis nur nach diesem gemessen; das Manometer zeigt durchweg den Ueberdruck an; das Vacuummeter aber absolute Spannung. Die Berechnung der Maschinenkraft, des Dampfverbrauches und des Wärme= aufwandes, also des erforderlichen Heizmaterials, muß die absolute Pressung berücksichtigen.

So lange die Dampfbildung in offenem Gefäße stattfindet, steigt die Temperatur des Wassers sowie des unmittelbar aus diesem entstehenden gesättigten Dampfes nicht über den Siedepunkt, und die weiter hinzugeführte Wärme wird auf= gebraucht zur Erzeugung neuen Dampfes und um die entsprechende Menge Luft zu verdrängen.

Im allseitig geschlossenen Dampfkessel dagegen, aus welchem der Dampf nicht entweichen kann, wird die fort= gesetzte Heizung das Wasser allmählich auf eine höhere Temperatur bringen und daraus höher gespannte Dämpfe erzeugen; und zwar tritt eine Steigerung in der Dampfspannung und dem entsprechend der Kraftäußerung sehr rasch ein: bei 121 Grad schon zwei, bei 144 Grad vier, bei 171 Grad acht, bei 200 Grad bereits sechzehn Atmosphären; und

---

[1] S. unten. — [2] = 14,7 Pfund englisch.

zwar wird dabei der Aufwand an zu erzeugender Wärme, folglich auch der Mehrverbrauch an Feuerungsmaterial in so günstigem Maße immer geringer, daß für 1 Atmosphäre 637 Gesamtwärmeeinheiten, für 2 erst 643, für 4 nur 650, für 8 sogar 659, für 16 aber kaum 668 Einheiten erforderlich sind.

Je nach dem Grade der Dampfspannung, für welche ein Kessel erbaut ist und mit welcher die zugehörige Maschine arbeiten muß, unterscheidet man Nieder=, Mittel= und Hochdruckdampfkessel, die ersteren[1] für weniger als 2, die zweiten für 2—5 und die letzten für mehr als 5 Atmosphären Ueberdruck.

Für die auf Schiffen zu installirenden Kessel war man darauf angewiesen, bei möglichstem Zusammendrängen auf einen engen Raum doch große feuerberührte Flächen und beste Verdampfungsfähigkeit herzustellen. Die Nieder= und Mitteldruckkessel sind ihrer Form nach in der Regel Kofferkessel, die Hochdruckkessel gewöhnlich Cylinder=, seltener Ovalkessel, und nur in ganz vereinzelten Fällen Wasserrohrkessel.

Die Kofferkessel haben große flache Wände, von denen die einander gegenüberliegenden durch wage= bezw. senkrechte Verankerungen unter sich verbunden, abgesteift sind, und die Form eines vierseitigen Prismas; Decke und

Moderner englischer Schraubendampfer.

Boden sind zum Theil abgerundet oder abgeschrägt, um sich der Schiffsform möglichst anzuschmiegen. Kofferkessel sind fast auf allen neueren mit Nieder= und Mitteldruckmaschinen ausgerüsteten Kriegs= und Handelsschiffen im Betriebe, und dann sämtlich Feuerrohrkessel, d. h. solche, in denen sogenannte Feuerrohre verwendet werden, welche außen vom Wasser umgeben sind, während durch ihr Inneres die Flamme streicht; zum Unterschiede von Siederohren, welche von der Flamme umstrichen werden, während ihr Inneres das Wasser enthält.

Die mit ein, zwei oder drei Feuerungen (hier Flammröhren genannt, weil sie die Form weiter Röhren haben) versehenen Cylinderkessel sind, falls sie als Haupt= oder Bootskessel, und zwar weitaus in den meisten Fällen für Hochdruckmaschinen, dienen, meistens horizontal gelagert, als Hülfskessel auch vielfach vertikal gestellt. Durch die ihrer Bezeichnung entsprechende Form sind sie dem größeren Dampfdruck gewachsen und bedürfen der Verankerung nur zwischen der ebenen Stirn= und Rückenwand.

Der Ovalkessel ist ein in seiner Mitte durchschnittener horizontaler Cylinderkessel, zwischen dessen beide wage= recht zu legende Hälften bis zu 1 m hohe senkrechte Seitenwände genietet sind. Seine sonstige Konstruktion entspricht

---

[1] Ursprünglich sind unter Niederdruckmaschinen solche verstanden, die mit Dampf von geringerer als der atmosphärischen Spannung arbeiten können. Die Eintheilung ist eine mehr oder minder willkürliche.

genau den horizontalen Cylinderkesseln mit rückkehrender Flamme (siehe unten). Sie sind in unserer Marine nicht zur Anwendung gekommen, finden sich aber auf Handelsdampfern und einigen Schlachtschiffen anderer Nationen.

Da bei all diesen Kesseln der Verdampfungsprozeß in verhältnißmäßig großen Räumen vor sich geht, ist, wenngleich die Wandungen unter Umständen sehr stark gehalten werden, doch die Möglichkeit einer verhängnißvollen Explosion immerhin nicht gänzlich ausgeschlossen. Man hat die unbedingte Sicherheit durch Wasserrohrkessel (Systeme Belleville und Root) zu erreichen gesucht, bei denen das Platzen eines Theils wenigstens kein großes Unheil anrichten kann. Sie bestehen aus einem System schräger, parallel zu einander liegender und an ihren Enden kommunizirender, enger Siederöhren aus Schmiedeeisen, von welchen aus der entstehende Dampf in einen oben angebrachten Sammler geht. Die Dampfblasen aber müssen bis hierhin einen zu langen Weg durchlaufen; auch geht die Dampfbildung in den unteren Röhren so schnell vor sich, daß diese bald vom Wasser entleert sind, leicht durchbrennen und dann platzen; dann aber muß der Kessel zeitweilig außer Betrieb gesetzt werden, während dergleichen in ähnlichen Fällen bei den oben besprochenen nicht zu geschehen braucht. Diese Uebelstände haben die allgemeinere Einführung der Wasserrohrkessel bis jetzt ausgeschlossen.

Die bisher auf Schiffen zur Einführung gelangten Wasserrohrkessel sind jene von Rowan, Howard, Root, Jordan, Turner, Percins, Belleville, Herreshoff und Thornycroft; von diesen erfreuten sich nur die drei letztgenannten Systeme eines umfangreicheren Gebrauches.

Der Hauptvortheil der Herreshoff-Kessel, welche fast nur in Amerika und bloß für kleinere Fahrzeuge Verwendung finden, ist ihr ungemein geringes Eigengewicht und das schnelle Anheizen derselben.

Die günstigen Betriebsresultate der Thornycroft-Kessel haben in jüngster Zeit dahin geführt, daß dieselben außer bei Torpedoboots-Jagdschiffen, auch bei dem im Bau befindlichen dänischen Kreuzer „Geiser", welcher Maschinen von 6000 indizirten Pferdekräften erhält, Eingang gefunden haben. Dieser Dampfer wird mit 8 derselben versehen werden. Das Eigengewicht dieser Kessel beträgt für Dampfspannungen von 10—12 kg pro □cm (Ueberdruck) incl. Wasser rund 3 Tons.

Zum Bau von Schiffskesseln verwendet man der Festigkeit, Biegsamkeit und Billigkeit halber Schmiedeeisen, seltener Stahl, für ihre Garnitur hauptsächlich Kupfer, Messing und Gußeisen.

Die Anzahl der Kessel ist nach der Größe der Schiffe bezw. der Maschine verschieden, gewöhnlich nicht unter zwei, meist vier, auf großen Panzerschiffen wie „König Wilhelm" u. a. acht.

Einrichtung der Schiffskessel. Das Innere der Kessel theilt sich in den Feuerraum (Feuerbüchse), die Feuerzüge, den Wasser- und Dampfraum.

Der Feueraum umfaßt den Rost — darüber den Verbrennungsraum, darunter den Aschfall — die den Rost hinten abschließende Feuerbrücke und vorn die Feuerthüren, sowie darunter die Dämpfer.

Die Flamme nimmt hinten vom Verbrennungsraum aus wieder nach vorn zu ihren Weg durch die Feuerzüge, nämlich die hintere Rauchkammer (den Wolf), die Feuerrohre und die vordere Rauchkammer, von wo die Heizgase durch die aus Eisenblech hergestellten Rauchfänge in den Schornstein fortgeleitet werden. Kessel mit derartiger Heizanlage haben also rückkehrende Feuerung.

Die Kessel eines Schiffes sind gewöhnlich in eine oder mehrere Gruppen vereinigt, deren jede ihren eigenen Schornstein besitzt.

Die in der jüngsten Zeit aufgetretenen Neuerungen begreifen: 1. die Anwendung künstlicher Zugmittel bei der Nutzbarmachung der Brennstoffe in den Dampfkesseln; 2. die Vorwärmung der für den Verbrennungsprozeß in den Dampfkesseln nöthigen Luft; 3. die ausgiebige Vorwärmung des Speisewassers; 4. die Ergänzung der Speisewasserabgänge durch destillirtes Wasser; 5. die allgemeine Einführung hochgespannter Wasserdämpfe 2c.

Die gesamte Garnitur (Armatur) der Schiffskessel läßt sich in folgende fünf Gruppen zerlegen:

Ablaßvorrichtungen: Dampfabsperr- oder -ablaßventil; Salzabblase- (Salz- oder Schaum-) hahn an der Seite des Kessels in der Höhe des niedrigsten Wasserstandes, und Bodenhahn zum Entleeren (Ausblasen) des Kessels.

Speisevorrichtung behufs Zuführung neuen Wassers an Stelle des verdampften: Speiseventile oder -hähne.

Sicherheitsvorrichtungen: Dampfspannungsmesser, Wasserstandszeiger, Sicherheitsventile, Alarmventile, Luftventile.

Reinigungsvorrichtungen: Mann- und Schlammlöcher mit Verschlüssen.

Garnitur für Nebenzwecke: Hülfsdampfventil, Dampfpfeife, Schornsteindurchblasevorrichtung, Talghahn.

Die Dampfspannungsmesser sind gewöhnlich Scheffersche oder Bourdonsche Federmanometer,[1] selten

---

[1] Im Schefferschen Manometer drückt der Dampf auf eine dünne elastische Stahlplatte, welche durch Treibstange und gezahnten Kreissektor ihre Bewegung in vergrößertem Maße auf einen Zeiger überträgt; bei Bourdon tritt Dampf in eine dünne, in Kreisform gebogene Röhre von elliptischem Querschnitt, welche sich dadurch etwas gerader streckt und durch das an ihrem losen Ende angehängte Gestänge nebst Sektor mit Hebelarm ihre Bewegung dem Zeiger mittheilt.

Im Heizraum.

Quecksilbermanometer und entweder direkt am Kessel oder in unmittelbarer Nähe desselben angebracht. Sie stehen mit dem höchsten Theile des Kessels durch ein kupfernes Rohr von etwa 10 mm Durchmesser in Verbindung. In neuerer Zeit verwendet man vielfach Doppelzeigermanometer, welche auch in unserer Marine reglementarisch eingeführt sind, deren beide Zeiger sich unabhängig voneinander über dieselbe Skala bewegen.

Die Wasserstandszeiger bestehen laut gesetzlicher Vorschrift bei jedem Schiffskessel immer aus wenigstens einem Wasserstandsglase und zwei oder drei Probirhähnen.

Das Sicherheitsventil als Vorrichtung zur Verminderung der Dampfspannung im Innern des Kessels ist in der Hauptsache eine Metallplatte — Ventildeckel —, welche auf einer mit Metall eingefaßten Oeffnung — Ventilsitz — über dem Dampfraum des Kessels ruht und sich in einer Führung nach außen frei bewegen kann. Der Ventildeckel ist der höchst zulässigen Dampfspannung des Kessels entsprechend belastet: entweder direkt durch eine genügend starke Spiralfeder bezw. auf eine Spindel aufgelegte Gewichte, oder indirekt durch Anwendung eines auf die nämliche Art beschwerten Hebels. Das Ventil öffnet sich selbstthätig, sobald die Dampfspannung im Kessel zu groß wird, und der Dampf entströmt dann durch das Ventilgehäuse und das Abblaserohr in die freie Luft.

Das Alarmventil ist ein kleines, mit indirekter Gewichtsbelastung versehenes Sicherheitsventil, welches an der Vorderwand des Kessels so angebracht wird, daß es von den Heizern leicht beobachtet werden kann. Dasselbe hat den Zweck, bei unrichtig zeigendem Manometer und etwa nicht funktionirenden Sicherheitsventilen, durch das zischende Geräusch des aus ihm entweichenden Dampfes darauf aufmerksam zu machen, daß die Dampfspannung im Kessel den Höhepunkt erreicht hat und event. die Sicherheitsventile nachgesehen werden müssen.

Viele Kessel sind noch mit einem Ueberhitzer (Dampftrockner) versehen, einem cylindrischen Gefäß, durch dessen Inneres ein Rohr von der Weite des Schornsteins hindurchgeht. Die Heizgase streichen durch dieses Rohr hindurch und verwandeln den aus dem Kessel in den Ueberhitzer geleiteten gesättigten in überhitzten (expansionsfähigeren) Dampf.

Ueber die Anlage, Behandlung, Ueberwachung ꝛc. der Schiffskessel sind in den verschiedenen Staaten bestimmte Gesetze und Instruktionen erlassen; für das deutsche Gebiet im Reichsgesetz vom 29. Mai 1871 ꝛc.

An die Kessel der Dampfer, welche meist in der Mitte des Schiffes und zwar möglichst tief liegen, stellt man in vielen Beziehungen ähnliche Anforderungen, wie an die der Lokomotiven. Die Güte und Oekonomie eines Dampfkessels beurtheilt sich nach dem Verhältniß zwischen der Wassermenge, welche pro Kilogramm Brennmaterial im Kessel wirklich verdampft wird, zu derjenigen, welche nach der Theorie in Dampf verwandelt werden müßte.

Die mineralischen Rückstände (zum Haupttheile Salzgehalt) aus dem in Dampf verwandelten Seewasser, welche sich als Schaum zunächst an die Oberfläche des siedenden Kesselwassers begeben, beeinträchtigen aus diesem Grunde die Dampfbildung und machen den Kessel „überkochen", wobei Wasser mit in das zur Maschine führende Dampfrohr fortgerissen wird (was die Cylinder gefährden kann) und bilden im Laufe der Zeit den außerordentlich festen Kesselstein, der zum Schaden der inkrustirten Kesseltheile trotz aller angestellten Versuche schlecht auf anderem Wege zu beseitigen ist, als durch Abpicken und Abkratzen. Sie erschweren ferner die Heizung und führen leicht eine Beschädigung der Kesselbleche durch die Feuerung herbei. Diesem Uebelstande ist durch die Oberflächen-Kondensation zum großen Theile abgeholfen worden. Außerdem wird während des Ganges der Maschine in Zeitabschnitten die obere (schaumtragende) Schicht des Kesselwassers durch den Salzhahn abgeblasen.

Das Brennmaterial für Schiffskessel besteht fast ausschließlich aus Steinkohlen. Die beste Qualität derselben setzt sich zusammen aus: 92 % Kohlenstoff, 4 % Wasserstoff, 4 % Sauerstoff; die geringsten Sorten aus: 80 % Kohlenstoff, 5 % Wasserstoff, 15 % Sauerstoff. Zwischen diesen Grenzwerthen schwankt die chemische Zusammensetzung aller Steinkohlensorten. Von einer guten, namentlich für Kriegsschiffzwecke geeigneten Kohle verlangt man: große Heizkraft, großes Gewicht, Festigkeit, wenig Rückstände, wenig Rauch, leichte Entzündlichkeit. Die Erzeugung des größten Dampfquantums ist außerdem noch von günstigen Feuerungsanlagen und geübten Heizern abhängig.

Die Kohlen werden in Bunkern untergebracht, Räumen, welche den Kesseln möglichst nahe liegen und von denen jeder mit einem Temperaturrohre ausgestattet ist, das, aus Schmiedeeisen gefertigt, von einem der oberen Decks ausgehend in die Bunker führt und bis fast auf den Schiffsboden hinunterreicht. Dasselbe gestattet die Einführung eines Thermometers behufs Messung der in dem Bunker herrschenden Temperatur, um gegen eine etwaige Selbstentzündung der Kohlen rechtzeitig Maßnahmen treffen zu können. Die Kommunikation zwischen Kesselraum und Bunkern wird durch Schiebethüren ermöglicht, welche bei wasserdichten Bunkerwänden von einem der oberen Decks aus geöffnet und geschlossen werden können.

Wenn auf einer Reise die Wahrnehmung gemacht wird, daß mit den vorhandenen Kohlenvorräthen für den Rest des Weges nicht mehr auszukommen ist, läßt sich das Ziel dennoch erreichen, wenn durch eine Verminderung der Geschwindigkeit der Kohlenkonsum herabgesetzt wird. Derselbe vergrößert oder vermindert sich nämlich in Bezug auf dieselbe

Dampfer des Norddeutschen Lloyd in Bremerhafen.
(Zu: Typen der Handelsschiffe.)

zurückzulegende Strecke günstigerweise proportional zum Quadrat der Geschwindigkeiten. Für ein Schiff, welches einen Weg von einer gewissen Zahl Seemeilen einmal unter x, das andere Mal unter y, das dritte unter z Knoten Fahrt durchlaufen würde, verhalten sich die zu verbrennenden Kohlenmengen $K_x : K_y : K_z = x^2 : y^2 : z^2$. Die Werthe von K sind also leicht zu berechnen, wenn der Kohlenverbrauch K für eine bestimmte Geschwindigkeit erfahrungsgemäß bekannt ist.

Von den Kesseln, und zwar von deren höchsten Theilen, den Dampfdomen, aus, tritt der Dampf seinen Weg zur Maschine an, um diese in Gang zu setzen. Er geht durch das Dampfrohr hindurch und strömt, nachdem das Dampfventil bezw. die Drosselklappe[1] darin geöffnet worden, durch den Schieberkasten in den Cylinder, in welchem er den Kolben auf= und abwärts bewegt. Der eigentliche Kolbenkörper ist eine starke runde Scheibe mit vorspringendem untern Rand. Rund um ihn, zwischen den Rand und den auf den Körper oben aufgeschraubten Kolbendeckel (Junkring), wird der sauber eingeschliffene, an einer Stelle querdurch aufgeschnittene und daher federnde Kolbenring

aus weichem Gußeisen gelegt, welcher, durch Stahlfedern gegen die innere Cylinderwand gepreßt, gegen diese dampfdicht abschließt. An der Schnittstelle wird die Dichtung durch das bronzene Kolbenschloß hergestellt, welches an einem Ringende fest ist und in das andere so hineinfaßt, daß sich dieses an ihm verschieben kann, ohne Undichtigkeit eintreten zu lassen. Mit dem Kolben ist die Kolbenstange fest verbunden, welche die geradlinige Kolbenbewegung, sei es direkt, sei es indirekt, vermittelst der Kurbel als eine rotirende auf die Welle überträgt. Im ersteren Falle greift die Kolbenstange entweder selbst an die Kurbel oder endet in einen zwischen zwei Gleitbahnen geführten

Arbeiten am Anker.

Kreuzkopf, welcher die an die Kurbel greifende Pleuel= oder Lenkstange trägt; im letzteren Fall wird die Bewegung erst durch einen Balancier (zweiseitigen Hebel) auf die Kurbel übertragen. Die Welle dreht ihrerseits die an ihr befestigten Motoren (Schraube oder Räder), vermittelst deren endlich das Schiff durch das Wasser fortbewegt wird. Der innen hohle und sorgfältig ausgebohrte Cylinder aus Gußeisen ist an beiden Enden durch Cylinderdeckel verschlossen, von denen der der Welle zugewendete central durchbohrt und hierselbst mit einer Stopfbüchse versehen ist, in welcher die Kolbenstange unter dampfdichtem Abschluß gleitet und geführt wird. Oft ist auch

der andere Deckel ebenso eingerichtet und dient dann als Führung für die nach ihm zu verlängerte Kolbenstange. Der Cylindermantel zeigt längsseitig eine sauber geglättete Fläche, den Schieberspiegel mit zwei Dampfkanälen von Rechteckform. Auf ihr gleitet innerhalb des auf dieser Seite an den Cylinder angefügten Schieberkastens der Schieber. Seine Aufgabe ist, durch die Aenderung seiner Stellung innerhalb genau regulirter Grenzen, sowohl den Dampf entweder durch den einen Kanal oberhalb oder durch den andern hindurch unterhalb des Kolbens gelangen und somit dessen Auf= und Niedergang geschehen zu lassen, als auch dem Dampf nach gethaner Arbeit durch die Eintrittskanäle zurück nach dem Abzugsrohr wieder den Abgang zu gewähren. Der Schieber charakterisirt sich als ein nach der Cylinderseite offener Kasten aus Gußeisen, welcher durch den Dampf gegen den Schieberspiegel gepreßt wird. Er bewegt sich mit seiner Höhlung, seinem Dampfraum, über die Kanalmündungen hin und her und öffnet oder verschließt sie abwechselnd sowohl für frischen als für verbrauchten Dampf; ersterer tritt von außerhalb des Schiebers in den Cylinder, letzterer entweicht innerhalb des Schiebers durch dessen Höhlung hinweg zum Abzugsrohr.

Der Schieber und derjenige Mechanismus, durch welchen ihm sein Weg vorgeschrieben wird, bilden zusammen die Steuerung der Maschine; und zwar ist der Schieber selbst die innere, der übrige Apparat die äußere

---

[1] Die Drosselklappe besteht in einer runden Scheibe von der Fläche des innern Dampfrohrquerschnitts. Sie ist innerhalb des Rohrs um eine Achse mittels einfachen Handhebels drehbar. Wenn bei schwerer See die Stampfbewegungen des Schiffes so groß werden, daß die Schraube periodisch außer Wasser kommt, so würde die Maschine zu schnell arbeiten, bezw. zu schlagen beginnen und Schaden nehmen, wenn nicht der Dampf regelmäßig abgedrosselt, also ein Zutritt zu den Cylindern verhindert würde. Manche Schiffe haben selbstthätige Drosselung, dieselbe bewährt sich aber nicht.

Steuerung. Den Schieber führt direkt, durch eine Stopfbüchse gehend, die an ihm feste Schieberstange, deren Außenende einen Zapfen bildet, welcher im Kulissenstein gelagert ist. Dieser gleitet innerhalb der Kulisse (Erfindung Robert Stephensons), einer Doppelschiene von solcher Krümmung, wie es ihre Entfernung von der Wellenachse bedingt. An jedes Ende der Kulisse greift die Gabel einer Excenterstange, deren Unterende als Bügel um ein auf der Kurbelwelle festgekeiltes Excenter gelegt ist. Die beiden Excenter (welche bei ihrer Rotation bekanntlich als Hebelarme wirken und daher, wie zuweilen geschieht, auch durch Kurbeln ersetzt werden können) zu einem Schieber sind auf der Welle so in Bezug auf die Kurbeln gestellt, daß das eine die für den Vorwärts-, das andere die für den Rückwärtsgang der Maschine entsprechende Schieberführung[1] zu Wege bringt. Um nun den Kulissenstein als Angriffspunkt für diese Führung jedes Mal in die erforderliche Lage (an die Gabel der entsprechenden Excenterstange) zu bringen, ist die Kulisse durch ein an ihrem oberen Ende angehängtes Gelenkstück (Hängeschiene) mit dem Angriffshebel der eigentlichen Umsteuerungsvorrichtung verbunden. Diese ist eine einfache Kombination von Räderübersetzungen und wird entweder durch Handrad und Menschenkraft oder, bei großen Schiffen, wo ihr Betrieb infolge des Widerstandes bei der Kulissenbewegung viel Kraft erfordert, durch einen besonderen Dampfumsteuerungsapparat gehandhabt.

Außer der hier beschriebenen Flachschiebersteuerung, welche die bei schnellgehenden Schiffsmaschinen gebräuchlichste ist, werden auch runde Kolbenschieber verwendet. Sehr selten finden sich (nur im Osten von Nordamerika) auf Dampfern Ventilsteuerungen.

Alle diese Schieber bewirken zunächst die Dampfvertheilung über und unter dem Kolben und heißen darum Vertheilungsschieber. Sie gewähren dem Cylinder $^3/_4$ bis $^2/_3$ Dampffüllung, eine Expansion also nur für das letzte Viertel oder Drittel des Kolbenweges. Um nun die Expansion schärfer und vortheilhafter auszunützen, läßt man bei den meisten Schiffsmaschinen (bei Compoundsystem gewöhnlich nur für die Hochdruckcylinder) auf dem Rücken des flachen Vertheilungsschiebers noch einen Expansionsschieber gleiten, welcher den Dampfzutritt bereits absperrt, wenn der Kolben erst einen geringen Theil seines Weges zurückgelegt hat. Der Expansionsgrad kann dann durch Veränderung des Schieberhubes regulirt werden.

Vom Cylinder aus entweicht der verbrauchte Dampf entweder durch das Dampfabgangsrohr in die freie Luft (bei Hochdruck- bezw. Nichtkondensationsmaschinen) oder er geht nach dem Kondensator (bei Kondensationsmaschinen), um, hierselbst durch Wärmeentziehung wiederum zu Wasser verdichtet, auf der einen Seite des Kolbens Luftleere zu erzeugen und dadurch den Kolben nach sich zu ziehen, während zugleich auf der anderen Seite der neu in den Cylinder einströmende Dampf wirkt. Man hat Injektions- oder Einspritz- und Oberflächenkondensatoren. Bei ersteren wird dem Dampf durch eine Brause fein zertheiltes kaltes Wasser entgegengespritzt. Das aus dem Dampf wieder erzeugte sowie das Einspritzwasser wird zum Theil aus dem Kondensator durch die Luftpumpe nach außerbords, zum Theil erst in einen besonderen Warmwasserkasten (Luftpumpenausguß, Cisterne) gepumpt, um von hier aus, oder direkt aus dem Ausgußrohr, durch die Speisepumpen (zwei an der Zahl, wovon eine als Reserve dient) den Kesseln wieder zugeführt zu werden. Die Speisepumpen, welche von der Maschine getrieben werden, sind einfach wirkend und bestehen aus einem gußeisernen Pumpenkörper mit massivem Taucher- oder Plungerkolben aus Bronze. Das bereits erwärmte Speisewasser hat so aber bei der Fahrt auf See einen erheblichen Salzgehalt; die Kessel müssen zeitweilig abgeblasen werden, womit jedesmal ein Verlust an Wärme, also Brennmaterial verbunden ist. Diese Uebelstände werden durch die Oberflächenkondensation, 1834 durch den Engländer Samuel Hall erfunden, beseitigt. Anstatt direkt mit dem Kühlwasser in Berührung zu kommen, wird der Dampf von oben in einen kastenförmigen Kondenser geleitet, innerhalb dessen, nach der Verbesserung durch Spencer, ein System wasserdurchströmter Röhren (ähnlich der Kesselanlage) die erforderliche große Kühlfläche darbietet, und zwar tritt das Wasser durch den Schiffsboden in die untersten Röhren ein, wird entweder durch eine von der Maschine[2] getriebene doppelwirkende Kolben- (Kühl- oder Kaltwasser-) pumpe, oder eine selbständige Centrifugalpumpe bis in die obersten gedrückt (zuweilen auch gesaugt) und dann, weil auf diesem Wege allmählich erwärmt, nach außenbords geschafft. Dampf- und Wasserweg sind also einander entgegengesetzt. Hall leitete den Dampf innen durch, das Wasser außen um die Röhren, wodurch diese aber leicht mit einer Schlammschicht überzogen und wirkungslos wurden, auch schlecht zu reinigen waren.

Jede Schiffsmaschine treibt außerdem gewöhnlich zwei Lenz- oder Bilgepumpen von ähnlicher Einrichtung wie die Speisepumpen, zur Fortschaffung des sich im untersten Schiffsraum, der Bilge, ansammelnden Wassers.

Die gesamte vorstehend beschriebene Maschinerie ist nothwendig, um denjenigen Motor in Thätigkeit zu versetzen, mittelst dessen das Schiff, statt durch die zwar billige aber nicht zuverlässige und in allen Fällen unbedingt zu verwerthende

---

[1] Ein weiteres Eingehen auf die Theorie der Maschinensteuerung kann füglich nicht Aufgabe dieses Werkes sein; auch von der Behandlung weiterer Konstruktionsdetails im Maschinenbau muß abgesehen und auf die Fachlitteratur verwiesen werden.

[2] Gewöhnlich durch einen Balancier vom Kreuzkopf der Kolbenstange aus.

Kraft des Windes, im Wasser fortbewegt werden soll. Dieser Motor (oder Propeller, d. h. Forttreiber) ist entweder ein Rad über Wasser, außen an jeder Bordwand, oder eine bezw. zwei Schrauben[1] am Hinterende des Schiffs, gänzlich unter Wasser. Die beiden Räder sind an den Enden einer mitt- und querschiffs nahe unter dem Oberdeck gelagerten, die Schraube am Hinterende einer längsschiffs nahe über oder (bei Doppelschraubenschiffen) neben dem Kielschwein liegenden Welle angebracht. Diese, auf welche die Bewegung der Kolben auf die S. 139 beschriebene Art übertragen wird, besteht aus Schmiedeeisen oder Stahl und hat zwei oder drei Kurbeln.[2] Dieselben kennzeichnen sich als ⎍ förmige Zwischensätze, deren beide senkrecht von der Welle abgehende Kurbelschenkel oder -arme zwischen ihren Außenenden den der Welle parallelen Kurbelzapfen halten. Dieser dreht sich in dem Kopflager der an ihn greifenden Kolben- bezw. Pleuelstange. Die Kurbeln sind nur bei Maschinen bis zu Mittelgröße aus der Welle ausgeschmiedet, also mit ihr aus einem Stück:

Englisches Truppentransportschiff.

gekröpfte Wellen. Die Welle selbst besteht bei Radschiffen wie bei den größeren Schraubendampfern wieder aus mehreren Theilen. Die einzelnen Theile der in den Lagern gestützten und sich drehenden Welle sind durch Flanschen mit Schraubenbolzen zu einem festen Ganzen aneinander gekuppelt. Die Welle der Raddampfer ist zumeist, in Verbindung mit einem leicht zu handhabenden Ausrückmechanismus, so eingerichtet, daß jedes Rad auch für sich, unabhängig vom andern, z. B. das eine vor-, das andre rückwärts, arbeiten kann. Bei Schraubenschiffen verbindet eine den Tunnel entlang sich erstreckende Transmissionswelle die in der Maschine liegende eigentliche (Maschinen- oder Kurbel-) Welle mit der hintersten, den Achtersteven und die Aufklotzung durchdringenden und hier im Stern- oder Stevenrohr gelagerten Stern- oder eigentlichen Schraubenwelle. Das Stevenrohr hat am Vorder- und Hinterende Pockholzfütterung und ist vorn, also vom Tunnel aus, durch eine Stopfbüchse (Sternbüchse) so abgedichtet, daß in dasselbe von außen her zwar etwas Wasser eindringen und als Schmiermaterial fungiren kann, ohne doch weiter ins Schiff zu gelangen. Kurz vor der Maschine sind auf die Welle eine Anzahl Ringe aufgeschmiedet, welche in entsprechenden

---

[1] Die Geschichte dieser Propeller s. S. 19—21 und 130—133
[2] Vgl. auch S. 144.

Rinnen des Drucklagers laufen. Durch diese Druckringe wird hier der Effekt der arbeitenden Schraube auf das Schiff übertragen. Auf vielen Dampfern läuft die Welle nicht in ein freies Ende aus, sondern erhält aus Haltbarkeits= gründen noch im Stevenlager des Ruderstevens den letzten Stützpunkt.

Die Außenenden der Welle des Raddampfers ruhen auf den Radkastenbalken, auf welche der Radkasten aufgebaut ist, um das beim Umdrehen der Räder emporgeworfene Wasser aufzufangen. Jedes Schaufelrad besteht aus einer auf den Zapfen seiner Maschinenwelle aufgestreiften Nabe mit zwei oder mehreren durch Rippen verstärkten Scheiben, an deren jede je eine Anzahl (gewöhnlich 6—8 bezw. gleich der Anzahl von Fußen des Raddurchmessers) schmiedeeiserne Arme (Speichen) strahlenförmig befestigt sind. Die Speichen eines Kreises sind am Außenende und etwas außerhalb der Speichenmitte durch je einen Radkranz aus Flacheisen fest mit einander und außerdem die Speichen der Außenkreise querab mit denen des Innenkreises durch Stehbolzen, Anker und Diagonalverstrebungen verbunden und ver= steift. An die Enden der als Quergruppe jedesmal zusammengehörigen Speichen, und zwar zwischen ihren Kränzen, ist eine Schaufel festgeschraubt, welche bei der Rotation des Rades in das Wasser eintaucht. Die Größe der Schaufeln, also auch ihr Tiefgang, hängt unter Berücksichtigung der zugleich eintauchenden Anzahl von der Maschinenstärke ab. Diese mit den Speichen fest verbundenen Schaufeln treten schräg ins Wasser ein, schlagen dabei hart auf und erschüttern das Schiff, während sie beim Austritt wieder in schiefer Lage viel Wasser in der Richtung des Radumfanges ohne Zweck mit fortreißen; hierdurch wird viel Kraft verloren, da sich der Schaufel= druck jedesmal in zwei Compo= nenten zerlegt, von denen die senkrechte, erst ab=, dann auf= wärts gegen das Wasser gerichtete, nutzlos, und nur die wagerechte für die Fortbewegung verbleibt: Buchanan und Morgan haben deshalb Räder (Patentschaufel= räder) konstruirt, bei welchen sich jede Schaufel um einen Zapfen in der Weise dreht, daß sie durch die Führung eines Excenters, welche auf sie durch Zugstange und Hebel übertragen wird, beim Ein= und Emportauchen stets eine fast senk= rechte Stellung einnehmen. Des Excenters wegen kann aber die Radwelle nicht wie sonst am Außen=

Holländische Kuff.
(Zu: Typen der Handelsschiffe.)

ende eine Lagerung erhalten, und auch außerdem das Rad nicht in sich so fest wie ein gewöhnliches konstruirt werden. Die Patent= räder erfordern weniger Maschinen= kraft und arbeiten dabei ruhiger, weshalb sie namentlich für schwere Schlepp=, sowie schnelle Passagier= dampfer im Gebrauch sind.

Raddampfer[1] finden ihre meiste Verwendung als Schlepp= schiffe, Fluß= und Passagierdampfer auf kleineren Strecken, besonders mit Vortheil für flaches Wasser, in der Kriegsmarine als König= liche Yachten und Avisos.

Die Schiffsschraube arbeitet sich im Wasser bei genügend schneller Umdrehung in ähnlicher Weise vorwärts, wie eine gewöhn=

liche Schraube in ihrem Muttergewinde. Sie besteht aus zwei oder mehr Flügeln, welche Theile einer Schraubenfläche sind und in gleicher Entfernung voneinander von einer auf die Betriebswelle aufgeschobenen Nabe ausgehen.

Jene Schraubenfläche wird folgendermaßen erzeugt: eine Schraubenspindel (Cylindermantel), die Nabe dar= stellend, wird senkrecht auf einer horizontalen Grundfläche aufgestellt. Mit dem Schraubenradius (gleich der Entfernung von der Spindelachse bis zur Flügelspitze) wird um die Spindelachse auf der Grundfläche ein Kreis geschlagen. In die erhaltene Peripherie wird ein derselben entsprechend in seiner ganzen Fläche gekrümmtes rechtwinkliges Dreieck aufgestellt. Die horizontale, in der Grundfläche liegende, den gezeichneten Kreisumfang deckende Kathete dieses Dreiecks hat die abgewickelte Peripherie zu ihrer Länge; die andere Kathete steht senkrecht zur Grundfläche, also parallel der Spindelachse und hat die Höhe eines ganzen Schraubenganges. Der Raum zwischen der gekrümmten Dreiecksfläche und der Spindel wird mit nassem Sande oder Lehm gefüllt. Nunmehr wird ein Lineal mit einer Flachseite so an die Spindel gelegt und rings um sie herumgeführt, daß seine Unterkante stetig horizontal, also parallel der Grundfläche verbleibt und zugleich auf der Hypotenuse des krummen Dreiecks entlang gleitet. Dieses Lineal streicht bei seinem Umgang vom Füllmaterial soviel weg, daß die Oberfläche des letzteren die zu erhaltende Schraubenfläche von gleichmäßiger Steigung darstellt, von welcher ein Flügel ein Theil ist. Um die übrigen Flügel herzustellen, wird ein Stück des Dreiecks jedesmal am be= treffenden Orte in der Grundfläche von neuem aufgestellt und das Verfahren wiederholt. — Damit die Flügel bei der

---

[1] Ueber die Seeeigenschaften der Raddampfer vgl. S. 19, 20; über die der Schraubendampfer vgl. S. 132.

Drehung dem Druck des Wassers zweckmäßigen Widerstand leisten können, werden sie nach der Nabe zu stärker (bis ¹/₁₀ vom Radius der Schraube), und damit sie möglichst leicht dasselbe durchschneiden, sind sie auf ihrer Vorderfläche an den Kanten zugeschärft; bei der gewöhnlichen Schiffsschraube sind Nabe und Flügel aus einem Guß. Diejenige Kante der Flügel, welche beim Vorwärtsgange das Wasser zertheilt, heißt vorgehende oder eintretende, die andere dagegen die austretende Kante. Die Flügel werden in der Regel so groß gemacht, daß ihre Projektionen gegen eine zur Nabenachse senkrechte Ebene zusammengenommen gleich ¹/₄ bis ¹/₃ der Fläche des Schraubenkreises sind. Die Größe des letzteren bezw. des Schraubendurchmessers ist von der des Schiffes abhängig. Das Maß der Schraubensteigung richtet sich, wie der Durchmesser eines Schaufelrades, nach der Zahl der Umdrehungen und der dabei zu erreichenden Geschwindigkeit.

Würde die Schraube in einer festen Mutter arbeiten, so brächte sie mit einer Umdrehung das Schiff um die Größe ihrer Steigung vorwärts; und das Rad müßte, wenn das Wasser nicht auswiche, den Fortgang bei einer Umdrehung gleich der abgewickelten Peripherie eines durch die Mitte seiner Schaufeln gehenden Kreises machen. Der wirkliche Fortgang bleibt aber hinter diesem theoretischen um 10 bis 14% desselben zurück, welcher Unterschied Rücklauf oder Slip des Propellers genannt wird.

Außer den vorbehandelten Schrauben mit gleichmäßiger hat man auch solche mit ungleichmäßiger Steigung hergestellt, wobei die Hypotenuse des oben besprochenen erzeugenden Dreiecks statt einer Geraden eine Curve ist. Die Steigung beginnt an der eintretenden Kante so stark, daß sie dem wirklichen Schiffsfortgang entspricht und wächst nach der austretenden Kante zu. Dabei sollen die Wirbel im Wasser vermieden werden. In Wahrheit arbeiten beide Schraubensysteme ziemlich gleich gut.

Man stellt entweder die Nabe aus Gußeisen und die Flügel aus Bronze, oder die ganze Schraube aus einem dieser Materialien her.

Für Kriegsschiffe wird eine zweiflügelige Scheibe nöthig, wenn sie zum Lichten in einem Brunnen[1] eingerichtet

Bark.
(Zu: Typen der Handelsschiffe.)

werden soll; Handelsdampfer bedienen sich meist vierflügeliger Schrauben als der am vortheilhaftesten wirkenden.[2] Anzahl, Form und Durchmesser der Flügel sind verschieden. Die einzelnen Konstruktionen führen ihre Namen nach den Erfindern; die Griffithschraube hat eine sehr große kugelförmige Nabe, um die Ansammlung von Todtwasser im Flügelwinkel zu verhindern; ihre Flügel, mit Zapfen und Keilen in der Nabe befestigt, werden nach der Spitze zu sehr schmal, um einen ruhigen Gang zu erzeugen, und sind nach vorn (d. h. nach dem Schiff) zu gekrümmt, damit sie das durch die Schraubendrehung nach auswärts geschleuderte Wasser zusammenhalten. Bei der Hirschschraube sind die Flügel mit Flanschen versehen, welche auf die Nabe geschraubt werden, und stark gekrümmt.

Für die Abschätzung der Arbeitsleistung von Maschinen, insbesondere Dampfmaschinen, wird bekanntlich die Pferdekraft, Pferdestärke (Dampfpferd) als Maßeinheit zu Grunde gelegt. Diese Bezeichnung schreibt sich von James Watt, also aus den frühesten Zeiten der Anwendung des Dampfes zu gewerblichen Zwecken, her. Die ersten Dampfmaschinen wurden in Bergwerken zum Heben von Lasten benutzt, und man bestimmte deshalb ihren Nutzeffekt durch Vergleichung mit den bisherigen Leistungen der durch sie verdrängten Pferdearbeit. Man rechnet in Deutschland eine

---

[1] Vgl. S. 105, sowie Vollbild S. 82.
[2] Vgl. Illustration S. 97.

Pferdekraft (e) zu 75 Sekunden-Meter-Kilogramm, als die Arbeit, welche aufgewendet werden muß, um in einer Sekunde 75 kg einen Meter hoch zu heben; in England (HP = horse power) zu 550 Sekunden-Fuß-Pfund (Sec. foot pounds, noch nach Watt's Beſtimmung). Es iſt $e = 0.986$ HP,

$$HP = 1.014\ e.$$

Man unterſcheidet bei der Angabe der Maſchinenleiſtung: theoretiſche, indizirte, effektive und nominelle Pferdeſtärken.

Die Angabe in theoretiſcher Pferdeſtärke iſt das Reſultat einer vorläufigen theoretiſchen Berechnung, bei welcher ein vorausgeſetzter mittlerer Dampfdruck im Cylinder, ſowie die beabſichtigte Zahl der Wellenumdrehungen zu Grunde gelegt und ein gewiſſer Erfahrungskoeffizient für die Ueberwindung von Gewichts- und Reibungswiderſtänden der beweg-lichen Maſchinentheile in Betracht gezogen wird; ſie iſt alſo die von der Maſchine nach der Fertigſtellung erwartete Leiſtung und dient beim Entwurf als Baſis für die Berechnung der Dimenſionen.

Die indizirte[1] Pferdeſtärke iſt die vom Dampfe in den Cylindern verrichtete Arbeit, alſo die wirklich zur Entwicklung gelangte Geſamtmaſchinenſtärke ohne Berückſichtigung der Widerſtände, iſt alſo größer als die theoretiſche. Die Geſamtdampfarbeit wird gefunden auf Grund der Meſſung mit dem Indikator an der in Gang befindlichen Maſchine. In indizirten Pferdekräften wird in neuerer Zeit die Leiſtung einer Schiffsmaſchine faſt ausſchließlich an-gegeben, weil danach deren Größe und Stärke am klarſten zu beurtheilen iſt.

Die effektive Pferdeſtärke iſt die wirkliche Nutzleiſtung nach Abzug aller Widerſtände, alſo die von der Maſchine lediglich für die Fortbewegung des Schiffes aufgewendete Arbeit, und demnach kleiner als die indizirte. Sie zu kennen, hat im Allgemeinen wenig Intereſſe, da der Kohlenverbrauch allein ſchon einen Schluß auf die Güte der Maſchinen-anlage geſtattet. Man kann ſchätzungsweiſe annehmen, daß ſie bei kleinen Maſchinen 0.75, bei größeren 0.80—0.90 der indizirten beträgt.

Die nominelle Pferdeſtärke ſollte urſprünglich das Maß der zu erreichenden Maſchinenleiſtung als Grundlage für die Verrechnung zwiſchen Auftraggeber und Erbauer ſein. Nach der Praxis Watt's, von der engliſchen Admiralität zuerſt eingeführt, legt ſie an Stelle eines wirklichen (durch den Indikator erſt feſtzuſtellenden) mittleren Dampfdruckes den konſtanten von 7 Pfund engl. pro Quadratzoll engl. der Kolbenfläche zu Grunde. Dieſe Schablone paßt nicht mehr für die moderne Maſchine, ſondern iſt längſt veraltet; die Berechnung nach ihr würde heut nur ⅓ bis ⅙ der effektiven Pferdeſtärke ergeben. —

Das Aufſtellen, Montiren der Maſchine und Keſſel geſchieht zuerſt probeweiſe in der Maſchinenbauanſtalt. Erſt nachdem das Ganze einſchließlich auch der kleinſten Details zuſammengeſetzt und geprüft worden iſt, wird die Maſchine wieder auseinander genommen und die einzelnen Theile ins Schiff gebracht und dort montirt. Die Keſſel werden nach vorgenommener Waſſerdruckprobe einzeln ins Schiff geſetzt. Maſchine und Keſſel ruhen auf den im Schiffe angebrachten Fundamenten bezw. Lagern und werden durch ſtarke Bolzen mit dem Schiffsboden ſo feſt verbunden bezw. nach den Seiten abgeſtützt, daß ſie ſich ſelbſt im ſchwerſten Seegang nicht von der Stelle zu rühren vermögen.

Die Schiffsmaſchine, wenigſtens bei Seedampfern, iſt, weil hier die Anwendung eines Schwungrades zur Ueberwindung der todten Punkte in der Kurbelumdrehung bei der höchſten und tiefſten Kolbenlage (wie bereits S. 129 bemerkt), nicht zuläſſig iſt, entweder Zwillings- oder Drillingsmaſchine, d. h. es ſind zwei oder drei Cylinder mit gleicher Art von Kraftübertragung der Kolbenleiſtung auf die Welle des Propellers zu einem Ganzen verbunden. Zuweilen ſind ſelbſt Zwillingsmaſchinen in doppelter Ausführung vorhanden[2], wobei je zwei auf beiden Seiten der Welle einander gegenüber liegende Cylinder zuſammen an je einer Kurbel arbeiten. Bei einer zweicylindrigen Maſchine ſtehen die Kurbeln unter 90°, bei einer dreicylindrigen unter 120°, alſo gleichmäßig auf den Kurbelkreis vertheilt, zu einander.

Die Schiffsmaſchinen, ſowie die Keſſel für Kriegs- und für Handelsſchiffe werden meiſtens nach vereinbarten Ent-würfen von Privatfirmen geliefert. Auf den Regierungswerften findet man größtentheils nur Reparaturwerkſtätten für beide Sonderbranchen. Sieht man auf denſelben hin und wieder dennoch einen Neubau ausführen, ſo geſchieht dies aus dem praktiſchen Grunde, einen Stamm von Arbeitern für beſtimmte Zwecke auszubilden und zu erhalten; ähnliche Ver-hältniſſe finden ſich häufig bei den zu den Werften gehörigen Keſſelſchmieden.

---

[1] Für Schiffe von gewöhnlicher Form iſt die erforderliche indizirte Pferdeſtärke annähernd nach der Formel zu bemeſſen:

$$e_i = \frac{v^3\ L\ (B + 2\,T)\ 0.417}{10000} \qquad\qquad HP_i = \frac{v^3\ L\ (B + 2\,T)\ 0.455}{10000}$$

worin:

	in Metern	in engliſchen Füßen
v = Geſchwindigkeit in Knoten		
L = Länge		des Schiffes.
B = größte Breite		
T = Tiefgang		

[2] Siehe ſchrägliegende Raddampfer-, ſowie horizontale, vertikale und ſchrägliegende Schraubendampfermaſchinen S. 146.

Die **Schiffsmaschinen werden eingetheilt:**

a) **Nach der Spannung und Arbeitsweise des von ihnen verbrauchten Dampfes** in:

Niederdruckmaschinen, wenn sie mit weniger als 2,

Mitteldruckmaschinen, wenn sie mit 2—5,

Hochdruckmaschinen, wenn sie mit einer Dampfspannung von mehr als 5 Atmosphären Ueberdruck arbeiten.

b) **Nach der Arbeitsweise des von ihnen verbrauchten Dampfes** in:

Auspuffmaschinen, wenn der verbrauchte Dampf in die freie Luft entweicht,

Kondensationsmaschinen, wenn der verbrauchte Dampf niedergeschlagen wird;

ferner in:

Maschinen mit einfacher Expansion, wenn der Dampf nur in einem Cylinder expandirt,

Maschinen mit zwei- oder mehrfacher Expansion, wenn der Dampf stufenweise nach einander in zwei oder mehreren Cylindern expandirt; sie sind in der Regel Compoundmaschinen, d. h. der Dampf expandirt erst in einem Hoch- und danach in einem oder gleichzeitig in mehreren Niederdruckcylindern.

c) **Nach der Lage der Dampfcylinder** in:

Horizontale oder liegende Maschinen, wenn die Cylinder horizontal liegen; dieselben können entweder mit gewöhnlichen Cylindern und Kolben- sowie Pleuelstangen konstruirt sein, oder als

Trunkmaschinen, wenn die Kolbenstange als weite und lange Röhre (Trunk) im Cylinder gleitet und in ihrem Innern (an einem in der Mitte des Trunks festen Kreuzkopf) die Pleuelstange aufnimmt; sie sind ferner

Maschinen mit rückkehrender Pleuelstange, wenn in einem Cylinder zwei Kolbenstangen gleiten, eine über, die andere unter der Welle, und jene über diese hinweg verlängert sind, so daß von ihrem gemeinsamen (Maudslayschen) Kreuzkopf aus die Pleuelstange nach der Kurbel zurückgreift.

Vertikale oder stehende Maschinen, wenn die Cylinder vertikal stehen; dieselben können sein:

Aufwärtswirkende, wenn die Cylinder senkrecht unter den Kurbeln stehen;

Abwärtswirkende oder Hammermaschinen, wenn die Cylinder nebeneinander senkrecht über der Kurbelwelle stehen;

(Woolfsche) Tandemmaschinen, wenn zwei Cylinder (Hochdruck- oben, Niederdruckcylinder unter ihm) übereinander senkrecht über je einer Kurbel stehen.

Schräg liegende Maschinen, wenn die Cylinder gegen die Horizontale geneigt liegen.

d) **Nach der Befestigung der Dampfcylinder** in:

Fixe Maschinen, wenn die Cylinder feststehen;

Oscillirende Maschinen, wenn jene um eine Achse schwingen.

e) **Nach Art der Uebertragung der Dampfkolbenleistung auf die Kurbelwelle** in:

Direkt wirkende Maschinen, wenn die Kolbenstange selbst sogleich die Kurbel oder die an diese greifende Pleuelstange erfaßt;

Indirekt wirkende[1] oder Balancier-Maschinen, wenn die Kolbenstange erst vermittelst eines Balanciers auf die Pleuelstange wirkt.

A. **Die Raddampfermaschinen** machen 20—30 Umgänge (Touren) in der Minute. Man hat

1) Balancier-Maschinen mit obenliegendem Balancier Watt-Fultonschen Systems nur noch auf amerikanischen Flußraddampfern; sie sind meistens eincylindrig (wobei sie dann eines Schwungrades bedürfen) mit sehr langem Kolbenhub; die Kolbenstange greift mittelst eines Gelenkstückes an das eine Ende des hoch über Deck emporragenden, an den Kopf eines Trägers schwingenden Balanciers, von dessen anderm Ende eine lange Pleuelstange zur Kurbel zurückfaßt. Sie haben Ventilsteuerung, machen bei 4 Fuß Hub 20 Umdrehungen pro Minute und nehmen sehr viel Raum in Anspruch. Die Firma Boulton und Watt hat aus letzterem Grunde bei den sogenannten Seiten-Balanciermaschinen zwei nun zu Seiten des Cylinders nöthig gewordene Balanciers nach unten verlegt, wo sie um eine im Einspritzkondenser lagernde Achse schwingen; außerdem ist eine doppelte Maschine aufgestellt und dafür das Schwungrad

---

[1] Man bezeichnet auch diejenigen selteneren (älteren) Schraubenschiffsmaschinen als indirekt wirkende, bei welchen die Kraftübertragung von der Maschinenkurbel auf die Schraubenwelle nicht direkt wie bei den gebräuchlichern (neuern) durch Zusammenkupplung, sondern dadurch bewerkstelligt wurde, daß ein großes Zahnrad am Ende der ersteren in ein kleines am Anfang der letztern Welle eingriff. Dabei konnte man, wie ja die Maschinen des Schraubenschiffs sich überhaupt erst aus denen des Raddampfers heraus entwickelt haben, das Arrangement der letzteren beibehalten, also die Kurbelwelle über den Cylindern belassen und außerdem, da man noch nicht die Zulässigkeit einer schnellen Kolbenbewegung erkannt hatte, den langsamen Maschinengang beibehalten, um die erforderliche schnellere Schraubendrehung doch zu erreichen. Diese Maschinen waren aber sehr schwer und das Radvorgelege erlitt häufig Zahnbrüche. Statt der Zahn- wurden auch Kettenräder mit übergelegter Gliederkette verwendet.

fortgefallen. Die Pleuelstange greift nach aufwärts an die Radwelle. Auch diese Maschinen beanspruchen viel Platz, sind des großen Fundaments wegen sehr schwer und werden nur noch für starke Schleppschiffe verwendet.

Bald nach 1830 wandte man sich daher vom Balanciersystem ab und erbaute

2) stehende, direkt und zugleich aufwärts und rückwirkende Maschinen, bei denen die Kolbenstange oben in ein Dreieck ausläuft, dessen obere Spitze in einer Führung gleitet und den Kreuzkopf trägt, von welchem die Pleuelstange an die noch innerhalb des Dreiecks sich drehende Kurbel zurückgreift. Um dieselbe Zeit kamen auch

3) stehende, direkt und nur aufwärts wirkende Maschinen in Aufnahme, bei denen die wieder nach oben arbeitende Kolbenstange am Kreuzkopf durch einen Evanschen Lenker gerade geführt wird. Dabei wird aber die ebenfalls nach oben gerichtete Pleuelstange sehr kurz; es konstruirten Maudslay und Field in London einige Jahre später die

4) stehende, aufwärts direkt wirkende T-plate Maschine, bei welcher die aus den nebeneinander stehenden Cylindern aufwärts arbeitenden Kolbenstangen am Oberende durch eine Traverse verbunden sind; diese hat in ihrer Mitte einen abwärts zeigenden Arm, dessen Unterende als Kreuzkopf an die wieder nach aufwärts zur Kurbel gehende Pleuelstange greift und zwischen Gleitbahnen an den beiderseitigen Cylinderwänden geführt wird. Alle diese Maschinen beanspruchten noch viel Platz; darum fanden ihrer großen Raumersparniß wegen

5) die direkt und aufwärts wirkenden oscillirenden Maschinen, namentlich von der Firma Penn in Greenwich viel gebaut, bald Aufnahme. Sie haben den Vortheil, daß die Kolbenstange unter Wegfall der Pleuelstange direkt die Kurbel treibt, weshalb die Welle unweit von den Cylindern liegen kann. Die Drehzapfen, um welche die Cylinder schwingen, sind hohl und stehen mit dem Schieberkasten in Verbindung; durch den einen strömt frischer Dampf zu, durch den andern der verbrauchte aus dem Cylinder fort. Die oscillirenden Maschinen findet man auf den Räderyachten der Staatsoberhäupter der modernen Seestaaten, auf den Radavisos der Kriegsmarinen

Galeaß.
(Zu: Typen der Handelsschiffe.)

und großen, schnellen, immer nur kurze Reisen zurücklegenden Passagierdampfern, überhaupt auf solchen Radschiffen, bei denen es auf einen größeren oder geringeren Kohlenverbrauch nicht besonders ankommt. Leichter überall zugänglich und von sehr gleichmäßigem Gange sind

6) die schrägliegenden Maschinen, mit festen Cylindern und schräg nach aufwärts wirkenden Kolben- und Pleuelstangen, welche aber einen langen Maschinenraum beanspruchen und hauptsächlich auf flachen und schnellen Flußraddampfern installirt, indeß auch für Seedienst sehr beliebt sind. Sie finden sich entweder als einfache oder als doppelte Zwillings- und zwar sowohl als einfache Expansions- wie als Compoundmaschinen konstruirt.[1]

B. **Die Schraubendampfermaschinen**[2] machen 100—150 Umdrehungen (Touren) in der Minute. Zuerst wurden die eine möglichst tiefe Lage im Schiff gestattenden (direkt wirkenden)

1) horizontalen Maschinen eingeführt, weil man die Verwendung des neuen Motors zunächst für Kriegszwecke ins Auge gefaßt hatte. Ihre Cylinder mußten, wenn das Schiff nur eine einzige Schraube führte, einzeln oder paarweise querschiffs zu den Seiten der Kurbelwelle liegen; weil daher für die Cylinder und ihre Uebertragungsmechanismen nur die halbe Schiffsbreite verfügbar blieb, mußte der Kolben bei großem Durchmesser kleinen Hub erhalten und die Pleuelstange sehr kurz sein. Auch der Ersatz der festen durch oscillirende Cylinder war keine wesentliche Verbesserung. Erst die von Penn zuerst erbaute

Trunkmaschine (vgl. Seite 145) genügte wieder. Durch den Trunk wird erreicht, daß die Welle nahe an die Cylinder gebracht wird und doch die Pleuelstange lang genug verbleiben kann. Aber die großen Stopfbuchsen an den Cylinderdeckeln um den Trunk sind nicht leicht genug dicht zu halten und erzeugen viel Reibung; auch ist der Schwungzapfen der Pleuelstange im Kreuzkopf während des Maschinenganges schlecht gegen Warmlaufen zu beaufsichtigen, überhaupt nicht gut an ihn anzukommen. Es entstanden nunmehr die horizontalen Maschinen mit rückkehrenden

---

[1] Ueber Vertheilung der Arbeit der vier Cylinder an die zwei Kurbeln vgl. Seite 144.
[2] Ueber „indirekt wirkende" Schraubenschiffsmaschinen mit Rädervorgelege vgl. Anmerkung zu voriger Seite.

Pleuelstangen (vergl. S. 145), aber sie sind in einzelnen Theilen auch nicht recht zugänglich. Die Trunk= und diese rückwirkenden Maschinen sind dennoch, weil einfach und übersichtlich, für Kriegsschiffe die gebräuchlichsten. Sie werden mit zwei oder drei Cylindern und seit Einführung des Compoundsystems nach diesem überhaupt auch viel häufiger als früher, gebaut. Die ersteren, auch „Maschinen mit hohler Kolbenstange" genannt, sind hauptsächlich für eine Reihe von englischen und auch für einzelne deutsche Kriegsschiffe, die letzteren namentlich in der französischen Marine, auch von englischen Firmen für englische Kriegsschiffe, gefertigt worden.

Für Handelsschiffe, wo die Maschinen nicht die tiefe Lage zu haben brauchen, werden liegende nicht mehr gebaut, sondern

2) **vertikale Maschinen** und zwar für Schraubenschiffe, weil hier die Kurbelwellen unten liegen, naturgemäß als **Hammermaschinen**, so genannt, weil sie in ihrer Aufstellungsart den Dampfhämmern gleichen. Auch Torpedoboote werden ausschließlich, und in den letzten Jahren auch schwere Panzer sowie ungepanzerte Kreuzer, mit solchen Maschinen ausgerüstet. Sie haben vor den horizontalen Schiffsmaschinen so bedeutende Vorzüge, daß es nicht zu verwundern ist, wenn man sie um derentwillen auch lieber in die Kriegsschiffe einbaut, ohne ihnen den Schutz geben zu können, den sonst eine Unterwasserlage im Gefechtsfall gewährt. Sie sind als Compoundmaschinen konstruirt, wobei der kleinere Hoch= wie der große neben ihm stehende Niederdruckcylinder je eine Kurbel treibt. Bei der Variation als (Woolffsche) Tandem=Maschine arbeitet über jeder Kurbel ein Nieder= und auf diesem ein Hochdruck=, also im ganzen vier Cylinder, wobei je eine lange Kolbenstange durch ihre beiden Cylinder hindurch geht.

3) Die **schrägliegenden Maschinen** kommen für Schraubenschiffe nur selten zur Verwendung, lediglich dann, wenn die Schiffsbreite die Anlage einer horizontalen Maschine nicht ermöglichen läßt und es doch zur Aufstellung einer Hammermaschine an der nöthigen Höhe gebricht. In unserer Marine kommen zwei Aufstellungsarten vor: auf Schiffen mit einer Schraube liegen die Cylinder an den Schiffsseiten, wie bei einigen unserer mit Torpedoarmirung versehenen Panzerkanonenboote; für Schiffe mit Doppelschrauben sind die Cylinder in der Schiffsmitte aufgestellt, welche Anordnung die Panzerfahrzeuge der Wespe=Klasse zeigen, deren Zwillingshochdruckmaschinen mit Oberflächenkondensatoren versehen sind.

Die **Maschinen für Doppelschraubenschiffe** sind überhaupt dieselben, wie für Einschraubenschiffe. Auf Schiffen mit Längsschott, wie auf unseren Panzerschiffen der Bayern=Klasse (mit Trunkmaschinen), stehen die Maschinen für die einzelnen Schrauben in vollständig getrennten Maschinenräumen. (Bei Doppelschraubenschiffen anderer Nationen sind auch liegende rückwirkende und Hammermaschinen in Gebrauch.)

Reef in die Fock. Eine Stunde auf der Raa.

Ausrüsten (Ausrheden).

usrüsten (Ausrheden) heißt im Marine-Wesen die Ausstattung eines Schiffes mit Takelage, Segel, Ballast, Anker, Ketten, Booten, nautischen Instrumenten, Lebensmitteln, Kohlen, Wasser und dergleichen, soweit solches zu einer Seereise erforderlich ist.

Für die Ausrüstung eines Kriegsschiffes bildet Armirung und Munitionsversorgung ein besonderes Ressort; auf Panzerschiffen bleiben die Geschütze, Lafetten und Rahmen meistens dauernd, also auch nach der Abrüstung an Bord, weil sie in irgend einer Weise mehr oder minder fest mit dem Schiff verbunden sind; es sei denn, daß größere Reparaturen am Schiffskörper ꝛc. das Anlandschaffen nothwendig machen. Ebenso verbleiben die Maschinen und Kessel dauernd im Schiff und zählen nicht speziell zur Ausrüstung.

Die für Segelschiffe im Besonderen, und auch für Kreuzer-Fregatten und -Korvetten, Avisos u. s. w. die mit Dampfkraft ausgerüstet sind, gleich wichtige Takelage umfaßt im engeren Sinne alles Tauwerk, welches zum Halten der Masten und Stengen (stehendes Gut) sowie zum Manövriren der Segel (laufendes Gut) dient; im weiteren Sinne auch das Rundholz (Masten, Raaen, Spieren), die Segel, die Blöcke u. s. w.

Segelflicken.

Wie es schon die praktische Nothwendigkeit erfordert, theilt sich die Segelfläche in mehrere künstlerisch ebenmäßig nach oben zu in Dimensionen und Fläche verjüngte Segel, deren stolzer, hoher und luftiger Aufbau dem Aussehen des Schiffes den Stempel edler Majestät giebt. Die Pyramide von Leinwand wird wagerecht unterbrochen durch die dunklen Linien der Raaen; sie wird senkrecht in ihrer Mitte durchzogen vom Mast mit seinen Stengen als der Säule, welche die Raaen hält und welche im Zusammenhang mit dem ihre Festigkeit sichernden stehenden Gut ein schönes, in sich und mit den Maßen des Schiffskörpers harmonisches Ganze bildet. Vom Deck unten bis zum Top in schwindelnder Höhe durchzieht das laufende Tauwerk kreuz und quer, scheinbar wirr dem Laien und doch in streng regelmäßiger Weise, den Luftraum; Jahrhunderte lange Erfahrung hat Befestigungsart und Weg für jedes Ende festgestellt, für jeden Block, durch den ein solches läuft, Ort und Form, um den Angriffspunkt für die Hand des Matrosen behufs Bedienung von Raa und Segel praktisch und bequem nach Deck zu verlegen.

Jene Zeiten sind ja vorüber, in denen ganze Geschwader unter schneeweißem Linnen, ein Schiff im Kielwasser des andern, ein Schiff gleich weit vom andern, keck überliegend unterm Druck der Brise im gutstehenden Segel, kolonnenweise genau distanzirt, des Kommandirenden auf dem Flaggschiff, jedes Seemanns Freude waren. Die Jetztzeit kennt nur noch von Hörenſagen die verwegenen, prompten Segelmanöver in großem Stil. Es entfalten nicht mehr ganze Flotten auf der Rhede, dem Signal gehorſam, das Ebenmaß der mächtigen Segelſchwingen und ziehen ihre Wege unter Salut und Gruß, bis ſie wie wilde Schwäne in der Ferne überm Waſſer dem Blick entſchwinden; man ſieht nicht mehr ganze Flotten ſtolzer Kriegsſchiffe unter vollem Segeldruck auflaufen bis dicht unter Land zum Ankerplatze; jeden an den rechten Ort, und im Nu alle Segel bergen, während die Anker in den Grund fallen.

Unter den veränderten Verhältniſſen der neuen Zeit hat nothwendig die Frage, ob Schlachtſchiffe mit voller, kleiner oder ganz ohne Takelage ausgerüſtet werden ſollen, die Marinebehörden ſchon ſeit Jahren beſchäftigt, ohne bis

Rieſenkrahn zu Spezia.
Anbordſchaffen eines 100 Tons-Geſchützes.

jetzt endgültig zur Entſcheidung gelangt zu ſein. Bezüglich der Panzerſchiffe iſt es kaum noch zweifelhaft, daß ſie ohne jegliche Betakelung, wie ja ein Theil von ihnen überhaupt von vornherein keine ſolche erhalten hat, höchſtens mit Signalmaſten ausgerüſtet, in die Schlacht gehen werden, während Kreuzer, überhaupt ſolche Schiffe, welche lange Seereiſen zu machen haben, die Segel behufs Erſparniß an den theuren Kohlen mit Vortheil beibehalten können; im Gefecht dürfte die Takelage auch ihnen leicht verhängnißvoll werden.[1]

Die Takelage wird nach Maßgabe einer Segelzeichnung[2] aufgebracht. Auf dieſer iſt der Schwerpunkt des Segelareals $\otimes$ angegeben, die Stellung und Dimenſionen der Maſten und Stengen, des Bugſpriets und ſeiner Verlängerungen, ſowie die Breite der Raaen, die Größe und Form der Segel, auch die Orte der Rüſten und Unterwanten, dargeſtellt.

¹ Vgl. Anmerkung 6 S. 132. — ² Vgl. S. 103.

Für die Bestimmung des Segelareals zieht man nur diejenigen Segel in Betracht, welche für gewöhnlich bei frischer Brise (Windstärke 5—6 nach Beauforts Scala, d. i. nahezu 5 kg Winddruck pro qm Tuch) stehen.[1] Es wird die Lage des Segelschwerpunktes in der Horizontalen vor dem Schwerpunkt des Deplacements, bezw. des eingetauchten Theils des Longitudinalplanes, bezw. des Systemschwerpunktes, somit vor der Mitte des Schiffes bestimmt. Sodann ist seine Lage in der Vertikalen über dem Systemschwerpunkt[2] festzustellen, indem man die Steifigkeit des Schiffes bei einem Normalneigungswinkel in Rechnung zieht. Die Größe des Areals der Segel wurde früher als aliquoter Theil desjenigen der Wasserlinie oder des eingetauchten Hauptspants festgestellt, in mehr angemessener Weise legt man heut für diese Berechnung Deplacement und metacentrische Höhe sowie Erfahrungskoeffizienten nach Beobachtungen an wohl bewährten Schiffen zu Grunde.[3] An der Hand der Erfahrung haben sich auch für die Vertheilung des Segelareals auf die einzelnen Masten bestimmte Regeln herausgebildet. Die Segel, also auch die Stängen und Raaen, des Groß- und Fockmastes werden in neuerer Zeit meist gleich groß gemacht, sodaß man in Havariefällen die mitzunehmenden Reserverundhölzer für beide Masten gebrauchen kann; nur die Tiefe des Untersegels, also auch die Höhe des Untermastes über Deck, verbleibt beim Fockmast geringer als beim Großmast.

Labsalven.

Stengenschmieren.

Von der Lage des Segelschwerpunktes hängt zum großen Theil die Manövrirfähigkeit des Schiffes ab. Liegt derselbe zu weit nach hinten, so wird der von der Seite kommende Wind den Bug des Schiffes in den Wind drehen, das Schiff wird luvgierig; liegt er dagegen zu weit nach vorn, so tritt das Entgegengesetzte ein, das Schiff neigt zum Abfallen, es ist lafwindig (wie man es zuweilen nennen hört). Die zweckmäßigste Lage des Segelschwerpunktes ist vor dem Systemschwerpunkte, aber hinter der Drehungsachse des Schiffes.

Segelschiffe, die Anspruch auf gutes Manövriren machen, müssen immer ein Weniges luvgierig sein; wogegen solche Schiffe, welche Neigung zum Abfallen haben, Vorsicht beim Manövriren erfordern.

Die hölzernen Masten, das Bugspriet und die Unterraaen bestehen nur bei kleineren Schiffen aus einem einzigen fichtenen Stamme; bei größeren werden sie aus mehreren Stücken zusammengesetzt (der Kern heißt das Herz), welche abgerundet und durch eine Anzahl eiserner Ringe zu einem Ganzen verbunden werden.

Die nach und nach immer mehr wachsende Schwierigkeit, den nöthigen Bedarf an Mastenhölzern zu beschaffen, ließ in neuerer Zeit auch hier an die Stelle des Holzes das weniger elastische Material, Eisen und Stahl treten. Masten, Bugspriet und Unterraaen, zuweilen auch Marsstengen und Marsraaen sind aus Blechen gearbeitet und zu Cylindern

[1] Für Vollschiffe; Klüver, die 2 Untersegel, die 3 Marssegel, die 3 Bramsegel, Besan. Jager- und Ober-Bramsegel bleiben überall außer Acht.
[2] Vgl. S. 103.
[3] Ein näheres Eingehen auf die Berechnung der Daten zur Takelage, insbesondere für die verschiedenen Schiffsklassen, und ein Kriterium der dafür aufgestellten Methoden würde die Grenze des hier verfügbaren Raumes weitaus überschreiten.

zusammengenietet, welche im Innern durch doppelte **T**-Eisen und Streben zusammengehalten und versteift werden. Die Untermasten dienen, da sie oben unbedeckt und unten mit Oeffnungen versehen sind, gleichzeitig als Ventilatoren für die unteren Schiffsräume. Die Masten stehen in der mittleren Längsebene des Schiffes und etwas, die vorderen weniger, die hinteren mehr, nach hinten geneigt; theils rückt man dadurch den Segelschwerpunkt soweit als angängig nach hinten, theils ist gefälligeres Aussehen, leichteres und wirksameres Befestigen durch die Wanten und die Möglichkeit zu etwas schärferem Anbrassen der Raaen Hauptgrund dafür. Auch die Neigung des Bugspriets zur Horizontalen ist mehr oder minder Sache des Geschmacks, wenn auch möglichste Höhe außenbords über Wasser beim Stampfen als vortheilhaft dabei in Betracht kommt. Die Masten reichen gewöhnlich durch alle Decks und ruhen dann mit ihrem Fuße in der Mastspur auf dem Kielschwein. Sie haben ihren größten Durchmesser in der Gegend des Oberdecks, von wo aus sie sich nach oben und unten verjüngen. Der obere Theil des Mastes, etwa $^1/_6$ der ganzen Länge vom Kielschwein an gemessen, heißt der Top und trägt an seiner Spitze das Eselshaupt, bei hölzernen Masten ein oval geformtes, starkes, mit Eisen beschlagenes Stück Eichenholz, welches mit seiner viereckigen hinteren Oeffnung auf das entsprechend geformte

Ende des Mastes gestreift ist, während durch das vordere runde Loch die Marsstenge geschoben wird. Eiserne Masten haben eiserne Eselshäupter, die mit dem Top zusammengenietet sind.

Zu beiden Seiten des Mastes, vom Fuße des Tops nach unten reichend, sind entweder Kniee oder lange starke Eichenplanken — Backen — angebracht, auf deren oberen Hirnflächen die Längssalingen ruhen; diese haben

Auf dem Segelmacherboden.

entsprechende Einschnitte, in welchen wiederum die Quer- oder Dwarssalingen liegen; beide zusammen sind die Träger der Marsen.

Der Mars[1] ist eine vorn abgerundete hinten eckige Plattform aus Planken oder gitterartig einander kreuzenden Latten. Sie sind außen von einem mittelst Eisenschiene verstärkten Marsrand umgeben; auf Kriegsschiffen neuester Zeit werden im Mars leichte Geschütze aufgestellt.

Das Bugspriet ruht auf dem Vorsteven zwischen den Ohrhölzern, ist meist unter einem Winkel von etwa 30 Grad gegen den Wasserspiegel geneigt und ragt über den Bug des Schiffes hinaus. Es hat seinen größten Durchmesser in der Gegend der Ohrhölzer; sein Fuß ruht entweder in einem schrägen Gerüst oder ist direkt auf dem Deck befestigt. Am äußersten Ende trägt es, wie der Mast, ein Eselshaupt. Der Zweck des Bugspriets und seiner Verlängerungen ist einestheils die Führung von Segeln an einem langen Hebelarm vor dem Fockmast, anderentheils dem Fockmast einen besseren Halt nach vorn zu gewähren.

Linienschiffe, Fregatten und Korvetten, sowie Vollschiffe der Handelsmarine haben drei gleichartig getakelte Masten, die, von vorne anfangend: Fock-, Groß- und Kreuz- oder Besanmast heißen. Alle Rundhölzer erhalten den Namen des Mastes, zu dem sie gehören, z. B. Vor-Marsstenge, Groß-Marsraa, Kreuz-Bramstenge ꝛc. Dasselbe gilt auch von den zu den Rundhölzern gehörenden Tauen. Man spricht z. B. von Fock-Wanten, Groß-Stenge-Stagen, Kreuz-Bram-Pardunen ꝛc.

Gehalten werden die Masten nach vorn durch die Stage, nach den Seiten und nach hinten durch die Wanten (Haupt- oder Hofdtaue), starke Taue, welche mit einem Auge (Oese) über den Top des Mastes gestreift, mit den unteren Enden am Schiff befestigt werden; und zwar die Stagen mittelst Dodshofden und Taljereepen am Bugspriet und auf dem Deck; die Wanten in den Rüsten (zuweilen auch ohne solche) an der Schiffsseite mittelst Jungfern und Taljereepen,

---

[1] Die häufig statt Mars gebrauchte Bezeichnung Mastkorb ist in diesem Sinne unrichtig; sie paßt nur für ein allerdings korbähnliches Gehäuse an der Spitze des Mastes, welches in älterer Zeit besonders zum Auslugen diente.

in seltneren Fällen durch Schrauben ꝛc. Zum bequemen Besteigen der Masten sind die Wanten mit dünnen Leinen, Webeleinen, horizontal durchflochten (ausgewebt) und dienen so als Strickleitern.

Das Bugspriet wird nach unten durch die Bugspriet=Zurring (Kette) und die Wasserstagen, ferner nach den Seiten durch die Bugstagen, gehalten; alle diese Stagen sind mit ihren Stroppen und Dodshofden nebst denen für die Fockstagen auf ⅔ der Länge des Bugspriets außerhalb der Judasohren um dasselbe befestigt. Die Wasserstagen fahren abwärts nach dem Vorsteven oder dem Schegg in die Nähe der Wasserlinie. —

Die erste Verlängerung des Mastes ist die Marsstenge, welche durch die vor dem Mast durch die Salingen gebildete Oeffnung und das vordere runde Loch des Eselshauptes geschoben wird; durch ihren vierkantigen Fuß wird ein starker Riegel, das Schloßholz, gesteckt, welcher auf den Längssalingen ruht. Die runde Marsstenge hat gleich dem Mast einen vierkantigen Top, dessen oberstes Ende wieder ein Eselshaupt trägt. Am Fuße des Tops wird ein

Yacht, gekielholt.

Gerüst von Längs= und Querriegeln — Bramsaling — angebracht, das auf dem unter dem Top hervortretenden Absatz der runden Stenge ruht.

Die Taue zum Aufbringen (Aufwinden) der Marsstenge mit den dazu gehörigen Takeln (Flaschenzügen) heißen Stengewindreepe.

Die Marsstengen sind wieder durch die zusammen aus einem Stücke bestehenden Bram= und bezw. Ober=Bramstengen verlängert. Diese werden, ähnlich wie die Marsstengen an den Masten, durch ein Schloßholz, die Bramsaling und das Eselshaupt an ihren Stengen festgehalten. Der Top (Spitze) der Ober=Bramstenge trägt den Flaggknopf, der mit Rollen versehen ist, über welche die Flaggleinen zum Hissen von Flaggen fahren. Auf Kriegs= schiffen ist ferner oben in diese Tops ein kupferner Bolzen mit vergoldeter Spitze als Träger des Blitzableiters eingeschraubt.

Die Mars=, Bram= und Ober=Bramstengen werden ähnlich wie die Untermasten nach vorn durch Stagen, nach den Seiten durch Wanten und außerdem nach hinten durch Pardunen gehalten. Die Stengewanten, welche an den vom Mast nach dem Rande des Marses reichenden Püttingswanten wieder durch Jungfern und Taljereepe (bei Handelsschiffen oft auf Tamp) befestigt werden, sind ebenso wie die Unterwanten ausgewebt, behufs Kommunikation nach den Bramsalings. Die Bramwanten sind nicht ausgewebt; eine Jakobsleiter mit hölzernen

Sproſſen an der hintern Seite der Stenge erleichtert ſtatt deſſen, wenigſtens auf Kriegsſchiffen, das Hinaufſteigen in die höchſten Theile der Takelage. Die Ober-Bramſtenge hat auf Kriegsſchiffen keine Wanten, ſondern nur Pardunen. Alle Pardunen fahren von ihren bezüglichen Tops aus nach der Bordwand (bezw. den Rüſten) hinter das achterſte Hofdtau der Wanten; die Stagen der Vor-Marsſtenge von ihrem Top aus über Rollen zu beiden Seiten des Bugspriets hinter deſſen Eſelshaupt nach dem Bug; die der Groß-Marsſtenge durch Blöcke oder Rollen am Top des Fockmaſtes nach Deck (auf Handelsſchiffen häufig am Fockmaſt vorbei direkt nach dem Vordeck); das der Kreuz-Stenge nach dem Top des Großmaſtes. Die Stagen der Vor-Bram- und Oberbramſtenge nebſt den Klüver- und Jagerleitern fahren über Rollen in den Nocken (Außenenden des Klüver- und Jagerbaums) nach dem Bug; die Stagen der Groß- und Kreuz-Bram- und Oberbramſtenge über Rollen an der Vor- und Großbramſaling nach Deck oder bis zum Mars.

Die Verlängerungen des Bugspriets bilden der Klüver- und der Außenklüverbaum (Jagerbaum). Der erſtere fährt durch das Eſelshaupt des Bugspriets; ſein Fuß ruht in einem auf dem Bugspriet feſtgebolzten Klotze und wird durch eine um Bugspriet und Klüverbaum gelegte (Fuß-) Kette oder einen Bügel feſtgehalten.

Der Jagerbaum liegt auf der Steuerbordſeite neben dem Klüverbaum und fährt durch eine Brille (Art Eſelshaupt) am äußerſten Ende deſſelben, während ſein Fuß in einem hölzernen Schuh am Eſelshaupt des Bugspriets ruht und durch ein dünnes Tauende am Klüverbaum befeſtigt wird.

Klüver- und Jagerbaum werden nach den Seiten durch ihre Backſtagen, welche nach den Krahnbalken[1], nach

Schoonerbark.

unten durch die Stampfſtagen gehalten, welche nach dem Stampfſtock und von dort nach dem Bug fahren.

Zu dem bisher erwähnten Tauwerk, dem ſtehenden Gut, benützt man in neueſter Zeit faſt ausſchließlich galvaniſirtes Drahtſeil, deſſen Beſchaffungskoſten bedeutend geringer und deſſen Haltbarkeit faſt doppelt ſo groß wie bei dem aus Hanf gefertigten Tauwerk ſind, weshalb das letztere überall dort verdrängt worden, wo keine große Biegſamkeit erforderlich iſt. Außerdem wird durch Verwendung des Drahtgutes nicht allein das Gewicht der Takelage bedeutend ermäßigt, ſondern auch infolge des geringeren Umfangs erheblich weniger Windfang erzeugt.

Gegen Witterungseinflüſſe wird das ſtehende Gut (Drahtgut ganz, Hanfgut theilweiſe) überſponnen (mit Schiemanns-

garn gekleidet) und getheert (gelabſalvt)[2], daher es ſchon äußerlich an ſeiner ſchwarzen Farbe zu erkennen iſt. Das laufende Gut iſt braun, wenn es aus europäiſchem Hanf oder faſt weiß, wenn es aus Manilahanf gefertigt iſt. —

Jeder Maſt, jede Stenge trägt bei vollgetakelten Schiffen eine Raa (Segelſtange), welche horizontal an der Vorderſeite jener hängt, beweglich iſt und zum Befeſtigen und Ausſpannen der ſogenannten Raaſegel dient. In der Mitte ſind die Raaen dicker und nehmen kegelförmig nach den Enden ab. Die beiden äußerſten Enden heißen die Nocken[3]. Die Raaen ſind, wie die hölzernen Maſten, von Tannenholz, nach deſſen Güte ſich ihre Dicke richtet. Fock-, Groß- und Marsraaen großer Schiffe ſetzt man ihrer bedeutenden Länge halber aus mehreren Stücken zuſammen, oder fertigt ſie auch in neuerer Zeit aus Stahlblech. Sie ſind dann zwar leichter, aber weniger elaſtiſch.

An jedem Untermaſt, bei großen Schiffen etwa 2 m unter dem Mars, hängt, in der Mitte durch den Hanger

---

[1] Vgl. auch Blinderaa bezw. Bugsprietgaffeln S. 156.

[2] Vgl. Illuſtration S. 151. — Tauwerk aus Manilahanf und zähen indiſchen Grasarten iſt zwar leichter (ſo daß es auf dem Waſſer ſchwimmt und man es für Troſſen vortheilhaft gebrauchen kann) als das von europäiſchem Hanf, aber nicht ſo ſtark und dauerhaft; am beſten iſt der rheiniſche und italieniſche, weniger gut ruſſiſcher Hanf. Für die Takelage unbrauchbar geworden, iſt Manilagut zu nichts mehr verwendbar, während altes Hanftau zu Schiemannsgarn, Platting, Werg u. ſ. w. verarbeitet werden kann.

[3] Auf engliſchen Schiffen diente die Nock der Fockraa bei der Vollſtreckung von Exekutionen (Hängen). Der große Nelſon ſogar, unter dem Einfluſſe der Lady Hamilton, verſchmähte es nicht, 1799 den greiſen Fürſten Caracciola an der Nock der Fockraa ſeines Flaggſchiffes auf ſolche Weiſe hinrichten zu laſſen. — Vgl. auch „Kielholen“: Anmerkung zu S. 96.

von Tau oder die Hangerkette gehalten, eine Unterraa (Fock=, Groß= und Bagienraa). Sie wird, (wie auch die übrigen Raaen) nach oben durch die von den inneren Enden der Nocken nach dem Eselshaupt des Mastes (bezw. den Topen der Stengen) führenden Topnanten gehalten, und in vertikaler Richtung bewegt; während sie mittelst der gleichfalls an den Nocken angebrachten Brassen in der Horizontalen bis zum Winkel von 23 Grad zur Kielebene gedreht werden kann. Die Racken aus Kette oder Tauwerk, um Mast und Raa geschlungen und mit den Racktaljen (Flaschenzügen) versehen, halten die Unterraa am Mast[1]. Die von den Nocken nach der Mitte der Raa unter dieser hängenden Taue, Pferde (Peerde, Fußtaue), dienen den Matrosen zur Kommunikation und beim Festmachen der Segel als einziger Stützpunkt für die Füße. Nockpferde sind kurze Taue zu gleichem Zweck, die von dem äußeren Ende der Nocken bis etwa auf ⅓ der Raa nach innen reichen.

An den Raaen sind die Segel mit ihrem Raaliek (Oberrand) durch Raabänder an Jackstagen von Tau, Eisen= stangen oder hölzernen Leisten befestigt, die oben an der Vorderseite der Raa entlang gehen; die Nocken (Nockohren,

Als Dreimastschooner getakelter Kreuzer (Cruiser).

oberen Ecken) der Segel sind mit Schleifen (Lägeln) versehen, die mittelst Nockbändseln an die Raanocken befestigt werden. Die Untersegel müssen mit ihren Fuß= (Unter=)lieken frei von den Hängemattkästen bezw. der Rehling bleiben. Die Schoothörner (unteren Ecken) der Fock und des Großsegels werden auf Deck durch die Halsen nach vorn und durch die Schooten nach hinten ausgeholt (ausgespannt). Die (Luv=) Seitenlieke der Segel können für die Fahrt beim Winde mit angebraßten Raaen durch die Bulinen straff nach vorn geholt werden, um den Wind besser zu fangen. Die Bulinen sind in Bulinspruten, kurze Taue am Seitenliek auf ⅓ seiner Länge von Schoothorn an, geknebelt.

Damit die Segelfläche erforderlichen Falls verkleinert[2] werden könne, sind wagerecht quer über die Segel hinweg in Abständen von 1—1½ m Reefbänder (Streifen Segeltuch) aufgenäht; diese Reefbänder sind mit Löchern (Gaaten) versehen, in welche kurze Taue als Reefzeisinge befestigt sind, die beim Reefen um die Raa gebunden werden. In

---

[1] Bei Handelsschiffen, deren Unterraaen nicht so wie bei Exercitien der Kriegsschiffe heruntergenommen werden, besteht das Rack nur aus einem mit der Raa fest verbundenen Bügel aus Eisen, der an der Vorderseite des Mastes um einen Bolzen drehbar ist.
[2] Vgl. Vollbild „Reef in die Fock" S. 148.

neuerer Zeit hat man auf Kriegsschiffen an Stelle dieser Reefeinrichtung Reefleinen auf den Reefbändern entlang vor und hinter dem Segel angebracht, deren einzelne lose Buchten über Knebel mit Steerten gestreift werden, welche am Jackstag der Raaen hängen. Diese Art hat vor der früheren den Vortheil größerer Handlichkeit voraus. Der obere Theil der Seiten= (stehenden) Liek der Segel bis etwas unterhalb des untersten Reefbandes wird durch Reeftaljen nach der Nock der Raa, der untere Theil derselben durch die Nock= und Schlappgordings nach der innern Raa, das Unterliek dagegen durch die Bauch=(Buk=)gordings nach der Mitte der Raa aufgeholt. Nock= und Bauchgordings fahren an der Vorderseite der Segel, die Schlappgordings dagegen, sowie die Geitaue, welche die Schoothörner nach der Raamitte aufholen, an der Hinterseite. Schließlich wird das ganze Segel auf die Raa geholt, mittelst der Bauch= und Beschlagzeisinge befestigt und ist so geborgen.

An der Marsstenge hängt dicht über dem Eselshaupt des Mastes die Marsraa, welche mittelst des einfachen Marsdrehreeps und des ans Unterende desselben als Talje angefügten Marsfalls an der Stenge empor bis unter die Bramsaling geheißt (emporgezogen) werden kann. Das Rack[1], entweder aus Tautroppen oder aus einer Trommel bestehend, liegt knapp um die Stenge, verbindet mit dieser die Mitte der Marsraa und gleitet beim Heißen oder Niederführen der letzteren an der mit Fett geschmierten Fläche der Stenge auf und nieder. (Vgl. Illustration S. 151).

Die übrige Betakelung der Marsraa ist der der Unter= raaen ähnlich.

An den Marsraaen sind die Marssegel befestigt, deren Schoothörner durch die nach den Nocken der Unterraaen ge= leiteten Marsschooten ausge= holt werden, während durch das Heißen der Marsraaen die Segel vollständig ausgespannt werden. Das Geien oder Bergen (Zu= sammenschnüren) und das Fest= machen der Marssegel geschieht wie beim Untersegel; Nock= und Schlappgordings fehlen aber. Soll ein Marssegel nur gereeft werden, so führt man seine Raa bis zum Eselshaupt nieder, holt

Tjalk.
(Zu: Typen der Handelsschiffe.)

mittelst der Reeftaljen die Seiten= lieken zwischen den Reefbändern dicht unter die Nocken der Raa; einige Matrosen scheeren dann die Stechbolzen, dünne Taue, um die Nock und durch die Reefkauschen am stehenden Liek, um dieses zu befestigen, während die übrige oben befindliche Mann= schaft das Segel an den Zeisingen oder Leinen des betreffenden Reef= bandes gleichzeitig längs der ganzen Raa fest macht. Dann werden die Reeftaljen wieder los= geworfen und am Ende die Raa auf die jetzt noch erreichbare Höhe wieder geheißt.

Auch die Marssegel sind mit Bulinen versehen. Die Unter= und Marsraaen am Fock= und Großmast können durch aus= schiebbare Bäume, Leesegels= (Leihsegels=) oder Leespieren

genannt, verlängert werden, welche durch eiserne an den Nocken der Raaen befestigte Bügel — Brillen — hinausgeschoben werden, um an ihnen bei günstigem Winde die Leesegel zu setzen. Am Besanmast werden keine Leesegel geführt. Die mit ihren vorderen Enden an den Schiffsseiten vor der Fockrüst befestigten Backsbäume (Backspieren), die auf Kriegs= schiffen im Hafen und auf Rhede gleichzeitig zum Festlegen der Boote benutzt werden, dienen zum Ausholen der Unterleesegel mittelst der Wasserschooten. Die Leesegel hängen an kleinen Raaen, welche bei Ober= und Bramleesegel an den Nocken der Mars= und Bramraa, beim Unterleesegel an der Oberleesegelspiere mittelst ihrer Fallen aufgeheißt, durch ihre Schooten ausgeholt und mit Hilfe ihrer Niederholer wieder geborgen werden.

Die Bram= und Ober=Bramraaen sind ähnlich den Marsraaen getakelt, jedoch ohne Leesegelspieren[2]; die dazu gehörigen Segel, deren Schooten nach den Nocken der Mars= bezw. Bramraaen fahren, werden wie die Marssegel gesetzt und geborgen, jedoch nicht gereeft und sind daher auch ohne Reefeinrichtung; die Ober=Bramsegel haben auch keine Bulinen.

In früheren Zeiten hing auch am Bugspriet, in der Nähe des Eselshauptes eine Raa — die Blinderaa ge= nannt — welche ein Segel, die Blinde, führte. Statt der Raa sieht man jetzt am Bugspriet zwei Bugsprietgaffeln

---

[1] Vgl. Racklampen S. 118.

[2] Einige Klipper (schnellsegelnde Handelsschiffe) führten früher Leesegelspieren auch auf den Bramraaen, um daran Oberbramleesegel auszuholen.

meist in nahezu horizontaler Richtung befestigt, welche zum Ausspreizen der seitlichen Haltetaue des Klüver= und Jagerbaumes, der Klüver= und Jagerbackstage dienen, die dann von den Nocken dieser Gaffeln aus nach den Krahn= balken führen. Diese Gaffeln hängen an ihren Nocken in Topnanten, welche nach dem oberen Theil des Bugspriet= eselshauptes fahren, und werden wiederum nach unten durch die ebenfalls von ihren Nocken nach der Nock des Stampf= stocks geführten Domper gehalten. Zum Stampfstock, dieser wichtigen Stütze für den Klüver= und Jagerbaum in der Nähe des Bugeselshauptes, geht von der Nock des Klüverbaums aus das Stampfstag, und durch ihn hindurch und weiter nach dem Bug des Schiffes (Gallion) das Vor=Ober= und Vor=Bramstag, sowie die Leiter der vorderen Schrat= (Schräg=)segel (des Klüvers und Außenklüvers, Jagers). So ist dem Klüver= und Außenklüverbaum der erforderliche Halt nach unten gegeben, während nach hinten die nach dem Bug fahrenden Stampfstockachterholer die Befestigung vollenden. Außer den beiden genannten Segeln werden am Bugspriet noch das Vor=Stängestagsegel und das Sturmstagsegel (bezw. Klüfock und Stag= fock) geführt. Die obere Spitze aller dieser drei= eckigen Schratsegel heißt die Nock, die vordere untere (feste) der Hals und die hintere, durch die Schooten nach beiden Schiffsseiten herüberzuholende und aus= zuspannende, freie Spitze, in welche Achter= und Unter= liek auslaufen, das Schoot= horn. Ihr stehendes (Vor=) Liek gleitet mit Lägeln (Säugern, Ringen aus Holz oder Eisen) an ihren Leitern; sie werden mittelst ihrer bezüglichen Fallen geheißt, oder durch die Niederholer geborgen; Klüver und Außenklüver werden aufgerollt und dann mit ihren langen Beschlag= zeisingen auf den Bäumen festgemacht, die Stagsegel in die zwischen den Lauf= stagen sich ausbreitenden Finknetze[1] gelegt; die Laufstagen[2] erstrecken sich,

Fischerquatz.
(Zu: Typen der Handelsschiffe.)

als Haltetaue für die auf dem Bugspriet entlang gehenden Matrosen, von dessen Eselshaupt bis zu den Ohrhölzern. Zwischen den Klüverbackstagen ist bei Kriegsschiffen ein Netz unter dem Klüverbaum ausgespannt, welches auf See das Ueberbordgehen der beim Bergen des Klüvers in stürmischem Wetter beschäftigten Leute verhindern soll. Auch der Klüver= und Jagerbaum haben Pferde (Fußtaue) zur Kommunikation 2c. für die dort beschäftigten Matrosen.

Am Groß= und Besanmast werden häufig ebenfalls Stagsegel ge= führt, theils von Dreiecks=, theils von trapezoidischer Form, von letzterer Art z. B. das Groß=Stänge= stagsegel. Das obere Liek heißt hier das Stagliek, das untere wie sonst Unterliek, während das

vordere Liek der Sprung, das hintere das Achterliek genannt wird. Die vorderen Spitzen heißen der Ober= und der Unterhals, von den hinteren die obere die Nock, die untere (welche durch Schooten angeholt wird) das Schoothorn.

An der hinteren Seite der Masten, parallel mit diesen und fest damit verbunden, sind bei größeren Schiffen starke Spieren, die Schnaumasten aufgestellt. An jedem von ihnen fährt die Gaffel, eine in der Längsrichtung des Schiffes aufgehängte Segelstange, mit ihrem dem Mast zugekehrten gabelförmigen Ende, der Klau. Diese wird durch das Klaufall, das äußere Ende der Gaffel, die Piek, dagegen durch das Piekfall geheißt; die von der Nock der Gaffel herabgehenden Geerden halten letztere in der Längsachse des Schiffes.

Am Besanmast befindet sich außer der Gaffel noch der Besansbaum, in der Höhe der Verschanzung ähnlich

[1] Vgl. auch die Finknetze für andere Zwecke S. 106.

[2] Aehnliche Taue, Genickpferde, befinden sich häufig (bei Kriegsschiffen) am Klüverbaum und zwischen den Topnanten der Unter= und Marsraaen in solcher Höhe über den bezüglichen Rundhölzern, daß die in den Pferden (Fußtauen) stehenden Leute beim Arbeiten des Schiffes in bewegter See oder durch das Schlagen der Segel nicht herabgeworfen werden, sondern einen Stützpunkt nach rückwärts finden. — Zwischen den doppelten Strecktauen, welche von den Topnanten der Raaen nach deren Stängen ausgespannt werden, halten sich beim Paradiren die auf den Raaen stehenden Mannschaften.

wie die Gaffeln aufgehängt, dessen hinteres Ende über das Heck hinausragt und durch die Besans=Dirken, welche hier die Stelle der Topnanten der Raaen vertreten, nach oben gehalten wird. Besans=Schooten halten den Besans=baum mittschiffs oder holen ihn in entsprechendem Maße nach einer Seite.

An den Gaffeln hängen trapezoidische Schratsegel (Gaffelsegel), deren Oberliek entweder an der Gaffel mit Reihleinen, Raabändern oder Kabelgarnen bezw. Nock= und Klaubändseln festgemacht ist oder mittelst Ringen an ihr gleitet und dann durch einen Ausholer nach der Nock straff ausgeholt wird, während ihr Vorderliek an den um den Schnaumast (bezw. Mast) gelegten großen Kraggen (Mastringen, =bändern) befestigt ist. Von den beiden vorderen Spitzen heißt die obere die innere Nock, die untere der Hals, von den beiden hinteren die obere: äußere Nock, die untere Schoothorn. Die Schoothörner vom Vor= und Großgaffelsegel (Trysegel, weil ohne Baum), werden durch Schooten ausgeholt, welche nach Deck fahren. Bei dem Besahn, welcher einen Baum hat, wird das Schoothorn durch einen Ausholer an die Nock des Baumes gebracht. Zum Bergen der Gaffelsegel dienen ihre Geitaue und event. Niederholer. Erstere sind am Hinterliek befestigt und schnüren die Segel nach dem Mast bezw. der Gaffel zusammen. Das Reefen der mit zwei oder drei Reefbändern in Abständen von $1—1^{1}/_{2}$ parallel dem Unterliek ver= sehenen Gaffelsegel geschieht durch Hinunterführen der Gaffel und Aufrollen bezw. Befestigen des Segeltuches vom Unterliek aus durch Reef= bändsel oder Reefzeisinge.

An der Nock der Besansgaffel befinden sich Flaggleinen zum Heißen der National= bezw. Signal= flaggen. —

Zur Betakelung von Kriegsschiffen gehören ferner die verschiedenen Seiten= sowie andere Takel (Flaschenzüge) zum Aufbringen und Streichen der Stängen, der Unter= und Marsraaen ꝛc., zum Ein= und Aussetzen von Booten, die

Gaffelschooner.
(Zu: Typen der Handelsschiffe.)

Segeltaljen, Wäsche= Jollen u. dgl. m.

Auch bei Truppen= transportschiffen[1] ist die Takelage vollkommen kriegs= schiffmäßig gehalten, wenn sie auch in ihren Dimensionen derjenigen eines wirklichen Kriegsschiffes von gleichem Tonnengehalt nicht entsprechen würde. Es ist dies der größeren Länge und geringeren Breite der Truppenschiffe angemessen, die eine möglichst große Ge= schwindigkeit entwickeln müssen und in neuerer Zeit alle mit Dampfkraft ausgerüstet sind; demgemäß muß ihre Takelage als Auxiliarkraft aufgefaßt werden.

In noch höherem Maße gilt solches in Bezug auf die Takelage der transatlan= tischen Post= und Passagier= dampfer; hier ist dieselbe auf dasjenige Maß reduzirt, welches innegehalten werden

muß, um bei günstigem Winde noch Vortheil von den Segeln zu haben oder im Sturm mit ihnen beiliegen zu können, auch im Falle eines Bruchs der Schraubenwelle bezw. sonstiger Havarieen in der Maschine sich der Segel als Nothbehelf bedienen zu können, wenn auch an ein erfolgreiches Fortsetzen der Reise ohne Dampfkraft nicht zu denken ist.

Bei den Handelsdampfern, die lediglich für den Warentransport bestimmt sind, ist die Takelung vollends auf das geringste Maß beschränkt. Sie soll lediglich den beim Passagierschiff erörterten Gesichtspunkten, wenn auch nur noch nothdürftig, genügen.

---

[1] Vgl. Illustration Seite 141. — Transportschiffe sind allgemein die zur Beförderung von Kriegsmaterial und Truppen (aller Waffengattungen) verwendeten Schiffe. Größere Staaten mit überseeischen Besitzungen haben sich eigene Transportflotten geschaffen und engagiren nur aushülfsweise, also etwa in Kriegsfällen, noch geeignete Fahrzeuge (Dampfer) der Handelsmarine für Transportzwecke. Die zum Flottenverbande gehörigen Truppenschiffe haben Kriegsschiffs=Besatzungen, werden von See=Offizieren kommandirt und führen Kriegsflagge und Wimpel.

Die englische Marine z. B. besitzt deren fünf, welche lediglich den Transportdienst zwischen Portsmouth und Bombay durch den Suezkanal versehen und außer der Besatzung etwa 1800 Mann nebst ihrer militärischen Ausrüstung an Bord zu nehmen vermögen. Es sind barktakelte Schraubendampfer von 4173 Tons Deplacement, 700 Pferdekraft mit einer Geschwindigkeit von 10—12 Knoten; sie führen zweckgemäßerweise 12 Seitenboote außer den Decksbooten, und nur zwei Alarmgeschütze.

Den Anordnungen des Kommandanten, eines Kapitäns zur See (mit dem Range eines Obersten in der Armee), soweit sie sich auf den inneren Schiffsdienst erstrecken, haben die eingeschifften Truppencommandeure Folge zu geben. Die Unterkunftsräume der Schiffs=Offiziere und =Mannschaften sind von denen der Truppen getrennt. Zum Schiffsdienst werden lediglich die Besatzungen, nur in Fällen höchster Noth auch die Truppen herangezogen. In Bezug

Die Takelage der wirklichen Segelschiffe der Handelsmarine weicht im Prinzip von derjenigen der Kriegsschiffe nicht ab, sie ist nur einfacher und leichter gehalten, wie es die auf die mindeste Anzahl beschränkten Arbeitskräfte erheischen. Während es auf Kriegsschiffen mit Takelage nothwendig ist, einzelne Manöver mit den Segeln, den Stängen und Raaen zu einer gewissen Vollkommenheit zu bringen, um die Matrosen in der Seemannschaft auszubilden, sie gelenkig zu erhalten und für den Krieg vorzubereiten, exercirt man auf dem Handelsschiff überhaupt nicht. Hier geht alles darauf hinaus, bei möglichster Oekonomie in Bezug auf Material und Mannschaft die Takelage lediglich für Zwecke der Fortbewegung bereit zu halten. Damit sind auch einige Abweichungen von der Takelage der Kriegsschiffe begründet. Während z. B. diese, wenigstens die größeren, zwei Reefe in der Fock (Untersegel am Fockmast) und dem Großsegel (desgl. am Großmast) haben, ist bei Handelsschiffen nur eins vorhanden; während sich ferner bei Kriegsschiffen vier Reefe in jedem Marssegel befinden, ist dies Segel bei den meisten Handelsschiffen in ein Ober= und Untermarssegel zerlegt (doppelte Marsraaen). Letzteres repräsentirt dann die kleinere Hälfte des ganzen Marssegels bis zum untersten Reef; man birgt die oberen Marssegel ganz, während ein Kriegsschiff das letzte Reef einstecken muß. Die Untermarsraaen sind durch ein Rack, ähnlich demjenigen der Unterraaen, unmittelbar über oder unter dem Eselshaupt am Mast befestigt.

Auf einigen Handelsschiffen werden sogenannte lose Royals (Ober= bramsegel) gefahren, deren Schoothörner an den Bramraaen fest sind. Um das Segel zu bergen, werden die Royalraaen bis auf die Bramraaen nieder= geführt und auf diesen festgeknebelt. Große Handelsschiffe führen über dem Oberbram= segel (Royal) zu= weilen noch ein sky= sail (manchmal von

Am Gangspill.

Dreiecksform). Der deutsche Matrosen= witz übersetzt diesen Namen treffend mit Scheusal, weil dieses höchst überflüssige Stück Leinwand für die Schiffsjungen, denen ja die Bedie= nung der oberen, leichten Segel ins= besondere zufällt, ein Gegenstand der Qual wird, um so mehr, als die glatte Oberbram= bezw. die Scheusalstänge oft er= klettert werden muß,

ohne daß eine Jakobsleiter oder andre Hülfsmittel die Kommunikation erleichtern. Noch humoristischer sind die für dieses höchste aller Segel zuweilen gebrauchten Benennungen: Mondrecker oder Sternschraper.

Die Segel werden aus Segeltuch, d. i. einem Gewebe von Hanf, Flachs oder Baumwolle, gefertigt, das in Rollen von 52 Ellen (34,68 m) Länge und 1 Fuß 6 Zoll (0,471 m) bezw. 2 Fuß 5 Zoll (0,759 m) Breite in den Handel kommt. Es wird je nach seiner Stärke in verschiedenen Nummern, in der deutschen Marine von 0 bis 7 außer dem Bramtuch, geführt. Aus den stärksten Sorten fertigt man die Untersegel, Mars= und Sturmsegel, aus den leichteren die Bramsegel, Klüver u. s. w. Jedes Segel besteht aus einer Anzahl Streifen, Kleider genannt, die auf dem Segelmacherboden[2] mit doppelten Nähten aneinander gefügt werden. Das ganze Segel erhält rund herum einen Saum, und wird an den Rändern dann mit starken und zugleich biegsamen Tauen, Lieken (Leiken) eingefaßt.

---

auf die Wohn=, sowie Speise= und Gesellschaftsräume herrscht am Bord großer Komfort. Man hat besondere Räume für die Damen der Offiziere, für die Frauen und Kinder der Feldwebel und Unteroffiziere. Den Gefreiten und Gemeinen sind in den unteren Decks=, kompagnie= und abtheilungsweise, ihre Schlaf= und Wohnräume angewiesen, in denen sich zugleich Waffengerüste befinden und Gepäck= und Tischgeräth vorschriftsmäßig untergebracht ist. Sämtliche Munition wird in der Pulverkammer aufbewahrt. Geräumige Lazarethe mit vielen Bequemlichkeiten sind für die Kranken hergerichtet. Indes kann nur etwa die Hälfte der Truppen in Hängematten schlafen, die übrigen müssen sich mit Pritschen begnügen, zu denen man die Eßtische theilweise verwendet, nachdem darauf Hänge= matten mit Matratzen ausgebreitet worden. Die Pferde der höheren Truppenführer finden auf dem Oberdeck Unterkunft in Kasten mit Gurten, die wiederum in gedeckten Räumen stehen. Die Köpfe der Thiere sind nach der Mitte des Schiffes zu gerichtet, so daß der flüssige Unrath direkt durch Gossen (Speigatten) nach außenbords abgeführt wird. Kohlen, Lebensmittel, Pferdefutter, Wasservorräthe, Destillirapparate u. a. m. sind in den unteren Schiffsräumen vertheilt. Für die Kavallerie und Artillerie hat man besonders eingerichtete Schiffe, in denen die Pferde auf zwei Decks untergebracht werden, während die Reiter durch eiserne Querwände von den Thieren getrennt bleiben. Trotzdem die beiden Decks mit vorzüglichen Ventilationsvorrichtungen versehen sind, leiden doch die Pferde außerordentlich bei dem Seetransport; wir verweisen auf den kläglichen Zustand, in welchem die englische Garde-Kavallerie vor einigen Jahren aus Egypten zurückkehrte. Ein großer Theil ihrer Pferde war während der Reise zu Grunde gegangen. — Als ein Beweis für die stramme Disciplin am Bord eines Truppenschiffes mag hier noch ein beklagenswerther Fall in Erinnerung gebracht werden. Bei der Strandung eines englischen Truppenschiffes ereignete es sich, während die Soldaten auf dem Oberdeck kriegsmarschmäßig angetreten waren, und als die Boote mit den Kranken, Frauen und Kindern soeben das Schiff verlassen hatten, daß eine heranrollende See das Schiff gänzlich aufbrach und die Truppen unter dem Befehl ihrer Führer mit angefaßtem Gewehr in die Tiefe gingen.

[2] Siehe Illustration Seite 152.

Das Tauwerk wird vom Reepschläger hergestellt. Man spinnt den Hanf zunächst in Garne (Kabelgarne), deren Dicke je nach dem Tau, zu welchem sie verwendet werden sollen, verschieden ist; zu Lieftauen nimmt man z. B. die feinsten, zu Anker= und Kabeltauen ꝛc. die gröbsten Garne. Jedes Garn muß auf einen Fuß Länge mindestens 100 Zoll=Pfund tragen, ohne zu brechen, d. h. zu zerreißen.

Die Garne werden getheert und in der Anzahl von 2—18 zu Leinen (Marleine, Hüsing, Steck= und Fischer=leine, 6=, 9=, 12= und 18=Garn=Leine), oder von 18 bis 50 zu einem Kardeel geschlagen (zusammengedreht). 3 bis 5 Kardeele geben eine Trosse; aus mehreren Trossen wird dann ein Kabel gebildet.

Man unterscheidet nach der Weise der Anfertigung gewöhnlich drei Sorten von Tauwerk. Trossenschlag besteht aus drei Kardeelen (dreischäftig) und wird zum laufenden Tauwerk benutzt. Wantschlag hat vier Kardeele um eins in der Mitte (das Herz) gewunden und findet für stehendes Gut Verwendung. Kabelschlag, welches aus drei Trossen, mithin aus neun Kardeelen zusammengeschlagen wird, dient zu Anker= und Kabeltauen, Pferdeleinen, Verholtrossen u. dgl. m. Trossen und Kabel benennt man nach ihrem Umfang (3 bis 50 cm) und nach ihrer Anfertigung (z. B. fünf=schäftig; mit Sonne d. h. links, oder gegen Sonne d. h. rechts geschlagen). Bei Drahtseilen treten galvanisirte Eisendrähte an Stelle der Garne.

Blöcke sind die am Lande unter dem Namen Kloben oder Rollen bekannten mechanischen Hülfsmittel. Sie werden am Bord in den verschiedenartigsten Formen, in Verbindung mit dem dazu gehörigen Tauwerk, zu allen mög=lichen Zwecken gebraucht. Der Block hat ein ovales Gehäuse von Eschen= oder Rüsternholz bezw. von Eisenblech, in welchem eine oder mehrere Scheiben aus Pockholz, Porzellan oder Metall drehbar sind, und zwar um einen Nagel (Bolzen) aus Eisen oder Stahl. Der Umfang der Blockscheibe zeigt eine rinnenartige Vertiefung, in welcher das zugehörige Tau läuft. Am Gehäuse befindet sich in der größten Längenausdehnung ein Einschnitt, die Keep, in welche der Stropp gelegt ist, womit der Block am bezüglichen Orte befestigt wird. Man hat in der Takelage: gewöhnliche, flache, Zwillingsblöcke u. s. w., mit ein, zwei und drei Scheiben, Klumpblöcke, Kattblöcke, Fußblöcke, Gienblöcke u. s. f., je nach ihrer Form, der Art und dem Ort ihrer Verwendung.

F. Lindner.

Anker.

Um ein Schiff an einer bestimmten
Stelle über dem Grunde festhalten zu
können, hat man sich von jeher des Ankers bedient.
Er ist das allbekannte Symbol der Schifffahrt geworden.
Ursprünglich mußte ein vortheilhaft gewachsener Baum=
stumpf, am dicken Ende durch aufgebundene Steine beschwert, dem Zweck genügen.   Später versah man den primitiven
Schaft mit einem und mehreren genügend großen Haken, die sich in den Grund eingruben.[1]   Die Formen dieses Ankers
sind im Laufe der Jahrtausende weit vervollkommnet worden, das Prinzip an ihm ist dasselbe geblieben.

---

[1] Vgl. Seite 5 Anmerkung Tyrrhener.

Der Anker ist mit einem starken Tau oder einer Kette versehen, welche, am Schiff befestigt, die Verbindung zwischen diesem auf dem Wasser und dem Anker im Grunde herstellt; man bringt einen Anker aus, um daran das Schiff von einem Platze zum andern zu verholen; man ankert bei der Ankunft auf der Rhede oder im Hafen, wenn man nicht sogleich das Schiff an den Quai oder das Bollwerk legen kann; man liegt vor Anker in genügend flachem Wasser an einem geschützten Ort, wenn Gezeitenströmung oder Wind und Wetter die Reise fortzusetzen nicht gestatten; man reitet vor Anker an einer Leeküste (auf Legerwall), wenn Sturm und See das gefährdete Schiff auf sie zutreiben, angesichts der Brandung, wenn die Kraft des Dampfes den Erfolg versagt, ein Entkommen mit Hülfe der Segel aussichtslos geworden; ja, dann bleibt der treue Anker mit seinem starken Tau, seinen schweren Ketten der einzige Freund, die letzte Zuflucht in Todesnoth; hält jener nicht fest im Grunde oder bricht Tau und Kette vorm stampfenden Bug unterm Andrang der überbrechenden Wogen, dann ist es zu Ende mit Menschenmacht und Menschenklugheit; bange Minuten hindurch wirbelt das Opfer der Naturgewalten dahin durch den Aufruhr unter und über sich; die Welle hebt ihren Fang empor, ihn den lauernden Felsen in die harten Arme zu werfen; die packen den Raub, durchstoßen den Rumpf; kein Entrinnen ist möglich — die schweren Brecher wälzen sich heran, nah und näher; wie über kahle Klippen stürzen sie übers Wrack. Sie fegen alles vom Deck hinunter in den Abgrund. Nothschuß und Todesschrei verhallen ungehört, und die Brandung donnert zum Drama das wilde Finale. — Man lichtet Anker, wenn man den Ort des Schiffes verändern bezw. die Reise fortsetzen will.

Der Anker, aus dem besten Stabeisen geschmiedet, zeigt als gerades Mittelstück den Ankerschaft, dessen oberes Ende den beweglichen Ankerring festhält, in welchen das Ankertau eingesteckt oder die Ankerkette eingeschäkelt wird. Das untere Ende geht über in das Ankerkreuz mit den beiden, etwas gekrümmten und in entgegengesetzter Richtung voneinander sich ausstreckenden Armen, welche an ihren Außenenden entweder abgeplattet sind oder in eine dreieckige bezw. herzförmige Schaufel, Spaten, Ankerhand oder =flügel auslaufen, deren eine sich in den Grund gräbt, das durch Mithülfe des dicht unterhalb des Ankerringes am Schaft und zwar senkrecht zu demselben und senkrecht zur Ebene der Ankerarme befestigten Ankerstocks[1] geschieht. Dieser besteht bei schweren Ankern entweder aus gutem Eichenholz, um ihn bei etwaigem Bruch leicht ersetzen zu können, oder aus einem schweren schmiedeeisernen Stück; im ersteren Falle werden zwei Stücke Holz ihrer breiten Fläche nach, mit welcher sie den Schaft zwischen sich umfassen, gegeneinander gelegt und durch Bolzen, Holznägel und eiserne Bänder zu einem Ganzen verbunden. Der Anker kommt beim Fallen zunächst mit dem Kreuz auf den Grund und legt sich dann so auf die Seite, daß beide Arme seitlich auf dem Grunde ruhen, während sich der Ankerstock mit seiner einen Spitze auf den Boden stützt. Beginnt nun beim Rück= oder Vorwärtsgang des Schiffes die Kette am Anker zu zerren, so kantet der letztere, d. h. der Stock fällt platt auf den Grund, wonach einer der Arme sich mit der Spitze eingräbt.

Die Kraft, welche auf einen Anker kommt, ist abhängig von der Größe des eingetauchten Hauptspants, d. h. desjenigen Querschnitts des Schiffskörpers, auf welchen Wind und Wogen im Effekt wirken, und danach muß sich seine Schwere richten. Demgemäß erfordern bei gleichem Querschnitt Schiffe mit scharfem Bug weniger schwere Anker, als vollgebaute. Man rechnet in neuer Zeit für schwere (Bug=)Anker soviel Centner, als die größte Schiffsbreite + $^2/_3$ des Tiefgangs in Fußen ergeben.[2]

Man hat Anker von verschiedener Form konstruirt.

Die gewöhnlichen, älteren Modells, sogenannte Admiralitätsanker (weil ihre Form von der Marine=Central= behörde (Admiralität) bestimmt worden ist) weisen den Uebelstand auf, daß der eine Arm steil und hoch aus dem Grunde

---

[1] Ankerstock von Holz:
Länge: = Ankerschaft + Ring bezw. Schäkel;
Dicke: in der Mitte = 2,5 cm pro jede 30 cm Länge, an den Enden = $^1/_2$ Dicke in der Mitte;
Oberkante des Stocks entweder geradlinig oder aufwärts gebuchtet.

von Eisen:
Ankerschaft + $^1/_2$ Durchmesser des Ringes bezw. Schäkels;
beim Splintloch = schmälere Seite des Schaftes;
Gewicht = $^1/_5$ des Ankergewichts.

[2] Anker für:	Englisches Linienschiff ersten Ranges		Deutsches Panzerschiff „König Wilhelm" Breite 18.3 m; Tiefgang vorn 7,4 m		Panzerschiffe der „Sachsen"klasse		Kreuzerkorvetten der „Bismarck"klasse		Handelsschiffe von 500—600 Tonnen Raumgehalt	
	Anzahl	Gewicht	Anzahl	Gewicht	Anzahl	Gewicht	Anzahl	Gewicht	Anzahl	Gewicht
Bug= bezw. Rüstanker	4	99 Centner engl.	4	5000 kg	4	4000 kg	4 { 2 { 2	3000 kg 2500 „	3 (incl. 1 Reserve=Ankers)	28 Centner deutsch
Heckanker	—	—	2	2000 „	1	1750 „	—	—		
Stromanker	1	25 „	1	1500 „	1	1250 „	1	600 „	1	8 „
Warpanker	{ 1 { 1	12 „ 7 „	{ 1 { 1	900 „ 500 „	1 1	600 „ 400 „	1 1	400 „ 200 „	{ 1 { 1	4 „ 2 „

Die Engländer rechneten für ein Segelschiff von 15 m Breite den schwersten (Pflicht=) Anker zu 8176, die Franzosen zu 7653 Pfund.
NB. Die Gewichte der Anker sind sämtlich ohne dasjenige des Stock's gerechnet; für denselben kommt durchschnittlich noch $^1/_5$ dieser Gewichte hinzu.

emporragt, wenn der andere sich eingegraben hat. Wird nun ein vor Anker liegendes Schiff durch Strömung oder Windänderung um seinen Anker herumgeschwoit oder über ihn hinweggetrieben, so ist Gefahr vorhanden, daß sich die Kette um den aufrecht stehenden Ankerarm schlingt und später bei größerer Spannung den Anker aus dem Grunde bricht und das Schiff zum Treiben bringt; oder es kann die Armspitze bei fallendem Wasser und nur geringer Tiefe den Schiffsboden beschädigen. Um dies zu verhindern, ist

bei Porters Anker das Stück, aus dem die Arme bestehen, beweglich gemacht worden, und zwar um einen parallel dem Stock durch den Schaft geschlagenen Bolzen, so daß der nicht eingegrabene Arm beim Zuge der Kette sich fast flach gegen den Schaft legt.

Bei Martins Anker liegt der nur kurze Stock in einer Ebene mit den beiden im Schaft drehbaren Armen, welche sich platt auf den Grund legen und erst, wenn Zug auf die Kette kommt, beide zugleich unter einem Winkel

Anker-Arsenal.

von 45 Grad eingreifen und gemeinschaftlich den Anker festhalten. Trotzdem ist derselbe, besonders bei weichem Boden nicht immer zuverlässig, weil seine kurzen Spaten weniger tief, als bei anderen Ankern, in denselben einzugreifen vermögen.

Die Rodgers Anker haben nur kleine Hände und sind hauptsächlich für felsigen Boden berechnet; der eiserne Stock wird auf den Schaft gestreift, bevor man den Ankerring einschäkelt; im übrigen ist die Konstruktion ähnlich der der älteren.

Der Schirm- oder Pilzanker, von der Form eines aufgespannten Schirmes, findet lediglich bei Feuerschiffen Verwendung. Er ist ohne Stock, weshalb er nie unklar werden kann, und gräbt sich mit seinem Rande in jeder beliebigen Lage in den Boden, und zwar um so tiefer, je mehr Zug auf die Kette kommt. Am Bord der Seeschiffe führt man ihn seiner unhandlichen Form wegen nicht.

Je nach dem Orte der Lagerung am Bord haben die Anker verschiedene Namen. Die Buganker (als Hauptanker zu betrachten) hängen zu beiden Seiten des Schiffs am Bug.[1] In früheren Zeiten waren die beiden Buganker

---

[1] Nachdem der Anker, wie Seite 117 besprochen, gekattet ist und dicht unterm Krahnbalken hängt, wird durch den Ankerring die Porteurleine geschoren, aus einem starken Taustander mit eingespleißter Kette (oder aus Tau bezw. Kette allein) bestehend; die Kette wird mittelst einer Schlippvorrichtung am Krahnbalken festgemacht, der Taustander am Bord steif geholt und um einen Poller belegt. So hängt der Anker an seinem Kopfende frei in der Porteurleine (noch klar zum Fallen) und wird nun gefischt. Man stellt den Fischdavid, einen einbeinigen durch Taue gehaltenen Bock (Ladebaum), außenbords in

von verschiedenem Gewicht. Der leichtere hieß der tägliche, der schwere der Pflichtanker. Kauffarteischiffe pflegen dies auch heute noch festzuhalten. Der tägliche Anker kommt dann gewöhnlich auf Backbordbug zu liegen, und man läßt ihn von beiden Ankern als den mit weniger Anstrengung wieder zu lichtenden zuerst fallen. Die (als Reserven zu betrachtenden) Rüstanker [1] sind zumeist hinter der Fockrüst gelagert. Bug= und Rüstanker sind am schwersten. Heckanker werden zu beiden Seiten des Hecks angebracht. [2]

Ferner benennt man die Anker nach der Art ihrer Verwendung. Der Stromanker, bedeutend kleiner und leichter als die vorigen, ist doch noch schwer genug, ein Schiff in stillem Wasser daran festzulegen; er wird gebraucht, wenn unter gewissen Umständen das Ausbringen eines größeren Ankers nicht nöthig ist, oder um das eigene oder ein fremdes Schiff abzubringen, falls es auf Grund gerathen u. dgl. m. Er muß daher zum Gebrauch stets schnell bereit sein und wird in der Regel auf dem Oberdeck oder im Zwischendeck unterm Großluk so gelagert, daß ein Takel sofort an ihn gehakt werden kann. Der Warpanker (Wurfanker), die kleinste Sorte, hat einen eisernen Stock, der bei= geklappt werden kann, um das Verstauen (auf Kriegsschiffen am besten in der Großrüst) zu erleichtern. Man gebraucht diesen Anker wie den vorigen, um ein Schiff daran von einer Stelle zur andern zu verholen, es zu drehen u. s. w. Soll zu dergleichen Zwecken ein Anker ausgebracht werden, so giebt man denselben in ein Boot, läßt ihn an die ent= sprechende Stelle ausfahren und hier fallen, worauf am Bord die an ihm befestigte Leine oder das Kabeltau eingeholt wird. Die lediglich für Boote bestimmten, nicht über 150 kg schweren Bootsanker haben auf Kriegsschiffen die Einrichtung der Warpanker; auf Fischerfahrzeugen u. a. sind sie häufig ohne Stock und dann mit vier Armen versehen und werden Draggen genannt. [3]

An Hafen= oder Mooringsankern, die gewöhnlich nur einen Arm haben, sind mittelst besonders starker Ketten, Tonnen oder Bojen festgelegt, an denen Schiffe im Hafen mooren oder sich vermooren, d. h. ihre Ketten festmachen, ohne der Ingebrauchnahme der eigenen Anker zu bedürfen. Schiffe heißen vermoort auch dann, wenn sie ihre beiden Buganker und zwar so ausgebracht haben, daß von deren Ketten etwa gleichviel Längen mittelst eines Mooringschäkels zu einer einzigen Kette verbunden werden und diese entweder längs des Stromstrichs oder quer zu letzterem zu liegen kommt; ersteres pflegt bei geschützter Schiffslage zu geschehen und bietet einige Erleichterung beim Ver= und Entmooren gegenüber der zweiten Art, welche sich als günstiger erweist da, wo Wellenschlag oder beengter Raum Rücksicht erfordern. An den Mooringschäkel ist dann diejenige Kette (eine oder beide Bugankerketten, bezw. die davon noch verfügbar gebliebenen Längen) befestigt, welche durch die Klüse geht und vor welcher das Schiff liegt.

An Fluth= oder Ebbankern liegt ein Schiff vor den Gezeitenströmungen; ein Schiff heißt verteit, [4] wenn es entweder beide Buganker oder einen Bug= und Heckanker als Teianker zugleich aus hat; im ersteren Falle sollen die Anker auf offener Rhede so ausgebracht sein, daß der aus See kommende Wind in den von den Ketten gebildeten Winkel hinein weht, weshalb sie dann auch Gabelanker heißen; im zweiten Fall wird das Schiff durch seine Anker unabhängig von Wind und Strömung in der angenommenen Lage erhalten. Durch Kattanker wird die Haltekraft eines bereits im Grunde liegenden Ankers verstärkt, indem ersterer, durch Kette oder Tau mit dem Kreuz oder Schaft des letzteren verbunden, in gerader Linie vor demselben ausgelegt wird. Man verkattet auch einen auf Land einge= grabenen Anker, indem man vor seinen platt auf dem Boden ruhenden Stock, sowie vor dem Ankerkreuz eine Anzahl Pfähle schräg eintreibt, so daß auch auf den Stock 2c. ein Theil der auf den Anker kommenden Zugkraft übertragen wird. Ferner heißt von mehreren ausgebrachten der nach See zu liegende Seeanker, der nach dem Lande zu gelegene Wallanker. [5]

Um Rettungsboote durch eine gegen flachen Strand anrollende hohe Brandung vom Lande aus seewärts schaffen zu können, wirft man aus einem Mörser mit schwacher Pulverladung oder mittelst eines Raketenapparates einen leichten

---

seine Spur. An ihm hängt das Fischtakel, an dessen unterem Block sich der Fischhaken befindet. Dieser wird um den nach dem Schiff zu gerichteten Ankerarm gelegt und das Takel geholt, bis der Schaft horizontal hängt; mittelst seines als Topnant dienenden Seitentakels wird der David so gerichtet, daß die Ankerhand auf die Bordwand kommt. Nunmehr nimmt man die ähnlich der Portenrleine eingerichtete Rüstleine um den Schaft am Kreuz, befestigt deren Kettenende durch eine Schlippvorrichtung an der Schiffsseite und belegt ihren Taustander um einen Poller. Zuletzt werden die Anker gelascht. Ihre Kette führt durch die innere Bugklüse nach innenbords.

[1] Hier befinden sich zwei in Charnieren an der Schiffsseite auf und nieder drehbare und an dieselbe gelaschte Gabeln, in welche der Schaft des Rüstankers gelegt wird, so daß sie letzteren nach unten abstützen und frei vom Schiff halten, wenn er fallen soll. Eine Rüst= und eine Portenrleine halten ferner auch diesen Anker. Die äußersten Kettenglieder derselben sind um die Endhaken einer horizontal gelagerten drehbaren Eisenstange gelegt, welche in ihrer Mitte mit Schlippvorrichtung versehen ist. Die Kette des Rüstankers wird steif längs der Rüst geholt, hier an Bolzen beigezeist und fährt durch die äußere Bugklüse nach innenbords. Der Anker wird zuletzt durch Laschungen gesichert.

[2] Ihre Fallvorrichtungen sind denen der Rüstanker ähnlich. Das Stauen außenbords in die Gabeln geschieht mit Hülfe von eigens dazu vorhandenen Krähnen (Davids).

[3] Von ähnlicher Form waren die auf das Deck oder in die Takelage feindlicher Schiffe zu werfenden Enterdraggen, mittelst deren man sich früher dicht längsseits des Gegners heranholte.

[4] Aus dem Englischen to tie, binden, knoten, festmachen.

[5] Nach dem holländischen Wall, Land.

als Draggen geformten Rettungsanker aus, an deſſen Leine ein Theil der im Boot befindlichen Mannſchaft das Fahrzeug ſoweit ſeewärts holt, bis daſſelbe frei von der Brandung iſt und die Leute im ſtande ſind, von den Riemen Gebrauch machen zu können.

Wenn Schiffe in ſchwerem Wetter beiliegen und man die bei der geringen Segelführung erheblich werdende Abtrift vermindern will, wird ein aus Spieren und Brettern zuſammengefügtes und mit Segeltuch überzogenes Geſtell, deſſen eine Seite mit Gewichten (Steinen ꝛc.) beſchwert iſt, ſo daß es aufrecht im Waſſer ſteht, angefertigt und über Bord geworfen. Dieſes Floß, Dregg auch Treibanker genannt, an einer Pferdeleine (ſtarke Troſſe), die nach dem Bug des Schiffes führt, befeſtigt, dient dazu, den Kopf des Schiffes möglichſt gegen den Wind zu drehen, ſo daß es ruhiger auf dem Waſſer liegt und gleichzeitig das Ueberbrechen der Sturzſeen auf das Deck möglichſt verhindert wird, da dieſe ſich zum Theil am Dregg brechen.[1] Auch Boote, welche infolge von Ermattung der Mannſchaft ſich in hohem Seegang nicht auf Riemen halten können, bereiten ſich aus ihren Maſten, Riemen u. ſ. w. einen Dregg und werfen ihn an der Fangleine aus.

Am Pumpſpill.

Um den Ort des Ankers im Grunde auch auf der Oberfläche des Waſſers kenntlich zu machen, damit letzterer für den Fall, daß die Kette bricht oder geſchlippt bezw. das Kabel gekappt und der Anker im Grunde liegen bleiben muß (z. B. bei feindlichem Ueberfall oder um ſchleunig auf einen Gegner Jagd zu machen oder wenn man bei ſchwerem auf=landigem Winde nur mit einem Spring auf die Kette wenden und von der Küſte freikommen kann), ſpäter aufzufinden iſt, ſteckt man eine Boje, in der Regel von der Form eines Doppelkegels, mittelſt eines dünnen um das Ankerkreuz mit einem Ankerſtich befeſtigten und am Schaft beigezeiſten Tauendes — Bojereep — an den Anker.

An Stelle der früheren Ankertaue verwendet man jetzt allgemein Ketten; ſie haben, ausgenommen vielleicht für Reiſen in den Polar=Regionen, wo die große Kälte das Eiſen ſpröde und leichter zu Brüchen geneigt macht, vor jenen viel Vortheile voraus. Sie ſind zwar um das $2\frac{1}{2}$ fache ſchwerer, ſparen aber erheblich Raum, ſind leichter zu regieren, bei hohem Seegang gewiſſermaßen elaſtiſcher, weil ſie vermöge ihrer großen Schwere im Bogen hängen und daher die Gewalt des ruckweiſen Angriffs paralyſiren. Jedes einzelne Glied an ihnen muß aus dem beſten Material

---

[1] In neueſter Zeit wird dem Ueberbrechen der Wellen bei einem in ſchwerem Wetter beiliegenden Schiffe durch zeitweiſes Ausgießen von Petroleum vorgebeugt, ein Mittel, welches mehr und mehr in Aufnahme kommt und mit welchem günſtige Reſultate erzielt worden ſind.

geschmiedet und mit größter Sorgfalt geprüft werden. Von ihrer Zuverlässigkeit hängt so oft des Schiffes Sicherheit, die Erhaltung von Leben und Eigenthum ab. Sie werden daher vor dem Gebrauch einer strengen Probe auf der hydraulischen Probirmaschine[1] unterworfen, wobei sie, ohne zu zerreißen oder schadhafte Stellen zu zeigen, einen bestimmten Zug aushalten müssen. Bei schweren Ketten ist jedem Glied in der Mitte eine eiserne Querstütze — Steg — eingeschweißt, um dem Unklarwerden der Glieder vorzubeugen und diese am Recken zu hindern, wenn große Kraft auf die Kette kommt. Die Ankerketten bestehen auf deutschen Kriegsschiffen je aus 6 Längen zu 30 m, von denen gewöhnlich die erste, dritte und fünfte in ihrer Mitte einen Wirbelschäkel zum Ausdrehen etwaiger Törns erhält, und welche durch Kettenschäkel miteinander verbunden werden; zu letzterem Zwecke sind die beiden Endglieder jeder Länge etwas stärker gehalten und ohne Steg, um für den Bolzen des Schäkels Raum zu lassen; auch sind die Glieder (Schacken) der ersten Kettenlänge (Vorlauf) in der Regel etwas größer im Durchmesser (Metallstärke), als in den übrigen Ketten= längen. Das innere Ende jeder Kette ist auf Kriegsschiffen an Schlipphaken im Kettenkasten fest, deren Bolzen durch den Schiffsboden hindurchgehen; früher pflegte man dasselbe um den Fuß des Fock= oder Großmastes zu belegen. Man kann die Ketten demnach, sowohl längenweise oder im Nothfalle ganz losschäkeln. Auf Kriegsschiffen werden die Ketten um die Beetinge[2] genommen, von wo sie vorwärts durch die Bugklüsen nach außenbords zum Ankerring fahren, mit dem sie durch den Ankerschäkel verbunden werden, während sie nach rückwärts durch die verschiedenen Deck= klüsen in den Kettenkasten hinabgehen. Unter jeder Deckklüse befindet sich zum Halten der Kette eine starke eiserne Kompresse. Auf Handelsschiffen findet die Kette am Bratspill[3] auf dem Deck ihren Haltepunkt. Die Stärke der Kette wird nach dem Durchmesser des Querschnitts einer Gliedseite bezeichnet; die Stärke eines Ankertaues nach dessen Umfang.[4]

Außer den eigentlichen Ankerketten oder =tauen gehört zur Ausrüstung der Kriegs= und Handelsschiffe in dieser Beziehung noch eine entsprechende Anzahl Kabeltaue (bisweilen aus Stahldraht), Pferdeleinen und Verholtrossen.

Boote.

Großen Schiffen ist es, außer in nassen Docks oder in Häfen ohne Gezeitenströmung, ihres Tiefganges halber, selten möglich, so nahe ans Ufer heranzufahren, um eine direkte Verbindung mit demselben herzustellen; sie bedürfen daher zu diesem Zwecke der Kommunikationsmittel in Gestalt von Booten. Die Zahl und Größe derselben richtet sich nach der Zahl der Besatzung bezw. nach der Größe der Schiffe.

Die Schiffsboote bilden daher einen wichtigen Theil der Ausrüstung. Es sind dies kleine Fahrzeuge von geringem Tiefgang, aber durch ihren Bau dennoch befähigt, See zu halten. Sie vermitteln im Hafen und auf Rhede nicht allein die Verbindung zwischen Schiff und Land sowie mit andern Fahrzeugen, sondern dienen auch zum Aus= bringen von Ankern und Trossen, um an diesen ein Schiff zu verholen, und sind im Fall eines Schiffbruchs dazu da, Passagiere und Mannschaft aufzunehmen und zu bergen.

---

[1] Siehe Seite 88. — [2] Siehe Seite 117. — [3] Siehe Seite 118.

[4] Nach dieser Messung hat eine einzöllige Kette dieselbe Leistungsfähigkeit wie ein zehnzölliges Tau. Eine Kette von 100 Faden Länge trägt im Augenblick des Brechens ungefähr das zehnfache ihres eigenen Gewichtes. Die Maximalwiderstandskraft einer Kette in Tons ausgedrückt wird gefunden, wenn das Quadrat ihres oben bezeichneten Durchmessers in Zollen durch 0,3 dividirt wird. — Ketten von 2,62 cm (1") Durchmesser werden auf 18 Tons Zugkraft, solche von 5,23 cm (2") auf 72 Tons probirt. Die brechende Kraft beträgt bei ersteren 22—27, bei letzteren 96—103 Tons.

Es führen	Englisches Linienschiff ersten Ranges		Deutsches Panzerschiff „König Wilhelm"			Panzerschiffe der „Sachsenklasse"			Kreuzerkorvetten der „Bismarckklasse"			Handelsschiff von 500—600 Tonnen Raumgehalt	
	Anzahl	Stärke	Anzahl	Länge	Durchmesser	Anzahl	Länge	Durchmesser	Anzahl	Länge	Durchmesser	Länge in Sᵃ.	Durchmesser
Bug= und Rüstanker {Ketten {taue .	4 2	2¼ Zoll Durchmesser 26 „ Umfang	4*	{700 m {100 „	60 mm} 63 „ }	4	{700 m {100 „	54 mm} 57 „ }	4	{450 m {350 „	48 mm} 45 „ }	240 Faden	1⁷/₁₆ Zoll.
Heckankerketten . . .	—	—	2	350 „	42 „	1	175 „	39 „					
Stromanker . . {Ketten {taue .	1 1	1¾ „ Durchmesser 15 „ Umfang	—			—			—				
Warpankerketten . . .	—	—	1	175 „	39 „	1	175 „	36 „	1	175 „	30 „		

* d. h., es sind für die vier Anker im ganzen 700 m à 60 mm und 100 m à 63 mm an Ketten vorhanden; die Vertheilung des Kettenquantums auf die einzelnen vier Anker ist von örtlichen Umständen abhängig.

Je nach ihrer Größe werden die Kriegsschiffsboote[1] in Barkassen, Pinassen, Kutter, Gigs und Jollen eingetheilt. Sie heißen Decksboote, wenn sie auf dem Oberdeck in Bootsklampen[2] Aufstellung finden, werden mit Hülfe von (Stag= und Nock=) Takeln über Bord gesetzt und nach geschehenem Gebrauch auf dieselbe Weise wieder an ihre Stelle zurück befördert; Seitenboote dagegen hängen an Davids von Eisen oder Holz außenbords zu beiden Seiten des Schiffs über der Rehling; Heckboote an Davids querschiffs am Heck.

Die Boote werden meist aus Eichen=, Mahagoni= oder Fichtenholz (seltener aus Eisen) hergestellt; sie heißen kraweel[3] gebaut, wenn die Planken stumpf gegeneinander stoßen wie bei großen Schiffen, so daß die Nähte zwischen den einzelnen Gängen wie bei jenen kalfatert werden; klinker oder klinkerweise, wenn jeder Gang mit seinem Unterrande über den unter ihm befindlichen Plankengang hinweggreift, die Anordnung also der bei den Schindeln eines Daches üblichen ähnelt. Diagonal gebaute Boote erhalten keine Spanten; vielmehr bildet man die Wandungen aus einer doppelten Haut von kurzen, der Bootsform nach gebogenen Planken, indem diejenigen der innern Lage von der Mitte des Kiels aus nach vorn und nach hinten in einem halben rechten Winkel stehend angebracht und von den kreuzweise über sie hinweg im selben Winkel gelegten Planken der äußern Lage überdeckt werden. Diese Bauart gewährt große Festigkeit, schafft aber sehr schwere Boote; Klinkerboote sind zwar die leichtesten, leiden jedoch sehr bei starker Benutzung. Alle hölzernen Boote trocknen in der Hitze sehr aus, die dünnen Plankengänge reißen dabei leicht auf, so daß die Boote häufig bei Ingebrauchnahme leck sind.

Die Boote werden größtentheils durch Riemen („Ruder") oder Segel fortbewegt; die größeren Arten der Kriegs= schiffsboote, Barkassen, Pinassen und Kutter sind dagegen häufig mit einer kleinen Schraubenschiffsmaschine mit Hochdruck= kesseln[4] versehen.

Barkassen sind die schwersten und stärksten Boote, bei denen die Feinheit der Linien mehr in den Hintergrund tritt und die hauptsächlich zum Fortschaffen schwerer Lasten, Ausfahren von Ankern, Ketten und schweren Tauen, zum Ausschiffen des Landungscorps nebst dessen Artillerie und Waffen verwendet werden. Gleichen Zwecken dienen die weniger schweren Pinassen. Beide Arten sind Decksboote und führen gewöhnlich im Bug ein 8 cm Geschütz. Wenn zum Segeln eingerichtet, haben sie bei uns zwei Masten mit Raa= (Lugger=)segeln[5] und einen Klüver; in der französischen und russischen Marine sind sie häufig mit Sliding=gunter=Takelage[5] ausgerüstet; letztere findet sich dort zuweilen auch bei der nächst kleineren Bootsart, der größten unter den Seitenbooten, den Kuttern. Dies sind die Boote für den täglichen Dienst zur Unterhaltung der Kommunikation, zur Beförderung von geringeren Lasten, Theilen des Landungscorps, des ärztlichen Personals u. s. f.; sie haben gewöhnlich einen Mast mit einem Raasegel und am Heck einen Treiber. Die Gig, ausschließlich zur Benutzung für den Geschwaderchef und die Schiffskommandanten bestimmt, ist schlank und zierlich gebaut und führt einen Mast mit einem Raasegel. Große Kriegsschiffe haben auch eine zweite Gig für den ersten Offizier. Die Jolle ist ein kleines leichtes Fahrzeug, welches im Hafen in ähnlicher Weise wie die Kutter Verwendung findet. Sie wird gewöhnlich zum Herbeischaffen des Tagesbedarfs an Lebensmitteln für die Offizier=, Kadetten= und andere Messen an Bord benutzt und führt daher auch den Namen Kochsboot.

Auf Kriegsschiffen befindet sich außer den eigentlichen Booten meist noch ein rohgezimmertes, flaches Gefährt, der Scheuerprahm, welches die zur Reinigung des Schiffs außenbords bestimmten Mannschaften zeitweilig aufnimmt.

Truppenschiffe sind außer den etatsmäßigen Booten noch mit einer Anzahl zum Debarquiren von Truppen und Pferden ꝛc. besonders eingerichteter flacher Boote ausgerüstet.

Post= und Passagierdampfer führen so viel Rettungsboote mit sich, daß im Nothfalle das ganze Personal darin Aufnahme zu finden vermag. Die Rettungsboote bestehen gewöhnlich aus kannelirtem Eisen, ihre

---

[1] Dimensionen der Segel= und Ruderboote bei der deutschen Kriegsmarine:

	Verhältniß von Länge : Breite	Länge m	Breite m	Tiefe m	Anzahl der Riemen
Barkassen	3.57—3.82 : 1	10.00—13.00	2.80—3.40	1.15—1.35	12—18
Pinassen	3.54—3.57 : 1	8.50—10.00	2.40—2.80	0.95—1.10	10—12
Kutter	3.75—4.00 : 1	7.50— 9.00	2.00—2.25	0.75—0.85	8—12
Gig	5.00—5.71 : 1	7.50—10.00	1.50—1.75	0.55—0.70	6—8
Jolle	3.03—3.16 : 1	5.00— 6.00	1.65—1.90	0.65—0.75	4—6

Der „König Wilhelm" erhielt bei seiner ersten Ausrüstung 2 Barkassen von 42 Fuß (engl.) Länge, darunter eine Dampfbarkasse, 2 Pinassen von 32 Fuß, 2 Kutter von 30 Fuß, einen dritten von 18 Fuß, 2 Gigs von 34 und 20 Fuß und eine Jolle von 14 Fuß Länge; ein Boot-Etat, der dem eines englischen Linienschiffes ersten Ranges gleich kommt.
[2] Siehe S. 119. — [3] Vergleiche auch S. 112. — [4] Vergleiche S. 134. — [5] Siehe Typen der Handelsschiffe und -fahrzeuge.

Seitenwände sind mit Kork und Luftkammern versehen, um das Kentern (Umschlagen) nach Möglichkeit, sicher aber das Sinken zu verhüten. Sie werden meistens mittels eines langen über das Heck hinauszusteckenden Riemen an Stelle eines Ruders gesteuert, weil letzteres bei schwerem Seegang häufig aus dem Wasser kommt, das Boot dadurch steuerlos wird und in solchem Zustande eine Katastrophe herbeigeführt werden kann. Die sogenannten Rettungsflöße, aus Guttapercha= oder Kautschuk=Cylindern bestehend und mit einem Bretterbelag 2c. versehen, sowie die zusammenlegbaren leichten Boote aus geöltem Segeltuchbezug 2c. hergestellt, wie man sie in neuerer Zeit sieht, bedürfen wohl noch der Vervollkommnung, da sie bis jetzt nur selten Verwendung finden.

Die Boote der Handelsschiffe, in ihren Dimensionen den Größen der Schiffe entsprechend gebaut, zerfallen in vier Arten: Großboote, Mittelboote, beide gewöhnlich mit Sprietsegeln versehen, sind, wie die Barkassen und Pinassen der Kriegsschiffe auf Deck aufgestellt, ferner Schalupen (Gigs oder Quarterboote) und Jollen. Ihre Bauart ist theils Klinker, theils Kraweel. Besondere Rettungsboote werden selten auf Handelsschiffen mitgeführt.

Die deutsche Seemannsschule bis zum Jahre 1889 auf Steinwärder bei Hamburg.

Die Seekarten und nautischen Instrumente.

Bedarf es auf dem Festlande der Karten und Pläne, um sicher und schnell sich zurecht zu finden, so ist das mindestens in demselben Maße auf der pfadlosen Weite des Meeres Erforderniß. Die See ist eine einzige große Wasserstraße mit Dimensionen nach Länge und Breite, die sich ins Ungeheure dehnen. In allen Richtungen von eilenden Schiffen durchfurcht, verschließt es hinter ihnen alsbald wieder der Wege Spur; kein Merkzeichen weist das offene Wasser zur Orientirung auf; unter seiner Oberfläche verborgen aber lauern Sandbänke und blinde Klippen; was dagegen sichtbar ist überm Wasser= spiegel, flache und steile Küsten, das hüllen nur zu oft dunkle Wolken und Nebel in undurchdringliche Schleier, so, daß den Seemann, der aufs unsichere hin, dem guten Glücke vertrauend, seine Wege zu finden versuchen würde, diese Wege in den Abgrund führen möchten, den tiefen Abgrund, in dem schon viele Tausende von Menschen und unermeß= liche Schätze versunken sind. Ja, die Kenntniß der Meere mit Ebbe und Fluth, mit ihren unsichtbaren Strömungen, welche tückisch den Segler vom Wege lenken und lautlos ins Verderben hinein tragen, der Meeresregionen mit den lokalen Luftströmungen, die Kenntniß der Konfiguration des Grundes, die Feststellung der Orte verborgener und offen= kundiger Gefahr, endlich die Kenntniß über Lage und Form der Wassergrenzen, der Küsten, und im Anschluß daran derjenigen Oertlichkeiten, welche Unterkunft in Fällen der Noth gewähren, diese der heutigen Zeit in reichem Maße zu Gebote stehende Kenntniß ist erst in Jahrtausende währender Arbeit errungen worden, erkauft durch zahllose Opfer an

Leben und Gut, seitdem die ersten Seefahrer als Pioniere der Weltkultur sich hinaus wagten auf eine unbekannte Wasserwüste. Erst allmählich lernte man sich Hülfsmittel schaffen, nachdem der Zufall Lehren gegeben, die, festgehalten durch den Scharfblick eines Berufenen, den Mitteln zur Nutznießung nachgrübeln ließen. Langsam hat sich dann die Wissenschaft der von der Natur selbst gelehrten Thatsachen bemächtigt, hat gestrebt, Ursache und Wirkung verstehen zu lernen. Dem Steuermann (Piloten), welcher zuerst die Entdeckung machte, daß die nächtlichen Lichter am Firmament dem Seemann Wegezeichen zu sein vermöchten, und welcher, seinen Kurs nach einem ins Auge gefaßten Stern steuernd, nachgerade fand, daß er dabei vom rechten Wege abkam, war das Wandern dieses Sternes nur Thatsache, das Wie und Warum noch unverständlich. Nach langem Tappen im Dunkeln, durch Irrthümer und im Geiste der Zeiten begründete Vorurtheile hindurch, hat endlich die Wissenschaft den Schlüssel zum Geheimnisse der Bewegungen im Raume über uns gefunden, mißt die Bahnen am Himmel, nachdem sie die technischen Hülfsmittel, die Instrumente zur Orientirung auf der Erde und im Weltall zu terrestrischen und astronomischen Beobachtungen, sich hergestellt hat.

Befragen wir die ältesten Ueberlieferungen nach den ersten Anschauungen, welche man von der Gestalt und Bewegung unseres Erdkörpers hegte, so verweisen sie uns, als bis jetzt fast einzige Quelle der Nachforschung, auf das Volk der Griechen, das lange Zeit an dem Gedanken festhielt, die Erde sei eine flache, vom großen Wasser umflossene Scheibe, in das die Sonne bei ihrem Auf= und Untergange eintauche, und die, infolge des durch üppige tropische Vegetation herbeigeführten Uebergewichtes, ein wenig nach Süden überneige. Der im 6. Jahrhundert v. Chr. lebende Anaximander, ein Schüler des Thales, dachte sich diese Scheibe als Grundfläche eines Cylinders; von ihm heißt es, daß er „zuerst des Meeres und der Erde Umfang beschrieben habe", womit aber wohl nur gesagt sein soll, daß von Anaximander ein erster Entwurf einer Erdkarte herrühre. Von einer Bestimmung der Größe der Erde konnte so lange keine Rede sein, als man nicht eine annähernd richtige Vorstellung von ihrer Gestalt hatte, also, streng genommen, nicht vor dem 4. Jahrhundert v. Chr., da jedes geometrische Verfahren zur Auffindung der Größe eines Körpers von dessen Form abhängt.

Sei es, daß Pythagoras (im 6. Jahrhundert v. Chr.) bessere Kunde von den Aegyptern oder aus dem Morgenlande erhalten, sei es, weil er die Kugel für den vollkommensten Körper hielt, kurz, er war wohl einer der ersten, der die Behauptung aufstellte, die Erde besitze Kugelform und bewege sich, gleichzeitig mit einer Gegenerde, um ein Centralfeuer. Eine solche Behauptung, die später Eudoxus (im 4. Jahrhundert v. Chr.) vertrat, und welche von Aristoteles (gleichfalls im 4. Jahrhundert v. Chr.) und Archimedes (im 3. Jahrhundert) theoretische Begründungen erfuhr, blieb im späteren Alterthum, aber vorläufig nur in diesem, aufrecht erhalten.

Im frühen Mittelalter war, ausgenommen bei den Arabern, der mühsam errungene Begriff, von der Kugel= gestalt der Erde theils längst verloren gegangen, theils wurde er, wo er sich noch hielt, durch sonst gelehrte Männer, wie manche der Kirchenväter, absichtlich verdrängt. Um die Mitte des 8. Jahrhunderts war bei den Arabern über die Gestalt der Erde die allgemein angenommene die der Kugelform. Das 9. und zum Theil das 10. Jahrhundert war noch in den naivsten Anschauungen befangen, wie die eine sehr tiefe Stufe einnehmenden Erdkarten aus jenen Zeiten deutlich bekunden. Aber schon im 11. Jahrhundert erblicken wir, trotz aller ihnen anhaftenden Unvollkommenheiten, Versuche, sich ein richtiges Bild von der Erdoberfläche zu verschaffen, wie man sagt: die sphärisch gekrümmte Erde zu projiziren. Etwa im Jahre 1256 gewinnt die Lehre von der Globosität derselben festen Boden.[1]

Längst vor Kolumbus wurde schon der Gedanke erwogen, das Morgenland im atlantischen Westen aufzusuchen und den Weg nach Japan (Zipangu) quer über den atlantischen Ozean zu verkürzen.

Abulfeda (geb 1273) lehrte schon, daß, wenn von zwei Leuten der eine gegen Osten, der andere gegen Westen um die Erde wanderten, bis sie am Punkte ihres Ausgangs wieder zusammenträfen, der erste Mann der Kalenderfolge um einen Tag voraus, der andere ebensoviel dahinter zurück wäre. Deutsche Mathematiker wagten zuerst bei der Uebertragung von Kugelflächen in die Ebene (Projektionskarten) die Vorbilder des Alterthums zu verbessern. Johann Stöffler (geb. 1472, gest. 1530) und nach ihm der Nürnberger Johann Werner führten nach Anleitung des Hipparch das stereographische Gradnetz ein.

Mit der Entwickelung der Geographie als Wissenschaft hat die Kunst der Kartenzeichnung (Kartographie) gleichen Schritt gehalten.

Mit dem Gebrauch des Schiffskompasses beginnt die Einführung der Kompaßkarten des Mittelalters. Jene Karten sind mit Wind= und Kompaßrosen bedeckt, aus denen strahlenförmig bunte Striche nach den Haupthimmels= richtungen auslaufen, um sich mit anderen Windrosen der Karte zu vereinigen. Der Gesichtskreis wurde nämlich in vier volle Winde: Nord, Süd, Ost, West getheilt, zwischen denen die halben Winde, NO, SO, SW, NW, lagen. Zwischen den halben und den ganzen Winden unterschied man die Viertelswinde, die wir mit NNO, ONO,

---

[1] Der erste bekannte Erdglobus ist der Martin Behaims vom Jahre 1492, ein anderer ist der Laon Globus von 1493. Der wahrscheinlich früheste postkolumbische Globus z. Zt. in New-York in der Levor-Bibliothek. Es folgt dann der berühmte Globus des Johann Schoner in Bamberg vom Jahre 1520 u. s. w.

OSO u. s. w. bezeichnen, die dann wiederum in Oktaven oder Achtel zerfielen. Auf einen dieser Sterne (Mittel=punkte) setzte der Steuermann seine Bussole, um zu ermitteln, welchen Kurs er steuern müsse, um von einem Hafen nach dem anderen zu gelangen. Den zurückgelegten Weg schätzte er aus der Kraft des Windes oft mit einer Schärfe und Sicherheit, die uns wunderbar erscheint. Freilich blieb dabei der individuellen Anschauung ein weiter Spielraum, und Christoph Kolumbus führte, wie wir aus seinem Schiffstagebuche wissen, bei seiner ersten Ueberfahrt nach der neuen Welt neben einer geheimen richtigen eine weniger korrekte Wegrechnung, und gab dem Schiffsvolke immer nur drei Viertel der gesegelten Entfernungen als zurückgelegt an, um dasselbe nicht allzusehr zu beunruhigen.

Wurden die Schiffe durch ungünstige Winde von ihrem Kurse abgelenkt, so berechnete der Lotse oder Steuermann den Wegverlust und den Ort des Schiffes auf der Karte nach eigenen Formeln oder Tafeln.[1] Diese alten Küstengemälde bezw. Kompaßkarten wurden ursprünglich nur von Italienern oder Katalonen und den Balearen hergestellt, deren Wissen sich erst später auf die Portugiesen und Kastilienser übertrug. Die ältesten Muster sogenannter Kompaßkarten verfertigte der Venetianer Marius Sanuto (Sanudo) der Aeltere (1306—1321); man vermuthet indes, daß die ersten Anfänge dieser Kunst schon im 13. Jahrhundert zu suchen sind. Eine gewisse Meisterschaft in der bildlichen Darstellung der Erdoberfläche muß im 14. und 15. Jahrhundert den seefahrenden Völkern des Mittelmeeres, vorzüglich den Italienern, sodann in der ersten Hälfte des 16. Jahrhunderts ihren Schülern, den portugiesischen und spanischen Lotsen zuerkannt werden.

Um die Mitte des 16. Jahrhunderts begannen deutsche Kartenzeichner sich mit Erdgemälden hervorzuthun, nachdem Holzschnitt und Kupferstich durch Albrecht Dürer eine hohe Stufe der Vollkommenheit erreicht hatte; sie wurden jedoch gegen das 17. Jahrhundert von den Niederländern wieder verdrängt.

Christobel Kolon (Christoph Kolumbus) führte 1492 die Karte des Florentiner Astronom Toscanelli (geb. 1394, gest. 1482) an Bord, auf welcher die Breiten durch wagerechte, die Längen durch senkrechte Linien in Abständen von je fünf Graden gezogen waren.

Gerhard Kremer, genannt Merkator, (geb. 1512 in Belgien, gest. 1594), der, nach Deutschland ausgewandert, sich in Duisburg angesiedelt hatte, lehrte zuerst, wie Erdflächen der gemäßigten Zone sich wahrheitsgetreu auf die Ebene übertragen lassen, wenn man sie wie die Flächen eines Kegels behandelt und dabei die Mittagskreise (Meridiane) als gerade Linien, die Breitenkreise als Kurven wiedergiebt. Eine Kartenpräzision aber, welche besonders den Bedürfnissen des Seemanns Genüge leistet, hat Merkator zuerst seiner berühmten Weltkarte von 1569 zu Grunde gelegt. Die Kugel wird danach durch die Walze (Cylinder) ersetzt. Dabei sind die Pole nicht darstellbar; das ist aber wenig von Belang, weil es sich durchweg nur um die Darstellung von Theilen solcher Kugelzonen der Erde handelt, welche weder dem Nord= noch dem Südpol sehr nahe liegen. Die Meridiane, als parallel der Achse auf dem Cylinder gezogen, stellen sich bei der Abwicklung desselben auf die Ebene der Karte als gerade Linien von gleichem Abstande untereinander dar und werden vom Aequator und den Breitenparallelen, ebenfalls gerade Linien, senkrecht geschnitten. Die Abstände der letzteren von=einander (also die geographische Breite) sind nicht, wie es bei den schon in früheren Jahrhunderten von den Seefahrern benutzten rechteckigen Plattkarten der Fall war, gleich groß, sondern wachsen vom Aequator nach den Polen zu in demselben Verhältniß, wie die Meridianabstände (also die geographische Länge) auf der Karte polwärts sich größer darstellen, als sie es in Wirklichkeit auf der Kugelfläche sind. Die Gesamtzeichnung auf der Karte wird daher, und zwar in immer verstärktem Maße nach den Polen zu, ein Zerrbild, aber ein solches, in welchem die Ost=West gerichteten Maße harmonisch mit den Nord=Süd=Maßen — also auch alle andern Maße in der nämlichen Weise — wachsen, und welches mithin dem wahren Bilde auf der Kugel in den kleinsten Theilen mathematisch ähnlich ist. Die Verzerrung ist zudem nur in Darstellungen aus Zonen höherer Breiten erheblich. Um trotzdem auf der Karte richtige Maße abgreifen zu können, wird eine Breitenskala am Rande aufgetragen, deren polwärts wachsende Theilung der Progression des Gradnetzes entspricht und aus welcher beim Kartengebrauch für jede bezügliche geographische Breite die zugehörige Maßeinheit zu entnehmen ist.

Diese Merkatorprojektion hat darum so besonderen Werth für Seekarten, weil in ihr die Loxodrome[2] eine gerade Linie, jede gerade Linie eine Loxodrome ist, folglich auf ihr alle Winkel gleich den sphärischen auf der Erdkugel sind, und weil demgemäß jeder Kurs, d. i. bekanntlich die Himmelsrichtung, in der ein Schiff steuert, also der Winkel, welchen der Weg des Schiffes mit dem jeweiligen Meridian des Schiffsortes bildet, ohne weiteres direkt in die Karte eingetragen werden kann.

Nichtsdestoweniger bedurfte es mehr als eines Jahrhunderts, ehe die Seefahrer den Nutzen der geistvollen neuen Erfindung erkannten und sich zu eigen machten.

---

[1] Man nannte diese Kunst (Besteckrechnung), den zurückgelegten Weg zu berechnen, morteloio. (Eine befriedigende Erklärung dieses Ausdrucks ist bis jetzt noch nicht gegeben worden.)

[2] Die Loxodrome ist eine auf einer Kugelfläche gezogene Kurve, welche alle aufeinander folgenden Meridiane unter gleichem Winkel schneidet. Sie entfernt sich vom Aequator und nähert sich dem Pol in Spirallinie, ohne letzteren wirklich erreichen zu können. Solange der Kurs eines Schiffes nicht geändert wird, ist der durchlaufene Weg eine Loxodrome.

Heutzutage wird Merkators Projektion allgemein für See=, recht häufig auch auf Uebersichtskarten angewendet.

Für genaue Aufnahmen der Küstenstriche aller Oceane wirken in erster Linie die britische Admiralität, in zweiter die amerikanische und französische, und, besonders soweit es die heimischen Gewässer betrifft, die Kaiserlich deutsche Marine. Tausende von Seekarten beweisen die überall erwachte Thätigkeit auf diesem Gebiete. — Man unterscheidet je nach der Größe des der Darstellung zu Grunde gelegten Maßstabes: General=, Segel=, Spezialkarten und Pläne. Diese zerfallen wiederum je nach ihrer Konstruktion in: Plattkarten[1], wachsende Karten (nach Merkator), rechtweisende, in denen die Nord=Südlinie der darin eingezeichneten Kompaßstriche (Windrose) der Meridian ist, und die Gradangabe der Mißweisung nur als Zahl vermerkt wird, oder in mißweisende, wenn für die Nord=Südlinie der magnetische Norden gewählt und alle andern Kompaßstriche dieser Bedeutung angeschlossen sind.

Die ältesten Seetiefenmessungen und Seetiefenkarten sind holländischen Ursprungs. Die Kenntniß der beträchtlichsten Meeresströmungen verdanken wir dagegen spanischen und portugiesischen, einige auch englischen Lotsen, doch wurde das erste physikalische Gemälde dieser Erscheinungen lange vor Halley's Windkarte in Deutschland entworfen.

Die Abhängigkeit der rhythmischen Schwankungen des Seespiegels von der Zugkraft des Mondes hat Kepler vor Newton ausgesprochen, aber die tiefere Begründung der Lehre und die Darstellung von Flutherscheinungen auf Weltkarten sind britische Verdienste, ebenso wie die Erkenntniß der oceanischen Tiefentemperaturen.

Für die genaue Festlegung eines beliebigen Punktes auf der Erdoberfläche oder an der Hohlkugel des Himmels, als deren Mittelpunkt derjenige der Erde gilt, bedarf es eines Koordinatensystemes (360 Meridiane und 180 Breitenparallelen), welches, sich der sphärischen Form der Erde anschließend, auf der Eintheilung des Kreises begründet ist.

Für die Navigation sind folgende, als durch den Anfangspunkt des Koordinatensystems gehend, mit Null bezeichnete erste Meridiane von Wichtigkeit:

1. Der Meridian von Greenwich. Für diesen ist die bei weitem größte Zahl der Seekarten und nautischen Tabellen eingerichtet.

2. Der Meridian von Paris. Derselbe liegt 2° 20′ 2″ östlich vom Meridian von Greenwich.

3. Der Meridian von Ferro. Derselbe ist nur durch seinen öfteren, indes in der Abnahme begriffenen Gebrauch in der Geographie von einiger Bedeutung und fällt mit dem 20. Meridian westlich von Paris zusammen. Alle übrigen ersten Meridiane haben für die Navigation nur eine sekundäre Wichtigkeit.

Die Quadranten eines jeden Meridians zwischen Aequator und den Polen werden vom Aequator aus in 90 Grade getheilt. Durch diese Grade denkt man sich Kreise parallel mit dem Aequator gelegt und nennt sie, vom Aequator ab nach beiden Polen hin zählend, die nördlichen, resp. die südlichen Breitenparallelen. Auf solche Weise erhält man, wenn man sich noch die Grade in Minuten und Sekunden getheilt denkt, ein Netz von Koordinaten, durch welches die Lage eines jeden Ortes auf der Erde genau bestimmt wird.

---

[1] Eine Plattkarte entsteht, wenn man sich die Erdkugel oder eine Zone derselben durch einen Cylinder ersetzt denkt, auf welchem man die Meridiane als gerade Linien (parallel der Achse), den Aequator und die Breitenparallelen aber als Kreise senkrecht zur Cylinderachse darstellt. Schneidet man einen solchen Cylinder längs eines der Meridiane auf und breitet ihn auf eine Fläche aus, so erhält man das Netz einer Karte, in welcher die Meridiane und Breitenparallelen ein rechtwinkliges Koordinatensystem bilden. Läßt man den Theilen der Meridiankreise (den Breitengraden) diejenige Größe, welche sie auf der Kugel haben, so entsteht eine sogenannte rechteckige Plattkarte bezw. wenn der Aequator zu Grunde gelegt ist, eine quadratische Plattkarte.

Erläuterung der Seekarte.

Die beigefügte mißweisende nach Merkator-Projektion ausgeführte Seekarte umfaßt den Seeraum zwischen dem rothen Sandsteinfelsen Helgoland und der Elbe-, Weser- und Jademündung nebst der Insel Wangeroog.

Die gelben Flächen um Helgoland, Wangeroog und zwischen der Elbe- und Wesermündung kennzeichnen die bei Ebbe trockenen Watten; die violetten Anlagen mit den darin befindlichen Zahlen die Sandbänke mit ihren Wassertiefen in Metermaß bei Niedrigwasser. Gleiche Bedeutung haben die auf der ganzen Karte zerstreuten Zahlen; die bei einzelnen derselben stehenden Buchstaben zeigen die Bodenbeschaffenheit an. Beispielsweise bedeutet 19. dkl. bl St. Sd.: 19 m Tiefe bei dunkelblauem Schlick und Sandgrund ꝛc.

Die vor der Elbe- und Wesermündung eingetragenen kleinen Schiffchen mit rothem Anstrich und weißem Namen an jeder Seite, nebst einem bezw. drei rothen Mastspitzen kennzeichnen die dort stationirten Feuerschiffe mit einer bezw. drei Laternen. Ein Gleiches gilt von den weiter stromaufwärts in der Weser bezw. der Jademündung stationirten Feuerschiffen, nebst der Leuchtboje in der Jademündung. Sie dienen sämtlich dazu, auch während der Nacht den Schiffen die Passage zu ermöglichen. Die auf Helgoland, Wangeroog und am Eingang der Weser befindlichen rothen Punkte bezeichnen den Ort der Leuchtthürme, unter Angabe der Höhe derselben, Art der Feuer und Sichtweite der letzteren bei klarem Wetter. Von den obigen Leuchtthürmen ist der Weser leuchtthurm einer der größten Leistungen der Hydrotechnik. Vor der Jade sieht man eine Glockenboje (Heul-Tonne) ausgelegt, welche bei einiger Bewegung im Wasser läutet und sich den nahenden Schiffen bemerkbar macht.

Die längs Wangeroog sich bemerkbar machenden Bojen mit hohen Stangen (A. B. C. D. u. s. w.) begrenzen das Fahrwasser am linken Ufer, die kleinen schwarzen Bojen gegenüber am rechten Jadeufer. Aehnlich findet sich dies auf der Weser und Elbe. Zwar ist bis jetzt noch kein einheitliches System für die Formen und den Anstrich der Seezeichen vorhanden, doch scheint die Regierung auf die Regelung dieser so wichtigen Angelegenheit Bedacht genommen zu haben.

Die in der Karte verzeichnete Kompaßrose dient zur Ermittelung des Kurses von einem Orte zum anderen; die an der Nordspitze derselben stehende Zahl bedeutet die 1885 ermittelte 14 Grad westliche Mißweisung.

Will man beispielsweise von der Mündung der Jade bezw. von der Heul-Tonne nach dem S. O. Landungsplatz von Helgoland steuern, ohne daß die Insel sichtbar ist, so legt man eine Seite eines Parallel-Lineals (bezw. ein rechtwinkliges Dreieck) an diese Punkte, schiebt die andere Hälfte desselben auf die Kompaßrose und findet hier den Kurs N. z. O.¹/₂O. per Kompaß. Vom Elbfeuerschiff bis Helgoland findet man auf diese Weise den Kurs N. W. z. N. Die Distanz in Seemeilen geben die Breitenskalen rechts und links am Kartenrande an.

Die Länge eines Ortes ist daher ein Bogenstück des Aequators oder eines Breitenparallels zwischen dem Null=Meridian und dem Meridian des Ortes in Graden und Minuten östlich oder westlich von dem Anfangsmeridian ausgedrückt.

Die Breite eines Ortes ist ein Bogenstück des Meridians des Ortes, vom Aequator gemessen.

Das hier beschriebene Koordinatensystem der Erde dient als Ausgangspunkt eines Koordinatensystems für den Himmel.

Man denkt sich zu dem Ende den gesamten Fixsternhimmel als eine Hohlkugel, deren Mittelpunkt der Mittel=punkt der Erdkugel ist, und welche die verlängerte Erdachse, nun Weltachse genannt, gemein hat. Der Kreis der Himmelskugel in der Ebene des Aequators ist der Aequator des Himmels und theilt die Himmelskugel in den nörd=lichen und südlichen Himmel. — Während die Erde sich nun um die Achse dreht und die Himmelskugel mit allen Fixsternen feststeht, bewegen sich nur die Gestirne unseres Sonnensystems: Sonne, Mond und Planeten an der Himmelskugel in eigenthümlichen Bahnen.

Diese unbewegliche Hohlkugel des Fixsternhimmels denkt man sich von einem Netz von Koordinaten bedeckt, dessen Grundlage, wie bei der Erde, der Aequator ist. Derselbe wird aber nicht wie der Erdäquator in 360 Grade, sondern in 24 Stunden getheilt. Die durch die Pole gehenden, auf dem Aequator senkrecht stehenden größten Kreise heißen Stundenkreise.

Der Punkt, von welchem aus die Zählung der Stundenkreise auf dem Aequator beginnt, heißt Frühlingspunkt oder Widderpunkt. — Von diesem werden die 24 Stunden in östlicher Richtung rund um den Aequator gezählt.

Jeder Quadrant der Stundenkreise wird vom Aequator nach dem Pole in 90 Grade getheilt. — Diese Theilung, durch Kreise verbunden, welche dem Aequator parallel liegen, ergiebt ein System von Parallelkreisen, analog den Breiten=parallelen auf der Erde, welche hier am Himmel Deklinationsparallelen heißen.

Wie auf der Erde jeder Ort durch Länge und Breite bestimmt wird, so geschieht dies am Himmel durch die Anzahl der Stunden, Minuten und Sekunden, vom Frühlingspunkte in östlicher Richtung zählend bis zum Stunden=kreise, welcher durch den betreffenden Punkt geht (die Rektascension oder gerade Aufsteigung genannt), ferner durch die Anzahl Grade, Minuten und Sekunden auf dem Stundenkreise vom Aequator gezählt (die Deklination oder Abweichung genannt). Das Komplement der Deklination ist die Poldistanz.[1]

Zum besseren Verständniß der in einem späteren Abschnitt Erwähnung findenden astronomischen Beobachtungen zur Ermittelung des Schiffsortes auf hoher See folgt hier noch die Erklärung folgender Linien und Kreise.

Eine lothrechte Linie vom Standpunkte des Beobachters nach beiden Richtungen verlängert, heißt die Vertikal=linie und trifft die Himmelskugel in zwei Punkten, von denen der über dem Beobachter das Zenith, der unter dem=selben befindliche das Nadir heißt. Die Vertikale bildet also eine Achse, deren Pole das Zenith und Nadir sind.

Eine Ebene, durch den Mittelpunkt der Erde gedacht, zu welcher diese Achse senkrecht steht, wird der wahre Horizont genannt. — Eine ihm parallele Ebene, die durch das Auge des Beobachters geht, heißt der scheinbare Horizont, und die Kreislinie der Erdkugelfläche, welche den vom Beobachtungspunkte sichtbaren Theil der Erdkugel begrenzt, heißt natürlicher Horizont oder Seehorizont, auch Kimm. Die Oberfläche einer frei ruhenden Flüssigkeit, gewöhnlich Quecksilber, heißt ein künstlicher Horizont, der zum Observiren am Lande benutzt wird.

Die größten Kreise, welche durch Zenith und Nadir gehen, also auf dem Horizont senkrecht stehen, heißen Vertikalkreise.

Der Winkel am Erdmittelpunkt vom Horizont nach einem Punkte, im Vertikalkreise gemessen, heißt Höhen=winkel oder Höhe. Das Komplement der Höhe heißt Zenithdistanz.

Die der Ebene des Horizonts parallelen Kreise, welche die Punkte gleicher Höhe untereinander verbinden, heißen Höhenparallelen.

Der Horizont wird in verschiedener Weise eingetheilt; zunächst in die Himmelsgegenden. Den Ausgangspunkt für diese Eintheilung giebt derjenige Durchmesser, welcher den Horizont in eine östliche und eine westliche Hälfte theilt und die Nord=Südlinie oder Mittagslinie genannt wird. Eine Linie, rechtwinklig zur Nord=Südlinie, heißt die Ost=Westlinie.

Der Vertikalkreis, welcher der Ost=Westlinie entspricht, heißt erster Vertikal. Zwischen den durch diese Linien markirten Punkten Nord, Ost, Süd, West, welche man Kardinalpunkte nennt, befinden sich die vier Inter=kardinalpunkte Nordost, Südost, Südwest und Nordwest. Die Zwischenräume zwischen zweien dieser acht Haupt=richtungen werden in je vier Theile getheilt, so daß man um den ganzen Horizont herum zweiunddreißig Richtungen, Striche genannt, erhält, welche, wie auf der Kompaßrose (siehe Seite 169) angegeben, bezeichnet werden.

---

[1] Die Bestimmung der Fixsterne nach Länge und Breite und zwar von der Ekliptik als Grundkreis für letztere und dem Aequinoktialpunkt (Frühlingspunkt ♈) für erstere ausgehend, findet in der Navigation keine Anwendung.

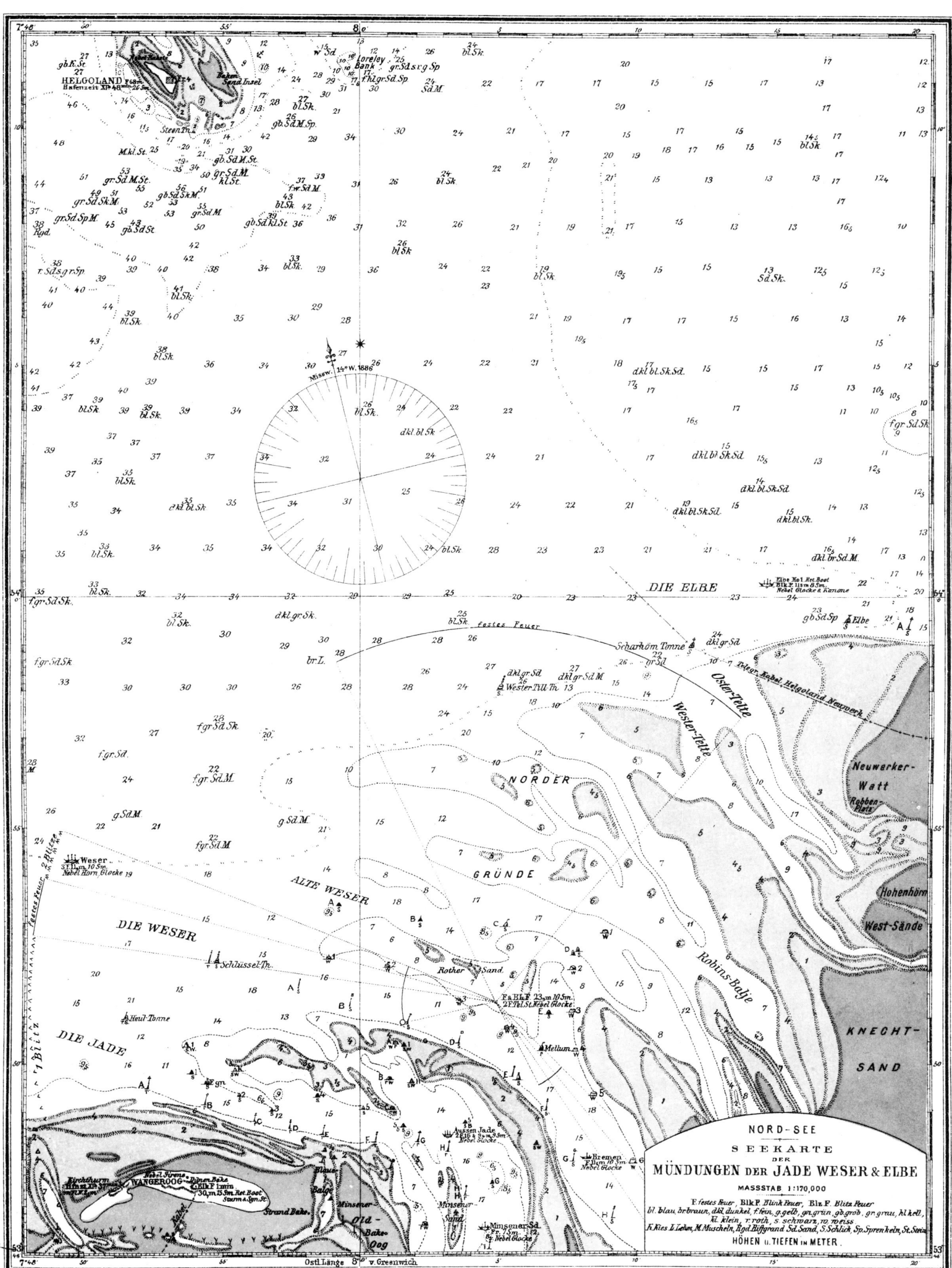

NORD-SEE

SEEKARTE
DER
MÜNDUNGEN DER JADE WESER & ELBE

MASSSTAB 1:170,000

Eine andere Eintheilung des Horizonts hat ebenfalls die Mittagslinie zur Grundlage. Man bestimmt nämlich auch einen Punkt am Horizont durch den Bogen in Graden, und zwar Ost oder West bis 180° gezählt, vom Süd= oder Nordpunkt des Horizonts und nennt diesen Bogen= oder Winkelabstand Azimut.

Der vom Ost= oder Westpunkte bis 90° gemessene Bogen des Horizonts (also das Komplement des Azimuts) heißt Amplitude.

Durch Azimut und Höhe ist also wiederum ein vollständiges Netz von Koordinaten an der Himmelskugel gegeben. Dieses Koordinaten=System dient der direkten Messung der Orte an der Himmelskugel als Grundlage. Vom Standpunkte eines Beobachters auf der Erdoberfläche lassen sich die Azimutal= und Höhenwinkel direkt messen und auf einfache Weise auf den Erdmittelpunkt als das eigentliche Centrum des Systems übertragen.

Unter den Vertikalkreisen ist derjenige, welcher durch den Süd= und Nordpunkt des Horizonts geht, zugleich ein Stundenkreis, weil er nicht nur durch Zenith und Nadir des Ortes, sondern auch durch die Pole geht. Er gehört also zwei verschiedenen Koordinatensystemen gemeinschaftlich an und entspricht dem Meridian des Ortes auf der Erd= kugel, daher heißt er der Meridian der Himmelskugel oder allgemein der Meridian. Außer dem Meridian ver= dient noch derjenige Stundenkreis genannt zu werden, welcher durch den Ost=Westpunkt des Horizonts geht — Sechs= stundenkreis — genannt und 90° oder sechs Stunden vom Meridian entfernt liegt.

Die Eintheilung der Kreise auf der Oberfläche der Erdkugel in Grade und Minuten giebt eine Grundlage für das Meßsystem, dessen man sich in der Navigation bedient.

Ein Quadrant des Aequators (90°) muß auf einer vollkommenen Kugel einem Quadranten des Meridians genau gleich sein. Die Minute eines größten Kreises der Erdkugel, also der 90×60=5400ste Theil eines solchen Quadranten wird Seemeile genannt und bei allen Entfernungsbestimmungen der Navigation als Grundmaß angenommen. Die Länge der Seemeile ist zu 1852 m festgestellt. Der zehnte Theil derselben — abgekürzt 185 m — heißt Kabellänge. Aus der Annahme der Seemeile als Einheit ergeben sich für die Dimensionen der Erdkugel: Umfang 21,600 Seemeilen, Radius 3437,76 Seemeilen.

Unter Berücksichtigung der wahren Gestalt der Erde, des Erdsphäroids, ist in der Geographie ein von der Seemeile abweichendes Maß in Gebrauch, nämlich die geographische Meile. Dieselbe definirt sich als der fünfzehnte Theil eines Aequatorgrades (also 4 Aequatorminuten) oder der 5400ste Theil des Aequators. Daraus ergiebt sich: Eine geographische Meile = 7420,439 m.[1] Eine Aequatorialminute beträgt demnach 1855,1 m, sie ist also über drei Meter größer als eine Seemeile.

Man definirt auch die Seemeile als den 5400ste Theil eines Meridianquadranten auf dem Erdsphäroid und erhält nach den Bessel'schen Gradmessungen für die Seemeile 1852,01 m. Nach einer dritten Definition ist die Seemeile die Minute des Meridians gemessen auf 45° der Breite. Die Länge einer solchen Minute in Bogen beträgt 1851,83 m. Die Annahme einer Seemeile zu rund 1852 m rechtfertigt sich also hinlänglich.

In England unterscheidet man:

1 sea mile	= 1851,85 m.
1 statute mile	= 1609,31 m.
1 London mile	= 1523,97 m.
1 League (3 Seemeilen)	= 5555,55 m.

In Frankreich unterscheidet man:

1 Lieue marine	= 5556,00 m.
1 Mille marin	= 1852,00 m.
1 Lieue	= 4444,44 m.

In Italien   „   „   1 Miglio   = 1851,85 m.

In Rußland   „   „   1 Werst   = 1066,78 m. oder 1 sachen = 2,134 m.

Maße, welche unserer Kabellänge entsprechen, sind: die englische Furlong = 201 m, die französische Encablure = 195 m u. a.

Als Tiefenmaße sind ferner für Karten u. s. w. in Gebrauch: entsprechend unserem früheren Faden (6 Fuß) = 1,88 m, in England 1 Fathom = 1,829 m, in Holland 1 vadem = 1,699 m, in Portugal 1 broce = 2,200 m, in Rußland 1 sachen = 1,829 m u. s. w.

Die Gewähr für eine möglichst sichere Führung eines Schiffes über den Ocean, liegt nicht, wie Mancher glauben möchte, lediglich in einer hohen theoretischen Ausbildung der Schiffsführer, sondern ganz wesentlich auch in seiner viel= seitigen Erfahrung, seinem praktischen Ueberblick, der Kenntniß des Straßenrechtes zur See ꝛc. und für die nordatlantischen Fahrten, besonders in der Verwerthung der von den Amerikanern herausgegebenen Lotsenkarten.

---

[1] Nach den neueren Grad= und Pendelmessungen des Professor Listning 7420,415 m.

Während nämlich die gebräuchlichen Seekarten gewissermaßen nur die Ortsangabe der festliegenden Gefahren der Schiff=
fahrt, die Untiefen und Felsen enthalten, geben diese Lotsenkarten gleichzeitig die Lage der schwimmenden Gefahren an,
welche letztere, unheimliche Wracks, gigantische Eisberge u. s. w., um so gefährlicher sind, als sie beständig ihren Ort
ändern und bei Nebel und dunkler Nacht nicht wahrnehmbar sind. Schon allein die Fixirung der im vorher=
gehenden Monat angetroffenen Nebelmassen, welche die Meerestheile bei den Neufundlandsbänken so übelberüchtigt
gemacht haben, giebt ihnen eine außerordentliche Wichtigkeit. Die größte Bedeutung jedoch erhalten sie durch die ört=
liche Angabe der schwimmenden Klippen des Oceans, der Eisberge 2c. Die geographische Lage derselben ist für ein
bestimmtes Datum, an dem sie gesehen worden, genau verzeichnet. Auch findet sich der Weg angegeben, den das ge=
fährliche Treibstück bislang zurückgelegt hat. Gleichzeitig dient diese Angabe auch als Andeutung über die an der
Stelle herrschenden Meeresströmungen.

Die Gezeiten[1] (Fluth und Ebbe).

Die Benennungen Fluth und Ebbe bezeichnen die Erscheinungen des Steigens und Sinkens der Gewässer.
Fluth ist die Periode des Steigens, Ebbe diejenige des Sinkens. Beide Erscheinungen haben auch den gemeinschaft=
lichen Namen Gezeiten. Die höchsten im Laufe eines Tages eintretenden Wasserstände werden Hochwasser, die
niedrigsten Niedrigwasser genannt. Das zweimal aufeinander folgende Steigen und Sinken des Meeresspiegels (ein
Mondtag) erfordert einen Zeitraum von 24 Stunden 50 Min. 28 Sek. Die Erscheinung von Fluth und Ebbe wird nach
dem Newtonschen Gravitationsgesetz in erster Linie durch die Anziehungskraft des Mondes und der Sonne auf die Erde
hervorgerufen, jedoch kommen hierbei auch noch andere Momente, wie die Rotation der Erde, die Ausdehnung der
Kontinente, die Konfiguration der Küsten, Richtung und Stärke der Winde 2c. mit in Betracht. Eine Springfluth
entsteht, wenn die durch den Mond und die Sonne hervorgebrachten Hochwasser zusammenfallen. Alsdann ist das
Hochwasser am höchsten und das Niedrigwasser am niedrigsten. Fällt dagegen das von dem Gestirne, welches die größte
Einwirkung hat, ausgehende Hochwasser mit dem Niedrigwasser der Anziehung des anderen Gestirnes zusammen, so nennt
man dies Nippfluth oder taube Fluth. Bei diesen Gezeiten ist das Hochwasser am niedrigsten, das Niedrigwasser am
höchsten. Da nun jeder Ort der Erde innerhalb der oben angedeuteten Zeit eines Mondtages einmal auf der dem
Monde zugekehrten, einmal auf der abgewendeten Seite sich befindet, so müßte theoretisch innerhalb dieses Zeitraumes
d. i. nach je 6 Stunden, abwechselnd Fluth und Ebbe eintreten. Die Abweichungen hiervon finden in Nebenumständen
ihre Erklärung. Einer derselben ist der, daß das Wasser der Anziehungskraft nicht sogleich folgen kann, so daß die
wahre Fluth erst 2½ Stunden nach der berechneten eintritt. Während eines Monats erreicht die Fluth zweimal ein
Maximum, die Springfluth, zur Zeit des Voll= und Neumondes; zweimal ein Minimum, Nippfluth, taube
Fluth, zur Zeit des ersten und letzten Mondviertels. Die Zeit von dem für das Hochwasser berechneten Augenblick
bis zum wirklichen Eintreten desselben heißt Hafenzeit. Sie hängt von Lage und Beschaffenheit der Küste ab und
ist oft für nahe aneinander liegende Orte verschieden. Die Umdrehung der Erde von West nach Ost bringt es mit sich,
daß auf dem offenen Meere die Fluthwelle in der Richtung von Ost nach West umkreis't. Die Fluth tritt für alle
jene Orte zu gleicher Zeit ein, die unter demselben Meridian liegen, in den gemäßigten Zonen unter niederen Breiten
früher als unter höheren. Ihre Höhe beträgt in ganz freien Meeren (Südsee) 80—90 cm, nimmt mit den höheren
Breiten ab und verschwindet mit dem 60. Breitengrade. Wo aber die Fluthwelle durch das Festland gehemmt und
aufgestaut wird, erhebt sie sich oft zu erstaunlicher Höhe, wie z. B. bei St. Malo an der Nordwestküste Frankreichs bis
zu 15 m, im Bristol=Kanal 10—12 m, in Fundy=Bai 21 m u. s. w. Eine besonders merkwürdige Erscheinung ist die
sogenannte brandende Fluthwelle, Sprungwelle, so an der Nordküste Spaniens die Resaca, am bekanntesten
unter der englischen Bezeichnung Bore. Man beobachtet sie da, wo die Fluthwelle ein starkes Gefälle zu überwinden

---

[1] Die Theorie der Gezeiten ist in Krümmels Oceanographie sehr ausführlich zusammengestellt. Charakteristisch für den Standpunkt, auf welchem
sich diese Theorie trotz der Bemühungen eines Newton, Laplace, Whewell, Thomson, Airy und vieler anderer ausgezeichneter Analytiker befindet, sind die noch
„ungelösten Probleme," welche das genannte Handbuch nach Ferrel aufzählt: So ist es z. B. noch ein ungelöstes Problem, die Flutherscheinung für einen
gegebenen Ort auf theoretischem Wege allein, ohne Zuhülfenahme beobachteter Daten zu bestimmen. Professor Dr. C. Börgen benützt die Konstanten der har-
monischen Analyse, d. i. die zuerst von W. Thomson angewandte Reduktionsmethode der Aufzeichnungen von Fluthautographen, zur Berechnung von Gezeiten-
tafeln. (Siehe Annalen der Hydrographie 1889 I.) Eine interessante Studie über die Erosionswirkung durch Gezeitenströme, stellte Prof. Dr. Krümmel an.
(Siehe Petermanns Mittheilungen 1889 IV. Seite 331.) Sowohl durch die Theorie als auch durch praktische Beobachtung ist es erwiesene Thatsache, daß bei
Fluthwellen, welche viele tausend Male länger sind, als das Wasser tief ist, (wie dies in Flußgebieten der Fall), die Wassertheilchen von der Oberfläche bis zum
Boden hinab gleichzeitig und mit fast gleicher Geschwindigkeit horizontal hin- und zurückgeschoben werden.

hat und dann sehr schnell auf seichtes Wasser gelangt, wie im Bristol-Kanal, in der Seinemündung u. s. w. Schon aus weiter Ferne hört man das Brausen der heranstürzenden Welle, es steigert sich bis zum Geräusch eines mächtigen Wasserfalles; endlich sieht man eine weiße, quer über den Fluß reichende Masse sich nähern und nach wenigen Augenblicken ist der bis dahin regungslose Wasserspiegel in eine wild bewegte See verwandelt. Von nun an steigt das Wasser mit großer Schnelligkeit, nach wenigen Minuten verhallt das Lärmen des aufwärts rückenden Bore in weiter Ferne und die weitere Entwickelung der Fluth nimmt ihren regelmäßigen Verlauf.[1] In der Ostsee und im Mittelmeere ist ein regelmäßig periodisches Steigen und Fallen des Wassers kaum merklich; nur ist eine solche Erscheinung im Sunde und den Belten, sowie in der Straße von Messina wahrnehmbar. Eine andere merkwürdige Thatsache ist das Zusammentreffen zweier Fluthwellen in der Nähe von Dover, wo die eine durch den Kanal, die andere von Norden her aus der Nordsee kommend, sich begegnen. Trifft daher z. B. ein Schiff mit Hochwasser bei Dover ein, so kann es unter Umständen zwei günstige Strömungen benutzen.

Aus dem oben Angeführten dürfte zur Genüge hervorgehen, welche große Wichtigkeit die genaue Kenntniß der Gezeitenströmung, besonders in unseren Gewässern (Kanal und Nordsee) seitens der betreffenden Schiffsführer für die sichere Leitung ihrer Schiffe hat.

Der Schiffskompaß

ist ein für den Gebrauch des Seefahrers unumgänglich nothwendiges Instrument, das ihn befähigt, bei Sturm und Unwetter in finsterer Nacht und dichtem Nebel seinen Weg durch den pfadlosen Ocean finden zu können. Er enthält eine auf einem Stift frei schwingende Magnetnadel, die sich stets der magnetischen Nord-Südrichtung parallel stellt und zu Winkelmessungen d. h. zur Bestimmung der Richtungslinie dient. Der Magnetnadel haben sich zur Bestimmung des Land- und Seeweges nach Klaproth schon die Chinesen im ersten Jahrhundert bedient. Den Kulturstaaten der alten Welt ist aber die magnetische Nordweisung wahrscheinlich erst im Mittelalter bekannt geworden, denn wir finden sie am frühesten bei Alexander Neckand (1157—1217) und bei Guiot von Provies (1190) erwähnt.

Anfangs war das Werkzeug höchst unvollkommen. Wer zuerst einen nadelförmigen Magnet in eine Büchse (buxola, Boussole) einschloß, ist nicht mit Sicherheit zu ermitteln; wahrscheinlich aber war es das Verdienst Flavio Giorgios von Amalfi um das Jahr 1302.

Der Schiffskompaß besteht aus dem Kompaßgeäuse und der darin horizontal drehbaren Rose mit den Magneten. Die Kompaßrose ist eine aus Glimmerschiefer hergestellte und mit Papier überzogene Scheibe, auf der zwei Kreistheilungen ausgeführt sind. Die eine am Rande befindliche zeigt vom Nord- und vom Südstrich aus nach beiden Seiten, jedesmal durch Striche markirt, 90 einzelne Grade und in diesen als Unterabtheilungen drittel Grade. Die auf der inneren Scheibenfläche gezeichnete Windrose hat 32 ganze Striche, von denen vier die Hauptpunkte des Horizonts: Nord und Süd, Ost und West, die übrigen die Zwischenrichtungen: Nord zum Ost, (N z. O), Nord-Nord-Ost (NNO), Nord-Ost zum Nord (NO z. N), Nord-Ost (NO) u. s. w. bedeuten. Die ganzen Striche sind noch in halbe und viertel getheilt.

Die Kompaßrose trägt an der unteren Fläche entweder in ihrer Mittellinie einen einzelnen, oder parallel dieser an jeder Seite einen oder mehrere Magnete oder Magnetlamellen. Genau im Mittelpunkte ist die Scheibe durchbohrt und hier ein Hütchen von Metall mit eingefügtem Achatstein in der Spitze eingesetzt. Dieser ruht auf der gehärteten Spitze der Pinne, eines aufrecht in der Mitte der Kompaßbüchse stehenden Stahlstiftes. Derselbe ist (bei Normal- und Azimut-Kompassen) in einen in der Bodenmitte angebrachten Träger eingeschraubt, oder endet (beim Steuerkompasse) in einen cylindrischen Schaft, der in die cylindrische Bohrung des Rosenträgers gesteckt wird und dort auf einer Spiralfeder ruht. Zweck dieser Federeinrichtung ist, heftige Stöße auf Rose und Pinne möglichst abzuschwächen. Geringer Druck der Kompaßrose auf die Pinne und damit geringe Reibung bleiben sonach die entscheidenden Konstruktionsbedingungen für einen empfindlichen Kompaß. Die Empfindlichkeit der Rose darf aber weder zu groß noch zu klein sein; beim Steuerkompaß soll die aus ihrer Ruhe gebrachte (abgelenkte) Nadel 6—8, beim Azimutkompaß 12 Doppelschwingungen machen.

Zu jedem Kompaß gehören daher zwei oder drei Rosen, davon die schwereren, stabileren als Sturmrosen zum

---

[1] Siehe Lentz „Fluth und Ebbe" und die Wirkungen des Windes auf den Meeresspiegel (Hamburg 1879.

Gebrauch bei hohem Seegange, wenn nicht Fluidkompasse oder die in neuerer Zeit von Sir William Thomson erfundene Konstruktion der Kompaßbüchse Verwendung finden.

Die Kompaßbüchse (Kompaßkessel) ist ein cylindrisches Gefäß aus Rothgußmetall mit nach unten bauchig ausgearbeitetem Boden, der ein Bleigewicht trägt, welches dazu dient, den Schwerpunkt möglichst tief unter die Aufhängungspunkte der Büchse zu legen, damit letztere stets horizontal hängt, und gleichzeitig der Rose, bei starken Neigungswinkeln des Schiffes, eine horizontale Ruhelage möglichst gesichert wird. Diese Aufhängung ist ein kardanisches Gehänge, aus zwei konzentrischen Horizontalringen bestehend, von denen der innere an zwei diametral gelegenen Zapfen im äußeren, dieser aber mit zwei ebensolchen Zapfen, welche 90° von den ersteren entfernt befestigt sind, in der Gabel eines Stativs für Peilkompasse oder in einem anderweitigen festen Gestell, dem Kompaßhäuschen bei Steuerkompassen, Aufstellung findet. Die Zapfen beider Ringe müssen in einer Ebene liegen und der Schnittpunkt ihrer beiden Verbindungslinien genau im Endpunkt der Pinnenspitze gelegen sein. Auf der senkrechten Innenwand des Kompaßkessels sind vier, 90° voneinander entfernte, je mit einem schwarzen Steuerstrich markirte und versilberte Platten so angebracht, daß die Vertikalebene je zweier gegenüber liegender Steuerstriche (Steuerstrich und Gegensteuerstrich) mit derjenigen der Achsen der cardanischen Aufhängung zusammenfällt. Bei sachgemäßer Aufstellung des Kompasses müssen ferner Steuer- und Gegensteuerstrich genau in der Kielebene des Schiffes oder doch so liegen, daß ihre Verbindungslinie parallel zu dieser ist. Derjenige Strich einer durch ihre Magneten immer nach einer bestimmten Richtung gedrehten Kompaßrose, welcher sich mit dem vorderen Steuerstrich deckt, zeigt den Winkel, um welchen der Schiffsweg von der Nord-Südlinie der Rose abweicht, also den gesteuerten Kurs, welcher aber noch mit den Fehlern der Mißweisung und Deviation behaftet ist. Die Kompaßbüchse ist mittelst eines abnehmbaren Glasdeckels verschlossen, an dessen Stelle für den Zweck des Peilens (bei Normal- und Azimutkompassen) die Peilvorrichtung, aus einem passenden Glasdeckel mit darauf befestigtem Dioptern bestehend, tritt.

Die Richtung der Magnetnadel ist die Richtung der erdmagnetischen Kraft. Hängt man eine Magnetnadel derart auf, daß sie sich nicht nur in horizontaler, sondern auch in vertikaler Ebene frei um den Aufhängungspunkt drehen kann, so bemerkt man, wie sie neben ihrer Richtung nach dem Nordpol auch eine bestimmte Neigung gegen den Horizont einnimmt, und sich, so oft man sie auch aus dieser Lage bringt, immer wieder in dieselbe zurück begiebt. Es ist hierdurch wohl konstatirt, daß sich der Punkt der magnetischen Anziehung in der verlängerten Richtung der Magnetnadel befindet. Wie man die Richtung der horizontalen Kompaßnadel durch den Winkel, den sie mit dem astronomischen Meridian macht, die sogenannte Deklination, auch Mißweisung oder Variation genannt, bestimmt, die man, je nachdem die Abweichung nach Osten oder nach Westen stattfindet, östliche oder westliche Deklination nennt, so bestimmt man jene Neigung, die Inklination, durch den Winkel mit der Vertikalen. Deklination und Inklination sind für verschiedene Orte der Erde verschieden und man bezeichnet diejenigen Linien, welche die Oberflächenpunkte der Erde von gleicher Deklination oder gleicher Inklination miteinander verbinden, durch den Namen magnetische Kurven. Die Beobachtung der Deklination, der Thatsache also, daß die magnetischen Pole nicht mit den Polen der Erde zusammenfallen, fand erst Christoph Kolumbus auf seiner ersten Entdeckungsreise mitten im atlantischen Ocean. 1616 fand Baffin auf 78° Nordbreite in der nach ihm benannten Bucht eine westliche Ablenkung[1] der Nadel um volle 56 Grad.

Der die horizontale Lage der Nadel im Kompaß beinträchtigende Einfluß der Inklination wird leicht durch geringe der Nadel angefügte Gegengewichte (etwa Tropfen Siegellack, Wachskügelchen u. dgl.) aufgehoben. Die Inklination entdeckte der Engländer Norman 1576, als eine von ihm in ihrem Schwerpunkte mittelst Fadens frei schwebend aufgehangene Magnetnadel ihre Nordspitze tief nach dem Horizont herabneigte. Die Stärke dieser vertikalen Aeußerung der magnetischen Erdkraft wurde bald an verschiedenen Orten gemessen. Gilbert fand eine Neigung der Nadel von 71° 40′ in der Breite von London und Athanasius Kircher (1601 bis 1680) auf der Fahrt nach Malta in 35° Nordbreite eine Neigung von 59° 15′. Man erkannte hieraus schon damals, daß die Senkungskraft in der Richtung des Aequators, jedoch nicht symmetrisch, mit den verminderten Polhöhen abnehme, bis sie am Aequator gleich Null würde.

Die Lage einer Magnetnadel wird, wie bekannt, durch in der Nähe befindliches Eisen beeinflußt, und ist auch hiermit am Bord, besonders auf eisernen Schiffen, zu rechnen; man nennt den Winkel um welchen die Kompaßnadel durch den Einfluß des Eisens im Schiff von der magnetischen Nord-Südrichtung abgelenkt wird, ihre Deviation. Die Größe derselben ändert sich mit den Winkeln und Entfernungen, unter welchen die ablenkenden Massen zur Kompaßnadel stehen, daher auch mit dem Kurse, den das Schiff anliegt. Ebenso ändert sich die Polarität (das Centrum der Wirkungskraft) weichen Eisens mit dessen Lage zum magnetischen Meridian und ist im Allgemeinen am intensivsten,

---

[1] Die Mißweisung betrug z. B. 1580 in Paris 11½ Grad Ost; 1663 dagegen fiel hier der astronomische Meridian mit dem magnetischen zusammen, während man gegenwärtig etwa 20½ Grad westliche Deklination hat. Die Orte mit temporär gleicher Mißweisung verbindet man auf der Karte durch Kurven. Die erste solcher Deklinationskarten wurde 1530 vom Kosmographen Alonzo de Santa Cruz gezeichnet und veröffentlicht.

wenn das Eisen in seiner größten Längenausdehnung dem letzteren parallel liegt. Um nun für ein Schiff die Deviation zu finden, schwoit (schwingt) man dasselbe um 360°, also durch alle 32 Kompaßstriche, während man mit dem Peil= bezw. Regelkompaß, wenn möglich, einen festen Gegenstand peilt, z. B. in der Weise, wie auf Seite 92 beschrieben, d. h. diesen mittelst der Peilvorrichtung einvisirt und den Winkel zwischen Visirrichtung und der Magnetnadel notirt, um danach die Deviationstabelle zu berechnen. In See geschieht die Bestimmung der Deviation durch Observationen von Azimut und Amplituden. Die Deviation eines Kompasses ändert sich aber beim Wechsel des Schiffsortes mit der geographischen Breite, weil damit die Intensität des Erdmagnetismus und folglich auch der durch diesen induzirte Magnetismus im weichen Eisen zu= oder abnimmt, so daß die Deviationsbestimmungen wiederholt werden müssen, sobald das Schiff seine geographische Breite bedeutend verändert hat.

Ist die Deviation an und für sich am Bord sehr bedeutend, wie bei Panzerschiffen, so werden zur Verringerung derselben feste, sogenannte Airysche=Magnete zum Theil in der Nähe der Kompaßrosen angebracht.[1]

Die Schiffskompasse sind, je nach der Art ihrer Verwendung, von verschiedener Konstruktion. Normal= und Azimutkompasse (Peilkompasse) werden vorzugsweise bei astronomischen Beobachtungen oder terrestrischen Winkel= messungen (Peilungen) benutzt, und zwar für solche Aufnahmen, welche besondere Genauigkeit erfordern.

Der Normal= oder Regelkompaß wird bei eisernen Schiffen auf dem Hinterdeck dort aufgestellt bezw. auf= gehängt, wo er eine möglichst geringe Deviation zeigt. Diese wird bei ihm sehr genau unter= sucht und event. durch Magnet= stäbchen kompensirt. Man sieht solche Kompasse nicht selten mehrere Meter hoch über dem Deck am hinteren Mast oder einem hierfür gefertigten Unterbau auf= gehängt oder aufgestellt.

Am Ruder bei Nacht.

Der Steuerkompaß ist ausschließlich für den Gebrauch vor dem Ruder bestimmt.

In dem Fluidkompaß nach Ritchie wird vermittelst eines lufterfüllten Schwimmers

der Druck der in Flüssigkeit (einer Mischung von 80% Alko= hol und 20% Wasser) ganz ein= getauchten Rose auf die Pinne zum größten Theil aufgehoben. Die Rose kann daher ohne Rück= sicht auf das Gewicht des Ma= terials zusammengestellt, die Reibung auf der Pinne auf ein Minimum beschränkt und dadurch ein großes Trägheitsmoment er= zeugt werden.

Der Thomson'sche Kompaß unterscheidet sich von den übrigen dadurch, daß der Boden der Kompaßbüchse aus

zwei hermetisch getrennten Abtheilungen besteht, von denen die untere mit Ricinusöl gefüllt ist, um den Kompaß möglichst horizontal zu balanzieren und seine Schwingbewegungen zu ermäßigen; oben wird die Büchse durch einen Deckel abgeschlossen zum Schutze gegen das Eindringen von Feuchtigkeit. Die kardanischen Ringe ruhen auf prismatischen Schneiden (statt auf Zapfen), die wiederum in flachen Lagern der Ringe ruhen. Das Gerippe der Rose besteht aus einem leichten Aluminiumring, von welchem in gleichmäßigen Zwischenräumen 32 Seidenfäden oder feine Kupferdrähte nach einer kleinen Aluminiumbüchse im Centrum gespannt sind.

Die Rose selbst besteht aus leichtem Papier, der ganze mittlere Theil ist herausgeschnitten und nur soviel stehen geblieben, als erforderlich ist, um eine deutliche Eintheilung nach Strichen und Graden zu zeigen. Die erwähnte Büchse im Centrum des Ringes, aus einer flachen Aluminiumscheibe bestehend, ist mit 16 kleinen Löchern für die Seidenfäden resp. Kupferdrähte und in der Mitte mit einem runden Loch versehen, mit welchem die Rose über ein Aluminiumhütchen gestreift wird, auf dessen überstehendem Rande sie mit der flachen Aluminiumbuchse aufruht. Das Hütchen ist mit einer Sapphirkuppe versehen, mit welcher es auf einer Iridiumpinne ruht. Die Magnete, 8 kleine Nadeln aus Stahldraht sind mit Seidenfäden oder Kupferdrähten parallel nebeneinander befestigt.

Der Bootskompaß dient in Booten als Steuerkompaß und zu kleineren Arbeiten am Lande als Azimutkompaß, zu welchem letzteren Zweck die Rose rc. entsprechend eingerichtet ist.

Der Hängekompaß, für den Gebrauch in der Kapitänskajüte, ist so eingerichtet, daß er unter Deck aufgehängt, und von unten abgelesen werden kann.

[1] Ein von Peichl erfundener Kontrollkompaß dient dazu, die Richtung des magnetischen Meridians unbeeinflußt von den störenden Kräften des Schiffsmagnetismus direkt zu bestimmen ohne die sonst nothwendigen Azimutbeobachtungen. Vergleiche Handbuch der nautischen Instrumente, Hydrographisches Amt Berlin 1890.

Das Log (Logg).

Das Log (Fahrtmeſſer) iſt ein Inſtrument, mittelſt deſſen die Geſchwindigkeit eines Schiffes in ſeiner Fortbewegung durch das Waſſer gemeſſen wird. Das erſte und viele Jahrhunderte hindurch das einzige Mittel das dem Seemanne von den älteſten Zeiten an bis auf Pigafetta zu Gebote geſtanden hat, um den Ort des Schiffes auf der See zu beſtimmen, war die Schätzung der geſegelten Diſtanz. Erſt mit der Erfindung des Kompaſſes wurde es möglich, neben der Größe des zurück= gelegten Weges auch ſeine Richtung genau zu beſtimmen; und als endlich die Methoden der aſtronomiſchen Ortsbeſtimmung hinreichend vervollkommnet waren, konnte der Seemann mit Hülfe des geſegelten Kurſes auch die Diſtanz abmeſſen.

Schon im Alterthume rechnete man nach Tagfahrten, indem man die Diſtanz ſchätzte, welche das Schiff während 24 Stunden zurückgelegt hatte. Die Möglichkeit, eine ſolche Schätzung auf hoher See, wo ſich dem Auge nichts als Luft und Waſſer zeigt, mit einiger Sicherheit vornehmen zu können, mag Manchem zweifelhaft vorkommen, und doch iſt es Thatſache, und Jeder, der einmal eine längere Seereiſe gemacht hat, wird es beſtätigen, daß der erfahrene Schiffer dieſe Fähigkeit in hohem Maße beſitzt. Und es iſt gerade die Schifffahrt in ihrem noch unentwickelten Zuſtande als bloße Küſtenfahrt, welche dem Seemann von alters her die beſte Gelegenheit bietet, ſich darin zu üben. Durch die Fahrt zwiſchen Küſtenpunkten, deren gegenſeitige Entfernung bekannt iſt, lernt man aus der Bewegung des Schiffes durch das Waſſer auf ſeine Geſchwindigkeit ſchließen, und das mittelländiſche Meer, wo im Allgemeinen keine Strömungen in be= ſtimmter Richtung vor= herrſchen, eignet ſich zu dieſer Beobachtung ganz beſonders.

Die erſte Anwen= dung des Loggens findet ſich nach Breuſing[1] in einer Stelle von Pigafetta's Reiſejournal der Magel= laniſchen Weltumſegelung

Logglas.   Logleine.

im Januar 1521, das lange in der Ambroſi= aniſchen Bibliothek in Mailand vergraben war.

Das gewöhnliche Log iſt unzweifelhaft eine engliſche Erfindung aus der Mitte des ſechszehnten Jahrhunderts. Sie findet ſich zuerſt erwähnt in dem Werke von William Borne London 1592. Es beſteht aus einer auf eine Rolle gewickelten dünnen Leine, der Logleine, von 5—6 mm Stärke und 200—250 m Länge, an deren Endpunkt ſich ein Kreisſektor aus hartem 6—8 mm dickem Holze, dem Logbrettchen oder Logſchiffchen, befindet, der Bogen dieſes Ausſchnitts iſt ſoweit mit Blei beſchwert, daß das Brettchen aufrecht im Waſſer ſteht, aber gerade noch ſchwimmt. Durch dieſe Stellung ſoll es Widerſtand leiſten und der ſchnell und leicht abrollenden Leine als feſter Punkt im Waſſer dienen. Aufrechtſtehend wird das Logſchiffchen beim Meſſen der Geſchwindigkeit durch einen daran befeſtigten Stropp (Hahnpoot) gehalten, deſſen Mitte einen Stöpſel trägt, der zu einem an der Logleine befeſtigten hohlen Kegel paßt.

Die Logleine beſteht aus dem durch ein weißes Läppchen begrenzten Vorlauf[2] von 1—1½ Mal der Schiffs= länge und der darauf folgenden Maßeintheilung, Knotenlängen genannt, von denen die ganzen durch dünne Tau= knoten, die halben durch Lederſtreifen bezeichnet werden.

Als Zeitmeſſer bedient man ſich einer Sanduhr, Logglas genannt, von 14 oder 28 Sekunden. Die Knotenlänge ſteht in gleichem Verhältniß der Länge einer Seemeile, wie die Auslaufszeit des Logglaſes zu einer Stunde, und beträgt 7,2 m. — Knoten iſt deshalb auch gleichbedeutend mit Seemeile, und ein Schiff, welches z. B. 12 Knoten läuft, macht ebenſoviele Seemeilen oder etwa 3 geographiſche Meilen in einer Stunde.

Die Logleinen in den verſchiedenen Ländern ſind verſchieden getheilt, ſelbſt auf den deutſchen Schiffen der Nord= und Oſtſeehäfen, und für dieſe andere Theilung findet man in den betreffenden Lehrbüchern die bezüglichen Erklärungen.

In der Kaiſerlich deutſchen, wie in der franzöſiſchen und amerikaniſchen Marine iſt die Knotenlänge auf 6,84 m feſtgeſetzt. Zum Loggen auf deutſchen Kriegsſchiffen ſind drei Perſonen erforderlich: A hält die Logrolle horizontal, B bedient das Logglas und C veranlaßt das Fahrtmeſſen d. h. das Abrollen und Wiedereinholen der Logleine. Sobald von Letzterem der Stöpſel des Logſchiffchens in den hohlen Kegel der Leine geſteckt und der auf ſolche Weiſe

---

[1] Siehe Zeitſchrift der Geſellſchaft für Erdkunde in Berlin Bd. IV. 1869, Seite 107.
[2] Zweck des Vorlaufs iſt, das Logbrettchen bei der Fahrtmeſſung außerhalb der mitſchleppenden Wirkung des Kielwaſſers zu bringen.

zum Aufrechtstehen hergerichtete Sektor über Bord geworfen ist, läßt er die Logleine durch seine rechte Hand gleiten und ruft, sobald das weiße Läppchen des Vorlaufs durch dieselbe gelaufen ist. „Turn!" B dreht sofort das Logglas und ruft nach abgelaufener Sanduhr: „Stopp!" C hält darauf die Leine fest und zählt die ausgelaufene Knotenzahl. Durch das Festhalten der Logleine wird der Stöpsel aus dem Kegel gerissen und erleichtert so das Wiedereinholen derselben durch C.

Ein anderer Fahrtmesser ist das Reßlingslog, bei dem man mit Hülfe einer Sekundenuhr die Zeit mißt, in welcher ein beliebiger im Wasser ruhender Gegenstand eine bekannte Distanz, welche durch zwei Marken auf der Reßling des Schiffes begrenzt wird, durchläuft. Die Methode ist übrigens bei schneller Fahrt oder auf kleinen Schiffen kaum anwendbar und hat überhaupt keinen großen Werth. Auch beim Lothen (siehe Seite 180) kann unter Umständen Kurs und Geschwindigkeit des Schiffes durch das sogenannte Grundlog ermittelt werden. Sobald nämlich das Loth den Grund erreicht hat und mit Hülfe einer Sekundenuhr die Anzahl Meter gemessen werden, welche die Lothleine nach diesem Zeitpunkte während etwa einer viertel Minute noch ausläuft, und gleichzeitig durch Peilung die Richtung der außenbords befindlichen Lothleine ermittelt wird, kann hieraus der Kurs und die Geschwindigkeit gefunden werden, den bezw. die das Schiff in dem Augenblick über den Grund macht.

Außer den oben beschriebenen Logs, durch welche die Fahrt des Schiffes nur zu gewissen Zeiten gemessen wird, sind auch selbstregistrirende Logapparate mit nachgeschleppter Schraube — Patentlogs — besonders bei transoceanischen Dampfschiffen in Verwendung. Dasselbe Prinzip, welches dem Woltmann'schen Flügel und dem Schalenkreuz zu Grunde liegt, wird in der ganzen Klasse von Geschwindigkeitsmessern angewendet, welche als Patentlogs bezeichnet werden. Jedes dieser Patentlogs hat, wie der Woltmann'sche Flügel, seine individuelle Konstante, welche experimentell zu bestimmen ist. Die Konstruktion dieser Apparate variirt mannigfaltig in den Details. Sie beruhen jedoch fast sämtlich auf dem Prinzip eines Uhrwerks (Zählwerks), welches durch Schraubenflügel, die durch die Schiffsgeschwindigkeit zur Funktion gebracht werden, in Bewegung gesetzt wird. Die zurückgelegte Anzahl Seemeilen kann auf dem Zählwerk zu jeder Zeit abgelesen werden.

Das ältere Mattey'sche Patentlog besteht z. B. aus einer vierflügligen Schraube,

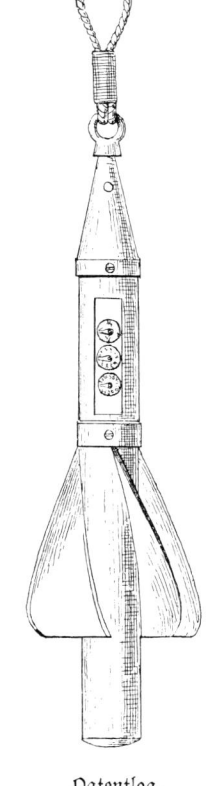

Patentlog.

welche durch eine kurze Leine mit einem Zählwerk in Verbindung steht. Das Zählwerk ist in einem Metallkasten eingeschlossen und wird an einer Leine von der Länge des Vorlaufs einer gewöhnlichen Logleine hinter dem Schiff nachgeschleppt. Die Einrichtung der Registrirung besteht aus einer Anzahl ineinandergreifender Zahnräder. Eine Schraube ohne Ende nimmt die Umdrehungen der Schraube auf und überträgt sie auf das Zählwerk. Bei diesem Log sind Zählwerk und Bewegungsapparat durch einige Meter Leine mit einander verbunden.

Dagegen verlegt das Walker'sche Log das Zählwerk in die Schraubennabe selbst. Die äußere Vereinfachung des Apparats bedingt daher einen komplizirteren Mechanismus. Außer solchen Patentlogs giebt es auch andere, welche auf dem Prinzip des Manometers beruhen und die jeweilige Fahrt anzeigen. Zu diesen gehören die von Clark u. a. Es wird hier der Zug der Leine, welche von dem mitgeschleppten Log mit der Geschwindigkeit variirend angespannt wird, benutzt, um den Zeiger eines Dynamometers einzustellen. Die Patentlogs sind jedoch nicht immer zuverlässig, werden vielmehr durch im Wasser schwimmende Gegenstände häufig verletzt, so daß selbst bei langen Fahrten das gewöhnliche Log noch nebenbei als Kontrole benutzt wird.

In neuester Zeit findet der Fahrtmesser von Strangmeyer in der deutschen Marine vielfach Verwendung. Dieser Schiffsgeschwindigkeitsmesser zeigt die Geschwindigkeit des Schiffes relativ zum Wasser, welche in der Regel mit dem Log gemessen wird, permanent an. Der Apparat besteht in seinen Hauptheilen aus dem vorne am Schiff unter Wasser angebrachten Mundstücke, dem im Schiff unter dem Wasserspiegel aufgestellten Doppelwindkessel und dem auf der Kommandobrücke und im Maschinenraum angebrachten Manometer.

Das Mundstück enthält zweierlei Rohrmündungen, nämlich solche, die nach vorne und solche, die nach hinten gerichtet sind. Erstere sind durch eine Druckrohrleitung resp. eine gesonderte Saugrohrleitung mit der Kammer des Windkessels verbunden. Der Doppelwindkessel ist mit Wasserstandsgläsern, Ablaßhähnen und Verbindungsröhren für Luft und Wasser versehen, welche die Einstellung des Wasserniveaus regulirt. Das Manometer zeigt dann, unbeeinflußt durch Seegang und den Tiefgang des Schiffes, permanent die Geschwindigkeit des letzteren im Wasser bezw. bei verankertem Schiff die Stromgeschwindigkeit an.

Wir verweisen zur Information über die Einzelheiten auf Seite 396 des Handbuchs der Nautischen Instrumente herausgegeben vom Hydrographischen Amt (Berlin 1890, Mittler & Sohn).

Das Loth,

Senkblei, Tiefenmesser, dient zur Erforschung der Unebenheiten und der Beschaffenheit des Meeresbodens durch Betasten desselben. Es bietet neben Karten, Kompaß und Log ein weiteres Mittel zur Ortsbestimmung in der praktischen Navigation. Indem man die Tiefe ermittelt und mit der in der Karte angegebenen Tiefe vergleicht, hat man eine Kontrole für die anderweit errechnete bezw. erlangte Ortsbestimmung.

Die an sich einfache Manipulation des Lothens ist vielen Fehlerquellen ausgesetzt; die Schwierigkeiten häufen sich je nach der Zunahme der Tiefen.

Lothen.

Ein Stück Blei in der Gestalt einer abgekürzten Pyramide oder eines abgestumpften Kegels, in dessen unterer Fläche sich eine mit Talg ausgefüllte Höhlung befindet, wird vermittelst einer daran befestigten, nach Metern oder Faden eingetheilten dünnen Leine — Lothleine — in die Tiefe gelassen, um an letzterer die Wassersäule, auf der das Schiff schwimmt, zu messen, gleichzeitig aber auch die Beschaffenheit des Bodens, dessen Bestandtheile wie Sand, Thon, Muscheln 2c. sich beim Berühren des Grundes in den Talg der unteren Lothfläche eindrücken, festzustellen. Bei Küstenaufnahmen 2c. ist es natürlich unmöglich, auf diese Weise die Tiefen sowohl, wie den Grund ganz genau zu erforschen; man muß sich vielmehr darauf beschränken, das Loth in bestimmten Zwischenräumen zu werfen, deren Größe sich nach der Wassertiefe richtet, und die dazwischenliegenden nicht ausgelotheten Theile dann zu interpoliren. Bei weichem Boden, z. B. bei Sand oder Schlick, ist ein solches Verfahren zuverlässig genug, bei Felsgrund ist es jedoch weniger sicher und bedarf der äußersten Aufmerksamkeit, um nicht gefährliche blinde Klippen der Wahrnehmung zu entziehen, bis Schiffe dadurch Schaden erleiden.

Soweit die Erforschungen der Meerestiefen diesem Instrumente (Loth) erreichbar waren, wurden an den frequentesten Uferstrecken solche schon früh unternommen und in die Karten eingetragen. Ein neapolitanischer Baumeister Leo Battista Alberti, erfand (1620) das erste verwendbare Tiefloth, ein Stück Blei in der Gestalt eines rechten Winkels, welches in einem Häckchen an einer Korkkugel hing, beim Aufstoßen sich loslöste und letztere an die Oberfläche steigen ließ. Aus der Zeit des Fallens und Aufsteigens, die an bekannten Tiefen zuerst gemessen worden war, hoffte er unbekannte Tiefen berechnen zu können.

Zum gewöhnlichen Schiffsgebrauch bedient man sich zweier Arten von Lothen. Die auf deutschen Kriegsschiffen gebräuchlichen Tieflothe sind 12 kg, 20 kg und 30 kg schwer, mit Hanfleinen von 3,5 bis 4 cm Umfang und 225 resp. 500 m Länge. Die Markirung der letzteren geschieht von 5 zu 5 m; dabei sind die 10 m Abstände durch dünne eingespleißte Tauknoten, die dazwischenliegenden Hälften durch Lederstreifen gekennzeichnet. Die Handlothe, so genannt, weil sie von einem Manne gehandhabt werden (ihre Kenntniß und Bedienung gehört zu den Avancements=bedingungen eines deutschen Kriegsschiffs=Ober=Matrosen), sind nur 2,5—3,5 und 5 kg schwer, mit Leinen von 2 cm Umfang und 50 resp. 90 m Länge. Die Eintheilung der letzteren erfolgt von zwei zu zwei Metern mit abwechselnd einem schwarzen, weißen, rothen, gelben Läppchen und einem Lederstreifen, für resp. 2, 4, 6, 8, 10 m Tiefe, welche Reihenfolge sich von 10 zu 10 m wiederholt, wobei die Lederstreifen aber für je 10 m mit einem, zwei, drei u. s. w. Löchern versehen werden.

Zum Lothen bei mittleren Tiefen und geringer Fahrgeschwindigkeit bedient man sich häufig des Burt'schen Sacklothapparats. Derselbe besteht aus einer Metallrolle mit Klemmfeder, welche der Lothleine nur nach einer Richtung hin mit mäßiger Reibung den Durchgang gestattet, und einem Luftsack, welcher diese Rolle schwimmend erhält. Beim Gebrauch wird der aufgeblasene Luftsack nebst Rolle mit dem Loth über Bord geworfen, und zieht letzteres die Leine bis zur Grundberührung nach sich. Sobald dies geschehen und keine Kraft mehr vorhanden ist, um die durch die Klemmfeder erzeugten Reibungen der Leine zu überwinden, bleiben Sack und Rolle vertikal über dem Lothe auf der Oberfläche und bezeichnen so die genaue Wassertiefe daselbst. Beim Einholen der Leine werden, sobald Sack und Rolle das Schiff erreicht haben, dieselben abgenommen, um der weiteren Manipulation des Einholens nicht hinderlich zu sein.

Außer den gewöhnlichen Tief=lothen bedient man sich besonders zum Messen großer Tiefen sogenannter Patentlothe der verschiedenartigsten Konstruktionen, deren Leinen theils aus dem besten Hanf, meistens aber aus Kla=viersaitendraht, die mit einem Detachir=apparat zum Loslösen des Lothes beim Aufstoßen versehen sind, gefertigt werden.

Die bekanntesten Patentlothe sind von Brooke, Hook, Massey, Belknap, Sigsbee, Beiley u. A. Letzteres ist auf den Forschungsreisen des englischen Schiffes „Chalenger" und der deut=schen Korvette „Gazelle" mit gutem Erfolg verwendet worden.

Das Messen großer Tiefen ge=schieht mittelst einer Lothmaschine. Die für diese Zwecke bestimmten Leinen werden auf großen mit Bremsvorrich=

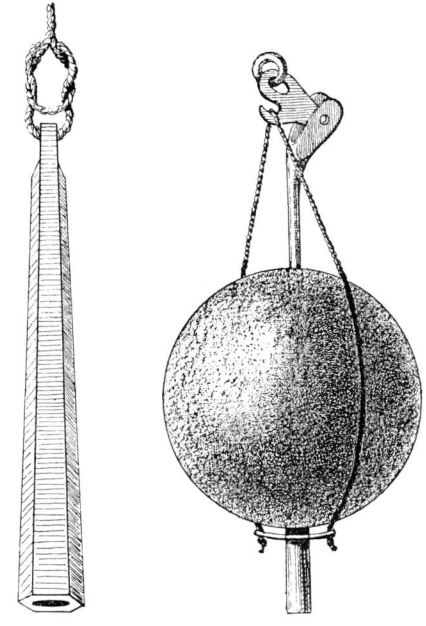

Loth.   Brooke's Tiefloth.

tungen versehenen Rollen, welche zur Aufnahme von 4000 Faden hergerichtet sind, aufbewahrt. Die Leinen werden von 50 zu 50 Metern markirt, und be=stehen diese Marken aus Takelungen (Umwickelung) der einzelnen Kardeele an Stelle der Tauknoten und Lederstreifen bei gewöhnlichen Lothleinen.

Geschieht das Lothen mitschiffs, so wird unter der Großraa ein Akku=mulator, aus einer Anzahl doppelter Kautschukbänder, welche zwischen zwei runden Holzscheiben eingeschaltet sind, aufgehängt. An diesem Akkumulator hängt der Lothblock mit durchge=schorener Lothleine und dem daran befestigten Loth von 50 kg Gewicht pro 2000 m der zu messenden Tiefe. Während des Lothwurfs wird die Zeit, in welcher sich je 100 Faden

resp. 100 m von der Trommel abrollen, notirt; ein plötzlich verlangsamtes Auslaufen zeigt die Grundberührung des Lothes an, und sobald dessen Detachirung erfolgt ist, wird die Leine mittelst der Aufzugmaschine eingewunden.

Brookes Tiefenmesser besteht aus einer durchbohrten, mit kleinen Furchen versehenen Kanonenkugel, durch welche ein Stab mit einem beweglichen Arme an seinem oberen Ende gesteckt ist. Dieser Arm ist, wenn das Instrument hängt, nach oben gerichtet und so mit der Leine verbunden. An einem Haken dieses Arms hängt ein Band, welches, um die Kugel herumführend, dieselbe trägt. Stößt der Stab auf den Grund, so senkt sich der bewegliche Arm, das Band gleitet von dem Haken und die Kugel löst sich los. Der Stab enthält eine mit Gänseposen (Gänsekiele) gefüllte Höhlung und bringt durch diese Grundproben mit zur Oberfläche.

Eine andere von Sir William Thomson [1] erfundene „Drahtlothmaschine" (Navigationslothmaschine) ermittelt die Tiefe durch Messung des Wasserdrucks bei der Grundberührung des Lothes. Die Maschine besteht aus einer eisernen, mit zwei Rinnen versehenen Trommel, in deren breitere der Lothungsdraht gelegt wird, während die schmälere Rinne zur Aufnahme einer als Bremse dienenden Leine bestimmt ist. Kurbeln zum Aufwinden des Drahtes werden auf die Trommelachse aufgesetzt. Der gußeiserne Bock, in welchem die Achse ruht, ist mit einem Zählwerk versehen, welches durch eine Schnecke auf der Achse mit der Trommel verbunden wird und die Umdrehungszahl angiebt.

Die Bremsvorrichtung besteht aus einem eisernen Rade mit schwerem Bremshebel, und einem unten an dem eisernen Bock des Rades angebrachten Bremsgewicht. Der Lohtdraht hat ungefähr 0,75 mm Umfang und eine Länge

―――――――――

[1] Siehe Handbuch der nautischen Instrumente. Berlin 1890 bei E. S. Mittler & Sohn.

von 400—500 m. Am Ende deſſelben befindet ſich ein Ring mit einer daran befeſtigten 3 m langen Leine. Dieſer Vorlauf dient zum Befeſtigen des 1 m langen und 11 kg ſchweren Lothes, deſſen untere Fläche mit einer Höhlung zur Aufnahme von Talg verſehen iſt, ſowie mit einer Meſſinghülſe zur Aufnahme einer Glasröhre, welche ſo angebracht iſt, daß das obere Ende etwa 1 m vom Ringe am Lothungsdraht entfernt liegt. Die obere Oeffnung dieſer Hülſe

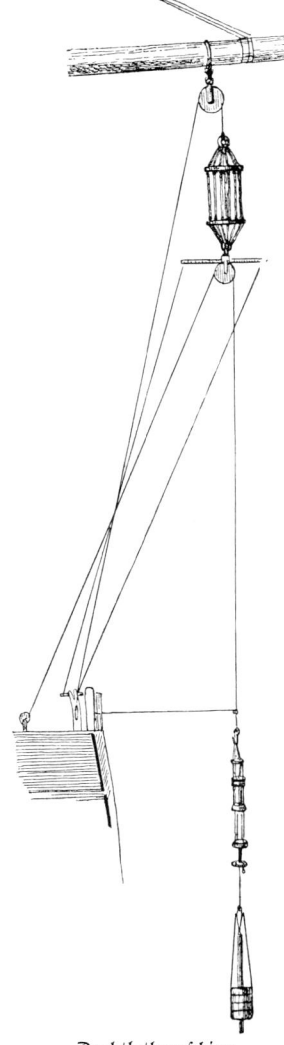

Drahtlothmaſchine.

iſt mit Bajonettverſchluß verſehen, während ſich vor der unteren Oeffnung ein mit Kautſchuk überzogener Stift befindet, auf welchem die Glasröhre loſe ruht.

Dieſe Glasröhre mit dem dazu gehörigen Maßſtabe dient zur Bezeichnung der Tiefe. Nach dem Mariotteſchen Geſetz ſteht das Volumen der Luft in umgekehrtem Verhältniß zu der Größe des auf ihr laſtenden Druckes. Senkt man alſo eine oben geſchloſſene, unten aber offene Röhre ins Waſſer hinab, ſo wird das Volumen der in der Röhre befindlichen Luft ſich vermindern nach Maßgabe der Tiefe, in welche die Röhre gelangt. Hat der innere Raum der Röhre parallele Wandungen, ſo nimmt die Länge der eingeſchloſſenen Luftſäule in demſelben Verhältniß ab, wie ihre Volumina. Um nun an den inneren Wandungen der Röhre zu erkennen, bis zu welcher Länge die Luftſäule zuſammengedrückt war, und um aus dieſer Länge den Druck und aus dem Drucke wiederum die Tiefe abzuleiten, welche die Röhre erreichte, ſind die zu dieſem Zwecke konſtruirten Röhren von Glas oben hermetiſch geſchloſſen und innen mit chromſaurem Silber belegt. Soweit das Seewaſſer in ſie eindringt, färbt ſich der rothe Belag gelblich weiß, und an der Länge des roth gebliebenen Theiles, welche gleich der Länge der zuſammengedrückten Luftſäule iſt, wird, nachdem die Röhre wieder

heraufgeholt iſt, an dem dazu gehörigen Maßſtabe die Tiefe des Waſſers direkt abgeleſen.

Dieſe Ableſung giebt die Tiefe bei einem beſtimmten Barometerſtande hinreichend genau an.

Bei der Ausrüſtung eines Schiffes mit ſolchem Apparat werden demſelben eine größere Anzahl mit dem oben beſchriebenen inneren Belag verſehener Glasröhren, ferner ein Blechgefäß zur Aufnahme der zunächſt zur Verwendung kommenden Glasröhren beigegeben, welches kurz vor dem Beginn des Lothens mit Seewaſſer von außenbords gefüllt wird, damit die Luft in den Glasröhren die Temperatur des Seewaſſers annimmt ꝛc. Im allgemeinen ſoll ſich der Apparat, wenn auch noch verbeſſerungsfähig, doch gut bewährt haben. S. E. und G. L. Morſe haben verſucht, die Leine ganz zu vermeiden. Ihr durch ein Gewicht beſchwerter Apparat ſinkt in die Tiefe und ſteigt von ſelbſt wieder empor, nachdem ſich beim Aufſtoßen auf den Grund das Gewicht abgelöſt hat. Der Apparat enthält eine graduirte Röhre mit Queckſilber, deſſen Stand ſich in derſelben verändert, je nach der Tiefe, welche der Apparat erreicht hat. Ein ähnlicher Apparat iſt von Johnſon konſtruirt worden. Unſeres Wiſſens haben die letzteren beiden Apparate jedoch auf Schiffen noch keine Verwendung gefunden.

In neueſter Zeit finden Sir William Thomſons verbeſſerte Lothmaſchine, ſowie die Bambergſche Lothmaſchine mit Tiefenmeſſer Verwendung.

Das Fernrohr.

Das Fernrohr iſt wie das Mikroſkop eine Zuſammenſetzung zweier Linſen oder Linſenſyſteme, deren optiſche Achſen genau in einer geraden Linie liegen. Die eine davon, das ſogenannte Objektivglas, wird dem beobachteten Gegenſtande zunächſt gehalten; ſie empfängt die von demſelben ausgehenden Lichtſtrahlen und konzentrirt ſie an einem Punkte der Achſe, wo ſich ein kleines reelles Bild erzeugt; die andere, das Okularglas, dient zur Betrachtung dieſes Bildes und iſt deswegen zwiſchen das kleine verkehrte Bild und das Auge eingeſchaltet. In den Spiegelteleſkopen iſt das Objektiv durch einen Hohlſpiegel erſetzt. Die Gläſer ſind in einer inwendig geſchwärzten Röhre angebracht, die aus mehreren ineinander verſchiebbaren Theilen beſteht. Danach kann je nach Bedürfniß der verſchiedenen Augen das Okular dem Bilde beliebig genähert werden. Welch außerordentlichen Werth das Fernrohr für den Seeman hat, bedarf wohl mit Rückficht auf die vielen Gefahren, von denen er auf See ftets umgeben ift, keiner Auseinanderfetzung. Das Abzeichen des wachthabenden Offiziers auf Kriegsschiffen ift das Fernrohr.

Man unterscheidet zwei Hauptgattungen von Fernrohren: dioptrifche (Refraktoren), bei denen die vom Objekt ausgehenden Lichtftrahlen beim Durchgang durch eine Glaslinse gebrochen werden, fo daß ein Bild des Objektes hinter der Linfe entfteht, und katoptrifche (Reflektoren, Spiegelteleskope), bei denen die Lichtftrahlen von einem Spiegel fo zurückgeworfen werden, daß man das Bild vor dem Spiegel erhält.

Das dioptrifche Fernrohr ift der Erfindung nach das ältere; man nennt dafselbe auch, der Nationalität feiner Erfinder, des Brillenmachers Hans Lippershey aus Middelburg in Seeland und Jacob Metius (1608), entfprechend, das holländifche Fernrohr. Galilei foll übrigens faft zu gleicher Zeit ein ähnliches Fernrohr erfunden haben. Später waren es befonders Kepler, Huygens, Herfchel, Frauenhofer, die Gebrüder Mery in München, Newton, Dolland, Gregory, Rofie, Merfenne, Savary und Bongeux, Letztere die Erfinder der Helio= meter, u. A., welche fich um die Vervollkommnung der Fernrohre verdient gemacht haben. Die Fernrohre beftehen aus cylindrifchen Röhren mit einer geringeren oder größeren Anzahl fphärifch gefchliffener Gläser oder Glaslinsen.

Die konvexen Glaslinfen nennt man auch wohl Sammellinfen, die konkaven Zerftreuungslinfen; fie heißen bikonvex oder konvex= konvex bezw. bikonkav oder konkav=konkav wenn beide Seiten bei gleichem Krümmungsradius erhaben bezw. hohl gefchliffen find. Die dem Objekt zugewendete, ftets konvexe Linfe, welche bloß dazu dient, das Bild des Gegenftandes aufzuneh= men, heißt das Objektiv, die dem Auge zugewandte das Okular; letzteres be= zweckt die Vergrößerung und Verdeutlichung des aufge= nommenen Bildes.

Je nach der Kon= ftruktion der Röhren und

Das Fernrohr.

Zufammenstellung der Gläser unterscheidet man aftrono= mifche und terreftrifche Fernrohre (Erdfernrohre). Zu den letzteren, von Anton Max de Rheita erfunden und eigentlich nur eine Er= weiterung des aftronomifchen Fernrohrs, gehört auch das Schiffsfernrohr. Es befteht aus einer Zufammen= fetzung zweier Linsen oder vielmehr zweier Linfenfy= fteme, deren optifche Achfen genau in einer geraden Linie liegen. Die eine davon, das Objektivglas, wird dem beobachteten Gegenftand zunächft gehalten. Durch das Objektivglas werden die Lichtftrahlen in der Weife gebrochen, daß fie innerhalb

des Rohres ein kleines verkehrtes Bild von dem angefchauten Gegenftande bilden. Durch eine zweite Linfe werden die von diefem verkehrt wiedergegebenen Bilde ausgehenden Strahlen gekreuzt, fo daß dafselbe hinter diefer Linfe wieder in der richtigen Stellung erfcheinen muß. Da aber der Vereinigungspunkt der zum zweiten Male gebrochenen Strahlen weit hinter die Linfe fällt, fo ift eine dritte Linfe nöthig, welche die durch die dem Objektivglas zunächft liegende Linfe gekreuzten Strahlen fammelt, und ohne fie von neuem zu kreuzen, zu einem Bilde mit richtiger Stellung vereinigt. Das dicht hinter dem letzten Bilde befindliche Okularglas aber wirkt wie eine Lupe, indem es die von der dritten Linfe ausgehenden wieder konvergent macht und auf dem Auge des Befchauers ein Bild entwirft, welches bedeutend größer ift, als das, welches bei unmittelbarer Anfchauung des beobachteten Gegenftandes auf der Netzhaut entftehen würde.

Zu befonderen Zwecken, wo ein weites Gefichtsfeld und viel Helligkeit wünfchenswerther ift als bedeutende Vergrößerung, hat man mittelft Linfen von größerem Durchmesser mit geringen Brennweiten eine befondere Gattung aftronomifcher Fernrohre konftruirt, die man Nachtrohre nennt. Sie dienen befonders den Seeleuten bei Nacht zur Orientirung und den Aftronomen zur Auffuchung von Sternen. Das aftronomifche Fernrohr findet in der Nautik Verwendung bei den Spiegel=Inftrumenten (fiehe fpäter), den Theodoliten c. Da es hier aber auf die Aufnahme von Winkeln, theils Horizontal=, theils Vertikalwinkeln, ankommt, folglich nur einzelne Punkte im Gefichtsfelde des Rohrs genau zu beftimmen find, fo ift im Brennpunkte des Okulars ein fogenanntes Fadenkreuz von feinem Gewebe angebracht, deffen Mittelpunkt man durch Drehung des Rohrs genau auf den aufzunehmenden Punkt richtet.

Für weitere Behandlung dieses Themas mangelt der Raum. Auf den Schiffen der deutschen Marine werden Fernrohre von Frauenhofer und Doppelgläser oder Nachtgläser mitgegeben. Im übrigen sind auch die Tagfernrohre von Roſſe, ihrer Schärfe und ihres geringen Gewichtes halber, beliebt.[1]

Das Sprachrohr.

Gleich wie der Seemann sein Auge bewaffnet, um weit hinaus das Fahrwasser beobachten zu können, so sucht er durch das Sprachrohr seine Worte und Befehle vernehmlich zu machen, damit sie auch während des Sturmestobens von der Besatzung gehört werden. Sprachrohre nennt man auf Schiffen sowohl die verschiedenen Rohrleitungen von der Kommandobrücke nach der Maschine 2c., als besonders ein aus Blech gefertigtes Instrument, dessen sich der Kommandirende einer Wache oder der Kapitän eines Schiffes bisweilen bedient, um seine Kommandos vernehmbarer zu machen.

Das Sprachrohr hat die Form eines abgekürzten Kegels von etwa 1—2 m Länge, dessen kleinere Oeffnung von etwa 5 cm Durchmesser, mit einem Mundstück versehen, der Sprechende vor den Mund nimmt, während er die weitere von etwa 15—25 cm der Richtung zuwendet, wohin seine Worte gehört werden sollen. Indem die Schallwellen der von dem Sprechenden ausgestoßenen Töne von den einschließenden Wandungen reflektirt werden, daß sie nur nach einer Richtung hin sich ausbreiten können, wird ihre Kraft zusammengehalten und kommt dieser Richtung zu Gute. Ein solches Sprachrohr hat zuerst Sir Samuel Morland 1670 erfunden und damit in Gegenwart König Karls II. von England zu Deal Versuche angestellt, bei denen er sich eines aus Kupferblech in Gestalt eines abgestumpften Kegels gefertigten Rohres von 1,68 m Länge, 5 cm kleinem und 52 cm großem Durchmesser bediente. Der Schall der Stimme soll fast auf 2 englische Meilen vernehmbar gewesen sein.

Nautisch-astronomische Instrumente.

Die alten Griechen und Araber bedienten sich zu den Bestimmungen der Polhöhe am Lande des Quadranten und des Gnomon oder Sonnenzeigers.

Bei ersterem bewegte sich auf einem Kreisbogen aus Holz oder Metall an einem Zapfen befestigt als Durchmesser des Kreisbogens ein Zeiger (Alidad), an dessen Enden Metallplättchen aufgerichtet und mit feinen Oeffnungen zum Zielen (Visiren) versehen waren. Besaß nun ein Viertel des Kreisbogens eine Gradeintheilung, so nannte man das Instrument einen Quadranten. Mit der Größe des Radius wuchs auch die Genauigkeit der Messungen; Fernrohre zur Verschärfung der Messungen fanden zu jener Zeit noch keine Verwendung. Statt des Quadranten und des Astrolabiums bediente man sich jedoch auch mit Vorliebe des Gnomon oder Sonnenzeigers, dessen mittägige Schattenlänge zur Zeit der Nachtgleichen gemessen wurden.

Solange von den Völkern ausschließlich die Küstenschifffahrt betrieben wurde, trat das Bedürfniß nautisch-astronomischer Instrumente zur Bestimmung des Schiffsortes auf hoher See nicht zu Tage. Anders dagegen wurde es,

---

[1] Wie das Fernrohr in älterer Zeit gelegentlich auch den Follies der angehenden Nelsons und Kollingwoods diente, möge folgende launige Episode zeigen. Mr. Whippersnapper von der Queen hatte sich während einer lauen Sommernacht ein lauschiges Plätzchen auf Deck ausgesucht, um seine Augen während der Wache zu schonen; das Fernrohr lag neben ihm. Kaum war dies letztere von seinem Wachkameraden Sparrowgras, einem losen Vogel, bemerkt, als er sich desselben bemächtigte, eine Wanze, welche seiner Zeit auf hölzernen Schiffen keine Seltenheit war, hineinsetzte, und es an seinen Platz zurücklegte. Darauf wurde der Schläfer von sämtlichen Kadetten mit Hallo geweckt und beauftragt, dem Offizier der Wache ein in der Nähe des Schiffes befindliches Boot mit Schiffbrüchigen zu melden. Schlaftrunken, und dennoch einen Scherz der Kameraden ahnend, setzt Whippersnapper das Fernrohr an das Auge und erblickt wirklich das Boot mit den gestikulirenden Insassen. Sofort stürzt er mit der Meldung: „ein Ruderboot in der Nähe, Sir!" zum Wachthabenden, und da derselbe kein Boot erblicken kann, überreicht er in seinem Eifer dem Vorgesetzten sein eigenes Fernrohr. Die wenig liebenswürdige Antwort des Offiziers lautete: „What a fool You are!" Steigen Sie in die Vor-Bramsaling und bleiben dort, bis Sie das Boot mit bloßem Auge ermittelt haben! Poor Mr. Whippersnapper! Die Neckereien für die nächste Zeit werden gewiß nicht ausgeblieben sein.

als man Tage und Wochen gezwungen wurde, auf hoher See zu bleiben, und es war besonders das Zeitalter der Entdeckungen, die Durchschiffung unbekannter Oceane mit ihren Strömungen und Gefahren, welches die Schaffung solcher Instrumente mit gebieterischer Nothwendigkeit forderte. Die Nautik lag damals überhaupt noch in den Windeln, und wenn man in neuerer Zeit liest, daß selbst Kolumbus' Kenntnisse in der Mathematik mangelhaft waren und daß es mit seiner naturwissenschaftlichen Bildung, mit seiner Fähigkeit, aus dem Buche der Natur zu lesen, schlecht und mit seiner Einbildungskraft sehr eigenthümlich bestellt war, so bleibt er für uns — trotz aller dieser Mängel — doch eine riesenhafte historische Gestalt! Außerdem gehörte wohl nicht viel dazu, um sich zu jener Zeit mit allen Methoden der Ortsbestimmung und der theoretischen Nautik bezw. der Schiffsführungskunst bekannt zu machen.

Von den nautisch-astronomischen Instrumenten waren den Seefahrern der hier berücksichtigten Epoche nur das Astrolabium und der Quadrant bekannt. In dem Tagebuche und den Schriften des Kolumbus werden nur diese beiden genannt, und auch im Verzeichniß der für die Maghellanische Expedition angekauften Instrumente ist nur von Astrolabium und Quadranten die Rede.[1]

Das erste Winkelinstrument, welches zur See zu Höhen- und Distanzmessungen von Himmelskörpern bezw. von terrestrischen Objekten behufs Bestimmung der geographischen Breite und Länge verwendet wurde, scheint das Astrolabium gewesen zu sein. Die Berechnungen zur Ermittelung der geographischen Breite und Länge erfolgen nach den Sätzen der sphärischen Trigonometrie. Ihre Lehren schöpft die astronomische Navigation aus der Astronomie. Wie der Uebergang vom Astrolabium zum Jakobsstabe geschah, wer der Erfinder des letzteren

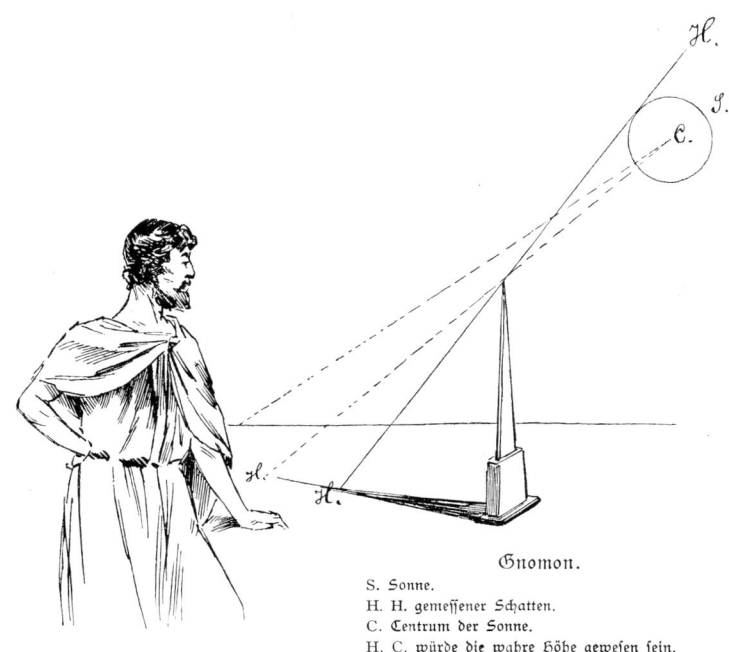

Gnomon.

S. Sonne.
H. H. gemessener Schatten.
C. Centrum der Sonne.
H. C. würde die wahre Höhe gewesen sein.

Darstellung der Verwendung des Jakobstabes.

war und wie sich die Anwendung desselben unter den portugiesischen Seefahrern zuerst Bahn brach, dies ist durch Dr. Breusing ausführlich erläutert;[2] daher seien hier nur einige Schlußfolgerungen obigen Verfassers aufgeführt.

Raymundus Lullus berichtet, daß die Majorkaner sich schon im 12. oder 13. Jahrhundert des Astrolabiums bedienten. Man glaubte Vasco de Gama habe den Jakobsstab (Gradstock, Kreuzstab) in Indien kennen gelernt und im Jahre 1499 nach Europa gebracht. Dr. Breusing weist dagegen nach, daß der Erfinder dieses Instruments der große Astronom Johannes Müller, nach seinem Geburtsorte Regiomontanus genannt, ist. Er hatte dem Instrumente keinen Namen gegeben; in Walthers Beobachtungen heißt es rectangulum astronomicum; Werner nennt es radius visorius oder observatorius; Apian sagt baculus astronomicus. Den Namen Jakobstab fand man zuerst in des Oppenheimer Stadtschreibers Jacob Köbel „Geometry" (Mainz 1535). Unter Johann II. von Portugal 1481—1495, welcher eine Kommission von Fachmännern beauftragt hatte, den Seeleuten das „Fahren nach Sonnen-höhen" zu lehren, wurden sowohl Astrolabium wie Jakobstab zu Höhen- und Distanzmessungen auf Schiffen benutzt. Des Jakobstabes bediente man sich jedoch mit großer Vorliebe, wegen seiner einfachen und höchst sinnreichen Konstruktion. Auf den vier Seiten eines viereckigen, zolldicken und etwa drei Fuß langen Stabes von hartem glattem Holze, waren nämlich verschiedene Maßstäbe eingravirt, welche sämtlich ihren Anfang an dem Ende hatten, an welchem das Auge angesetzt wurde. Für jeden der Maßstäbe hatte man auch einen eigenen Querstab oder Kreuz, welcher

---

[1] Navarrete-Colleccion, Band IV S. 179. — [2] Siehe „Zeitschrift der Gesellschaft für Erdkunde zu Berlin". IV. Band. 1869. S. 97 ff.

47

vermittelst eines in seiner Mitte angebrachten Lochs auf dem ersteren Stabe vorwärts und rückwärts geschoben werden konnte. Der Beobachter näherte beim Observiren das Ende des Stabes dem Auge soviel wie möglich, während er mit der rechten Hand den Querstab soweit auf dem Stab hinausschob, bis sein unterer Rand den Horizont, der obere den Gegenstand, dessen Abstand vom Gesichtskreise gemessen werden sollte, zu berühren schien. Auf dem längeren Stabe wurde dann der Winkel abgelesen, den die Stellung des Querstabes angab. Mit diesem Instrumente sind wohl die meisten Polhöhen auf hoher See von 1480—1750 gemessen worden.

Aus dem Astrolabium entwickelte sich zunächst der Seering und nach dem Jahre 1594, als der berühmte englische Seefahrer Davis eine weitere Umgestaltung der damals üblichen Winkelmeßapparate eingeführt hatte, unterschied man drei Arten von Quadranten, nämlich solche mit festen Horizontal-Alhidaden, solche mit beweglichen zirkelartigen Alhidaden und endlich Davis-Quadranten. So näherte man sich nach und nach den Spiegel-Instrumenten, doch blieb selbst nach Einführung des Spiegel-Oktanten, welchen der Astronom John Hadley der Königlichen Gesellschaft in London im Jahre 1731 zum Winkelmessen bei schwankender Bewegung der Gegenstände vorlegte, noch der Kreuzstab geraume Zeit im Gebrauch. Der berühmte Newton hatte ein dem Hadleyschen ähnliches Instrument erfunden. Andere Männer und nautische Schriftsteller wie Flamsteed, Halley, Elton, Monier, Montigny, Bongeur, Nonius, Radonay 2c. haben gleichfalls viel zur Vervollkommnung obiger Instrumente beigetragen.

Die Frage, wer der erste Erfinder der Reflexions-Instrumente gewesen ist, läßt sich nicht so leicht beantworten,[1] wir wollen uns daher damit begnügen, die jetzt in den Marinen gebräuchlichsten Reflexions- und anderen nautischen Instrumente dieser Art in gedrängter Kürze näher zu beschreiben:

Zu den Spiegel- oder Reflexions-Instrumenten ohne Stativ gehören:

Oktanten mit Theilung in halbe Grade oder 20 Minuten, also bezw. 30 oder 20 Minuten Ablesung;

Astrolabium bezw. Seering.

Sextanten mit 15 oder 10 Sekunden Ablesung;

Prismenkreise mit 20, andere mit 10 Sekunden Ablesung.

Die Oktanten sind gewöhnlich bis 100°, die Sextanten bis 125° oder 135° getheilt. Ein Winkel über 126° ist mit einem Reflexions-Instrument gewöhnlich nicht mehr direkt ablesbar, da darüber hinaus jede Spiegelung aufhört; wegen der unter sehr kleinem Winkel auffallenden Strahlen werden schon Winkel unter 120° durch die Lichtschwäche des gespiegelten Bildes ungünstig. Sämtliche Instrumente dienen dazu, den Winkel zu bestimmen, den zwei entfernt sichtbare Punkte mit dem Auge des Beobachters machen. Sie sind für den Seefahrer unentbehrliche Werkzeuge, deren Brauchbarkeit besonders darin beruht, daß sie, in der Hand gehalten, ohne festen Standpunkt die Winkelgröße mit hin-

länglicher Genauigkeit zu bestimmen gestatten. Jede Methode dagegen, welche einen feststehenden Apparat zu solchen Messungen verlangt, würde bei den Schwankungen des Schiffes von vornherein ausgeschlossen sein. Eine feste Hand, ein scharfes Auge, gute Seebeine, Uebung und Geschicklichkeit des Beobachters sind daher erforderlich, sollen die Winkelmessungen Anspruch auf Zuverlässigkeit haben. Selbst der tüchtigste Astronom würde, wenn plötzlich auf See versetzt, ohne jene Eigenschaften sich vorher angeeignet zu haben, kaum im stande sein, den Schiffsort durch ein Reflexions-Instrument so genau zu bestimmen, wie ein erfahrener Steuermann, welcher eben nur das Winkelmessen auf See und die Auflösung sphärischer Dreiecke gelernt hat. Dient der Oktant hauptsächlich zur Messung von Höhenwinkeln der Himmelskörper, so mißt der Seefahrer mit Hülfe des Sextanten oder des Reflexionskreises die scheinbaren Distanzen am Firmament zwischen dem Monde und der Sonne bezw. den Sternen, aus denen er die geographische Länge berechnet. Beide Instrumente werden aber zur Bestimmung der terrestrischen Winkel, den zwei entfernte sichtbare Punkte (Thürme, Landspitzen, Felsen oder die Höhe eines Leuchtthurmes 2c.) mit dem Punkte machen, wo sich der Beobachter befindet, benutzt. Die erste Idee dazu stammt von dem bekannten englischen Physiker Hooke. — Newton hat dieselbe vervollkommnet und Hadley im Jahre 1732 danach das erste Instrument der Art angefertigt. In der Wirklichkeit war dasselbe ein Oktant, denn sein Bogen betrug nur den achten Theil eines Kreisumfanges.

Der Spiegelsextant besteht aus einem Kreissektor von etwas über 60°, um dessen Mittelpunkt sich eine

Alhidade dreht, und zwei Radien von Metall. Erstere trägt an dem Ende über dem Mittelpunkt des Kreissektors einen Spiegel (den großen Spiegel), welcher senkrecht auf der Ebene des Sektors steht, an dem unteren Ende die Ablese= und Einstellvorrichtung, bestehend aus dem Nonius, dem Mikrometer und der Lupe. Ein anderer, kleiner Spiegel steht gleichfalls senkrecht auf der Ebene des Sektors und ist zugleich so an dem Sextanten befestigt, daß er mit dem großen Spiegel parallel steht, wenn die Alhidade auf den Nullpunkt der Theilung weist. Die obere Hälfte des letzteren Spiegels ist nicht mit Amalgam belegt, so daß ein Lichtstrahl von einem entfernten Objekt durch den Spiegel unmittelbar in das Auge des Beobachters oder in das gewöhnlich dabei angebrachte kleine Fernrohr, statt dessen für nahe Gegenstände eine bloße Röhre ohne Gläser gebraucht wird, gelangt. Auf dem Bogenstück ist ein Silberstreifen eingewalzt, welcher den Limbus, d. h. die Kreistheilung des Instruments trägt. Bei einem Radius von 18 cm ist der Limbus von 10 zu 10 Minuten getheilt und die Theilung von — 5° bis + 140°. Der Nonius mit Theilung auf Silber, ist in einem Ausschnitt der Alhidade befestigt und gestattet eine Ablesung auf 10 Sekunden. Zur Ablesung des Nonius ist auf der Alhidade eine Lupe angebracht. Will man den Winkelabstand zweier Objekte messen, so visirt man mit dem Fernrohr durch den zweiten Spiegel nach dem einen Objekt und bringt durch Drehung der Alhidade das Spiegelbild des anderen Objekts in dem ersten Spiegel auf den zweiten, bis beide Objekte in derselben Richtung stehen. Sobald sie sich im Fernrohr decken, ist der Winkel beider Spiegel bezw. der Bogen, welchen die Alhidade durchlaufen hat, gleich der Hälfte des gesuchten Winkels, den beide Gegenstände im Auge des Beobachters machen.

Der Oktant besteht nur aus einem Sektor von 45°. Die Abweichungen des Sextanten vom Oktanten sind in den höheren Anforderungen begründet, welche an ersteren gestellt werden. Die Konstruktion beider ist jedoch im Prinzip gleich.

Von Prismenkreisen, nach der Konstruktion Pistor und Martins, giebt es zwei Größen von 26 cm und 16 cm Durchmesser. Der große, ein metallener Kreis, durch sechs Speichen nach der Mitte verstrebt, trägt den Limbus. Die Theilung ist in Sechstel= graden ausgeführt, die Noniusablesung auf 10 Sekunden eingerichtet. Ent=

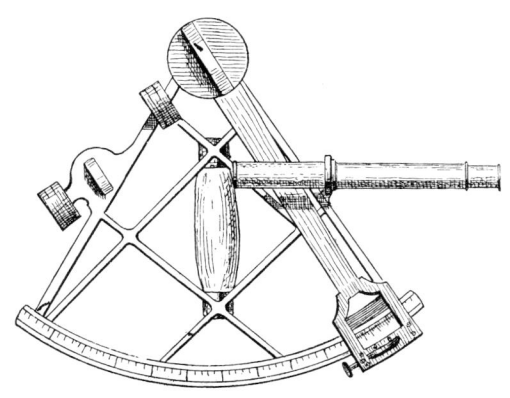

Spiegel-Sextant.

sprechend der Wirkungsweise der Spiegelkombination ist eine Bezifferung der Theilung nur von 0° bis 130° und von 180° bis 290° durchgeführt. Um eine Vertikalachse im Mittelpunkt des Kreises ist die Alhidade beweglich, welche zwei um 180° von einander stehende Nonien trägt. Die Mikrometer und Nonienkonstruktion ist analog der des Sextanten. In der Mitte der Alhidade steht senkrecht der große Spiegel, dessen Ebene einen Winkel von 20° mit der Nonienlinie bildet und,

wenn die Nonien auf Null gestellt sind, parallel mit der Hypotenuse eines gleichseitig rechtwinkligen Prismas läuft, welches an Stelle des kleinen Spiegels auf der Kreisscheibe steht. Da der Spiegel bei den kleineren Winkeln die Bilder unter sehr großem Winkel reflektirt, so ist er sehr lang, aber nicht höher als das Prisma. Das Prisma ruht in einer Messingfassung, welche durch einen fest verschraubten Fuß mit dem Körper des Instruments verbunden ist. Die Fassung besteht aus einer Fußplatte, welche an der Hypotenusenseite des Prismas rechtwinklig aufgebogen ist, und einer Blende für den rechten Winkel des Prismas, welche auf der Fußplatte verschraubt ist. Ueber dem Prisma steht ein Fernrohr. Die Blendgläser, sowohl die für das direkt gesehene, als auch die für das doppelt reflektirte Bild, befinden sich zwischen Fernrohr und Prisma an einem gemeinschaftlichen Träger. Auf der Rückseite des Instruments ist centrisch ein Fuß mit dem Instrumentenkörper verschraubt, welcher seitlich einen Handgriff trägt, außerdem aber mit einer Vorkehrung versehen ist, um es auf ein festes Stativ aufschrauben zu können. Der kleine Prismenkreis hat im wesentlichen dieselbe Einrichtung wie der große Kreis, die Noniusablesung ist bei demselben nur auf 20 Sekunden eingerichtet.

See-Uhren (Chronometer).

Zur Zeit der großen Entdeckungen (im 15. Jahrhundert) waren den Seeleuten von den nautisch=astronomischen Instrumenten nur das Astrolabium und der Quadrant bekannt. Sie dienten zur Bestimmung der geographischen Breite aus Meridianhöhen der Sonne oder der Polarsternhöhen. Die Elemente für die Bestimmung des Schiffsortes auf hoher See waren also die Mittagsbreite und der gesteuerte Kurs; aus letzteren beiden ermittelte man die Länge und die zurückgelegte Distanz. Man glaubte lange, Amerigo Vespucci sei im stande gewesen die Länge aus den beobachteten Monddistanzen zu berechnen, doch hat uns Varnhagen das Gegentheil nachgewiesen. Mit der Vervollkommnung der nautischen Instrumente und zwar bis Ende des 18. Jahrhunderts war jedoch die obige Methode zur Längenbestimmung auf hoher See auf astronomischem Wege die allein gebräuchliche, und ist es daher nicht zu verwundern, wenn dieselbe, trotz vieler Uebung, eine wenig zuverlässige war.

In der mathematischen Geographie ist Länge eines Punktes der Erdoberfläche der in Gradmaß angegebene Bogen des Aequators oder eines Parallelkreises zwischen dem Meridian dieses Punktes und dem ersten Meridian. Die Franzosen zählen die Länge vom Pariser, die Engländer und alle übrigen Seefahrer von dem Meridian von Greenwich (2° 20′ 9″ westlich von Paris, 17° 39′ 51″ östlich von Ferro), entweder nach Osten bis 360° oder gewöhnlich nur bis 180° nach Ost und West (östliche und westliche Länge).

Da die Sonne bei ihrer scheinbaren täglichen Bewegung von Ost nach West nach je einer Stunde in einen um 15° westlicher gelegenen Meridian tritt, so entspricht einem Längenunterschiede von 15° ein Unterschied von einer Stunde im Gang (Zeitangabe) der Ortsuhren. Die Astronomen geben daher die Länge auch öfter in Zeit statt in Gradmaß an; dabei ist eine Stunde = 15°, eine Minute = 15′ und eine Sekunde = 15″ und umgekehrt: 1° = 4 Minuten, 1′ = 4 Sekunden, 1″ = 45 Sekunden. Greenwich liegt also 9′ 21″ westlich von Paris, Washington 77° 3′ 6″ = 5 Stunden 7 Minuten 12,4 Sekunden westlich von Greenwich. Man findet den Längenunterschied zweier Orte, indem man entweder ihre Entfernung der Größe und Richtung nach ermittelt, oder indem man die Differenz der Ortszeiten bestimmt. Das erstere Verfahren war früher und ist jetzt noch zur See gebräuchlich, giebt aber, weil die Ermittelung der Länge durch beobachtete Monddistanzen oft ungenau ist, nur unzuverlässige Resultate. Die zweite Methode ist am einfachsten mit Hülfe einer transportablen, richtig gehenden Uhr ausführbar, welche die Zeit des einen Ortes angiebt, und nach dem anderen geschafft wird, wo man sie mit der Uhr dieses Ortes vergleicht. Die Differenz beider Uhren giebt sofort den Längenunterschied in Zeit. Dieses Verfahren ist zur See gewöhnlich, wo die Schiffsuhr bezw. See-Uhr (Chronometer) nach der Uhr des Abgangsortes, bezw. nach der eines ersten Meridans gestellt ist.

See-Uhren oder Chronometer sind sorgfältig gearbeitete, mit kräftigen Kompensationsunruhen ꝛc. versehene, nach dem Prinzip der Taschenuhren gefertigte Zeitmesser, welche, wie die Bussolen, in kardanischen Ringen in den Chronometerkästen so aufgehängt sind, daß man durch die im Deckel befindliche Glasscheibe das horizontalschwebende Zifferblatt und die Zeit, welche der Chronometer zeigt, erkennen kann.

Der Gedanke, die Chronometer auf Schiffen zur Bestimmung der geographischen Länge zu verwenden, indem man die von ihnen angegebene Zeit mit der an Ort und Stelle sich aus Höhenmessungen und Rechnungen aus Sonnen- oder Sternhöhen ergebende Zeit vergleicht, stammt bereits aus dem Jahre 1530, wo ihn Gemma Frisius kurz nach Erfindung der Taschenuhren aussprach. Huygens verfertigte eine solche Uhr bereits 1665. Dennoch war das Interesse für die Herstellung solcher Uhren trotz der von Spanien und Holland ausgesetzten Staatspreise kein bedeutendes, bis das englische Parlament 1714 auf Newtons Betrieb einen Preis von 20000 £ Sterling auf einen guten Chronometer setzte und außerdem noch an Astronomen und Uhrmacher bedeutende Summen zur Unterstützung der Arbeiten zahlte, was die Veranlassung zu einer vollkommenen Lösung der Aufgabe durch John Harrison 1728 wurde. Ihm folgten in England Mugde, Arnold, Dent, Pennington; in Deutschland Seiffert, Butzengeiger, Tiede u. A.; in Frankreich Le Roi, die Gebrüder Berthould, Bréguet u. A. mit Verbesserungen. Immerhin bleibt die Anfertigung zuverlässiger Chronometer eine schwierige Aufgabe, welche leichter zu lösen wäre, wenn man Pendeluhren an Bord verwenden könnte, was allerdings unmöglich ist.

Was nun die Kontrole und Verwerthung der Chronometer an Bord betrifft, so werden die, besonders den Kriegsschiffen mitgegebenen See-Uhren, nachdem sie die vorgeschriebene Prüfung bestanden haben und als brauchbar befunden worden sind, auf der Sternwarte für den mittleren Mittag derselben, bezw. für den eines der oben genannten ersten Meridiane eingestellt. Diese Zeit des Anfangspunktes der Längenzählung bezeichnet man als Stand des Chronometers gegen die betreffende Zeit. Der Stand des Chronometers heißt positiv (nach deutschen und englischen Bezeichnungen), wenn das Chronometer eine zu frühe Zeit angiebt (nachgeht), negativ, wenn es zu spät zeigt (vorgeht).

Der Unterschied zwischen den Ständen des Chronometers zu zwei Zeitpunkten, welche einen mittleren Tag auseinander liegen, heißt der tägliche Gang des Chronometers. Derselbe ist positiv, wenn das Chronometer verliert (retardirt), und negativ, wenn es gewinnt (accelerirt).[1] Ueber Stand und Gang der Chronometer werden auf der betreffenden Sternwarte genaue Tabellen geführt, welche bei Uebernahme derselben zu Bordzwecken gleichsam als National und Führungs-Attest mitgegeben werden müssen.

---

[1] In der französischen Marine ist die entgegengesetzte Bezeichnung wie in der deutschen und englischen üblich.

Zur Aufstellung der Chronometer auf Schiffen werden solche Orte gewählt, wo die Erschütterungen durch Treibkraft und Wellen am wenigsten fühlbar sind, also möglichst mittschiffs und in den unteren Räumen, die Kasten außerdem auf weiche Unterlagen gebettet. Die Temperatur am Aufbewahrungsort der Chronometer muß möglichst gleichmäßig sein und darf weder über 30—35° Celsius steigen, noch unter 2° Celsius fallen; die Nähe des Maschinenraumes ist daher möglichst zu vermeiden.

Jedes Menschenwerk ist bekanntlich mehr oder weniger unvollkommen, und so sind auch die komplizirten See-Uhren nicht fehlerfrei. Es ist daher jede mögliche Kontrole nöthig. Um diese Kontrole des Ganges und Standes der Chronometer von Zeit zu Zeit ausüben zu können, sind in einzelnen Seehäfen und auf bestimmt verzeichneten Küstenstationen weithin sichtbare Signale — Zeitball — (Siehe S. 92) gehißt, welche zu einem bestimmt angegebenen Moment, gewöhnlich dem mittleren Mittag von Paris oder Greenwich, fallen. Dies dient mithin zur Kontrole des Standes. Bietet sich Gelegenheit, diese Beobachtungen mehrere Tage hintereinander zu machen, so geben dieselben die Kontrole für den Gang der bezw. Chronometer.

Bietet sich dagegen den Schiffen keine Gelegenheit, die Chronometer auf obige Art kontroliren zu können, so muß eine solche Kontrole durch korrespondirende Höhen der Gestirne in Häfen herbeigeführt werden. Bei ungenau gehenden Chronometern wird auf See eine Kontrole durch beobachtete Monddistanzen herbeigeführt. Hierzu ist jedoch eine sichere Hand des Beobachters erforderlich. Das Hauptaugenmerk über die Kontrole der See-Uhren an Bord ist das rechtzeitige Aufziehen derselben, denn mit dem Stillstehen sind Stand und Gang verloren und die Chronometer momentan werthlos. Damit aber das Aufziehen der Chronometer an Bord der Kriegsschiffe nicht vergessen wird, darf der Posten vor der Kommandanten-Kajüte nicht eher sich ablösen lassen, als bis der Navigations-Offizier ihm die Erlaubniß dazu ertheilt hat. Zur Ermittelung der Schiffszeit auf See wird gewöhnlich die Zeit zwischen 8 und 9 Uhr morgens gewählt. Diese mit der für Stand und Gang reduzirten Zeit der Chronometer giebt den Längenunterschied in Zeit zwischen dem Meridian, für welchen die Chronometer eingestellt sind, und dem Meridian des Schiffsortes, dessen Bogen die geographische Länge des Beobachters bezw. des Schiffes ist.

In der Praxis würde also das Verfahren für Benutzung der Chronometer sehr einfach sein, sobald man sicher wäre, daß der Gang immer derselbe bliebe. Ist nur ein Chronometer an Bord, so muß man sich damit begnügen, den Stand bei jeder passenden Gelegenheit zu bestimmen und daraus auf die Gänge der rückwärts-, sowie vorläufig der vorwärtsliegenden Zeit zu schließen. Zwei Chronometer gewähren in Bezug auf die Kontrole schon einige Vortheile; auf Kriegsschiffen hält man es für nothwendig, zu diesem Zweck drei Chronometer zu haben.

In der Nautik unterscheidet man drei verschiedene Zeiten: Sternzeit, wahre und mittlere Sonnenzeit. Von diesen ist die Sonnenzeit die Grundlage der bürgerlichen Zeitrechnung. Wollte man nach Sternzeit rechnen, so würde sich im Laufe des Jahres die von der Sonne abhängige Tageszeit fortwährend verschieben; deshalb eignet auch die wahre Sonnenzeit sich nicht für die Zwecke des bürgerlichen Lebens; man kann auch keine mechanischen Uhren herstellen, welche die wahre Sonnenzeit angeben. Es ist daher der wahren Sonne eine mittlere Sonne substituirt, welche die Bedingung einer gleichmäßigen Bewegung in der Rektascension erfüllt und die Zeitrechnung nach mittlerer Zeit umfaßt. Diese mittleren Sonnentage werden in 24 gleiche Zeit-Abschnitte (Stunden) getheilt, von denen jeder in 60 Minuten und von diesen wiederum jede in 60 Sekunden getheilt wird. Der Unterschied der wahren und mittleren Zeit heißt: Zeitgleichung. Viermal im Jahre fällt die wahre und mittlere Sonnenzeit zusammen und zwar am 15. April, 14. Juni, 31. August und 24. Dezember. Sternzeit ist der Stundenwinkel des Frühlingspunktes; mittlere Zeit der Stundenwinkel der mittleren Sonne, wahre Zeit der Stundenwinkel der wahren Sonne. Aristoteles nannte die Zeit das Maß der Bewegungen im Weltall.

Bei allen astronomischen Beobachtungen muß sowohl der Barometer- wie der Thermometerstand in Rechnung genommen werden, dashalb fehlen diese meteorologischen Instrumente auch nie, wenigstens nicht auf Kriegsschiffen.

Das Barometer dient aber nicht allein zur Korrektur der Höhenwinkel ꝛc. bei astronomischen Messungen, sondern auch zur Sicherheit der Navigirung besonders in solchen Gegenden, die periodisch von Orkanen und Wirbelstürmen heimgesucht werden. Das Prinzip, welches der Konstruktion des Quecksilberbarometers zu Grunde liegt, ist allgemein bekannt. Wenn man eine an einem Ende zugeschmolzene Glasröhre mit Quecksilber füllt, die Oeffnung dann mit dem Finger schließt und die Röhre mit der Oeffnung nach unten senkrecht in ein mit Quecksilber gefülltes Gefäß taucht, so bleibt das Quecksilber auch nach Fortziehen des Fingers in der Röhre in einer gewissen Höhe über dem Niveau des Quecksilbers stehen. Diese Höhe beträgt im Mittel ungefähr 760 mm und rührt her von dem Drucke der äußern Luft auf das die Röhre umgebende Quecksilber. Nimmt der Luftdruck zu, so wird das Quecksilber in der Röhre steigen und bei abnehmendem Luftdruck wieder fallen. Indem man den senkrechten Abstand der Quecksilberkuppe in der Glasröhre von der Oberfläche des dieselbe umgebenden Quecksilbers mißt, hat man ein Maß des eben stattfindenden Luftdrucks.

Wenn also bei schlechtem Wetter, bei Regen und Sturm, das Quecksilber in der Röhre niedrig steht, so deutet ein langsames Steigen desselben besseres Wetter an. Den niedrigsten Stand zeigt das Barometer bei heftigen Stürmen. Bei dem großen Sturm am 2. August 1837 sank auf der Insel St. Thomas das Barometer um 21 Linien. Wenn überhaupt das Barometer schnell und bedeutend fällt, so kann man stets mit großer Sicherheit auf starken Wind rechnen. Diese Regel hat sich immer so zutreffend gezeigt, daß der Stand des Barometers dem Seefahrer den sichersten Aufschluß über ein heranziehendes Unwetter giebt.

Auf Kriegsschiffen sind Quecksilberbarometer, von denen sich die bei weitem größte Zahl auf die Toricellische Röhre gründet, im Gebrauch. Neben diesen findet man auch die Aneroïdbarometer, welche den auf einen von elastischen Wänden umschlossenen Hohlraum wirkenden Druck der Luft an der Biegung dieser elastischen Wände bezw. an Metallfedern unter Zugrundelegung der Erfahrung messen, daß die Formveränderung derselben dem Druck proportional ist.

Die Aneroïdbarometer sind besonders in den Tropen weniger zuverlässig und dienen nur zur gegenseitigen Kontrole. Näher auf die Konstruktion der Barometer einzugehen, verbietet der Raum.

Ebenso sind die Thermometer, welche auf den Schiffen Verwendung finden, so allgemein bekannte Instrumente, daß wir hier füglich über die näheren Details hinweggehen können. Besondere Aufmerksamkeit wird den Thermometer=beobachtungen auf Dampfschiffen während ihrer transatlantischen Reisen zugewendet, wenn sie sich den Regionen nähern, wo Eisberge angetroffen werden.

Auf Handelsschiffen müssen Kapitän und Steuermann im Besitz der zu den astronomischen Beobachtungen erforder=lichen Spiegelinstrumente d. h. eines Sextanten oder Oktanten, einer Sekundenuhr, eines Fernrohrs, der nöthigen Tabellen, Seekarten 2c. sein. Die Chronometer, Kompasse, Loth= und Logapparate 2c. dagegen werden von der Rhederei geliefert.

Flaggen und Signale.

Zu der Ausrüstung eines Schiffes gehören auch die Flaggen und Signalapparate; zu letzteren die farbigen Laternen, welche jedes Schiff während der Nacht zu führen verpflichtet ist.

Die Flaggen zerfallen in Standarten, Kommando=, National= und Signalflaggen, das Signalsystem in Tag= und Nachtsignale.

Das Flaggen= und Salut=Reglement für die Kaiserliche Marine vom Jahre 1878 enthält in seinem ersten Abschnitt die Standarten des Kaisers, der Kaiserin, des Kronprinzen und der Prinzen des Königlichen Hauses, die Flaggen des Staatssekretärs des Reichs=Marine=Amts, der Admirale, den Kommodore=Stander und die Flaggen der Kaiserlichen Marine nebst Gösch und Wimpel sowie für Last=, Arbeits= und gemiethete Fahrzeuge; in seinem zweiten Abschnitt die Flaggen für Zollfahrzeuge, Postschiffe, Lotsenfahrzeuge und die zum Ressort des Handels gehörigen Regierungs=fahrzeuge nebst Gösch; im dritten die Handelsflagge und im vierten die Lotsenflagge des Deutschen Reiches.

Das Führen der Kriegsflagge und des Wimpels dient als äußeres Zeichen eines im Dienst befindlichen Schiffes.

Kriegsschiffe dürfen sich nur unter der eigenen Nationalflagge schlagen; das Streichen (Einziehen) derselben im Gefecht bedeutet die Kampfunfähigkeit des Schiffes, bezw. den Entschluß sich zu ergeben (die Waffen zu strecken).

Die halbstocks geheißte Flagge bedeutet Trauer. Die verkehrt aufgeheißte oder in der Mitte zusammen=gebundene Flagge, — im Schau geheißt —, dient besonders auf Handelsschiffen als Signal, daß man der Hülfe bedarf.

Handelsschiffe führen ihre Nationalflagge nur beim Ein= oder Auslaufen von Häfen, beim Vorbeifahren an Forts oder Kriegsschiffen, bei Zollabfertigungen, Festlichkeiten 2c. — Ein dem Kriegsschiffswimpel ähnliches Kommandozeichen zu führen ist den Handelsschiffen verboten.

Zur Ausrüstung von Kriegsschiffen gehören auch die Nationalflaggen fast aller seefahrenden Nationen, sowie die internationalen Signalapparate.

Das Signalsystem für Kriegsschiffe ist so eingerichtet, daß man in kürzester Frist jedes beliebige Wort der betreffenden Landessprache durch Signale auszudrücken vermag. Jede Marine hat ihr eigenes Signalsystem. Es wird geheim gehalten und kann ohne große Mühe geändert werden, wenn die Vermuthung vorliegt, daß ein Signalbuch in den Besitz des Feindes gelangt sei.

Die Tagsignale werden durch Kombinationen von quadratischen Flaggen, dreieckigen Standern und länglichen schmalen Wimpeln gegeben. Die Farben der Tagsignale sind blau, roth, gelb und weiß. Sind dagegen die Entfernungen der Schiffe voneinander so groß, daß die Farben der Flaggen nicht mehr erkennbar sind, aber ihre Form noch unterschieden werden kann, so wendet man die Fernsignale, eine Kombination von Signalflaggen, Wimpeln und kugelförmigen Zeichen (Bälle) an. Als Nachtsignale bedient man sich farbiger Laternen, Lichter, der Blicksignale, Blaufeuer, Raketen, Kanonenschüsse. Zu den Nebelsignalen gehören die Dampfpfeifen, das Nebelhorn (Sirene), das Läuten mit der Schiffsglocke 2c.

Wie wichtig auch das Signalisiren im Frieden zur Ausführung von Manövern, Flotten-Evolutionen, zur Ertheilung von Befehlen oder Nachrichten ist, so tritt mit der Eröffnung des Kampfes eine Beschränkung desselben ein.

Der Pulverdampf und der Rauch aus den Schornsteinen hüllt die kämpfenden Schiffe im Mélée in so dichte Rauchwolken, daß oft die Toppen der Masten kaum von den nächsten Schiffen gesehen werden können.

War es daher schon zur Zeit der Segelschiffe erforderlich, den Kommandanten allgemeine Gefechts-Dispositionen vor der Schlacht zu ertheilen — wir erinnern an die Tagesbefehle Nelsons und Villeneuves vor der Schlacht von Trafalgar —, so ist es jetzt, wo die Schiffe unabhängig vom Winde sind, doppelt nöthig, für die verschiedenen Angriffsordnungen Dispositionen zu treffen, so daß es nur vor dem Zusammenstoß mit dem Feinde eines kurzen Signals bedarf, um die Schiffe in einer bestimmten Formation an den Feind heranzubringen. Ist das geschehen, so wird sehr bald ein ziemlich regelloses Durcheinander Platz greifen, in dem sich jedes Schiff seinen Gegner auswählt und diesen im Einzelkampf zu ver-

Semaphor.

nichten bezw. einem andern zu Hülfe zu eilen sucht.

Zu gegenseitigen Mittheilungen auf hoher See zwischen Handelsschiffen wurde ein internationales Signalsystem Ende der fünfziger Jahre zuerst von der englischen und französischen Regierung eingeführt. Auf Vorschlag jener Regierungen ist dasselbe später auch von sämtlichen europäischen Staaten angenommen worden. Für das Deutsche Reich ist eine amtliche Ausgabe in deutscher Sprache für die Kriegs- und Handelsmarine erschienen. Dasselbe wird auch von den Kriegsschiffen zum Austauschen von Nachrichten mit Kauffahrern, sowie mit fremden Kriegsschiffen und Signalstationen benutzt. Es gewährt den Schiffen die Möglichkeit, durch Signale Fragen und Aufforderungen unter sich und mit Signalstationen an den Küsten zu wechseln, gleichviel, ob der eine Theil die Sprache des anderen versteht.

Zu diesem Zwecke enthält das Signalbuch eine

große Anzahl sowohl vollständiger Sätze, als auch zur Verbindung miteinander geeigneter Satztheile, einzelner Wörter, Namen, Silben, Buchstaben und Zahlen, welche durch Gruppen von je zwei, drei oder vier der 18 Signalbuchstaben B, C, D, F, G, H, J, K, L, M, N, P, Q, R, S, T, V und W bezeichnet sind. (Die Vokale sind nicht mit benutzt, weil sonst viele Buchstabengruppen die Form wirklicher Worte bekämen, was zu Irrthümern Veranlassung geben würde.)

Jedem Staate stehen alle „Unterscheidungs-Signale" der resp. Handels-Marinen behufs Vertheilung auf die Schiffe seiner Flagge zur freien Verfügung. Schiffe von verschiedenen Flaggen führen daher vielfach dasselbe Unterscheidungs-Signal, Schiffe unter derselben Flagge niemals. Jedem deutschen Handelsschiffe wird bei der Eintragung in das Schiffsregister ein solches Unterscheidungs-Signal zugetheilt und in seinem Schiffs-Certifikat vermerkt. Die amtliche Liste der Schiffe der deutschen Kriegs- und Handelsmarine mit ihren Unterscheidungs-Signalen bildet den Anhang zum internationalen Signalbuche.

An den Küsten Frankreichs, Italiens, Portugals, Spaniens, Oesterreich-Ungarns, Dänemarks, Norwegens und Rußlands sind Signalstationen mit der Bestimmung errichtet, die ihnen von vorüberfahrenden Schiffen durch Signale gemachten Mittheilungen weiter zu befördern. Der Signalwechsel zwischen den Schiffen und diesen Stationen erfolgt nach Maßgabe des internationalen Signalbuches, sei es durch farbige Flaggen oder Fernsignale. Die Küsten-Stationen dagegen bedienen sich statt der Fernsignale des sogenannten „Semaphor", nach welchem sie „Semaphor-Stationen" heißen.

Als Lotsensignale bei Nacht dienen Blaufeuer, welche alle 15 Minuten abgebrannt werden, oder ein in Zwischenräumen von kurzer Dauer gezeigtes helles weißes Licht. Als Nothsignale werden Kanonenschüsse in Intervallen von einer Minute abgefeuert, oder Raketen und Leuchtkugeln, Theer- oder Oeltonnen abgebrannt. Nachtsignale sind nur auf Kriegsschiffen gebräuchlich. In älteren Zeiten bediente man sich hierzu einer Anzahl Laternenfigurationen, vereint mit Kanonenschüssen oder Gewehrschüssen. Später verwendete man farbige Lichter (Coston-Lichter) zu diesem Zwecke; in neuester Zeit ist man zu den Blicksignalen übergegangen. Mit diesen werden die sogenannten Morse-zeichen für Zahlen, entsprechend denen des Signalbuches der Kriegsschiffe wiedergegeben, und ist man auf diese Weise im stande jedes Flaggensignal desselben mit dem Nachtsignalapparat zu geben.

Sonstige Gegenstände der Ausrüstung.

Hat man bei der Landarmee die Wichtigkeit der Verpflegung jederzeit besonders ins Auge gefaßt und für möglichst geeignete Verkehrsmittel zur Herbeischaffung und zum Transport der Lebensbedürfnisse Sorge getragen, so muß sowohl die Marine-Verwaltung im allgemeinen, wie der Kommandant eines Schiffes im besonderen in noch höherem Maße darauf bedacht sein, je nach den klimatischen Verhältnissen die Besatzung zweckentsprechend zu verpflegen und zu kleiden.

Die Aufbewahrungsräume für den Proviant, das Wasser und einen Theil der Reservegegenstände, welche als Ersatz während der Fahrt oder im Gefecht verbraucht werden, befinden sich, wie die Kohlenbunker und Munitionskammern, zum größten Theil im Unterraum (der Last). Durch wasserdichte Querschotten oder durch hölzerne Wände sind, getrennt vom Maschinen- und Kesselraum, die Wasser-, Fleisch-, Brot- und Trockenlast, letztere zur Aufbewahrung der Hülsen-früchte, Mehl zc., ferner die Spirituslast, die Hellegats (Vorrathsräume) für Inventar und Material-, Segel- und Kleiderkammern abgetheilt.

Das Trinkwasser spielt bei Seereisen auf Kriegs- und Handelsschiffen eine Hauptrolle, da bekanntlich das See-wasser nur im gefrorenen Zustande zur Bereitung der Speisen verwendet werden kann. Auf den Kriegsschiffen wird das Trinkwasser in eisernen Kästen von etwa 1000 Liter Gehalt aufbewahrt und hält sich darin monatelang vortrefflich, während man auf den Handelsschiffen sich noch größtentheils der hölzernen Fässer zur Aufbewahrung desselben bedient.

Zur Zeit der Segel-Kriegsschiffe wurde Trinkwasser auf vier bis sechs Monate an Bord genommen, um nicht, wenn die Fahrt durch widrige Winde oder maritim-militärische Aufträge verzögert wurde, Mangel daran zu leiden. Noch in der letzten Stunde vor dem Beginn der Reise wurden sämtliche Wasserbehälter gefüllt, und trat mit dem Auslaufen aus dem Hafen dann sofort die Verabfolgung von Wasserrationen ein. Drei Quart pro Kopf und Tag war namentlich in den Tropen zum Kochen und Trinken knapp, und nur Der hat ein richtiges Urtheil darüber, der solchen Wassermangel mit durchgemacht hat. Heute denkt man humaner, und werden bis zu fünf Liter pro Kopf und Tag gestattet. Der Dampf hat nicht allein die Reisen abgekürzt und eine gewisse Regelmäßigkeit in die Seeschifffahrt gebracht, sondern auch bewirkt, daß man durch den an Bord fast aller größeren Kriegsschiffe eingeführten Destillirapparat Seewasser in wenigen Stunden in gesundes und wohlschmeckendes Trinkwasser zu verwandeln im stande ist. Die mit dem sogenannten Normandy-schen Destillirapparate ausgerüsteten Schiffe nehmen daher nur einen einmonatlichen Wasserbedarf mit und ergänzen den täglichen Verbrauch durch Kondensation des Dampfes während der Fahrt.

Von den Lebensmitteln erfordern Hartbrot (Schiffszwieback) und Fleisch den größten Raum, besonders wenn Kriegsschiffe aus der Heimath den fernsten Gegenden zusteuern und dann mit Proviantartikeln in größtmöglichster Quantität ausgerüstet werden. Der Schiffsproviant besteht in der deutschen Marine aus Hartbrot, frischem und gepökeltem Rind- und Schweine- oder präservirtem Fleisch, Erbsen, Bohnen, Graupen, Sauerkohl, Kartoffeln, bezw. komprimirten Gemüsen, Reis, Mehl, Butter, Pflaumen, Kaffee, Thee, Zucker, Essig, Citronensaft, Branntwein bezw. Rum zc.

Die Standarten, Flaggen und Wimpel der Kaiserlich Deutschen Marine.

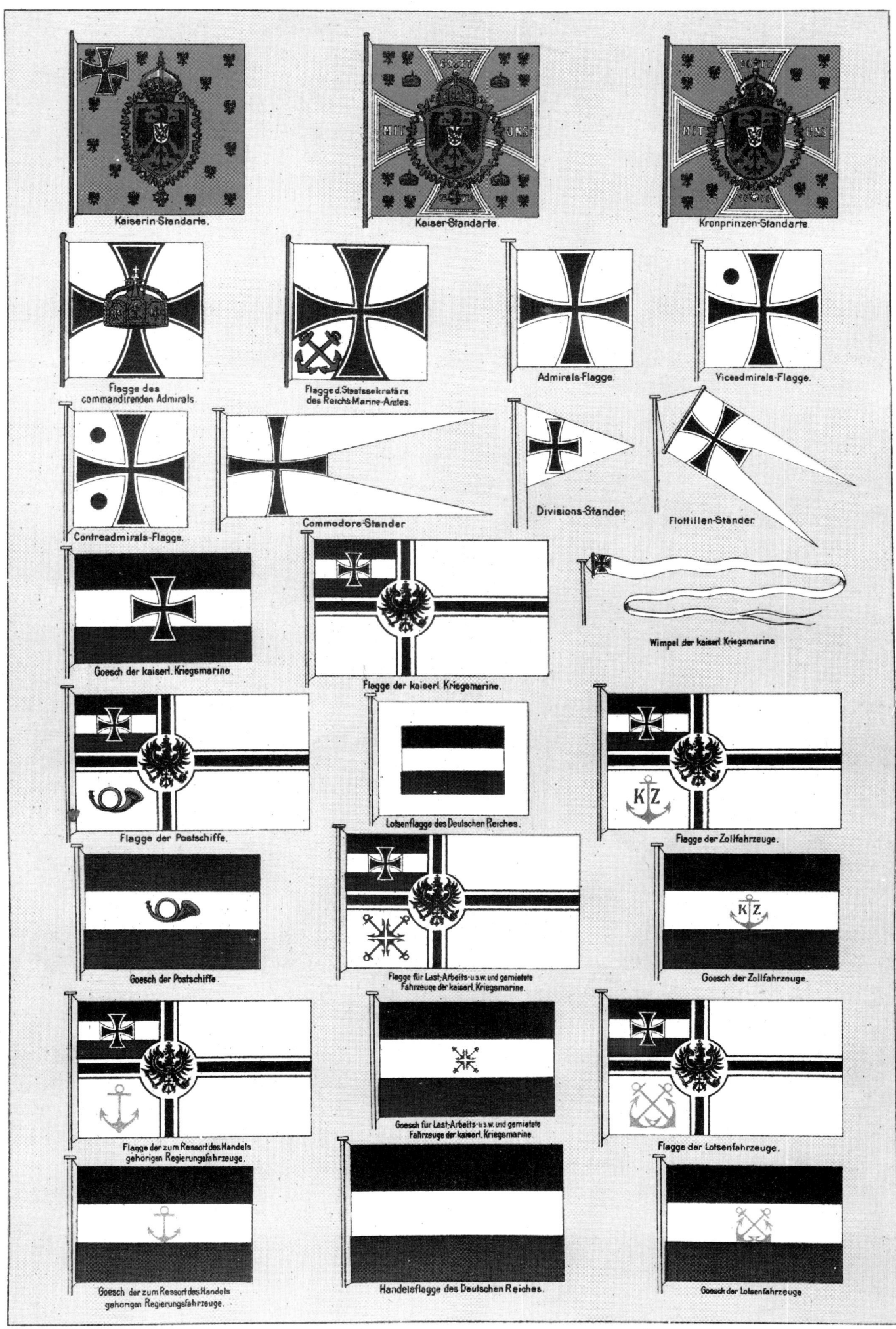

Kaiserin-Standarte.

Kaiser-Standarte.

Kronprinzen-Standarte.

Flagge des commandirenden Admirals.

Flagge d. Staatssekretärs des Reichs-Marine-Amtes.

Admirals-Flagge.

Viceadmirals-Flagge.

Contreadmirals-Flagge.

Commodore-Stander

Divisions-Stander

Flottillen-Stander

Goesch der kaiserl. Kriegsmarine.

Flagge der kaiserl. Kriegsmarine.

Wimpel der kaiserl. Kriegsmarine

Flagge der Postschiffe.

Lotsenflagge des Deutschen Reiches.

Flagge der Zollfahrzeuge.

Goesch der Postschiffe.

Flagge für Last- Arbeits- u.s.w. und gemietete Fahrzeuge der kaiserl. Kriegsmarine.

Goesch der Zollfahrzeuge.

Flagge der zum Ressort des Handels gehörigen Regierungsfahrzeuge.

Goesch für Last- Arbeits- u.s.w. und gemietete Fahrzeuge der kaiserl. Kriegsmarine.

Flagge der Lotsenfahrzeuge.

Goesch der zum Ressort des Handels gehörigen Regierungsfahrzeuge.

Handelsflagge des Deutschen Reiches.

Goesch der Lotsenfahrzeuge

von Henk.. Zur See

Verlagsanstalt und Druckerei A.G. (vorm. J F Richter.) in Hamburg

Im Hafen werden so oft als angängig frisches Fleisch, Weißbrot und frisches Gemüse verabreicht. Jeder Mann erhält nach der Speiserolle pro Tag entweder 500 Gr. gepökeltes oder 375 Gr. frisches Rindfleisch oder 250 Gr. Schweinefleisch, ferner 500 Gr. Hartbrot oder 650 Gr. Weißbrot, und pro Woche 500 Gr. Butter.

Das Frühstück und Abendbrot besteht aus Kaffee und Thee mit Zucker. Eine Schiffsration ist hinreichend, den Hunger des stärksten Essers zu befriedigen. Dreimal des Tages wird gespeist. Branntwein wird je nach dem Ermessen des Kommandanten, Citronensaft auf längeren Seereisen gegen Skorbut ausgetheilt.

Wie aus der Verschiedenheit der oben angeführten Lebensmittel ersichtlich, ist die Verpflegung der Kriegsschiffs-mannschaften gut und reichlich bemessen. Die Nothwendigkeit einer solchen ist eine allgemein anerkannte Thatsache, wenn man in Betracht zieht, daß der Matrose häufig Monate und Jahre hindurch innerhalb 24 Stunden die Hälfte der Zeit bei jeder Witterung auf dem Oberdeck beschäftigt ist, dabei angestrengt exerziren, häufig schwer arbeiten muß und durch-schnittlich nur sechs Stunden Schlaf erübrigt.

Das Lagergeräth für Unteroffiziere, Matrosen, Schiffsjungen, Seesoldaten ꝛc. besteht aus einer Hängematte von Segel-tuch, deren äußere Seite mit der Schiffsnummer des Mannes versehen ist, nebst Scheer- und Schnürleinen zum Aufhängen und Zusammenschnüren, einer Roßhaar-Matratze nebst Bezug und einer bezw. zweier wollener Decken. Während des Tages werden die Hängematten, vorschriftsmäßig geschnürt (gezurrt), in den Finknetzen oder an sonst geeigneten Orten verstaut.

Zur Aufbewahrung der Uniformstücke und seines sonstigen Eigenthums erhält jeder Unteroffizier und Matrose ꝛc. einen Kleidersack von Segeltuch, welcher beim Anbordgehen (Einschiffen) mit der Schiffsnummer des Mannes versehen wird. Diese Kleidersäcke werden abtheilungsweise in Gestellen untergebracht.

Das Lazarett auf den Kriegsschiffen wird, je nach dem Raumbedürfniß, an einem dem Zwecke entsprechenden Orte hergerichtet und mit den vorschriftsmäßigen Lagerstellen, Lazaretteinrichtungen, Verbandmitteln und Medikamenten ausgestattet.

In Betreff der Artillerie-Ausrüstung verweisen wir auf den Abschnitt „Die Schiffsartillerie" Seite 58—63.

Handelsschiffe.

Die Illustrationen der Typen der Handelsschiffe siehe außer hier Seite 120—128.

1. Typen der Hochsee-Segelschiffe.

Während man im allgemeinen unter Schiff jedes mit einem Deck (Verdeck) versehene Transportmittel auf dem Meere versteht, welches mit Vorrichtungen zur eigenen Bewegung ausgerüstet ist, pflegt man es im Speziellen nur dann Schiff, bezw. Voll-schiff zu nennen, wenn es drei Masten mit einer Takelung ähnlich der alten Segelfregatten führt, woher sich auch die Bezeichnung „fregat-tisch getakelt" her-schreibt. (Siehe S. 58.)

Alle übrigen Handelsschiffe führen den Gesamtnamen Fahr-zeuge und zerfallen nach ihrer Mastenzahl bezw. der Art ihrer Takelung in dreimastige, zwei-mastige und einmastige Fahrzeuge.

Zu den dreimasti-gen Fahrzeugen gehören die in den nordischen Gewässern zuweilen vor-kommenden Pinkschiffe oder Pinken, welche sich vom Vollschiff nur da-durch unterscheiden, daß sie am hinteren Mast, dem Besanmast, zwar Raaen, aber keine Bram-stenge führen. Im Mittel-meere dagegen werden auch Fahrzeuge mit drei

Themsebarge.

Pfahlmasten (ohne Stengen) und lateinischen Segeln „Pinken" genannt. Die bei größeren Handelsschiffen gebräuchlichste Schiffsklasse ist das Barkschiff oder die Bark, dreimastige Fahrzeuge, deren beide vorderen Masten voll-getakelt sind, während der Besanmast ohne Raaen ist. (Siehe Seite 143.)

Klipperschiffe oder Klipper nennt man lange, scharf und schlank gebaute Schnellsegler, entweder als Vollschiff oder als Bark getakelt, die besonders in der ersten Periode der Räderdampfschiffe als deren Rivalen auftraten. In neuerer Zeit — wenn auch nur selten — finden noch sogenannte Theeklipper Verwendung.[1]

Dreimastige Schooner (Dreimast=Schooner) heißen Fahrzeuge mit Gaffeltakelage, die an einer langen Stenge des Fock= und Großmastes Mars= und Bramsegel, an der Fockraa eine feste oder lose Fock (Breitfock) führen. (S. S. 155.)

Lugger.

Ist dagegen nur der Fockmast solcher Fahrzeuge mit Raaen getakelt, so werden sie Schooner= barken genannt. (Siehe Seite 154 und ähnliche Illustrationen.)

Chasse = marées nennt man französische Küstenfahrer mit drei Masten und Raasegeln von trapezoidischem Schnitt statt der Gaffelsegel.

Lugger (Logger) heißen Fahrzeuge mit drei oder zwei Masten und schmalen, hohen Segeln an kurzen Raaen statt an Gaffeln. Zu den Fahr=

Küstenfahrer mit Yawltakelung.

zeugen dieser Klasse zählten in älterer Zeit die Fleuten, Schebecken, Freddekoggen, Karacken u. a.

Die zweimastigen Fahrzeuge zerfallen in: Briggs (Brig's) mit zwei nach Art der Vollschiffe[2] getakelten Masten. (Siehe Seite 19.)

Brigantinen, deren Name von briganti hergeleitet ist, heißen im Mittelmeere kleine als Brigg getakelte Fahrzeuge, die zum Seeraube dienten.

Schoonerbriggs (Topsegelschooner siehe S. 128 und 196) sind ein Mittelding zwischen Brigg und Schooner; ihre Betakelung besteht aus dem mit Gaffeltakelage versehenen Großmast und einem Fockmast nebst Bugspriet, wie bei den Briggs.

Raaschooner nannte man früher Fahrzeuge mit zwei gleich getakelten Masten mit langen Toppen und Stengen ohne Bramstengen, deren Topsegel — nicht Marssegel — ähnlich wie bei Schiffen mit doppelten Mars= raaen nur bis zum Eselshaupte reichten, darüber aber ziemlich große Bramsegel führten. Groß= segel hatten die Raaschooner gewöhnlich nicht.

Zweimastige Fahrzeuge

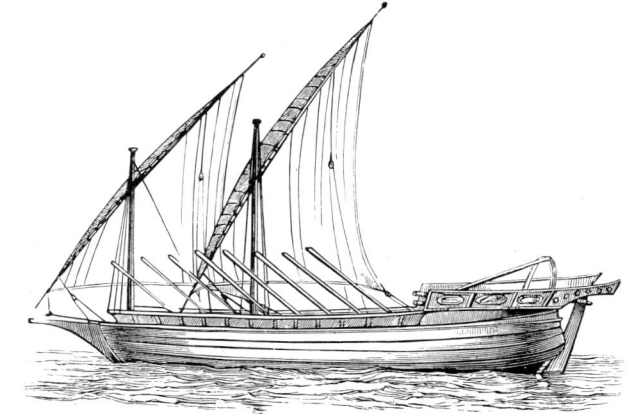

Brigantine aus dem 17. Jahrhundert.

nur mit Gaffeltakelage heißen Schooner (Gaffelschooner).[3] (Siehe S. 158.)

Galeassen sind bei den Holländern, Dänen, Schweden und in der Ostsee gebräuchliche Fahrzeuge mit einem großen und einem kleinen, dem Besanmast. Der Großmast steht im vor= deren Drittel des Fahrzeuges, führt ein Gaffelsegel, sodann nach dem Vorsteven eine Stag= fock und ist im übrigen wie der Fockmast eines Vollschiffes ge=

takelt. Das längere Bugspriet mit Klüverbaum führt eine Klüfock, Stagsegel und einen Klüver. Der Besanmast ist nur von geringen Dimensionen und mit einem Gaffelsegel versehen; er dient hauptsächlich zum Hinüberleiten der Fock=

---

[1] Bezüglich der Schiffsformen erinnern wir hierbei an Männer, wie Chapman und Euler.

[2] Eine Takelage, bestehend aus Pfahlmasten (aus einem Stück), ohne Mars, ohne Eselshäupter bezw. mit losen Bramstengen, wie man sie besonders häufig im Mittelmeer findet, wird Polacker=Takelage genannt; man spricht von Barken, Briggs, Schoonerbriggs mit Polacker=Takelage.

[3] Bisweilen hört man im Norden ein Nationalfahrzeug der Elbe, den Ewer oder Ever, mit zwei Masten und Gaffeltakelage, fälschlich als Fisch= utter bezeichnen, wie überhaupt die Benennungen der einzelnen Handelsschiffstypen selbst an der deutschen Nord= und Ostseeküste voneinander abweichen.

Lichtſchacht des erſten Salons der „Columbia“,
Schnelldampfer der Hamburg=Amerikaniſchen. Packetfahrt=A=G

Erſter Salon der „Columbia“,
Schnelldampfer der Hamburg=Amerikaniſchen Packetfahrt=A=G.

Mars= und Brambrassen bezw. zum Stützen der betr. Raaen.[1] Man unterscheidet Huker= und Schlupgaleassen, je nachdem der Großmast ähnlich dem Fockmast der Schoonerbrigg oder dem des Raaschooners getakelt ist.

Im 16. und 17. Jahrhundert bezeichnete man die größten und schwersten Kriegsfahrzeuge ebenfalls mit dem Namen Galeassen. (Siehe Seite 146.)

Gallioten sind Fahrzeuge von ähnlicher Takelage wie die Galeassen, doch mit rundem Heck, die bei den

Lotsenkutter.

Holländern und an der deutschen Nordseeküste, sowie bei den Schweden und Dänen im Gebrauch sind. Das in der Mündung der Elbe verankerte Lotsenfahrzeug führt heute noch den Namen Lotsen=Galliot.

Schmack ist ein besonders bei den Holländern gebräuchliches Fahrzeug mit voll= gebautem Bug und rundem Heck, plattem Boden und Schwertern an der Seite. Die Takelage besteht aus einem Großmast (Pfahlmast) mit einem Großsegel, einer leichten Fock=, Mars= und Bramraa, einem Besanmast (gleichfalls Pfahlmast) mit einem Gaffelsegel und einem horizontal liegenden stumpfen Bugspriet mit Stagfock und Klüfock. Auf Seite 123 ist eine englische Fischer=Schmack dargestellt.

Topsegelschooner,

Kuff ist der Name eines hauptsächlich bei den Holländern gebräuchlichen Fahrzeuges von ähnlicher Bauart und Takelage, wie die Schmack. S. S. 124 und 142.

Karavellen sind ursprünglich von den Portugiesen so benannte zweimastige Fahrzeuge mit lateinischen Segeln; auch die Türken nennen ähnlich getakelte Lastschiffe, die Franzosen eine besondere Art Fischerfahrzeuge Caravelles. (Siehe S. 14.)

Felucken heißen im Mittelmeere kleine zweimastige Handelsfahrzeuge mit lateinischen Segeln.

Tartanen sind ebenfalls im Mit= telmeere vorkommende zwei=, auch einmastige Fahrzeuge mit latei= nischen Segeln, stellen= weise auch mit Gaffel= topsegeln oder leichten Raasegeln versehen.

Zu den ein= mastigen Fahrzeugen gehören die Schlupen (englisch Sloops), die Yachten, Kutter, Yawls, Tjalks u. a. Die Schlup hat eine Takelage ähnlich der des Großmastes einer Schlup=Galeasse

Damensalon erster Kajüte der „Columbia“,
Schnelldampfer der Hamburg-Amerikanischen Packetfahrt-A.=G.

bezw. des Großmastes eines Raaschooners, mit einem Großsegel, einer Stagfock, Klüfock, einem Klüver und drei Raaen; die lose Breit= fock wird nur bei rau= mem Winde gesetzt.

Die englischen und schottischen Sloops führen selten Raasegel, beschränken sich viel= mehr nur auf eine lose Breitfock.

Yachten sind in der Ostsee und beson= ders in Dänemark ge= bräuchliche einmastige Fahrzeuge mit einem

platten Heck, an welchem das Ruder hängt und dessen Kopf über demselben so hoch emporragt, daß die Ruderpinne auf das Deck geführt wird. (Siehe S. 153.) Die Takelage ist sehr einfach, besteht aus einem Pfahlmast und einem Bugspriet oder vielmehr Auslieger mit Klüverbaum. Sie führen ein Großsegel, Stagfock, Klüfock und Jager, bei günstigem Winde eine lose Breitfock. Die Eigenthümlichkeit der dänischen Yachten ist, daß die Spitze des Mastes nach vorne gebogen ist.

---

[1] Die Zeichnung Seite 146 stellt eine etwas abweichende Form einer Galeasse dar.

Doppelschrauben-Schnelldampfer „Normannia" der Hamburg-Amerikanischen Packetfahrt-A.-G.

Kutter sind einmastige Fahrzeuge mit einer Stänge und einem losen Bugspriet (Ausleger) mit einer Gaffel=takelage. Sie führen ein Großsegel und Gaffeltopsegel, eine Stagfock, einen Klüver und eine Raa zum Setzen einer losen Breitfock bei raumem Winde, selten ein loses Topsegel. Diese Fahrzeuge sind meistens an den Küsten der Nord= und Ostsee im Gebrauch. Auch die Lotsen= und Fischerfahrzeuge in der Nordsee sind mit Kuttertakelage versehen.

Ein Kutter mit einem kleinen Treibermast und Segel am Heck wird in England Yawl genannt.

Tjalk heißt ein der Kuff ähnlich gebautes und getakeltes holländisches Fahrzeug ohne Besanmast. (Siehe S. 156.)

Hier weiter auf die Beschreibung der vielen verschiedenartigen Küstenfahrzeuge ꝛc. der einzelnen Länder einzugehen, verbietet uns der Raum.

2. Typen der Dampfschiffe.

Ihrer Verwendung nach zerfallen die Dampfer in Fracht=, bezw. Transport= und Post=, bezw. Passagier=dampfer.[1] Die Fracht= bezw. Transportdampfer müssen neben der Ladung auch den entsprechenden Kohlenvorrath mit sich führen. Bei den Küsten=fahrern kommt die Betakelung nicht in Betracht. Die größe=ren Frachtdampfer dagegen sind als Brigg, Schooner ꝛc. getakelt; ihre Segel dienen je=doch fast nur zur Verminde=rung der schlingernden Be=wegung bei hoher See oder im Sturm zum Beiliegen.

Frachtschiffe, wenn sie im Dienste der Regierung zum Truppentransport oder zur Ueberführung von Kriegs=material u. s. w. verwendet werden bezw. zu einer Flotten=abtheilung gehören, nennt man Transportschiffe.[2]

Zu den Passagier= bezw. Postschiffen auf Flüssen, Binnenseen ꝛc. sind Radschiffe von entsprechen=den Dimensionen im Gebrauch. Den meisten unserer Leser sind gewiß die großen, eleganten und mit vielem Komfort ein=gerichteten Salondampfer auf dem Rhein, der Donau, den Schweizer= und Ober=

Lichtschacht der „Augusta Victoria",
Schnelldampfer der Hamburg=Amerikanischen Packetfahrt=A.=G.

Italienischen Seen u. a. bekannt, und glauben wir da=her von einer näheren Be=schreibung derselben Abstand nehmen zu können. Segel führen dieselben nicht und haben meistens nur einen oder zwei Signalmasten zum Heissen von Flaggen.

Die transozeanischen Post= bezw. Passagier=dampfer sind schlanke stattliche Schraubenschiffe von etwa 100 m Länge, mit einem Deplacement von 3—4000 Tonnen und einer Maschine von 3000 indizirten Pferde=kräften und darüber, die im stande ist, dem Schiffe eine Ge=schwindigkeit von 14—16 Kno=ten ($3\frac{1}{2}$—4 deutsche Meilen in der Stunde) zu geben. Ihre Betakelung als Bark oder Brigg ist verhältnißmäßig leicht und nur dazu bestimmt, bei günstiger Gelegenheit an der Vorwärtsbewegung des Schif=fes mitzuwirken oder als Noth=behelf auf hoher See zu dienen.

Unsere deutschen transatlantischen Passagierdampfer von Hamburg und Bremen (siehe S. 194—199) sind aus Eisen oder Stahl gebaut und zum Theil von ganz gewaltigen, das oben angegebene Durchschnittsmaß weit übertreffenden Dimensionen. Die größten derselben, die Schnelldampfer der Hamburg=Amerikanischen Packetfahrt Aktien=Gesellschaft haben eine Länge bis zu 165 m, eine Breite bis zu 18,5 m und eine Tiefe bis zu 12,5 m. Jeder dieser Schnell=dampfer hat zwei Schrauben, welche durch voneinander völlig unabhängige Maschinen von zusammen 16 000 Pferdekräften in Bewegung gesetzt werden und dem Schiffe eine Geschwindigkeit bis 20 Knoten ertheilen. Der Kohlenbedarf während einer Reise von Hamburg nach New=York beläuft sich auf 240 Eisenbahnwaggons. Diese Riesenschiffe, welche auch bezüglich der Sicherheit und Bequemlichkeit den höchsten Anforderungen entsprechen, vermögen bis zu 600 Kajüts= und 800 Zwischendecksreisende zu befördern, und erfordern eine Bemannung von 250 Leuten, darunter 22 Maschinen=

---

[1] Kleine Dampfer mit einer kräftigen Maschine, welche zum Remorquiren benutzt werden, heißen Schlepper.

[2] Größere maritime Staaten, wie England und Frankreich, Spanien u. a. mit bedeutenden auswärtigen Besitzungen, haben eigene Transportschiffe, die zur Truppenbeförderung, zum Pferdetransport ꝛc. eingerichtet, meistens als Bark getakelt sind und eine Kriegsschiffsbesatzung führen. (Siehe S. 141.)

Ingenieure und 80 Heizer. Im allgemeinen sind die Passagierdampfer für etwa 100 Passagiere erster, 150 zweiter Kajüte und 600—1000 Zwischendeckspassagiere eingerichtet, einzelne, besonders für Zwischendecksreisende gebaute und eingerichtete Dampfer vermögen 2000 und mehr Personen aufzunehmen. Der untere Raum bis zum Zwischendeck enthält eine Anzahl wasserdichter Querwände, um bei Kollisionen oder Strandungen ein sofortiges Untersinken des Schiffes zu verhindern. Eine große Anzahl Rettungsböte aus kannelirtem Eisen mit Luftkasten und Korkgürteln, die zu beiden Seiten in Davids hängen, werden von den Schiffen mitgeführt; ebenso sind Korkwesten (Schwimmgürtel) für jeden Passagier an Bord vorräthig, und außerdem ist für eine zweckentsprechende Feuerlöscheinrichtung Sorge getragen.

Auf dem Oberdeck hinter den Schornsteinen befindet sich meist ein Pavillon für die Passagiere der ersten Kajüte, der mit großem Komfort eingerichtet ist; ferner das Steuerhaus nebst Kompaß und Steuerrad, die mit Kappen versehenen Niedergänge zu den unteren Decks, die Deckfenster für den Maschinenraum und die unteren Salons, die Schornsteine nebst einer Zahl Ventilatoren, letztere, um den Maschinenräumen kalte Luft zuzuführen, die Masten, die Dampfwinden und Gangspille, die Kommandobrücke u. s. w. Vor den Schornsteinen ist den Zwischendeckpassagieren der Aufenthalt auf dem Oberdeck gestattet, während die Passagiere der ersten und zweiten Kajüten hinter denselben ihren Promenadenraum haben. Daß das Hinterschiff bevorzugt ist, ist traditionell, theils praktisch begründet, weil der Aufenthalt auf demselben in See insofern mehr Annehmlichkeiten bietet, als die Wellen dort weniger überbrechen, als vorne, auch bei Kollisionen der Bug im allgemeinen zuerst in Mitleidenschaft gezogen wird. Dennoch giebt es viele Momente während der transozeanischen Fahrten, wo der Aufenthalt auf dem Vordeck vorzuziehen wäre, und zwar deshalb, weil man dort vom Rauch aus den Schornsteinen und von den ausströmenden Gasen weniger als auf dem Hinterdeck, trotz der dort ausgebreiteten Sonnen= bezw. Regensegel, welche die Passagiere vor den wechselnden Einflüssen der Witterung schützen sollen, belästigt wird. Steigt man vom Hinterdeck in die nächsttiefere Etage, so gelangt man, sich nach hinten wendend, in den Salon der ersten Kajüte, der mit großer Eleganz und vielem Komfort ausgestattet und durch Fenster im Oberdeck erhellt ist. Zu beiden Seiten des Salons befinden sich Schlafkammern (Kabinen) der Passagiere erster Klasse mit zwei bis vier Lagerstellen, welche durch Seitenfenster (Ochsenaugen) in der Schiffswand Licht und frische Luft empfangen. Von besonderer Pracht und Größe sind die Salon= und Kabineneinrichtungen der neuen Doppelschrauben= Schnelldampfer der Hamburg=Amerikanischen Packetfahrt=Aktien=Gesellschaft.

Vor dem Salon liegen gewöhnlich die Kabinen der Passagiere der zweiten Kajüte und der Schiffsoffiziere, Maschinisten, Proviantmeister, sowie das Rauchzimmer, während vorne im ersten Zwischendeck der Wohnraum der Mannschaft ist. Mittschiffs, über den Maschinen= und Kesselräumen, liegen die geräumigen und sauberen Schiffsküchen mit den blankgeputzten Geschirren, in welchen die Köche mit ihren Gehülfen die Speisen für die Passagiere und Besatzung zubereiten.

Im zweiten Zwischendeck, unter dem Salon der ersten Kajüte, befindet sich der Salon der Passagiere der zweiten Kajüte, immer noch elegant, aber weniger hell, da er sein Licht meistens nur durch Ochsenaugen in den Schiffsseiten erhält.

Vor den Maschinen= und Kesselräumen im zweiten Zwischendeck ist der Raum für die sogenannten Zwischen= decks=Passagiere gelegen, welcher größtentheils nur durch Ochsenaugen erhellt wird. Lagerstellen, die zu zweien übereinander stehen und nur durch schmale Gänge voneinander getrennt sind, füllen denselben aus. Ein Theil dieses Raumes ist zur Unterkunft von Familien, zwei andere durch Bretter= oder Lattenverschläge von diesen getrennt, für die unverheiratheten Passagiere männlichen und weiblichen Geschlechts, bestimmt; die meisten nach Nordamerika fahrenden Dampfer der großen deutschen Dampfschifffahrtgesellschaften enthalten im Zwischendeck kleine, verschließbare Kammern für 4—16 Personen. Unter dem zweiten Zwischendeck befinden sich mitschiffs die Maschinen= und Kesselräume mit den dazu gehörigen Kohlenbunkern, vorne der Laderaum, in dem neben dem Proviant und dem Passagiergepäck auch die Waren untergebracht werden, von wo Lucken und Schachte bis zum Oberdeck reichen. Die erforderlichen Wasch= und Baderäume, ein Lazarett und sonstige Anstalten und Einrichtungen, wie solche für eine so große Anzahl Menschen erforderlich, sind sowohl auf dem Oberdeck wie auch im ersten und zweiten Deck zweckentsprechend hergerichtet. Nur eins vermißt man selbst auf den elegantesten und schnellsten der vielen transozeanischen Dampfer, das ist Sicherheit gegen die Seekrankheit. Wer sich einmal auf das Meer begiebt, muß darauf gefaßt sein, demselben seinen Tribut zu zahlen; in der Regel bleibt nur eine geringe Zahl der Passagiere von dem Mißbehagen der Seekrankheit verschont, dessen doch selbst der große Nelson nicht ganz überhoben war. Zu den Schattenseiten, welche selbst den schönsten Seeschraubendampfern anhaften, zählen besonders für Passagiere der ersten Kajüte die rüttelnden Bewegungen des Hinterschiffes, welche durch das Funktioniren der Schraube hervorgebracht werden, viel störender wie bei Radschiffen sind und nicht gerade zu den Annehmlichkeiten einer Seereise gehören; indes auch auf den Eisenbahnen wird man durchgerüttelt und noch dazu häufig bei Hitze und Staub eng zusammengepfercht. Wer reisen will — ob zu Wasser oder zu Lande — muß eben auch die damit verbundenen Unannehmlichkeiten in den Kauf nehmen.

Zweite Abtheilung.

Rhede und Hafen.

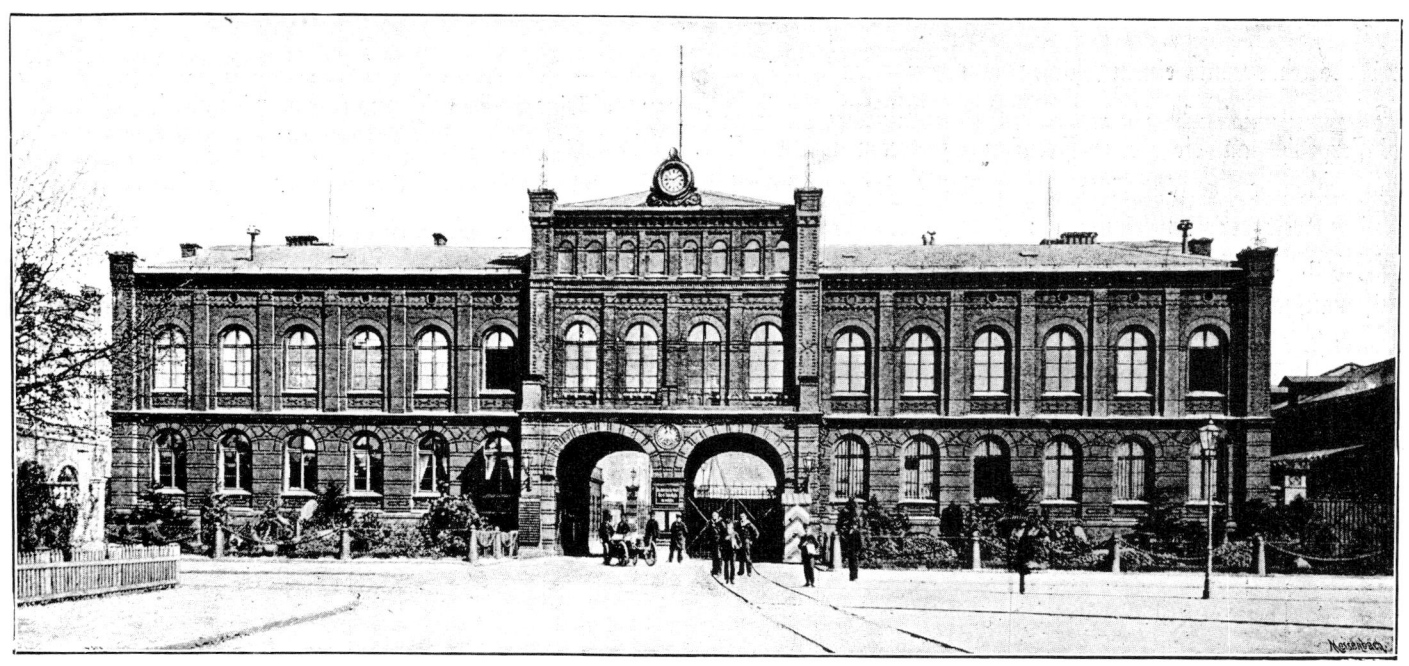

Hauptportal der Werft in Wilhelmshaven

Zweite Abtheilung.

Rhede und Hafen.

Wesentlich verschieden von den Hafenanlagen in Kiel und deren malerischer Umgebung ist der deutsche Kriegs-hafen an der Nordsee. Auf einem spitz in den Jadebusen vorspringenden Gebiet feuchten Marschbodens, das dem Meere durch Eindeichung abgewonnen und demnach unter der Hochwasserlinie gelegen ist, haben die Hafenanlagen von Wilhelms-haven, den Sturmfluthen der Nordsee ausgesetzt und etwa 45 km vom offenen Meere entfernt, nur mit den größten Schwierigkeiten gefördert werden können. Soweit das Auge reicht, trifft es nur auf weite, fast baumlose Wiesenflächen, die demselben nur in den Konturen der Deichkronen Ruhepunkte bieten. Gelbe, schmutzige Wassermassen des Jadebusens, ursprünglich ein unbedeutendes, aus den Moorbrüchen bei Oldenburg entspringendes Flüßchen, bewegen sich periodisch bald südwärts, bald nordwärts, laden aber zu keiner Bootfahrt ein, denn scharfer Wind fegt über die weiten Flächen, und das Landen ist, außer bei Hochwasser, meilenweit mit den größten Schwierigkeiten verknüpft.

Auch die Formation der langgestreckten Nordseeküste weicht von der Strandbildung der Ostsee ab. An die ein-gedeichten Marschen von der Nordwestspitze Schleswigs bis zur Emsmündung schließt sich in einem Abstande von etwa 8 km ein breiter Gürtel von Schlammbänken — Watten genannt — an, die zur Zeit der Ebbe trocken, zur Zeit der etwa 2 m steigenden Fluth nur mit flachgehenden Fahrzeugen passirbar sind. Dieser wird wiederum durch eine Reihe langgestreckter Inseln mit den sie weit umgebenden Sandbänken begrenzt und bietet einen natürlichen Schutz gegen feindliche Unternehmungen, reicht aber nicht zur Sicherung eines Kriegshafens aus.

Am Westeingange der Jademündung liegt die fast unfruchtbare Düneninsel Wangeroog, auf deren Nordstrande der Ende des 16. Jahrhunderts erbaute Kirchthurm mit einer Signalstation steht, während am Ostende der Insel sich ein 30 m hoher Leuchtthurm befindet, in dessen Nähe eine Rettungs- und eine Beobachtungsstation mit einer Sirene erster Ordnung eingerichtet ist. Vor dem Jadefahrwasser ist eine Glockenboje (Heultonne), deren Schläge bei bewegtem Wasser, je nach der Windrichtung des Beobachters, bis 2 km gehört werden, weiter nach innen eine Leucht-boje verankert; zur Bezeichnung der Fahrrinne dienen die zu beiden Seiten derselben ausgelegten spitzen und stumpfen Tonnen (Bojen), während Feuerschiffe und Leuchtfeuer am Lande auch die Kommunikation bei Nacht ermöglichen.

Die Anlage des deutschen Kriegshafens an der Nordsee beruht auf dem zwischen Preußen und Oldenburg am 20. Juli 1853 abgeschlossenen Vertrage, in welchem für diesen Zweck ein Theil der oldenburgischen Kirchspiele Heppens und Neuende mit einem Flächenraum von etwa 1200 Morgen und an der östlichen Seite der Jade, bei Eckwarden, ein Flächenraum von etwa 8 Morgen Binnenland, sowie das dazu gehörige Außendeichland (Grooden) und ein bestimmtes Wassergebiet an die Krone Preußen abgetreten worden sind. Die Breite des Jadebeckens zwischen der Hafeneinfahrt und Eckwarden beträgt etwa 5 km, die Breite der Fahrrinne auf der Rhede von Wilhelmshaven etwa 1,5 km.

Mit der Erwerbung des Jadegebietes war ein bedeutender Schritt in der Hafenfrage an der Nordsee vorwärts geschehen, indessen blieb das Schwerste, der Ausbau desselben, noch zu thun übrig. Zunächst galt es, durch genaue Küstenaufnahmen und hydrographische Untersuchungen, ein richtiges Bild von den Wasser= und Tiefenverhältnissen des Jadebusens zu gewinnen. Die über denselben vorhandenen Seekarten stammten aus der Zeit des ersten Napoleon. Sie wiesen an der Mündung zwar eine genügende Tiefe auch für große Kriegsschiffe nach, aber es war auch bekannt, daß die Sandbänke vor der Jade, Weser und Elbe bei Sturmfluthen in Lage und Ausdehnung öfter schwankten und daß die Insel Wangeroog allmählich fortspülte. Dreijährige sorgfältige Untersuchungen bestätigten die obigen Angaben in= sofern, daß zwar eine temporäre Verschiebung der sogenannten Jadeplatte nach Osten unverkennbar sei, daß aber die mit

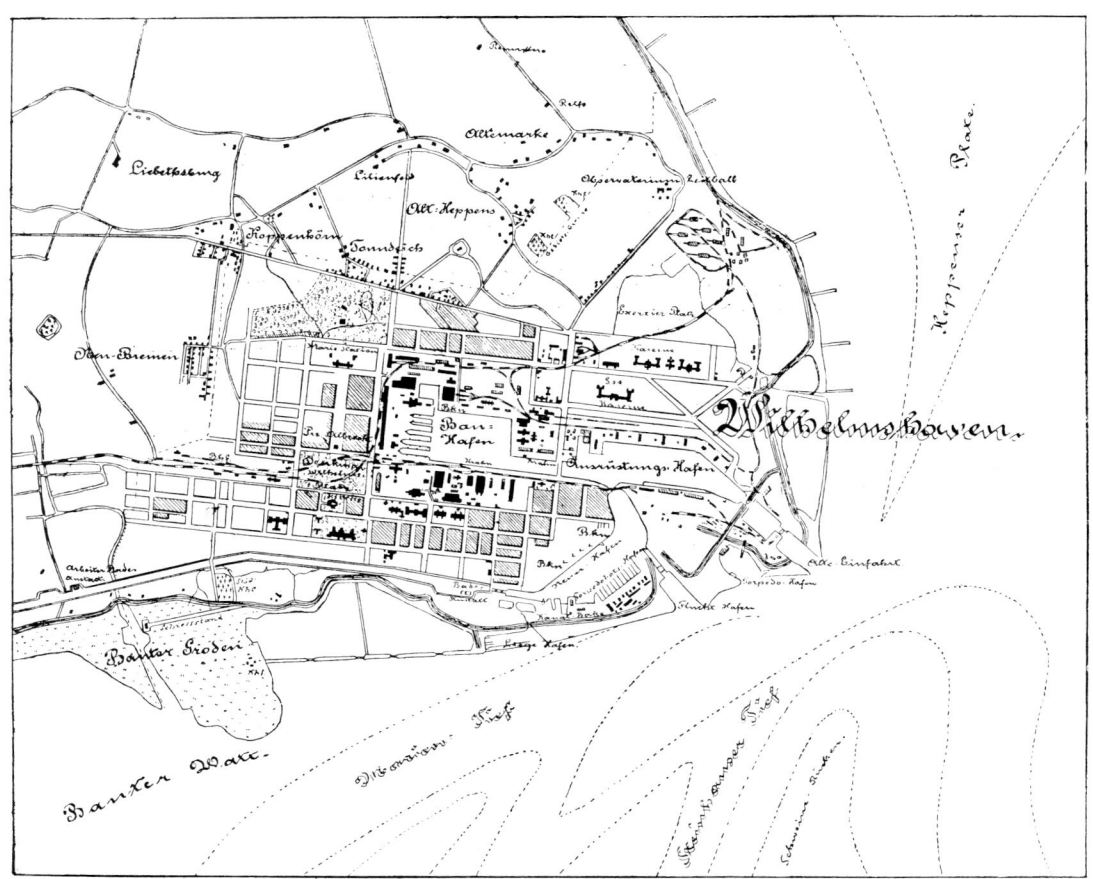

der Fluth in das Jade= becken hineinströmenden Wassermassen bei ein= tretender Ebbe sich stets eine genügend tiefe Rinne durch die Sandbänke bahnen werden und es nur nöthig sein würde, dementsprechend die Tonnen und Seezeichen zu verlegen.

Man konnte daher zur Aufstellung der Baupläne schreiten und entschied sich für die Hafeneinfahrt auf dem der tiefen Wasserrinne am nächsten liegenden Daunsfelder Groo= den an der vorspringen= den Spitze bei Heppens. Sie wird durch zwei 220 m lange und 9,5 m über die Ebbelinie reichende starke Moolen

(Steindämme mit Granitbekleidung) gebildet. Hieran schließt sich in nordwestlicher Richtung der Vorhafen mit doppelten Kammerschleusen, dann der Hafenkanal mit dem Ausrüstungs=Bassin und endlich der Bauhafen oder die Bauwerft. Eine Schwimmbrücke verbindet die beiden Ufer der Hafenanlage. Schutz= und Fangdämme, hinter welchen, unbelästigt von der Ebbe und Fluth, die Tiefbauten ausgeführt werden konnten, mußten aufgeschüttet, Chausseen zur Kommunikation mit dem Binnenlande gebaut werden, denn erst nach 13 Jahren konnte man wegen Weigerung Hannovers zur Herstellung einer Eisenbahnverbindung zwischen Preußen und Oldenburg schreiten. Vom Jahre 1857 war es daher erst möglich, die mit außerordentlich hydrotechnischen Schwierigkeiten verknüpften Hafenbauten mit Energie in Angriff zu nehmen. Im Sommer 1869 erfolgte die Einweihung des Hafens in Gegenwart Sr. Majestät des Königs. Die Beseitigung des Fangdammes, die Eröffnung der Hafeneinfahrt und die Dockanlagen mit den erforderlichen Werfteinrichtungen konnten indessen erst im Dezember 1870 zur Aufnahme und Reparatur der Panzerschiffe bereit gestellt werden. Seit 1876 ist wegen der Vergrößerung der Flotte und mit Rücksicht auf eine Beschleunigung der Indienststellung der Schiffe, der Bau eines neuen Ausrüstungsbassins an der nördlichen Seite des Hafen=Kanals zur Ausführung gelangt. Oestlich von den Moolen sind, ähnlich wie in der Kieler Föhrde (Siehe Kiel, Seite 92), Deviationsbojen verankert; das Observatorium mit dem Zeitball ist etwa 1,6 km nördlich der Einfahrt gelegen. Südlich von der Hafeneinfahrt ist ein Handelshafen, in welchen der Ems=Jade=Kanal mündet, und mit diesem eine zweite Hafeneinfahrt angelegt worden. Die Eisenbahnstation befindet sich etwa 1,5 km westlich von der Stadt, Schienenstränge führen von dort über die Werft zu beiden Seiten des Hafen-Kanals nach dem Vorhafen und den Pulver- und Geschoßmagazinen.

Die Stadt Wilhelmshaven, südlich von der Werft gelegen, ist mit großer Schnelligkeit gewachsen. Rechts von der Chaussee, welche von der Eisenbahn zur Stadt führt, liegen die Kirche und das Marine-Lazarett; ersterer gegenüber die Adalbert-Straße mit dem Standbilde des Gründers der Preußischen Marine, ferner das Gebäude des Stations-Chefs, das Amtsgericht und Wohngebäude für Offiziere und Beamte. Unweit davon befinden sich zwei artesische Brunnen, welche nebst einer Wasserleitung von dem oldenburgischen Dorfe Aktum die Stadt Wilhelmshaven mit Trinkwasser versorgen. Für die auf der Werft beschäftigten Arbeiter sind fiskalische Wohnungen gebaut, die theils an der nördlichen Seite außerhalb der Werftmauer, theils eine halbe Stunde westlich davon auf oldenburgischem Gebiete liegen und den Leuten gute und billige Unterkunft gewähren.

Die Werft ist rund herum mit einer hohen Steinmauer umgeben. Das Hauptportal (siehe Illustration Seite 203) befindet sich an der westlichen Seite. Beim Betreten des Werftterrains übernimmt wie in Kiel ein Berliner Schutzmann die Führung. Links vom Eingange befindet sich das Baubassin, an dessen westlicher Seite zwei große und ein kleines Trockendock, zwei Hellinge und neben diesen der Bootshafen mit dem Bootshause und der Rundholzschuppen sich befinden. Am Kopfende der Docks und der Hellinge sieht man das Schöpfwerk für erstere, ferner die Werkstätten und Materialienmagazine des Schiffbaus. Am entgegengesetzten Ende des Reparaturbassins, in östlicher Richtung sich ausdehnend, sind die Inventarien- und Ausrüstungs-Magazine, Kettenprobirmaschine zc. aufgeführt.

Rechts vom Eingange, an der südlichen Seite des Reparatur-Bassins, befindet sich zunächst das Spritzenhaus mit einem viereckigen Thurm zur Aufbewahrung der Schläuche, ferner die Dampfhammerschmiede, die Gießerei, Kesselschmiede und Maschinenbauwerkstätten, sowie Artillerie-Magazine; am Quai unweit der Kesselschmiede der Dampfkrahn.

Von den Panzerschiffen, die im Reparatur-Bassin liegen, ist das größte und mächtigste der „König

Die Nordspitze von Helgoland.

Wilhelm" mit 8000 indizirten Pferdekräften, 759 Mann Besatzung und neunundzwanzig 24 cm und 21 cm Kruppscher Ringkanonen auf Rahmen-Laffeten (siehe Seite 31 und 35). Am südlichen Ufer unweit der Schwimmbrücke liegt das Artillerieschiff „Mars" (siehe Seite 26), welches zur Ausbildung der Offiziere und des Feuerwerkspersonals, sowie zur Abhaltung von Schießübungen, während der Sommermonate theils auf der Rhede von Wilhelmshaven, theils südlich von Wangeroog auf der Rhede von Schildeich stationirt ist. Ein Panzerschiff, gegenwärtig „Friedrich Karl" mit der Flagge des Stationschefs liegt als Wachtschiff gleichfalls auf der Rhede von Wilhelmshaven. So steht denn das Riesenwerk dieses durch deutschen Fleiß und Ausdauer erbauten stattlichen Kriegshafens vollendet da. Wenige von Denen, die damals das grüne Stück Marschland für Preußen in Besitz nahmen, mögen an die so schnelle Entfaltung der preußischen Marine geglaubt haben, denn alles mußte aus dem Nichts geschaffen: der Hafen, die Docks erst gegraben, Forts, Hellinge, Werkstätten und Wohnhäuser auf mühsam eingerammtem Pfahlrost fundamentirt werden, ehe sie sich über dem unzuverlässigen Marschlande erheben, ehe die eisernen Kolosse der Panzer von den Hellingen in die kühlen Fluthen hinabschießen konnten.

Der Jadehafen ist seiner Wichtigkeit entsprechend befestigt, und zwar von der Landseite durch einen Gürtel von Forts, von der Seeseite durch die Batterien von Heppens. Außerdem ist man in der Lage, das Vorterrain westlich von dem Flüßchen Made in kürzester Frist total unzugänglich und einen Sturmangriff fast unmöglich zu machen. Dessenungeachtet liegt die erste Vertheidigungslinie von Wilhelmshaven weit von demselben entfernt, und zwar bei der Insel Wangeroog. Nur wenn die tiefen, durch die Sandbänke führenden Rinnen durch Seeminen gesperrt und diese Sperren dann selbst wieder vertheidigt werden, ist einer überlegenen feindlichen Flotte das Forciren der Eingänge unmöglich und ihr jede Gelegenheit genommen, sich eine sichere Rhede und damit gleichzeitig eine Operationsbasis gegen Wilhelmshaven selbst zu schaffen.

––––––––––

Durch die Fluthen des deutschen Meeres gen Süden eilt unser Schiff; nur wenig schwankt es, wenn der wogende Busen des Ozeans sich hebt und senkt, langsam verlöscht der Feuerball der Sonne in den Fluthen des Meeres, und als wellenathmend ihr Gesicht wiederkehrt, da steigt aus den zerfließenden Morgennebeln das roth-weiß-grüne Eiland auf: „Helgoland". An dem zackigen Felsenufer entlang, an dem sich die Welle in tosender Brandung bricht, daß die schneeige Gischt hoch an den Klippen emporleckt, zieht der Dampfer seine glitzernde Furche um das südwestliche Vorgebirge und lenkt dann seinen Kurs der Elbmündung zu.

Noch sind Helgolands Bewohner nicht vom süßen Schlummer erwacht, nur wenige emsige Fischer sind mit Aufnehmen ihrer Netze beschäftigt, aber das Meer trägt rastlose Menschen; Segel auf Segel tauchen am Horizonte auf, untermischt mit den langen Rauchstreifen der Dampfer; ein kleiner Schooner, dessen Großsegel in langen schwarzen Lettern den Namen Jade trägt und von dessen Top die deutsche Lotsenflagge weht, hat beigedreht: es ist der Lotsen-Schooner von Wilhelms-

Warnungssignal vom Feuerschiff.

haven, der auf ein Kriegsschiff zu harren scheint, um es durch einen sichern Wegweiser, einen geschulten Lotsen, durch die vielen gefährlichen Sandbänke bis zur Rhede des deutschen Kriegshafens geleiten zu lassen.

Je weiter wir kommen, desto belebter wird das Meer: denn alle Schiffe eilen demselben Ziele, Ham-

burg, zu. Das erste Feuerschiff (Siehe Illustr. Seite 217), ein kurzes, stark gebautes, roth angestrichenes Fahrzeug, auf beiden Seiten in weißen Buchstaben den Namen „Elbe" führend, ist bald erreicht. Unwillig schleudert das Meer das mit Signalapparaten verschiedener Art ausgerüstete Schiff hin und her, ohne in-

dessen seinen rothen Rumpf von dem festen Anker losreißen zu können. Da kracht ein Schuß vom Feuerschiff, ein zweiter folgt. Der Steuermann zeigt uns auf Befragen eine von Westen kommende Kuff, welche bei ihrem Kurse jeden Augenblick vom Fluthstrom auf die Nordern-Gründe getrieben werden kann.

Beim zweiten Schuß scheint der Führer des Fahrzeuges aufmerksam geworden zu sein, denn er hat den Kurs sofort nach Norden genommen und sein Schiff dadurch vor der Strandung gerettet. Nach einer weiteren halben Stunde wird die Maschine gestoppt, ein kleines Boot, mit drei Leuten bemannt, löst sich von der Seite der dort verankerten Lotsengaliot und überbringt uns den Elblotsen. Sobald er das Deck betreten hat, erfolgt das Kommando: „Vorwärts"! Ein kräftiger Fluthstrom begünstigt unsere Fahrt, und bald dampfen wir von Tonne zu Tonne, die auf beiden Seiten das Fahrwasser der Elbe bezeichnen. Wir blicken zur rechten Seite die Insel Neuwerk mit ihren zwei alterthümlichen Leuchtthürmen. Weiter geht es beim zweiten Elbfeuerschiff und bei Cuxhaven vorüber, wo die Elbmündung eine Breite von etwa 15 km hat, während bei der Menge von Sandbänken und Untiefen, auf denen schon hunderte von Schiffen ihren Untergang gefunden haben, die eigentliche 8 bis 10 m tiefe Fahrrinne nur verhältnißmäßig schmal ist. Je enger aber der Stromlauf wird, um so schwieriger ist die Führung des Schiffes; mit der Fluth und gegen konträre Winde kreuzen die Segelschiffe stromaufwärts, während unser Dampfer unbekümmert um Wind und Strömung dahinschießt.

Cuxhaven ist ein Fluthhafen (Tidehafen), in welchem das Wasser bei Fluthzeit bis 3 m steigt und in den Schiffe von mäßigem Tiefgange oder bei Hochwasser einlaufen können. In der Nähe der Hafenanlagen erblicken wir mächtige Schanzen, von deren Wällen die deutsche Kriegsflagge weht und über deren Krone uns die Mündungen der schweren Küstengeschütze entgegenstarren.

Wären vor der Anlage des Kriegshafens an der Jade die politischen Verhältnisse erfreulicher gewesen, hätte speziell Hannover nicht nach Möglichkeit alles aufgeboten, Preußens Führerschaft in Deutschland zu hintertreiben, so wäre Cuxhaven und dessen Umgebung unzweifelhaft der geeignetste Ort zur Anlage eines deutschen Kriegshafens an der Nordsee gewesen.

Zollwache.

Noch sind wir etwa 135 km von Hamburg entfernt, schwarze Rauchwolken wirbeln aus dem Schornstein, wir müssen unsere Fahrt beschleunigen, wenn wir die vorgeschriebene Ankunftszeit in Hamburg innehalten wollen. Bald erblicken wir auch an der linken Seite die hohen Deiche des Elbufers und fahren bei Brunsbüttel und St. Margarethen vorüber, wo schon fleißig an der westlichen Einfahrt des Nord-Ostsee-Kanals gearbeitet wird.

Kein Unternehmen ist in maritimen Kreisen wohl seit lange mit solcher Freude begrüßt worden, als der Bau des Nord-Ostsee-Kanals, dessen Werth noch durch die Erwerbung Helgolands die Weihe erhalten hat. Niemand hat mit größerer Genugthuung die Inangriffnahme des großen Werkes begrüßt, als diejenigen Seeoffiziere, welche mit der preußischen bezw. deutschen Marine groß geworden sind, denen es vergönnt war, beim Ausbau derselben mitzuwirken. Schon beim Aufstellen des ersten Flottengründungsplanes war die Ausführung des Nord-Ostsee-Kanals ins Auge gefaßt worden, weil derselbe bei Bedrohung unserer Küsten es ermöglichte, mit sämtlichen Panzerschiffen in kürzester Frist einen Vorstoß in der Nord- bezw. Ostsee zu machen, ohne erst den Weg um Skagen machen zu müssen.

Soviel bekannt, ist die Kanalmündung in der Ostsee bei Holtenau. Ob sich dies bewähren wird, oder ob man später doch noch auf das frühere Projekt, die Hauptmündung nach Eckernförde zu verlegen, zurückkommen dürfte, bleibe dahingestellt. An Kollisionen wird es zwischen Holtenau und Bülk nicht fehlen, wenn der Verkehr den erwarteten Umfang erreichen sollte. Aber auch auf der Elbe vor der Kanalmündung ist der Raum für

Zollverschluß.

große Schiffe nicht allzu reichlich bemessen.

Hier ist die Breite des Stromes etwa 5, die der Fahrrinne kaum 2 km; je weiter stromaufwärts, desto enger wird das Fahrwasser, desto schwieriger das Navigiren der Schiffe.

Auch beim Hafen von Glückstadt führt uns die Wasserstraße vorüber, welcher im Winter, wenn die Elbe oberhalb mit Eis bedeckt ist, als Vorhafen von Hamburg betrachtet wird, und das Einlaufen von Schiffen gestattet. Auf dem Nordmoolenkopf des Glückstädter Hafens steht ein 8,4 m hoher weißer eiserner Leuchtthurm mit schwarzer Kuppe auf einem Granitunterbau. Auf demselben brennt während der Nacht ein festes Feuer, welches in den verschiedenen Kompaßrichtungen roth oder weiß erscheint und bis 16 km sichtbar ist.

Je mehr wir stromaufwärts kommen, um so reger wird der Verkehr auf dem Elbstrom; zu den großen Segelschiffen und den transatlantischen Riesendampfern gesellen sich Küstenfahrer, Lichterfahrzeuge und Böte, welche sich durch das Gewirr von Flußarmen und Flußinseln hindurchwinden. Auf der linken Seite am Uferrande steigen steile Hügel empor, welche in diesem Flachlande wie Berge erscheinen, auf ihren Abhängen und in den Thalschnitten liegen die buntbemalten, rothbedachten Häuser des Dorfes Blankenese, das Eldorado der Bewohner Hamburgs, terrassenförmig, von grünen, sauber gepflegten Gärten umrahmt —, ein reizendes Bild! Ueber dem belebten Strom schweifen die Blicke nach dem hannöverschen Altenlande hinüber —, einem Fruchtgarten im wahren Sinne des Wortes.

Wir sind am Ziele: ein unabsehbares Häusermeer, Hamburg mit dem angrenzenden Altona in Eins verschwimmend, zeigt sich unseren Blicken. Auf der Elbe ragt ein Mastenwald empor; Ozean-Dampfer, Dreimaster, Briggs bis zum Küstenfahrer und Ever herab; hier und dort beleben schneeweiße Segel und bunte Signalflaggen die schlanken Masten. Zwischendurch wogt das Leben, emsige kleine Dampfer, voll von Passagieren, schießen hierhin und dorthin, die Wogen des Hafens zu gelblich schmutzigem Schaum aufwühlend; schwerfällige Schuten und Ever arbeiten sich zwischen dem Gewirr der Schiffe hindurch; am Ufer wogt die geschäftige Menge, der Kaufmann, der Rheder, der Agent — Alles eilt unaufhaltsam. Dazwischen rasselt der schwere Lastwagen, der die Güter aller Zonen vom und zum Schiff befördert, jagt die Equipage des reichen Kaufherrn, lustwandelt der wohlhabende Müßiggänger. Hier saugt in Tausenden von Centnern schwarzer Kohle der gewaltige Rumpf des Dampfers die Kraft ein, die ihn dahinführen soll über den weiten, unermeßlichen Ozean; dort ladet der mächtige Dampfkrahn spielend die schweren Warenballen dem Dampfroß in den

Am Quai in Hamburg.

gewaltigen Leib, damit es fremden Landen Zeugniß bringe von deutschem Fleiß und deutscher Kunstfertigkeit; hier werden die Früchte des Feldes hineingeschaufelt; dort wieder entsteigen dem finsteren Schiffsrumpf die Schätze der Tropen, Kaffee, Thee, köstliche Gewürze u. a. Ein großartiges, farbenprächtiges Gemälde!

Aber jener Dampfer dort, der ungeduldig an den Haltetauen zerrt, wartet auf andere Fracht! er wartet auf das Edelste, was ein Land zu geben vermag, auf dessen Kinder; schon kommen sie in Scharen herbei, die Auswanderer, keuchend unter der Last altväterlichen Hausraths, von dem sie sich nicht trennen können, der aber drüben im Lande der kalten Berechnung vielleicht doch

nichts gilt: ernste Männer, wimmernde Frauen, schreiende Kinder, sie alle treibt der Kreuzzugs-Prediger der Neuzeit, der Auswanderungs-Agent, vor sich her. Eine elegante Equipage durchbricht das bunte Gewühl, schwere Koffer werden abgeladen. Mit einem „how funny!" betritt Miß Arabella, den Kneifer auf dem Stumpfnäschen, das von Menschen wimmelnde Schiffsdeck, während Bruder Jonathan den Nutzen berechnet, den Amerika aus diesen kräftigen Armen ziehen soll.

Ein schriller Pfiff, schnaubend löst sich der Dampfer von den Haltepfählen; dahin saust er mit dem emsigen Menschenschwarm auf dem Oberdeck in die ahnungsvolle Ferne. Ihm entgegen kommt unter vollem Segeldruck ein dreimastiges Schiff; stolz wie ein Schwan zieht es seine schäumende Furche durch die Fluthen dem Hafen zu. Doch plötzlich verschwinden die weißen Linnen, der Wind ist nicht kräftig genug, um die eingetretene Ebbe zu bezwingen; ein Signal, ein häßlicher, zwerghafter Dampfer schießt hinaus und schleppt langsam das stolze Fahrzeug bis zum Anlegeplatz. Mag auch der rauchgeschwärzte Dampfschiffsmatrose auf die Ohnmacht des Segelschiffes herabsehen, im tiefsten Innern trauert auch er, daß die Poesie des Seelebens, der Kampf des Mannesmuths mit den Elementen vorbei ist.

Ist der Gesamteindruck des Handelshafens der der fieberhaftesten Thätigkeit, so gewährt der des Kriegshafens weit mehr den der majestätischen Ruhe; sucht das Handelsschiff sofort den gastlichen Quai auf, um seine Ladung zu löschen oder aufzufüllen, so macht sich das Kriegsschiff gern vom Lande los und läßt sich nur unwillig daran ketten, wenn es beschädigt ist oder der Kohlen bedarf. Vom Anker gehalten, schnurrt das aufgezogene Uhrwerk des Dienstes auch viel regelmäßiger ab, als bei den störenden Einflüssen des nahen Landes. Es sucht deshalb auch nicht immer den schützenden Hafen auf, der dem Handelsschiffe Lebensbedingung ist. Auf freier Rhede, vor den herrschenden Seewinden

Eisbrecher.

geschützt, befindet es sich am wohlsten, und selbst wenn der Sturm die Wasser aufwühlt, so verschmäht es dennoch häufig — auf seine Kraft vertrauend — den gefährlichen Ankerplatz zu verlassen.

Den Gesamteindruck einer fieberhaften Thätigkeit gewährt dagegen der durch den Norder=Elbarm gebildete, von Altona bis zum Billwärder Neuendeich in einer Längenausdehnung von etwa 5500 m stromaufwärts sich erstreckende Handelshafen von Hamburg, in welchen mit der Fluth Schiffe bis 6 m Tiefgang einlaufen können. Hier bei dem Kommen und Gehen zahlloser mit den Schätzen der alten und neuen Welt beladenen Schiffe, beim Lärm des Aus= und Einladens, dem lauten Durcheinander aller Sprachen und Stände, vermag auch der mit den einschlägigen Verhältnissen weniger Vertraute die Bedeutung des immensen Verkehrs zu erfassen, der sich an diesem Knotenpunkt des überseeischen Handels konzentrirt und der Stadt ihren eigentlichen Charakter verleiht.

Hamburger Fleet.

Hat sich doch der Rauminhalt der im Hamburger Hafen aus= und eingehenden Seeschiffe in den letzten zehn Jahren um 75 %, auf 4 Millionen Register=Tonnen, und das durch Flußschiffe zugeführte Warenquantum um fast 150 %, auf 1 263 845 Tonnen à 20 Ctr., erhöht. Von den 7—8000 Seeschiffen, die jährlich den Hafen aufsuchen, sind etwa 1/5 Dampfer. Das letzte Jahr zeigte ein ganz besonders umfangreiches Wachsthum der Hamburgischen Rhederei. Während sie am 1. Januar 1888 496 Schiffe mit 360 569 Register=Tonnen, darunter 211 Dampfer mit 217 594 Register=Tonnen, umfaßte, besitzt sie jetzt, nach Vollendung einiger noch im Bau begriffenen Schiffe, etwa 525 Fahrzeuge mit rund 460 000 Tonnen, welche eine Besatzung von 10 000 Mann haben. Vor 50 Jahren bestand die Hamburgische Flotte aus etwa 150 Segelschiffen mit rund 26 000 Register=Tonnen Tragfähigkeit.

Zur Unterstützung des Handels bestehen mehrere große Bankinstitute, wie die Deutsche Reichsbankhaupt=stelle, die Norddeutsche Bank, die Anglo=Deutsche Bank u. a., außerdem noch eine ganze Reihe Firmen, welche ausgedehnte Bankgeschäfte treiben. Von besonderer Wichtigkeit sind die Dampfschiffslinien der großen Aktien=Gesell=schaften, zunächst die Hamburg=Amerikanische Packetfahrt=Aktien=Gesellschaft, welche mindestens einmal wöchentlich einen ihrer schnellen und eleganten Dampfer nach Newyork abgehen läßt, und welche auch nach Westindien

53

eine Verbindung unterhält, ferner die Hamburg-Südamerikanische Dampfschifffahrts-Gesellschaft, die Dampf-schifffslinie Kosmos u. a.

Werfen wir nun noch einen Blick auf die Industrie Hamburgs. Sowohl im Hammerbrook wie auf den Elb-inseln erheben sich in großer Zahl die hohen qualmenden Schornsteine, die das Wahrzeichen der Maschinenthätigkeit sind. An allen Kanälen des Hammerbrooks und weit hinauf an der schiffbaren Bille liegen Fabrik-Etablissements der verschiedensten Branchen; aber auch in allen anderen Theilen der Stadt und der Vororte beginnt mehr und mehr die Fabrikations-thätigkeit festen Fuß zu fassen. Auf den Elbinseln sind es hauptsächlich die großartigen Schiffswerften, von denen schallende Schmiedearbeit über das Wasser tönt. Mehrere Schwimm- und Trockendocks dienen zum Repariren der größten Handelsschiffe. Die Zahl der im Schiffbau in Hamburg beschäftigten Arbeiter beträgt 3—4000.

Während an der Stadtseite hauptsächlich die Anlegeplätze der Passagierdampfer 2c. sich befinden, bietet das haupt-sächlich am linken Ufer des Norder-Elbarms liegende Freihafengebiet mit seinen Häfen, großartigen Quai-Anlagen, Speichern 2c. und seinem riesenhaften Verkehr einen höchst imposanten Anblick.

Das Freihafengebiet hat einen Flächeninhalt von rund 1000 ha, und zwar 300 ha Wasser und 700 ha Land. Dasselbe dient ausschließlich den Zwecken des Seehandels. Nirgends gelangt die kommerzielle Bedeutung Hamburgs lebhafter

Die deutsche Seemannsschule
(errichtet im Jahre 1889 auf Waltershof bei Hamburg).

zum Ausdruck als in diesem von zahlreichen Häfen und Kanälen durchschnittenen, von Brücken überspannten, mit langgestreckten Schuppen und riesigen Speichergebäuden bebauten Gebiete, und eine Besichtigung desselben vermag dem Fremden am besten ein Bild von dem Leben und Handel der alten Hansestadt zu geben.

Bei Anlage des Freihafens mußte das ganze städtische Elbufer bei St. Pauli in das Zollgebiet gezogen werden, und war man genöthigt, den alten Hafen an das entgegengesetzte Ende des Freihafengebietes zu verlegen. Es wurden drei neue Häfen angelegt, von denen der eine auf dem nörd-lichen, die beiden anderen auf dem südlichen Ufer der Norder-Elbe liegen. Der nördlichste heißt Dampfschiff- oder Baakenhafen. Er ist etwa 1500 m lang und an beiden Seiten mit Quaimauern eingefaßt. An der freien Elbe liegt der Kirchenpauerquai, gleichfalls mit Quaimauern und Ladevorrichtungen versehen.

Der größte und imposanteste der neuen Häfen ist der etwa 1400 m lange und 250 bis 300 m breite Segel-schiffhafen auf der linken Elbseite. In sechs Reihen liegen hier die gewaltigen Seeschiffe an Duc d'Alben vertäut und bleibt dennoch genügend Raum für den Verkehr der Lichterfahrzeuge 2c. Auf der Spitze, Krahnhöft genannt, steht der 30 m hohe 150-Tonnen-Krahn, der größte Handelskrahn der Welt, der mit Dampfkraft Lasten bis zu 300000 Pfund hebt. Die den Hafen umgebenden Quais heißen Asiaquai, Segelschiffquai und Amerikaquai. An letzterem liegen stets mehrere von den 33 der Hamburg-Amerikanischen Packetfahrt-Aktien-Gesellschaft gehörigen großen Aus-wanderungs-Dampfern. — Neben dem Segelschiffhafen elbaufwärts liegt der Oberländerhafen, für die Flußfahrzeuge bestimmt. Er steht mit ersterem direkt in Verbindung. Ein breiter, südwestlich verlaufender Kanal verbindet den Ober-länderhafen direkt mit dem Reiherstieg und dem Industrie-Terrain auf den Inseln Steinwärder und Grasbrook, so daß die Kähne ohne die des großen Verkehrs halber für sie nicht ungefährliche freie Elbe passiren zu müssen, dorthin gelangen können, wie sie ja auch auf der anderen Elbseite durch den Oberhafen- und Zollkanal unbehelligt an die Stadt zu kommen vermögen. Außerdem giebt es im Freihafengebiet noch die Sandthor- und Grasbrook-, Petroleum- und andere Häfen.

Bord an Bord, entweder an den Duc d'Alben befestigt oder an den in den Strom hineingebauten Ladebrücken liegen die Schiffe, soweit das Auge reicht. Was für die rascheste und zweckmäßigste Be- und Entladung, sowie für die billigste Ausrüstung und Reparatur von Schiffen erdacht werden konnte, ist in den Krähnen und anderen Hebevorrichtungen an den Quais, in den verschiedenen Werftanlagen, mit ihren schwimmenden Docks, Patentslips u. s. w. geschehen. Während es vor ein bis zwei Decennien genügte, daß ein Schiff im Hafen geschützt lag und mit den an Bord befindlichen einfachen Vorrichtungen seine Ladung an andere kleinere Fahrzeuge (Prähme, Schuten, Ever 2c.) abgab oder von diesen empfing, und zum Laden und Löschen nur die menschliche Kraft benutzt wurde, hat man in neuester Zeit in Hamburg überall die vollkommensten Maschinen und Einrichtungen hierzu geschaffen, und befinden sich an den Ufern der verschiedenen Häfen gedeckte Räume, Magazine und Speicher zur direkten Verladung der Güter.

Die auf dem Sandthor= und Kaiserquai errichteten großartigen Quaianlagen bezwecken die direkte Kommuni= kation des Seeverkehrs mit den Eisenbahnen. Hier befinden wir uns inmitten eines Verkehrs, wie ihn wohl nur wenige Binnenländer, wenn sie nicht schon Städte wie London, Liverpool, Marseille, Newyork 2c. besuchten, zuvor gesehen haben. In weiter Ausdehnung ziehen sich die mit Warenvorräthen gefüllten Lagerhäuser am Rande des Hafens entlang, in langen Reihen davor, nur durch Schienengeleise von den Schuppen getrennt, liegen die Seeschiffe, von geschäftigen Arbeitern belebt; hin= und herfahrende schnaubende Dampfkrähne befördern unablässig die verschiedenartigsten Warenkollis von den Speichern in die Schiffe und umgekehrt. Güterzüge kommen und gehen auf den am Quai entlang laufenden Eisen= bahngeleisen, kurz, es ist ein Bild des lebhaftesten Verkehrs, das sich uns hier eröffnet.

An dem Hafen Altonas mit seinen Quaianlagen und Speichern vorüberdampfend, legen wir gleich darauf vor dem mit dichter Menschenmenge besetzten Landungsplatze an.

Einen lohnenden Aus= sichtspunkt bietet hier das vor uns liegende Rondel der Elbhöhe, der sogenannte Stintfang, auf wel= chem sich das schöne Gebäude der deutschen Seewarte erhebt. Dasselbe wurde auf Kosten des deutschen Reiches in den Jahren 1879 bis 1881 erbaut und enthält die verschiedenen Räumlichkeiten für die Wetter= beobachtungen und Telegraphen, die nautischen Instrumente u. a. m. Von dem südlichen Thurm der Seewarte bietet sich dem über= raschten Auge eine Rundschau der schönsten und umfassendsten Art. Nordöstlich überblicken wir zu= nächst einen großen Theil der

Kohlen-Einnahme.

Stadt mit ihren Thürmen; neben der großen Kuppel der Gasanstalt in Barmbeck und dem Thurme der Wasserkunst bei Rothenburgsort sind auch die Gitterbogen der großen Elbbrücke in der Ferne sichtbar. — Dann haben wir einen prächtigen Blick auf die stolz dahin gleitende Elbe und viele Theile des Hafens; zu unseren Füßen sehen wir den belebten Quai mit dem Fährhause und den zahlreichen Landungsbrücken, bei welchen fortwährend Schiffe ankommen und abgehen. — Auf der anderen Seite des Stromes erblicken wir die von Kanälen durchschnittene Elbinsel Steinwärder mit ihren Fabriken, Docks und Schiffswerften vor uns. Hier befand sich auch bis vor kurzem die deutsche Seemannsschule (Siehe Seite 210), welche bei den großartigen Umgestaltungen des Hamburger Hafens, die durch den Zollanschluß der alten Hansestadt bedingt wurden, verlegt werden mußte. Senat und Bürgerschaft der Stadt gewährten bereitwilligst die Mittel für einen Neubau der Anstalt, und ist das neue stattliche Heim derselben auf der Elbinsel Waltershof vor Jahresfrist etwa bezogen worden. (Siehe Seite 210.)

Der Zweck des Instituts, welches im Jahre 1862 von Hamburger Rhedern gegründet wurde, besteht darin, Knaben von 13—17 Jahren Gelegenheit zu geben, sich praktisch und theoretisch für den Dienst auf Handelsschiffen vor= zubereiten. Da der statistische Nachweis vorlag, daß gerade unter den Schiffsjungen auf ihren ersten Reisen so viele Unglücksfälle vorkamen, hielt man es für eine Gewissenspflicht, eine Fachschule der Art zu schaffen, die besonders den jungen Leuten aus dem Binnenland zu gute kommt und diesen eine Brücke baut vom Elternhaus bis zum Schiff.

Die Arbeitskräfte an Bord werden naturgemäß durch die vielen maschinellen Einrichtungen immer knapper, und daher ist es für die Schiffsoffiziere der Handelsmarine außerordentlich schwierig, ein stufenweises und allmähliches Einexerziren der jüngeren Mannschaft zu ermöglichen. Der Neuling muß in der ersten besten Sturmnacht mit in die Takellage; er hat begreiflicherweise noch keine Ahnung, wo er sich festhalten soll, denn im nächsten Augenblick wird vielleicht das Tau, woran er sich klammert, an Deck gelöst, und nur durch Gottes Gnade wird er vor dem Herabstürzen bewahrt! Man legt deshalb in der Anstalt den Schwerpunkt der Vorbereitung der Knaben in den Unterricht für den praktischen Schiffs= dienst auf einem eisernen Schulschiff. Außerdem werden mathematische und nautische Wissenschaften, neuere Sprachen, Geographie 2c. betrieben. Die Zöglinge schlafen in Hängematten, werden seemännisch gekleidet, und hat ihre ganze Lebensweise den Zweck, sie abzuhärten gegen die Unbill des Berufs. Der Kursus ist je nach dem Alter der Knaben ein= oder zwei= jährig, und werden dieselben nach absolvirtem Kursus von der Direktion auf passenden Schiffen als Schiffsjungen placirt.

Hamburger Segelschiffhafen.

Rechts von uns auf der nächsten Höhe liegt das neue Seemannshaus, ein im Innern vortrefflich eingerichteter, sehenswerther Bau, dessen Bestimmung ist, heimkehrenden Seeleuten gegen billige Preise einen geeigneten Aufenthalt, sowie alten oder kranken Matrosen ein Asyl zu bieten. Ferner erblicken wir den am Kaiserquai aus rothem Backstein erbauten, dem Staate gehörigen Quaispeicher. Er bildet ein großes, fünf Stockwerke hohes Lagerhaus und hat einen mit einem Zeitball (siehe Hafen von Kiel, Seite 84) versehenen 44 Meter hohen Thurm. An einem Mast auf dem flachen Dach des Thurmes wird nämlich zur Mittagszeit eine Kugel aufgezogen, die in dem Augenblick, wo es in Greenwich 12 Uhr mittags ist, durch eine elektrische Kontakt=Vorrichtung von der Sternwarte aus zum Herabfallen gebracht wird. Es muß dann in Hamburg 12 Uhr 39 Minuten 54 Sekunden sein, und jeder Schiffer, welcher Chrono= meter an Bord führt, ist im stande, die seinigen danach zu reguliren. — In langen Reihen ziehen sich am Kehrwiederfleet die gewaltigen neuen Speicherbauten hin.

Von den in Hamburg bestehenden seemännischen Behörden ist zunächst das Seemanns=Amt zu erwähnen.

Dasselbe, auch Schifffahrts= oder Musterungs=Kommission, Wasserschout ꝛc. genannt, ist eine staatliche Behörde, vor welcher der Kontrakt zwischen Schiffsführer und Mannschaft geschlossen wird; dieser Kontrakt, Musterrolle genannt, enthält das Namensverzeichniß und Nationale der Mannschaft, die stipulirten Heuersätze — Monatsgagen — die Sätze der zu verabreichenden Verpflegungs=Portionen u. s. w. Bei dieser Behörde werden auch die Streitigkeiten zwischen Schiffer und Mannschaft erledigt.

Wohl zu unterscheiden von den Musterungsbehörden sind die Seeämter und Oberseeämter, durch Reichsgesetz vom 27. Juli 1877 installirte Behörden, deren Wirkungskreis sich auf die Untersuchung von Seeunfällen bezieht. Die Seeämter, welche von den Landesregierungen eingesetzt werden, aber unter der Oberaufsicht des Reiches stehen, haben die Ursachen des Seeunfalles, sowie alle damit zusammenhängenden Thatsachen zu ermitteln und festzustellen. Für jedes Seeamt wird vom Reichskanzler ein Kommissar bestellt, welcher Anträge an das Seeamt oder an seinen Vorsitzenden zu stellen hat, den Verhandlungen des Seeamtes beiwohnt, Einsicht von den Akten nimmt und für den Fall, daß der Vorsitzende die Einleitung einer Untersuchung verweigert, Anträge auf Anordnung derselben bei dem Reichskanzler zu stellen berechtigt ist. Auf Antrag dieses Kommissars kann, wenn sich ergiebt, daß ein deutscher Schiffer oder Steuermann den Unfall oder dessen Folgen mangels solcher Eigenschaften, die zur Ausübung seines Gewerbes erforderlich ist, verschuldet hat, demselben durch Spruch des Seeamtes zugleich die Befugniß zur Ausübung seines Gewerbes entzogen werden. Bei Ablehnung des Antrages steht dem Kommissar, im entgegengesetzten Fall dem dadurch betroffenen Schiffer oder Steuermann, das Rechtsmittel der Beschwerde an das Oberseeamt zu Berlin zu.

Die Ordnung der Schiffe im Hafen wird durch den Hafenkapitän — Hafenmeister — aufrecht erhalten. Derselbe hat den Schiffen ihre Plätze anzuweisen und die Innehaltung der Hafenordnung während des Aufenthalts derselben im Hafen zu überwachen. In Kriegshäfen fungiren See=Offiziere, in Handelshäfen ehemalige Schiffskapitäne als Hafenmeister. Ein solches Hafenamt heißt gewöhnlich das Bureau des Hafenkapitäns. Endlich dienen dem Handel auch die Konsulate, auf deren Bestimmung und Thätigkeitskreise wir hier indessen, da dieselben wohl allseitig bekannt sind, nicht näher eingehen wollen.

Von großer Wichtigkeit für Hamburg ist der Passagierverkehr und die Auswanderung. Im Jahre 1881 betrug die Zahl der Auswanderer über Hamburg 123 131, welche je nach der Wanderlust bald größer bald kleiner ist.

Vor dem Jahre 1868 behandelte man den Auswanderer in den europäischen Häfen nicht mit der erforderlichen Humanität. Das härteste Los traf die deutschen Auswanderer, die in großen Strömen das Rheinthal hinab wanderten und meist in Amsterdam und Rotterdam eingeschifft wurden. Wie die Heringe eingepackt, mit schlechter Kost versehen, wurde diese deutsche Ware abgeschickt. Aber das war nicht alles. Die „Leichenschiffe“ setzten der holländischen Habgier vollends die Krone auf. Seeuntüchtige, morsche Schiffe, gut versichert gegen Seegefahr, segelten, mit Auswanderern vollgepfropft, nach Amerika. Kam das Schiff glücklich hinüber, so hatte es, an sich werthlos, eine gute Rente abgeworfen; ging es zu Grunde, so war ein hoher Gewinn in der Versicherungssumme erzielt. Dachte man in dieser Richtung vielleicht in Hamburg und Bremen humaner, so ließ das Auswanderungswesen doch auch an diesen Orten damals noch manches zu wünschen übrig. Als jedoch berechtigte Klagen über das Auswanderungswesen zur Kenntniß des Bundeskanzlers gekommen waren, wurden im Februar 1868 Kommissare nach Hamburg und Bremen geschickt, um das Auswanderungs= wesen, die Unterkunft der Auswanderer am Lande sowohl, wie auf den Schiffen, ihre Verpflegung ꝛc. zu untersuchen und über ihre Wahrnehmung zu berichten. Das Resultat dieser Untersuchung war, daß im Jahre 1869 ein früherer preußischer See=Offizier in Hamburg stationirt wurde, um dort sowohl wie in Bremen das Auswanderungswesen zu überwachen.

Dritte Abtheilung.

Sicherheitsdienst.

Schuhjörnbaase.

Das Feuerschiff bei Nacht. (Siehe Seite 218.)

Dritte Abtheilung.

Sicherheitsdienst.

Es ist von hohem Interesse, alle die Vorkehrungen einer eingehenden Betrachtung zu unterziehen, die die Schifffahrt treibenden Völker seit Jahrtausenden erdacht und ausgeführt haben, um auf den pfadlosen Wogen des Ozeans weithin sichtbare, leuchtende und tönende Marken als Wegweiser und Warnungstafeln dort zu errichten, wo Gefahren drohen, wo Klippen und Untiefen des Seefahrers schärfstes Auslugen fordern, um Strandung und Untergang zu vermeiden.

Die ältesten Warnungszeichen für die Schiffer waren die Leuchtthürme, hohe, an gefährlichen Küstenpunkten errichtete Gebäude, auf welchen in der Nacht ein Feuer unterhalten wurde, um die Schiffer zu warnen. Anfangs benutzte man zur Beleuchtung Holz, später Kohlen, dann Talg- und Wachskerzen, jetzt in den meisten Fällen fettes Oel oder Mineralöl. In neuester Zeit wird dagegen auf Leuchtthürmen von besonderer Wichtigkeit das Drummondsche Kalklicht, auf anderen elektrisches Licht und Magnesium angewandt.

So alt wie die Schifffahrt ist, so alt sind auch die Marken für Schiffer; an den Küsten des Mittelmeeres standen sie schon in altersgrauer Zeit! Der älteste uns geschichtlich überlieferte Leuchtthurm[1] ist der Pharos von Alexandrien, so benannt nach der schmalen Insel Pharos, welche sich ehedem als blendend weißer Kalkfelsen vor Alexandrien hinzog, und an dessen Ostende er sich auf einem Felsvorsprunge erhob. Seine Leuchte war 300 Stadien (50—60 km) weit den Schiffen sichtbar. Er hatte eine Höhe von 130, nach anderen Angaben eine solche von 170 m, war mit Galerien von Marmorsäulen geziert und bestand aus 8 Stockwerken, so daß er wohl geeignet war, als eine weithin sichtbare Marke zu dienen. Plinius berechnet die Summe der Herstellungskosten auf 800 Talente (4 Millionen Mark). Im dreizehnten Jahrhundert gerieth der Wunderbau in Verfall; den ersten Anstoß gab ein Erdbeben, die barbarischen Hände

---

[1] Auf dem Vorgebirge Sigeum bei der gleichnamigen Hafenstadt in Troas, da, wo Achilleus Grabmal lag, dem heutigen Jeni-scher, stand ein Leuchtthurm. Josephus beschreibt die beiden Thürme, welche Herodes der Große im Hafen von Cäsarea als Lichtträger zu Nutzen und Frommen der Seefahrer hatte errichten lassen.

türkischer Eroberer beschleunigten und vollendeten den völligen Ruin, nachdem der Pharos siebenzehn Jahrhunderte hindurch seine hohe Aufgabe erfüllt und der Mit= und Nachwelt durch die Großartigkeit seiner Anlage Bewunderung abgenöthigt hatte.

Die Zahl der Leuchtthürme, welche die Römer an ihren Küsten und an denen der eroberten Länder erbauten, ist nicht gering; zu den bedeutendsten unter ihnen gehören: der Pharos von Ravenna, welchen Augustus in dem von ihm erbauten Hafen errichten ließ und welchen Plinius beschreibt; der Pharos von Ostia, von welchem Suetonius Claudius berichtet und dessen Ruinen noch vorhanden waren, als im fünfzehnten Jahrhundert Papst Pius II. den Hafen besuchte; der Pharos von Puteoli, dem heutigen Puzzuolo; der Pharos auf der Insel Capreae, dem berüchtigten Aufenthaltsorte des Tiberius während der letzten sieben Jahre seiner Regierung; der Pharos auf der Moole von Messina, wo „rechts hält Scylla den Strand, zur Linken die wilde Charybdis"; der Timean=Thurm an der Mündung des Chysorrhoas im thrakischen Bosporus, den Dionysius von Byzanz beschreibt. Strabo berichtet von dem berühmten Pharos aus Stein bei Capio oder Apio in der Nähe des Hafens von Menestheus, dem heutigen Puorto de Santa Maria in der Bucht von Cadix. Der turris ardens bei Bononia oder Gesoriacum, dem heutigen Boulogna, nach Suetonius von Caliluga erbaut, wurde nach Eginhard durch Karl den Großen 811 wiederhergestellt und 1640 durch das stetige Wüthen der Wogen gegen die Klippen, mehr aber noch infolge unverständiger Ausbeutung der Steinbrüche in seiner unmittelbaren Nähe, zerstört. Die beiden Leuchtthürme auf Dover Castle,

Das Heißen der Lampen auf dem Feuerschiff.

deren Ruinen noch heute zu sehen sind, haben gleiches Alter mit dem turris ardens; auch an anderen Punkten der Küste von Britannien errichteten die Römer Leuchtthürme, die zugleich als Festungen dienten. Der Nestor unter den heutigen Leuchtthürmen ist der Pharos von Coruña, der Herkulesthurm, welcher von Trajan erbaut, 1634 renovirt und zuletzt 1865 statt des vormaligen festen Feuers mit einem Blinkfeuer versehen wurde.

Auch der Corduanleuchtthurm in der Girondemündung hat eine vierhundertjährige Vergangenheit, nicht minder der Tour des Castillians und La Hève. 1564 tritt Skagens Leuchtthurm in die Geschichte ein, und auch die immerwährende Leuchte auf Wangeroog, das Pflegekind der „Alterleute des kauf= und seefahrenden Standes in Bremen", verdankt demselben Jahrhundert (1585) ihren Ursprung.

Jetzt erst und geraume Zeit nach dem Vorgehen Norwegens trat auch England in den Reigen ein. Eine reiche Fülle von Marken für den Seefahrer umgürtet heute seine Küsten, und unter ihnen befinden sich kühne und majestätische Bauten. Doch auch in diesen Bauten sind sie übertroffen; die Leuchtthürme auf den Floridariffen, der Outer=Minot=Felsenfeuerthurm von Boston, die französischen Leuchtthürme auf Ar Men und Heaux de Brechat und der Weser=Leuchtthurm auf dem Rothen=Sande sind kühner erdacht und genialer ausgeführt, als die englischen und irgend welche anderen Leuchtthürme der Erde.

Die Zahl der ausschließlich der Seeschifffahrt dienenden Leuchtfeuer erreicht nahezu viertausend, deren Herstellung Milliarden erfordert hat und deren Unterhaltung noch jährlich viele Millionen beansprucht. Beispielsweise kostet der Bell Rock Feuerthurm (Ostküste Schottlands) 61350 Lstrl., der Outer Minot 300000 Dollars; das Seven Stones Feuerschiff 9500 Lstrl. und das Feuerschiff Weser 212466 Mk. Die durchschnittlichen Unterhaltungskosten eines Leuchtthurmes betragen in England 200 bis 400 Lstrl., in Frankreich 8000 Fr., in Deutschland 5500 Mk.

Trotz dieser immensen Kosten ist der Nutzen der Leuchtfeuer heutzutage über jeden Zweifel erhaben, da oft ein einziges Schiff mit reicher Ladung einen Werth repräsentirt, für welchen zehn Leuchtfeuer herzustellen sind, und die Verkürzung der Reise um einen Tag oder eine vermiedene Havarie die Unterhaltungskosten bei weitem aufwiegt.

In der Kaiserlich deutschen Marine unterscheidet man folgende Arten Leuchtfeuer: festes Feuer, ununterbrochen und von gleichbleibender Lichtstärke, weiß oder farbig; festes Feuer mit Blinken, festes Feuer, welches außerdem in regelmäßigen Zwischenräumen helle weiße oder rothe Blinken zeigt und kurz vor und nach diesen Blinken momentan verschwindet; Wechselfeuer, abwechselnd roth und weiß ohne Verdunkelungen; Drehfeuer, in gleichen Zwischenräumen allmählich bis zur größten Lichtstärke zunehmend und ebenso allmählich bis zur Verdunkelung wieder abnehmend; Blinkfeuer mit ein bis fünf Blinken in der Minute; Funkelfeuer mit mehr als fünf Blinken in der Minute; und unterbrochenes Feuer, das plötzlich erscheint, eine Zeitlang sichtbar bleibt und dann ebenso plötzlich für kürzere Zeit verschwindet

Seezeichen-Arsenal.

Wo man wegen zu beweglichen Meeresbodens oder anderer Hindernisse Leuchtthürme nicht errichten kann, wendet man Leuchtschiffe an, die so gebaut sind, daß sie auch bei den heftigsten Stürmen sich stets über Wasser erhalten; ihr Rumpf ist roth gestrichen, sie tragen den Namen ihrer Station in großen Buchstaben an den Seiten und führen die Nationalflagge. (Siehe Seite 217 und 218.) Die Anzahl der Masten, an deren Spitze sich je ein kugelartig konstruirtes Geflecht befindet, richtet sich nach der Zahl der Feuer. Außerdem befindet sich an jedem Mast die Laterne mit den Lampen und parabolischen Spiegeln, welche sämtlich in kardanischen Ringen hängen, um stets in senkrechter Stellung zu verharren.

Die Leuchtschiffe werden in der Nähe der Untiefen, gegen welche sie als Warnungszeichen ausgelegt werden, verankert und sind gewissermaßen als schwimmende Leuchtthürme anzusehen.

In den Flußmündungen und anderen geeigneten Orten bedient man sich statt der Feuerschiffe in neuester Zeit hin und wieder großer Bojen, die durch einen elektrischen Apparat erleuchtet und auf mehrere Wochen mit dem nöthigen Leuchtgas versehen werden. Zu gleichem Zwecke werden automatische Bojen (Heulbojen) oder Glockenbojen als selbstthätige Warnungszeichen ausgelegt.

Zur Kennzeichnung der Untiefen außerhalb, in und an den Fahrstraßen bedient man sich der sogenannten Bojen oder Tonnen, Seezeichen von verschiedenen Formen und mit verschiedenartigem Anstrich (schwarz, weiß, roth, grün) und nennt sie: spitze, stumpfe, Stangen=, Korb= 2c. Tonnen. Beispielsweise ist die westliche Seite des Jadefahrwassers mit spitzen schwarzen, die östliche mit stumpfen weißen Tonnen bezeichnet. Die Form dieser Seezeichen ist fast in jedem Lande, ja in jeder Flußmündung selbst an den preußischen und deutschen Küsten verschieden. Die Anregung zu einer einheitlichen deutschen Betonnung wurde im Jahre 1876 im deutschen Reichstage gegeben; auch hat sich, soweit diesseits bekannt, die technische Kommission für Seeschifffahrt bereits mit der Regelung dieser Frage beschäftigt.

Nebelhorn.

Wünschenswerth wäre es allerdings, wenn eine internationale Regelung dieser Angelegenheit angebahnt werden könnte, dessen Nothwendigkeit zwar allgemein anerkannt worden, deren Zustandekommen jedoch noch auf Schwierigkeiten zu stoßen scheint.

Ebenso wie sich mit der Zunahme des Wagenverkehrs auf den Straßen schon seit langer Zeit das Bedürfniß herausgestellt hat, gesetzliche Anordnungen zur Vermeidung von Kollisionen, Unglücksfällen u. s. w. zu treffen und das Pflanzen von Bäumen, das Setzen weißer Steine an den Rändern der Chausseen, die Beleuchtung der städtischen Straßen, das Führen von Laternen an den Wagen, das Rechtsfahren 2c. anzuordnen, so hat sich auch die Nothwendigkeit einer Straßen=Ordnung auf dem Wasser bei der zunehmenden Frequenz, besonders aber seit der Einführung des Dampfes auf den Schiffen, durch welchen dieselben unabhängig vom Winde wurden und die Navigirung, besonders während der Nacht, unsicher, ja gefährlich machte, auch Havarien und Unglücksfälle sich in bedenklicher Weise mehrten, immer fühlbarer herausgestellt und zu einheitlichen internationalen Vorschriften geführt.

Dieselben zerfallen in Vorschriften über das Führen von Lichtern und Vorschriften über das Ausweichen der Schiffe auf See.

Hiernach sind Dampf= und Segelschiffe verpflichtet, bei Nacht weiße, rothe bezw. grüne Lichter nach genauen Festsetzungen zu führen, auf die uns der Raum verbietet, hier näher einzugehen. Bei Nebel, unsichtigem Wetter oder Schneefall haben Dampfschiffe während der Fahrt unter Minderung ihrer Geschwindigkeit mittelst eines Dampfsignalapparats, Segelschiffe mittelst eines Nebelhorns Signale ertönen, auf einer Rhede oder einer Fahrstraße dagegen, wenn sie vor Anker liegen, die Glocke läuten zu lassen.

Ebenso sind über das Ausweichen der Schiffe auf See genaue Bestimmungen festgesetzt.

Neben diesen Vorschriften ist es den zuständigen örtlichen Behörden überlassen, in Häfen, auf Flüssen oder in Binnengewässern Lokalvorschriften bezüglich der Schifffahrt zu erlassen.

Abkratzen einer Seetonne.

Durch die von sämtlichen civilisirten Seestaaten angenommenen Vorschriften dürften, nach menschlichen Begriffen, fast alle Unglücksfälle zur See vermieden, allen Zusammenstößen vorgebeugt werden können. Dennoch beweisen die fast täglich gemeldeten Zusammenstöße und Havarien, mit denen vielfach der Verlust von Menschenleben verbunden ist, das Gegentheil. Wir erinnern an die herzzerreißende Katastrophe des „Schiller" auf den Scilly=Inseln, bei welcher erst mit dem Schrei „Brandung!" die warnende Strandleuchte bemerkt wurde; ferner an die Kollision zwischen „König Wilhelm" und „Großer Kurfürst" bei Folkestone, an den Untergang der „Cimbria", an den Zusammenstoß der deutschen Korvette „Olga" mit dem Passagierdampfer „Hohenstauffen" unweit der Mündungen der deutschen Ströme u. a. m.

Manche der Kollisionen sind unter Umständen entschuldbar, zum Theil unvermeidlich. Wird beispielsweise bei dichtem Nebel schon der Wagenverkehr in den Straßen Londons eingestellt, wie viel schwieriger ist es auf See, wo bei solchen Witterungsverhältnissen das Gehör den einzigen Leiter zur Vermeidung von Kollisionen bildet, aus den Tönen des Nebelhorns, der Glocke oder der Dampfpfeife, die besonders auf den frequenten Wasserstraßen aus allen möglichen Richtungen näher und ferner erschallen, zu beurtheilen, wie man richtig steuern oder manövriren soll, um dem drohenden Zusammenstoß zu entgehen? Von Segelschiffen her ist ein solcher weniger zu befürchten, da ihre Kurse durch die Wind= richtung eingeschränkt, man aus ihren akustischen Signalen wenigstens mit einiger Sicherheit beurtheilen kann, wie ihnen auszuweichen ist; aber bei Dampfschiffen läßt sich dies weniger berechnen, und sie sind es gerade, welche das Navigiren gefährden. Das Gesetz schreibt zwar vor, sie sollen bei unsichtigem Wetter ihre Fahrt ermäßigen, aber wie oft — ja man darf wohl behaupten, fast immer — wird dagegen gesündigt, wo zunächst die Kontrolle fehlt und dann, wo Konkurrenz mit anderen Linien und Jagd nach Gewinn in das Spiel kommen.

In der Lotsen-Galliot.

Fahrordnungen, Segelanweisungen, Leuchtthürme, Feuerschiffe, Baaken und andere Seezeichen dienen zwar zur Orientirung auf den Seestraßen; dennoch gehören Erfahrung, Umsicht, Berufstreue in der Bekämpfung der Gefahren und ein wenig Glück zu den Eigenschaften eines tüchtigen Seemannes.

Am Schlusse dieser Betrachtungen wollen wir noch der Sturmwarnungen gedenken. Diese beruhen auf der Kenntniß der Art und der Schnelligkeit des Fortschreitens der Stürme längs den Küsten eines Landes und der vor und bei dem Herannahen eines Sturmes über ein größeres Ländergebiet herrschenden Witterungsverhältnisse, welche auf telegraphischem Wege von verschiedenen Orten einer Zentralstelle mitgetheilt und dort geprüft werden, um event. die Schiffsführer vor dem Auslaufen aus dem Hafen über die Lage der atmosphärischen Verhältnisse und deren wahrscheinliche Weitergestaltung zu unterrichten oder gleiche Weisungen an Schiffe, die sich einem Hafen bezw. der Küste nähern, ergehen zu lassen. Es sind zu diesem Behuf an den Küsten Deutschlands, Englands, Hollands, Belgiens, Frankreichs und Nord= amerikas sogenannte Signalstellen errichtet, an denen zu Nutz und Frommen der Fischer= und Küstenbevölkerung, sowie der zahlreichen Schiffe in den Häfen und in der Nähe derselben bestimmte Signale (Sturmsignale) gegeben werden, welche die Richtung und wahrscheinliche Stärke eines herannahenden Sturms im voraus bestimmen. Die Sturmsignale bestehen nach dem jetzt allgemein eingeführten Fitz-Roy'schen System aus einem Kegel und einem Cylinder, welche aus der Ferne, von allen Seiten gesehen, als Dreieck und Rechteck erscheinen und an der horizontalen Raa eines Signal= mastes aufgeheißt werden. Auf Seite 161 ist das System bildlich dargestellt. An den deutschen Küsten werden bei Nacht ähnlich geformte Laternen als Sturmsignale gezeigt

Das Lotsen= und Betonnungswesen steht in Preußen unter dem Handelsministerium, mit Ausnahme der Jadelotsen, deren Instruktion und Verwendung von der Zentral-Marinebehörde aus geregelt werden. Die Organisation des Lotsenwesens ist keine einheitliche; theilweise sind es Aktiengesellschaften, welche die Lotsen besolden (z. B. in der Ems), theilweise haben Hafenstädte und Staaten dieselben als besondere Staatsbeamte (wie z. B. Bremen und Hamburg) angestellt. Die Instruktionen für diese Lotsengesellschaften selbst sind in den Hauptzügen einander sehr ähnlich. An der Spitze steht ein Lotsenkommandeur oder Oberlotse, unter diesem die Lotsen und Lotsen-Aspiranten. Die letzteren werden aus tüchtigen Steuerleuten der Handelsmarine entnommen, wobei besonders auf Befähigung und nüchternen

Lotse in See fahrend.

Lebenswandel gesehen wird. Nach einer Probedienstzeit werden sie als Hülfslotsen verwendet und erst nach einer Prüfung zu Lotsen ernannt.

Man unterscheidet Seelotsen, Binnenlotsen, Hafenlotsen. Seelotsen, welche gewöhnlich vor ihrer Station in See kreuzen, müssen genaue Kenntniß der Flußmündung, der Gezeitenströmungen ꝛc. haben, so daß sie Seeschiffe sicher in die Fluß= oder Hafenmündung bis zum Ankerplatz bringen können. Man findet z. B. Lotsenkutter vor der Elbe, Weser, Ems schon im Kanal bei Dungeneß Leuchtthurm, oder mitten in der Nordsee auf der Doggerbank, um die nach London, nach den Häfen der holländischen oder deutschen Nordseeküste bestimmten Schiffe mit Lotsen zu versehen. Sie führen bei Tage die betreffende Flagge ihres Landes, außerdem im Großsegel den Namen ihres Heimathsflusses Elbe, Weser ꝛc., bei den Engländern ein großes P (Pilot) im Großsegel. In den meisten Fluß= und Hafenmündungen in Deutschland, sowie in England und anderen Staaten besteht ein Lotsenzwang, d. h. jeder Schiffer ist verpflichtet, einen angestellten Lotsen für die Fahrt in und aus dem Hafen oder bis außerhalb der Flußmündung zu nehmen.

Zu den anerkannt tüchtigsten und unerschrockensten Lotsen zählen in erster Reihe die norwegischen. In harter Schule des Lebens erzogen, gewähren ihnen Lotsendienst und Fischfang — beides gleich mühsam und gefahrvoll — den spärlichen Lebensunterhalt. Sie scheuen weder die Unbilden einer finsteren, stürmischen Winternacht, noch den hoch empor wirbelnden Gischt der tosenden Brandung, sobald ihr scharfes Auge ein hülfesuchendes Schiff in der Nähe der Küste erblickt hat; mit leichtem Herzen verlassen sie Weib und Kind, um, oft nur von einem Gehülfen begleitet, dem Harrenden die rettende Hand mit Tagesgrauen zu reichen. Und sind sie ihm nahe gekommen, vermag aber das gebrechliche Fahrzeug der zu hoch gehenden Wogen halber nicht an das Schiff anzulegen, ohne zu zerschellen, so schrickt der norwegische Lotse selbst im strengen Winter nicht davor zurück, mit einem ihm zugeworfenen Tau um den Leib in See zu springen, um

Norwegischer Lotse geht an Bord.

so das Schiffsdeck zu erreichen. Alt und Jung, Weib und Kind der Scheerenbewohner sind auf diesen Erwerb geschult. Das Sprichwort: „Wie die Arbeit, so der Lohn!" findet hier jedoch keine Bestätigung; denn nur wenige Speziesthaler, dem Tiefgang des gelotsten Schiffes entsprechend, bringt das gefahrvolle Tagewerk dem armen Scheerenbewohner ein, und mit dankerfülltem Herzen verläßt er das Schiff, wenn ihm außer dem Lotsgeld noch etwa ein Stück Speck und Schiffszwieback, ja vielleicht noch eine Weihnachtskerze vom Schiffsführer gespendet wird.

Doch auch die englischen und die an der deutschen Nordseeküste angestellten Lotsen stehen an Gewandtheit, Pflichttreue und Aufopferung ihren nordischen Genossen in keiner Weise nach!

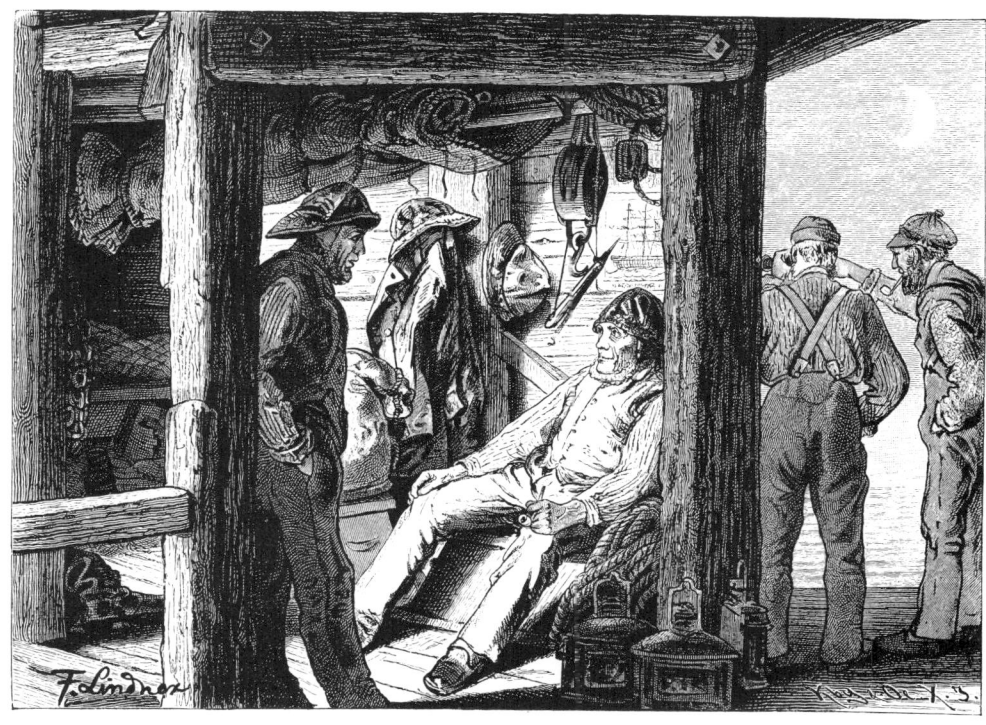

Auf der Lotsenstation.

Vierte Abtheilung.

Das See-Rettungswesen.

Du sollst deinen Naechsten lieben

Vierte Abtheilung.

Das

See-Rettungswesen.

Der Nordweststurm braust über die Wasserfläche. Seine entfesselte Wuth wühlt den Grund des Meeres auf; die Wellenberge wälzen sich donnernd an den Strand und die kochende Brandung zischt über die Insel dahin. Der klare Horizont ist verschwunden, Wasser und Himmel verschwimmen ohne sichtbare Grenze, und das Auge sucht vergebens, sie zu trennen.

Auf einer hohen Düne des Nordstrandes steht ein einsamer Mann. Es ist eine jener kräftigen Gestalten, wie sie das Meer groß gewiegt, wettergebräunt, mit eisernen Muskeln, von einfachem Gemüth, aber stark im Herzen, ein echtes Kind des Ozeans. Er lehnt an einer Flaggenstange und hält ein Fernrohr in der Hand, das er von Zeit zu Zeit vor das Auge führt und prüfend über die dunkle Wasserfläche gleiten läßt.

Die Düne liegt nahe am Strande, bisweilen rollt die Brandung bis zu ihrem Gipfel empor und überschüttet den einsamen Beobachter mit ihrem Sprühregen. Die schwanke Spitze des Flaggenstockes peitscht in dem Sturme hin und her, und die vor dem Unwetter zu Land gezogenen Möwen mischen ihr heiseres Kreischen mit dem Brausen des Windes und dem Getöse der Wogen. Bereits zwei Stunden lehnt er an der Stange und späht; der dämmernde Morgen schon fand ihn auf seinem Posten, und kein rückwärts geworfener Blick verräth, daß er auf Ablösung wartet. Freiwillig ist er gekommen, Menschenliebe und Großherzigkeit haben ihn hergeführt, und weder Sturm noch See vertreiben ihn.

Er ist der Vormann der Rettungsstation. Er schaut, ob vielleicht während der Nacht ein Schiff in der Nähe der Insel gestrandet ist, dem das Boot Hülfe bringen kann. Bis jetzt hat er nichts zu entdecken vermocht, die Luft ist trübe, der Gesichtskreis klein, und soweit der Blick reicht, kocht nur der weiße Schaum des Meeres auf dem gelben Strande.

Doch sieh! Grenzt dort sich nicht ein dunkler Schatten von der grauen Nebelwand ab?

Vergebens würde ein Landbewohner ihn suchen, doch das geübte Auge des Seemannes haftet blitzschnell darauf, und das Fernrohr giebt näheren Aufschluß. Es ist ein Schiff, das steuerlos vor dem Sturme dahinflieht, und schnell wachsen seine Formen am trüben Horizonte empor. Zu spät hat es die drohende Gefahr der Küste erkannt und ihr zu entfliehen gesucht. Ein dumpfer Knall schlägt an das Ohr, es folgt ein zweiter und dritter. Es sind Nothschüsse, der letzte Hülfeschrei der Unglücklichen in Todesnoth.

Da schnellt die Gestalt des einsamen Wächters auf der Düne empor, und seine Hände regen sich geschäftig. Eine rothe Flagge steigt an der Stange auf; sie kündet den Bewohnern des weiter landeinwärts gelegenen Fischerdorfes, daß ein Schiff in Gefahr ist, und ruft die Besatzung des Rettungsbootes auf ihre Posten. Nach wenigen Minuten beleben sich die

Anspannen im Schuppen.

öden Dünen, und acht kräftige Männer mit nervigen Armen scharen sich um ihren Führer.

Dieser hat den naheliegenden Schuppen geöffnet, unter dem das Rettungsboot auf einem Transportwagen gegen die Unbilden der Witterung geschützt ruht, und giebt der Mannschaft in ruhigem, ernstem Tone die nöthigen Befehle, denen schnell und schweigsam Gehorsam geleistet wird. Die schleunigst herbeigeholten Pferde werden vor den Wagen gespannt, und das schwere Gefährt setzt sich durch den achstiefen Dünensand nach einer Stelle des Strandes in Bewegung, wo eine vorspringende Landzunge die Brandung etwas bricht. Dort angelangt, läßt der Vormann das Boot lösen; er allein besteigt das Fahrzeug und ergreift den Steuerriemen, während die Ruderer fertig stehen, um den Vorderwagen zu entkoppeln und das mit seinem Kiel auf Rollen stehende Boot auf den gegebenen Wink zu Wasser zu schieben. Aufmerksam beobachtet er die brodelnde Fluth. Als Seemann weiß er, daß bei einem Sturme stets drei schwere Seeen aufeinander folgen und dann eine kurze Pause eintritt. Auf sie wartet er, um das Boot zu Wasser zu bringen. Jetzt rollt die dritte See heran! Brüllend wälzt sie sich auf den Strand, und ihre schäumende Zunge leckt gierig nach dem Boote, dessen Vordertheil sich vor ihr hebt, aber von seiner kräftigen Mannschaft festgehalten wird, um nicht herumzuschlagen. Nun läuft sie zurück, der günstige Augenblick ist gekommen. „Achtung" und „Los" kommandirt der Vormann.

Die acht Männer neigen sich ziehend vorwärts, das Boot setzt sich auf den Rollen in Bewegung, schneller und schneller schießt es auf der schiefen Ebene hinab, fast in gleicher Entfernung von der zurückweichenden Welle. Jetzt hat es sie erreicht, es ist flott — aber auch die Pause ist vorüber, und der Kamm der nächsten schweren See zeigt sich in drohender Nähe. „Herein mit Euch," lautet der Befehl des Vormannes; mit behendem Sprunge schwingen sich die Männer in das Boot; mit geschicktem Griffe erfassen sie im selben Augenblicke ihre Ruder und geben jenem so viel Fahrt, um dem Anpralle der Brandungswelle zu widerstehen. Ihr Auge hängt dabei an dem des steuernden Vormannes; denn auf der schnellen Befolgung seiner Winke und Befehle beruht die Sicherheit des Bootes und ihres eigenen Lebens.

Furchtlos erwartet dieser den Feind, der das zerbrechliche Fahrzeug in seinem weiten Rachen zu verschlingen droht.

Jetzt ist er da! Die luftgefüllte Spitze des Bootes hebt sich; fast senkrecht steigt es an der steilen Wand des überbrechenden Wellenkammes empor; der blendende Gischt schäumt von allen Seiten darüber fort, und es verschwindet vor den angsterfüllten Blicken der am Lande zurückgebliebenen Inselbewohner in dem kochenden Strudel des Wasserberges. Ein durchdringender Schrei übertönt den Sturm und die donnerude Brandung. Er entringt sich der Brust der Frauen, die ihre Männer in die Tiefe versinken sehen. Doch nein! Gott schützt die muthige Schar. Dort taucht der Rumpf des Bootes wieder aus der Fluth hervor, unversehrt! Ein schneller Blick überzeugt die Zurückgebliebenen, daß auch nicht einer der Ruderer fehlt, und ein Dankgebet steigt aus den gepreßten Herzen zum Himmel empor.

In dem tiefen Wasser werden die Seen länger und flacher; die geschickte Hand des Steuermanns weiß die Spitze des Bootes genau auf Wind und See zu halten und dadurch die Hauptgefahr zu beseitigen, daß das Boot quer geworfen und gekentert wird. Langsam aber stetig vermindert sich die Entfernung zwischen ihm und dem gestrandeten Schiffe, über welches die See bereits wie über eine Klippe bricht und das jeden Augenblick zu zerschellen droht. Seine geängstete Mannschaft hat sich mit Tauen festgebunden, um nicht fortgespült zu werden, und ihre Blicke folgen mit tödtlicher Spannung dem langsamen Vordringen der muthigen Retter.

Da zeigt sich am bleifarbigen Himmel ein gelbgrauer Streifen, und bei seinem Erblicken zuckt es auf den Gesichts-zügen des Vormanns, als ob geheime Angst sein Herz bewegte. Der Streifen ist das drohende Zeichen einer Hagelbö, wie sie der herbstliche Nordweststurm in seinem Gefolge führt, und der erfahrene Seemann kennt nur zu sehr ihre ver-nichtende Gewalt. „Rojet, Leute, rojet für Eure Leben, dort kommt eine Hagelbö!" stößt er mit gepreßter Stimme hervor, und fast scheint es, als ob die eisige Ruhe von ihm gewichen sei, die seither alle seine Bewegungen kennzeichnete.

Die langen eschenen Riemen biegen sich unter der Kraft der nervigen Arme, als wollten sie brechen. Zischend durchschneidet das Boot die brandenden Wogen, kaum noch 200 Schritte ist es von dem Wrack entfernt. Schon erhellt ein Hoffnungsstrahl der nahenden Rettung das bleiche Antlitz der Schiffbrüchigen, noch fünf Minuten, und alles ist gut — da bricht auf einmal die Hagelbö herein! Die Luft verfinstert sich, die scharfen Schlossen rasseln auf den metallenen Luftkasten des Bootes wie der Wirbel der Todestrommel, der Sturm rast heulend durch die Lüfte, er peitscht die Wogen, sie zu Bergen thürmend — und alles scheint verloren. „Den Anker über Bord," „Nieder im Boote," befiehlt der Vormann. Der Anker fällt, die Leute lassen die Riemen beiklappen und hocken sich nieder, um den Windfang zu ver-mindern, und das winzige Fahrzeug liegt am Grunde gefesselt inmitten des Aufruhrs der rasenden Elemente.

Der Vormann allein steht aufrecht im Boote. Beschlich einen Augenblick wirklich Furcht sein Herz, so ist sie jetzt wieder gebannt. Ihn kümmert nicht mehr der Sturm, nicht das brausende Meer; er fühlt nicht, wie der eisige Hagel ihm messerscharf in das Gesicht schneidet, er fürchtet nicht mehr für das Boot, wohl aber für das Schiff. Starr ist sein Blick auf die Stelle gerichtet, wo er es zuletzt sah, und was sein Herz bewegt, ist nur der Gedanke, daß es jetzt zerschmettert und die Hülfe zu spät kommen wird.

Eine bange Viertelstunde verstreicht; — da klärt sich die Luft. Die Gewalt des Sturmes läßt nach und die Formen des Schiffes tauchen wieder aus dem Nebel hervor — es hat den furchtbaren Schlag überstanden.

Die Bö ist vorübergegangen, das Unwetter schöpft einen Augenblick Athem, und es tritt eine Pause der Ruhe ein. Doch sie währt nur kurze Zeit; schon steht das Wahrzeichen einer zweiten Bö am Horizonte, und ehe sie einfällt, muß das Rettungswerk vollbracht sein. Das Ankertau wird geschlippt, um mit dem Einwinden keine Zeit zu verlieren, die Mannschaft wirkt mit verdoppelter Kraft an den Riemen, und bald erreicht das Boot die schützende Leeseite des Wracks.

Ein Tau wird ihm zugeworfen, aber es kann nicht längsseit holen. Die kurze See schleudert es wie einen Ball bald hoch und dann wieder jäh zurück in ihr tiefstes Thal. Ein einziger Zusammenstoß mit den Seiten des Schiffes würde es vernichten, und mehr als je wird die Geschicklichkeit des mit dem Riemen steuernden Vormannes auf die Probe gestellt, um das Unglück zu verhüten. Doch die Zeit drängt, das heraufsteigende Unwetter duldet keinen Aufschub, und es giebt nur einen Weg die Schiffbrüchigen zu retten. „Ueber Bord mit Euch, wir werden Euch auffischen," ruft der Vormann ihnen zu, „aber schnell, sonst seid Ihr verloren!" Die Unglücklichen haben keine Wahl. Sie wagen den Sprung, Einer nach dem Andern, der Kapitän zuletzt, treu seiner Pflicht. Die tückische Woge schlägt über ihren Häuptern zusammen, doch beim Auftauchen erfaßt sie die rettende Hand und Alle werden glücklich geborgen.

Es ist die höchste Zeit! Kaum hat das Boot seinen Kiel landwärts gerichtet, da braust die Bö wie ein Dämon daher. An ein Ankern ist nicht zu denken. Es muß die Nähe des Wracks fliehen, um bei dem Aufbrechen desselben nicht selbst zerschellt zu werden. Wiederum verfinstert sich die Luft; wiederum thürmen sich die Wogen und rasselt die Todestrommel. Das Boot saust dahin über die Meeresfläche, wie der Sturm ein welkes Blatt jagt. Nie ist die Gefahr größer gewesen; die geringste falsche Bewegung des Steuerriemens würde es quersees schlagen lassen, und dann wäre das Kentern unvermeidlich. Doch das Auge des Vormannes wacht, und seine geschickte Hand hält das Fahrzeug in der rettenden Richtung.

Ein grauer Streifen schimmert durch den Wasserdampf — Land! Gottlob, es ist die richtige Stelle. Dort steigt die Flaggenstange empor, dort erkennt er die Gestalten seiner Lieben. Ein Stein wälzt sich von der Brust des Vormannes; „Klar zum Landen!" kommandirt er mit freudig erregter Stimme. Die Riemen klappen längsseit; hoch oben auf dem Kamm der Welle stürmt das Boot den Strand hinauf. Blitzschnell springen die Ruderer hinaus, sobald es den Grund berührt und halten es auf geradem Kiel. Die zweite und dritte Woge kommen donnernd herangerollt, aber sie vermögen nicht mehr zu schaden. Bereits haben die Inselbewohner jubelnd sich an die Fangleine des Bootes gespannt; die Brandung hilft selbst nur noch heben, es weiter hinaufschieben, und bald ist es außer aller Gefahr.

Gerettet! Ein donnerndes Hurra begrüßt Retter und Schiffbrüchige, doch der alte Vormann winkt mit der Hand. Er entblößt sein graues Haupt, und in Demuth beugen Alle das Knie vor Dem dort oben, der das Werk gelingen ließ und in größter Noth seine Hand über ihnen hielt.

Als die Bö vorüber war, suchte das Auge vergebens nach dem Wrack. Es war in der Tiefe verschwunden.

Die hier gegebene Schilderung ist kein Gebilde der Phantasie, sie erzählt nur eine jener heroischen Thaten, wie sie unsere Küstenbewohner so oft vollführen, ohne daß die schreckenerregenden Einzelheiten in weiteren Kreisen bekannt werden. Mit selbstloser Hingabe und freudigem Opfermuth setzen sie das eigene Leben ein, um das ihrer Mitmenschen zu retten, und suchen und finden den Lohn dafür nur in der eigenen Brust. Jene That vollzog sich an unserer Nordseeküste auf der Insel Langerooge, und das verunglückte Schiff war die englische Brigg „Peacher".

Unter ähnlichen schwierigen Verhältnissen geschehen jährlich Rettungen an unserer langgestreckten und gefährlichen deutschen Küste, und wir dürfen deshalb stolz auf unsere Strand-

Raketenschuß.

bevölkerung sein, die muthig und hochherzig der Humanität großartige Dienste leistet.

Navigare necesse est, vivere non necesse — „Die Schiffahrt ist nothwendig, das Leben nicht!" — rief einst Pompejus den Führern der römischen Getreideflotten zu, weil sie sich geweigert hatten, wegen widriger Winde den Hafen von Ostia zu verlassen, und trieb sie hinaus auf das Meer. So dachten auch noch unsere Vorfahren, die alten Hansen, und die Bremer setzten jenen harten Ausspruch des Pompejus über den Eingang ihres Hauses „Seefahrt".

Noch kein Jahrhundert ist verflossen, seitdem in den Herzen Einzelner menschenfreundlichere Anschauungen erwuchsen und Anstrengungen gemacht wurden, um verunglückten Seeleuten zu Hülfe zu kommen, aber es bedurfte noch fast dreier Jahrzehnte, ehe es gelang, weitere Volkskreise für die Sache zu erwärmen. Bis dahin betrachtete man Schiffbrüche als ein unvermeidliches, mit der Seefahrt verbundenes Uebel. Obwohl man sich civilisirt und christlich nannte, hatte man höchstens ein ohnmächtiges Mitleid für die Opfer der Elemente oder bedauerte in kaltherzigem Eigennutze wohl gar nur den Verlust von Geld und Gut, während man der Unglücklichen kaum gedachte, die dabei ihren Tod fanden.

England gebührt das Verdienst zuerst den Weg beschritten zu haben, der das Seerettungswesen bis zur Gegenwart auf eine so hohe Stufe geführt hat, daß in ihm die Humanität ihre schönsten Triumphe feiert. Der Londoner Wagenbauer Lukin erfaßte 1784 die Idee, ein unversinkbares Boot zu konstruiren. Bei den angestellten Versuchen bewährte sich dasselbe; man baute mehrere und stellte eines derselben bei Bamborough auf, das auch nach kurzer Zeit eine Schiffsbesatzung rettete. Trotz dieses Erfolges und der Protektion des Prinzen von Wales fand das Unternehmen keine Nachahmung; das englische Volk beharrte in seiner Gleichgültigkeit und wurde erst 1789 daraus durch einen Schiffbruch emporgerüttelt, der in der Tynemündung stattfand, und bei dem angesichts einer nach Tausenden zählenden Zuschauermenge die gesamte Besatzung des kaum 300 m vom Ufer gestrandeten Schiffes Einer nach dem Andern erstarrt aus der Bemastung hinunterstürzte, um als Leiche an den Strand zu treiben, weil Niemand es wagen wollte, den Aermsten durch die wüthende Brandung zu Hülfe zu kommen.

Dieses schreckliche Trauerspiel wirkte nachhaltig auf das Volksgemüth, wenigstens auf die Einwohner von Shields, welche einen Preis für das beste Modell eines Rettungsbootes aussetzten. Noch im selben Jahre wurde ein von dem Schiffbauer Greathead konstruirtes Rettungsboot bei Shields aufgestellt, das die Mannschaften von fünf in der Tyne gestrandeten Schiffen rettete. Im Laufe der nächsten 10 Jahre baute Greathead nicht weniger als 31 Böte, und wurden allein in der Tynemündung während dieses Zeitraums 200 Menschen gerettet. Mit den 23 Bootstationen, die man seit 1803 an der englischen Küste errichtete, glaubte man indessen genug gethan zu haben; und wenn dieselben auch theilweise ersprießliche Dienste leisteten, erkaltete doch das Interesse des Publikums bald wieder.

Erst im Jahre 1824 bildete sich in London infolge eines Aufrufes Sir William Hillarys, in welchem derselbe das englische Volk für das Leben so vieler Hunderte von Seeleuten, die jährlich an den Küsten des Landes zu Grunde gingen, verantwortlich machte und es laut anklagte, seine Christenpflicht zu vernachläßigen, der Verein Royal National Institution for the Preservation of Life from Shipwreck, dessen Protektorat König Georg IV. übernahm und für den sofort bei der Konstituirung 10 000 Pfund gezeichnet wurden.

Während dieser Verein innerhalb Jahresfrist 12 Rettungsböte, sowie 16 Manbysche Mörserapparate aufgestellt hatte und durch ähnliche Vereine noch 29 Bootsstationen geschaffen wurden, wiederholte sich abermals die betrübende Erscheinung, daß der Enthusiasmus sich bald verflüchtigte. Nach Verlauf von 20 Jahren war das allgemeine Interesse so erkaltet, daß nur noch sehr geringe Gaben einliefen, welche nicht mehr zur Unterhaltung der Stationen ausreichten. Ein großer Theil derselben gerieth in Verfall, und nicht selten kam es vor, daß die Böte bei einem Unglücksfalle nicht gebrauchsfähig waren. Verschiedenen Böten stießen auf ihren Rettungsfahrten Unglücksfälle zu; sie kenterten, ihre Besatzungen fanden den Tod in den Wellen, und dies erweckte allgemeines Mißtrauen gegen die Sicherheit der Fahrzeuge. Die Folge war, daß 1850 von den in den ersten Jahren aufgestellten 90 Rettungsböten sich kaum noch ein Dutzend in

In der Hosenboje.

brauchbarem Zustande befand, ebenso wie sich die jährlichen Beiträge auf die für England beschämend niedrige Summe von 310 Pfund Sterling bezifferten.

Da gab ein hochherziger Menschenfreund, dessen soziale Stellung und Reichthum ihm gleichzeitig dabei zu Hülfe kamen, der Sache eine günstigere Wendung. Algernon, Herzog von Northumberland, unternahm es, die Gesellschaft zu reorganisiren und stellte sich an die Spitze derselben, die fortan ihren Namen in National Lifeboat Institution umwandelte. Als die erste Aufgabe betrachtete der Herzog die Schaffung eines Bootes, das im stande sei sich das verlorene Vertrauen der Rettungsmannschaften wieder zu erwerben, und setzte eine hohe Prämie auf die Konstruktion eines solchen Bootes aus, das eine Reihe von besonderen Eigenschaften besitzen muß, um nicht durch den Anprall der Wogen vernichtet zu werden. Dieselben sind: 1. seitliche Stabilität, um möglichst gegen Umschlagen gesichert zu sein; 2. die Fähigkeit auch gegen schwerste See und Sturm lediglich mit Ruderkraft vorwärts zu kommen; 3. Unversinkbarkeit; 4. Wiederaufrichtungsfähigkeit, wenn es umschlagen sollte; 5. Selbstentleerung; 6. genügende Stärke, sowie Raum zur Aufnahme von Geretteten; 7. nicht zu großes Gewicht, um transportfähig zu bleiben.

Die Konkurrenz ergab nicht weniger als 300 Modelle, aus denen das in England jetzt als Normal-Rettungsboot geltende Peakesche ausgewählt wurde. Es hat eine Länge von 30 und eine Breite von 7½ Fuß englisch. Die möglichst große Stabilität ist durch das Verhältniß von Länge zu Breite, durch einen 6—7 Centner schweren eisernen Kiel, der den Schwerpunkt sehr tief nach unten legt und Ballast entbehrlich macht, sowie durch eine außen um das ganze Boot laufende Korkwulst hergestellt. Scharfer Bug, feine Linien und nicht zu hohe Lage über Wasser, sowie ein bestimmtes Gewicht sichern sein Vorwärtskommen, während die Unversinkbarkeit durch Luftkasten wie bei dem Lukinschen Modelle hergestellt wird. Die Selbstentleerung beruht auf dem Auftriebe der Luftkasten, sowie auf dem doppelten Boden des Bootes, dessen oberer mehrere Centimeter über dem Niveau des Meeres liegt. Ziemlich weite, oben und unten offene Röhren durchziehen beide Böden, die sonst vollkommen wasserdicht sind. Schlägt nun eine Welle in das Boot, welche dieses niederzudrücken strebt, so tritt der Auftrieb der Luftkasten in Wirksamkeit. Er sucht das Boot zu heben, und infolge dessen muß das Wasser durch die Röhren nach unten ablaufen. Die Selbstaufrichtung nach etwaigem Umschlagen wird durch Luftkasten, eisernen Kiel und durch die Form der oberen Fläche des Bootes erzielt, welche konkav ist, so daß die vordere und hintere Spitze höher liegen, als die Mitte. Schlägt das Boot um, so muß es auf seinen Kiel zurück= fallen. Die Mannschaft eines Peakebootes besteht aus 12 Mann; dasselbe kann 30 Passagiere aufnehmen und wiegt 45 Centner. Es wird auf einem vierrädrigen Wagen transportirt und steht auf einem mit Rollen versehenen Gleitbalken.

Außer den Rettungsböten wendet man jedoch noch andere Geräthe an, wenn Schiffe bei steiler Formation der Küste so nahe an letzterer scheitern, daß man auch ohne die immerhin schwierige und gefährliche Entsendung von Böten eine Verbindung zwischen Land und Schiff herstellen kann. Dies geschieht mit Hülfe der Mörser und der Raketen= apparate. Die Mörser wurden zuerst durch den Engländer Manby in Anwendung gebracht. An ihrer 8—10 pfündigen Kugel war ein dünnes Tau befestigt, das man über das Schiff fortzuschießen suchte. Die Rakete bezweckt dasselbe, trägt jedoch weiter und schießt sicherer als der Mörser, durch dessen ersten heftigen Pulverstoß das Tau leichter bricht. Die Rakete ist deshalb in neuerer Zeit überall zur Einführung gelangt. Dieselbe ruht in der Führungsrinne eines Bockes und wird unter einem Winkel von 45 Grad abgefeuert, da dieser die größte Tragweite (300—400 m) ergiebt. Zwei Transportwagen, leicht und zweckmäßig konstruirt, dienen zur Beförderung des Apparates zur Strandungsstelle.

Schuß mit der Cordesschen Büchse vom Rettungsboot.

Wenn die Schiffbrüchigen das dünne Tau ergriffen haben, so wird an dasselbe eine etwas dickere Leine, das Jolltau, be= festigt, welche durch einen Block (Kloben) geschoren ist, und den Schiffbrüchigen durch Signal davon Kenntniß gegeben. Letz= tere ziehen das Jolltau an Bord und machen den Block so hoch wie möglich an einem Mast ꝛc. fest. Danach ziehen die Retter das eigentliche dicke Rettungs= tau an dem Jolltaue vom Lande aus nach dem Schiffe, wo es über dem Jolltau befestigt wird, setzen es mit Flaschenzügen so straff wie möglich und stellen am Landende einen Bock dar= unter. Auf das Rettungstau ist eine sogenannte Hosenboje gestreift, d. h. ein mit kurzen, weiten Segeltuchbeinkleidern

versehener Korkkranz, der mittelst eines Ringes auf dem Tau gleitet und an dem Jolltau zwischen Schiff und Land hin= und hergezogen werden kann. In dieser Hosenboje werden die Schiffbrüchigen dann einzeln an Land geholt.

Die National Life Boat-Institution hat nur Bootsstationen — seit 1850 nicht weniger als 290 — errichtet, während die Mörser= und Raketenstationen (305) der Handelskammer (Board of trade) unterstehen. Die Zahl der Rettungen von Menschenleben in der genannten Zeit beläuft sich auf 18000 und mit Hülfe der Rettungsböte über 4000 Personen durch die Wurfapparate. Solche Zahlen sind das beredteste Zeugniß für das praktische Christenthum des englischen Volkes, das seit den letzten 25 Jahren dem See=Rettungswesen immer allgemeinere Sympathien entgegenbringt. Es bethätigt dieselben durch reiche freiwillige Beiträge, welche sich jährlich nahe auf eine Million Mark belaufen und der Gesellschaft gestattet haben, einen Reservefonds von nahezu gleicher Höhe zu gründen, so daß die Unterhaltung der Station gesichert ist.

Dem Beispiele Englands folgte von den Ländern des Kontinents zunächst Holland. Es begründete bereits 1824 die Noord en Zuid Hollandische Redding Matschappij in Amsterdam; die Gesamtzahl der von ihren Stationen Geretteten beläuft sich auf 3060 Menschen. Dänemark schloß sich im Jahre 1850 an und besitzt gegenwärtig 41 Rettungsstationen. Von den bis jetzt geretteten 4400 Personen entfallen 25 Prozent auf Deutsche, wofür wir unserem Nachbarvolke nur auf das Dankbarste verpflichtet sein können.

Deutschland war bedauerlicherweise einer der letzten Staaten, der in Begründung eines zweckmäßigen und einheitlich geleiteten See=Rettungswesens seiner Christenpflicht genügte, wenn auch in seiner früheren politischen Zerrissenheit eine

Rettungsboot in See gehend.

Verlagsanstalt und Druckerei A.G. (vormals J. F. Richter) in Hamburg.

Entschuldigung für diese Unterlassung gefunden werden mag. Nur Frankreich stand Deutschland noch nach; es begründete 1865 die Société centrale de sauvetage et des naufragés, welche jedoch seitdem mit großem Eifer das Versäumte nach-zuholen bestrebt ist. Es sind von ihr bis jetzt mit 70 Boots- und nahe an 400 Geschoßstationen 2800 Personen gerettet worden, und belaufen sich die freiwilligen jährlichen Beiträge auf durchschnittlich 250 000 Franks.

Die Anfänge des deutschen Rettungswesens gehen auf das Jahr 1850 zurück. Zur Sicherung der gefährdetsten Punkte der Ostseeküste errichtete die preußische Regierung allmählich 20 Boots- bezw. Mörserstationen und betraute mit der Bedienung die von ihr angestellten königlichen Lotsen. Die Leistungen blieben freilich gering, und zwar war dies verschiedenen Ursachen zuzuschreiben; man hatte Peakesche Böte angeschafft und dabei übersehen, daß sie bei ihren sonst vorzüglichen Eigenschaften für unsere von tiefem Dünensande umlagerten und menschenarmen Küsten zu schwer und häufig gar nicht zu transportiren waren; ferner hatte die Regierung die Lotsen zur Bedienung der Böte verpflichtet, aber Menschen-liebe läßt sich nicht befehlen, und es war daher erklärlich, wenn die dafür bestimmten Leute die ihnen auferlegten Pflichten mitunter in dem geringst zulässigen Grade erfüllten. Soll Letzteres in vollem Maße geschehen, so müssen andere treibende Momente dazu treten, Nächstenliebe und Aufopferungsfähigkeit, die sich nicht durch Anstellung und Geld erkaufen lassen, wohl aber gehegt und gepflegt werden können, wenn das gesamte Volk am Rettungs-wesen Antheil nimmt und dessen Thaten nicht nur mit Geld belohnt, sondern ihnen ein dauerndes Andenken im Volksherzen sichert. Allein das Bewußtsein, im Namen und Auftrage des Volkes zu handeln, kann die Strand-bewohner bewegen, den Schiff-brüchigen aus eigenem An-triebe zu Hülfe zu kommen und den damit verbundenen Gefahren kühn entgegen zu treten.

Von dieser Ueber-zeugung durchdrungen, schufen etwa hundert aus allen Theilen Deutschlands in Kiel zusammengetretene Menschen-freunde am 29. Mai 1865

Kentern eines Rettungsbootes.

„die deutsche Gesellschaft zur Rettung Schiffbrüchiger", welche das gesamte Rettungswesen der deutschen Küsten in einer Hand zusammenfassen und leiten sollte. Bereits vier Jahre früher war in Emden der erste Verein gegründet, welcher die gefährlichen Küsten der ostfriesischen Inseln umfaßte, während in Hamburg sich ein zweiter bildete. In Bremen war ein dritter in Vorbereitung begriffen, wenngleich man dort die Gefahr einer Zersplitterung der Kräfte für ein solches Werk erkannte und deshalb dahin strebte, einen Verein für die gesamte deutsche Nordseeküste ins Leben zu rufen. Dieses Streben scheiterte jedoch an dem deutschen Erbfehler des Parti-kularismus, und namentlich sträubte sich der von der hannoverschen Regierung unterstützte Emdener Verein sich einem Bremer Central-Komitee unterzuordnen. Andererseits hielt diese Weigerung letzteren nicht ab, praktisch mit Energie vorzugehen und alle friesischen Inseln mit Rettungsstationen auszurüsten. Die besten Erfolge begleiteten dies that-kräftige Unternehmen, und bis zum Frühjahre 1865 hatten die Böte des Emdener Vereins 87 Menschenleben einem gewissen Tode entrissen.

Diese heroischen Thaten hatten den Beweis geliefert, daß den Bestrebungen der Männer, welche die deutsche Gesellschaft zur Rettung Schiffbrüchiger begründeten, die nothwendige Unterlage für ein gedeihliches Wirken nicht mehr fehlte. Der Appell der Kieler Versammlung an das deutsche Volk fand fruchtbaren Boden. Ueberall wurde mit Wort und Schrift dafür gewirkt, und so konnte sich der neue Verein mit fünf Bezirksvereinen, einer Mitgliederzahl von 3874 Theilnehmern und einem Jahreseinkommen von 14 000 Mark konstituiren und sein schönes Werk beginnen.

Angesichts der im Vaterlande erwachenden Sympathien gaben auch die bereits bestehenden Emdener und Hamburger Vereine bald ihre besondere Stellung auf und ordneten sich dem Ganzen unter.

Die deutsche Gesellschaft zur Rettung Schiffbrüchiger besteht jetzt 21 Jahre. Wie sehr sie es verstanden hat, das Interesse Gesamtdeutschlands dafür zu wecken, beweist die stetige Zunahme der ordentlichen Mitglieder, deren Zahl bis zum 1. Juni 1886 auf 45 516 mit 140 055 Mark Jahresbeiträgen gestiegen ist, während die der außerordentlichen Mitglieder 1728 beträgt und die Gesamtsumme der Jahreseinnahmen 217 416 Mark erreichte. Dadurch ist es möglich geworden, an der deutschen Küste 100 Rettungsstationen in Betrieb zu setzen und zu erhalten, wodurch die gefährdetsten Punkte gesichert sind. Von jenen entfallen 43 auf die Nordsee und 57 auf die Ostsee; 33 sind Doppelstationen mit Boot und Raketenapparat, 47 Boot- und 20 allein Raketenstationen. Von den Einnahmen sind außerdem 590 000 Mark dem Reservefonds zugeführt worden, während die Gesamtzahl der geretteten Menschenleben sich auf 1578 oder auf einen jährlichen Durchschnitt von 77 Personen beläuft. Außer den Raketen besitzt die deutsche Gesellschaft zur Rettung Schiffbrüchiger noch eine Rettungsbüchse, eine Erfindung des Büchsenmachers Cordes in Bremerhaven. Dieselbe schießt Rettungsleinen bis zu einer Entfernung von 50 Schritt und wird angewandt, wenn die Strandungen innerhalb dieser Entfernung vom Festlande stattfinden, oder auch, um zwischen Schiff und Rettungsboot eine Verbindung herzustellen, wenn letzteres aus irgend welchen Gründen nicht nahe genug an das Wrack gelangen kann.

Obige Zahlen sind Erfolge, auf welche wir mit Befriedigung blicken dürfen, die aber dazu aufmuntern sollten, daß sich noch immer weitere Kreise unseres Volks an dem segensreichen Werke bethätigen. Die Zahl der Mitglieder macht jetzt kaum den hundertsten Theil der Einwohner Deutschlands aus, und ist es deshalb dringend zu wünschen, daß die Betheiligung eine noch regere wird, zumal der Jahresbeitrag nur die geringfügige Summe von 1,50 Mark beträgt. Ein sehr erfreuliches Resultat haben die Sammelbüchsen ergeben; sie brachten 1884/85 nicht weniger als 20 000 Mark auf, und ebenso ist hervorzuheben, daß sich nach dem Vorbilde anderer Länder und namentlich Englands die Legate zu mehren beginnen, welche öfter eine beträchtliche Höhe erreichen. Selbst ein Franzose, Herr Emil Robin aus Paris, hat im letzten Jahre der deutschen Gesellschaft 10 000 Mark mit der Bestimmung überwiesen, die Zinsen dieser Gabe alljährlich demjenigen deutschen Kapitän in transatlantischer Fahrt auszuzahlen, welcher während des letzten Jahres die Mannschaft eines Schiffes irgend welcher Nationalität aus Lebensgefahr gerettet hat. Das Lob dieses edlen Menschenfreundes, der ein gleich hohes Kapital zu demselben Zwecke den See-Rettungsgesellschaften anderer Länder übergeben hat, kann nicht laut genug verkündet werden.

Die deutsche Gesellschaft zählt 57 Bezirksvereine, theils an der Küste, theils im Inlande, und 217 Vertreterschaften, meistentheils im Binnenlande. Ihr ständiger Sitz ist Bremen, ihr Vorsitzender seit der Begründung Herr H. H. Meyer, dem ein General-Sekretär zur Seite steht, während zwei seemännische Inspektoren den technischen Theil unter sich haben. Um den Mitgliedern Kenntniß von Rettungen und wissenswerthen Vorkommnissen auf dem Gebiete des Rettungswesens zu geben, versendet die Gesellschaft an die Bezirksvereine und Vertreterschaften jährlich vier Hefte, betitelt: „Von den Küsten und aus See", welche auch auf dem Wege des Buchhandels für 1,25 Mark zu beziehen sind. Ebenso sind Stationskarten der deutschen Küsten gefertigt, auf denen sämtliche Rettungsstationen verzeichnet stehen und welche unentgeltlich an die Schiffe abgegeben werden. Für die letzteren kann die genaue Kenntniß dieser Oertlichkeiten von großem Nutzen werden. Kommen sie in Gefahr zu stranden, so ist es doch noch oft möglich, das Schiff in die Nähe einer solchen Station zu bringen und dadurch die Rettung der Besatzung wesentlich zu erleichtern.

Um dem Uebelstande abzuhelfen, daß verhältnißmäßig viele Seeleute mit der Handhabung des Küsten-Rettungsdienstes unbekannt sind, vertheilt die Gesellschaft seit mehreren Jahren ein Büchelchen „Seemann in Noth" unentgeltlich und in vielen Tausenden von Exemplaren, in dem nicht nur das Rettungswesen genau beschrieben ist, sondern das auch noch vieles andere Wissenswerthe für die verschiedenen schweren Lebenslagen enthält, in welche ein Seemann gerathen kann.

Da sich — wie schon erwähnt — die Peakeschen Rettungsböte im allgemeinen für unsere Küsten wegen der Transportschwierigkeiten nicht eignen, so hat die deutsche Gesellschaft von ihrer Benutzung gänzlich Abstand genommen und verwendet auf ihren Stationen nur Böte aus gewelltem Eisen- oder Stahlblech, nach ihrem Erfinder, einem Amerikaner, Francisböte genannt, von denen sich gegenwärtig 60 in Dienst befinden.

Sie wiegen ohne Inventar nur 900 kg, also noch nicht halb so viel, wie die Peakeschen (2250 kg), sind leicht, dauerhaft und sehr widerstandsfähig, stets wasserdicht, rudern und segeln gut und sind vermöge ihrer Konstruktion so steif, daß sie nicht einmal Ballast bedürfen. Die Länge der deutschen Böte beträgt 7,5 m. Sie haben 6—8 Ruderer und können 12 bis 15 Passagiere aufnehmen. Luftkasten und Korkgürtel verschaffen ihnen große Schwimmfähigkeit und Unversinkbarkeit, auch haben die Rettungsmannschaften großes Vertrauen zu ihnen.

Ein Mangel aller Rettungsböte ist, daß sie nur in den wenigsten Fällen segeln können und meistens gegen Sturm und Seen nur durch Rudern, d. h. mit Menschenkraft, fortgeschafft werden können. In der Nähe von Häfen werden sie wohl durch geeignete Dampfer gelegentlich bis in die Nähe der Strandungsstelle geschleppt, aber das sind Ausnahmen; Dampfkraft in den Böten selbst ist nicht anwendbar, dazu gehen sie zu flach und sind auch zu sehr dem Hineinschlagen von Wasser ausgesetzt, das sehr bald die Feuer löschen und das Boot hülflos machen würde. Wo sich irgend Gelegenheit dazu bietet, wird natürlich die Segelkraft benutzt, um die Kräfte der Leute zu schonen und schneller vorwärts zu kommen. Da die Böte aber sehr flach im Wasser gehen müssen, um bei Strandungen ihre Zwecke zu erfüllen und deshalb keinen ständigen, tiefer gehenden Kiel haben können, so werden dieselben mit einem beweglichen Kiele, dem sogenannten Stechschwerte, ausgerüstet. Beim Segeln wird es einige Fuß heruntergelassen, bildet dann einen Kiel, dessen seitlicher Widerstand gegen das Abtreiben schützt und wird beim Rudern und auf flachem Wasser, wo es den Grund berühren könnte, wieder innerhalb des Bootes in die Höhe gezogen.

Böte wie Wurfapparate sind mit allen Ausrüstungsstücken versehen und zu sofortigem Gebrauche bereit auf ihren Stationen in Schuppen untergebracht, die der Vormann beaufsichtigt. Dies ist der einzige der Rettungsmannschaft, welcher ein geringes jährliches Gehalt (75 Mark) bezieht; sonst erhalten die Leute für eine Uebungsfahrt 6, für eine wirkliche Rettungsfahrt 12 Mark pro Kopf, sowie für jeden Geretteten eine Prämie, die bis 40 Mark erhöht werden kann. Die Gesellschaft hat auch Sorge getroffen, daß den nothleidenden Schiffbrüchigen von den Lokalvereinen die erste Hülfe an Speise, Trank und Kleidung gewährt werde.

Somit ist die deutsche Gesellschaft zur Rettung Schiffbrüchiger seit ihrer Begründung unermüdlich bestrebt gewesen, dem hohen Ziele, das sie sich gesteckt, immer näher zu kommen, und die Rettung von nahezu 1600 Menschen ist ein sprechender Beweis dafür. Wohl ist der Gedanke an solche Resultate erhebend, und tausendfacher Dank gebührt Denen, welche sich direkt und indirekt an dem Werke betheiligt haben. Aber damit ist noch nicht genug geschehen. Unsere Küsten sind noch nicht genügend mit Hülfsmitteln ausgerüstet; noch stehen uns andere Länder im Rettungswesen voran, und das ist die Ursache, daß noch so mancher Schiffbrüchige, der gerettet werden könnte, sein Grab in der Tiefe findet.

Wenn der Orkan durch die Straßen heult und die Gebäude in ihren Grundfesten erschüttert, wenn die Wolken am düstern Himmel dahinjagend Regen und Schlossen herniederpeitschen — dann fühlt sich der Landbewohner behaglich und glücklich im warmen Zimmer und empfindet wohlthuend den Gegensatz zwischen dem Sturme da draußen und dem Frieden des Hauses. Möge er dann nicht vergessen, wie der Orkan die Meereswogen zu gigantischer Höhe thürmt, Schiffe entmastet und sie steuerlos der Küste zutreibt, über deren Riffe sich die Brandung donnernd wälzt und ihren Gischt himmelan sprüht! Möge er sich dann erinnern, für wie viele seiner Mitmenschen sich in solchem Sturm ein nasses Grab öffnet! Möge er aus dem Brausen des Windes stets die Mahnung heraus hören:

„Gedenket Eurer Brüder zur See!"

Fünfte Abtheilung.

Seemannsleben an Bord und Land.

Seemannsleben an Bord und Land.

Um die Erde.

uf der kaiserlichen Werft herrschte eine ungewöhnlich rege Thätigkeit. Mit der Morgenpost war der Befehl einge= troffen, Seiner Majestät Kreuzerfregatte „Mathilde" zur möglichst schleunigen Indienststellung für eine mehrjährige Reise vorzubereiten. „Bei der bekannten Leistungsfähigkeit der Werft," hieß es in der Verfügung, „erwartet die Ad= miralität zuversichtlich, daß das Schiff innerhalb acht Tagen fertig gemeldet wird."

Des Oberwerftdirektors Stirn legte sich in miß= muthige Falten. Der Befehl kam gänzlich unerwartet; für die nächste Indienststellung war auf den Herbst gerechnet, und nun sollte das Schiff drei Monate früher fort; da hätten die Kameraden in Berlin doch rechtzeitig einen Wink geben können — aber so aus heiterem Himmel,

das war etwas zu arg. Im großen Ganzen war die Fregatte ja schon längst in Ordnung gebracht seit ihrer letzten Rückkunft aus Ostasien, aber was gab es trotzdem für eine neue, so lange Reise zu repariren, zu beschaffen und zu ändern, und wie konnten acht Tage dafür genügen!

Ernst sinnend las der Oberwerftdirektor das Schreiben noch einmal durch, und sein Auge blieb auf dem Ausdruck „bekannte Leistungsfähigkeit" haften. Offenbar war derselbe gut gewählt und verfehlte nicht seine Wirkung. Der durch ihn gestachelte Ehrgeiz scheuchte bald alle Bedenken; nach wenigen Minuten jagten die Ordonnanzen auf der Werft umher, und eine Viertelstunde später waren sämtliche Werftdirektoren im Zimmer ihres Vorgesetzten versammelt.

„Meine Herren," redete dieser sie an, „die „Mathilde" soll schleunigst in Dienst gestellt werden und innerhalb sechs Tagen fertig sein. Ich bitte sie, das Nöthige sofort zu veranlassen."

Die überraschten Herren zeigten verzweifelte Gesichter; aber der Oberwerftdirektor kam allen beabsichtigten Einwendungen mit den in ebenso verbindlichem wie festem Tone geäußerten Worten zuvor: „Ich bin von Ihnen gewohnt, daß Sie Außergewöhnliches leisten; ich werde der Admiralität heute berichten, daß sie zur bestimmten Zeit auf die Fertigstellung rechnen darf, und ich will Sie nicht länger aufhalten." Die Direktoren waren nicht unempfänglich für die empfangene Schmeichelei und gingen mit dem Vorsatze ihr Möglichstes zu thun.

Bald zeigte sich ihre Wirkung. Die bis dahin in einer stillen Hafenecke angekettete „Mathilde" mußte es sich gefallen lassen, unsanft aus ihrer beschaulichen Ruhe aufgerüttelt zu werden, und ihr einsamer Lieger (Wächter) nebst der etatsmäßigen Reichs=Schiffskatze waren nicht wenig erstaunt, als nach wenigen Stunden statt einiger Ratten und Mäuse plötzlich Hunderte von Menschen in die verlassenen Räume drangen, das Unterste zu oberst kehrten, hämmerten, bohrten, hobelten und hantirten und Tausende der verschiedenartigsten Dinge an Bord schleppten, deren Bestimmung ein Laie ebensowenig ahnen, als er sich einen Begriff davon machen konnte, wo man für diese chaotischen Massen Platz finden würde. Direktoren, Ingenieure, Werkmeister, Deckoffiziere, Arbeiter wimmelten durcheinander wie in einem Ameisenhaufen. Ueberstunden, Nachtarbeit bei elektrischem Lichte wurden zu Hilfe genommen, und als abends der Oberwerftdirektor selbst beim Schiffe erschien, da rieb er sich vergnügt die Hände. Sein geübter praktischer Blick sagte ihm, daß bei solchem Arbeiten die „Mathilde" schon in sechs Tagen, die er vorsorglich statt der acht gewährten genannt hatte, fertig sein und die „bekannte Leistungs- fähigkeit" sich auch diesmal be- währen werde. Zusehends änderte sich das Aussehen des Schiffes, wenngleich vorläufig nicht immer in vortheilhafter Weise. Schon am nächsten Tage wuchs an den kahlen Untermasten die voll- ständige Takelage mit Stengen und Raaen unter den energischen Händen des Werft-Oberboots- manns schlank empor; der große Krahn schwang die schweren Krupp-Geschütze mit ihren Laffeten an Bord. Andererseits füllten sich jedoch auch die Kohlen- bunker mit ihrem Feuerungs- material, dessen Staub das gesamte Schiff bis in die abgelegensten Winkel hinein mit einem schwarzen Mantel überzog, während un- zählige Zimmerleute die ver- schiedenen Verdecke unter be- täubendem Hämmern kalfaterten und die Vorübergehenden mit den Füßen an dem frisch in die Plankennähte gegossenen Pech festklebten. Da wurden denn manche derbe Verwünschungen laut, und der Oberbootsmann wetterte und fluchte nicht am leisesten über alle Hindernisse — aber Raisonniren gehört nun einmal zur Natur eines alten Seemannes und hat weiter nichts Ernstes zu bedeuten. Die Arbeit scheint dabei nur um so flotter vorwärtszugehen, und so ge- staltete sich auch hier die Sache fast von Stunde zu Stunde durchsichtiger und freundlicher. Schon am vierten Tage war man aus dem Gröbsten, und

Kohlenübernahme.

„Schnapsparade" nach der Kohlenübernahme.

die schmutzigste Arbeit war beendet. Am nächstfolgenden brach eine wahre Sintfluth über das Schiff herein. Besen, Bürsten, Lappen, Scheuersteine und unendlich viel Wasser aus Bütten, Eimern, Pumpen und Spritzen feierten einen wahren Hexensabbat vom Topp bis zum Kiel; aber dafür schälten sich auch aus der Schmutzhülle bald die sauberen Decksplanken heraus, welche die heiße Sommersonne in kurzer Zeit blendend weiß bleichte. Ein Heer von Malern versah dann die äußeren und inneren Wände mit Anstrich, die Takler schmierten die geschrapten Stängen mit Oel, in dem die Sonnenstrahlen sich glitzernd spiegelten, und damit wurde die Harmonie in der äußeren Erscheinung vollendet. Wie ein Schmetterling aus häßlicher Puppe entfaltete sich die Fregatte aus ihrer entstellenden Hülle.

Auf den Zügen des mehrmals täglich inspizirenden Oberwerftdirektors sprach sich unverhohlene Befriedigung über das selbst ihm unerwartete Fortschreiten der Arbeiten aus, und als er am Abend des sechsten Tages die Meldung der Direktoren empfing, daß alles zur Indienststellung fertig sei, da hellten sich auch die Gesichter der Letzteren freudig auf, als er sie in seiner kurzen Weise mit den Worten beschied: „Meine Herren, Sie haben mehr als Ihre Schuldigkeit gethan, und ich werde nicht verfehlen, der Admiralität zu berichten, daß ihrem Eifer allein die so schnelle Bereitstellung des Schiffes zu danken ist."

Die Leistung war allerdings eine ungewöhnliche, dank der Umsicht, Thatkraft, Geschicklichkeit und Disziplin, die ebenso wie bei der Armee auch bei der Marine ein bewährtes Erbtheil des altpreußischen Geistes und auf die Institutionen des Deutschen Reiches übergegangen ist.

Rein Schiff.

Die „Mathilde" lag in vollem Glanz und Schmuck da, um ihre Besatzung aufzunehmen und bald danach hinauszuziehen auf den Ozean, ein Stück des Vaterlandes an ferne Küsten zu tragen und durch Entfaltung der schwarz-weiß-rothen Flagge den fremden Völkern kundzuthun, daß Deutschland den Willen und die Macht besitze an der Herrschaft des Meeres den ihm gebührenden Antheil zu nehmen.

Am andern Morgen erfolgte die Uebergabe des Schiffes an den Kommandanten, womit die ganze Verantwortlichkeit für dasselbe auf diesen übergeht, und am Nachmittage die Einschiffung der Besatzung. Die „Mathilde" war eine Kreuzerfregatte, d. h. ein Schiff, bei dem der größte Theil der Geschütze sich unter dem Oberdeck, in der sogenannten Batterie, befindet. Sie führte außer einigen Bootsgeschützen 16 Kanonen, und zwar gezogene von 15 Centimeter Kaliber, die eine Granate von 28 Kilogramm werfen. Vierzehn derselben standen in der Batterie und je eine auf dem Vorder- und Hinterende, dem Bug und Heck des Schiffes. Die Rahmenlaffeten der letzteren drehen sich auf in Deck eingelassenen Schienen um einen Pivotbolzen, und sie bestreichen etwa drei Viertel des Horizontes nach vorn bezw. hinten.

Eine Maschine von 4000 Pferdekräften verlieh ihr eine Geschwindigkeit von 14 Knoten, was ebenso vielen Seemeilen in der Stunde oder 7 Meter in der Sekunde entspricht. Volle Takelage mit drei Masten und Raaen, wie sie die früheren Segelfregatten führten, denen die jetzigen Kreuzerfregatten an Größe und Aussehen überhaupt sehr ähnlich sind, befähigten sie ebenso gut unter Segel allein zu fahren und zu manövriren. Es ist dies ein sehr wichtiger Punkt für den Staatssäckel; wie ungeheuerlich würde das Marinebudget anschwellen, wenn unsere Kreuzer, welche jahrelang die Welt umfahren, nicht streng gehalten wären von ihrer Dampfkraft nur unter zwingenden Umständen Gebrauch zu machen. Eine viertausendpferdige Maschine gebraucht täglich 30—40 Tonnen Kohlen, die im Auslande durchschnittlich 50—60 Mark die Tonne kosten, und man mag daraus bemessen, welche Summen durch einen Schornstein ziehen können. Niemand begrüßt diese Beschränkung indessen freudiger als die Seeleute selbst, vor Allem der erste Offizier, dessen ganze

Indienststellung.

Energie darauf gerichtet ist, nicht nur für musterhafte Ordnung und Disziplin im Schiffe zu sorgen, sondern letzteres auch nach außen hin in tadelloser Sauberkeit erscheinen zu lassen. Er hat oft genug erfahren müssen, daß wenige Stunden Dampfens genügen, um wochenlange Arbeit nach dieser Richtung zu vernichten und namentlich bei regnerischem Wetter das Schiff von oben bis unten mit einer Schmutzkruste zu überziehen. Ist es da zu verwundern, wenn erste Offiziere vielfach ein galliges Temperament bekommen?

Die Besatzung zählte einschließlich von 16 Offizieren und Beamten 400 Köpfe. Am Nachmittage um zwei Uhr war sie, von ihren Offizieren geführt, auf der Werft erschienen, um sich an Bord ihres Schiffes zu begeben, das auf Jahre hinaus ihre neue Heimath werden sollte. Der Zug machte gerade keinen hervorragend militärischen Eindruck. Mit dem Kleidersack auf dem Rücken, den Säbel umgeschnallt und die Zündnadelbüchse in der Hand, kamen die Leute einher, nicht in „Reih und Glied" und auch „ohne Schritt und Tritt"; aber wer daraus Schlüsse auf mangelnde

Disziplin hätte ziehen wollen, würde sich doch gewaltig geirrt haben. Sobald die Mannschaften das Oberdeck betreten und die schweren Kleidersäcke abgelegt hatten, zeigte sich auf das Kommando „Stillgestanden!" auf einmal die ganze militärische Strammheit ihrer Kameraden von der Armee.

Wohlgefällig glitt das Auge des Kommandanten über die Schar. War es doch, als ob alles erlesene Leute seien, und dennoch zeigten sie nur den Durchschnitt unserer braven deutschen Seeleute, wie sie unsere Küstenländer groß= ziehen und auf die wir stolz sein dürfen. An männlicher und sachlicher Tüchtigkeit halten sie allen anderen Nationen die Wage, an Zuverlässigkeit überragen sie dieselben. Tausende von ihnen sind mir in meinem Leben durch die Hände gegangen; ich habe sie in kritischen Momenten erprobt, aber stets bewährt gefunden, und weiß ihren Werth zu schätzen.

Es war eine wahre Freude, die große Mehrzahl dieser prächtigen, markigen Gestalten mit dem offenen, freien Blick und den wettergebräunten Zügen zu schauen, und wohl durfte der Kapitän befriedigt sein, an der Spitze einer solchen Besatzung hinauszuziehen — sie verhieß, ihm und der deutschen Flagge Ehre zu machen in fremden Landen.

Den kleineren Theil machten ehemalige Zöglinge des Schiffsjungen=Instituts aus, das zur Heranbildung von Unteroffizieren bestimmt ist. Ein geübter Blick findet sofort den Unterschied zwischen ihnen und den nur zur Ableistung ihrer Dienstpflicht eingezogenen Matrosen der Handelsmarine heraus. Auf den Gesichtern der Letzteren lagert ein ruhiger Ernst. Er ist die Folge des schweren Lebens, das sie von Jugend auf geführt, des steten Kampfes mit harter Arbeit und Strapazen auf meistens kurzen Reisen in unseren stürmischen und so vielfach gefahrdrohenden Meeren. Bei der geringen Besatzungszahl auf Kauffahrteischiffen muß der Matrose seine ganze Kraft ausgeben, aber zugleich fühlt er auch eine große Verantwortlichkeit auf sich ruhen. Bricht etwas, so weiß er, daß ihm nur ein Zuwachs zu seiner ohnehin schon schweren Arbeitslast bevorsteht, abgesehen davon, daß dabei die Sicherheit und das Leben der Kameraden oder das eigene in Frage kommt. Er sucht deshalb stets von selbst sein Möglichstes zu thun und vor allem seine Pflicht im Auge zu haben. Das macht ihn ernst und prägt sich in seinen Zügen aus. Zugleich kennzeichnet ihn aber auch eine gewisse Schwer= fälligkeit in seinen Bewegungen, wie alle hart Arbeitenden, auf deren äußere Haltung Vorgesetzte weder Gewicht legen noch Einfluß üben wollen.

Anders erscheint dagegen der von Anfang an in der Marine erzogene Seemann. Er kennt weder jene harte Arbeit noch Strapazen in dem Maße, wie sie der Handelsmatrose zu ertragen hat. Bei der starken Bemannung der Kriegsschiffe ist es nicht erforderlich ihn in der Weise anzustrengen wie dort, wo Einer das leisten muß, wofür hier Zehn zur Verfügung stehen. Bei dem zahlreichen Aufsichtspersonal ist er auch nicht auf größere Verantwortlichkeit und so vieles Selbstdenken angewiesen, sondern hat nur die erhaltenen Befehle auszuführen. Schnelligkeit der Manöver ist bei Kriegsschiffen eine Hauptsache, läßt sich auch bei der großen Mannschaftszahl erreichen, ohne den Einzelnen zu über= bürden, auf den nur ein geringerer Theil Arbeitsleistung fällt. Der in der Marine groß gewordene Matrose kennt keinerlei Sorge. Wenn er einigermaßen seine Schuldigkeit thut, sichert der Staat seine Zukunft. Er hat am Bord aus= gezeichnete Verpflegung, die beste ärztliche Hülfe in Krankheit, vorzügliche Kleidung, auskömmliche Löhnung, bekommt genügenden Urlaub und hat verhältnißmäßig wenig zu thun, wenn er dieses nur flink macht. Da ist es erklärlich, wenn sich schon auf seinem Gesichte Sorglosigkeit und ein gewisses „Kehr' dich an nichts" ausspricht, und er körperlich so viel gewandter erscheint als sein Kamerad von der Handelsmarine. Wenn man sie auf ihren inneren und fachlichen Werth prüft, so mag jener etwas leichter wiegen als dieser; aber eine Mischung beider Elemente in richtigem Verhältniß kommt nur dem Ganzen zu Gute. Die Marinezöglinge an Bord bilden ein Ferment, das Leben und Lustigkeit erregt und erhält, die beide für das Wohlergehen, die Disziplin und Leistungsfähigkeit einer für Jahre auf einen engen Raum und auf sich selbst angewiesenen Schiffsmannschaft nur von Vortheil sein können.

Kadetten befanden sich nicht auf der „Mathilde". Sie werden auf Schulschiffen erzogen und nur für einige Monate auf die Panzerschiffe des Sommerübungsgeschwaders vertheilt.

––––––––––––

In früheren Zeiten waren die Seekadetten ein fideles, wenn auch bisweilen ein schwer im Zaum zu haltendes Völkchen. In übersprudelndem Jugendmuthe wurde von ihnen so mancher tolle Streich ausgeheckt, der die gestrengen Vorgesetzten oft in gelinde Verzweiflung brachte, trotzdem aber der Einförmigkeit des Seelebens eine heitere Färbung gab, aber diese Zeiten haben sich sehr geändert. Vor Jahrzehnten machte man und brauchte man verhältnißmäßig wenig Ansprüche an die jungen Herren zu machen. Auf den alten guten Segelschiffen mit ihren einfachen Verhältnissen war praktische Seemannschaft die Hauptsache. Das bißchen nothwendige Theorie wurde ohne große Anstrengung nebenher gelernt, und den Seekadetten blieb deshalb reichlich Zeit, um allerlei Allotria zu treiben. Jetzt jedoch, wo der Dampf die Segel verdrängt hat, die glatten Kanonen durch Riesengeschütze mit höchst kunstvollen Lafetten ersetzt sind, die sich nicht mehr durch Muskelkraft, sondern nur noch mit Hülfe von Dampf, Hydraulik und Elektrizität bewegen und bedienen lassen, wo man außerdem mit Sporn, Revolverkanonen und Torpedos kämpft, wo es — wenigstens als entscheidende Faktoren in einer Seeschlacht — keine Schiffe mehr, sondern nur noch gepanzerte Kriegsmaschinen giebt, die in ihrem Innern Hunderte von Maschinerien der verschiedensten Art bergen — was muß da von den armen Seekadetten gefordert werden! Wie wird ihnen der Kopf heiß gemacht mit allen den Wissenschaften und Hülfswissenschaften, die ihr Fach beansprucht, und die sie in den vier Kadettenjahren bewältigen sollen! Früher gingen sie mit 13—14 Jahren zur See; jetzt muß schon die allgemeine Vorbildung eine so viel größere sein, daß sie kaum mit 17 Jahren zu erreichen ist, während die großentheils eintretenden Abiturienten noch ein Jahr älter sein dürfen. Da ist schon von vornherein der ungebundenen Jugendlust ein gewisser Dämpfer aufgesetzt, und den Rest verscheuchen vielfach die Lehrjahre. Eine zweijährige Reise um die Erde ist darin einbegriffen; sie könnte allerdings interessant genug und dazu angethan sein, um alle Sprungfedern eines jugendlichen Geistes in lebhafte Thätigkeit treten zu lassen, aber dem stehen die Verhältnisse entgegen. Außer dem praktischen Dienste wird den Seekadetten noch in mehreren Stunden täglich theoretischer Unterricht in Mathematik, Schiffbau, Maschinenbau, Navigation, Physik, Sprachen und dergleichen mehr ertheilt und zwar in den engen Schiffs= räumen und in den Tropen meistens bei 30 und mehr Grad Wärme. Da vergeht die Lust zu dummen Streichen von selbst. Mit der drohenden Offiziersprüfung vor Augen muß der Betreffende mit seiner Jugend und ihren berechtigten Ansprüchen ziemlich abschließen, und der ganze Ernst des Lebens tritt an ihn heran. Arbeit, Arbeit, geistige und körperliche und zwar sehr anstrengende — das ist in der Jetztzeit die Signatur des sonst so fröhlichen, lustigen Seekadetten= lebens, und sie setzt sich durch das ganze Leben des Seeoffiziers fort.

Wie begehrenswerth und romantisch erscheint das Seeleben von außen! Ja, es ist und bleibt auch ein schöner Beruf, ganz dazu angethan, um Manneskraft und Mannesmuth zu wecken und zu stählen im Kampfe mit den Elementen, Arbeit, Sorge und Mühe. Wer sich ihm widmen will, der prüfe sich zuvor ernstlich, ob er die nöthige Charakterstärke und in zweiter Reihe einen festen Körper besitzt; sonst leidet er an beiden gar zu leicht Schiffbruch, wie so Viele.

Der erste Offizier der „Mathilde" würde aber gewiß ein Dutzend der übermüthigsten Kadetten an Bord genommen haben, wenn er sich damit von einem andern Bruchtheile der Mannschaft, auch einer Errungenschaft der Neuzeit, hätte befreien können, d. h. von dem Maschinenpersonal und speziell den Heizern. Kadetten konnte er doch wenigstens auf Deck und in den Toppen gebrauchen. Bei einer plötzlichen Bö, schlechtem Wetter und dergleichen standen sie doch immer ihren Mann — aber diese Heizer! Sie sind keine Seeleute, wissen im Schiff oft nicht vorn und hinten zu unterscheiden und außerhalb ihres Maschinenraums haben sie für das Schiff wenig Werth. Was den ersten Offizier aber am meisten ärgert, ist, daß, wenn er sie einmal zum Deckwaschen oder ähnlichen Arbeiten verwenden will, er sie selten oder nie bekommt und er gewissermaßen seine Autorität scheitern sieht. In solchen Fällen weiß der Ingenieur fast stets den unumstößlichen Beweis zu liefern, daß diese oder jene höchst dringlichen Reparaturen oder Putzereien in der Maschine auszuführen und die Heizer gänzlich unabkömmlich sind, wenn jene gangbar bleiben und nicht ihre Zuverlässigkeit in Frage gestellt werden soll. Was soll der Arme bei solchen Einwänden machen! Er glaubt, daß es Einwände sind und hat die Leute dringend nöthig. Bei den vielen Ansprüchen, die nach seiner Ansicht das Schiff an ihn macht, zerrinnt ihm die Mannschaft unter den Fingern; wenn es nach seinem Sinne ginge, dann müßte der Tag 48 Stunden und die Fregatte mindestens die doppelte Besatzungsstärke haben — und nun kriechen die 30—40 stämmigen Kerle in der Maschine umher, er braucht sie so nöthig und bekommt sie doch nicht. Der Ingenieur trägt die Verantwortlichkeit für die Maschine, durch einen Machtspruch kann er ihn nicht davon entheben; was bleibt ihm also übrig, als die Zähne aufeinander zu beißen und das gesamte Maschinenpersonal dahin zu wünschen, wo der Pfeffer wächst. Nun, er nimmt dann wenigstens die Gelegenheit wahr, um den Ingenieur in ziemlich unwirschem Tone darum zu ersuchen, daß, wenn er die Heizer nicht entbehren könne, er ihnen wenigstens schärfer als bisher nicht allein auf die Finger, sondern auch auf die Fußsohlen sehen möge. Ueberall seien an den sauber gewaschenen Wänden die schmutzigen Hände abgedrückt und auf den weiß= gescheuerten Decksplanken die schwarzen Fußstapfen sichtbar. Solche Verbrechen wiegen nämlich in dem Geiste eines richtigen ersten Offiziers, dem jeder Fleck ein Greuel ist, sehr schwer. Der betreffende Herr auf der „Mathilde" gehörte aber zu dieser Klasse, und deshalb mußten es sich die eben angetretenen Heizer auch gefallen lassen, gleich von vornherein scharf gemustert und lange nicht so wohlwollend angeschaut zu werden wie die Seeleute, die seinem Herzen so viel näher standen. Glücklicherweise kamen jene direkt aus der Kaserne, waren sauber, und so ließ er ihnen nur die väterliche Warnung angedeihen: „Wenn Ihr wünscht, daß wir gute Freunde bleiben sollen, dann laßt Euch außerhalb der Maschine nie sehen."

Das war allerdings eine schwierige Bedingung bei einer zweijährigen Reise, und wahrscheinlich hätte der Sprecher auch noch hinzugefügt, „ohne von Kopf bis zu Fuß gewaschen zu sein", aber er wurde mitten in seinem Redeflusse durch die Meldung eines Offiziers unterbrochen, daß die Hängematten zur Ausgabe bereit seien. Die Mannschaft wurde nun nach der Wach=, Backs= und Feuer(lösch)rolle vertheilt und durfte dann ihre Kleidersäcke und Handwaffen an den dazu bestimmten Plätzen unterbringen.

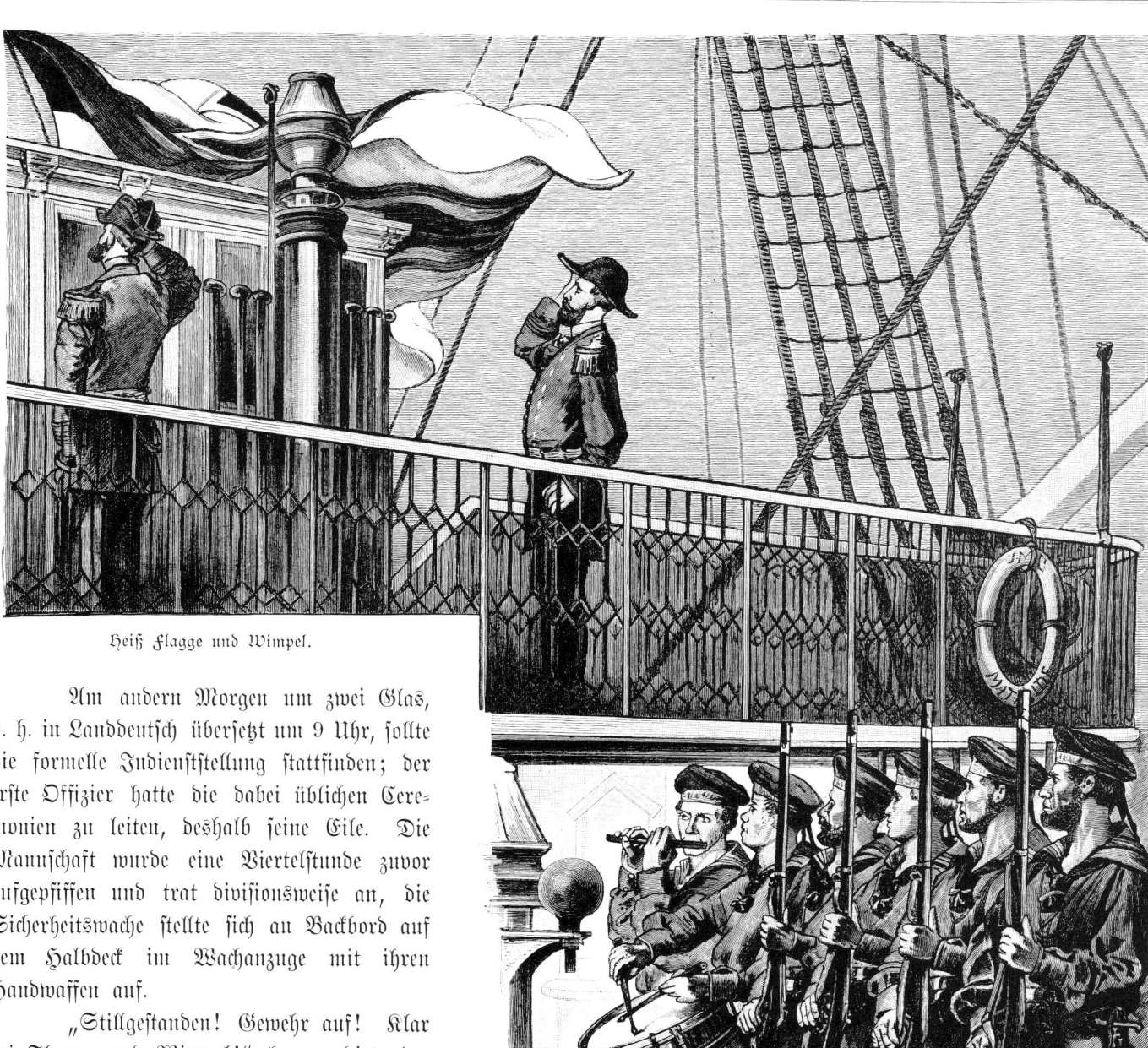

Heiß Flagge und Wimpel.

Am andern Morgen um zwei Glas,
d. h. in Landdeutsch übersetzt um 9 Uhr, sollte
die formelle Indienststellung stattfinden; der
erste Offizier hatte die dabei üblichen Cere=
monien zu leiten, deshalb seine Eile. Die
Mannschaft wurde eine Viertelstunde zuvor
aufgepfiffen und trat divisionsweise an, die
Sicherheitswache stellte sich an Backbord auf
dem Halbdeck im Wachanzuge mit ihren
Handwaffen auf.

„Stillgestanden! Gewehr auf! Klar
bei Flagge und Wimpel!“ kommandirte der
erste Offizier und meldete dann dem Kapitän,
daß alles vorbereitet sei. Dieser trat vor und
verkündete mit laut hallender Stimme:

„Auf Befehl Sr. Majestät des Kaisers
stelle ich hiermit dieses Schiff in Dienst!“

„Achtung! Präsentirt das Gewehr!
Zwei Glas! Heiß Flagge und Wimpel!“
befahl der erste Offizier. Die Glocke schlug an, der bereits vorher in einem Ballen am Großtop geheißte Wimpel wurde
ausgerissen, die schwarz=weiß=rothe Flagge stieg im Winde flatternd zur Besansgaffelspitze empor, Tambour und Musik
intonirten den Präsentirmarsch und die Offiziere faßten salutirend an die Kopfbedeckung, bis das Palladium sich an seinem
Platze befand.

„Achtung! Gewehr auf Schulter! Gewehr ab! Alle Mann auf das Hinterdeck!“ lauteten die weiteren Kommandos.
Die Divisionen machten rechts= und linksum und marschirten nach hinten, um sich um den beim Gangspill stehenden
Kommandanten zu scharen. In kurzer kerniger Ansprache bewillkommnete derselbe seine neuen Untergebenen, richtete einen
Appell an deren Pflichttreue und Patriotismus und schloß mit einem dreifachen Hoch auf den Kaiser.

S. M. Schiff „Mathilde“ war somit in Dienst gestellt und der Kommandant begab sich an Land, um dem
Stationschef Meldung zu machen, während am Bord der Schiffsdienst mit der weiteren Rollenvertheilung (Klarschiff=,
Geschütz=, Segel=, Bootsrolle u. s. w.) seinen Anfang nahm.

Auf einem Kriegsschiffe, wo viele Hunderte von Menschen auf engem Raume zusammengedrängt sind, kann
natürlich nur Ordnung herrschen und in Frieden und Krieg ein regelmäßiger Dienst gesichert werden, wenn jedem Manne

für alle verschiedenen Manöver, Exercitien u. s. w. ein bestimmter Platz und bestimmte Thätigkeit angewiesen wird. Dies geschieht vermittelst der sogenannten Rollen. Im allgemeinen schematisch für die verschiedenen Schiffsklassen schon vorgesehen, sind sie, eine Sache des ersten Offiziers, dem eigenen Schiff und dessen Mannschaftsverhältnissen genauer anzupassen. Ihre Grundlage ist die Eintheilung der Besatzung in zwei Hälften, in die Steuerbord= und Backbordwache, die sich in See alle vier Stunden und, um den erforderlichen Zeitwechsel zu veranlassen, einmal Nachmittags zweistündlich zum Dienst ablösen. Jeder Mann bekommt dabei eine Nummer (Steuerbordmannschaft die ungeraden, Backbord die geraden), die sich auf seiner Hängematte und seinem Kleidersacke wiederfindet, durch alle Rollen geht und ihm für alle ihm zufallenden Dienstleistungen, im Gefecht, bei Segelmanövern, in den Böten, bei ausbrechendem Feuer, bei der Schiffsreinigung, in den Schlafräumen 2c. einen bestimmten Platz anweist, so daß nach einiger Uebung jede Verwirrung ausgeschlossen und ein einheitliches Zusammenwirken gewährleistet ist.

Während auf diese Weise ein Jeder als ein Glied mit bestimmten Obliegenheiten dem Gesamtmechanismus eingefügt ist, hat er für sein Thun nur nach einer Richtung freie Wahl — er darf sich die Back (Tisch) und die Kameraden (Backs= maaten) wählen, mit denen er zusammen speisen will. Es scheint dies herzlich wenig, ist aber doch ein Zugeständniß an die Humanität, das sehr ins Gewicht fällt und am Bord eines Schiffes nothwendiger ist als anderwärts. Das nahe

Feuer im Schiff.

Zusammenleben für eine Dauer von mehreren Jahren, das beständige Drillen und Hetzen, der Tag und Nacht gehende Dienst, die Einförmigkeit des Lebens, die nur höchst selten durch eine angenehme Abwechselung unterbrochen wird, und die nothwendige strenge Disziplin — alles das sind Faktoren, die nicht dazu angethan sind, eine besonders heitere Stimmung aufkommen zu lassen, sondern die weit eher Mißmuth wecken und Charakter= gegensätze verschärfen. Am Lande können sich Menschen, die einander unsympathisch sind, aus dem Wege gehen, am Bord ist es nicht möglich, die engen Räume führen sie immer wieder zusammen, und sollten sie auch noch gezwungen werden, bei Tisch und in den kargen Freizeiten in engste Berührung zu kommen, so müßte ihnen das Schiff bald zur Hölle werden,

da sie so gut wie nichts haben, was ihre Gedanken abziehen kann, sondern diese stets auf denselben Punkt zurückkehren und sich immer mehr verbittern müssen.

Bei eigener Wahl der Backsmaaten wird solchen unerquicklichen Zuständen aber vorgebeugt. Es finden sich Kameraden zusammen, die sich von früher her kennen oder sich gern haben, und dann wirkt ein so langes nahes Zusammenleben meistens in wohlthätiger Weise. Es schlingt um die Glieder einer solchen Tischgenossenschaft ein Band der Freundschaft und der Zusammengehörigkeit, das oft für das Leben dauert, jedenfalls aber die Disziplin unterstützt und geeignet ist, einen guten Geist in der Mannschaft zu erhalten.

Tische und Sitzbänke sind mobil, d. h. zum Fortnehmen eingerichtet. Sie werden nur bei den Mahlzeiten oder bei gutem Wetter, wenn die Leute frei haben, hingestellt, weil sie die Passage in den Verdecken hemmen und nachts in denselben Räumen die Hängematten aufgeschlagen werden müssen. Sie werden dann platt unter Deck befestigt und nehmen keinen Platz fort.

Die Rolle, welche gleich am ersten Tage der Indienststellung eingeübt wird, ist die Feuerlöschrolle. Feuer ist der schlimmste Feind am Bord, und es werden von vornherein alle möglichen Vorsichtsmaßregeln getroffen, um sowohl den Ausbruch eines Brandes zu verhindern, als auch das Feuer im Entstehen zu ersticken, da es auf Schiffen zu viel Nahrung findet, um später mit Erfolg bewältigt werden zu können. Feuer und Licht sind deshalb auf das Sorgfältigste überwacht; bei den verschlossenen Laternen stehen in den unteren Räumen nachts Posten, es darf nur zu bestimmten Stunden und an bestimmten Oertlichkeiten geraucht werden, und die Pumpen und Feuerspritzen sind stets zu augenblick= lichem Gebrauche bereit. „Feuer und Lunten aus!" lautet das jeden Abend um 8 Uhr gegebene Kommando; um 9 Uhr abends macht der erste Offizier mit den Deckoffizieren die Ronde durch das ganze Schiff; in See wird stündlich während der ganzen Nacht durch einen jüngeren Offizier diese Ronde wiederholt und hauptsächlich auf Feuersicherheit geachtet.

Das Signal für Feuerlärm ist das Anschlagen der Schiffsglocke mit ein, zwei und drei kurzen Schlägen hintereinander, je nachdem der Brand sich vorn, in der Mitte oder hinten im Schiffe befindet, und die Mannschaften sind von dem Schreckbild solcher Gefahr selbst so erfüllt, daß schon bei geringerer Uebung der betreffenden Rolle selten drei Minuten vergehen, ehe sie sich sämtlich auf ihren Stationen befinden und unendliche Mengen von Wasser aus Pumpen, Spritzen und Eimern bereit stehen, um sich auf einen bestimmten Punkt zu ergießen. Bei solcher Wachsamkeit kommt es deshalb auch sehr selten vor, daß ein Kriegsschiff in Friedenszeiten aufbrennt, während die kolossalen flammenspeienden Granaten der Neuzeit die Gefahr im Kriege allerdings bedeutend erhöhen, wie dies die Kämpfe bei Helgoland (1864) und bei Lissa (1866) dargethan haben.

Die Rollenvertheilung nahm fast den ganzen Vormittag in Anspruch. Sie war gewiß sehr instruktiv, aber daß sie den Leuten besonderes Behagen bereitet hätte, konnte man gerade nicht behaupten. Dagegen sprach sich ein solches

Backen und Banken.

unbedingt auf ihren Gesichtern aus, als das von einem schrillenden Signalpfiff begleitete Kommando: „Sieben Glas! Klar Deck!" ertönte und sie abtreten durften. „Sieben Glas" heißt in Landdeutsch übersetzt „Halb Zwölf" und bezeichnet den Schluß der Vormittagsarbeit. Der seemännische Tag wird in sechs Wachen zu je vier Stunden getheilt. Als Zeitmaß für diese Wachen benutzte man früher allgemein Sanduhren, deren Gläser eine halbe Stunde liefen — daher der noch jetzt übliche Ausdruck „Glas" für eine verflossene halbe Stunde und das entsprechende Anschlagen an die Schiffsglocke. Je nach der Tages- und Nachtzeit bedeutet daher „Sieben Glas" halb Zwölf auf der Vormittags- und ersten Nachtwache, halb Vier auf der Nachmittags- und der Mittelwache nach Mitternacht oder seemännisch „Hundewache", die davon ihren Namen tragen soll, weil ein Jeder sie lieber einem Hunde als sich selber gönnt, und endlich halb Acht auf der Abend- und Morgenwache.

Eine Viertelstunde später wurde „Backen und Banken!" gepfiffen; das will heißen, daß von den wochen- oder monatsweise dazu kommandirten Mannschaften, den Backschaften, alles zum Essen vorbereitet werden soll, und dieser Befehl klang den Leuten besonders sympathisch, was ihnen nicht zu verdenken war. Sie kamen aus der Kaserne; dort muß die Verpflegung wie bei der Armee mit zwanzig Pfennigen für den Tag bestritten werden, die der Mann von seiner Löhnung hergiebt. Das ist eine harte Zumuthung für einen Norddeutschen Matrosenmagen, und wenn dessen Eigenthümer auch drei Reefe einsteckt, wird er doch nicht satt. Am Bord ist das jedoch anders; dort giebt es volle

Schiffsverpflegung neben der Löhnung. Sie läßt an Quantität und Qualität nichts zu wünschen übrig. Ein Pfund Fleisch täglich, Hülsenfrüchte, Reis, Gemüse, Brot so reichlich, daß oft übrig bleibt, dabei Butter, Kaffee, Thee, Zucker und auf See eine Reihe präservirter Sachen, um dem Skorbut entgegen zu wirken — alles in tadelloser Beschaffenheit; bei schlechtem Wetter oder anstrengender Arbeit auch ein Glas Branntwein oder auf der Hundewache eine Schale heißen Kaffee — dabei läßt es sich schon aushalten. Eine solche Verpflegung ist freilich auch nothwendig, um sowohl die Leute bei guter Gesundheit wie guten Muthes zu erhalten. „Seeluft zehrt" ist ein altes wahres Wort, aber die Exercitien, Arbeiten und Wachen auch, und außer gutem Essen hat der gewöhnliche Seemann wenig Freude am Bord.

In humaner Würdigung des mageren Kasernenfrühstücks hatte der Zahlmeister sehr reichliche Mittagsrationen ausgeben lassen, aber die Leute gingen mit wahrhaft gutem Willen daran. Sämtliche Reefe wurden aus dem Magen gesteckt, und wenn einerseits in den Töpfen des Kochs auch nicht der kleinste Rest blieb, so sprach sich andererseits auf den heiteren Gesichtern das Gefühl aus, einmal angenehm recht satt geworden zu sein. Die Pfeife Tabak nach Tisch schmeckte noch einmal so gut, und als um 1½ Uhr zur Arbeit aufgepfiffen wurde, da traten Alle schnell und mit Lust an. Ueber Mangel an Thätigkeit brauchte allerdings Keiner zu klagen; der erste Offizier sorgte schon dafür, daß es nach dem Mittagsmahl nicht an der nothwendigen Bewegung fehlte, die den humanen Rationen entsprach. Daß die Werft das Schiff früher fertiggestellt hatte, als befohlen war, stachelte seinen Ehrgeiz; mit der Ausrüstung wollte er einen gleichen Ruhm ernten, und er verstand es aus dem Grunde den erforderlichen Zug in die Mannschaft zu bringen. Progressiv pflanzte sich sein eigener Eifer nach unten fort, die Arbeiten gingen förmlich fliegend von der Hand, schon nach drei Tagen waren alle Ausrüstungsgegenstände für eine zweijährige Reise — und deren Zahl ist nicht klein — am Bord und in größter Ordnung und Uebersichtlichkeit an ihren Plätzen untergebracht, wozu sonst bei so großen Schiffen sechs bis sieben Tage nöthig sind. Die Werft war somit übertrumpft.

Am vierten Tage wurde die Fregatte aus dem Werftbassin zum Hafen bugsirt, um ihre sechsstündige Probefahrt unter Dampf zu machen, ihre Deviation, d. h. die örtliche Ablenkung der Kompaßnadel vom magnetischen Meridian, durch das im Schiffe befindliche Eisen bewirkt, zu bestimmen, noch einmal eine gründliche Reinigung innen= und außenbords zu erfahren und dann seefertig gemeldet zu werden.

Alles ging nach Wunsch; die Maschine hatte sich ohne Fehler und zuverlässig gezeigt, und S. M. S. „Mathilde" lag in vollem Schmucke an einer der im Hafen verankerten Tonnenbojen befestigt, um die bevorstehende Ankunft des Stationschefs zu erwarten, der sie auf ihre Seefertigkeit zu inspiziren hatte.

Was für einen prachtvollen Anblick gewährt doch ein solches Schiff — nicht ein gepanzertes mit seiner starren Eisenhülle und seinen ungeschlachten Formen, sondern eine Fregatte, wie sie ihren schlanken Leib leicht und zierlich auf der kristallhellen Wasserfläche wiegt! Sie erscheint elegant und majestätisch zugleich, geschmückt wie eine Schöne zu Spiel und Tanz und doch wieder in bewußter Macht stets fertig, um die Ehre der Flagge zu wahren und zu vertheidigen. Wie gleichmäßig und pyramidal bauen sich die Masten empor in die Lüfte, wie symmetrisch hängen an ihnen die Raaen, auf denen sich die sorgsam festgemachten Segel nur als helle Linien abzeichnen. In drohendem Ernste schauen die Mündungen der Kanonen aus den Pforten, aber der glänzende Kupferbeschlag an der Wasserlinie und der schneeweiß schimmernde Streifen der in den Finknetzen oben auf der Verschanzung verstauten Hängematten säumen den schwarzen Rumpf ein und nehmen ihm das sonst düstere Aussehen. Wie von außen, bietet auch von innen das Schiff das Bild größter Sauberkeit und Ordnung. Kein Stäubchen, geschweige denn ein Fleck verunziert die farbenglänzenden Bordwände oder die frisch gescheuerten Verdecke, auf denen die überschüssigen Theile des straffgezogenen Tauwerks in kunstvollen Scheiben und Figuren und dennoch sofort fertig zum Gebrauch niedergelegt sind. Flagge und Wimpel flattern lustig im frischen Winde, der das Wasser des Hafens zu leichten Wellen kräuselt, die Messingzierrathen und Waffen funkeln und blitzen, Offiziere und Mannschaften sind im Paradeanzuge, dessen kleidsamer Schnitt ihre kräftigen Gestalten noch so viel vortheilhafter hervorhebt, und über das Ganze ist der Glanz einer warmen Sommersonne ausgegossen, deren Strahlen das schöne Bild mit goldigem Schimmer überziehen. Wahrlich, man kann begreifen, wie sich ein solches Schiff unwillkürlich in das Herz des Seemannes stiehlt, wie es ihn an sich fesselt und seine Zuneigung erwirbt. Und wenn er erst mit ihm durch Tausende von Meilen die weiten Ozeane durchmessen, in zahllosen schweren Kämpfen gegen die Elemente gerungen und gesiegt, in seinem vielbewegten Leben Leid und Freude mit ihm getheilt, seine Eigenschaften genau kennen gelernt hat, um die guten in möglichster Entwickelung zur Geltung zu bringen, die Fehler zu beseitigen, dann ist es erklärlich, daß diese Zuneigung eine immer tiefere wird, daß das Schiff ihm wie ein fühlendes Wesen erscheint und beide ein festes Band umschlingt, dessen Lösung das Herz schwer macht.

Die Gig des Stationschefs, kenntlich an der im Bug geführten Admiralsflagge, wurde gemeldet und alles zum Empfange vorbereitet. Die Mannschaften stellten sich divisionsweise auf, die Sicherheitswache trat ins Gewehr, Kommandant und erster Offizier standen am Fallreep, um den Vorgesetzten zu empfangen.

Das Boot legte an, die Wache präsentirte, der Tambour schlug die dem Range zukommenden Wirbel, der Bootsmann pfiff das Offizieren beim Betreten und Verlassen des Schiffes gebührende Signal und statt des Wimpels entfaltete sich am Kreuztop die Flagge des Admirals als Zeichen, daß während seiner Anwesenheit er den Befehl über das Schiff übernehme.

Die Inspektion nahm ihren regelmäßigen Verlauf und gab zu keinerlei Ausstellung Anlaß. Mit einigen warmen Worten der Anerkennung über den tadellosen Zustand von Schiff und Mannschaft, die der Kommandant dankend entgegennahm, obwohl sie nicht am wenigsten dem ersten Offizier zukamen — das ist ja überall so —, und dem Wunsche für eine glückliche Reise verließ der Stations=chef die Fregatte und fuhr an Land zurück. Die Empfangs=zeremonien wiederholten sich; an Stelle der niedergehenden Admiralsflagge wurde der Wimpel geheißt, und als sich die Gig vor dem Schiffe befand, donnerten aus dessen Kanonen dreizehn Schuß als Salut für den Admiral (was bei der Rückkehr von der Probefahrt nicht mehr hatte geschehen können) und zugleich als Abschiedsgruß an das Vaterland.

Die Fregatte war seeklar, aber eine sanfte Regung durchzog das Herz des gestrengen Kommandanten. Er gab noch zwei Stunden zu bis zur Abfahrt und erwarb sich damit freudigen Dank der Besatzung. Nur ein Einziger machte eine Ausnahme, der erste Offizier. Es wehte eine frische südliche Brise, gerade aus dem Hafen hinaus; damit konnte man die Maschine entbehren, kein tückischer Schornsteinschmutz drohte den saubern Kleiderschmuck der „Mathilde“ zu beeinträchtigen — welch seltener Glücksfall! Aber nun sollte noch zwei Stunden gewartet werden, das hieß das Glück versuchen; konnte in der Zeit der Wind nicht über den Kopf fortwehen?

Der innerlich ergrimmte Offizier blickte deshalb ziemlich unwirsch auf die Fluth von Böten, die, während der Inspektion in respektvoller Entfernung haltend, jetzt nach dem Salut schleunigst von allen Seiten herbeiruderten und auf seine widerwillig gegebene Erlaubniß ihre Insassen zu Hunderten über das Schiff ergossen, um den Angehörigen noch ein letztes Lebewohl zu sagen. Manche bittere Thräne floß und in stiller Wehmuth drückten sich Freundeshände. Ging es doch hinaus in die Ferne, auf Jahre und in eine ungewisse Zukunft. Wohl mochte sie Freude verheißen, aber auch unendliches Weh in ihrem dunkeln Schoße bergen, und der Gedanke daran schnürte in banger Furcht die Herzen zusammen.

In der Offiziermesse war der Ton weniger gedrückt; im Gegentheil mischte sich dort heiteres Lachen mit mun=terem Geplauder, und hell und fröhlich erklangen die Gläser beim Abschiedstrunke mit den an Bord gekommenen Kame=raden. Die Herren ließen nichts hinter sich, was ihrem Herzen näher stand, als Eltern, Geschwister und Freunde. Die Fregatte war ein „unverheirathetes Schiff“, wie der Marineausdruck lautet, seltsam genug bei den bekanntlich so liebebedürftigen Herzen der Seeoffiziere, die womöglich schon als Unterlieutenants unter die Haube zu kommen streben. Diesmal hatte es sich aber so getroffen, und auch nicht einmal verlobt war Einer von ihnen, wenngleich dies natürlicher erschien. Wenn Seeoffiziere sich verloben, so wollen sie auch gleich heirathen und nicht noch jahrelang „hangen und bangen in schwebender Pein“.

Deshalb blickten die Garçons von der „Mathilde“ mit froher Zuversicht in die Zukunft; sie winkte ihnen in goldenem Schein. Doppelt gerechnete Dienstzeit für die bevorstehende länger als ein Jahr dauernde Reise, erhofftes Avancement, interessante Erlebnisse, Gelegenheit zum Geldsparen, um unbequem gewordene Schulden zu decken, vielleicht auch in einem stillen Winkel des Herzens eine leise Hoffnung auf Verlobung nach der Reise, wenn die heimlich Ange=betete sich inzwischen nicht verheirathete — das waren Motive genug, um Traurigkeit zu bannen.

Der Kommandant war verheirathet, aber er saß oben in seiner Kajüte mit seinen Gedanken allein. Sie weilten nicht in der Zukunft, sondern in der Vergangenheit, und sein umflorter Blick sah hinüber zum Ufer. Dort stand von

Bäumen umschattet ein freundliches Häuschen, in dem er sein ganzes Glück, die junge Gattin mit dem blondgelockten Knaben zurückließ. Er hatte ihnen die Zeit genannt, zu der er zu segeln gedachte, und sie war herangekommen. Er nahm das Fernrohr zur Hand und richtete es durch die Kanonenpforte auf das trauliche Heim. Dort standen seine Lieben auf dem Balkon und weiße Tücher winkten den Scheidegruß. Auch er ließ sein Tuch im Winde flattern — würden sie es sehen bei der großen Entfernung? Er zerdrückte eine Thräne. „Lebt wohl, lebt wohl, ihr Theuren, Gott nehme euch in seine gnädige Obhut!" murmelte er; dann ging er an Deck, wo der erste Offizier schon mit kaum verhehlter Ungeduld sein Kommen erwartet hatte. Es schlug vier Glas, die Stunde des Segelns war gekommen, mit dem Herzen mußte abgeschlossen werden und der Dienst trat in sein Recht.

Der Oberbootsmann und seine Maaten standen bereits an den Luken. Auf einen Wink des ersten Offiziers setzten sie die silbernen Pfeifen an den Mund und ein dreimaliges durchdringendes Signal schmetterte durch alle Räume des Schiffes. Dem summenden Geräusche der Stimmen folgte augenblicklich eine lautlose Stille. „Fremde von Bord! Alle Mann klar zum Segelsetzen!" schallte das gegebene Kommando in die Luken hinunter. Noch ein letzter Kuß, eine letzte Umarmung oder ein warmer Händedruck — dann stürmten die Leute auf das Oberdeck, um weiterer Befehle gewärtig ihre Stationen einzunehmen, während die Topsgasten bereits aufenterten, um in den Toppen das Erforderliche für das kommende Manöver vorzubereiten.

Die Fremden gingen von Bord, doch sie hielten die Böte in der Nähe des Schiffes, um noch einen letzten Blick der Ihrigen zu erhaschen. Der erste Offizier, welcher bei „Alle Mann" die Manöver befehligt, hatte die Brücke betreten, während die Zimmerleute eiligst die Fallreepstreppen einnahmen.

„Segel los! Enter auf!" befahl Ersterer mit schallender Stimme.

Die Segellöser, welche bis dahin Kopf an Kopf gedrängt an der Verschanzung gestanden, schwangen sich auf dieselbe und hui! gings in die Wanten hinauf, aber die „Zwölfjährigen" aus dem Schiffsjungeninstitut weit voran; die neueingestellten Dreijährigen konnten nicht mitkommen. Sie pusteten wie die Nordkaps, traten sich in ihrem Eifer auf die Hände und gegen die Schienbeine, so daß mancher derbe Fluch zwischen den Zähnen herausflog, aber sie thaten es Jenen nicht gleich. Mochten manche der Zwölfjährigen auch arge Windbeutel sein, das mußte man ihnen lassen: flink waren sie und längst oben auf den Raaen, ehe die Rekruten um den Rand des Marses krabbelten, wobei diese genug anzügliche Redensarten und maliziöse Bemerkungen zu hören bekamen.

Nun, es ist keine Kleinigkeit, in einer Tour von Deck bis zur Bramsaling einige 150 Fuß hoch im Trabe hinaufzulaufen und dabei beim Umklettern des Marses wie die Fliegen an der Zimmerdecke hängen — das muß man geübt haben. Auf Handelsschiffen ist man bedeutend gemüthlicher, und dort gilt es auch lange nicht so hoch zu klettern; aber laßt es euch nur nicht verdrießen, ihr braven Pommern und Mecklenburger, fixe Kerle seid ihr trotzdem doch. Für das erste Mal ging es schon gut genug; den Willen habt ihr, das Können kommt schon noch, dafür laßt den ersten Offizier nur sorgen, der versteht es aus dem ff, und ich wette, innerhalb zwei Monaten sind eure Gliedmaßen so geschmeidig, daß die Zwölfjährigen nichts vor euch voraus haben als die Geschmeidigkeit in der Zunge; darin freilich bleiben sie eure Meister, aber wenn es in einer Hagelbö an das dritte Reff geht, da kommt es nicht auf die Zunge, sondern auf die Knochen an!

„Leg aus!" tönte es von Deck nach oben.

Die Leute liefen von der Mitte der Raa nach außen, die Wagehälse wie Seiltänzer oben auf der Raa, die anderen auf den Pferden, die am Bord allerdings von Tauwerk gemacht sind und nicht durchgehen können. Sie lösten die Beschlagzeisinge der Segel, und nach einer Minute gaben die Topunteroffiziere einen Wink nach unten, daß alles fertig sei.

„Klar Großtop, klar Vortop, klar Kreuztop!" riefen die Mastoffiziere, und „Fallen Segel! Schoot vor!" befahl der Kommandirende.

Wiih! Wiih! schrillten die Pfeifen der Bootsmannsmaate. Die Segel fielen, ihre unteren Ecken wurden gleichzeitig an den Raaen ausgeholt, während die Topsgäste aufpaßten, daß oben alles zugehörige Tauwerk klar blieb und die übrigen Segellöser niederenterten.

„Heiß Marssegel!" erscholl der nächste Befehl.

Die Leute spannten sich an die Fallen, marschirten längs Deck, die Marsraaen stiegen an den Stängen in die Höhe und die Segel entfalteten sich wie die gewaltigen Schwingen des Riesenvogels Rok. Bramsegel und Oberbramsegel folgten; die Raaen wurden ins Kreuz gebraßt, die vorderen gegen den Wind, die hinteren in entgegengesetzter Richtung, und die Leute am Ruder legten letzteres an Bord.

Die Mannschaft des Kutters hatte die Kette von der Boje losgemacht, ein starkes Tau durch den Ring der Boje geschoren und das Ende an Bord zurückgegeben, um dann das Boot an seinen Krähnen heißen zu lassen.

„Los von der Boje!" kommandirte der erste Offizier.

Das Tauende auf dem Schiffe wurde losgeworfen; es zog sich durch den Ring der Boje, und das Schiff war von seiner Fessel frei. Der Wind wirkte auf die Raasegel und begann langsam den Kopf der Fregatte zu drehen. Sobald er etwas von der Seite einkam, wurde der Klüver gesetzt und sein Hebeldruck beschleunigte die Bewegung. Die Hintersegel begannen sich zu füllen, die Vorderraaen wurden mit ihnen parallel gestellt und das Schiff ging voraus.

„Stütz Ruder! Kurs Nordost!" Das Manöver war beendet und die „Mathilde" unterwegs. Die frische Brise schwellte die Segel in bauchiger Rundung, schneller und schneller glitt die stolze Fregatte durch das Wasser und steuerte seewärts.

Auf den übrigen Fahrzeugen, die im Hafen lagen, enterten die Mannschaften in die Wanten. „Hurrah" ertönte aus Tausenden von Kehlen von den Schiffen und den Böten in der Nähe, und „Hurrah" erwiderten die von der „Mathilde".

Oben auf der Kampanje war das Musikcorps aufgestellt und spielte „Muß i denn, muß i' denn zum Städtle hinaus". Die Arbeit ruhte eine Zeit lang und die Blicke wandten sich der fliehenden Heimath zu. Als das Lied verklungen war, lag der Hafen schon weit hinten. Der Befehl zum Setzen der Untersegel gab den Gedanken eine andere Richtung. Mit der auffrischenden Brise flog das Schiff unter dem Druck seiner mächtigen Segel dahin. Die Ufer traten zurück, ihre Formen verschwammen. Bald hatte sich der letzte in bläulichen Duft getauchte Streifen unter den Horizont gesenkt, und die „Mathilde" schwebte allein auf freiem Wasser ihrem fernen Ziele zu.

Bis zum Abend arbeiteten noch alle Mann, um auch die Kleinigkeiten seefertig zu machen, diesen und jenen vergessenen Gegenstand festzuschnüren oder auf andere Weise gegen unverhoffte Bewegungen zu sichern. Schließlich war alles „vierkant", womit der Seemann den Zustand bester Ordnung für jedes Ding am Bord bezeichnet — während er nur den Schleifstein ausnimmt, den er rund bleiben läßt.

Um 8 Uhr begann der regelmäßige Seedienst und Steuerbord erhielt die erste Wache. Es ist dies bei allen seefahrenden Nationen ein altherkömmlicher Brauch und Steuerbord überhaupt bevorzugt. Steuerbordwache bekommt auch den ersten Urlaub und Steuerbordseite des Achterdecks gehört im Hafen dem Kommandanten und dem ersten sowie dem wachhabenden Offizier, Backbord den übrigen. In See tritt dagegen die Luv= an die Stelle der Steuerbordseite weil sie die geschütztere, trocknere ist und man von ihr aus besseren Ueberblick über das Schiff und den Horizont hat Der Name Steuerbord ist aus dem Umstande hergeleitet, daß die Schiffe in früheren Zeiten das Steuerruder nicht wie jetzt, hinten in der Mittellinie, sondern an ihrer rechten Seite führten. Die Bevorzugung ist daher leicht zu erklären, denn das Steuer bildet einen wichtigen Theil des Schiffes und wurde von einer Hauptperson der Besatzung gelenkt.

Die Weiterreise ging so glücklich von statten wie sie begonnen. Die „Mathilde" mußte ein Sonntagskind sein, denn der günstige Wind folgte ihr, wie sie auch ihren Kurs änderte. Dazu herrliches Sommerwetter, glattes Wasser, lange Tage und kurze helle Nächte — das war eine Seefahrt, die man sich gefallen lassen konnte und die man in unseren heimischen Gewässern selten genug antrifft. O wie schlimm können diese im Herbst und Frühjahr sein, wie schwere Sorgen auf das Haupt der armen Seeleute häufen, wenn die Stürme heulen, der von dunklem Gewölk verschleierte Himmel keinen tröstenden Strahl eines Gestirns herniedersendet; wenn dichter Nebel auf dem Wasser lagert oder eisiger Regen und Hagel herniederpeitschen; wenn das vor Sturmsegeln treibende und aus seinem Kurse verschlagene Schiff pfadlos auf dem erzürnten Meere umherirrt, und nur das Loth in der von ihm mit heraufgebrachten Grundprobe und der gemessenen Tiefe einen ungefähren Anhalt giebt, wo man sich in der Wasserwüste befindet!

Es ist nicht der Sturm selbst, der die Seeleute schreckt. In freiem Seeraum kann er ihnen wenig anhaben, wenn sie ein gutes festes Schiff unter den Füßen wissen, und in den meisten Fällen ist er mehr unbequem als gefährlich, aber er wird bedrohlich in engen Fahrwassern und in der Nähe der Küsten, wenn er auf diese hinrast, wenn man keinen Platz zum Treiben hat und man infolge fehlender Gestirnsbeobachtungen über den Ort des Schiffes im Ungewissen ist. Wie oft stehen dann in finsterer Nacht Kapitän und Offiziere stundenlang harrend, um einen günstigen Augenblick zu erhaschen, wo vielleicht das dunkle Gewölk vorübergehend zerreißt und sie eine Beobachtung des Polarsterns nehmen können! Mit welcher Herzensangst lauschen sie auf die Stimme des Mannes am Loth, der, mitten im sprühenden Gischt draußen in der Großrüst postirt, mit eintönigem Rufe die Tiefe des Wassers kündet, ob ihre Abnahme die Annäherung von Untiefen verräth. Wie bemühen sich vergeblich die vom Sturm getrübten Augen, die Finsterniß zu durchdringen, um irgend ein warnendes Zeichen der Küste, den schimmernden Glanz eines Leuchtfeuers zu entdecken, der den rettenden Weg zum Hafen zeigt, ehe der unheimliche Donner der Brandung an das Ohr schlägt und die in grünlichem Phosphorlichte überbrechenden Kämme der Grundseen künden, daß es zu spät und alles verloren ist.

Das sind dann schwere endlose Stunden, die am Mark des Lebens nagen, und wie viel Tausende Seeleute haben sie oft zu durchleben, namentlich auf Handelsschiffen, schwerbeladen, daß die See über sie beständig wie über eine Klippe hinweg bricht und mit karger Mannschaft, deren Kräfte nicht ausreichen etwa nöthige Manöver schnell auszuführen!

Und doch, wie günstig sind die Schiffe von heute gegen die früherer Jahrhunderte gestellt, denen so sehr viele und wichtige Hülfsmittel fehlten, über welche man jetzt gebietet. Damals kannte man keine astronomischen Beobachtungs= instrumente, es gab weder Fernrohre noch zuverlässige Seekarten, nur einen verschwindend kleinen Bruchtheil von den Hunderten Feuerzeichen, Baken und Bojen, welche jetzt vor den gefährlichen Punkten der Küsten warnen, und außerdem waren die Schiffe selbst lange nicht so gut und fest gebaut, segelten und manövrirten schlechter. Welcher Muth gehörte dazu, um unter solchen Umständen die See zu befahren, die noch heute so zahllose Gefahren bietet, daß der Beruf des Seemanns einer der schwersten ist, den es giebt. Wie hoch und kühn müssen uns ein Kolumbus und Vasco de Gama erscheinen, die auf ihren unzulänglichen Fahrzeugen als Pfadfinder hinauszogen in den endlosen Ozean, nur sich selbst und ihrer Kraft vertrauend. Wahrlich, auch auf sie passen die Worte des alten Horaz, wenn er sang:

> Illi robur et aes triplex
> Circa pectus erat, qui fragilem truci
> Commisit pelago ratem
> Primus.

Mit Kraft und dreifachem Erz mußte die Brust Dessen umgürtet sein, der es zuerst wagte sich in gebrechlichem Fahrzeuge dem trügerischen Meere anzuvertrauen!

Auf der „Mathilde" stellte man jedoch offenbar dergleichen Reflexionen nicht an, sondern gab sich dem Genusse der angenehmen Gegenwart hin, und unter der ganzen Besatzung herrschte infolgedessen ein sehr munterer Ton. Die Exercitien machten merkwürdig schnelle Fortschritte und nach Feierabend ging es auf dem Verdeck lustig her. Es wurde gesungen und getanzt und das Musikcorps that sein bestes. Es bestand zwar nur aus sechs Mann und das Meer mußte manchen unreinen Ton verschlucken, aber das beeinträchtigte das Vergnügen nicht. Musik am Bord eines Kriegsschiffes ist von größter Wichtigkeit. Man glaubt nicht, wie sie die Leute aufmuntert und bei guter Laune erhält. Mit Rücksicht darauf ist es in unserer Marine schon seit längeren Jahren eingeführt geeignete Schiffsjungen auf den Schulschiffen musikalisch soweit wie möglich auszubilden, um sie später, wenn sie Matrosen geworden, auf die größeren Fahrzeuge zu vertheilen, damit sie dort den Kern eines Orchesters bilden. Derselbe ist allerdings nur schwach, aber fast immer findet sich unter Offizieren oder Unteroffizieren eine musikalisch veranlagte Persönlichkeit, welche die Leitung und Weiterbildung übernimmt. Ebenso zählt fast jede Mannschaft unter sich musikalische Talente; Dieser spielt Flöte, Jener Violine oder Zither, ein geschickter Heizer schmiedet einen wohlklingenden Triangel, Deckel von den kupfernen Töpfen der Kombüse geben brauchbare Becken, und so wird mit der Zeit ein Corps von einem Dutzend und mehr Personen geschaffen, das nicht nur allen Schiffsansprüchen genügt, sondern bisweilen sogar „im fernen Süd" die Ehre genießt vor Königen zu spielen, wenn dieselben auch schwarz sind, keine Stiefel auf den platten Füßen, dafür aber Ringe durch die Nase gezogen haben und zwei Reihen spitzgefeilter Zähne zur Schau tragen, die mit dem besten Hai= gebisse wetteifern können.

Skagen, die Nordspitze der unwirthlichen dänischen Küste, war ostwärts verschwunden. Wie viel Tausende von Schiffen sind an ihren gefährlichen Sandriffen zerschellt, die das einmal gefaßte Opfer nicht wieder loslassen, sondern wie Polypen sich an ihm festsaugen, bis die Brandung ihr Zerstörungswerk vollendet hat. Wehe dem Fahrzeuge, das mit westlichen Stürmen in ihre Nähe geräth — es ist rettungslos verloren!

Mit vollen Segeln steuerte die „Mathilde" in die Nordsee hinein, deren lichtgrüne Fläche im Sonnenglanz funkelte; muntere Wellen trieben ihr Spiel und köpften bei der frischen Brise mit blendendem Schimmer über. Das Fahrwasser war ungemein belebt, Hunderte von Schiffen der verschiedenen Nationen verließen mit dem günstigen Winde gleichzeitig das Skagerrak, jene große Welthandelsstraße, durch welche jährlich 50—60000 Schiffe passiren, doch mit der „Mathilde" konnte sich keines messen. Flüchtigen Fußes eilte sie allen voran, ihr scharfer Bug schnitt pfeilschnell durch die Fluthen, weiter und weiter blieben die übrigen zurück, bis auch die Mastspitzen der letzten sich unter den Horizont senkten. Was für ein Hochgenuß für den Seemann anderen Schiffen vorbeizusegeln! Wie stolz schaut er dabei auf das eigene und fühlt sich dadurch noch enger mit ihm verbunden, wie der Reiter mit seinem Roß, das ihn mit Windeseile den Verfolgern entzieht.

Es wurde merkbar, daß man den Landschutz verloren hatte und sich in offenem Wasser befand. Die Wellen liefen höher, brachen sich rauschend an den Bordwänden und begannen das Schiff kräftig zu wiegen, doch für die Besatzung war die Bewegung nur eine altgewohnte. Seesoldaten und Schiffsjungen, die sonst fast sämtlich der See= krankheit zum Opfer fallen, befanden sich nicht am Bord. Jene werden in neuerer Zeit in unserer Marine nur auf den großen Panzern eingeschifft und Diese auf besonderen Schulschiffen erzogen; daher traf nur wenige Grüne unter

Ueberfegelt

den Heizern und Kellnern das bittere Geschick im Gallion Neptun ihren Tribut darzubringen und dabei auf erbarmungs= lose Weise von den Kameraden mit schlechten Witzen regalirt zu werden.

Wie ist des Menschen Wissen doch nur Stückwerk! Die ärztliche Kunst feiert die glänzendsten Triumphe, aber bis jetzt hat sie es noch nicht vermocht ein wirksames Mittel gegen die Seekrankheit zu finden, ja alle ihre physiolo= gische Weisheit vermag nicht einmal die Entstehung zu erklären. Man stirbt ja nicht davon, aber wenn man sie hat, möchte man doch am liebsten todt sein, und ich selbst denke noch heute mit Schrecken an meine erste Seereise, auf der ich von ihr drei Tage lang gepackt wurde, eben so lange ohne Speise und Trank bei Sturm und Regen im November qualvoll auf Deck kampirte und Jedem dankbar gewesen wäre, der mich mitleidsvoll über Bord geworfen hätte. Wann wird der Wohlthäter geboren werden, der diese schreckliche Plage aus der Welt schafft, dafür von Millionen Menschen gesegnet und nebenbei selbst — Millionär wird?

Am anderen Tage befand sich die „Mathilde" mitten in der Nordsee in der Nähe der Doggerbank.

„Segler voraus, zwei Strich an Steuerbord!" meldete der Ausguck auf der Vormarsraa.

„Ay, ay!" lautete die Erwiderung des wache= habenden Offiziers auf der Kommandobrücke, der sein Fernrohr nach dem angedeuteten Punkte richtete, aber noch nichts zu entdecken vermochte.

„Eine ganze Flotte an Steuerbord voraus!" kündete nach kurzer Zeit der abermalige Ruf des Ausgucks, „es sind Fischer!" und bald wuchsen die Mastspitzen der Fahrzeuge über den Horizont, deren Zahl mehrere Hunderte betrug. Sie trieben vor ihren Grundnetzen und fischten. Die Doggerbank, welche sich in einer Ausbreitung von vielen Quadrat= meilen in der Nordsee erhebt, und auf der nur 15 bis 20 Meter Wasser stehen, während jene in ihrem südlichen Theile die dreifache Durchschnittstiefe besitzt, ist zu bestimmten Jahreszeiten sehr ergiebig an Fischen und wird dann von Engländern, Holländern und auch von Franzosen aufgesucht.

Am Bord der Fregatte gab sich eine allgemeine freudige Bewegung kund, als der Kapitän auf die empfangene Meldung abzuhalten befahl und sich damit die Aussicht auf ein Gericht prachtvoller Fische er= öffnete. Bald war man der Flotte so nahe gekommen, daß die „Mathilde" beidrehen, bezw. durch Kreuz=

Fischhandel auf der Doggerbank.

stellung der Segel zum Stillstand gebracht werden konnte. Eine Schar von Böten löste sich von den nächsten Fahr= zeugen ab und brachte ihre der Tiefe entnommenen Schätze an Bord. Was für wundervolle Exemplare von Steinbutten, Seezungen, Kabeljauen und anderen Flossenträgern kamen da zum Vorschein! Bald wurde man handelseinig, und die leckere Waare, würdig den Tisch des gewiegtesten Feinschmeckers zu zieren, wanderte eimerweise an Deck in die Nähe der Kombüse, um der Autorität der schmunzelnden Köche überantwortet zu werden. Kauffahrteischiffe pflegen ihren Bedarf bei solchen Gelegenheiten mit einigen Flaschen Branntwein und Pfunden von Tabak einzutauschen, von denen die Eng= länder eben so große Freunde sind, als sie dieselben bei sich theuer bezahlen müssen. Hier war aber das gewünschte Quantum zu groß für ein solches Tauschgeschäft. Es wurde mit Geld gekauft, und der Zahlmeister ließ nur einige Flaschen Rum für Rechnung der Messe als Draufgeld geben. Der Preis war billig genug, 5 Lstr. für volle vier Centner, die für eine reichliche Mahlzeit der gesamten Mannschaft genügten! Nach Abschluß des Geschäfts wurde voll= gebraßt, die Fregatte nahm ihren Kurs auf und bald verschwanden die Fahrzeuge wieder nacheinander unter den Horizont.

Wenn man in der Nordsee oder, wie die Engländer dieselbe richtig bezeichnen, in der „Deutschen See" diesen großartigen Fischerflotten begegnet, die zu bestimmten Jahreszeiten, den Wanderungen der Fische nachgehend, bis auf Kanonenschußweite an unsere Küste herankommen und jahraus jahrein den unerschöpflichen Reichthum ausbeuten, den das Meer darbietet, dann kann man sich eines schmerzlichen Gefühls nicht erwehren, das eigene Vaterland nur in so verschwindend kleinem Maßstabe an diesem lohnenden Gewerbe theilnehmen zu sehen.

Haben denn die Deutschen ganz und gar vergessen, daß der Hansabund, der jahrhundertelang die Meere beherrschte, den nordischen Reichen Gesetze vorschrieb und ihre Könige einsetzte, seine Seemächtigkeit vor allem der Hochseefischerei verdankte, seine Kraft und seinen Wohlstand hauptsächlich aus ihr schöpfte, und daß sein Niedergang erst von dem Zeitpunkte an begann, als der Hering sich aus der Ostsee nach Westen zog und man es versäumte seine Spuren zu verfolgen?

Welche Schätze sind auf den vielen hundert Quadratmeilen der Nordsee zu heben ohne Besorgniß, daß dieselben in absehbarer Zeit erschöpft werden könnten — für welche Masse von Menschen würde eine ausgedehnte Hochseefischerei lohnenden Erwerb geben, wie vielen Millionen eine gesunde preiswürdige Nahrung verschaffen!

England allein zählt 10 000 Fischer-Smaks mit über 40 000 Mann Besatzung, das kleine Holland besitzt 1500 Hochseefischerfahrzeuge, und ihnen allen liefert die Nordsee auskömmlichen Verdienst. Jene Smaks oder Kutter sind stark gebaute, gut segelnde, seetüchtige Fahrzeuge, die die schwersten Stürme abwettern und zugleich die vorzüglichste Schule für Heranbildung wetterharter Seeleute abgeben. Man klagt bei uns über die Abnahme dieser für die Volkswirthschaft so wichtigen Klasse von Gewerbetreibenden, man klagt überhaupt über die bedrängte Lage der Industrie — nun! hier ist ein weites und lohnendes Feld, das Gelegenheit bietet jenem Mangel abzuhelfen und das eine neue Erwerbsquelle schaffen kann, welche Hunderttausende beschäftigen und nähren würde. Von dem jährlichen englischen Heringsfang an der schottischen Küste, der nur wenige Wochen dauert, nehmen oft bis zu 200 000 Tonnen ihren Weg nach Deutschland — das ist ein deutlicher Fingerzeig, wohin man die Augen zu richten hat, um einen neuen lohnenden Verdienstzweig für das Vaterland nutzbar zu machen.

Frankreich beschäftigt 10 000 Hochseefischer allein in den Isländischen Gewässern, die gleiche Zahl auf den Neufundlandsbänken, andere ungezählte Tausende in der Nordsee, im Kanal und an seinen West- und Südküsten. Kann Deutschland damit einen Vergleich aushalten?

An der Ostsee besteht seine Fischerflotte aus offenen, gebrechlichen Kähnen, die nur bei schönem Wetter es wagen dürfen ein bis zwei Meilen in See hineinzugehen. An der Nordsee existiren auf der Elbe vielleicht fünfzig Fischerewer, die sich aber auch ganz nahe der Küste halten, und ebenso steht es auf den friesischen Inseln, deren Bewohner seit einem Jahrzehnt es vorziehen, mühelosen Verdienst von Badegästen einzuheimsen, anstatt die mühevollere Fischerei zu treiben. Nur auf der Ems hat man den lobenswerthen Anfang gemacht, an dem Heringsfang an der schottischen Küste theilzunehmen und schickt seit zehn Jahren ungefähr ein Dutzend seetüchtiger Lugger dorthin. Bis jetzt hat die Gesellschaft noch keine brillanten Geschäfte gemacht, theils weil sie natürlich Lehrgeld bezahlen mußte, theils weil das Kapital nicht reichte, um die Sache in größerem Maßstabe zu betreiben, wie es sein muß, um größeren Gewinn zu erzielen. Immerhin ist es aber eine patriotische That, die alle Anerkennung verdient, und sie sollte vom Reiche lebhaft unterstützt werden. Mit vollem Rechte hat sich die große Mehrzahl des Volkes für die von der Regierung geforderte Dampfersubvention ausgesprochen, weil dieselbe sich mit der Zeit mit Zinseszins bezahlt machen wird. Aber in gleicher Weise sollte die Hochseefischerei unterstützt werden, die für unsere Volkswirthschaft von größter Bedeutung ist. Mit einer Subvention oder mit Prämien für den Bau eines jeden Hochseefischerfahrzeuges, wie dies in Frankreich der Fall ist, würde sich bald das nothwendige Kapital finden, um Fischerflotten zu schaffen, die Zahl unserer Seeleute zu vermehren und einen Erwerbszweig in die Höhe zu bringen, dessen niedriger Stand in keinem Verhältniß zu unserer Küstenausdehnung steht. —

Mit andauernd günstigem Winde eilte die Fregatte dem Kanal zu. Seine Nähe kündete die stets wachsende Zahl der Gegensegler, die in der Enge zwischen Dover und Calais häufig zum Ausweichen zwang. Bei Tage und hellen Nächten erfordert dies wohl Aufmerksamkeit, aber keine besonderen Schwierigkeiten. Bei Dunkelheit und unsichtiger Luft ist dagegen die Kanalpassage eine von denjenigen, die den Seeleuten schwere Sorgen bereiten, namentlich bei Nebel. Er ist in diesen Gegenden, wo die Dünste des warmen Golfstromes von unseren nordischen Luftschichten kondensirt werden, häufig und lagert meist so dicht auf dem Wasser, daß man von hinten nicht die Spitze des Vorschiffes sehen kann. Dann fehlt jeder Anhalt für die Beurtheilung von Bewegungen entgegenkommender Schiffe, den bei klarer Luft und sichtiger Nacht die gesetzlichen Vorschriften über das Ausweichen auf See und die Führung farbiger Laternen gewähren. Im Nebel bleibt das Gehör der einzige Leiter zum Vermeiden der Gefahr, aber auch das bietet nur schwache Sicherheit, denn wie schwer ist es, aus den Tönen des Nebelhorns, der Glocke oder der Dampfpfeife, die oft aus allen möglichen Richtungen näher und ferner erschallen, abzunehmen, wie man richtig steuern und manövriren soll, um dem drohenden Zusammenstoße zu entgehen! Von Segelschiffen her ist ein solcher weniger zu fürchten. Fast immer herrscht bei Nebel ruhiges Wetter und sie haben deshalb nur geringe Fahrt, außerdem werden ihre Kurse durch die Windrichtung eingeschränkt; man kann deshalb aus ihren akustischen Signalen wenigstens mit einiger Sicherheit wissen, wie sie liegen und wie ihnen auszuweichen ist, aber bei Dampfschiffen ist das nicht der Fall und sie gefährden hauptsächlich das Fahrwasser. Das Gesetz schreibt zwar vor, sie sollen bei solchen Gelegenheiten ihre Geschwindigkeit ermäßigen, aber wie oft — ja man darf wohl behaupten fast immer — wird dagegen gesündigt, wo erstens die Kontrole fehlt und dann, wo Konkurrenz mit anderen Linien und Jagd nach Gewinn in das Spiel kommen. So stürmen die großen Passagierdampfer mit 14—16 Knoten Geschwindigkeit dahin, bis plötzlich ein Schiff aus dem Dunkel unmittelbar vor ihnen auftaucht und sie weder ihre Fahrt hemmen, noch ausweichen können. Dann ist das Unglück da! Ein gellender Nothschrei, ein donnerndes Krachen und leider nur zu oft ein Massengrab, in dem Hunderte blühender Menschenleben auf dem Meeresgrunde gebettet werden, — das sind die Folgen einer so furchtbaren Katastrophe.

Und wie viele solcher Fälle mögen nicht einmal zur allgemeinen Kenntniß kommen, wie viele namentlich kleine Fahrzeuge von gigantischen Dampfern überrannt und von deren messerscharfem Eisenbug buchstäblich in Stücke geschnitten werden, ohne daß auch nur eine Seele von ihrem Geschicke etwas erfährt!

Selbst wenn der Dampfer beidreht, um Rettungsversuche anzustellen, ist das unglückliche Fahrzeug mit seiner Besatzung längst von den Fluthen verschlungen und keine Spur von ihm mehr zu entdecken. Vergebens harrt die Mutter oder die Gattin auf die langersehnte Ankunft der Geliebten — Wochen, Monate, Jahre schwinden, die Verlorenen kehren niemals wieder. Ihre Grabschrift ist ein einziges tieftrauriges Wort: „Verschollen!" —

Achtundvierzig Stunden schlanken Segelns brachten die Fregatte durch den Kanal, und Kap Lizard grüßte sie als letzte sichtbare Erinnerung an Europa. Ein englischer Hafen war nicht angelaufen und Kohlen gab es nicht zu ergänzen; war doch zu Aller Freude die Maschine bisher nicht gebraucht. Nur eine Viertelstunde ließ der Kapitän in der Nähe von Plymouth beidrehen, um einem englischen Lotsenboote Briefe mitzugeben für die Admiralität, denen sich aber seitens der Besatzung viele viele andere zugesellten für die Lieben daheim. Dann wurde wieder vollgebraßt und fort ging es gen Westen dem Ozean zu, direkt nach Rio de Janeiro.

Das hellgrüne Wasser des Kanals begann sich dunkler zu färben, und in der hohen Dünung, welche sich ununter=brochen gegen die europäischen Küsten wälzt, gab sich kund, daß das Schiff in den Sturm= und Schlechtwetterkessel Neptuns, in den Biscayischen Meerbusen, eingetreten war. Der bekannte Hydrograph Maury verzeichnet in seinen Wind= und Wetterkarten für diesen Meerestheil über 300 Sturmtage jährlich, und es gehört deshalb besonderes Glück dazu hier unzerzaust durchzukommen. Die Hoffnung am Bord der „Mathilde" zu diesen Glücklichen zu gehören, erwies sich jedoch als eitel. Eine gewaltige Bö überfiel sie ganz plötzlich, brach einige Bramstängen von oben und riß ver=schiedene Segel in Fetzen von den Raaen. Der bereits vorhandene Wogenschwall thürmte sich schnell zu Bergen, deren gewaltige Kämme brüllend gegen die Seite des Schiffes brachen und mit ihm in einer Weise Fangeball spielten, daß sehr feste „Seebeine" dazu gehörten, um nicht ebenfalls über Kopf zu gehen. Wenn er auch nicht ganz so hart wehte wie jener Sturm, in dem nach Kadett Vogels Schilderung einem Matrosen, der aus Unvorsichtigkeit den Mund öffnete, sämtliche Zähne nach innen und platt gegen den Gaumen geblasen wurden, so war es doch eine recht nette Mütze voll Wind und verdiente den Namen eines rechtschaffenen Sturmes. Ein solcher entwickelte sich nämlich aus der Bö und machte es für die Dauer von zwölf Stunden recht ungemüthlich am Bord, namentlich aber beim Mittagessen. Schade, daß die Umstände es nicht gestatten bei dergleichen Gelegenheiten das Photogramm eines solchen „Essens mit Hinder=nissen" aufzunehmen; es würde ein höchst drastisches Bild abgeben. Die Situationen grenzen bisweilen an das Unmögliche, und es gehört nicht wenig Gewandtheit dazu, um ihnen zu begegnen. Die Speisetische sind am Deck festgeschroben und außerdem meistens noch mit Tauen gesichert. Ferner werden auf ihnen gitterartige Schlingerbretter befestigt, in deren Quadrate man die Schüsseln und Teller setzt, und dies reicht auch für die gewöhnlichen Bewegungen aus. Aber bei schwerer See, die oft ganz unerwartet das Schiff 45 Grad nach dieser oder jener Seite überlegt, muß man nach anderen Hülfsmitteln suchen. Zunächst sind dann die Tischfüße sehr begehrte Objekte. Wer einen solchen in der Nähe seines Sitzes ergattern kann, verankert sich mit Hülfe eines umgeschlungenen Beines sofort daran. Den Teller muß man natürlich in der Hand balanciren, weil sonst nichts darauf bleiben würde und die nur halbvoll geschenkten Gläser sucht man irgend wo zwischen den Schlingerbrettern festzuklemmen. Da kommt plötzlich ein Ueberholer, als ob das Schiff über Bord gehen wollte. Die an der Windseite Sitzenden finden eine Stütze am Tisch, doch die Armen in Lee bekommen Wadenkrämpfe. Alle aber strecken unwillkürlich die Rechte nach der Mitte des Tisches aus, um die Suppen=terrine oder die Fleischschüssel zu retten, während die Linke bemüht ist den Teller in der Luft wagerecht zu halten. Meistens gelingt das Manöver, bisweilen aber auch nicht. Der Ruck ist zu tief und zu heftig, Terrine, Schüsseln, Gläser, alles geht über Stag, und nicht selten die Herren in Lee auch, um sich an der Bordwand zwischen Suppe, Fleisch, Sauce und Scherben wiederzufinden. Bleibt dann wenigstens der Tisch stehen, so kommt man mit einem hungrigen Magen und einigen Beulen davon; ich selbst gerieth aber einst, als er losbrach, in eine höchst fatale Lage. Er ging mit mir in fliegender Fahrt gegen die Wand, und es war wohl um mich geschehen, wenn dies die Wand des Schiffes und nicht die einer Kammer gewesen wäre, die meistens die Messen einrahmen. Sie war dünn und verständig genug mir rechtzeitig nachzugeben und einem Theile meines Körpers freien Durchgang zu gönnen. Allerdings saß ich nun erst recht fest, vorn durch den Tisch und hinten in den Holzsplittern, bis ich durch Anderer Hülfe befreit wurde; aber ich kam wenigstens ohne schweren Schaden davon.

Die Schiffsbewegungen sind bisweilen so gewaltsam, daß man sich kaum einen Begriff davon machen kann. Ich war einmal gezwungen, um frei von der Küste zu kommen, bei Sturm mit einer kleinen Korvette unter voller Dampfkraft recht gegen die See anzugehen; dabei sprang das Schiffchen in den kurzen Wellen so über alle Maßen, daß der Vordertheil bisweilen ganz unter Wasser begraben war und die Schraube mit dem Hintertheil hoch in der Luft wirbelte, so daß ich jeden Augenblick fürchtete, die Maschine würde zusammenbrechen, wenn dann das Heck wieder tief hinunterstampfte und die Schraube plötzlich im Wasser großen Widerstand fand. Als die Gefahr vorüber und wir weit genug vom Strande waren, fand ich in meiner Kajüte den etwa vier Fuß im Geviert messenden schweren Tisch von seinen Befestigungen losgebrochen und umgekehrt mit der Platte auf dem Boden liegen, die Füße nach oben. Bei solchen Gelegenheiten heißt es zuverlässige Seebeine und an jedem Finger einen Angelhaken haben, wie die alte Seemannsregel lautet, wenn man nicht selbst über Stag und vielleicht über Bord gehen will. Nun, alles hat seine Zeit und „ewig kann es ja nicht so bleiben", tröstet man sich philosophisch an Bord, auch wenn es noch schlimmer aussieht, aber das Wasser noch nicht bis über das Kinn geht, und so hatte auch die Sturmbö ihren Uebergang, als Neptun sein Müthchen gekühlt und die „Mathilde" gründlich durchgeschüttelt hatte.

Gleich nach dem Wegfliegen der Segel waren andere untergeschlagen; als sich Wind und See gelegt hatten, wurden auch die gebrochenen Stängen ersetzt und die Fregatte steuerte mit steifer Brise südwestwärts, um, von weiteren Unfällen verschont, bald ruhigere Breiten und das Dorado der Seefahrer, die Passate, zu erreichen.

Die Region der letzteren schließt etwa 60 Breitengrade zwischen Amerika und Afrika ein, von 30° nördl. Br. bis ebensoviel Süd, wobei aber die Grenzen flüssig sind und sich je nach dem Stande der Sonne um einige Grade nördlich oder südlich verschieben. Diese beständigen, aus derselben Richtung und mit nahezu gleichmäßiger Stärke wehenden Winde sind das Ergebniß zweier ebenso regelmäßig fortdauernden Ursachen, der Einwirkung der Tropensonne auf die Atmosphäre und der Umdrehung der Erde. Erstere erhitzt bei ihrem nahezu senkrechten Stande die Luftatome, sie dehnen sich aus, werden infolgedessen leichter, steigen in die Höhe und fließen oben ab. Gemäß dem überall in der Natur herrschenden Ausgleichungsbestreben strömen unten kalte Lufttheile aus den Polargegenden zu ihrem Ersatze herbei. Demnach müßten die Passatwinde eigentlich direkt von Norden und Süden auf den Aequator zu wehen, aber da die kalten Lufttheile aus Gegenden kommen, die einen kleineren Kreisumfang und demgemäß auch eine geringere Umdrehungsgeschwindigkeit haben, als die Erde zwischen den Wendekreisen, so sind sie in ihrer von der Erdumdrehung erzeugten Bewegung von West nach Ost langsamer, als die dem äquatorialen Theile anhaftende Atmosphäre. Sie bleiben deshalb hinter der letzteren zurück und so kommt es, daß die von ihnen erzeugten Luftströmungen nördlich von der Linie eine nordöstliche und im Süden eine südöstliche Richtung annehmen.

Da dieser Vorgang ununterbrochen stattfindet und auf der gleichmäßigen Meeresfläche nicht wie am Lande durch Gebirge und dergleichen beeinflußt wird, erklärt sich auch, daß innerhalb der Passate und in einer bestimmten Entfernung von den Küsten keinerlei atmosphärische Störungen, wie Gewitter, heftige Regenfälle, Stürme 2c. vorkommen.

Beim Aequator dagegen, wo beide Passate rechtwinklig aufeinander stoßen und nur nach oben zu entweichen können, entsteht ein Stillgürtel, der desto mehr von jenen Störungen aufweist. Die aufsteigenden Luftströme, welche bei ihrem langen Wege über den Ozean sich mit Feuchtigkeit beladen haben, verdichten sich an den höheren kälteren Schichten und strömen als die ergiebigsten Regengüsse nieder, begleitet von heftigen elektrischen Erscheinungen, Gewittern, Wasserhosen und Sturmböen, wenn letztere auch meistens von kurzer Dauer sind. Dieser Stillgürtel ist in der Nähe von Afrika etwa 60—70 Meilen breit und wird nach der Küste von Brasilien zu immer schmaler. Je weiter westlich daher die Schiffe den Aequator schneiden, desto eher überwinden sie die Stillen und bisweilen in wenigen Tagen, während sie früher, ehe man diesen Umstand kannte, ziemlich östlich schnitten und dann zwei bis vier Wochen gebrauchen konnten, um in den Südpassat zu gelangen.

Gewöhnlich trifft man den Nordostpassat in unserem Sommer schon auf der Höhe von Madeira, d. h. auf 32° N. und hat dann die angenehme Aussicht, eine Strecke von über 400 deutschen Meilen in prachtvollem Wetter zu durchsegeln, um nach Ueberwindung des Stillgürtels für eine gleiche Zone ebenso begünstigt zu werden, wenn man bestimmt ist, um eins der südlichen Kaps zu gehen.

Woher unsere Bezeichnung „Passatwinde" stammt, ist nicht recht klar; die Engländer in ihrem auf das Kaufmännische gerichteten Sinne nennen sie „Handelswinde" (trade winds), der galante Spanier jedoch Vientes de las Señoras — „Damenwinde". Dieser Ausdruck hat seine volle Berechtigung. Wollten Damen zur See fahren, so könnte man ihnen nichts Angenehmeres wünschen, als im Passat zu segeln. Ewig heiterer Himmel, der sich als lichte Kuppel über dem Ozean wölbt und sein Azurblau nur noch tiefer und satter in diesem wiederspiegelt; linder Wind, der, günstig

Alles über Stag.

die Segel schwellend, die Hitze der Tropensonne mildert und Kühlung fächelt; die endlose nur leise wallende Wasserfläche, auf der das Schiff sich sanft und gleichmäßig wiegt, die durchsichtigen Wellen, die, mit Silberschaum gekrönt, spielend an Bug und Seiten emporrauschen, nie durch Stürme geschreckt, nie durch drohende Wetterwolken getrübt werden und auf denen noch kein Herz und Seele erkältender Nebel gelagert hat — das sind Attribute, wie sie das Meer nirgend sonst dauernd aufweist.

Wohl zeigt es sich anderwärts großartiger und führt uns Menschen die Allgewalt Gottes wie ein Mene tekel vor Augen. Wohl ist es furchtbar schön, wenn die brandenden Wogen vom Orkane gepeitscht über die dunkle Tiefe dahinsausen, wie gigantische Rosse, deren weiße Mähnen im Winde flattern, und als blendender Gischt hinuntersprühen, wenn sie am steilen Fels mit Donnergebrüll sich brechen — das ist gewaltige, erhabene Majestät, die das Herz in banger Demuth vor dem Zorne der Natur erzittern läßt; aber die Liebe des Schöpfers offenbart sich neben seiner Allmacht nirgend in so wohlthuender Weise, wie im Passat. Wohin das Auge blickt, erschaut es eine unendliche Fülle von Schönheit in Leben, Bewegung, Formen und Gestalten, die unter dem fördernden Einflusse des Lichtes und der Wärme sich in einer Weise reich entwickeln, wie es anderwärts kaum stattfinden dürfte.

Unzählige Scharen fliegender Fische, erschreckt von dem Geräusche des Schiffes, wenn es die Wogen durchschneidet, schwimmen nach allen Richtungen dahin, blitzend und funkelnd in den Strahlen der Sonne. Hoch oben im Aether schwebt, dem Auge nur als Punkt erscheinend, der schwarze Fregattvogel, um sich wie ein Blitz auf die erspähte Beute niederzustürzen und sie mit seinen scharfen Fängen unfehlbar zu ergreifen. Wie kommt er, der Landvogel, der nicht schwimmen kann, hier mitten auf den Ozean, viele hundert Meilen von der Küste entfernt, wann und wie ruht er aus im Luftmeere? Die flüchtigen Seeschwalben schießen im Zickzackflug über die Wellen dahin, um kleines Gethier zu erhaschen. Mutter Careys Küchlein heißen sie bei den Seeleuten und gelten als unverletzlich. Wer sie tödtet oder beleidigt, der beschwört Unglück über Schiff und Mannschaft herauf, und mancher alte Matrose weiß davon zu erzählen. Nahe unter den Tropen erscheint auch oft der prachtvoll gefärbte Tropikvogel. Stundenlang fliegt er mit dem Schiffe in gleichem Tempo, hält sich scheinbar fast auf derselben Stelle und schaut neugierig nach unten. Sein Gefieder ist schön orangegelb, über Rücken und Flügel zieht sich ein breites, sammetartiges Band von tiefem Schwarz, Füße und Schnabel sind rosenroth, und aus dem Schweife stehen wie beim Paradiesvogel zwei lange, bogenförmige Federn hervor. Er heißt allgemein „der Bootsmann" und die Matrosen sagen, er betrachte sich genau die Takelage, ob alles in Ordnung sei. Wunderbar genug ist sein Benehmen und jedenfalls muß er sehr neugierig sein.

In Trupps von Hunderten umkreisen Tümmler spielend und jagend das Schiff und schnellen sich hoch aus dem Wasser, während Delphine, Bonniten und Albakore, mit ersterem gleichen Schritt haltend, vor dem Bug unmittelbar unter der Oberfläche einherziehen. Sie wissen, daß das Schiff die fliegenden Fische aufscheucht und sie auf diese Weise bequemer zu ihrem Raube gelangen. Zahllose Flotten von Quallen bedecken das Wasser und segeln vor ihren prismatischen Blasen, die das Sonnenlicht in Regenbogenfarben zerlegen; Millionen der verschiedenartigsten Organismen, oft dem bloßen Auge kaum sichtbar, bevölkern das Meer bis zu seinen tiefsten Tiefen, während im Gegensatz zu diesen winzigen Geschöpfen in der Ferne Heerden riesenhafter Pottfische vorüberziehen und luftblasend ihre ungeschlachten Köpfe und Rücken über die Wellen erheben.

So bietet sich dem Auge, wohin es sich auch wendet, stets anregender Wechsel und hoher Genuß in der unendlichen Mannigfaltigkeit und Schönheit dessen, was die schöpferische Hand der Natur aus ihrem Füllhorn in diese Gegenden ausgestreut, und der denkende Mensch steht staunend und bewundernd vor der Allmacht Gottes, die sich hier, wie überhaupt im Meere, ihm offenbart, mag es ihm zürnend im brausenden Sturme entgegentreten oder liebevoll zu seinem Herzen sprechen wie hier. Deshalb ist es zu verstehen, wenn sich die Erinnerung an die blauen Fluthen mit unauslöschlichen Zügen den Menschen in das Herz gräbt, die sie geschaut, sich auf ihnen gewiegt und ihre Geheimnisse belauscht haben.

Es ist Wenigen gegeben, die Wunder, die Schönheit und die erhabene Majestät des Meeres in geeignete Worte zu kleiden, doch ein begnadeter Dichter, Lord Byron, hat es verstanden. In mächtigen volltönenden Stanzen erklingt in „Childe Harold" seine herrliche Ode an den Ozean, und so oft man sie liest, wird man von der Wahrheit und Gewalt der Schilderung ergriffen, die in freier Uebertragung, wenn auch nur abgeschwächt, hier folgen mag.

Wog', Ozean, du dunkelblauer, wog'!
   Zehntausend Kiele furchen dich vergebens.
Wohl zwang der Mensch die Erde in sein Joch,
   Du aber bist die Grenze seines Strebens.
Er nennt sich stolz den mächt'gen Herrn der Welt,
   Doch sieht an dir er seine Macht zerschellen.

Du spottest sein! und wenn es dir gefällt,
   Begräbst du ihn im Gischte deiner Wellen.
Er sandte Flotten ohne Zahl hinaus,
   Im grimmen Kampfe sich mit dir zu messen.
Wo sind geblieben sie? Im Sturmesbraus
   Sind sie verweht, versunken und vergessen.

Du aber wogest fort! Es grub die Zeit
In deine Azurstirne keine Falten;
Wie Gott dich anfangs schuf, so wogst du heut',
So wird in Ewigkeit er dich erhalten.
Ob wilde Stürme — peitschend deine Fluth —
Am eisumstarrten Pole dich umtosen,

Ob in des milden Südens Sommergluth
Balsam'sche Lüfte linde mit dir kosen —
Du bleibst dir gleich! Erhaben, mächtig, groß,
Abbild der Ewigkeit, der Schöpfung Krone —
So wallest du, — unendlich, bodenlos,
Unwandelbar von Zon' zu Zone.

Die Passate sind aber nicht nur bequeme Winde für die Schiffe und das Dorado der Seeleute, sondern auch die Ursache einer Erscheinung, welche Millionen Landbewohnern zum Heile gereicht und für das ganze westliche Europa segenspendend ist. Wegen des Zurückweichens der Küsten von Südafrika und Amerika nach Ost und West beherrscht der Passat im Süden der Linie eine ganz bedeutend größere Zone des Meeres als im Norden und übt demgemäß auch größeren Einfluß auf dessen Oberfläche. Er treibt die von den senkrechten Sonnenstrahlen stark erwärmten Wassermassen vor sich her, bis sie sich im Golf von Mexiko aufstauen. Den hier gesuchten Ausweg finden sie nur in der Enge zwischen Florida und den Bahamainseln, um fortan als Golfstrom die ganze Breite des nordatlantischen Ozeans zu durchmessen.

Anfangs mit großer, später mit abnehmender Geschwindigkeit nach Nordost fließend, theilt dieser Strom sich auf der Höhe von Spanien und unweit dessen Küsten in zwei Arme, deren einer seinen Weg bis nach Norwegen nimmt, wo sich seine Wärme allmählich im Polarbecken verliert, während der andere südlich umbiegt und, vom Nordostpassat unterstützt, zum Aequator zurückgeht, um seinen Kreislauf von neuem zu beginnen.

Der von dem nördlichen Zweige mitgeführten Wärme verdankt der Westen Europas seine milde Temperatur; ohne den Golfstrom würde es nordrussisches Klima haben, England und Norwegen würden im Eise starren und für zivilisirte Menschen unbewohnbar sein.

Er grenzt sich — wahrscheinlich infolge seines größeren Salzgehaltes — so scharf in den umgebenden kalten Wasserschichten ab, als ob er in einem festbestimmten Bette dahinflösse. Unweit seines Austritts in den nordatlantischen Ozean kann man auf seiner Kante am Vordertheile des Schiffes oft 12° C. höhere Temperatur finden, als am Hintertheile, weil jenes bereits in den Golfstrom eingetreten ist, dieses aber noch in kaltem Wasser weilt. Eine andere Eigenthümlichkeit dieser wunderbaren für die gesamte Schifffahrt und Europa so wichtigen Naturerscheinung ist die gewölbte Form des Stromes. Seine Achse liegt ungefähr 40 Centimeter höher als seine Kanten, und die Folge ist, daß die auf ihm treibenden Gegenstände nach den Seiten hin abgleiten und sich, namentlich dort, wo der eine seiner Arme südlich umbiegt, in dessen Todtwasser sammeln. Diese Stelle von etwa 40—80 Meilen Breite wird von den nach Süden bestimmten Schiffen passirt. Sie liegt zwischen den Kanarischen und den Kapverdischen Inseln, und hier befinden sich auch die sogenannten Sargassobänke, d. h. endlose Triften von schwimmendem Seegras, in denen die Begleiter des Columbus ihre Schiffe festzufahren fürchteten.

Als die „Mathilde“ diese Gegend erreichte, fand sie an demselben Tage einen mächtigen, behauenen Balken und ein mehrere Centner schweres Faß mit Benzin. Möglicherweise stammte ersterer aus den Wäldern des Mississippi und hatte letzteres der Ladung eines in Westindien gestrandeten Schiffes angehört. Beides wurde an Bord genommen; der schwere, vom Wasser vollgesogene Balken machte viel Schwierigkeiten, aber die Leute waren lustig darüber her. Es war ja eine Abwechselung in dem Einerlei des täglichen Lebens, und dann wußten sie, daß der nicht unbeträchtliche Erlös aus den Fundstücken nur ihnen selbst zu Gute kommen würde, sei es, um ihnen ein besonderes Vergnügen zu verschaffen oder auf andere Weise zu ihrem Behagen beizutragen.

So lange sich das Schiff in den heimischen Meeren und im englischen Kanal befand, bot sich der Mannschaft bald diese, bald jene Zerstreuung; Küstenbilder, Städte, Feuerthürme, Schiffe der verschiedensten Nationalität und Bauart gaben ihr reichen Stoff zur Unterhaltung und Kritik, von der der Matrose ein großer Freund ist. Seit dem Verlassen des Biscayischen Meerbusens fehlte dergleichen jedoch; die begegnenden Schiffe wurden seltener, oft zeigten sich tagelang keine am Horizont, und für Naturschönheiten und Wunder des Meeres ist der praktische Jan Maat selten empfänglich. Er bewundert nicht das prachtvolle Farbenspiel der Delphine oder den Silberschimmer der fliegenden Fische vom ästhetischen Standpunkte aus, sondern sie haben für ihn nur Interesse, wenn sie gefangen und verspeist werden können. Seltsame Wolkenbildungen erregen nur seine Aufmerksamkeit, weil sie Wind- und Wetteränderungen prophezeien, aber er wird gar nicht sehr angenehm von ihnen berührt, weil er damit sehr richtig in Verbindung bringt, daß er möglicherweise auf seiner Freiwache aus der Koje geholt wird, tüchtig arbeiten muß, bis auf die Haut naß wird und um seinen Schlaf kommt, der am Bord überhaupt karg genug bemessen ist. Die Passate sind ihm deshalb nur aus dem Grunde willkommen, weil der gleichmäßige, stets aus derselben Richtung wehende Wind nicht seine Nachtruhe stört und er mit Aus nahme der Stunden, wo er Posten als Ausguck oder am Ruder steht, selbst auf seiner Nachtwache Vorrath für kommende ungünstige Zeiten schlafen kann. Allerdings darf man dabei nicht an Hängematten denken; diese werden nur für die „Wache zur Koje" ausgegeben, aber das beansprucht er auch keineswegs. Er sucht sich die weichste Planke auf dem Deck aus, legt sich auf den Rücken, die Arme oder ein Stück Holz unter den Kopf, deckt sich mit dem Bauch zu und schläft so sanft wie in einem Daunenbette; ja es kommt oft genug vor, daß er nach Beendigung seiner Wache nicht einmal in seine Hängematte geht, sondern ruhig auf dem Deck liegen bleibt.

Wenn der Landbewohner sich vorstellt, daß 4—500 Menschen jahrelang auf einem Schiffe umherschwimmen und davon mehr als die halbe Zeit auf dem Meere zubringen, dann mag es ihm oft räthselhaft erscheinen, wie es möglich ist, Beschäftigung für sie zu finden, so daß sie nicht vor Langerweile umkommen; aber an jener fehlt es nie. Erstens dauert es sehr, sehr lange, bis ein Kriegsschiff nach der Ansicht seines Kommandanten und ersten Offiziers in Ordnung kommt, wenn überhaupt die Reise dazu ausreicht. Sollte es dann aber wirklich auf einer Höhe der Vollkommenheit angelangt sein, daß der Kommandant bei der Sonntagsinspektion nichts zu tadeln findet und der erste Offizier mit sich selbst zufrieden ist, dann giebt es erst recht etwas zu thun, um das Schiff auf diesem Höhepunkte zu halten.

Wie durch die Rollen jedem Manne am Bord sein Platz vorgeschrieben und sein Wirkungskreis angewiesen wird, so sorgt auch die genaue Zeiteintheilung eines Seetages, die sich nicht allein auf Stunden, sondern auf die Minuten erstreckt, dafür, daß sich das Leben und der Dienst am Bord mit einer Regelmäßigkeit und Pünktlichkeit abwickeln wie ein Uhrwerk, und auch diese Einrichtung trägt dazu bei, Langerweile vorzubeugen. Bekanntlich schwindet die Zeit nie schneller, als wenn das Leben um uns in gewohnter gleich= mäßiger Weise verläuft und nicht besondere Ereignisse ge= wissermaßen als Marksteine aus ihm hervorragen, an denen das geistige Auge haftet, um danach Entfernungen zu bemessen; und das trifft auch für die Eintönigkeit des See= lebens zu.

Ein Seetag wird in sieben Wachen, fünf zu je vier und zwei zu je zwei Stunden ge= theilt, letzteres, damit die Mannschaften nicht jeden Tag

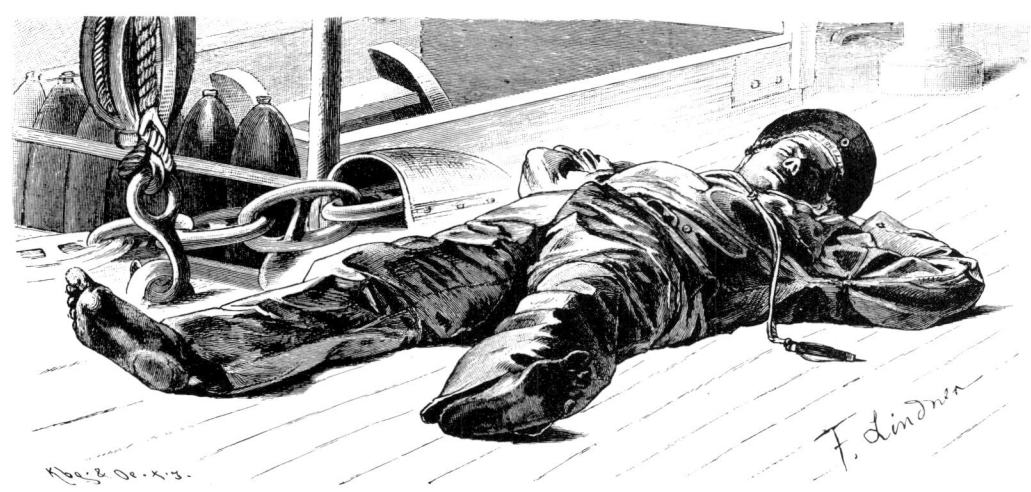

Schlafender Mann.

dieselbe Wache bekommen. Er beginnt abends 8 Uhr und, wie schon oben bemerkt, hat Steuerbord die erste Wache. Der seemännische Theil der Mannschaft wird mit Ausnahme der Freischläfer in zwei, das Maschinenpersonal, das unter Dampf und vor den Feuern namentlich in warmen Klimaten schärfer angestrengt wird als der Matrose, in drei Wachen getheilt, so daß mithin die Seeleute an einem Tage 14, am nächsten 10 Stunden, die Heizer dagegen täglich nur 8 Stunden Wache haben. Der Rest ist für die Seeleute jedoch keineswegs Freizeit, sondern von dieser gehen noch die allgemeinen Exercitien, die Musterungen, Instruktionsstunden rc. ab. Ungestörte Ruhe — d. h. wenn es die Witterung erlaubt —, die er zum Schlafen in der Hängematte benutzen darf, erhält der Matrose, der von 24 Stunden 14 Wache hat, 7 Stunden, d. h. von 8—12 abends und von 4—7 morgens, der mit 10 Stunden Wache aber nur von 12—4 Uhr nachts. Es erklärt sich daher, daß Schlaf am Bord ein gesuchter Artikel ist und manche Seeleute es dahin bringen auf Deck im tollsten Wetter in allen möglichen Positionen, stehend, ja sogar im Gehen zu schlafen.

Freischläfer sind die Deckoffiziere, die Handwerker, Köche, Kellner, Materialienaufseher oder sogenannte Hellegats= leute u. dergl., welche wachfrei, weil ihr Dienst es mit sich bringt, daß sie den ganzen Tag beschäftigt sind. Sie können 8 Uhr abends zur Koje gehen, werden dafür aber um 4 Uhr früh schon wieder herausgeholt. Für gewöhnlich sind sie von den Exercitien, ausgenommen die allgemeinen, befreit und bleiben bei ihrer zuständigen Arbeit.

Während der Dienst Tag und Nacht durchgeht, da gewisse Verrichtungen, wie z. B. Steuern, Ausguckhalten, die Fahrt des Schiffes messen, beständig geschehen müssen und durch Wind und Wetter jeden Augenblick die verschieden= artigsten Manöver bedingt werden können, beginnt die eigentliche Schiffsarbeit mit Tagesanbruch, und wenn dieser in höheren Breiten zu lange auf sich warten läßt, auch wohl schon bei Laternenschein. Sie besteht zunächst 365 mal im Jahre in Deckwaschen. Das mag manchen Landbewohnern auch räthselhaft vorkommen, wenn sie daran denken, daß mitten auf dem Wasser, wo es nicht einmal Staub giebt, täglich ein paar hundert Menschen, und Sonnabends die doppelte Zahl mit allen möglichen Reinigungsinstrumenten bewaffnet und unter Zuhülfenahme von so viel Wasser, als sollte das Meer um einige Fuß in seinem Niveau heruntergebracht werden, das ganze Schiff abwaschen, während selbst eine vom größten Reinlichkeitsteufel besessene Hausehre, die unbedingt mehr Recht dazu hätte, ihre Wohnung nach dieser Richtung höchstens einmal wöchentlich auf den Kopf stellt. Es ist schwer, auf diese Frage eine zufriedenstellende Antwort zu geben, aber Gründe sind trotzdem vorhanden und zwar eine ganze Reihe: 1. es könnte doch Schmutz und Staub vorhanden sein; 2. es ist einmal so Mode; 3. Reinlichkeit ist eine große Tugend, die zugleich dem Gesundheitszustande zu Gute kommt; 4. zweihundert Menschen werden verschiedene Stunden lang zuerst mit Scheuern und Waschen, dann mit Auftrocknen, dann mit Putzen des bespritzten Messinggeschirrs ꝛc. beschäftigt, so daß sie keine Zeit haben, philoso=phische Betrachtungen darüber anzustellen, daß das Leben am Bord oft sehr eintönig und langweilig sein kann. Dem ließe sich noch vieles hinzufügen; aber es mag genügen noch ein Hauptargument beizubringen: jeder Kriegsschiffsmatrose

Zeugwäsche.

ist an das tägliche Deckwaschen so gewöhnt, daß er sich kein Schiff ohne dasselbe denken kann, und in jedem von ihnen steckt von vornherein ein solches Stück Reinlichkeitsdrang, daß er demselben auch unter den schwierigsten Umständen nachzukommen strebt. Auch auf den verschiedenartigsten Handelsschiffen findet sich zuweilen ähnliches. Sei ihre Beschäftigung auch noch so schmutzig und unappetitlich, wie bei einem englischen Kohlenschlepper, einem Grönlandsfahrer, Südseemann oder französischen Kabeljaufänger — irgend eine Stelle findet man wohl, deren saubere Erscheinung angenehm das Auge berührt und für deren Reinlichkeit und Glanz Kapitän und Steuerleute eine rührende Sorge tragen. Der Kabeljaufänger auf den Neufundlandbänken, der sein ganzes Dasein unter halbverwesten Fischen abspinnt, den man auf eine halbe Meile weit riecht, wenn man das Unglück hat, sich leewärts von ihm zu befinden, der den ganzen Tag bei jeder Witterung in seinem schmierigen Oelzeug und in Seestiefeln mit zolldicken Sohlen umherstapft — der Grönland= und Südseefahrer, dessen Decksplanken nur sichtbar werden, wenn man mindestens eine fingerdicke Kruste von gummiartig verdicktem Thrane von ihnen kratzt, der sich höchstens alle vierzehn Tage wäscht und alle vier Wochen Wäsche wechselt, d. h. sein Hemde umkehrt und dabei, um das Datum nicht zu vergessen, eine Kerbe in den Großmast schneidet — derselbe alte verrostete Kerl schießt aus seinen Augen Donner und Blitze auf den Unglücklichen, der zufällig mit schmutzigem Fußwerk sein geheiligtes „Halbdeck", d. h. den von ihm mit so hochtönendem Namen belegten schmalen

Streifen betritt, den er mit zärtlicher Liebe als Reinlichkeitsoase in der umgebenden Schmutzwüste pflegt, sonnabendlich scheuern und täglich waschen läßt; ja, der Holländer stellt neben den Mann am Ruder einen Spucknapf auf, damit nur ja nicht dieser Glanzpunkt seines Daseins etwa durch Tabaksaft entweiht werde. So geht es mit immer größeren Ansprüchen hinauf bis zum flotten Ostindienfahrer, der schon danach strebt, in dergleichen Reinlichkeitsbestrebungen den Kriegsschiffen ein bischen Konkurrenz zu machen, wenngleich er sein Ziel nicht erreicht, weil ihm die Kräfte fehlen, die jenen zu Gebote stehen.

Um 6½ Uhr ist diese erste Tagesarbeit ziemlich vollendet, dann kommt die andere Wache an Deck, staut ihre Hängematten in die Finknetzkasten, welche, von vorn bis hinten laufend, die Verschanzung des Schiffes krönen, wäscht sich, und um 7 Uhr geht es zum Frühstück, für welches zwanzig Minuten bestimmt sind. Zweimal wöchentlich ist Zeugwäsche, Montag und Freitag früh. Da dafür aber nur kurze Zeit gewährt wird und das Deck trotzdem um sieben rein und trocken sein muß, so waschen die Leute meistens des Nachts auf ihren Wachen, wobei sie das Problem lösen trotz Dunkelheit und Salzwasser ihr Zeug doch rein zu bekommen, denn rein muß es sein, sonst setzt es bei der nächsten Musterung Strafarbeit. Getrocknet wird es an den zwischen den Masten in vier bis sechs Doppelreihen aus= gespannten Waschleinen, die dann dem Schiffe das Aussehen einer Trockenanstalt geben.

Nach dem Frühstück geht das Putzen von Messingzeug, Handwaffen und Kanonen vor sich, und ebenso wird das beim Deckwaschen aufgehängte Tauwerk wieder gebrauchsfertig auf das Deck niedergeschossen. Alle Leute, die während der Nacht irgend etwas peccirt haben, stellt die Stabswache um halb neun aufs Achterdeck vor den ersten Offizier zum Rapport. Schlag 9 Uhr tritt die gesamte Mannschaft im vorher befohlenen Tagesanzug zur Musterung an Deck an.

Da Schiffe sich in den verschiedensten Klimaten bewegen, müssen die Leute demgemäß auch mit Kleidungsstücken ausgerüstet sein. Sie müssen zwei Paar Unter= und fünf Paar Oberkleider, dürfen aber mehr haben. Für kalte Gegenden sind wollene Hemden, Tuchbeinkleider, ein wollener Shawl und außerdem eine dicke Ueberjacke bestimmt, für warme Länder Segeltuchblusen und ebensolche Beinkleider, für Parade weiße Hemden mit blauem Kragen und Aermel= aufschlägen, Tuch= und Leinenbeinkleider, sowie ein seidenes Halstuch. Dazu treten noch Tuchmützen ohne Schirm mit Seidenband, auf dem der Schiffsname in Gold gedruckt ist, sowie Schuhe, Strümpfe und Stiefel.

In früheren Zeiten erhielten die Mannschaften ihre Kleider vom Staate geliefert, wie bei der Armee; seit Längerem müssen sie sich dieselben jedoch selbst halten. Der Staat beschafft alles im Großen auf das beste und billigste, und die Leute kaufen. Sie erhalten dazu monatlich 9 Mark Kleidergelder, und es hat sich ergeben, daß diese Einrichtung für Marinefiskus und Mannschaften gleich vortheilhaft ist. Ersterer spart dabei, und die Leute schonen ihr eigenes Zeug viel mehr, als das früher gelieferte. Eine große Zahl der Ausgedienten hat in den 2½ Jahren nicht nur gegen 60 Mark von den Kleidergeldern erübrigt, sondern nimmt außerdem noch eine gute Kleider= ausrüstung mit fort.

Der gewöhnliche Tagesanzug in den Tropen ist Bluse und Arbeitsbeinkleid, wobei die Leute barfuß gehen. Nur beim Geschützexerziren müssen sie Schuhe anziehen, weil sie sonst leicht die Füße wundstoßen. Bei allen anderen Manövern lassen sie die Schuhe fort. Anfänglich mögen die bloßen Füße beim Hinauflaufen in den Wanten genug schmerzen, aber das verliert sich bald, und man glaubt nicht, wie hart und unempfindlich die Füße werden, wenn auch nicht so hart wie die der Neger, welche beim Fischen in seichtem Wasser so ungenirt auf den spitzstacheligen Seesternen herumtreten, als hätten sie Smyrnateppiche unter den Füßen. Als Kopfbedeckung ist ein Strohhut (für die Seesoldaten ein Tropenhelm) aus indischem Schilf oder von Kork, mit Baumwollenbezug, mit oder ohne Nackenschleier vorgeschrieben.

Nach der Musterung, die sich hauptsächlich auf Reinlichkeit und Kleidung erstreckt und vom ersten Offizier abgehalten wird, beginnt um 9½ Uhr das Geschützexerziren für die Wache, und zwar dreimal wöchentlich, Montag, Mittwoch und Donnerstag, während die Freiwache frei hat. Dienstag= und Freitag=Morgen sind zu allgemeinen Exercitien bestimmt, zu denen alle Mann herangezogen werden, am ersteren Tage mit Segeln, während am letzteren das Schiff klar zum Gefecht gemacht wird. Der ganze Sonnabend=Vormittag ist jedoch der Pflege der edlen Reinlichkeit gewidmet, und es giebt dann kein Fleckchen auch in dem dunkelsten Raume des Schiffes, das der Heimsuchung mit Scheuersteinen, Sand, Seife u. s. w. entginge. Um 11½ Uhr morgens enden Exercitien und Arbeit, es wird Deck geklart und gefegt, „Backen und Banken" gepfiffen und alles zum Mittagessen vorbereitet. Die Backschaften gehen mit ihren aus verzinktem Eisenblech gefertigten Backen — Speiseschüsseln — zur Kombüse, um unter Aufsicht des Unterlieutenants der Batterie ihre Rationen zu empfangen, der Koch schickt eine Probe des Essens zum Wachhabenden und ersten Offizier, und wenn dieselbe für gut befunden ist, wird zu Mittag gepfiffen. Nach Tisch haben die Leute bis 1½ Uhr Ruhe und dürfen rauchen. Dann beginnt wieder das Exerziren mit den verschiedenen Handwaffen für die Wache, oder Mittwoch und Sonnabend Kleidermusterung bezw. Zeugflicken für alle Mann bis 4 Uhr. Danach wird abermals Deck geklart und gefegt, und um 5 Uhr findet die zweite tägliche Musterung, und zwar jetzt an den Geschützen,

67

statt. Ursprünglich hatte die Musterung bei den verschiedenen Kriegsflotten den Zweck, festzustellen, wer etwa von der Mannschaft betrunken sei, um statt der Untauglichen für ein eventuelles Nachtgefecht nüchterne Leute bei den Geschützen einzustellen. In früheren Zeiten mußte man auf solche Kämpfe immer gefaßt sein, da die in fernen Meeren schwimmenden Schiffe oft erst durch die Schüsse eines auf sie feuernden Feindes davon in Kenntniß gesetzt wurden, daß inzwischen ein Krieg ihres Landes mit dieser oder jener Nation ausgebrochen sei. Deshalb war es erforderlich die Geschützmannschaften auch Nachts immer vollzählig zu wissen, und da auf den Schiffen im Laufe des Nachmittags der Grog ausgegeben wurde, passirte es ziemlich häufig, daß manche, die von den Kameraden verschiedene Portionen erhandelten, sich darin übernahmen. Telegraphen und dergleichen Einrichtungen der neueren Zeit sorgen zwar jetzt dafür, daß Kriegsschiffe nicht mehr auf solche Weise überrascht werden, und bei deutschen Matrosen ist ein Betrinken an Bord ausgeschlossen, weil sie sich in dieser Beziehung sowohl vortheilhaft von andern Nationen auszeichnen, als auch nicht regelmäßig, sondern

Pfeifen und Lunten aus.

nur nach Ermessen des Kommandanten bei schlechtem Wetter oder schwerer Arbeit Spirituosen erhalten, die an Ort und Stelle ausgetrunken werden. Trotzdem ist die Geschützmusterung aber geblieben; sie wird benutzt, um nachzusehen, ob die Geschützbefestigungen sich nicht etwa gelöst haben, damit man diese für die Nacht und gegen etwaige Witterungsveränderungen gesichert weiß; das Loßreißen eines solchen, oft mehrere hundert Zentner schweren Kolosses würde natürlich gefährliche Folgen für Schiff und Mannschaft nach sich ziehen.

An die Musterung schließt sich dann außer Feuerlärm, Segelexerziren und Aehnlichem noch zuweilen Instruktionsstunde, die sich, wie in der Armee, auf die verschiedenen Zweige des Dienstes erstreckt und unter Aufsicht der Offiziere von den Unteroffizieren abgehalten wird. Daß dabei manche eigenthümliche Pädagogik mit unterläuft und auch, wenn der Offizier einmal den Rücken wendet, dem Einzelnen seine Dummheit in drastischer Weise zu Gemüthe geführt wird, ist erklärlich, aber der alte Unteroffizier Schramm leistete seiner Zeit doch ganz Besonderes in dieser Hinsicht. Er wurde im Beginn unserer Marine als Matrose eingestellt und war einer der fixesten Kerle am Bord, die es gab. Obwohl er weder lesen noch schreiben konnte und nur plattdeutsch sprach, wurde er dennoch zum Unteroffizier befördert und machte sich auch als solcher ausgezeichnet. Nur an die Instruktion und die in der Marine geltenden humanen Prinzipien konnte er sich nicht recht gewöhnen und stellte daher eigenthümliche Grundsätze auf. So instruirt er eines Tages eine Abtheilung Schiffsjungen über den vorschriftsmäßigen Weg bei Beschwerden folgendermaßen: „Jung',“ wendet er sich an den ersten, „wat deihst du, wenn ick di een ant Muul gew'?“ Der Junge schweigt. Schramm richtet seine Frage an den zweiten, begegnet aber ebenfalls tiefem Schweigen. Der dritte antwortet endlich prompt: „Ich beschwere mich!“ „Richtig,“ bestätigt der Unteroffizier, „du beswerst di, dat's dien Recht. Wat kümmt denn?“ „Ich bekomme mein Recht.“ „Richtig, du kriegst dien Recht, aber wat kümmt denn?“ Die Jungen sehen einander verlegen an und bleiben die Antwort schuldig; ein solcher Fall war noch nicht dagewesen. „Ick will et ju seggen“, unterbricht Schramm die Pause, „Beswerde

föhren könnt ji, Recht kriegt ji ook, aber denn bargt ju vor mi, denn breek ick ju de Knoken twei.“ Letzteres ist zwar nicht passirt, aber andererseits lief auch keine Beschwerde gegen den Unteroffizier ein. Obwohl es bekannt war, daß er eine lose Hand hatte, ertappte ihn niemals ein Vorgesetzter beim Schlagen. Wenn er sonst Jagdhiebe austheilte, so erfuhr dank seiner Instruktionsmethode niemand etwas davon, außer dem Betreffenden, der sie erhielt, und ein solcher zeitweiliger Jagdhieb hat auch sein Gutes.

Nach der Instruktion bis zum Abendessen, das 6½ Uhr stattfindet und regelmäßig aus gesüßtem Thee und Butterbrot besteht, während es zum Frühstück Kaffee giebt, und bis ³/₄8 Uhr haben die Leute wieder frei, dürfen singen, tanzen, rauchen, und man übt gern Nachsicht, wenn sie dabei bisweilen auch etwas laut werden, da sie sonst die größte Ruhe beobachten müssen. Fünfzehn Minuten vor 8 Uhr werden die Hängematten der Freiwache gepfiffen, es ergeht um 8 Uhr das Kommando: „Pfeifen und Lunten aus, Ruhe im Schiff!“ und der Seetag ist abgeschlossen, um am andern Morgen in derselben Weise zu beginnen und sich ebenso gleichmäßig abzuwickeln, wenn nicht besondere Witterungsverhältnisse hier oder dort eine andere Zeiteintheilung für einen Tag nöthig machen.

Kurz vor 9 Uhr abends wird die Ruhe der Schläfer jedoch noch einmal unterbrochen, obwohl sie sich bald daran gewöhnen und dann nicht weiter dadurch gestört werden. Um diese Zeit findet nämlich die Hauptronde durch das ganze Schiff statt, die von dem ersten Offizier, begleitet von dem Batterie= und Zwischendecks=Offizier, der Stabs= wache und sämtlichen Deckoffizieren (Bootsmann, Feuerwerker, Zimmermann ꝛc.), abgehalten wird und die Sicherheit geben soll, daß für die Nacht alles in Ordnung ist, keine Feuersgefahr entstehen kann, und daß die Freiwache sowie die Freischläfer entkleidet in ihren Hängematten liegen. Im Zwischendeck ist dies eine anstrengende Arbeit; man kann nur in gebückter Stellung unter den dort 18 Zoll voneinander aufgeschlagenen Hängematten (siehe unten) durchkriechen. Der beschränkte Raum im Schiffe bedingt eine solche kleine Entfernung; da jedoch die geraden mit den ungeraden Nummern wechseln, so erhält jeder Mann, wenigstens in See, den doppelten Platz, da seine beiden Neben= männer sich auf Wache am Deck befinden. Im Hafen allerdings, wo gewöhnlich nur ein Achtel der Mannschaft Wache hat,

Ronde.

ist die Nähe oft unbequem und es wird deshalb, namentlich in den Tropen, darüber fortgesehen, wenn ein Theil der Leute sich auf dem Oberdeck oder in der Batterie Schlafplätze sucht. Wie schon früher bemerkt, wird außer der Hauptronde während der Nacht noch stündlich eine Ronde durch einen Unterlieutenant in Begleitung eines Unteroffiziers gegangen.

Von den Offizieren sind der erste, auf größeren Schiffen fast immer ein Korvettenkapitän, und der Adjutant des Kommandanten, der aus den Unterlieutenants entnommen wird, wachfrei. Jener ist jedoch trotzdem der geplagteste Mensch an Bord, und auf seinen Schultern ruht eine ungewöhnliche Arbeitslast. Der Kommandant trägt natürlich für das, was im Schiffe passirt, in erster Reihe die Verantwortung; aber sein ausführendes Organ für alles, was mit der Disziplin, der militärischen Ausbildung der Mannschaften, mit der Ordnung, Reinlichkeit und der Instandhaltung des Schiffes zusammenhängt, ist der erste Offizier. Bereits Morgens 4 Uhr erscheint der Bootsmann in seiner Kammer, um Rapport über die Witterung abzustatten und nach deren Stande Befehle für die auszuführenden Arbeiten einzuholen. Mit dem Beginn der Schiffsreinigung kommt der erste Offizier selbst an Deck, um ununterbrochen bis abends zur Hauptronde im Dienst zu sein, alles anzuordnen, zu kontroliren, die Exercitien zu überwachen und endlose Einzelheiten zu erledigen, deren Zahl auf einem Kriegsschiffe, das eine Welt im Kleinen für sich bildet, Legion ist.

Bei allen allgemeinen Manövern übernimmt er den Befehl, wenn der Kommandant sich dies nicht für dieses oder jenes Mal selbst vorbehält, was im Ernstgefecht stets der Fall ist. Mit dieser Pflicht hängt auch zusammen, daß Jener während der Nacht von allen außergewöhnlichen Vorfällen Meldung erhält und aufzustehen hat, sobald „Alle Mann" gerufen werden. Man sieht, der Posten des ersten Offiziers ist ein schwerer. Wenn er seine Schuldigkeit thun will — und dies ist von dem Inhaber einer so überaus wichtigen Stellung nicht anders vorauszusetzen — so behält er für sich selbst gar keine Zeit. Bis auf die wenigen Stunden Schlaf ist sein ganzes Leben am Bord dem Dienst gewidmet; selbst seine Mahlzeiten kann er nicht ungestört einnehmen, und in fremden Ländern gönnt er sich von allen Offizieren den wenigsten Urlaub. Nur von einer dienstlichen Verrichtung ist er befreit: mit der navigatorischen Führung des Schiffes hat er direkt nichts zu thun. Diese leitet der Kommandant unter Assistenz des Navigationsoffiziers selber, wenngleich der erste Offizier von allem Einschlägigen in Kenntniß gesetzt wird, und ebenso bestimmt Ersterer auch die Segel- und Maschinenführung.

Der Navigationsoffizier ist auf größeren Schiffen gewöhnlich der älteste Kapitänlieutenant. Ihm liegen alle terrestrischen und astronomischen Beobachtungen nebst den Berechnungen für Bestimmung des Schiffsortes ob und er

Observiren mit dem Sextanten.

hat jeden Mittag nach Schluß des abgelaufenen astronomischen Tages dem Kommandanten das Mittagsbesteck d. h. die Breite und Länge einzureichen, welche das Schiff um 12 Uhr erreicht hat, muß aber auch im stande sein, auf Befehl des Ersteren zu jeder anderen beliebigen Tages- oder Nachtzeit den genauen geographischen Punkt anzugeben, an dem sich das Schiff befindet. Er führt die Aufsicht über das Steuermannsdetail, worunter man alle diejenigen Inventarien versteht, welche mittelbar oder unmittelbar zur Navigirung des Schiffes gehören, wie die nautischen Instrumente, Chronometer, Kompasse, Log (zum Messen der Fahrt), Loth, sodann über Flaggen, Signale und dergl., kontrolirt die genaue Führung des Schiffsjournals, in welches von den wachhabenden Offizieren alle Vorkommnisse eingetragen werden, und fertigt davon die Reinschrift. Jeden Morgen 8 Uhr meldet er dem Kommandanten, daß die Chronometer aufgezogen sind, und theilt dies auch dem Posten vor der Kapitänskajüte mit, der sich nicht eher ablösen lassen darf, bis er seinem Nachfolger übergeben kann, daß jenes geschehen ist. Es geht daraus hervor, wie wichtig es ist, daß das Aufziehen immer zu demselben Zeitpunkte erfolgt und nicht einmal vergessen wird, weil dadurch eine große Verlegenheit entstehen könnte. Bekanntlich sind Chronometer sehr genau gearbeitete und gleichmäßig gehende Uhren, welche die Zeit des ersten Meridians (zumeist Greenwich) angeben und zur Längenbestimmung des Schiffes benutzt werden. Es ist leicht, morgens und nachmittags aus der Sonne und nachts auch aus Beobachtungen anderer Gestirne die wahre Schiffszeit zu berechnen, und die Vergleichung dieser mit der gleichzeitig beobachteten Zeit des ersten Meridians ergiebt dann die geographische Länge. Da auch die bestkonstruirten Chronometer fehlerhaft werden können, so führt man auf Kriegsschiffen drei mit sich, die sich gegenseitig kontroliren, werden sie aber einmal nicht aufgezogen, so fehlen verläßliche Mittel zur Längenbestimmung und das kann unter Umständen sehr unangenehm werden. Zwar läßt sich die Zeit des ersten Meridians auch aus den Abständen des Mondes von anderen Gestirnen berechnen, aber Witterungsverhältnisse und Neumond können dies wochenlang verhindern. Sind Mondabstände zu haben, so muß der Navigationsoffizier sie auch nehmen, mag das zu irgend einer Tages- oder Nachtzeit und unter den unbequemsten Verhältnissen stattfinden. Bei heftigen Schwankungen des Schiffes muß er sich oft in den wunderlichsten Posituren üben, um diese höchst schwierigen Beobachtungen mit der nöthigen Genauigkeit zu machen, da ein Messungsfehler von 4 Sekunden gleich einen Längenfehler von einer Seemeile ergiebt — Chronometer sind ja Menschenwerk, und deshalb muß die ewig richtig gehende Himmelsuhr so oft wie möglich zu Rathe gezogen werden, wenn man das Schiff sicher führen will.

Die Regulirung der Kompasse macht dem Observationsoffizier auch viel Sorge und er hat täglich dahingehende Beobachtungen zu machen. Auf den alten Holzschiffen war davon weniger die Rede; man brauchte sich vor 50 Jahren selten mit der „Deviation", d. h. örtlichen Ablenkung der Kompaßnadel vom magnetischen Meridian, abzuquälen. Seitdem aber immer mehr Eisen zum Schiffsbau verwendet worden und namentlich in neuester Zeit, wo eigentlich das ganze Schiff, Masten, Tauwerk ꝛc. aus Eisen besteht und sich dadurch in ihm selbst eine magnetische Achse bildet, die sich bei jedem Kurse mit dem magnetischen Erdmeridian kreuzt, bei Veränderung der geographischen Breite, bei den verschiedenen Lagen des Schiffes, bei geheizter und ungeheizter Maschine sich ändert, und deren Pole deshalb auf die Kompaßnadel stets verschieden wirken, ohne daß man genau weiß wie, ist die Deviation ein Faktor geworden, der für die Sicherheit des Schiffes ganz bedeutend in das Gewicht fällt und unausgesetzt durch tägliche Beobachtungen der Gestirne bestimmt und kontrolirt werden muß, wenn man richtige Kurse steuern und das Schiff namentlich in engem Fahrwasser nicht irgendwo auf den Strand setzen will.

Die Aufgaben und Arbeiten des Navigationsoffiziers sind deshalb ebenso vielseitig wie schwierig, da sie die größte Genauigkeit fordern und bei jeder die Sicherheit von Schiff und Mannschaft in das Spiel kommt. Weil er seine Beobachtungen zu jeder geeigneten Tages= und Nachtzeit anstellen muß, ist er auf größeren Schiffen gewöhnlich

Geschützputzen.

wachfrei und übernimmt nur bei allgemeinen Manövern die Wache, d. h. die Aufsicht über die Führung des Schiffes, seine Segelstellung, Maschinengang, sowie über die Aeußerlichkeiten des Dienstes. Sind nicht wenigstens drei wachhabende Offiziere am Bord, so giebt man ihm die Morgenwache, weil ein Theil seiner täglichen Beobachtungen doch in diese Zeit fällt.

Der zweitälteste Kapitänlieutenant ist der Batterieoffizier. Er hat die gesamte Artillerie sowie die Hand= waffen unter sich und die Leute in diesem Dienstzweige auszubilden. Im Gefecht kommandirt er die Batterie. Da er auch nachmittags das Handwaffenexercitium zu leiten hat, ist er ebenfalls wachfrei oder geht nur eine Tagewache und zwar von 4—8 Uhr abends. Sein Dienst ist nicht so angestrengt wie der des Navigationsoffiziers; immerhin hat er jedoch vollauf Beschäftigung, um die gesamte Armirung des Schiffes mit sämtlichem Zubehör nicht nur in tadelloser Gefechtsbereitschaft, sondern auch äußerlich in einem Zustande zu erhalten, der mit der übrigen Erscheinung des Schiffes harmonirt, d. h. blitzblank, wenn er mit dem ersten Offizier auf gutem Fuße bleiben und bei der Sonntags= inspektion durch den Kommandanten nicht mißliebige Bemerkungen hören will. Besonders sind es die Kanonen, auf deren möglichst guten Zustand viel Gewicht gelegt wird. Der Feuerwerker mit seinen Maaten und die einzelnen Geschützführer sind dem Batterieoffizier zunächst dafür verantwortlich, und es ist staunenswerth, was deren Eifer und

Ehrgeiz nach dieser Richtung leistet, um nicht nur sich selbst und den Vorgesetzten genug zu thun, sondern auch bei Ankunft in einem Hafen alle anderen Schiffe auszustechen. Es ist dies gar nicht so leicht und erheischt viel Arbeit und Ausdauer. Da die Geschütze sehr viel mit Salzwasser in Berührung kommen, ja bei schlechtem Wetter sozusagen darin schwimmen, so handelt es sich darum, ihnen einen Ueberzug zu geben, der einmal das Salzwasser abhält, bis an das Eisen vorzudringen, der ferner eine glänzende Politur annimmt und endlich so hart und gleichzeitig so dünn ist, daß er beim Exerziren möglichst wenig leidet.

In früheren Zeiten hatten erste Offiziere und Feuerwerker allerlei Rezepte für solche Mischungen, die sie sorgsam vor Anderen verheimlichten, die trotzdem sich aber nicht recht bewährten. Später wendete man in unserer Marine allgemein die Methode an, die eisenblanken Geschützrohre zunächst mit Essig zu bestreichen und sie dadurch dick rosten zu lassen. Dann wurde Leinölfirniß aufgetragen und der Rost damit verrieben. Dies gab den gewünschten Ueberzug, der, mit wollenen Lappen und der Handfläche bearbeitet, sehr bald hart wurde und so glänzte, als wäre er auf das schönste polirt. Er nahm eine braune Färbung an und war so dünn, daß die Farbe des Eisens durchschien, was besonders hübsch aussah und oft den Neid fremder Kriegsschiffe erregt hat, vor denen das Geheimniß natürlich strenge gewahrt wurde. Heutzutage ist für die gezogenen Geschütze ein brauner Farbenanstrich vorgeschrieben. Es ist merkwürdig, wie solcher Putz stets dazu beigetragen hat gewissermaßen ein zärtliches Verhältniß zwischen Mann und Kanone herzustellen. Gar oft kann man Leute auf ihrer Freiwache zu ihren Geschützen gehen sehen, um ihnen durch Reiben mit der Hand hier und dort mehr Glanz zu verschaffen und die Nachbarkanone zu überbieten. Ein solcher Wetteifer herrscht überhaupt fast in jedem Theile des Schiffes. Bei den Segelmanövern sucht ein Mast es dem anderen an Schnelligkeit zuvorzuthun, beim Rudern ein Boot das andere zu schlagen. Das liegt einmal in den Seeleuten und sie machen es ihren Vorgesetzten deshalb leicht, sie schnell auszubilden und dabei zugleich das Schiff auf die höchste Stufe der Ordnung und des guten Aussehens zu bringen.

Von wachhabenden Offizieren befinden sich am Bord größerer Schiffe gewöhnlich drei, bisweilen auch vier, und zwar Kapitänlieutenants oder ältere erfahrene Lieutenants zur See, da diese Stellungen zu wichtig sind, um sie jüngeren Offizieren anvertrauen zu können. Man darf nämlich nicht etwa eine Offizierswache am Bord mit einer solchen am Lande vergleichen wollen, welche letztere auch von dem jüngsten Sekondelieutenant zur völligen Zufriedenheit versehen werden kann. Erstere ist eine ungemein anstrengende Dienstleistung, welche namentlich nachts und in engen Fahr=wassern die höchsten Anforderungen an den Betreffenden stellt. Der Wachhabende vertritt den Kommandanten; in seiner Hand liegt die Führung des Schiffes, das Wohl und Weh, Leben und Tod der gesamten Besatzung. Eine Nachlässigkeit, ein falsches oder auch nur unsicheres Kommando, ein Mangel an Entschlossenheit oder Geistesgegenwart kann Katastrophen nach sich ziehen, in denen in wenigen Minuten das Schiff mit Mann und Maus verloren ist. Deswegen muß ein wachhabender Offizier ein erfahrener Seemann sein, der in kritischen Momenten, wie bei drohenden Kollisionen oder anderen plötzlich auftauchenden Gefahren, mögen diese durch die Wetterlage oder auf andere Weise herbeigeführt werden, sofort das Richtige zu treffen und anzuordnen weiß. Ebenso muß er während seiner ganzen Wache die größte Aufmerksamkeit auf alles richten, was das Schiff und seine Theile angeht, um dessen Sicherheit nicht zu gefährden; Segel=führung, Maschinengang, Loggen, Lothen, Ausguck nach entgegenkommenden Schiffen, Steuern, Wind und Wetter, Einhalten der richtigen Positionen, wenn das Schiff im Geschwader segelt, Signalisiren, Manövriren und hundert andere Dinge müssen stets von ihm beobachtet, überwacht und angeordnet werden, und er darf deshalb keinen Augenblick an etwas anderes denken, als an seine vielfachen Pflichten. Allerdings ist er nach Beendigung seiner Wache dann von aller Verantwortung befreit, zieht auch bei dem furchtbarsten Wetter in seiner Koje die warme Decke bis über die Ohren und schläft ruhig in dem Gedanken ein: „Laß die Andern sich jetzt quälen, ich habe vorläufig meine Schuldigkeit gethan"; aber zeitweise schützt ihn dies augenblickliche Behagen dennoch nicht davor, daß ihn der schrillende Pfiff der Bootsmannsmaate und der Ruf „Alle Mann!" schon eine halbe Stunde später wieder aus der Koje treibt, um mit größter Eile in die durchnäßten Kleider zu fahren und an Deck auf seine Station zu springen, wo Sturm und See ihn vielleicht stundenlang festhalten.

Außer seinem Wachdienst hat der Wachhabende noch verschiedene andere Obliegenheiten: Zunächst muß er ein Detail verwalten, d. h. es sind ihm die Inventarien einer der Hauptabtheilungen unterstellt, in welche die Schiffs=verwaltung zerfällt und deren es sechs giebt, wie das Steuermanns=, Bootsmanns=, Feuerwerker= u. s. w. Detail. Sodann hat er eine der vier Divisionen unter sich, in welche die Mannschaft getheilt ist, und auf die sich die Rollen stützen. In dieser Beziehung ist er wie der Hauptmann einer Kompagnie für deren ökonomische Kleiderwirthschaft verantwortlich, hat seine Leute zu instruiren und ihr dienstliches und moralisches Verhalten zu überwachen. Bei allen allgemeinen Manövern ist ihm natürlich wie Jedermann am Bord seine bestimmte Station zugetheilt, und von den nominellen 16 Stunden Freizeit bleiben ihm durchschnittlich nicht mehr als 10—12 zu seiner Verfügung. Immerhin gehört die Stellung des wachhabenden Offiziers jedoch zu den angenehmen am Bord.

Außer den Kapitänlieutenants und Lieutenants zur See befinden sich auf einer Kreuzerfregatte gewöhnlich sechs Unterlieutenants. Drei von ihnen sind den wachhabenden Offizieren beigegeben und ihre Station ist auf dem Vordeck, während jene sich auf der Kommandobrücke aufhalten, von wo sie den freiesten Ueberblick über das Schiff und den Horizont haben. Ein vierter fungirt als Adjutant und der fünfte ist Offizier der Batterie, der sechste des Zwischendecks, wo die Mannschaften essen und schlafen und wo er mit Hülfe der Stabswache (Schiffspolizei) die Ordnung aufrecht zu erhalten hat. Die Unterlieutenants wechseln während der Reisedauer öfter ihre Station, um in den verschiedenen Dienstzweigen ausgebildet zu werden.

Die bequemsten Tage haben die Aerzte. Im allgemeinen ist der Prozentsatz der Kranken an Bord ein sehr geringer wie das auch nicht anders zu erwarten. Der Seemann hat von Hause aus eine kräftige Konstitution, er wird in unserer Marine auf das Beste genährt, bewegt sich stets in einer gesunden Luft, lebt durchaus regelmäßig, und es ist deshalb erklärlich, daß die beiden Aerzte wenig zu thun haben. In früheren Zeiten, bevor den sanitären Verhältnissen am Bord so viel Sorgfalt gewidmet wurde wie jetzt, und als Reinlichkeit, Ventilation und Nahrung noch sehr viel zu wünschen übrig ließen, gab es allerdings Kranke genug. Gar oft brachen Epidemien aus, die furchtbare Verheerungen anrichteten, und dann war Kranksein am Bord der Höhepunkt des menschlichen Elends, obschon es auch jetzt noch manchmal traurig genug ist, wenn schlechtes Wetter eintritt, das dazu zwingt, die Pforten und Luken zu schließen. Dann liegt der Arme in dem engen Raum in seiner Hängematte, einsam und verlassen trotz seiner Leidensgefährten, deren Stöhnen und Wimmern in seiner unmittelbaren Nähe nur dazu beiträgt, ihn selbst noch elender zu machen. Frische Luft kann dann nur spärlich in den Krankenraum dringen, und die vorhandene wird noch durch Fett- und Oelgeruch aus der Maschine verschlechtert. Die Laterne erleuchtet nur trübselig die nächste Umgebung, und die Dunkelheit an den entfernten Punkten erscheint dadurch um so trostloser. Die Hängematte schwingt pendelnd mit den Bewegungen des Schiffes; dumpf schlägt die See an die Bordwände; mit dem Stöhnen der Kranken mischt sich das Stöhnen und Krachen der Balken und Planken des wild vom Sturme hin- und hergeworfenen Schiffes. Alle paar Stunden macht der Krankenwärter die Runde, um nach den Bedürfnissen der Leidenden zu fragen, oder ein Arzt erscheint, um nach ihnen zu sehen — das ist die einzige Unterbrechung am Tage, und die Nacht scheint endlos. Stunde auf Stunde, Tag auf Tag verrinnt, sie schleichen dahin mit bleiernen Füßen, aber sie bringen ein Heer trüber Gedanken, die den Kranken peinigen, sein Hirn verwirren und seine Seele matt machen, wenn die schlimme Witterung längere Zeit anhält und nicht Licht und Luft seine Qualen lindern. Gott bewahre einen Jeden vor ernster und längerer Krankheit an Bord eines Schiffes.

Weitere Bewohner der Offiziermesse sind der Zahlmeister und der Maschineningenieur. Ersterer hat ähnliche Funktionen wie seine Kameraden in der Armee. Er führt das gesamte Rechnungs- und Kassenwesen des Schiffes, sorgt für den Proviant und macht unter Konkurrenz der außer ihm aus Kommandant und erstem Offizier bestehenden Kassenkommission die nothwendigen Einkäufe während der Reise.

Der Maschineningenieur hat die Maschinen unter sich und fungirt gleichzeitig als Divisionsoffizier für deren Personal, das auf einer Kreuzerfregatte ungefähr 50 Köpfe zählt. Es ist nicht zu leugnen, daß die Maschine mit ihrem Zubehör von dem richtigen Seemann stets mit einem gewissen Mißbehagen betrachtet wird und er sich noch immer nicht mit dem Gedanken vertraut machen kann, daß er sie nie wieder loswerden wird. Nach seiner Anschauung gehört sie nicht in das Schiff und stört dessen einheitlichen Charakter. Ja, wenn sie sich außenbords anbringen ließe, das möchte noch gehen; aber dieser ewige und unvermeidliche Schmutz, den sie im Schiffe verursacht, das ist nicht allein dem ersten Offizier, sondern auch dem Matrosen ein Dorn im Auge, deren jeder, wie bemerkt, von einem Stück Reinlichkeitsdämon besessen ist. Dazu kommt noch, daß der gewöhnliche Matrose, wenigstens am Bord, sehr geneigt ist den Werth eines Mannes nach seiner seemännischen Tüchtigkeit allein abzuschätzen. Dann kommt das Maschinenpersonal natürlich zu kurz und ein gutes kameradschaftliches Verhältniß um so weniger zu stande, als ersteres auch an besonderen Backen ißt, wenig gemeinschaftliche Berührungspunkte mit den Seeleuten besitzt und sich im Schiffe somit gewissermaßen zwei Pole bilden, die einander abstoßen. Der Matrose sieht auf den Heizer herab und kühlt, wo er kann, sein Müthchen an ihm, um ihn zu hänseln oder ihm eins auszuwischen, und doch thut er ihm großes Unrecht. Wenn irgendwo, so zeigt sich der Werth eines Mannes in der Schlacht, und in einer solchen steht das Maschinenpersonal dem seemännischen mindestens völlig gleich, ja, es wird von ihm noch höherer moralischer Muth gefordert, als von Letzterem.

Man denke sich nur in eine solche Lage. Der Seemann sieht doch wenigstens seinen Feind und die Aufregung des Kampfes stachelt nicht nur ganz bedeutend den eigenen persönlichen Muth, sondern läßt auch der Gefahr kühn ins Auge blicken und sie vergessen. Alle diese Momente stehen den Leuten in der Maschine nicht zur Seite. Sie sind in einen engen, dunkeln Raum gebannt, haben nicht die leiseste Kenntniß davon, wie der Kampf sich gestaltet, sie hören nur den Donner der eigenen Geschütze oder das dumpfe Erkrachen der einschlagenden feindlichen Geschosse, ohne zu wissen, welches Unheil sie angerichtet. Sie wissen, daß, wenn der Tod an sie herantritt, es nicht der versöhnende Soldatentod ist, den die Kugel bereitet, sondern daß entweder der Torpedo oder der feindliche Rammstoß ihnen zuerst und sicher das Wogengrab bereiten, während die auf den oberen Verdecken kämpfenden Seeleute wenigstens die Möglichkeit der Rettung vor sich sehen. Oder, was noch schrecklicher ist, ein in den Kessel einschlagendes Granatstück läßt diesen explodiren und ein gräßlicher Verbrennungstod ist die Folge. Wahrlich, angesichts solcher furchtbaren und jeden Augenblick zu erwartenden Gefahren, zu deren direkter Bekämpfung man selbst nicht mitwirken kann, unentwegt seine Schuldigkeit zu thun und mit kaltem Blute und ungestörter Geistesgegenwart die Maschine zu bedienen, weil sie in dem Entscheidungs= kampfe einen der Hauptfaktoren bildet, dazu gehört ein bedeutend höherer Mannesmuth, als ihn die offene Schlacht für gewöhnlich vom Einzelnen fordert, und deswegen verdienen die braven Menschen, die dort unten im düstern Orkus des Schiffes unter drückenden Verhältnissen dennoch freudig ihr Leben für Kaiser und Vaterland einsetzen, die höchste Anerkennung.

Sechs Wochen waren verflossen, seitdem die „Mathilde" den heimischen Hafen verlassen hatte, und sie näherte sich mit raschen Schritten dem Aequator. Der Nordostpassat flaute allmählich ab und kündete dadurch zum Bedauern

Wir winden dir den Jungfernkranz.

der Besatzung, daß bald seine Grenze erreicht und dann eine Zahl Tage zu erwarten sei, von denen es heißen konnte, „sie gefallen uns nicht". Im Süden war der Horizont schon nicht mehr so scharf wie bisher, und eine dunkle, wenn auch nur noch schmale Nebelbank deutete auf die Nähe der Stillregionen mit ihren unangenehmen Zugaben.

Heute, an einem Sonntage, schien sich der Ozean jedoch noch einmal von seiner schönsten Seite zeigen zu wollen. In unverhülltem Glanze strahlte die Sonne vom wolkenlosen Himmel herab; die Dünung war kaum merkbar und das Schiff schaukelte sich nur leise und gleichmäßig auf der Azurfläche. Es prangte jetzt in vollem Schmucke der Ordnung und Sauberkeit; die Verdecke waren schneeweiß, der Farbenanstrich ohne Makel, die Geschütze blitzten und die Segel standen so straff und glatt, daß es eine wahre Lust war und auch das kritischste Auge kein Fehl zu entdecken vermochte. Selbst auf dem Gesichte des ersten Offiziers lagerte der Ausdruck angenehmer Befriedigung; die außerordentlich günstige Witterung hatte seinen Bestrebungen auf das Beste Vorschub geleistet, und er durfte sich der Erwartung hingeben, daß das Schiff bei der Ankunft in Rio de Janeiro, dem nächsten Reiseziel, Ehre einlegen und keine fremde Nation glauben werde, die „Mathilde" sei kaum zwei Monate in Dienst. Die ihm eigenthümliche Gabe, die Mannschaft schnell zu hoher Leistungsfähigkeit zu bringen, hatte sich glänzend bewährt, und der Stolz der Zwölfjährigen war sehr durch die Wahr= nehmung herabgestimmt worden, daß die schwerfälligen Rekruten ihnen schon seit einigen Wochen auf unangenehme

Weise Konkurrenz machten. Bei den Segelexercitien und dem Aufentern in der Takelage zeigten sie sich schon ebenso flink wie Jene, und die Geschütze flogen unter ihren sehnigen Armen mit einer Vehemenz auf ihren Schienen herum, daß es eine wahre Freude war, und selbst die Heizer hatten es fertig gebracht, sich das ungetheilte Wohlwollen des ersten Offiziers zu erwerben. Schon lange stand die Maschine in unerreichter Höhe da — denn der Ingenieur verstand auch seine Sache —, die Eisen- und Messingtheile hätten einer Balldame als Toilettenspiegel dienen können, die Farben-anstriche wetteiferten an Sauberkeit mit dem Oberdeck und nichts verrieth, daß in diesen Räumen je mit Kohlen hantirt wäre. Mit großer Selbstverleugnung waren die Heizer vom Ingenieur zur Schiffsarbeit und zu den Exercitien gestellt und dabei immer so untadelhaft rein erschienen, daß sie sogar den Matrosen den Rang abliefen und die glänzende Genug-thuung erlebten, ihnen als Muster aufgestellt zu werden. Genug, es herrschte an Bord der „Mathilde" eine allgemeine Harmonie und Jeder strebte sein Bestes zu thun.

Die Sonntagsmusterung fiel brillant aus, der Kommandant hatte nur Lob zu spenden, und selbst auf die zwei unverbesserlichen Subjekte, welche allein an Back Null speisen und bei den Musterungen vorn im Bug gesondert von den übrigen Kameraden stehen mußten, fiel ein erwärmender Strahl der Sonntagsstimmung. Der Bann wurde von ihnen genommen und ihnen gestattet bis auf Weiteres wieder unter die ehrlichen Menschen eingereiht zu werden. Vielleicht mochte der Umstand diese Milde veranlassen, daß am gestrigen Nachmittage die Mannschaften das bekannte Lied: „Wir winden dir den Jungfernkranz" in der Vorderbatterie besonders lebhaft gesungen hatten und einige Strophen desselben auch in der Kommandantenkajüte gehört worden waren.

Mit diesem Liede hat es nämlich eine ganz eigene Bewandtniß am Bord unserer Kriegsschiffe. Es wird nicht oft, nur bei ganz bestimmten Gelegenheiten und zur Zeit gesungen, wenn die Offiziere zu Mittag essen, dann aber so laut, daß man es in allen Theilen des Schiffes hört. Ob der Kommandant seine Bedeutung kennt, ist unentschieden, die Offiziere lächeln jedoch verständnißvoll, sobald es ertönt, und jedenfalls wirkt es in gewisser Beziehung luftreinigend.

Man muß den deutschen Seeleuten das Zeugniß geben, daß es keine folgsameren und anständigeren Menschen auf irgend einer Flotte giebt, und daß sie sich im allgemeinen außerordentlich leicht leiten lassen. Natürlich sind sie nicht alle Engel und unter einer Zahl von 400 werden sich auch immer einige schwarze Schafe finden, an denen so ziemlich Hopfen und Malz verloren und mit denen absolut nichts anzufangen ist, mag man sie mit Güte oder Strenge behandeln. Dazu kommt noch, daß unsere liberale Gesetzgebung in ihren Humanitätsbestrebungen gewisse Strafen abgeschafft hat, die sich an Bord stets sehr wirksam erwiesen haben und deren Fehlen sich für die Aufrechthaltung der Disziplin empfindlich geltend macht. Man hat dabei nicht bedacht, daß auf Schiffen Strafen nothwendig sind, die, von möglichst kurzer Dauer, dennoch den Betreffenden scharf anfassen, und daß sich dafür nichts besser eignet, als ein dünnes Tauende bezw. wie in England „the cat of nine tails". An Bord ist jede Hand berechnet und auch nicht ein Mann zu viel. Fehlt Einer, so müssen dessen Kameraden dessen Dienste mit verrichten, und der Nichtsnutz, der sich in Arrest stecken läßt — die höchste Strafe, die ein Kommandant verhängen kann —, faulenzt und schläft auf Kosten der übrigen Leute, die sich tadellos führen. Dieses sehr humane System verfehlt bei ausgemachten Taugenichtsen vollständig seinen Zweck. Werden dagegen einem solchen Subjekte, das sich durchaus nicht schicken will, ein oder zwei Dutzend an der gehörigen Stelle aufgezählt, so dauert die Sache nur zehn Minuten und hilft jedenfalls zehnmal besser, als vier Wochen strenger Arrest, der sich überdem auf kleinen Schiffen kaum in der Weise vollstrecken läßt, wie es das Gesetz vorschreibt.

Der beste Beweis für die Richtigkeit dieser Behauptung ist der, daß die Leute selbst gegen die Abschaffung der körperlichen Züchtigung, die ja auch früher in der Marine so eingeschränkt war, daß jede Willkür ausgeschlossen wurde, protestiren und sie an den eigenen Kameraden, und zwar stets mit durchschlagendem Erfolg, zur Anwendung bringen, wo sich die gesetzlich verhängten Strafen machtlos erweisen. Hat ein schlechtes Subjekt die ganze Skala der Disziplinar-strafen erschöpft und haben seine Kameraden wochenlang für ihn arbeiten müssen, dann ist ihre Geduld zu Ende und „sie winden ihm den Jungfernkranz". Ganz plötzlich und ohne daß der Betreffende Zeit hat, sich dem drohenden Ungewitter durch eine Flucht an Deck und in den schützenden Bereich des wachthabenden Offiziers zu retten, sieht er sich von einer Menschenmauer umringt, ergriffen, über eine Kanone gezogen, und während er von beiden Seiten mit einem dünnen Tauende in einer Weise bearbeitet wird, daß er vierzehn Tage nicht ordentlich sitzen kann, ertönt aus Hunderten von Kehlen das oben genannte Lied, in dessen brausenden Tonwellen auch die lautesten Schmerzensschreie erstickt werden. Den Vorfall zur Anzeige zu bringen ist dem Kerl nicht möglich. Schon beim Einfangen wird ihm ein Sack über den Kopf gestülpt, so daß er nicht weiß, wer die Vehme an ihm vollzieht, die Offiziere sind sämtlich unten in der Messe bei Tisch, die Unteroffiziere merkwürdigerweise alle an Deck, und wenn es ihm nach Empfang seines Deputats gelingt, den Sack zu entfernen, sieht er in hohnlachende Gesichter, die ihm außerdem noch eine viel schärfere Wiederholung in Aussicht stellen, wenn er sich irgendwie zu beschweren wagt.

Diese Jungfernkranzvehme wirkt außerordentlich wohlthätig und wird außerdem so geschickt und blitzschnell in

Scene gesetzt, daß es noch nie gelungen ist, die Hauptakteure dabei zu überraschen. Der „Besungene“ aber ist gewöhnlich ein vollständig verwandelter Mensch und giebt so bald nicht wieder zu Klagen Anlaß.

Die Sonntagsmusterung des Kommandanten erstreckt sich nicht allein auf die Mannschaft, sondern auch auf alle Theile und Räume des Schiffes und nimmt deshalb ziemliche Zeit in Anspruch. Kein Winkel, und sei er auch noch so dunkel und versteckt, entgeht dem spähenden Auge des strengen Vorgesetzten; Oberdeck, Batterie und Zwischendeck, Maschinen- und Kesselräume, Apotheke und Lazareth, die verschiedenen finsteren Hellegats mit ihren zu wunderbaren Figuren und Arabesken zusammengestellten Vorrathsgegenständen der entgegengesetztesten Art, die Proviant- und Wasserräume, die Kochtöpfe und Schränke in der Kombüse, das Eßgeschirr der Mannschaften, die Kammern der Deckoffiziere 2c., alles wird gründlich inspizirt, und wenn dann, wie es heute geschah, nichts zu tadeln gefunden wird, muß allerdings das Schiff sich in einem musterhaften Zustande befinden und stellt Denen, die dabei geholfen, vor allem aber dem ersten Offizier, das ehrenvollste Zeugniß aus.

Gottesdienst.

Wenn sich ein Prediger an Bord befindet, wird bei gutem Wetter auf dem dazu hergerichteten Oberdeck, bei Regen in der Batterie, nach der Musterung regelrechter Gottesdienst abgehalten, sonst nur eine Andacht durch den Kommandanten, dem dabei ein für diese Zwecke verfaßtes Andachtsbuch als Anhalt dient.

Seeleute sind von Natur religiös, wenn auch bisweilen ihre Außenseite dies Gefühl zu verdecken scheint.

Wie sollte es auch anders sein! Niemandem offenbart sich die Allmacht Gottes in großartigerer Weise als ihnen, überall fühlen sie sich von seinem Odem umweht, hundertfach erfahren sie, daß allein seine rettende Hand sie über der dunklen Tiefe hält, die wie ein offenes Grab sie anstarrt, und von dem sie nur eine gebrechliche Planke trennt — wie verstockt und öde müßte das Herz sein, daß sich nicht in Demuth vor Dem beugt, der überall zu ihm spricht, sei es in Donnerworten des Orkans und im Brausen der Wogen oder im Geiste der Liebe, der die Wunder der Natur vor dem geblendeten Auge aufrollt. Ein Gottesdienst an Bord ist deshalb immer etwas Erhabenes, weil fromme Herzen ihn feiern und der Tempel dazu von Gott selbst gebaut ist auf dem endlos wallenden Ozean, über dem sich die Kuppel des Himmels wölbt. Deshalb war auch die Andacht auf der „Mathilde“ feierlich und die Worte des Kommandanten fanden eine bereite Stätte in den Seelen der Zuhörer.

Der übrige Theil des Sonntags gehört den Leuten; sie werden möglichst wenig gestört und man fordert von ihnen nur die unumgänglich nothwendigen Dienstleistungen. Vormittags geht es noch ziemlich ruhig her, nachmittags jedoch haben sie soviel Freiheit, wie sich irgend mit der Disziplin verträgt. Während im allgemeinen die größte Ruhe herrscht und sogar lautes Sprechen nicht gestattet ist, hebt der Sonntag Nachmittag dieses Gebot auf. Die Leute dürfen nach Herzenslust laut sein, singen, tanzen, sich jagen, und selbst wenn sie bei solchen Gelegenheiten die für sie sonst so scharf gezogene Grenze überschreiten und ihre Spiele auf das Hinterdeck ausdehnen, das zu betreten ihnen nur dienstlich gestattet ist, läßt man sie gewähren. Bei schönem Wetter, wie im Passat, sammelt sich dann fast die ganze Mannschaft auf dem Vorderdeck, um die freie Zeit in ausgiebigstem Maße zu genießen, und es gewährt einen interessanten Anblick, die verschiedenen Gruppen und ihre verschiedenartigen Beschäftigungen zu betrachten, die einen Schluß auf den Charakter der Betreffenden ziehen lassen. Meistens sieht man die Leute backsweise bei einander sitzen und der Backs= älteste bleibt dann nicht ohne Einfluß auf seine Maaten. Alter und Erfahrung finden bei den jüngeren Seeleuten

Schnabel=Rathke spinnt ein Garn.

immer Respekt und sie richten sich deshalb vielfach auch außerdienstlich nach den älteren Kameraden. Sind diese solide angelegt, so eifert die ganze Backschaft ihnen nach und bisweilen glaubt man eine ganze Schneider= oder Hutmachergewerkschaft vor sich zu haben. Der befahrene Matrose versteht eine Menge Dinge, weil er, abgeschnitten von der übrigen Welt, darauf angewiesen ist für seine Bedürfnisse selbst sorgen zu müssen und zwar nicht nur dilettantisch oder stümperhaft, sondern was er macht, das hat Hand und Fuß. Vorwiegend ist es zwar auf das Praktische gerichtet, aber Schönheitssinn und Zierlichkeit kommt dabei nicht zu kurz. Der Schnitt der Kleider, die er verfertigt, ist tadellos, die Näherei läßt nichts zu wünschen übrig, und kunstvolle Stickereien schmücken die Stellen, an denen sie sich irgend anbringen lassen. Ebenso geschickt ist er im Flechten von Strohhüten und weiß ihnen eine eigenthümliche, aber sehr kleidsame Form zu geben.

Eine andere Gruppe ist mit dem Sticken oder vielmehr Nähen von Teppichen beschäftigt. Zwar dient nur ein Stück altes Segeltuch als Unterlage, und die Fasern von getheertem und weißen Manillatauwerk, sowie bunte Baum= wolle, welche die Maschine aus ihrem Putzmaterial liefert, bilden den Stoff; aber der Matrose weiß mit Fleiß und Ausdauer, die sich oft über viele Monate erstreckt, aus diesen einfachen und wohlfeilen Dingen außerordentlich hübsche Kunstwerke zu schaffen, um sie — an den ersten Besten zu verschenken, der ihn darum bittet.

Wieder ein anderer Backsältester hat eine Vorliebe für das Tätowiren. Auf seinen Armen erblickt man unter einem von einem Pfeil durchbohrten Herzen ein Stammbuch mit den Anfangsbuchstaben der Namen aller Angebeteten, die er in den verschiedenen Welttheilen gehabt; auf der breiten Brust prangt ein fußgroßes Linienschiff unter vollen Segeln, und auf der Hand zwischen Daumen und Zeigefinger fehlt weder der Anker noch das Kreuz, letzteres nicht, um eines christlichen Begräbnisses sicher zu sein, wenn einst die Wellen seine Leiche an ein fremdes Gestade spülen sollten. Natürlich finden seine Kameraden diese Zierden sehr schön und bemühen sich, unter seiner Anleitung ihrer Haut mit Hülfe von drei zusammengebundenen Nähnadeln einen ähnlichen Schmuck einzuverleiben.

Dort ist ein Lesekabinet errichtet, zu dem alte Zeitungen, Kalender und Mordgeschichten das Hauptmaterial liefern, hier wird Dame oder Schach gespielt — Kartenspiel ist verboten —, aber der größte Theil der Mannschaft ist in das eigentliche Sonntagsvergnügen, in das Ordnen der Kleidersäcke vertieft. Ein solcher Kleidersack muß für seinen Eigenthümer einen ganz besonderen Reiz haben, denn er liebäugelt mit dem Inhalte stundenlang, bürstet, streichelt, glättet und staut ihn wiederholentlich auf das Sorgfältigste. Ein kleiner Holzkasten von 12 Zoll Länge und halb so breit und hoch — größere gestatten die beschränkten Raumverhältnisse an Bord nicht — ist das einzige Gelaß, in dem er die wenigen Schätze, die er außer den Kleidern sein eigen nennt, bergen kann. Einige Briefe, ein Sträußchen vertrockneter Blumen, eine Haarlocke — sie sind Glieder der Erinnerungskette, die sein Herz mit den Lieben daheim verbindet und sie werden mit rührender Sorgfalt und Liebe gehütet.

Vorn im Bug sitzt eine Tafelrunde älterer Matrosen und in ihrer Mitte der Offizierkoch, dessen Erzählungen sie aufmerksam lauschen. Rathke ist sein Name, aber er heißt allgemein im Schiffe Schnabel-Rathke. Theils verdankt er diesen Spitznamen seiner bedeutend vorgebauten Gallion, wie die Seeleute die Nase bezeichnen, theils seinem Mundwerk das er vortrefflich zu gebrauchen weiß, und gegen das so leicht Niemand aufkommt.

Rathke hat Aehnlichkeit mit Ulysses, er ist ebenso πολύτροπος wie dieser, hat sich einige dreißig Jahre in allen Meeren und unter allen Flaggen umhergetrieben und weiß ebensogut zu — erzählen, wie der Held der Odyssee. Es giebt kaum eine subalterne seemännische Stellung, sei es als Matrose, Segelmacher, Bootsmann, Zimmermann, Harpunier u. s. w., die er nicht irgendwie und irgendwo inne gehabt; jetzt ist er seit einigen Jahren jedoch des ewigen Umhergeworfenwerdens überdrüssig geworden und hat sich als Offizierskoch zur Ruhe gesetzt. Jedenfalls ist das keiner der schlechtesten Posten an Bord, wenn man seine Sache versteht, und das war bei Rathke der Fall. Er machte die saftigsten Braten aus Salzfleisch, die leckersten Puddings ohne Milch und Eier, und überraschte die Offiziermesse immer aufs neue mit Entremets, deren Zusammensetzung zwar Niemand kannte, die aber gut schmeckten, und das war die Hauptsache. Dabei war er sparsam und sauber; kein Wunder, daß er bei den Offizieren einen Stein im Brett hatte. Gutes Essen ist am Bord, wo es so wenig anderes Vergnügen giebt, ein wichtiges Ding, und man hält Den, der es schafft, warm. Hohes Gehalt, wenig zu thun — denn Rathke dirigirte nur die Kochsmaaten und machte sich selten selbst die Hände schmutzig — das war nach seinem Geschmack, und da ein Offizierskoch es immer in der Hand hat, noch eine Reihe anderer Gaumen zu kitzeln, als die offiziellen in der Messe, so hatte er bald eine Schar guter Freunde um sich geschaart, welche nicht nur die von seinem Tisch fallenden Brosamen sich wohlschmecken ließen, sondern auch die dankbarsten Zuhörer für seine Garne waren, von denen er einen unerschöpflichen Vorrath besaß und die er gern abspann. Mochten sie mitunter auch noch so zäh sein, er fand immer ein aufmerksames Publikum. In dieser Beziehung geben die Matrosen den Arabern nichts nach, wenn diese in Bagdad den Märchenerzählern lauschen, und man kann ihrer Gläubigkeit ziemlich viel zumuthen.

Von letzterer schien Schnabel-Rathke soeben sehr ausgiebigen Gebrauch gemacht und den Kameraden eine merkwürdige Geschichte aufgetischt zu haben, denn sie schauten noch ganz verblüfft drein und hatten sogar ihre Pfeifen ausgehen lassen, was bei Jan Maat viel sagen will.

„Setzt nur eure Pfeifen wieder in Brand," fuhr der Koch nach kurzer Pause fort, „ich habe noch etwas Zeit, und wir können immerhin noch ein bischen schnacken." Wahrscheinlich wollte er Reflexionen und unbequemen Rückfragen vorbeugen, die möglicherweise dem Eindruck seines eben gesponnenen Garns Abbruch thun konnten, und er erreichte auch seinen Zweck. Die während der Rauchzeit auf Deck hängende Lunte machte die Runde und bald wirbelten dichte Tabakswolken in die Lüfte.

„Alles klar, Koch!" äußerte jetzt einer der Zuhörer, „du kannst immer wieder Anker aufgehen."

„Gewiß haben einige von euch noch den alten Schramm gekannt," begann dieser.

„O, ja wohl," lautete von verschiedenen Seiten die Antwort, „das war ein verdammt fixer Kerl, wie nur je einer einen Marlspieker in der Hand gehabt hat."

„Ich habe noch auf der alten Gefion mit ihm zusammen gedient," sagte einer der älteren Bootsmannsmaate, „und er hätte es gewiß auch noch weiter als nur bis zum Unteroffizier gebracht, wenn er mit der Feder etwas besser als mit dem Theerquast Bescheid gewußt hätte. Auch mit dem Lesen war es nur so so. Ich war damals Großtopsgast und Schramm unser Bootsmannsmaat. Wenn er uns dann bei Beginn der Wache zu mustern hatte, steckte ihm Kadett Vogel regelmäßig das Namensverzeichniß verkehrt in die Hand. Schramm merkte natürlich nichts davon und las ruhig die Namen herunter, d. h. er that so und sagte sie aus dem Kopfe her. Wir wußten das Alle, hüteten uns aber wohl es merken zu lassen; denn er hatte Bärenkräfte und eine sehr lose Hand.

„Stimmt!" pflichtete der Koch bei, „aber weil er nicht lesen konnte, ist ihm nicht nur der Bootsmann, sondern früher auch schon seine erste Frau verloren gegangen, und das wollte ich euch gerade erzählen. Es ist eine schaurige Geschichte, die gerade nicht alle Tage passirt.

Ehe wir eine Marine hatten oder wenigstens, bevor wir Beide etwas von ihr wußten, dienten wir auf der englischen Flotte, und ich traf mit ihm in Jamaika zusammen. Er war auf einer Fregatte schon eine Reihe von Jahren draußen, jetzt auf der westindischen Station, und wir kamen mit einem Geschwader frisch hinaus zur Ablösung. Auf Schramms Schiff war aber das gelbe Fieber furchtbar ausgebrochen, hatte die halbe Mannschaft weggenommen, und ein anderes Viertel war nur mit dem blauen Auge davongekommen. Die Besatzung wurde deshalb von unserem Geschwader aufgefüllt, damit die Fregatte nach Hause segeln konnte, und so kam ich auch dahin und mit ihm zusammen. Schramm war noch sehr elend, ich pflegte ihn als Landsmann so gut ich konnte, und so wurden wir bald treue Maate.

Als wir nach einigen Monaten den Kanal erreichten und durch die Needles segelten, frischte die Brise auf und unser altes Schiff flog förmlich durch das schlichte Wasser, als hätte es gewußt, daß es endlich nach Hause kam. Schramm und ich standen auf dem Vorderdeck und sahen uns die Ufer der schönen Insel Wight an. Ich freute mich auch sehr wieder nach Portsmouth zu kommen, anstatt wahrscheinlich auf dem Kirchhof von Port Royal durch ein paar Neger eingescharrt zu sein, wenn ich länger dort geblieben wäre, und war ganz vergnügt; aber Schramm machte ein Gesicht wie ein betrübter Lohgerber.

„Halloh Jan!" sagte ich zu ihm, „was ist los? Du siehst ja aus wie eine Hagelbö im November, und wir sind doch erst im August. Sieh nur, wie unsere gute „Thetis" läuft. Die Frauenzimmer ziehen, sie wissen, daß wir im Ansegeln sind, und ich bin überzeugt, sie stehen jetzt alle auf dem Molenkopf von Portsmouth und deine Mary an der Spitze, um zu sehen, wenn wir um das letzte Kap kommen. Also sei vergnügt, Maat."

Doch Schramms Gesicht wollte nicht aufklaren und er blieb ganz gedrückt. „Ich bin jetzt volle fünf Jahre draußen gewesen," sagte er, „und was kann da alles passirt sein. In den letzten Tagen hat mir immer von Frauen= zimmern geträumt, und du weißt, Unterröcke an Bord bringen nie etwas Gutes, um so mehr als meine Mary nicht ein einziges Mal dabei war. Wer weiß," fügte er mit einem tiefen Seufzer hinzu, „ob sie nicht schon ihr letztes Ende ausgesteckt hat und irgendwo gekielholt in Gottes Keller liegt!"

„Nanu!" rief ich, „wie kommst du auf solche dumme Gedanken? warum sollte sie gestorben sein? Du hast mir doch erzählt, daß sie jung, hübsch und kräftig war, als du fortgingst. Das stirbt sich in England nicht so leicht wie in Jamaika. Viel eher wäre es möglich, daß in der langen Zeit sie ein Anderer in das Schlepptau genommen hat," fügte ich lachend bei, „wie viel Trostbriefe hast du ihr denn in den fünf Jahren geschickt?"

„Ja siehst du, Heinrich," erwiderte er, „mit den Briefen, das war so eine heikle Sache; mit denen habe ich nie so recht klar kommen können. Mit Kreide auf einem Brett, nun da bekam ich wohl einige Buchstaben fertig, aber mit Tinte und Feder wollte es nicht gehen. So hat die Mary nicht viel Geschriebenes von mir in Sicht bekommen mit Ausnahme von ein bis zwei Briefen, die ich mir kaufte."

„Was?" rief ich erstaunt, „du hast Briefe gekauft? Wo und von wem?"

„Ja siehst du, Heinrich," sagte er, „das kam so: Wir gingen mit der „Thetis" zuerst nach Kalkutta. Da verloren wir am Fieber eine Portion Leute und einer von meinen Backsmaaten und auch ein Deutscher, mit dem ich sehr befreundet war, schlippte seinen Anker für da oben; denn es war ein guter Kerl, und ich denke deshalb, daß ihn der Teufel nicht mit nach unten genommen hat, wenn er mitunter auch etwas stark fluchte. Er war auch verheirathet, und als es mit ihm zu Ende ging, da bat er mich doch den Sekretär des Kapitäns zu rufen, der für ihn einen letzten Brief an seine Frau schreiben sollte. Das that dieser denn auch, und man muß sagen, es war wirklich ein sehr hübscher Brief, bei dem ein Frauenzimmer bestimmt weinen mußte. Es kam so allerlei darin von Liebe und Wiedersehen im Himmel und von Meeresgrab. Obwohl das eigentlich nicht ganz stimmte, da mein Backsmaat an Land begraben wurde, als er bald darauf starb, so klang es doch wunderhübsch und gefiel mir sehr. Als wir nun Jan Kräft, so hieß nämlich mein Maat, zuletzt für immer in Gottes Keller verstaut hatten, da war mir sehr traurig zu Muthe. Ich mußte an meine Mary denken, wollte ihr gern etwas Liebes thun und ihr auch so einen hübschen Brief schicken. Da kam es mir denn sehr zu Paß, daß ein Zimmermannsmaat, der schreiben konnte, von Kräfts Brief ein Dutzend

Abschriften gemacht hatte und das Stück für ein Quart Rum an die Mannschaften verkaufte. Er ließ mir einen davon für eine Wochenration Grog ab, so hart dies auch für mich war, und als er mit der richtigen Adresse und Unterschrift versehen und alles vierkant gemacht war, steckte ich ihn selbst in den Briefbeutel.“

Ich mußte lachen und konnte nicht umhin, zu sagen: „Aber, Jan, wenn du deiner Frau einen solchen Brief geschickt hast, dann mußte sie allerdings glauben, du wärst gestorben, und es ist höchst wahrscheinlich, daß sie mit einem Anderen gespleißt ist. Ein so schmuckes Fahrzeug, wie sie nach deiner Beschreibung war, segelt nicht gern allein in einem so schlimmen Fahrwasser wie Portsmouth, wo man so leicht auf den Strand gerathen kann, wenn man nicht einen tüchtigen Navigationsoffizier an Bord hat.“

„Stopp und beleg, Heinrich,“ erwiderte Schramm, „so steht das Schiff nicht. Du denkst, ich war so dumm, nein, ich paßte verteufelt gut auf noch einen Anker luvwärts auszubringen, denn als der Brief abgeschickt war, da kam mir noch ein Gedanke quer vor den Bug. Halt! dachte ich, vielleich glaubt am Ende Mary, ich sei gestorben, statt Jan Kräft, obwohl ich dem Zimmermannsmaat gesagt hatte, er sollte ein oder zwei Worte in den Brief hineinspleißen, daß ich gesund und munter sei wie ein Fisch.“

„Nun, Schramm,“ lachte ich, „das geht denn doch noch über den Großtop. Im Anfang schreibst du deiner Frau, daß du im Sterben liegst, und am Ende sagst du, daß dir nichts fehlt.“

„Es war alles im richtigen Kurse,“ sagte Schramm in der vollen Ueberzeugung, daß er durchaus nichts Verkehrtes gemacht, „denn damit war ich noch nicht zufrieden. Nach einem halben Jahre kaufte ich mir nochmals eine Abschrift.“

„Was?“ rief ich erstaunt, „von demselben Briefe?“

„Natürlich!“ antwortete Schramm ruhig, „übrigens war meines Wissens an Bord kein anderer derartiger geschrieben, und so blieb mir keine Wahl, entweder diesen oder keinen. Aber das war ja gerade der Anker, von dem ich vorhin sprach und den ich nach luvwärts ausbrachte. Denn sieh, Heinrich, wenn Mary sich wegen des ersten Briefes beunruhigt hätte, dann mußte sie nach Empfang des anderen wissen, daß der Mensch nicht zweimal sterben kann, und daraus sehen, daß bei mir an Bord alles klipp und klar war . . . .“

In diesem Augenblick kamen wir um den letzten Landhuk, sahen die Rhede von Spithead vor uns und der Befehl „Alle Mann klar zum Segelbergen“ unterbrach unser Gespräch und rief uns auf unsere Posten. Ich war Kuttergast und wurde gleich nach dem Ankern an Land geschickt. Schramm trug mir auf mich nach seiner Frau zu erkundigen — nun, sein Luvanker hatte nicht viel genützt und ich Recht gehabt. Der Molenkopf stand wirklich ganz voll von Weibern, die ihre Männer oder Schätze auf der „Thetis“ glaubten, aber als ich bei ihnen nach Mary Schramm fragte, da war es denn so wie ich ihm gesagt. Ihre Schwester trat vor und erzählte, daß Mary nach Empfang des ersten Briefes aus Kalkutta sehr traurig und volle 14 Tage nicht zu Tanze gewesen sei, denn sie habe ihren ersten Mann wirklich recht lieb gehabt. Dann habe aber ein Sergeant um sie angehalten, und sie habe geäußert, weil sie in der Marine es so schlecht getroffen, so wolle sie ihr Glück einmal in der Armee versuchen. Mit dem sei sie dann einige Wochen darauf nach Kanada gegangen. Soviel sie wüßte, ginge es ihr auch recht gut und sie hätte schon drei oder vier Kinder.

Nun, als ich an Bord zurückkam und Schramm die Geschichte erzählte, schien es ihm doch scharf an die Knochen zu gehen, und da er wahrscheinlich seiner Frau nichts nachgeben wollte, die 14 Tage lang nicht getanzt hatte, so trank er ebenso lange keinen Grog, sondern überließ mir seine Ration und ging auch nicht an Land. Dann bekam er jedoch den Schlucken, und da er diesen gar nicht loswerden konnte, meinte er, das käme nur von der unregelmäßigen Lebensweise und er wolle deshalb lieber wieder seinen Grog selbst trinken. Danach wurde ihm auch gleich viel besser, der Schlucken blieb fort und er schien sich auch über Mary zu trösten. Er mußte sie doch wohl recht gern gehabt haben, denn er meinte einmal zu mir: „Wenn sie nur nicht gar zu viel Prügel bekommt, ich kenne den Sergeanten, er trinkt oft mehr, als er vertragen kann, und dann ist er schlimm. Es sollte mir sehr leid thun — der verdammte Brief.“

Ich schwieg still, da er sich selbst Vorwürfe genug machte, beredete ihn mit an Land zu gehen, um ihn auf andere Gedanken zu bringen, und das gelang mir denn auch. Abends waren wir in einem Tanzlokal und da trafen wir mit seiner früheren Frau Schwester zusammen, die mir damals den Zusammenhang erzählte. Sie hatte zwar einen anderen Liebsten auf der „Thetis“, aber sie gab ihm den Laufpaß. Sie meinte, das sei ein irischer Windhund, hinter dem nichts stecke, und so ein braver Deutscher, wie Schramm, verdiene viel mehr Vertrauen. Nun, das schmeichelte ihm, und da sie ein ganz hübsches Frauenzimmer war, fing er auch bald Feuer. Ein paar Tage darauf sagte er mir, er wolle die Anna nur heirathen, dann bleibe er doch in der Familie und er könne die Dummheit mit dem Briefe dadurch wieder einigermaßen gut machen. Ich redete ihm zu und die Beiden wurden bald einig, doch hatte der arme Kerl nun einmal mit seinen Heirathen Unglück, denn mit der zweiten erging es ihm nicht besser als mit der ersten, wenn auch in anderer Weise.

Die „Thetis" wurde abbezahlt und wir wurden auf eine andere Fregatte kommandirt, die in Dienst gestellt werden und in etwa vier Wochen nach Ostindien segeln sollte. Schramm machte nun alles zur Hochzeit klar und der Tag wurde festgesetzt. Die Eltern waren sehr damit zufrieden, die Papiere besorgt, der Ring gekauft und der Pastor bestellt. Am Morgen des Tages, wo die Hochzeit stattfinden sollte, bat er den ersten Lieutenant um Urlaub, aber dieser wollte durchaus nichts davon wissen und schlug es ihm rund ab. Tags zuvor war der Befehl gekommen die Fregatte so schnell wie möglich seeklar zu machen, und da könne er die Topsgäste keine Stunde entbehren, sagte er. Was sollte der arme Kerl nun machen? An Land wartete die Braut, die Eltern und der Pastor, und er konnte nicht kommen. Da wurde der Kutter gepfiffen, um an Land zu fahren, und Schramm hatte einen Gedanken. Der Bootsteuerer war ein guter Freund von ihm, kannte auch Anna gut und hatte ihr früher die Cour gemacht. Mit ein paar Worten klarte er ihm die Verhältnisse auf, und nach ein bißchen Hin= und Herreden ging Dieser darauf ein, sich, wenn er an Land so viel Zeit hätte, in Schramms Stelle und unter dessen Namen mit Anna spleißen zu lassen. Er gab ihm die Papiere und den Trauring, und während das Boot an Land fuhr, enterte Schramm in den Top und ging in dem Gedanken an seine Arbeit, daß er den ersten Lieutenant doch überlistet habe, denn nach der Trauung sollte die junge Frau an Bord kommen, und als verheiratheter Mann hatte Schramm nach englischen Gesetzen das Recht, seine Frau an Bord zu behalten, bis das Schiff segelte. Nun, es ging auch alles glatt, wenngleich der Bootsteuerer im ersten Augenblicke ein großes Halloh vorfand. Anna weinte, die Alten schimpften, der Pastor backte und füllte wie ein Kohlenschiff mit Ebbstrom und Wind von vorn und es gab etwas Skandal, bis es Schramms Freund gelang den Alten und Anna die Sache klar zu machen. So setzten sie denn Segel, steuerten nach der Kirche, der Prediger steckte seine beste Rede aus, die er in seinem Kabelgat verstaut hatte, der Bootsteuerer nahm Anna in Schramms Stelle als Frau und lief dann schnell zum Kutter hinunter, ohne daß ihn auch Jemand vermißt oder gewußt hätte, wo er gewesen war.

Bald darauf kam auch Anna längseit und Schramm ging auf das Hinterdeck zum ersten Lieutenant, um zu fragen, ob er seine Frau an Bord nehmen dürfe.

„Was meinst du damit?" fragte Dieser, „du hast ja keine Frau und willst wohl sagen dein Mädchen."

„Nein, Herr Lieutenant," erwiderte Schramm fast stolz, „ich meine meine gesetzlich angetraute Frau, mit der ich heute Morgen verheirathet bin."

„Unsinn!" rief dieser ärgerlich — „du bist ja mit keinem Schritt von Bord gewesen."

„Macht nichts!" sagte Schramm und erzählte dem Vorgesetzten mit einem gewissen Triumph die mit dem Bootsteuerer getroffene Abrede, durch die er jenem die Luv abgewonnen zu haben glaubte.

Der erste Lieutenant lachte und erklärte dann, alle Beide wären ein paar Narren. Dann rief er Anna an Bord, und als ihm diese die Sache bestätigte, ging er mit ihr zum Kapitän. Dieser nahm sie mit an Land, aber der Prediger wollte mit der Geschichte nichts zu thun haben. Er sagte, er habe den Bootsteuerer und Anna zusammen= gespleißt und könne das nicht wieder lösen, sondern müsse den ganzen Kram dem Seebischof übergeben.

Nun, das Ende vom Liede war, daß wir mit dem Schiffe bald fortgingen, drei Jahre ausblieben und dann nicht nach Portsmouth, sondern nach Plymouth zurückgingen. Schramm hatte sich inzwischen die Sache überlegt, meinte, Heirathen sei schließlich doch ein sehr klippiges Fahrwasser und er wolle sich lieber in Zukunft nicht weiter darauf einlassen.

„Ich weiß aber doch, daß er verheirathet gewesen ist, während er in unserer Marine diente," äußerte einer der Unteroffiziere.

„Ganz richtig!" bestätigte der Koch, „das war seine dritte Frau, von der er sich in Holland einfangen ließ, als er später eine Zeit lang auf niederländischen Schiffen fuhr. Nun, die hat er behalten und sie ihm gründlich klar gemacht, daß Heirathen wirklich ein schlechtes Geschäft für ihn sei. Schließlich wurde es ihm zu bunt, er ließ sie in Amsterdam und ging nach Preußen zurück, wo man ihn aber sofort faßte und als unsicheren Kantonisten in die Marine einstellte, von deren Vorhandensein er bis dahin keine Ahnung gehabt. Nun, er hatte sich bald darin zurechtgefunden, sah allmählich ein, daß es sich auf unseren Schiffen doch besser lebte als bei fremden Nationen und blieb deshalb. Das Grogtrinken setzte er nicht wieder aus, aber sobald die Rede auf Weiber kam, dann wurde er jedesmal fuchswild und hatte acht Tage den Schlucken."

„Acht Glas! Backbordwache Ruder und Posten verfangen!" Dieser Kommandoruf unterbrach Rathkes Erzählung. Die Offiziere aßen um 4 Uhr und er mußte anrichten. Damit war die Tafelrunde, die des alten Schramms eheliche Mißgeschicke mit reger Theilnahme und oft mit herzlichem Lachen vernommen hatte, für heute aufgehoben. Ein Theil der Zuhörer hatte Posten zu beziehen und die übrigen suchten auf verschiedene Weise den Rest ihrer freien Zeit möglichst angenehm unterzubringen.

Als es nach dem Abendessen kühl geworden war, spielte die jetzt schon sehr vervollkommnete Musik; sehr bald verwandelte sich das ganze Vorderdeck in einen Tanzsaal und die flotten Seebeine der Tänzer wußten dabei mit großem Geschick alle Hindernisse zu nehmen, die sich einem solchen Vergnügen an Bord in Gestalt von Lafettenkanten, Ring=bolzen, Tauwerksbündeln, Klampen und dergleichen entgegenstellen, bis ihnen der Schweiß vom Gesicht strömte und der Sonntag=Nachmittag mit dem Rufe „Feuer und Lunten aus, Backbordwache Hängematten!" um 8 Uhr beschlossen wurde.

Auf dem Hinterdeck hatte während des Nachmittags große Ruhe geherrscht und der wachhabende Offizier schritt einsam und träumerisch auf und ab. Nur dann und wann warf er mechanisch einen Blick auf den Kompaß oder nach oben auf die Takelage. Aber bei dem ruhigen gleichmäßigen Winde hielten die Leute am Ruder das Schiff stets genau auf dem Kurse, die Segelstellung bedurfte keiner Aenderung und er fand nichts zu tadeln. Wie langweilig und wie träge schleicht die Zeit.

Hängemattenempfang.

Auch in der Messe ist es leer; die Offiziere sitzen oder liegen in ihren Kammern, lesend, schreibend oder träumend und harren des kommenden Abends, dessen Kühlung die von der Tropenwärme abgespannten Lebensgeister erfrischen wird. Man merkt mehr als bisher die Nähe des Aequators, denn die Brise schläft immer mehr ein und die Windsäcke bringen kaum noch merkbaren Zug in die drückende Atmosphäre des Schiffsinnern. Ein strebsamer Unterlieutenant hat die Vermessenheit gehabt, eine Abhandlung über Ballistik studiren zu wollen, ein anderer versucht in der umgebenden Ruhe die Schwingen des Pegasus zu entfalten und das stille Sehnen seines Herzens nach Liebe in einem zarten Gedicht auszuhauchen, ein dritter müht sich ab, das Konzept zu einem feurigen Briefe zu entwerfen, der nach Ankunft in Rio Janeiro mit der nächsten Post zu der bisher nur heimlich im innersten Herzensschrein Angebeteten fliegen soll, aber allen Dreien ist das passirt, was die erfahrenen Kameraden seit dem Frühstück freiwillig gethan — sie sind darüber eingeschlafen. Die Tropenhitze erweist sich mächtiger, als aller Schwung des Geistes und Herzens, und die Stille in der Messe wird nur durch die verschiedenen Schnarchtöne unterbrochen, die aus den Kammern hervorklingen. Alles schlummert tief wie in Dornröschens Schlosse, bis der erlösende Ritter in der allerdings sehr prosaischen Gestalt des Stewards naht, um die Herren zu Tisch zu rufen.

Schnabel-Rathke hat sich durch sein Garn von „Schramms Leiden" nicht von seiner Pflicht abwendig machen lassen, sondern sich mit Ruhm bedeckt. Alle auf dem Tische erscheinenden Gerichte mit und ohne Namen munden vortrefflich, und unter ihrer wie des vaterländischen Rheinweins Wirkung, den der umsichtige Steward mit Hülfe der heimlich vom Krankenwärter entliehenen Eismaschine gekühlt, beginnen die Geister allmählich sich zu beleben und eine heitere Unterhaltung würzt das Mahl.

Auch der Kommandant speist heute nicht allein, sondern hat wie jeden Sonntag einige Gäste zu Tisch. Diese Einladungen sind offizieller Natur, gehen streng nach der Liste mit Ausnahme des ersten Offiziers, der öfter an die Reihe kommt, und haben deshalb mehr Ehrendes als Erbauliches, namentlich gegen das Ende einer längeren Reise, wenn die präservirten Sachen ganz gleich zu schmecken beginnen und man mit geschlossenen Augen nicht unterscheiden kann, ob man Schinken in Burgunder oder gekochtes Hammelfleisch ißt. Die kleinen Abendgesellschaften beim Kommandanten

Auf der Kampanje nach Sonnenuntergang.

sind jedoch gemüthlicher. Sie werden zu Skat-, Whist- oder L'hombrezwecken gegeben, und wenn der Wirth es vertragen kann schlechte Karten zu erhalten und zu verlieren, sind diese Partiechen für die Gäste ganz angenehm. Es kann jedoch auch anders sein; dann erwehren sie sich beim Herannahen der Spielstunde nur schwer eines Schauders und erfinden die verzwicktesten Vorwände, um frei zu kommen. Immer geht das freilich auch nicht, und ich selbst habe ein Jahr lang in dieser Art schwer tragen müssen. Ich war Adjutant eines Flaggoffiziers, der nur streng offizielle Diners gab, sonst aber mit den Offizieren selten in nähere Berührung kam. Dagegen spielte er sehr gern Schach, und es gehörte zu meinen Obliegenheiten jeden Abend — auch bei dem schlechtesten Wetter, wenn man sich selbst kaum festhalten konnte — mit ihm drei Partien zu machen. Zuerst verlor ich als schlechterer Spieler, als ich dann aber mich vervollkommnete und einmal so unvorsichtig war zu gewinnen, wurde mir dies so übel genommen, daß ich es vorzog es nie wieder zu thun und es fertig brachte fortan stets zu verlieren. Dies ein ganzes Jahr lang fortzusetzen, ist gewiß eine heroische Selbstverleugnung, auf die ich noch jetzt stolz bin, während sie freilich damals mir herzlich wenig Vergnügen machte. Der Kommandant der „Mathilde" gehörte glücklicherweise nicht zu solchen Egoisten, sondern verstand es vortrefflich seinen Gästen gegenüber den strengen Vorgesetzten bei Seite zu lassen und nur der liebenswürdige Kamerad zu sein.

Ebenso beschnitt er manche der Zöpfe, welche der altüberkommenen Schiffsetiquette ankleben, ohne Zweck den Untergebenen das Leben verbittern und zu denen z. B. der Rauchzwang gehört, der die Cigarre oder Pfeife nur auf die schmutzigste und ungemüthlichste Stelle an Bord, in der Batterie bei der Kombüse, beschränkt. Er gestattete vielmehr den Offizieren nach dem Mittagsessen auf der Kampanje zu rauchen, gesellte sich selbst zu ihnen, um kameradschaftlich mit ihnen zu plaudern und zu scherzen und lieferte den Beweis, daß die Disziplin nicht in ihren Grundfesten erschüttert zu werden braucht, wenn man es wagt auf Sr. Majestät Schiffen hinter dem Kreuzmast sich zu setzen oder gar zu rauchen.

In den Tropen ist die Kampanje oder das erhöhte hintere Halbdeck des Schiffes nach Sonnenuntergang ein prachtvoller Platz zum Sitzen, und man hat einen wahren Hochgenuß dort sich nach des Tages Hitze in der Abend= kühle zu erlaben. Wie der Tag mit den Passaten dazu angethan ist den Menschen zu erfreuen, so erschließt die Nacht ihm andere Schönheiten und Wunder, die nicht weniger Herz und Sinne gefangennehmen. Ist sie mondlos, so erglänzen, namentlich auf der südlichen Halbkugel, wo die Atmosphäre dunstfreier ist, die Gestirne in leuchtender Pracht, aber sie werden weit überstrahlt durch das Leuchten des Meeres. Bisweilen hat man Gelegenheit diese merkwürdige Erscheinung auch in unseren nordischen Meeren zu beobachten und zu bewundern, doch welch' schwacher Abglanz ist sie im Vergleich zu den Tropen! Nicht immer ist das Leuchten hier gleich schön und großartig, aber wenn, wie bei nahenden Gewittern oder während derselben, viel Elektrizität in der Atmosphäre angehäuft ist, dann gewährt es eines der schönsten und erhabensten Naturschauspiele, die je das menschliche Auge erblicken kann. Die dunkle Tiefe gebiert dann ein wunderbares Leben. Alle die Millionen Organismen, welche am Tage dem Auge unsichtbar in ihm wogen und wallen, erglühen plötzlich wie durch Zauber, der Perlenschaum der überbrechenden Wellen verwandelt sich in flüssiges Gold und zerstäubt beim Anschlagen an die Schiffswände in hellglänzenden Sprühregen. Hier und dort wälzen sich Quallen als feurige Kugeln unter der Oberfläche dahin, deutlich erkennt man die Formen der Fische, die wie von einem schimmernden Mantel umgeben ihren Weg durch lange grünliche Streifen kennzeichnen. Das Kielwasser des Schiffes ist eine leuchtende Bahn, in der es überall glüht und blitzt und funkelt; der Himmel scheint mit dem Ozean die Rollen vertauscht und alle seine Sterne in ihm versenkt zu haben, doch ihre Pracht und ihr Glanz hier unten sind weit schöner und blendender, als dort oben am Firmament.

Und als dann im Südost aus der dunklen Wolkenbank der Vollmond aufstieg, da bot sich dem Beschauer ein anderes eigenartiges, wenngleich nicht minder schönes Bild. In seinem grünlichweißen Lichte verschwanden die Millionen Gestirne des Himmels, und nur die Planeten und einige große Sterne blieben sichtbar. Vom Horizonte her fluthete auf der dunklen Tiefe ein Silberstrom, als schmaler blitzender Streifen beginnend und dann bis zum Schiffe sich in seinem Glanze allmählich abtönend und verbreiternd, bis er letzteres vollständig umfaßte und dann sich in der Nacht verlor.

Der abnehmende Wind füllte kaum noch die Segel, und die „Mathilde" wiegte sich leise und regelmäßig auf dem schlummernden Ozean. Wenn man von vorn einen Blick nach oben warf, erschien die Takelage wie scharf ausgeschnitten auf dem Hintergrunde des Himmels, Masten und Raaen mit ihrem Tauwerk wie ein aus starren Säulen und Gestängen zusammengefügtes seltsames Gebäude, das irgend ein Nachtgeist in den Lüften aufgethürmt, und ebenso dunkel und starr hoben sich die Segel ab, durch deren dichtes Gewebe nur hier und dort ein schwacher Lichtschimmer drang. Doch welcher wunderbare unvermittelte Wechsel, wenn man vom hintern Schiff empor= schaute, von wo die vollen Mondstrahlen die Bemastung trafen! Die sich nach oben ver= jüngenden Segel erglänzten wie schneebedeckte Pyramiden, die Stängen und Raaen erschienen wie aus Ebenholz gefertigt und dort mit Elfen= bein ausgelegt, wo das Mondlicht sie berührte. Das Deck leuchtete wie ein Streifen schnee= weißen Sandes, auf dem sich die Schatten aller Gegenstände so scharf abzeichneten, als seien sie Mosaik.

Offizierskammer (Brief an sie).

Es war nahe an Mitternacht und tiefe Ruhe lagerte über dem Schiffe; nur das leise Reiben des Tauwerks in den Blöcken oder des Steuerreeps auf seinen Rollen unterbrach sie dann und wann, wenn jenes sich langsam wiegte oder die Leute das Ruder um ein paar Speichen drehten. Die Wache schlummerte auf dem Vorderdeck, nur die Posten und der Offizier auf der Kommandobrücke waren wach; aber auch sie schienen den Zauber der linden Tropennacht zu empfinden und voll auf sich wirken zu lassen, denn sie hielten sich bewegungslos und standen wie Statuen halb aus weißem Alabaster, halb aus dunkler Bronze, je nachdem Licht und Schatten sie traf.

Loggen.

Erst das Erklingen der Schiffsglocke erweckte sie aus ihren Träumen und rief sie in die Wirklichkeit zurück.

„Alles wohl!" ertönte es auf der Back aus dem Munde des Ausgucks und „Alles wohl!" wiederholte es sich in demselben Tonfall mittschiffs an beiden Seiten und hinten auf der Kampanje, wo der Posten bei der Rettungsboje stand. Der wachehabende Offizier nahm seinen Gang auf der Brücke wieder auf. „Loggen!" rief er, und die Fahrt des Schiffes wurde gemessen, wie dies stündlich geschieht. Doch die Loggleine mit dem daran befestigten hölzernen Kreissektor, dessen Widerstand im Wasser einen festen Punkt schaffen soll, wickelte sich nur noch träge von der Rolle. Langsam schlich das Schiff dahin; die dunkle Bank im Süden stieg höher, und bald begannen die Segel mit den Schwankungen gegen Masten und Stengen zu schlagen, zuerst leise, dann lauter, je mehr der Wind hinstarb. Im Laufe der Mitternachtswache deckte ein grauer undurchsichtiger Schleier den ganzen Himmel, und als der Morgen tagte, schwankte die Fregatte steuerlos auf der spiegelglatten Meeresfläche, deren tiefes Blau ebenfalls in düsteres Grau verwandelt war. Schwarze Wolken hingen schwer herab, der Passat mit seinen lichten Schönheiten war verschwunden und die „Mathilde" hatte den Stillgürtel des Aequators erreicht.

Welche Qualen hat dieser Streifen früher den Seeleuten bereitet, wenn er die Schiffe wochenlang in seinem Banne hielt, die Besatzungen Tag und Nacht an den Brassen reißen mußten, um jeden Hauch aufzufangen, der bald hier, bald dort aufsprang und nach wenigen Minuten wieder erlosch, oder um den plötzlich auftretenden und ebenso plötzlich verschwindenden Böen zu begegnen, während furchtbare Gewitter mit wolkenbruchartigem Regen sich entluden. Jetzt, wo man die Linie bedeutend westlicher in der Spitze jenes Gürtels schneidet, ist das alles besser geworden. Segelschiffe können ihn in wenigen Tagen überwinden, ja, sie treffen es bisweilen so günstig, daß sie direkt aus dem nördlichen in den südlichen Passat laufen.

Mit letzterem ist übrigens den meisten Seeleuten gar nicht gedient. Sie sehnen sich vielmehr nach einem ausgiebigen Tropenregen, um sich und ihre gesamte Kleidung einmal gründlich zu reinigen, da Salzwasser nur ein Nothbehelf ist und Seife schwer oder nicht löst. Dann werden alle Sonnensegel gespannt, in der Mitte gesenkt und das gesammelte Wasser in allen erdenklichen Gefäßen eingeheimst. Frisches Wasser ist bekanntlich an Bord ein beschränkter Artikel. Man hat zwar auf Kriegsschiffen jetzt überall Apparate, die täglich 1000—1800 Liter Trinkwasser herstellen, indem sie Seewasserdämpfe verdichten und sie dabei auf sinnreiche Weise mit soviel Luft mischen, um das gewonnene Wasser trinkbar zu machen, allein zum Waschen wird davon nichts verausgabt.

Da ist es dann eine wahre Freude zu sehen, wie auch nicht ein Stück Zeug dem langentbehrten Bade entgeht, die gesamte Mannschaft von einer wahren Waschwuth ergriffen wird, in der ersten trocknen Stunde sich das ganze Schiff bis zu den Toppen hinauf mit Kleidungsstücken bedeckt und viele Tausende derselben in den Lüften flattern.

Daß der erste Offizier eine solche Gelegenheit nicht vorbeigehen läßt, um auch die Legion der Bezüge für Segel, Boote, Ruderrad, Gangspill und dergleichen mit Hülfe der Strafarbeiter gleichfalls schrubben zu lassen, kann man sich denken.

Auf der „Mathilde" war an dem nöthigen Wasser kein Mangel. Es regnete den ganzen Tag — nun wie es nur in den Tropen regnen kann und es in unsern Klimaten noch nicht Mode ist. Bisweilen stand das Wasser fußhoch auf dem Oberdeck und schwabbte in förmlichen Wellen von Bord zu Bord, weil die Abflußöffnungen nicht ausreichten. Auf die Dauer kann das aber auch unangenehm werden, und als mittags die Waschwuth erschöpft war, kein Mensch an Bord mehr einen trockenen Faden auf dem Körper hatte und die Schleusen des Himmels sich abends immer noch nicht schließen wollten, erschien es dem Kapitän doch vortheilhafter ein Element gegen das andere zu setzen, den überreichen Wassersegen mit dem Feuer der Maschine zu bekämpfen und den Stillgürtel unter Dampf in wenigen Stunden zu überwinden, anstatt vielleicht noch tagelang solchen Ueberschwemmungen ausgesetzt zu sein, von denen schließlich kein Winkel des Schiffes verschont blieb.

Merkwürdigerweise verrieth der erste Offizier nicht einmal in seinen Mienen, daß der Befehl ihm unangenehm sei. Er hatte sich überlegt, daß eine dauernde Sintfluth von solcher Ausgiebigkeit an Tauwerk, Geschützen und Farbe doch mehr Schaden anrichte, als der sofort wieder weggewaschene Kohlenschmutz, und zog das geringere Uebel vor. Bald wirbelte eine Rauchsäule aus dem Schornstein, die Segel wurden festgemacht, und nach zwei Stunden dampfte die „Mathilde" mit schneller Fahrt recht nach Süden, um möglichst bald den Südostpassat zu erreichen. Fünfzehn deutsche Meilen, die man in acht Stunden zurücklegte, genügten für diesen Zweck. Der Regen ließ allmählich nach, noch einmal brach zum Abschiedsgruße ein furchtbares Gewitter los mit betäubenden Donnerschlägen, als spaltete sich der Erdball, mit flammenden Blitzen, die aus allen Himmelsgegenden hernieder und aus dem Horizonte wieder zum Zenith emporzuckten; auf den Spitzen der Toppen und Raaen tanzten unheimlich bläuliche St. Elmsfeuer, dann aber ließ der Regen allmählich nach. Hier und dort schaute ein Stern zwischen dem brechenden Gewölk hernieder, und als der Morgen tagte, verrieth nur noch eine dunkle im Norden lagernde Bank die Region der Stillen. Klar und goldig tauchte die Sonne aus dem Meere auf, das wieder in seinem tiefen Blau sich vor den Blicken aufrollte, und ein rasch näher kommender dunkler Streifen auf dem Wasser wurde froh begrüßt. Es war der ersehnte Passat; die Maschine wurde außer Thätigkeit gesetzt, der teleskopische Schornstein niedergelassen, und bald deckte sich die Fregatte mit sämtlichen Segeln, um mit der allmählich auffrischenden Brise schneller und schneller ihrem Ziele entgegenzueilen.

Im Laufe desselben Tages wurde die Linie passirt. Bekanntlich findet nach alt überkommenem Brauch bei dieser Gelegenheit an Bord eine sogenannte Taufe für alle Diejenigen von der Besatzung statt, welche noch nicht auf der südlichen Halbkugel gewesen sind. In früheren Zeiten war die Taufe vielfach ein sehr roher Akt und ist es wohl noch. Auf unseren Kriegsschiffen wird sie theilweise gestattet, ist jedoch in ihrer Ausführung auf ein solches Maß eingeschränkt, daß keine Ausschreitungen vorkommen können, welche, wie das früher so oft geschah, die Disziplin gefährden. Zu einer solchen mehr harmlosen Feier des Ereignisses war auch vom Kapitän der „Mathilde" die Erlaubniß ertheilt worden und der Nachmittag zu der Komödie freigegeben.

Während der nöthigen Vorbereitungen mußten es sich die Täuflinge, deren es einige Dutzend an Bord gab, gefallen lassen eine Zeit lang hinter einem Vorhang in der Batterie eingesperrt zu werden.

„Schiff ahoi!" ertönte plötzlich eine mächtige Baßstimme aus dem Gallion, der vorderen Spitze des Schiffes, und gleichzeitig tauchte ein von ehrwürdigen weißen Locken umgebenes Haupt über die Verschanzung auf, das eine goldblitzende Krone trug, während ein Dreizack verrieth, daß der Ankömmling niemand Geringeres als Seine Majestät Gott Poseidon selbst sei.

„Halloh!" beantwortete der wachehabende Offizier den Ruf.

„Die Fregatte hat die Grenzen meines Reiches überschritten," sprach der Meeresgott weiter, „und ich komme den mir zuständigen Tribut einzufordern. Ich sende dem Kapitän meinen königlichen Gruß und ersuche um Erlaubniß das Schiff zu betreten."

„Sie ist gewährt," erwiderte der Wachehabende, und Neptun mit seinem Gefolge, bestehend aus dem Sekretär, dem Hofarzt und fünf bis sechs stämmigen Tritonen, die ihre wässerige Herkunft schon in ihrer dürftigen Bekleidung bekundeten, kletterten aus dem ziemlich anrüchigen Gallion behende über die Rehling auf das Deck, mit lebhaftem Hurrah von allen Denjenigen begrüßt, die schon in früheren Jahren die Bekanntschaft Seiner Majestät gemacht, wofür er mit würdevollem Kopfnicken seinen Dank abstattete.

Dann bestieg er den bereitstehenden Wagen, der eine große Aehnlichkeit mit einer Bootlaffete der Fregatte besaß, die Tritonen spannten sich vor, Sekretär und Hofarzt folgten, und der Zug bewegte sich in feierlichem Schritte bis zum Großmast, der Grenze des Hinterdecks. Jedenfalls zeugte diese Zurückhaltung davon, daß Neptun die Dienstvorschriften kannte und respektirte, nach denen es nur Offizieren gestattet ist, jene Schiffshälfte außerdienstlich zu betreten. Weder er noch sein Gefolge befanden sich jedoch im Besitze eines deutschen Patents, und die Uniform ließ sie auch nicht als Offiziere erkennen, da sie sich so ziemlich auf Schwimmhosen beschränkte. Die Schiffsoffiziere befanden sich auf dem Hinterdeck und waren offenbar sehr erfreut die alten Bekannten wiederzusehen. Nach erfolgter Begrüßung wurde zunächst die geographische Breite des Schiffes verglichen und von dem Sekretär, der mit einem wunderbaren Instrumente, das eher einem Sägebock, als einem Oktanten glich, die Sonnenhöhe maß, als $0_{/00}$ Grad festgestellt. Dann überreichte der Schiffsschreiber die Liste der Täuflinge und Neptuns Sekretär sah in seinem Buche nach. Dies hatte jedoch schon ein fossiles Aussehen und glich einem Scheuerstein auf ein Haar. Die angegebene Zahl wurde richtig befunden und nach Beendigung dieser Formalitäten begann der eigentliche Taufakt. Vier handfeste Tritonen tauchten durch eine Luke in die Batterie hinunter und erschienen sehr bald wieder mit einem der Täuflinge, der mit verbundenen Augen an das mittschiffs stehende Taufbecken geführt wurde. Dasselbe bestand aus einer großen, mehrere Fuß im Durch= messer haltenden und ebenso tiefen Deckwaschbalje, die bis oben mit Wasser gefüllt war. Darüber war ein Brett gelegt und auf dieses wurde der Neuling gesetzt, um zunächst einem drastischen Examen über seine persönlichen Verhältnisse unterworfen und dann den Händen des Hofarztes überantwortet zu werden, der zugleich als Barbier fungirte. Sein Handwerkzeug bildeten ein Blechtopf mit Marineseife, einer Mischung aus altem Fett und Theer, die nach seiner Versicherung prächtig in Salzwasser schäumte, und ein mehrere Fuß langes Rasirmesser. Die Klinge hatte wahrscheinlich früher als Tonnenreifen gedient, und die schartige Schneide ließ darauf schließen, daß in Neptuns Reich zwar alles, wie an Bord eines guten Schiffes, vierkant sein mochte, aber jedenfalls der runde Schleifstein fehlte.

Dann kam das Einseifen und danach das Rasiren. Je nach der Beliebtheit des Neophyten fiel dies sehr verschieden aus, sanft und scharf, am schärfsten aber bei Denen, welchen man neulich das Lied vom Jungfernkranz gesungen und für die man auch noch eine besondere Zuthat schuf. Während man nämlich bei den Uebrigen nach dem einfachen Rasiren das Sitzbrett fortzog und sie in das Wasser fallen ließ, wurde nach der ersten Prozedur bei Diesen der Betreffende in gutmüthigem Tone von Neptun befragt, ob der Hofarzt ihm auch nicht zu weh gethan habe. Sobald aber der Unglückliche den Mund zur Antwort öffnete, fuhr ihm der frischgefüllte Seifenpinsel hinein, während gleichzeitig das Brett wippte und der Gefoppte in den Bottich stürzte, wo man ihn gründlich tauchte. Er behielt deshalb nicht einmal Zeit, die Marineseife auszuspucken, und man kann sich denken, daß eine solche Mischung ihm auf lange Zeit den Appetit gründlich verderben mußte. Nach Vollziehung des letzten Taufaktes begann dann eine wahre Wasserorgie, und die Mannschaft war wie von der Tarantel gestochen. Aus allen Ecken und Winkeln, aus den Schläuchen sämtlicher Pumpen, aus Eimern, Bottichen und allen möglichen Gefäßen, auf Deck, aus der Batterie, aus den Toppen — überall her strömte Wasser. Es war ein Krieg Aller gegen Alle; Niemand wurde verschont; im Eifer des Gefechts richteten sich die Strahlen der Pumpen auch auf das Hinterdeck, und wer von den Offizieren nicht schleunigst die Flucht ergriff, wurde auf das Gründlichste eingeweicht; nur an den auf der Kampanje wandelnden Kapitän und an den wachehabenden Offizier wagte sich Niemand.

Eine Zeit lang ließ der Kapitän den Wassersport gewähren und hatte offenbar selbst seinen Spaß daran. Dann gab er einen Wink nach der Kommandobrücke, wo neben dem wachehabenden Offizier der dienstthuende Bootsmannsmaat stand, und dieser pfiff ein langes schrillendes Signal, das wie ein Zauberspruch alle Hände lähmte.

„Alle Mann; Ausscheiden mit Wasser! Klar Deck!" lautete der nachfolgende Befehl, und die vorzügliche Disziplin bewährte sich in augenblicklichem Gehorsam. Das Deck wurde geklart und getrocknet, und dann wurde zum Umziehen gepfiffen.

Die eigentliche Taufe war damit vorbei; aber der übrige Theil des Nachmittags gehörte den Leuten, und es folgte noch eine harmlosere Nachfeier auf dem Verdeck durch Spiel, Tanz und Gesang bei einer Bowle Grog, die der Kapitän für die Mannschaft ausgeben ließ und die bei gutem Geschmack doch nicht gefährlich war. Auch in der Offiziermesse ging es heiter her, und der vielseitige Schnabel=Rathke hatte sich nicht nur als Neptun mit Ruhm bedeckt, sondern für den heutigen Tag noch ein paar ganz besondere Gänge erfunden, deren Wohlgeschmack dadurch eine Anerkennung fand, daß der Messevorstand ihm eine Flasche Madeira verabfolgen ließ. Es muß hervorgehoben werden daß er sie brüderlich mit seiner Tafelrunde theilte und diese außerdem zur Ehre des Tages mit einem halben Dutzend Salzwassergarne regalirte, von denen eins noch immer zäher als das andere war.

Die nächsten vierzehn Tage brachten wieder das schönste Passatwetter; nur segelte es sich noch angenehmer als im Norden des Aequators, weil der Südostwind bedeutend seitlicher einkam, dem Schiffe dadurch mehr Stütze gegen Schwankungen verlieh und dies noch ruhiger ging. Die günstige Gelegenheit wurde auf das beste zu Exercitien aus= genutzt, und die Fortschritte waren so bedeutende, daß der erste Offizier der baldigen Ankunft im Hafen mit Ruhe entgegensehen konnte. Er hatte das Bewußtsein, daß die „Mathilde" den fremden Kriegsschiffen gegenüber sich zeigen konnte und Ehre einlegen würde.

Am Ende der siebenten Woche kam das erste Land in Sicht, Kap Frio, ein mächtiger, steil aus dem Meere aufsteigender, stets von den Wogen umbrandeter und von einem eisernen Leuchtthurme gekrönter Felsen, der den Schiffen den Eingang zur schönen Bai von Rio de Janeiro kennzeichnet. Der Anblick des Landes wurde von Offizieren und Mannschaften freudig begrüßt. Im allgemeinen sieht sich der Seemann während seiner Reisen am liebsten hundert Meilen von Land, weil er sich dann sicherer fühlt und bei Stürmen Raum zum Treiben hat; dagegen besitzt jeder Bestimmungshafen große Anziehungskraft für ihn, und er kann nicht schnell genug hinkommen, um freilich bald sich wieder fortzusehnen, da Niemand mehr den Wechsel liebt als gerade er. Rio de Janeiro erfreut sich nun eines der prachtvollsten Häfen der Welt und insofern übte er noch größeren Reiz, wenigstens für die Offiziere, während die Mannschaft allerdings nicht an die landschaftlichen Schönheiten, sondern hauptsächlich an Urlaub, an die tropischen Früchte und die Unterbrechung der Seekost dachte, deren man nach sechs Wochen schon ziemlich über-drüssig wird.

Das anfänglich nur als bläuliche Wolke am Horizonte schwebende Kap Frio wuchs schnell empor, und bald zeigten sich hinter ihm auch die merkwürdigen Linien der Küstengebirge, welche die Bai einschließen. Der Mastkorb, der Corcovado, der Zuckerhut, ersterer und letzterer so nach ihrem Aussehen benannt, sind wunderbare Gebilde, und alle drei bieten mit Aufwand von etwas Phantasie dem Beschauer das Bild eines lagernden Riesen, dessen Profil dem der Bourbonen gleicht. Der Mastkorb mit einer Einschnürung unter dem breiten Gipfel stellt den Kopf, der Corco-vado Brust und Leib und der etwas schräg geneigte Zuckerhut die Füße dar. Mit dem Passiren von Kap Frio biegt der Kurs westlich in die Bai ein, die sich von hier aus in ihrer ganzen zauberischen Schönheit dem Blicke öffnet und eine Länge von sechs bei einer Breite von nahezu vier Meilen besitzt. Während die Ufer durch seltsame, bald schroff zum Meere abfallende, hier kahle, dort wieder mit der üppigsten Vegetation bedeckte Felsenwände, bald durch sanft geschwungene Hänge einen großartigen Anblick gewähren, prägen die vielen in der Bucht zerstreuten Inseln mit ihrem saftigen Grün, aus denen hier und dort zwischen Palmen und Bananen eine freundliche Wohnung schaut, ihr den Stempel der Lieblichkeit auf. Das entzückte Auge weiß nicht, wohin sich zuerst wenden, um die neuen und so überaus mannigfaltigen Eindrücke in sich aufzunehmen, bis es schließlich durch Rio de Janeiro gefesselt wird. Die Stadt liegt am westlichen Ufer der Bai, unmittelbar von deren Wellen bespült, auf einer Ebene, die von beiden Seiten durch eine Reihe von Hügeln eingerahmt wird. Diese Lage beeinträchtigt ihre äußere Erscheinung, da sie große Theile von ihr verdeckt und der Ankommende nicht muthmaßt, daß sie fast eine halbe Million Einwohner zählt. Andererseits verräth jedoch der dichte Mastenwald vieler Hunderte von Schiffen, die aus allen Welttheilen hier zusammentreffen, daß man es mit einer Handelsmetropole ersten Ranges zu thun hat.

Durch den veränderten Kurs der „Mathilde" war der Wind günstiger geworden, stand als frische Brise bis in den Hafen, und erstere konnte zur großen Freude der gesamten Besatzung ohne Hülfe der Maschine die nöthigen Manöver vollführen, um auf einen guten Ankerplatz zwischen den Kriegsschiffen der übrigen Nationen zu gelangen. Ein Schiff unter Dampf zu Anker zu bringen, dazu gehört wenig Geschick, das kann Jeder machen — möchte man sagen, aber das Manöver unter Segel gut und elegant auszuführen — das erfordert seemännische Kunst seitens des Kapitäns und giebt zugleich einen Maßstab für die an Bord herrschende Disziplin, die Uebung und den guten Willen der Mannschaft. Auf der deutschen Fregatte fehlte es weder an dem einen noch am anderen, und der Ehrgeiz, dies vor den Tausenden von kritischen Augen, die sich von allen fremden Schiffen auf die ankommende „Mathilde" richteten, darzuthun, war erklärlich. Aeltere Seemächte blicken immer noch mit einer gewissen Geringschätzung auf unsere junge Marine; das wissen Offiziere und Mannschaften, und deshalb beseelt sie alle das Gefühl jenen zu zeigen, daß unsere Schiffe ihnen mindestens ebenbürtig sind und in keiner Beziehung hinter ihnen zurückstehen.

Wenn man mit einem Segelschiffe vor Anker geht, nimmt man gewöhnlich eine Zeit lang vorher schon die kleineren Segel fort, um die Fahrt allmählich zu hemmen. Der Kapitän der „Mathilde" war seiner Mannschaft jedoch so sicher, daß er es wagen durfte mit sämtlichen Segeln im Top bis unmittelbar vor den vorher ausgesuchten Anker-platz zu gehen und alle auf einmal fortzunehmen. Es ist das gewissermaßen ein seemännisches Meisterstück, das, wenn es gelingt, nicht nur einen wunderhübschen Anblick gewährt, sondern allen kritischen Fachgenossen ungetheilte Bewunderung abzwingt. Bisweilen hat freilich auch auf dem bestexerzirten Schiffe ein Dämon sein Spiel; ein falscher Schlag in den Tauen, ein Klemmen derselben kann alles verderben, und dann wird nur Hohn geerntet; aber jeder Einzelne der Besatzung that das Seine, um solchen bösen Zufälligkeiten möglichst vorzubeugen — galt es doch den fremden Nationen gegenüber die Ehre der deutschen Flagge zu wahren.

Der Kapitän hatte sich mit dem Fernrohr einen Platz in der Nähe des Admiralschiffes vom englischen Geschwader ausgesucht. Als die „Mathilde" noch etwa tausend Schritt entfernt war, wurden die Leute auf ihre Stationen gepfiffen. Sie standen lautlos und harrten der kommenden Befehle. Das stolze Schiff schnitt fast unbewegt durch die smaragd-grüne Wasserfläche; nur das leise Rauschen am Bug unterbrach die auf ihm herrschende musterhafte Stille, und der eintönige Gesang der Leute am Loth, „Ein halb über zehn!" (Meter). Der Kapitän gab seine Kommandos mit gewöhnlicher Stimme; sie reichte aus, um über das ganze Deck hin klar verstanden zu werden.

Die Fregatte mußte nahe hinter dem Heck des englischen Flaggschiffes vorüber, eines mächtigen Panzers, um dann um einen Viertelkreis aufzuluven und parallel mit jenem zu ankern. Sie passirte auf kaum dreißig Schritt Entfernung; Hunderte von neugierigen Augen überschauten ihr Deck. Es konnte sich sehen lassen: schneeweiß, Kanonen und Messingwerk spiegelblank im Sonnenlichte funkelnd, Raaen genau vierkant, Segel straff wie ein Brett geheißt, nirgends ein loses Tau hängend, die Hängematten in der Verschanzung tadellos rein, die Leute selbst in sauberem Anzuge, und auch außenbords kein Fleck auf dem Schiffsrumpf. Als die „Mathilde“ von dem Panzer frei war, winkte der Kapitän. Das Steuerrad drehte sich geräuschlos; gleichzeitig stellten sich die Raaen schräger zum Winde, und das Schiff luvte auf. Es war kaum noch hundert Schritt vom Ankerplatze entfernt.

„An die Geitaue und Gordings sämtlicher Segel! Klar bei den Ankern!“ ertönte es von der Kampanje, von wo aus der Kapitän die Manöver leitete, und die Mannschaften ergriffen die genannten Taue, klar, damit fortzulaufen.

„Gei auf überall!“

Gei auf überall.

Die unteren Enden sämtlicher Segel wurden gleichzeitig losgeworfen; die Leute setzten sich in Trab und blitzschnell schnürten sich die Segel unter den Raaen zusammen.

„Laß laufen, braß vierkant!“

Rasselnd kamen die oberen Raaen an den Stengen nieder und wurden ebenso schnell rechtwinklig zum Kiel des Schiffes gestellt. Das Schiff luvte in den Wind, so daß dieser von vorn auf die Segel fiel.

„Fallen Backbordanker!“

Der Anker rauschte von oben, die Kette donnerte durch die Klüse, während das noch in Fahrt befindliche Schiff 60 Faden von ihr mit sich riß, ehe es sich hemmen ließ.

„Fallen Steuerbordanker!“

Der zweite Anker fiel und das Schiff lag fest. Der Kapitän winkte dem vorn auf der Back befindlichen ersten Offizier und übergab ihm das Kommando, um das Weitere zu erledigen.

Rhede von Rio de Janeiro.

Die Segel wurden festgemacht, die Seitenboote zu Wasser gebracht und das Schiff vertäut, d. h. von den 60 Faden der Backbordkette wurden 30 wieder eingewunden und ebensoviel von der Steuerbordkette ausgesteckt. Dadurch kam das Schiff in die Mitte zwischen beide Anker und konnte bei Wind= und Strom= wechsel nur um seine eigene Achse schwingen. In besuchten Häfen ist eine solche Lage nöthig, um weniger Raum zu beanspruchen.

Das ganze Manöver vom Segelbergen bis zum Vertäuen hatte noch keine 15 Minuten gedauert und war brillant ausgefallen. Nichts hatte gehaft, keine widerspenstige Raa war oben hängen geblieben, wie der Dieb am Galgen, kein Tau bekniffen — alles war glatt gegangen, und innere Befriedigung über diesen Erfolg spiegelte sich auf allen Gesichtern.

„Klar beim Salut!" lautete das nächste Kommando; die brasilianische Flage im Top entfaltete sich und 21 Schuß donnerten als Ehrenbezeugung für das Land über die Wasserfläche, um sich in vielfachem Echo an den Fels= wänden des Ufers zu brechen, während unmittelbar danach die Kanonen des Forts St. Cruz den Gruß mit der gleichen Schußzahl erwiderten.

Dann kamen die Boote der verschiedenen Kriegsschiffe, je mit einem Offizier, um zu komplimentiren, in Wahr= heit aber, um neugierige Fragen zu stellen, und der wachehabende Offizier hätte viel zu thun gehabt, um in Englisch, Französisch, Italienisch, Russisch, Portugiesisch und Spanisch die gewünschte Auskunft zu geben. Er machte es sich aber bequemer und antwortete mit größter Höflichkeit deutsch. Er dachte: „Schreibt Fürst Bismarck seine diplomatischen Noten deutsch, kann ich auch deutsch antworten — civis Germanus sum!" Mochten sich die Betreffenden damit abfinden, so gut sie konnten.

Die Gig wurde bemannt, und der Kapitän fuhr an Land, um dem brasilianischen Hafen=Admiral seinen Besuch zu machen. Als das schöne schlanke Boot wie ein Pfeil über das Wasser dahinflog, zog es ebenfalls die bewundernden Blicke der Fremden auf sich. Es war weiß gemalt mit einem goldenen Streifen; die Ruderer waren ausgesuchte schöne Leute und wahre Hünen, unter deren nervigen Armen die langen Eschenriemen sich wie Rohr bogen. Nachdem das Boot aus Sicht war, wurden die fremden Flaggoffiziere salutirt, zuerst der Brasilianer, dann die Uebrigen dem Range nach, Admiral, Vize=Admiral, Kontre=Admiral, Kommodore mit je 17, 15, 13, 11 Schuß — Kapitäne erhalten solche Ehrenbezeugung nicht — und die gleiche Erwiderung gegeben. Alles an Bord zählt mit, damit ja nicht ein Schuß zu wenig fällt. Das ist ein Kapitalverbrechen, und wenn es auch nicht mehr zu blutigen Kriegen führt, wie in früheren Zeiten, so doch zu Erörterungen und Verstimmungen, die kaum durch Entschuldigungen des Versehens und Nachfeuern des oder der ausgelassenen Schüsse gehoben werden. Welch ein Knallen bei solcher Gelegenheit, und welche Pulververgeudung! Die Mächte sollten übereinkommen diese Formen zu beseitigen oder sie wenigstens zu beschränken, wie Dänemark bereits für sich gethan, indem es den Landessalut von 21 auf 9 Schuß herabsetzte.

Hafen von Rio de Janeiro.

Dann folgten die Besuche des Kapitäns auf den fremden Schiffen, wieder dem Range nach, und die Erwiderung durch Gegenbesuche. Am Abend des Ankunftstages konnte der Oberfeuerwerker in sein Journal verzeichnen: „Verbraucht 294 Salutkartuschen!"

Mit dem Einlaufen in den Hafen wurde der Dienst an Bord geändert. Der wachehabende Offizier hat nicht wie in See 4 Stunden, sondern den ganzen Tag von morgens 8 Uhr bis ebenso lange abends Wache. In die Nacht theilen sich vierstündlich die übrigen Offiziere und auch die Unterlieutenants, da die Verantwortung nicht so groß ist. Dadurch werden die Wachehabenden bedeutend erleichtert und erhalten Gelegenheit, längere Zeit auf Urlaub an Land zu gehen. Mit den Mannschaften ist es ähnlich; es ist nicht die Hälfte, sondern nur ein Achtel auf Wache, und ebenso werden aus Gesundheitsrücksichten die Exercitien in die frühen Morgen- oder späten Nachmittagsstunden verlegt, während die Leute von 9—5, so lange die brennende Sonne ihnen schädlich werden kann, bis auf die nothwendigsten Posten frei haben und unter den über das ganze Schiff gespannten Sonnensegeln Schatten finden. Nach den Abendexercitien ist allgemeines Baden, aber nicht in freiem Wasser. An den seitwärts ausgeschwungenen Backspieren werden Segel ausgespannt, deren Ränder über das Wasser hinausragen, und die ein Bassin bilden. Außerhalb desselben würden Haie sehr bald ein blutiges Trauerspiel aufführen.

Nach der Segelordre war der Aufenthalt in Rio de Janeiro für die „Mathilde" auf vier Wochen berechnet, aber wer konnte sich in der Jetztzeit auf dergleichen verlassen. Wie war es früher doch so schön für den Kommandanten eines Kriegsschiffes! Wenn er den Heimathshafen verlassen hatte, dann war er für die Dauer der Reise ein kleiner König, und jenseits Englands konnte ihn bis zu seiner Rückkehr in das Vaterland kaum ein abweichender Befehl mehr treffen. Jetzt aber in unserer schnelllebigen Zeit der Dampfer, Eisenbahnen und Telegraphen schwebt ihm überall, wo er einen Hafen anläuft, das Damoklesschwert einer telegraphischen Depesche, oder einer mit dem Postdampfer gesandten Verfügung über dem Haupte, die vielleicht den ganzen Reiseplan umgestaltet; ja in dringenden Fällen ist er nicht einmal sicher mitten auf dem Ozean von einem nachgesandten Aviso aufgesucht zu werden und dem erhaltenen Befehle gemäß einen ganz anderen Weg einschlagen zu müssen. Von der früheren gemüthlichen Eintheilung und Ausnutzung der für einen Hafen gewährten Zeit ist deshalb keine Rede mehr. Weil man jeden Augenblick eine Aenderung erwarten kann, stürzt sich Alles in der Hast, die überhaupt der ganzen Gegenwart ihren Stempel aufdrückt, auf Das, was an dem fremden Orte sehens- und genießenswerth ist, um wenigstens etwas davon zu haben. So bat und erhielt von seiten der Offiziere schon in den ersten Tagen Alles Urlaub, was nur irgend dienstfrei war, und auch von den Mannschaften durften täglich die Hälfte an Land gehen. Letztere Art der Beurlaubung ist unstreitig eine sehr verständige. Abgesehen davon, daß schon die Billigkeit fordert, den Mannschaften, die so viele Wochen nur Himmel und Wasser gesehen, diese Freiheit zu gewähren, ist es das beste Mittel, sie an Bord zu halten, wenn dies auch paradox klingen mag. Auf englischen, amerikanischen und holländischen Schiffen werden die Leute vielleicht alle sechs Monate nur einmal auf 48 Stunden beurlaubt, was man für ausreichend hält für sie ihr Geld loszuwerden, sich wenige Minuten nach dem Anlandkommen sinnlos zu betrinken und den Rausch wieder auszuschlafen. Eine solche Beurlaubung hat dann natürlich Ausschreitungen aller Art zur Folge, und sowohl deshalb wird sie so selten gewährt, als auch weil man bei den aus aller Herren Ländern zusammengewürfelten und oft sehr zweifelhaften Elementen Desertion fürchtet. Die deutschen Matrosen dagegen sind Landeskinder, die wie ihre Brüder in der Armee ihrer Dienst= pflicht genügen, und außerdem unterscheiden sie sich vortheilhaft im Charakter von anderen Nationen. Sie verschmähen zwar keineswegs einen guten Trunk, heitern sich auch ganz gern einmal an; aber Schnaps und Rum sind doch nicht ihre Götter, denen sie Hab und Gut, Ehre und Reputation opfern.

Nichts kennzeichnet den Unterschied zwischen englischen und deutschen Matrosen besser, als eine von einem englischen Kapitän einst an einen deutschen Kommodore gerichtete Frage. Letzterer war mit einem Geschwader von 2000 Mann in Westindien, wo auch mehrere englische Kriegsschiffe lagen, und täglich wurde die Hälfte der deutschen Mannschaft beurlaubt, wovon allerdings nur ein Zehntel Gebrauch machte. „Sagen Sie, was haben Sie eigentlich für Leute? Sie liegen nicht in den Rinnsteinen, sie werfen keine Omnibusse um und schlagen weder Thüren noch Fenster ein, sondern gehen im Walde spazieren und botanisieren." Der Kommodore erwiderte einfach, aber nicht ohne eine gewisse Genugthuung: „Es sind eben Deutsche."

Ja, sie botanisirten und pflückten Blumen, um sie als Andenken den Lieben daheim mitzubringen denn — für kostbare Gaben reicht ihre geringe Löhnung nicht hin — und das deutsche Gemüth verleugnet sich auch bei ihnen nicht. Der Obermatrose erhält 18 Mark, der Matrose 9 Mark monatlich, davon lassen sich keine großen Sprünge machen. Ein Drittel wird überhaupt einbehalten und erst am Ende der Reise ausbezahlt. Wer nicht noch von Hause etwas Zuschuß erhält, kann sich im Auslande kaum ein Glas Bier gönnen, einige Früchte oder ein paar Eier kaufen, und es ist erklärlich, daß der Urlaub nicht viel benutzt wird. Auf englischen und amerikanischen Schiffen ist der Sold ein dreifacher.

Die deutschen Unteroffiziere sind pekuniär natürlich besser daran; aber sie huldigen auch nur noblen Passionen, vor allem einem Ritt. Der Seemann hat eine ganz merkwürdige Vorliebe für das Reiten. Sobald er an Land kommt und seine Mittel es ihm erlauben, sucht er nach Pferden. Viel mag dazu beitragen, daß ihm das Gehen auf dem Straßenpflaster oder auf unebenem Boden unbequem ist, da er sich immer auf glatten Planken bewegt; aber es gewährt ihm auch ganz besonderes Vergnügen, einmal ein Landfahrzeug selbständig zu kommandiren und dasselbe nach allen Regeln der seemännischen Kunst zu handhaben, wenn diese Methode auch meistens zu einer Katastrophe führt.

In den meisten vielbesuchten Hafenorten sind zu diesem Zwecke von industriellen Einwohnern Pferdestände vor= gesehen, und man kann täglich eine Kavalkade von lustigen Seeleuten sehen, die mit viel Komik anfängt, aber gewöhnlich sehr bald mit einer angebrachten Brandung und geschundenen Gliedmaßen endet.

Die Unteroffiziere der „Mathilde", an ihrer Spitze Schnabel=Rathke, gönnten sich dies besondere Vergnügen bereits am nächsten Tage nach der Ankunft des Schiffes. Die schwarzen Pferdejungen schienen ihnen dies anzusehen, als sie noch gar nicht einmal gelandet waren; denn als das Boot anlegte, kamen sie mit ihrem Marstall wie toll angestürmt und priesen ihre Thiere in allen möglichen Zungen an. Rathke musterte dieselben mit Kennerblick. Sie machten einen sehr guten Eindruck, d. h. sie standen lammfromm, die Köpfe zur Erde gesenkt und geduldig auf die Reiter harrend, die das Geschick für sie bestimmte. Es schienen richtige Matrosenpferde zu sein, der schlechtesten Behandlung gewärtig und gewöhnt, und aus ihren Augen schaute keine Tücke, die mit Abwerfen oder Durchgehen drohte. O, Rathke war ein gewiegter Reiter und verstand sich auf die Sache. Er suchte sich natürlich den ansehnlichsten Klepper aus, einen Grauschimmel, der früher wohl bessere Tage gesehen haben mochte.

„Alle Mann klar zum Entern!" kommandirte er dann.

Das war leichter gesagt als gethan. Zuerst trat noch ein kleines Hinderniß dazwischen: der Eigenthümer verlangte Vorausbezahlung — er wußte wohl warum — und nach einem kleinen Disput einigte man sich auf einen Milreis (2 Mark) pro Pferd. Der Koch mußte jedoch 2½ zahlen; sein Thier war ein besonders schönes Rassepferd, wie der Verleiher behauptete. Dafür konnte freilich der Ritt auf den ganzen Nachmittag ausgedehnt werden, und das war immer noch billig genug.

Mit Hülfe von Ecksteinen und Pferdejungen gelang es, die acht Mann in den Sattel zu bringen. Sie hatten sämtlich Stöcke als Reitgerten. Rathke nahm die Führung, aber zunächst in ehrbarem Schritt; das dichte Gedränge am Hafen mahnte zur Vorsicht. Er war offenbar ein guter Geschwaderchef, hatte seine Fahrzeuge in Kiellinie, eins hinter dem andern, rangirt, hielt auf gutes Steuern und gleiche Distanz und gab darauf bezügliche Signale.

„Block, leg dein Ruder mehr Backbord, du scheerst zu viel aus der Linie."

„Kräft, steck ein Reff in die Segel, du sitzest ja mit deinem Bugspriet auf dem Heck deines Vordermanns."

„Schulze, dein Fahrzeug ist zu kopflastig, du mußt hinten mehr Ballast stauen!" was Unteroffizier Schulze sofort dadurch befolgte, daß er vom Hals des Pferdes weiter nach hinten rutschte. Man sieht, es fehlte nicht an dem gehörigen Zug in der Flotte.

Als nächsten Hafen bestimmte die Segelordre die schöne Stadt Botofogo, etwa 1½ Meilen von Rio entfernt. Rathke war früher dort gewesen und kannte einen schönen Ankerplatz in Lee vor einem Wirthshause, wo bairisches Bier von hübschen Quadronenmädchen geschänkt wurde.

Allmählich war man aus dem engen Fahrwasser in eine breitere Straße gelangt, wo es nicht so viel Gegensegler gab. Der Geschwaderchef ließ Kurs ändern, etwas mehr Segel setzen, da sich die breite Chaussee nach Botofogo vor ihnen öffnete und sie sich ziemlich frei von Klippen und Untiefen zeigte. Sie war auch so breit, daß Rathke die Kiel-

Schnabel-Rathkes Ritt.

linie aufgeben und die Dwarslinie (die Schiffe nebeneinander) bilden lassen konnte. Dabei kamen zwar verschiedentliche Fahrzeuge unklar voneinander, aber schließlich ging es doch.

„Jetzt klar zum Segelsetzen, Jungens!" kommandirte Rathke „hier haben wir freien Seeraum und können sehen, welches Schiff am besten läuft. Toppt eure Backspieren auf, paßt gut aufs Steuern und richtet euch nach dem Flaggschiff!" fügte er selbstbewußt hinzu, indem er den Hals seines Grauschimmels klopfte, der etwas ungeduldig zu werden begann.

„Klar überall! Alle Segel bei!" kommandirte er dann. Die aufgetoppten Backspieren, womit die aufgehobenen Reitgerten gemeint waren, fuhren gleichzeitig auf die Knochen der dürren Pferde nieder, und fort ging es im sausenden Galopp die Chaussee entlang, der Grauschimmel als Flaggschiff allen voran. Den Kopf hatte er zwischen die Beine gesteckt und den langen Schwanz in gerader Linie nach hinten, als wollte er an seine Hintermänner ein Bugsirtau abgeben, damit sie mitkommen könnten.

Man mußte es Schnabel=Rathke lassen, er saß wie ein Jockey im Sattel; mit seiner Gefolgschaft war es jedoch nicht so gut bestellt. Verschiedene Hüte waren schon über Bord gegangen, an Steuern dachten die Meisten nicht mehr; sie hatten die Zügel fahren lassen, hielten sich krampfhaft an Mähne und Sattelknopf, saßen theilweise auf dem Bug, theils hinten auf dem Heck der Pferde und wären gar zu gern vor Anker gegangen, aber die Fahrzeuge dachten nicht daran sich das gefallen zu lassen. Sie stürmten wie rasend hinter dem Grauschimmel her, der immer mehr Distanz gewann zur großen Freude des Kochs, der sich nicht wenig darauf zu gute that.

Doch „Zwischen Lipp' und Bechersrand!" — Man hatte noch nicht die Hälfte des Weges zurückgelegt, Rathke aber bereits sein Geschwader aus Sicht verloren, das in eine undurchdringliche Staubwolke gehüllt war — da stoppte der Grauschimmel plötzlich aus voller Fahrt. Sein nichtsahnender Reiter flog mit einem Hechtsatz über den Hals fort auf die Erde, daß die sämtlichen Inhölzer seines Rumpfes krachten, während der Gaul ihn eine Zeit lang höhnisch ansah, dann sich umdrehte und in kurzem Trabe nach Rio zurückkehrte.

Inzwischen hatte sich auch die Staubwolke mit den übrigen Reitern herangewälzt. Sobald aber die Pferde den Grauschimmel erkannten, der lustig wiehernd an ihnen vorbeistrich, da schien es, als ob auch sie von der Tarantel gebissen wären. Sie schnauften, bockten und machten die tollsten Kapriolen, bis ein jeder der armen Unteroffiziere freiwillig oder gezwungen aus dem Sattel flog, die Erde küßte und der schöne weiße Sonntagsanzug gänzlich durch den Staub ruinirt war. Dann ging das ganze Pferdegeschwader über Stag und folgte dem tückischen Grauschimmel zur Stadt.

Die Unteroffiziere erhoben sich mühsam, schauten sich fluchend an und rieben sich die schmerzenden Glieder. Botofogo lag noch eine Meile entfernt; zu Fuß bei dem Sonnenbrande und in dem Aufzuge dorthin zu marschiren, war außer Frage. So gingen sie denn in nichts weniger als rosiger Laune zum Hafen zurück, um dort in einer stillen Ecke den Aerger in einem Glase Grog zu ertränken, das nicht zu stark von Wasser war.

Rathke nahm sich bei der Rückkunft zwar den Pferdeverleiher ganz gehörig vor, aber dieser hörte ihn mit olympischer Ruhe an, wies mit der Hand auf die jetzt wieder ebenso lammfromm wie früher dastehenden Pferde und sagte weiter nichts als „Reitet doch!" Er hatte seine Milreis in der Tasche, und der geriebene Kerl wußte wohl, weshalb er Vorausbezahlung bedungen hatte. Der Grauschimmel und seine Gefährten waren auf das Manöver dressirt und führten es bisweilen zwei= bis dreimal am selben Tage aus. Jedenfalls verzichteten die Unteroffiziere auf fernere Spazierritte, und Rathke schien die Erinnerung daran ziemlich unangenehm zu sein; denn wenn die Rede darauf kam, wußte er jedesmal mit großem Geschick die Unterhaltung auf einen anderen Gegenstand zu leiten.

Der Hafen oder vielmehr die Bai von Rio de Janeiro gehört zu den schönsten der Welt, und auch die Stadt gewährt von außen einen fesselnden Anblick; aber der romantische Schimmer schwindet mit dem Betreten derselben sofort. Das Leben und Treiben unten am Hafen ist allerdings bunt und interessant genug, um es eine Zeit lang zu betrachten. Tausende von Menschen der eingeborenen Bevölkerung wogen dort geschäftig oder auch nichtsthuend durcheinander. Ihre Hautfarbe schattirt sich vom Ebenholzschwarz durch alle Nüancen von Braun bis zum bleichen Gelb der wenigen Brasilianer, die keine Mischung von Neger= oder Indianerblut in ihren Adern haben, und zwischen ihnen bewegen sich wieder ungezählte Europäer aller Nationen von den verschiedenen Schiffen im Hafen, die auf dem Markte ihre Einkäufe machen. Früchte, Fische, allerlei Thiere und sonstige tropische Erzeugnisse nie gesehener Formen und Farben werden feilgeboten, Käufer und Verkäufer zeigen die mannigfaltigsten Kostüme, die Laute aller möglichen Sprachen schlagen an das Ohr. Hier kommt ein langer Zug riesiger Minasneger, die mit zentnerschweren Kaffeesäcken auf dem Kopfe im Gänsemarsch zu den Schiffen am Bollwerk traben. Sie singen dazu eine eintönige afrikanische Weise, deren Refrain stets lautet: „Kongo, Loango, Kongo!" mit dem sie der Sehnsucht nach dem Vaterlande Ausdruck geben, aus dem man sie einst geraubt. Dort zieht ein Trupp mit Waaren beladener Maulthiere, deren phantastisch gekleidete Führer mit lautem Geschrei sich durch die Menge einen Weg zu bahnen suchen. Europäische Matrosen, brasilianische Köche und Dienst= mädchen, indianische Arbeiter, schwarze Miethsklaven, chinesische Hausirer, schmierig und salopp uniformirte Soldaten, Dieser mit Stiefeln, Jener mit ausgetretenen Schlafschuhen oder barfuß, lächerlich aufgeputzte Mulattinnen und Negerinnen — Alles wirbelt, drängt und schwatzt durcheinander, und in dies Stimmenchaos mischt sich das Yah der Esel, das durchdringende Kreischen der zum Kauf gebotenen Papageien und das ununterbrochene Läuten oder vielmehr Anschlagen der zahllosen Kirchenglocken, in dem stundenlang keine Pause gemacht wird. Bald wird man von allen diesen unhar= monischen Geräuschen so wirr und betäubt, daß man sich in die Stadt hinein zu retten sucht, wenngleich man auch hier sich vielfach in seinen hochgespannten Erwartungen getäuscht findet.

Die von den Spaniern angelegten tropischen Städte zeichnen sich allgemein durch ihre regelmäßige Bauart, ihre breiten, sich in gleichen Abständen rechtwinklig durchschneidenden Straßen, durch die palastähnlichen Häuser mit breiten Fronten, sehr dicken Mauern, welche dem Eindringen der Tageshitze in die Zimmer wehren, durch große eingeschlossene, von Bäumen beschattete und mit rieselnden Brunnen versehene Höfe aus, deren ganze Einrichtung dem Klima Rechnung trägt und ein angenehmes Leben gestattet.

Ganz anders aber ist es in dem von Portugiesen erbauten Rio: enge, schmutzige, übelriechende, schräg nach einer Seite abfallende und nur mit einem Rinnstein versehene Straßen mit schlechtestem Pflaster und ohne irgend welche hervorragende oder architektonisch schöne Gebäude. Die von außen gänzlich schmucklosen Häuser sehen einander fast alle gleich, sind meistens zwei Stockwerke hoch, nur zwei bis drei Fenster breit, dafür zwar sehr tief, aber ohne Hof, die hinteren Zimmer ohne Licht, alle Wohnräume auf das einfachste und geschmackloseste ausgestattet. Dabei giebt es Schmutz in Hülle und Fülle und eine übelriechende stinkende Atmosphäre. Selbst die Hauptstraße der Stadt, die Rua direita, ist so eng, daß zwei Wagen nur mit Mühe einander passiren können. Ebenso bieten die vielen freien Plätze der Stadt einen traurigen verwahrlosten Anblick; die öffentlichen Gebäude, selbst der frühere Kaiserliche Palast am Schloßplatz, können nicht unansehnlicher sein, und nur der Konstitutionsplatz mit der Reiterstatue Pedro I. macht eine Ausnahme durch die schönen ihn schmückenden Anlagen. Man begreift nicht, wie eine Stadt von über 400 000 Einwohner und eine kaiserliche Residenz so aussehen kann, und der Fremde leistet sehr bald Verzicht auf längeren Aufenthalt in ihr, besonders wenn er die Hotels kennen gelernt hat, in denen meistens Schmutz und Ungeziefer jede Minute verleiden.

Die Offiziere der „Mathilde" hatten deshalb von Rio selbst bald genug, und wenn sie an Land gingen, dann richteten sich ihre Schritte nach den prachtvollen Umgebungen, den Vorstädten und Inseln der Bai, wo sich die Europäer angesiedelt, haben und in ihren sauberen Villen die reine Luft athmen, welche die Winde über das Meer ihnen zutragen, und die der Flor der Blumen und Blüthen mit seinem Dufte würzt, während das leise Rauschen der Wellen vom Strande an das Ohr schlägt.

Eine höchst erfreuliche Zugabe für den Seeoffizier im Auslande ist das freundliche Entgegenkommen und die rückhaltslose Gastfreundschaft, welche ihm überall, namentlich aber von den eigenen Landsleuten geboten werden, und sie verschafften auch hier den Deutschen Stunden und Tage des angenehmsten Aufenthaltes.

Besuche und Gegenbesuche, Bootsfahrten in der prachtvollen Bai, Tänzchen am Land in den luftigen Land=häusern der Gastfreunde und ein großartiger Ball am Bord der „Mathilde", deren Hinterdeck mit Hülfe von Flaggen=, Waffen= und Blumendekoration in einen feenhaften Tanzsaal verwandelt wurde, in dem die reichsten Toiletten und glänzende Uniformen einander zu überstrahlen suchten, ließen die Zeit schnell verfliegen. Wie viel Herzen wurden bei dieser Gelegenheit durch die Gluth dunkler Augen auf der „unverheiratheten" Fregatte gebrochen, wie viel Briefe nach der Heimath blieben unvollendet, wie viel ebenfalls dorthin gerichtete lyrische Ergüsse wurden im Keime erstickt — aber auch welche Sprachstudien gingen der Vorbereitung zu dem Balle vorher, zu dem natürlich die verschiedensten Nationen ihr Kontingent stellten, um schließlich beim Kotillon die Unterhaltung doch nur mit Hülfe eines Lexikons zu führen. Aber Letzteres mußte trotzdem einen großen Reiz für Männlein und Weiblein besitzen; denn der Tanz dehnte sich unendlich lange aus, und immer neue Touren wurden erfunden. „O wie herrlich ein solcher Ball an Bord!" las man überall in den glänzenden Blicken der Damen, und als lange nach Mitternacht die illuminirten Boote die Gäste endlich an Land führten, da herrschte nur eine Stimme schmerzlichen Bedauerns, daß das schöne Fest so früh beendet war. An Partien in die nähere oder entfernte Umgegend, nach dem fast ganz deutschen Städtchen Petropolis, dessen deutsche Straßennamen sonderbar im fernen Welttheil anmuthen, und nach anderen Richtungen mit Dampfschiff, Wagen, Eisenbahn oder zu Pferde fehlte es auch nicht, aber bei letzteren befand sich kein dressirter Grauschimmel und die Ritte verliefen deshalb ohne Gefährdung.

Der Anblick und Genuß der großartigen Natur Brasiliens, die unbegreiflich üppige Vegetation, die himmel=anstrebenden Bäume des Urwaldes, die Mannigfaltigkeit der Formen und Farben der Blüthen, des Laubes und der Stämme von Schlinggewächsen, die sich in unentwirrbarem Gewebe bis zu den höchsten Spitzen der Baumriesen empor=ranken, sie vollständig einspinnen, um ihnen Licht und Luft zu nehmen und sie schließlich zu ersticken — die wunderlich gestalteten, oft die kühnste Phantasie übertreffenden Orchideen mit ihren glänzenden und süßduftenden Blüthen, über denen sich prachtvolle Schmetterlinge wiegen oder in metallischem Schimmer prangende Kolibris schweben — alles das übt einen unbeschreiblichen Zauber auf den Beschauer und fesselt seine Seele. Aber leider giebt es hier wie überall in den Tropen eine Kehrseite, die den Genuß bedeutend beeinträchtigt, ja ihn oft so vergällt, daß man ihn gern entbehren würde, um sich nur wieder der allerdings weniger blendenden, dafür aber um so solideren Schönheiten der Heimath erfreuen zu dürfen. Auf Schritt und Tritt wird man von Ungeziefer aller Art verfolgt, gequält und häufig in ärgster Weise an seiner Gesundheit geschädigt. Keinen Spaziergang im Walde kann man machen, ohne ein Fläschchen mit Salmiakgeist bei sich zu haben, um den Biß oder Stich von mehr oder minder giftigem Gethier unschädlich zu machen, aber ebensowenig wird man in den Häusern verschont, und selbst auf den Schiffen erhält man genug unwillkommenen Besuch, der den Schlaf raubt, die Speisen verdirbt und das Leben verbittert.

Bei jedem Schritte schwärmen Tausende von Moskitos auf, jene impertinenten Blutsauger, deren man sich auf keine Weise erwehren kann und deren Stiche dicke Beulen zurücklassen, bis man etwa ein Jahr lang im Lande ist und allmählich gegen diese Wirkung durch das viele eingeimpfte Gift abgestumpft wird. Setzt man sich zu Tische und der Deckel wird vom Suppennapf gehoben, so stürzen sich ekelhafte heißhungrige Schaben, von den Seeleuten Kakerlaken genannt, hinein oder auf die Teller, und ungezählte Scharen von ihnen, von Nachtfaltern und sonstigen geflügelten Insekten umschwirren die Lichter, um mit verbrannten Flügeln den Tisch zu besäen. Wehe dem Unvorsichtigen, der, Kühlung suchend, die Füße ohne feste Schuhe läßt. Er setzt sich der Gefahr aus, daß der gefährliche Sandfloh sich bei ihm einnistet. Heimtückisch und unbemerkt bohrt er sich in das Zellgewebe der Haut, um dort sich anzusiedeln, eine Kolonie zu gründen, allmählich Entzündung und unerträgliche Schmerzen bereitend. Nur eine Operation kann ihn beseitigen, und erfolgt sie nicht zeitig genug, so rettet nur eine Amputation des Beines das Leben.

Gelingt es beim Schlafengehen wirklich, sämtliche Moskitos aus dem Bett zu treiben und bleiben keine in den Falten des Netzes verborgen, die nach dem Löschen des Lichts mit ihrem Summen den Schlafbedürftigen nervös machen, so darf er deshalb doch nicht auf ungestörte Nachtruhe rechnen. Ein hundertfaches Krabbeln am ganzen Körper weckt ihn plötzlich aus seinen Träumen, und das hastig angemachte Licht zeigt ihm eine Schar Ameisen, die irgend etwas Eßbares gewittert haben und ihren Weg durch sein Bett nehmen. Oder statt ihrer entdeckt er im Hemdärmel den gelben Tausendfuß. Erschreckt springt er auf, schleudert das häßliche Gewürm von sich in das Zimmer und schlüpft in seine Schuhe, um es aufzusuchen und zu tödten; da läßt ihn ein schmerzhafter Stich im Fuß laut aufschreien, und beim Ausschütteln des Schuhes fällt ein Skorpion heraus. Mit gehobenem Schwanze und fertig zu neuem Angriff ergreift das widerwärtige Thier rückwärtsschreitend die Flucht; aber der Gestochene denkt nicht an seine Verfolgung, denn bereits beginnt das Gift zu wirken, und nur Salmiak oder Skorpionspiritus, augenblicklich auf die Wunde geträufelt, vermögen den rasenden Schmerz zu lindern.

Giftige Schlangen aller Art, reißende Thiere drohen bei jeder Partie, die man weiter in das Land unternimmt; das Baden in See und Fluß machen Hai und Alligator lebensgefährlich, und selbst wo diese fehlen, ist der Piranha noch mehr als sie zu fürchten. Kaum einen Fuß lang, stürzt sich dieser schlimmste der Raubfische auf alles Lebendige und läßt in wenigen Minuten nur Skelette übrig. Seine Zähne sind messerscharf und selbst die größten Thiere sind unrettbar verloren, wenn sie von einer Zahl Piranhas angegriffen werden. Ein Brasilianer, der an dem jenseitigen Ufer eines kaum 20 Schritte breiten Flußes die größten Schätze gehäuft sähe, würde um nichts in der Welt dahin schwimmen oder waten, wenn er die mörderischen Piranhas in dem Wasser vermuthete. Alle diese Schrecknisse sind dazu angethan das Leben in den Tropen weniger glänzend und verlockend erscheinen zu lassen, als es im ersten Augenblick und aus der Ferne sich ausnimmt, und man lernt die verkannte Heimath nur um so höher schätzen.

Aus den zuerst bestimmten vier Wochen Aufenthalt der „Mathilde" waren inzwischen sechs geworden. Die Post hatte eine Abänderung der ursprünglichen Segelordre gebracht, und das Schiff sollte westlich um Südamerika statt um das Kap der guten Hoffnung ostwärts gehen.

Der Befehl wurde mit allseitiger Befriedigung aufgenommen. Die Annehmlichkeiten Rios waren ausgekostet! Die Unannehmlichkeiten machten täglich sich fühlbarer. Es war November geworden und die senkrechter fallenden Strahlen der Tropensonne begannen so glühend zu werden, daß am Tage die Brust schwer athmete und man nachts vergeblich nach Kühlung seufzte. Außerdem zeigte sich bereits das Gespenst eines drohenden Feindes, des furchtbarsten in den heißen Gegenden Amerikas, des gelben Fiebers. Seit einigen Tagen waren vereinzelte Fälle dieser mörderischen Krankheit am Lande beobachtet, infolgedessen der Urlaub versagt wurde und Jeder sich fort sehnte.

Lustig marschirten die Leute um das Gangspill nach dem Takte der begleitenden Musik, und Glied für Glied hob sich die schwere Kette aus dem Grunde, bis beide Anker gelichtet waren. Die Schraube schlug an — es brachte das den einzigen Mißton in die allgemeine Freude, aber es war windstill und mußte sein — der Kopf des Schiffes drehte sich seewärts und fort ging es wieder zum Ozean. Die Häuser und Kirchen der Stadt verschwammen zu einem hellen Streifen; dann senkte dieser sich mit dem Mastenwalde des Hafens und den lieblichen Inseln der Bai unter den Horizont. Kap Frio wurde passirt; über die scharfen Konturen des Corcovado und des Zuckerhut lagerte sich ein bläulicher Schleier, und bald waren auch sie dem Blicke entschwunden.

„Feuer aus in der Maschine, klar zum Segelsetzen!" ertönte das willkommene Kommando. Der Südostpassat war erreicht. Sein erfrischender Hauch goß neues Leben in die von der Hitze erschlafften Glieder, und die beengte Brust athmete ihn mit Wonnegefühl in vollen Zügen ein. Abends 8 Uhr wurde die Wache aufgesetzt; der Seetag trat in sein Recht und wickelte sich wieder mit derselben Regelmäßigkeit ab, wie früher. Doch war in der ersten Zeit die Unterhaltung sehr lebendig, sowohl in der Offiziermesse wie im Vorschiff bei der Mannschaft — Stoff gab es ja freilich genug, und der schöne, gelungene Ball an Bord lieferte nicht den wenigsten. Einige Unterlieutenants schienen indessen nach solchen Erinnerungen melancholisch zu werden. Sie verschwanden aus der Messe, und man konnte sie an der Verschanzung stehen sehen, die Blicke träumerisch nach der Gegend gerichtet, wo Rio lag.

„Mir will die Luft nicht gefallen," äußerte eines Abends bei der Geschützmusterung der Kapitän zum ersten Offizier. „Lassen Sie die Geschütze gut festmachen, es scheint zur Nacht etwas geben zu wollen. Die Barometer halten sich zwar; aber ich traue dem Frieden nicht, und wir wollen vor Abend noch ein paar Reefe einstecken." Der Kapitän hatte Recht, der Himmel sah nicht gut aus; im Südwesten thürmte sich am Horizont eine Bank von braun= rother Färbung. Oben ging sie ohne schärfere Grenze in das Blau des Himmels über; aber weiter unten wurde sie tiefdunkel und fast schwarz. Dann und wann flog ein Schimmer über sie hin, wie schwaches Wetterleuchten, und die Fische sprangen aus dem Wasser.

Die „Mathilde" hatte seit einigen Tagen den Passat verloren, segelte vor frischem nördlichen Winde parallel der Küste von Südamerika und befand sich auf der Höhe des Rio de la Plata. Auch ohne astronomische Berechnung würde man dies an der Färbung des Wassers bemerkt haben. Jener gewaltige Strom, in dessen Mündung man eine

Alle Mann auf!

große Strecke weit eindringen kann ohne eins der Ufer zu erblicken, sendet seine schmutziggelben Massen fast 50 Meilen weit in den Ozean, ehe sie sich in dessen Blau verlieren. Hier beginnt die Region der Stürme, durch welche die südliche Küste Amerikas, namentlich aber Kap Horn von je her berüchtigt ist, und unter ihnen zählen die aus den Pampas von Argentinien plötzlich hervorbrechenden Pamperos zu den schlimmsten. Sehr häufig zeigen sie sich nicht durch Fallen des Barometers an und werden dadurch um so gefährlicher. Seemännischer Instinkt und Erfahrung müssen die fehlenden Vorzeichen ersetzen, und der Kapitän besaß beides.

Geschütze und Boote wurden nachgesehen und besonders gut befestigt, die Marssegel doppelt gereeft, wodurch man sie um die Hälfte verkleinerte, und die Bramstengen, die dritten Verlängerungen der Masten, nebst ihren Raaen an Deck genommen. Ist der Sturm erst da und die See schwer, dann ist letzteres, namentlich bei Nacht, eine schwierige Aufgabe, und vorsichtige Seeleute thun es beizeiten.

Die Sonne tauchte in die Wolkenbank und färbte sie blutigroth. Einzelne Nebelstreifen lösten sich, flogen wie Dunstschleier über den Himmel; bald aber verdichteten sie sich, verdeckten die Sterne, und tiefe Nacht umhüllte das

Schiff. Wind und See hatten sich zwar wenig verändert, das schwache Wetterleuchten war verschwunden — aber trotzdem lag Schlimmes in der Luft, das fühlten Alle. Wenn es nur erst kommen wollte! Die Ungewißheit lastete wie ein Alp auf den Gemüthern.

Es war nahe vor Mitternacht; der Kapitän stand auf der Brücke neben dem wachthabenden Offizier und schaute aufmerksam luvwärts aus, aber die tiefe Finsterniß ließ nichts unterscheiden; nur der Wind wurde allmählich schwächer, und beim Ueberholen schlugen die Marssegel dann und wann todt gegen die Stengen.

„Das Barometer ist um drei Millimeter gestiegen," meldete der zum Nachsehen entsandte Unterlieutenant dem Kapitän. „Drei Millimeter in einer halben Stunde?" rief dieser lebhaft aus. „Das ist ein Pampero aus Süden und er muß nahe sein. Lassen Sie alle Mann aufpfeifen" wandte er sich an den wachthabenden Offizier „und geben Sie Ordre nach der Maschine, daß geheizt wird; wir werden bald etwas zu thun bekommen."

Der Maschinentelegraph läutete, die Signalpfeifen der Bootsmannsmaate schrillten in die Luken hinunter und das „Alle Mann auf!" schnellte die Mannschaften aus ihren Hängematten. Die Offiziere brauchten nicht besonders geweckt zu werden; sie lagen wach in der Koje und waren in wenigen Minuten auf dem Deck, um sich längs der Verschanzung auf ihre Stationen zu tasten. Bald nachher kamen auch die Mannschaften.

Es war jetzt fast still geworden; aber die Stille war unheimlich. Die Leute standen gedrückt und sprachen nur flüsternd miteinander. Da kam es wie das Stöhnen eines Riesen über das Wasser daher — der Sturm streckte seine Fühlfäden aus. Ein kühler Hauch aus Südwest traf das Schiff ziemlich von vorn. „Gei auf Großsegel und Besan! Ruder hart Steuerbord!" kommandirte der Kapitän. Er wollte die Fregatte vor den Wind bringen, um, wenn letzterer losbrach, ihm einen Theil seiner Kraft zu nehmen. Der Befehl wurde sofort ausgeführt; die beiden Hintersegel schnürten sich zusammen, und das Schiff begann sich von der Windrichtung abzudrehen, wenngleich nur sehr langsam bei der schwachen Fahrt. Da reißt plötzlich die dichte Wolkendecke mit einem betäubenden Krachen; ein grelles Flammenbündel zuckt hernieder, beleuchtet auf einen Augenblick tageshell den Horizont und läßt luvwärts einen blendendweißen Streifen auf dem Wasser erkennen —— es sind die überbrechenden Kämme der Wogen, die der Sturm vor sich hertreibt. „Klüver nieder! Laß laufen Marssegel, hol aus Resstaljen!" ruft der Kapitän mit mächtiger Stimme; doch schon verhallt sie im Sausen des Pampero, der jetzt mit furchtbarer Gewalt auf das Schiff fällt. Wie eine feste Masse prallt er dagegen und legt es auf die Seite, daß die Spitzen der Unterraaen fast das Wasser berühren. Mit donnerähnlichem Knalle schlagen Großsegel und Klüver, um nach wenigen Sekunden zerrissen in die Nacht hinauszufliegen; doch das Schiff dreht glücklicherweise weiter, bis der Wind ganz von hinten kommt. Dann jagt es dahin durch die brodelnde schäumende Fluth mit rasender Fahrt, als würde es von Dämonen gehetzt, die in den Blitzen feurige Geißeln schwingen und die Wogen peitschen, daß sie hoch aufbäumend ihren weißen Gischt gen Himmel und bis über die Toppen der Masten sprühen.

Der Donner rollt unaufhörlich und betäubend in der Höhe, der Orkan heult und pfeift schaurig in der Takelage, die Kämme der See wälzen sich mit Brausen und Zischen gegen die Wände des Schiffes, daß es erzittert und in allen seinen Fugen erkracht, die Segel stehen zum Zerspringen, und unter ihrem gewaltigen Drucke biegen sich die Masten und Raaen wie schwankendes Rohr. Es ist ein furchtbares Chaos, dieser wilde Kampf der Elemente, in dem das gebrechliche Schiff willenlos umhergeworfen wird. Menschliche Kraft hat aufgehört — was vermag sie gegen einen solchen Aufruhr der Natur, in dem der Mensch zu einem Nichts zusammenschrumpft!

Die Fregatte stürmt dahin mit unglaublicher Geschwindigkeit. Vor ihr thürmt sich ein Wogenberg, ihr Vordertheil gräbt sich hinein, eine grünleuchtende Wassermasse bricht dröhnend über den Bug und fluthet über das Deck nach hinten, um alles mit sich zu nehmen, was ihr in den Weg kommt.

„Haltet euch fest um Gottes Willen!" ruft der Kapitän durch sein Sprachrohr, und der Ruf übertönt den Sturm. Alles klammert sich krampfhaft an Verschanzung und Tauwerk; doch vielen versagt die Kraft; sie werden von ihren Plätzen fortgespült und nur die hohe Verschanzung des Schiffes rettet sie vor dem Ueberbordgehen. Einen Augenblick droht die See das Schiff mit ihrer Last zu erdrücken und mit sich hinabzuziehen in die dunkle Tiefe; doch das tapfere Fahrzeug hebt sich wieder; durch die breiten Sturzpforten strömt die Wassermasse von Deck, und die „Mathilde" stürmt unaufhaltsam weiter auf ihrer gefährlichen Bahn, auf der der Tod sie angrinst.

Noch immer rollt der Donner wie das Getöse einer furchtbaren Schlacht, die Blitze folgen einander mit einer Schnelligkeit, daß bisweilen das ganze Firmament zu glühen scheint, und auf den Spitzen der Masten und Raaen flackern unheimlich die Elmsfeuer. Da zuckt ein gewaltiger Strahl hernieder; ihm folgt ein Schlag, daß alles an Bord unwillkürlich zusammenfährt. Eine dunkle Masse kommt aus der Höhe herabgesaust, schlägt krachend und schmetternd auf das Deck, und gellende Schreie künden, daß ein Unglück passirt ist. Der Blitz hat den Fuß der Kreuzstenge mit der Spitze des hinteren Mastes abgeschlagen; Stenge und Raa sind herabgestürzt mitten zwischen die auf dem Hinterdeck stationirten Mannschaften. Momentan stehen alle durch den Schreck wie gebannt, dann eilen sie an die Unglücksstätte, um zu retten und zu helfen. Die Wrackstücke werden fortgeräumt, acht Mann unter ihnen hervorgezogen, aber o Wunder, keiner von ihnen ist ernstlich verletzt; sie sind nur durch das fallende Segel niedergeschlagen und betäubt, um sich bald wieder zu erholen.

Mit dieser gewaltigen elektrischen Entladung scheint der Orkan seine erste Wuth erschöpft zu haben. Er läßt etwas nach; zugleich öffnen sich die Schleusen des Himmels, und ein wolkenbruchartiger Regen schlägt die hohe See nieder. Der Kapitän benutzt die Zeit der verhältnißmäßigen Ruhe, um die Marssegel dicht reefen zu lassen — so lange hatte er es nicht gewagt aus Besorgniß, daß Masten oder Raaen brechen würden und dann die Leute mit ihnen verloren wären.

Noch immer weht es so hart, daß die Leute kaum auf die Raaen hinaus können und der Sturm ihnen stets aufs neue das mühsam bewältigte Segel aus den Händen reißt; doch unter solchen Verhältnissen bewährt sich die

Kreuzstänge und Raa kommen von oben.

Tüchtigkeit unserer nordischen Seeleute auf das glänzendste. Immer wieder raffen sie das widerspenstige Tuch mit nerviger Faust zusammen; sie achten nicht des spärlichen Halts, den ihnen in schwindelnder Höhe das dünne Tau unter ihren Füßen giebt, während sie bei dem Rollen des Schiffes in weitem Kreisbogen durch die Luft sausen; nicht des eisigen strömenden Regens, der sie bis auf das Mark der Gebeine erkältet; nicht auf das Tosen der Wellen, in die ein Fehltritt sie wie in ein offenes Grab stürzt — ohne Murren, mit äußerster Anstrengung jeder Nervenfaser verrichten sie ihre gefahrvolle Arbeit, und endlich gelingt es ihnen in dem Kampfe Sieger zu bleiben. Die Reefe sind eingeknotet, die Segel bieten jetzt kaum ein Drittel ihrer ursprünglichen Fläche und sind schwerem Sturme gewachsen.

Der Kapitän beschließt, beizudrehen, d. h. das Schiff nahe an den Wind zu legen, da der jetzige erzwungene Kurs ihn weit aus dem Wege führt. Die Maschine hat Dampf auf und ist fertig das Manöver zu unterstützen — da zieht eine unerwartete Erscheinung die allgemeine Aufmerksamkeit auf sich. Voraus zeigt sich am Horizonte ein schwacher Schimmer. Zuerst von geringem Umfange wächst er zusehends und nimmt auffallend an Helligkeit zu. Jetzt züngeln einzelne Flammen wie feurige Schlangen in die Lüfte — immer höher winden sie sich, immer mehr glühende

Leiber recken sich empor, hier sprühen sie auseinander, dort ballen sie sich — es kann keinem Zweifel mehr unterliegen, ein unglückliches Schiff kämpft mit dem erbarmungslosesten Feinde, viel entsetzlicher und furchtbarer, als Sturm und See, vor dem es kein Entrinnen giebt — mit dem Feuer.

Ist es durch Unvorsichtigkeit entstanden, hat der Blitz es entzündet? — es sind müßige Fragen. Jetzt ist es da; es gilt zu helfen, zu retten, wenn es möglich ist, das ist der einzige Gedanke, der den braven Kapitän der „Mathilde" leitet. Er giebt das Beilegen auf und steuert auf die lohende Pyramide, die kaum noch eine Meile entfernt steuerlos auf den Wogen treibt. Der Sturm ist ihm nicht schnell genug; mit voller Kraft arbeitet die Maschine mit, und mit fliegender Fahrt nähert sich die Fregatte dem Opfer des verheerenden Elementes. Es ist ein großes Schiff, seine Masten leuchten wie riesige Todtenfackeln in die Nacht hinaus und werfen ihren Widerschein auf die dunkle brandende Fluth und auf das Gewölk, das schwarz und schwer herabhängt vom Himmel.

Noch wenige Minuten, und die Unglücksstätte ist erreicht — da erschüttert ein entsetzlicher Knall die Atmosphäre, eine gewaltige Feuergarbe sprüht empor, unzählige brennende Theile fliegen wie Meteore durch die Luft, dann ist alles verschwunden, und tiefe Dunkelheit deckt überall das Meer, das mitleidslos fluthet und brandet wie vorher. „Klar zum Beidrehen! An die Steuerbord-Achterbrassen!" kommandirt der Kapitän, und der Befehl ruft die vor Schreck gebannten Mannschaften auf ihre Stationen. Nachdem drei schwere Wellen, wie sie bei Stürmen kurz hintereinander folgen, übergebrochen und damit die Gefahr beim Beidrehen eine Sturzsee an Bord zu bekommen, beseitigt ist, wird das Schiff mit dem Kopfe an den Wind gelegt, die Maschine gestoppt, und es treibt nun ganz langsam ab. Sein Rumpf glättet windwärts das Wasser, und an dieser breiten Fläche verlaufen sich die später heranbrausenden Sturzseen unschädlich.

Es ist, als ob das Meer durch das von ihm verschlungene Opfer versöhnt sei; der Sturm läßt nach, der Himmel klärt sich, und die Wogen werden ruhiger. Auf der „Mathilde" sind in allen Toppen Laternen ausgehängt, und alle zehn Minuten wird eine Rakete entsandt — wenn Schiffbrüchige noch in Böten leben, sollen ihnen diese Signale sagen, daß rettende Hülfe in der Nähe ist. Hunderte von Augen schauen nach ihnen aus, unermüdlich suchen die Nachtfernrohre der Offiziere den Horizont ab, aber vergebens, und als nach einigen Stunden der Tag anbricht, da giebt er die traurige Gewißheit, daß keine Hülfe mehr zu bringen ist. In der Nähe der Fregatte treiben halbverkohlte Schiffstrümmer, weiterhin auch ein umgestürztes und zerbrochenes Boot, aber von lebenden Wesen ist nirgends eine Spur zu entdecken. Sie ruhen in der dunkeln Tiefe; Niemand weiß, woher sie kamen, wohin sie gingen; Niemand ist Zeuge des furchtbaren Kampfes gewesen, der ihrem frühen Tode vorausging, und wenn nach Jahren von Hunderten von Schiffen, die auf den Ozean hinauszogen, keine Kunde kommt, dann heißt es auch von ihm, welches jene Unglücklichen trug: „Verschollen!" — Seemanns Loos!

Das Unwetter der Nacht zwang den Kapitän der „Mathilde" zu einer Aenderung seiner Route. Die durch den Blitz verursachte Beschädigung des Besanmastes ließ sich mit den Hülfsmitteln an Bord nicht so weit repariren, um damit den vielen Stürmen die Spitze zu bieten, die man bei dem Umschiffen von Südamerika zu gewärtigen hatte, und es bedurfte dazu eines neuen. Reservemasten nimmt man an Bord nicht mit, theils wegen ihrer Schwere, theils weil ihr Einsetzen auf See zu große Schwierigkeiten macht, und die „Mathilde" richtete deshalb ihren Kurs auf das nahe Montevideo, um dort den Verlust zu ersetzen. Der Wind war zwar heruntergegangen, aber westlich geblieben, und so mußte die Maschine ihre Pflicht thun und nach mehrmonatlicher Ruhe zeigen, was sie leisten konnte. Sie entsprach den gehegten Erwartungen und schon nach kaum 24 Stunden lag die Fregatte vor der Stadt zu Anker. Welcher Unterschied gegen Rio de Janeiro! Dort der prachtvolle Hafen, über den die Tropennatur nach jeder Richtung verschwenderisch das Füllhorn ihrer reichen Gaben ausgeschüttet, auf dessen Azurblau liebliche Inseln in leuchtendem Grün schwimmen, während vom wolkenlosen Himmel die Sonne goldig herabstrahlt — hier die trüben gelben Fluthen des La Plata, ein niedriges vegetationsloses Ufer, dessen Eintönigkeit nur durch einen flachen Hügel unterbrochen wird, und darüber ein grauer wolkenschwerer Himmel — unter solchen Verhältnissen war das Ankommen unter Dampf und die Unmöglichkeit einer tadellos sauberen Erscheinung schon eher erträglich, um so mehr, als keine fremden Kriegsschiffe dort waren, um abfällige Kritik zu üben und die „Mathilde" auch wegen ihres Tiefganges sehr weit vom Ufer liegen mußte. Außerdem war es Abend, als man ankerte, und der erste Offizier tröstete sich damit, daß 800 Hände bis zum andern Morgen viel schaffen konnten, wenn man sie richtig verwerthete.

Die Beschaffung eines neuen Mastes machte wenig Schwierigkeiten. Wo wie auf dem La Plata die Pamperos hausen, sorgt die Spekulation für Vorrath von dergleichen. Schon nach vier Tagen war der Wechsel vollzogen, der Kohlenvorrath ergänzt und die „Mathilde" soweit seefertig, um anderen Tages zu segeln. Bei dem kurzen Aufenthalte und der vielen Arbeit wurden die Mannschaften nicht beurlaubt, und nur die Offiziere sahen sich im Fluge Stadt und Umgegend an. Erstere bot nichts wesentlich Interessantes, doch war sie weniger schmutzig und übelriechend als Rio. Ebenso wurde man weniger von Hitze und Ungeziefer gequält, konnte an öffentlichen Orten mit Behagen seinen Durst in einem oder mehreren „Chopp" vorzüglichen deutschen Bieres stillen, das seinen friedlichen Eroberungszug so ziemlich über den ganzen Erdkreis vollendet hat, auf der Plazza bei guter Militärmusik sich an den Schönen Montevideos erbauen, deren Gluthaugen die Erinnerung an die Eroberungen in Rio de Janeiro auffallend schnell abschwächten, und abends in einem ziemlich reinlichen Gasthofe zu mäßigem Preise ein gutes Mahl nehmen, sowie sich nach Belieben in den Betten auch der Quere nach zur Ruhe legen, da sie breit genug dazu sind.

Pferdebahnen gaben Gelegenheit, nicht allein die ganze Stadt, sondern auch noch stundenweit bis in die Pampas, jene endlosen, nur von üppigem Grase bestandenen und leicht gewellten Flächen, zu fahren, welche den größten Theil der nahe an 200 000 Quadratkilometer haltenden Republik einnehmen und auf denen 20 Millionen Stück Vieh weiden, aber nur 300 000 Menschen wohnen, während der Rest der Bevölkerung, 140 000, auf Monte=video kommt.

Die nächste Umgebung der Stadt ist mit Bäumen bepflanzt, unter denen Eukalyptus, Araukarien, Wellingtonien, Akazien und andere Gewächse der subtropischen Zone die Fruchtbarkeit des Landes bezeugen, während die in maurischem Stile und architektonisch schön erbauten Villen mit ihren gut gepflegten, von Blumen und Blüthen prangenden Gärten das Auge anmuthen. Sehr bald jedoch nimmt das Land den Pampascharakter an. Die Bäume verschwinden, die Aloe und der Kaktus treten an ihre Stelle, und vor den Blicken breiten sich die Grassteppen aus, die nur der Horizont begrenzt und deren Einförmigkeit in Abständen von Meilen nichts als eine Estancia, das Landgut des argentinischen Viehzüchters, weidende Herden mit ihren berittenen Hirten, oder ein Zug jener schwerfälligen, zweiräderigen Ochsen=karren unterbrechen, welche das Hauptbeförderungsmittel in den La Plata=Staaten bilden und mit denen der Estanciero die Produkte seiner Viehzucht nach der Hauptstadt sendet.

Einzelne der Estancieros sind sehr reiche Leute, wohnen in der Stadt, helfen regieren oder Revolutionen machen, die ja in Argentinien chronisch sind, haben einen äußeren Firniß von Civilisation und sind angesehene Leute. Die meisten Viehzüchter jedoch, die Gauchos, verbringen mit wenigen Ausnahmen ihr Leben draußen in den Pampas, und sie sind ebenso charakteristisch für das Land wie dessen pfadlose Steppen. Es sind Halbwilde, in deren Adern neben dem Blute der einstigen Conquistadoren viel indianisches fließt, und der Indianer ist deshalb in ihnen vorwaltend. Auf einer Estancia oder in einem Rancho, einer aus Fellen hergerichteten Hütte, geboren, in einer von dem Dachsparren herab=hängenden Wiege aus einer Kuhhaut in den Schlaf gelullt, als zweijähriges Kind auf den Rücken eines Pferdes gebunden, mit dem vierten Jahre selbständig reitend, ist der Gaucho wie der Centaur mit dem Pferde verwachsen und blickt mitleidig auf den Fremden, der nicht 12—18 Stunden hintereinander galoppiren kann.

Ohne Erziehung wächst er auf, das Vieh ist seine Gesellschaft. In der Bändigung der halb oder ganz wilden, über viele Quadratmeilen zerstreuten Herden, in der Jagd auf Strauße, in der Bekämpfung des wilden Puma stählt er seine Kraft, übt er seine Geschicklichkeit, und seine Siege verleihen ihm den Charakterzug, seinen Willen, sei er noch so bizarr, als maßgebend hinzustellen und ihm unter allen Umständen Geltung verschaffen zu wollen. Der stete Auf=enthalt im Freien, in den schattenlosen Pampas, auf denen Sonnengluth mit eisigen Pamperos unvermittelt wechselt, machen ihn gegen die Witterung unempfindlich. Von Körperbau hager und sehnig, sonnenverbrannt und fast braun, besteht seine Kleidung aus Baumwollenhemd, wollener Weste und eng anschließenden, bis zur Wade reichenden Bein=kleidern, die sich nach unten trichterförmig erweitern und mit Fransen besetzt sind. Fuß und Wade stecken in dem Beinfell eines jungen Pferdes, aus der Huföffnung schauen die Zehen hervor, deren großer in dem engen Steigbügel ruht, während Sporen mit thalergroßen Rädern, wie Steigbügel und Zaumbeschläge oft aus massivem Silber, die Ferse bewehren.

Ein hoher, spitzer Stroh= oder Filzhut mit breitem Rande und mit einem Tuche umwunden bildet die Kopf=bedeckung, und der Poncho, ein viereckiges, in der Mitte mit einem Loch versehenes wasserdichtes Tuchstück, vollendet die nationale Tracht. Er wird über den Kopf gestreift, dient als Mantel gegen Regen und Sonnenbrand und ist nachts unter freiem Himmel die Decke, während der Sattel das Kopfkissen ersetzt. Als Waffe besitzt der Gaucho Lasso, Bola und Messer. Erstere beiden sind 25 Meter lange Riemen, der Lasso mit Schlinge, die Bola mit dünnen Ausläufern versehen, an denen Bleikugeln sitzen, und die Gewandtheit in ihrem Gebrauch ist erstaunlich. Dem Rindvieh wird der Lasso über die Hörner, Pferden und Straußen die Bola um die Füße geworfen, und selbst in gestrecktem Galopp verfehlt der Gaucho auf 20—30 Schritt selten sein Ziel.

Man sollte denken, daß bei solchen Menschen, die mit dem Pferde gewissermaßen verwachsen sind, auch eine Zuneigung der ersteren zu ihren Thieren stattfinden müßte, aber diese fehlt gänzlich. Der Gaucho betrachtet das Pferd als seinen Sklaven, von dem er unbedingten Gehorsam verlangt. Seine grausame und ungebändigte Natur duldet nicht den leisesten Widerspruch, und er leitet sein Pferd nur mit Gewalt. Zum Aufziehen desselben fehlt ihm die Geduld, und seinem Charakter sagt es viel mehr zu, ein wildes Roß in den Pampas mit der Bola einzufangen und es sich in wenigen Stunden unterthänig zu machen. Dem niedergeworfenen und vom ersten Schreck noch bewußtlos daliegenden Thiere zwängt er die Trense ins Maul, schnürt ihm den Lasso um einen Hinterfuß und pflöckt dessen hinteres Ende in der Erde fest. Dann löst er die Bola, das Pferd glaubt sich frei, springt in die Höhe, um zu fliehen, aber schon hat sich der Gaucho auf seinen Rücken geschwungen und jagt mit ihm dahin. Im Augenblick, wo der Lasso straff kommt, reißt er mit Gewalt in die Zügel. Das Pferd stürzt, aber es hat die eiserne Faust seines neuen Herrn empfunden und glaubt sich durch sie in seiner Flucht gehemmt. Noch einigemale wird das Manöver wiederholt, und der Zweck ist erreicht. Die Wildheit des Thieres ist gebrochen, es hat die Macht des Menschen anerkannt und gehorsamt fortan seinem Willen.

Der Todfeind des Gaucho ist der Puma, der seine Herden decimirt. Mit dem Spürsinn eines Indianers und nur mit dem schweren Messer bewaffnet, sucht er das gefährliche Raubthier auf. Lautlos wie eine Katze schleicht er durch das lange Gras dem aufgespürten Versteck des Puma zu. Ein Geräusch schlägt an sein Ohr; vorsichtig lauschend erhebt er sich aus seiner gebückten Stellung — doch es war nur eine Herde weidender Strauße, oder es sind Viscuchas, die bei dem Erblicken der menschlichen Gestalt in ihren Erdlöchern verschwinden.

Er bückt sich wieder und schleicht weiter seinem Ziele zu. Vielleicht dauert es noch Stunden, bis er es erreicht, doch seine Sehnen erschlaffen nicht. Im Vorgefühl des kommenden Kampfes blitzt das dunkle Auge auf, die Rechte umfaßt den Griff des Messers fester, und um die Linke hat er den Poncho gewickelt. Tiefe Stille herrscht ringsum die unendliche Fläche der Pampas ruht wie im Schlummer, und leise wogt das Gras in dem Hauch des Windes. Kein lebendes Wesen läßt sich hören, nur oben in den Lüften ziehen einige Raubvögel ihre Kreise und senken sich langsam zur Erde. Sie künden dem Gaucho, daß er sich dem Versteck des Puma nähert. Jetzt raschelt es vor ihm in dem Gesträuch, und Auge in Auge steht der blutgierige Tiger ihm gegenüber. Da gilt kein Besinnen, der Puma darf nicht zum Sprunge kommen, und mit kühnem Muthe tritt er schnell dem Feinde entgegen. Er stößt ihm die bewickelte Linke in den geöffneten Rachen und bohrt ihm gleichzeitig das Messer in die Brust. Krampfhaft schlägt der Puma die Krallen in den Poncho, dann aber bricht er mit dumpfem Gebrüll zusammen und verendet. Triumphirend zieht der Gaucho mit der Haut heimwärts, um seinen Rancho damit zu schmücken, während die Geier sich auf die willkommene Beute stürzen.

Das ist das Leben des Gaucho in seiner weglosen Steppe. Nur langsam faßt die Civilisation Fuß und macht sich diese wilden Strecken dienstbar. Es fehlt an Menschen und seßhaften Elementen, und Jahrhunderte mögen noch vergehen, ehe der Gaucho mit seinem Halbbruder, dem Indianer, und mit den Pampas selbst verschwindet, um blühenden Städten, dem emsigen Pfluge und dem rauchenden Schlot der Maschine Platz zu machen.

Unter der halben Million Einwohner des Landes befinden sich Tausende von Deutschen; es geht ihnen gut, der größte Theil des Handels ist in ihren Händen, aber Uruguay bietet Raum für mehr als zwanzig Millionen Menschen.

Das letzte Boot der Fregatte war an Bord gekommen und an seinen Krähnen geheißt. Der Anker wurde gelichtet; mit günstigem Winde und Strome flog das Schiff dahin, bald schwand das niedrige Ufer ohne Bedauern dem Auge, und wiederum umfing der Ozean die „Mathilde“, um sie südwärts zu tragen.

Auf einer solchen Reise fehlt es nicht an Wechsel, wenn er auch oft nicht angenehm ist. Den schönen, ungetrübten Tagen der Passate mußte jetzt auf lange Lebewohl gesagt werden, und es kam eine Zeit, von der man sagte, sie gefällt uns nicht. Es war Dezember, in diesen südlichen Breiten Hochsommer und mithin die beste Jahreszeit, aber in der Nähe des Kap Horn scheint sich die Witterung nicht an Jahreszeiten zu binden, außer vielleicht, daß es im Winter sieben Tage in der Woche und im Sommer nur sechs Tage stürmt und vielleicht ein wenig wärmer — nein, nur weniger kalt ist. Den feinen Unterschied merkt man jedoch kaum, wenn man aus den Tropen kommt und die Temperatur in wenigen Tagen von 30 Grad auf 3 sinkt. Diese plötzlichen Wechsel, welche der Seemann so oft erfährt, sind ihm äußerst empfindlich, und auch auf der „Mathilde“ sah man recht unmuthige Gesichter, welche durch die Regen- und Hagelböen, die häufigen Aenderungen in Richtung und Stärke des Windes Tag und Nacht viele Arbeit gaben und oft genug „Alle Mann“ aus süßer Nachtruhe schreckten, nicht aufgehellt wurden. Der schöne, ungestörte Schlaf auf der Wache war vorbei, das Deck war beständig naß, und oft genug mußten die Leute in dunkler Nacht, bei strömendem Regen, halbe Stunden lang auf den Raaen liegen, um die nothwendig werdenden Reefe einzustecken. Man läßt sich das ein paarmal gefallen, aber wenn es ununterbrochen wochenlang dauert, der Südwester und das Oelzeug nicht vom Körper kommt, dann wird auch der enragirteste Seemann dessen überdrüssig, und selbst der sonst so hochgeschätzte Kaffee, der auf der Mittelwache unter solchen Umständen verabreicht wird, vermag die schlechte Laune nur für kurze Zeit zu bannen.

Der Weg von Montevideo nach der Südspitze Amerikas führt parallel und unweit der Küste entlang, weil in deren Schutz die See nicht so schwer ist. Segelschiffe gehen um das Kap Horn, d. h. die südlichste Spitze von Feuerland,

Dampfschiffe aber durch die Magelhanstraße. Sie kürzt den Weg zum Stillen Ozean um ein Bedeutendes ab und in ihr sind außerdem bei der chilenischen Besitzung Punta Arenas Kohlen zu haben, oder man kann an den Küsten leicht Holz zur Maschinenfeuerung schlagen. Für Segelschiffe ist die Magelhanstraße wegen ihrer Enge und Strömung äußerst schwierig zu passiren und dabei gefahrvoll. Es ist vorgekommen, daß diese nicht weniger als 80 Tage gebraucht haben, um mit halbverhungerter und durch die furchtbaren Strapazen schrecklich mitgenommener Mannschaft durchzukommen, während fünfzig Prozent überhaupt scheiterten. Sie ziehen deshalb trotz der schweren See die Tour um Kap Horn vor, obwohl das Abwettern desselben oft auch viele Wochen kostet und Schiff und Mannschaft sehr angreift. Matrosen, welche einigemal diese Passage gemacht, stehen deshalb bei ihren Kameraden in einem besonderen Ansehen, wie denn überhaupt nirgend fachliche Erfahrung höher geschätzt und respektirt wird, als bei den Seeleuten, die für den Grad ihrer Achtung eine gewisse Skala haben und den Mann danach ansehen, was er für Reisen gemacht hat. Wer nur nach Grönland auf den Walfischfang und Robbenschlag geht, steht am tiefsten und wird nicht eher als ehrlich und voll betrachtet, bis er diesen Flecken durch einige Reisen um das Kap der guten Hoffnung abgewaschen hat. Südseefischer stehen schon etwas höher, obwohl die richtigen Seeleute auch nicht gern etwas mit ihnen zu thun haben. Die Holländer rechnen nur den für einen wohlbefahrenen Matrosen, der siebenmal nach Ostindien gewesen; Kap Horn dagegen zählt am höchsten, und auch mit Recht, denn seemännische Tüchtigkeit wird wohl nirgends schärfer und dauernder auf die Probe gestellt, als in diesen ungastlichen Breiten.

Nach vierzehntägiger Quälerei hatte die „Mathilde" endlich den östlichen Eingang der Straße erreicht und Kap Virgins, das sich als kahler, weißlich schimmernder und gezackter Felsen schroff aus dem Meere erhebt, wurde passirt. Der Wind war westlich und konnte nichts nützen, die Segel wurden deshalb festgemacht und die Maschine in Gang gesetzt, aber wie sehr sie auch ihre Schuldigkeit zu thun suchte, sie zeigte sich bald machtlos gegen den zum Sturme wachsenden Wind und die heftige Strömung. Das Schiff begann zurückzutreiben und mußte umkehren, um bei Kap Virgins während der Nacht zu ankern und dort Schutz gegen den Sturm zu suchen. Erst am dritten Tage mäßigte dieser seine Wuth, und es gelang Punta Arenas, das südlichste Städtchen unserer Erde, zu erreichen. Punta Arenas ist eine vor 30 Jahren gegründete chilenische Verbrecherkolonie, die jedoch in neuerer Zeit für die Schifffahrt eine steigende Bedeutung erhalten hat, da in der Nähe große Kohlenlager aufgefunden sind und die Dampfschiffe ihre Vorräthe ergänzen können. Die auf niedergebranntem Urwald erbaute und landwärts noch rings von diesem umgebene Stadt zählt bereits 1200 Einwohner, deren Zahl beständig wächst, da auch Gold gewaschen wird. Zwar reift hier kein Getreide, weil die Temperatur selbst im Hochsommer 10—12 Grad nicht überschreitet, desto besser gedeihen die Kartoffeln, und fette Weiden bieten großen Viehheerden reichliche Nahrung. Bei der stetig wachsenden Frequenz der die Straße durchfahrenden Dampfschiffe würde Punta Arenas eine große Zukunft bevorstehen, wenn nicht der Panamakanal in Aussicht stände. Ist er einmal vollendet, dann werden Kap Horn und die Magelhanstraße aufhören der Schrecken der Seefahrer zu sein, die von den Stürmen gepeitschten Wogen des Ozeans werden ihren Grimm nur noch gegen die Felsenküste wenden können und machtlos an ihnen zerschellen, aber auch Punta Arenas wird in die Vergessenheit zurücksinken.

Westlich von der Kolonie nimmt die Küste einen großartigen alpinen Charakter an. Mit dichtem Urwalde bestandene Höhen, hinter denen sich die schneebedeckten und oft seltsam geformten Gipfel hoher Felsenberge zum Himmel aufbauen, hellglänzende mächtige Gletscher, die bis zum Wasserspiegel herabsteigen und bei den vielfachen Windungen der Straße oft sich quer vor den Weg des Schiffes zu legen scheinen, jähe Abstürze, rauschende Wasserfälle, tief einschneidende Thäler, aus denen reißende Gießbäche dem Meere zuströmen — alles das verleiht der Gegend den Charakter einer wilden Romantik, zu der die schwer herabhängenden Wolken, die hier heimischen Nebel und Stürme die passende Staffage bilden.

Es ist ein Glück, daß die Magelhanstraße eine ganze Reihe guter und verhältnißmäßig sicherer Häfen und Buchten bietet, in denen die Schiffe bei schlechtem Wetter und für die Nacht ankern können, sonst würde sie ganz unpassirbar sein, aber trotzdem drohen noch genug Gefahren, und auch die „Mathilde" hatte es nur einem günstigen Zufalle zu danken, daß sie nicht unterging, als sie für eine Nacht in der Angostabai geankert hatte. Es ist dies ein fast kreisrundes, ringsum von 800—1000 Fuß hohen, meistens senkrecht aus dem Wasser aufsteigenden Felsen umschlossenes Becken, in dem man so sicher wie in Abrahams Schoß zu liegen wähnte. Doch vor Tagesanbruch stürzten Böen von wahrhaft entsetzlicher Gewalt, sogenannte Willywaws, fast senkrecht von den Bergen herunter, eine immer heftiger als die andere. Bald aus dieser, bald aus jener Richtung kommend, wirbelten sie das Schiff vollständig um seinen Anker und schleuderten es pfeilschnell im Kreise umher. Da erscholl plötzlich ein hellklingender Ton, die Kette war gebrochen und das Schiff trieb unaufhaltsam gegen eine nahe Felswand. Augenblicklich ließ man den zweiten Anker fallen, doch als er zum Halten kam, stieß das Hintertheil der Fregatte schon an die Wand. Nur dem völlig ruhigen Wasser des Hafens war es zu danken, daß nicht alles zerschmettert wurde, aber die Gefahr blieb immer noch groß genug und sie wurde nur dadurch abgewendet, daß eine neue Bö aus anderer Richtung das Schiff wieder nach der Mitte des Beckens zu schleuderte, wo der dritte Anker fiel und die Fregatte frei vom Ufer hielt. Am andern Morgen mäßigte sich das Wetter, so daß der verlorene Anker wieder gefischt werden konnte, und die Fregatte floh mit voller Dampfkraft den verrätherischen Ort, der ihr so verhängnißvoll geworden war, um sich gegen Sturm, Regen und Hagel weiter nach Westen zu quälen, denn anders war die Fahrt nicht zu nennen, bei der Schiff, Mannschaft und Maschine übermäßig angestrengt wurden und man doch nur so langsam vorwärts kam.

Die Kohlenvorräthe waren inzwischen so gelichtet, daß man an ihre Ergänzung durch Holz denken mußte. Der nahe Mayne-Hafen gab Gelegenheit dazu und wurde aufgesucht. Mit enger Einfahrt, gutem Ankergrunde und rings von mäßig hohen bewaldeten Hügeln umgeben, deren sanfte Abhänge den gefürchteten Willynams keine Schlupfwinkel boten, gewährte er einen sicheren Ruhepunkt, und nach so langen Strapazen konnten Offiziere und Mannschaften sich einmal wieder ungestörten Schlafes erfreuen.

Der andere Morgen brachte schönes Wetter und zugleich reges Leben an Bord der Fregatte.

„Alle Mann, Boote aussetzen!" ertönte nach dem Frühstück der Kommandoruf. Mit besonderer Lust und Schnelligkeit eilten die Leute auf ihre Posten und enterten die Topsgasten nach oben, um die für das Manöver nöthigen Vorbereitungen zu treffen. Eine Kreuzerfregatte hat gewöhnlich acht Böte, von denen drei oder vier kleinere, die beiden Kutter, die Gig und die Jolle außenbords in eisernen Krähnen, den Davids, hängen, während die schwereren, die Barkassen und Pinnassen neben- und ineinander mittschiffs auf dem Oberdeck stehen. Letztere sind die Lastböte und sie sollten in Thätigkeit treten, theils um Holz für die Maschine, theils um Trinkwasser zu holen, wozu ein in die Bucht mündender Gießbach bequem Gelegenheit bot.

Die nöthigen schweren Flaschenzüge, die Stag- und Nocktakel wurden zwischen den Masten resp. an den Enden der Unterraaen aufgebracht und gehakt. Die Leute spannten sich an die Taue, das Boot hob sich senkrecht in die Höhe, bis es frei von der Verschanzung war und wurde dann durch die Nocktakel nach außenbords gezogen, um auf das Wasser hinabgelassen zu werden. Die schwere Arbeit — ein solches Boot wiegt über 120 Centner — ging heute spielend vor sich, und in kaum zehn Minuten waren alle Boote bis auf die Dampfbarkasse im Wasser, für welche bei der Nähe der Ufer sich kein Bedarf zeigte.

Holzschlagen und Wasserholen — das stimmte die Leute so vergnügt. Es war doch einmal etwas anderes, als das ewige Segelsetzen, Reffen und Segelbergen, das Exerzieren mit Geschützen und Handwaffen, und auf See begrüßt man alles freudig, was einen Wechsel in das Einerlei des Dienstes bringt. Mit wenigen kräftigen Ruderschlägen hatten die Böte das Land erreicht, und bald kündeten kräftige Axtschläge und das Krachen der niederstürzenden Bäume, mit welcher Lust die Leute an der willkommenen Arbeit waren.

Für die dienstfreien Offiziere bot sich noch ein anderes Vergnügen, wenn auch etwas aufregenderer Art. Vor der Mündung des Hafens hatte man beim Einsegeln einige riesige Robben bemerkt. Der vielgewandte Schnabel-Rathke hatte sie als Seelöwen erklärt, und es wurde eine Jagdpartie beschlossen. Der Koch diente als Jagdmeister; er war früher einmal Robbenschläger gewesen, wenn auch inzwischen durch andere Seefahrten wieder ehrlich gemacht, und wußte Bescheid. Von Gewehren hielt er nicht viel und vertraute mehr auf Nasenschläge mit Handspeichen, sowie auf Lanzen. Letztere gab es zwar nicht an Bord, aber er wußte sie schnell und praktisch aus einer Geschützwischerstange und einem Seitengewehr herzustellen. Mit solcher Ausrüstung ging der Kutter ab und flog, von den nervigen Armen seiner zwölf Ruderer getrieben, über die Wasserfläche dahin, dem Hafeneingange zu.

Es war ruhiges Wetter und heller Sonnenschein, zum erstenmal seit vier Wochen, und dieser Umstand begünstigte die Jagd. Seelöwen begeben sich nur mit solcher Witterung auf das Ufer und sind im Wasser sehr schwer zu erlegen. Bald wurde eine Herde von 10—12 Stück entdeckt, die sich auf dem Lande sonnten, und auf Rathkes Rath ruderte der Kutter direkt und mit schnellster Fahrt auf sie zu, da sie beim Näherkommen des Bootes unruhig wurden und dem Wasser zustrebten. Sobald der Kutter den Grund berührte, sprang der Koch mit sechs handfesten Matrosen hinaus und ging zum Angriff über, während die Offiziere vorläufig noch im Boot blieben, um mit ihren Kugeln den fliehenden Thieren den Rückweg abzuschneiden. Es gelang zwei der Robben durch Schläge auf den Kopf zu tödten, während andere nur einfaches Nasenbluten bekamen. Als Rathke jedoch einem Dritten, der betäubt schien, einen Lanzenstich versetzen wollte, glitt er auf dem schlüpfrigen Boden aus und kam zu Fall. Sofort wandte sich der verwundete Seelöwe gegen seinen Angreifer, und dieser wäre wohl durch dessen gewaltiges Gebiß mit seinen 5 Centimeter langen kegelförmigen Zähnen zermalmt worden, wenn nicht die Matrosen jenen durch Handspeichenschläge auf andere Gedanken gebracht hätten. Das Thier geberdete sich aber unter lautem Gebrüll so rasend, daß es Alle in Respekt hielt und die Offiziere schleunigst an Land sprangen, um auf dasselbe zu feuern. Jedoch erst der vierte Schuß auf kaum zehn Schritt

Entfernung brachte es so zum Wanken, daß der Koch ihm mit der Lanze vollständig den Garaus machen konnte. Wie sich später herausstellte, hatten sich zwei Kugeln auf seinem Schädel platt gedrückt.

Während dieses gefährlichen Ringens war es den übrigen Seelöwen gelungen das Wasser zu erreichen und zu entkommen, immerhin war aber die Jagdbeute ergiebig genug, und sie wurde triumphirend an Bord bugsirt, da sie zu schwer war im Boote untergebracht zu werden. Die Thiere maßen durchschnittlich 3 Meter in der Länge, fast 2 Meter im Umfange und wogen 250—275 Kilogramm jedes.

Schnabel=Rathke hatte zwar die Zartheit des Steaks gelobt, aber selbst seine feinste Kunst vermochte nicht den vorschmeckenden Thran zu beseitigen, und auch die unverwöhnten Matrosen faßten den Braten nur vorsichtig mit langen Zähnen an — sie waren freilich nicht Robbenschläger gewesen wie der Koch und wußten deshalb nicht, was gut schmeckte.

Gegen Mittag kamen die großen Böte mit Holz und Wasser zurück. Nachmittags fuhren sie zum zweiten= mal. Ehe sie abstießen, ging der Bootsmann auf das Hinterdeck, um im Auftrage der Mannschaft dem ersten Offizier

Weihnachtsfeier in der Magelhanstraße.

eine Bitte vorzutragen. Dieser schien sie nicht selbständig erledigen zu können und — begab sich zum Kapitän. Als er jedoch wieder erschien, nickte er schon von weitem freundlich Gewährung und fügte die Worte hinzu: „Das Schiff wird auch morgen noch vor Anker bleiben."

Wie ein Lauffeuer verbreitete sich dieser Bescheid im Schiffe; er wurde in die Böte und in die Luken hinunter= gerufen, und alle Gesichter strahlten vor Freude.

Was es war? Nun, der Leser wird es bald erfahren und schon die Rückkunft der Böte kündete es. Wie grüne Inseln schwammen sie daher über das Wasser, und als ihr Inhalt sich auf das Deck entleerte, da waren es prachtvolle junge Cedernbäume, so dicht und regelmäßig gewachsen, wie unsere schönsten nordischen Tannen, die den Weihnachtsmarkt schmücken. Und das war auch die Lösung des Räthsels; am folgenden Tage war wirklich Weihnacht. Der Bootsmann hatte gefragt, ob die Leute sich Christbäume holen dürften, um das Fest in heimischer Weise zu feiern, und der Kapitän nicht nur bereitwillig die Erlaubniß ertheilt, sondern auch noch einen Tag zugegeben, und daher die allgemeine Freude.

Kein Sturm vermochte nun die Feier und ihre Vorbereitungen zu stören; in dem sicheren Hafen lag es sich wie in Abrahams Schoß, die bösen Willynams konnten kein Unheil anrichten und die Mannschaften die ihnen geschenkten Stunden mit vollem Behagen genießen.

Natürlich ruhte auch der ganze Schiffsdienst, aber trotzdem herrschte überall eine regere Geschäftigkeit denn je. Jede Back hatte ihren eigenen Baum und bot allen Scharfsinn auf, um ihn am schönsten zu schmücken. Was wurde da alles ersonnen und von geschickten Händen kunstvoll hergestellt; mit welcher Lust und Liebe betheiligte sich Jeder, um die Festlichkeit so glänzend wie möglich zu gestalten, und mit welchem Jubel wurde erst der Inhalt einer Kiste begrüßt und vertheilt, die plötzlich der Bootsmann irgendwo im Schiffe aufgefunden haben wollte, ohne daß Jemand sie zuvor gesehen! Wie beim Mädchen aus der Fremde wußte Niemand woher sie kam, und wie jenes spendete sie reiche Gaben nach allen Seiten.

„Für die Mannschaft S. M. S. „Mathilde"!" stand mit großen Lettern darauf geschrieben und darunter eine Nr. I. Deutete das vielleicht noch auf eine Nr. II.? Vorläufig war sie noch unsichtbar, aber Nr. I. nahm auch ohne sie das Interesse vollauf in Anspruch.

Welche Schätze barg sie? Für jede der 30 Backen ein besonderes Packet. Knittergold zu Fahnen, Lichthalter, Wachslichte, Paranüsse, Gold- und Silberschaum, bunte Glaskugeln und noch vielen anderen Schmuck, wie er unsere lieben Weihnachtsbäume in der Heimath ziert. Wie glänzten die Augen so Vieler in feuchtem Schimmer bei dem Anblick, der das traute Elternhaus so lebendig vor die Seele führte!

Und als dann der Abend kam und die Lichter der 30 Bäume in vollem Glanze strahlten, da standen Alle mit entblößtem Haupte stumm vor dem prachtvollen Bilde, das sie in ihre Kinderzeit zurückzauberte; das Herz wurde weit und manche Thräne wehmüthiger Rührung rollte über die gebräunten Wangen. Aber noch weihevoller wurde die Stimmung, als dann das Musikcorps intonirte: „O du fröhliche, o du selige, gnadenbringende Weihnachtszeit!" Andächtig fiel die gesamte Besatzung ein, und aus kindlich frommem Herzen stieg der vierhundertstimmige Gesang harmonisch empor zum Himmelsdom, der sich mit seinem schimmernden Sternenzelt über dem Schiffe wölbte. Und als der letzte Vers verklungen war, da fand sich plötzlich auch Kiste Nr. II., und unmittelbar danach erschien ebenso räthselhaft Nr. III. Die Deckel lagen nur lose darauf und die freudige Ungeduld der sich herzudrängenden Mannschaften wurde deshalb nicht zu lange auf die Probe gestellt. Wiederum kamen besondere Packete für jede Back zum Vorschein, aber diesmal waren es nicht Baumzierden, sondern Geschenke, und Niemand ging leer aus. Am willkommensten war für Jeden ein Päckchen von 25 Cigarren, doch auch andere Sachen erfreuten die Herzen; wohlriechende Seife, Messer, Dominospiele u. dergl. Wer aber war der geheimnißvolle Spender aller dieser Gaben? Nun, der Ozean selbst hatte sie seinen Kindern gesendet im wahren Sinne des Wortes, wenn er sich dabei auch etwas der Vermittelung des Kapitäns bediente.

Jener Balken und das Faß Benzin, die vor Monaten im Sargassomeere von der „Mathilde" gefischt waren, hatten sich in Rio de Janeiro in den Inhalt der drei Kisten verwandelt, und was zu dem beabsichtigten Zwecke an dem Erlös fehlte, das hatte der Kapitän aus eigenen Mitteln zugelegt. War es da zu verwundern, daß die Mannschaften der Fregatte für einen solchen Kapitän schwärmten und sich bestrebten ihm alles an den Augen abzulesen?

Die Ueberraschungen schienen heute nicht endigen zu wollen. „Sämtliche Backschaften zum Offizier-Steward kommen!" war gepfiffen worden und dem Rufe ein freudiges „Ah!" der Mannschaft gefolgt. Sie ahnte etwas Gutes und wurde nicht enttäuscht. Als die Gerufenen zurückkehrten, da trug Jeder von ihnen für seine Back zwei Flaschen Wein, ein Geschenk der Offiziere zur Feier des Tages.

Plötzlich unterbrach tiefe Stille den bereits laut werdenden Jubel, und Aller Blicke richteten sich fragend und erstaunt auf den hinteren Theil der Batterie. War es ein Mummenschanz, der sich dort zeigte? Bestand jene fremdartige Gruppe, die dort am Boden kauerte, aus wirklichen Menschen, oder waren es Gebilde der Phantasie?

Nein, es waren Menschen, Männer, Frauen und Kinder, wenn auch arme und elende, die starr und stumm auf die brennenden Christbäume schauten und auf die um sie wogende fröhliche Menge.

Der durch die Batteriepforten nach außen fallende Schein der vielen Hunderte von Lichtern, die Musik und der Gesang, deren Echo das Ufer zurückgab, hatte die Feuerländer aus dem Dunkel ihrer Wälder in ihre Böte und zum Schiffe gelockt. War ein leiser Strahl der gnadenreichen Sonne in die Nacht ihrer Seelen gedrungen, hatten die Klänge des herrlichen Weihnachtsliedes an ihre Herzen geklopft, daß sie, ihre sonstige feindliche Scheu vor den Weißen ablegend, sogleich willig an Bord kamen, als man ihnen die erbetene Erlaubniß ertheilte, und nun das prachtvolle, wenn auch unverstandene Bild anstaunten, das ihnen entgegenstrahlte?

Gottes Welt weist viele armselige Existenzen auf, aber zu den armseligsten gehören die Feuerländer. Klein und hager von Gestalt, von schmutzig-brauner Hautfarbe, mit häßlichen Zügen, denen Hunger und Entbehrung ihren

Stempel aufprägt und die durch gemalte weiße und rothe Streifen noch mehr entstellt werden, mit langem schwarzen Haar, das wirr um den Kopf flattert, als einziges Kleidungsstück ein übergeworfenes Fell, so hausen sie in elenden Hütten aus Rasen oder Seehundfell, oder auch jahraus jahrein unter freiem Himmel. Ihr waldbedecktes, feuchtes und stürmisches Vaterland bringt außer wilden Beeren nichts Eßbares hervor. Ackerbau ist ihnen fremd, der Fischfang giebt ihnen kargen Unterhalt, und ihr ganzes Leben ist ein immerwährender harter Kampf um ein trauriges Dasein, der nicht selten zu blutigen Fehden mit Stammesgenossen führt, um — an dem Fleisch der Erschlagenen den nagenden Hunger zu stillen.

Fast jede Familie besitzt ein Boot. Es sind gebrechliche Kähne, von Birkenrinde gefertigt, und man begreift nicht, wie 5—6 Menschen darin Platz finden, und doch schwelt noch in der Mitte auf dürftiger Unterlage von Lehm und Steinen ein Feuer. Dasselbe brennt beständig, wenn sie auf dem Wasser sind, und man hat sie deshalb „Feuer= länder" genannt, während sie selbst sich den Namen „Pescherähs" beilegen.

Ankerhiven.

Wie wunderbar! Dort unten, nahe dem Südpol, Tausende Meilen von der Heimath entfernt, feierten Hunderte froher Menschen das schönste Fest der Christenheit, und die armen, hungernden und nackten Geschöpfe, die nie etwas vom Gottessohne vernommen, sie zog es wie ein Magnet herbei, um der Feier beizuwohnen.

„Kommt her zu mir Alle, die ihr mühselig und beladen seid, ich will euch erquicken!" spricht Christus, und so kamen sie auch hier, um erquickt zu werden, wenn zunächst auch nur leiblich. Von allen Seiten trugen die gutmüthigen Matrosen ihnen Gaben zu, Brot, Fleisch, Tabak und Kleider, und es strahlte etwas wie Dankbarkeit aus den unstät umherirrenden Augen, als auch noch soviel Seelöwenfleisch in ihre Böte geworfen wurde, wie diese zu tragen vermochten. Wohl nie in ihrem Leben war es ihnen so gut gegangen, nie hatte eine so reiche Fülle sie umgeben, wie heute, aber auch für die Besatzung erhielt der Weihnachtsabend eine doppelt schöne Bedeutung, und im Herzen empfand sie die Worte „Geben ist seliger, denn Nehmen".

Nachdem die Offiziere der Feier der Mannschaft beigewohnt, wurde auch in der Messe der Baum angezündet und Bescherung gehalten, an welcher sich der Kapitän betheiligte, und ein solennes Abendessen, bei dem der Koch sich mit Ruhm bedeckte, trug nicht wenig zur Verschönerung des Abends bei, der unter heiterer und belebter Unterhaltung bei einer duftenden Punschbowle schloß. In der Batterie spielte die Musik, die Mannschaft sang und tanzte und war guter Dinge. Keinerlei Mißklang störte die Feier, und als um 10 Uhr zu Hängematten gepfiffen wurde, da herrschte allgemeine Befriedigung über den herrlich verlebten Tag.

Das Kommando „Feuer und Lunten aus, Ruhe im Schiff!" hörten schon die Meisten nicht mehr. Sie schlummerten süß und freundliche Träume nahten sich ihnen von den Lieben daheim, denen sie das Fest geistig so nahe gebracht. In tiefer Ruhe lag auch das Schiff auf der glatten Wasserfläche, in der sich glänzend die Sterne spiegelten. Nur das Murmeln des Gießbaches, das leise Rauschen des Waldes, der den Wind in seinen Zweigen auffing, und der halb-stündige Ruf der Posten „Alles wohl!" unterbrach die Stille der Festnacht.

Am anderen Morgen wurde früh Tag gemacht, um das Versäumte einzuholen. Aus dem Schornsteine quoll eine dichte Rauchsäule, und als über dem Dampfrohr eine weißliche Dampfwolke kündete, daß die Maschine bereit sei, begann die Musik zu spielen und die Leute marschirten taktmäßig um das Gangspill.

„Der Anker ist auf!" lautete die Meldung von der Back; die Musik schwieg, die Speichen wurden aus dem Spill genommen, der Maschinentelegraph läutete „Langsam vorwärts!", das Ruder wurde an Bord gelegt, die Schraube schlug an, der Kopf des Schiffes drehte sich dem Hafeneingange zu, und bald glitt die Fregatte durch denselben in die Straße hinaus, um ihren Weg fortzusetzen. Am Ufer wurden einige Kanoes der Pescherähs sichtbar. Ihre Insassen winkten dem enteilenden Schiffe mit Zweigen nach, sie schienen ihm ein gutes Andenken zu bewahren.

Die Windstille hielt bis zum Nachmittage an, und da ausnahmsweise einmal der Strom günstig lief, machte das Schiff unter vollem Dampf bis zum Abend eine Strecke von nicht weniger als 150 Seemeilen, was 37½ deutschen (1 geogr. Meile = 4 Seemeilen) entspricht, aber dann hörte die Herrlichkeit plötzlich auf. Es fing wieder an aus dem Westen zu stürmen, eine sehr unruhige Nacht folgte, und erst am folgenden Tage erreichte die „Mathilde" den westlichen Ausgang der Straße. Sie hatte volle zwölf Tage gebraucht, um die nur 200 deutsche Meilen lange Strecke zu durchlaufen.

Die Besatzung machte drei Kreuze, aber sie hatte zu früh gefrohlockt, so schnell ließ der Sturmgott am Kap Horn sie nicht los und sandte noch einen ganz gehörigen Beilieger, der volle 48 Stunden anhielt und es darauf abgesehen zu haben schien dem Namen „Stiller Ozean" Hohn zu sprechen. Es fehlte indessen während der Zeit nicht an Unterhaltung. Große Scharen von Albatrossen, Kaptauben und schwarzen Alken umschwärmten das Schiff und wurden erfolgreich geangelt. Erstere sind mächtige Thiere von bisweilen 12—14 Fuß Flügelspannung, die in den höheren Südbreiten zu Hause sind. Bei gutem Wetter sieht man sie nur einzeln fliegen, je schwerer der Sturm, desto zahlreicher und näher kommen sie den Schiffen, um auf jeden über Bord gehenden Abfall zu stoßen. Wahrscheinlich wird bei schwerer See ihnen das Fischen schwer, sie haben Hunger und beißen deshalb um so leichter auf die ihnen an Angeln zugeworfenen Fleischstücke, je länger der Sturm währt. Die Flügel dieser Thiere sind im Verhältniß zu ihrem Körper so lang, daß sie sich von ebenem Wasser nicht zum Fluge erheben können. Sie sind deshalb gezwungen, erst eine Strecke auf dem Wasser zu laufen, bis sie die Spitze einer Welle erreichen, um sich dann emporzuschwingen, und ebensowenig vermögen sie vom Deck eines Schiffes fortzufliegen. Auf Kauffahrteischiffen fängt man sie häufig ihrer Federn wegen. Namentlich auf der Brust tragen sie einen Daunenpelz von 10—12 Centimetern Dicke, und wenn man sie gerupft hat, ist der Körper kaum so groß wie der eines großen Hahns.

Mit dem zweitägigen Sturme schloß endlich die Schlechtwetterperiode des Kaps, ein frischer Südwind schwellte die Segel und trieb die „Mathilde" mit schneller Fahrt nordwärts in angenehmere Regionen. Hagel und Schnee wichen mildem Frühlingswetter, und als nach acht Tagen das Vorgebirge Curamilla, das den Eingang zum Hafen von Valparaiso bildet, dem nächsten Bestimmungsorte, in Sicht kam, strahlte die Sonne in schönster Pracht und warm vom wolkenlosen Himmel herab. Alle Spuren der letzten schlimmen sechs Wochen waren verwischt, die „Mathilde" prangte in neu-gestrichenem Farbenkleide, wie damals beim Einlauf in Rio de Janeiro, schmuck und sauber bis in die kleinsten Einzel-heiten, und die Mannschaften in tadellos weißem Sommeranzuge. Für lange, lange Zeit war den Sturmgegenden Valet gesagt, und viele Monate tropischer Witterung standen in Aussicht.

Valparaiso, die größte Stadt Chiles, liegt am Fuße eines Berges ähnlich wie Funchal auf Madeira in die Höhe gebaut; aber sie macht keineswegs einen so freundlichen Eindruck, wie jene liebliche Inselstadt, die das Entzücken jedes Beschauers bildet, und entspricht nicht ihrem Namen „Paradiesisches Thal", wenigstens jetzt nicht mehr. In früheren Zeiten, wo alle Höhen mit Palmen und jungfräulichem Walde bedeckt waren, mag das Thal einen solchen Eindruck gemacht haben; jetzt aber ist die bergige Umgebung kahl, sonnenverbrannt, öde und nur von niedrigem Gestrüpp bedeckt. Ebensowenig imponirt die Stadt selbst mit ihren meist einstöckigen, gleichausschauenden und mit flachen Dächern versehenen Häusern, die fast sämtlich grau gestrichen sind. Dagegen ist das Klima ein prachtvolles, wie es etwa Ober-

Italien entspricht, und Früchte und Blumen gedeihen in einer Fülle und Schönheit, wie selten an einem anderen Orte, und die Gärten zeugen von einer Ueppigkeit des Wachsthums, die in Erstaunen setzt. Die langen, mit dem Hafen parallellaufenden Straßen bieten nichts Bemerkenswerthes, nur verrathen eine Masse großer Handelshäuser, unter denen ein großer und wohl der bedeutendste Theil durch deutsche Firmen vertreten ist, eine ungemein rege Geschäfts= thätigkeit der wichtigen Handelsstadt, deren Hafen mit seinen vielen Hunderten von Schiffen aller Nationen und den mächtigen Pacificdampfern, welche den Verkehr mit dem indischen Osten vermitteln, ebenfalls Zeugniß für die große kommerzielle Bedeutung Valparaisos ablegt.

Bald nach der Ankunft der Fregatte begann wiederum das Salutiren, diesmal jedoch in gemäßigter Weise, da nur ein fremdes Admiralschiff im Hafen lag, dann aber kam viel Besuch von Landsleuten, um das Stück des neu= begründeten Deutschen Reiches zu begrüßen, das unter dem Schirm der schwarz=weiß=rothen Flagge Kunde brachte von der alten Heimath. Aber auch viele Chilenen, hoch und niedrig, strömten herbei, nicht nur aus Neugier, sondern um dem Lande ihre Achtung zu bezeugen, mit dem die Republik auf das Wärmste sympathisirt.

Die Chilenen werden die Preußen Südamerikas genannt, und jedenfalls sind sie ein genügsames, militärisch veranlagtes, tapferes und ordnungsliebendes Volk. Sie überragen an geistiger und körperlicher Energie alle ihre Stammesgenossen in Mittel= und Südamerika; ihr Land ist frei von jenen chronischen Revolutionen, von denen die Schwesterrepubliken heimgesucht werden und durch die sie auf keinen grünen Zweig kommen; es hat keine Schulden, eine geschulte, wenn auch kleine Armee, eine tapfere Flotte, und Peru wie Bolivia haben die Schwere seines Armes in einer Weise gefühlt, an die sie Jahrzehnte hinaus denken werden. Offenbar hat das Land eine große Zukunft vor sich, und es ist ungemein erfreulich, daß deutsche Kraft und Intelligenz so großen Antheil daran haben. Die Zahl der Deutschen ist in Chile sehr groß, sie genießen bei den Eingeborenen die größte Achtung, und dies kennzeichnet sich durch nichts deutlicher, als durch die Verbreitung der deutschen Sprache unter den Chilenen selbst. Während der Deutsche Sitte und Sprache überhaupt in romanischen Ländern viel länger bewahrt als in Nordamerika, wo beides schon vielfach in der zweiten Generation verloren geht, und der Angelsachse den Deutschen im allgemeinen für ein untergeordnetes Wesen hält, dessen barbarische Sprache er verachtet, bemühen sich alle höheren chilenischen Kreise, das Deutsche zu lernen, und wir werden auf das angenehmste berührt, wenn wir in Gesellschaft fast bei jedem Gebildeten die Kenntniß unserer Sprache wahrnehmen. Es ist aber auch zugleich erhebend für unser Nationalgefühl; denn dieser deutsche Einfluß datirt seit 1870, seit der Begründung des Deutschen Reiches, wie denn überhaupt das Ansehen, in dem unser Vaterland jetzt steht, uns nirgends fühlbarer wird und stolzer machen kann als im Auslande. Gebe Gott, daß dieser Nimbus nicht wieder durch uns selbst zerstört werde.

Der Aufenthalt der „Mathilde" in Valparaiso war nur auf kurze Zeit bemessen. Der letzte Postdampfer hatte den Befehl gebracht, mit möglichst wenig Aufenthalt nach Singapore zu gehen und dort weitere Ordres in Empfang zu nehmen, was auf Erledigung besonderer dringender Aufträge in dortiger Gegend schließen ließ. Ergänzung der Kohlen und sonstiger Vorräthe beanspruchte nicht viel Zeit, die Annehmlichkeiten der Stadt und Umgegend mußten im Fluge genossen werden, und nach kaum einer Woche schwamm die Fregatte wieder auf dem blauen Ozean.

Eine Strecke von nahezu 2500 Meilen Ozeans lag jetzt zwischen der „Mathilde" und ihrem nächsten Bestimmungs= orte, und es bedurfte Monate um sie zurückzulegen; aber der Gedanke hatte für Niemanden etwas Unangenehmes. Zunächst waren noch fast alle Gemüther mit Freude und frischem Muth erfüllt. Am Tage vor dem Abgange von Valparaiso traf die Post ein, die erste aus der Heimath seit dem Verlassen derselben. Mit welchem Jubel war sie begrüßt worden! — Oh, es ist eine lange, lange Zeit, sechs Monate nichts von seinen Lieben zu hören. Mag noch so Fremdartiges und Interessantes Auge und Sinne des Seemanns zu fesseln suchen, das Sehnen des Herzens kann es nicht unterdrücken; treu und unbeirrt, wie der Kompaß, weist es stets heimwärts. Und nun war das Sehnen gestillt, fast Niemand leer ausgegangen, viele Hunderte von Briefen hatten frohe Kunde gebracht. Wieder und wieder wurden sie gelesen, und Niemand dachte daran, daß die Nachrichten schon viele Wochen alt waren. Sie waren da und gut; das genügte, um sich der Gegenwart zu erfreuen und die Annehmlichkeiten, die sie sonst noch gewährte, voll zu genießen. Deren bietet aber für den Seemann der „Stille Ozean" in reicherer Fülle als sonst irgend eins der Meere, die er durchkreuzt.

Wenn auch die Bedeutung des Wortes nicht buchstäblich zu nehmen ist, darf man jenen doch in seinem mittleren Theile, welchen die Fregatte zu durchsegeln hatte, mit Recht den „ruhigen" nennen. In ihm beherrscht der Passat zu beiden Seiten des Aequators die weiteste Zone auf der Erde, und da man fast auf dem ganzen Wege von Valparaiso nach Hongkong zwischen den Wendekreisen bleibt, so giebt es kaum eine Reise, die den Seeleuten willkommener sein könnte, weil sich auf ihr das Meer in seiner schönsten, einschmeichelndsten Gestalt zeigt.

Die gerade Linie von Chile nach China führt durch das Labyrinth jener unzähligen Inseln, die, unter den Gruppennamen Polynesien, Mikronesien und Melanesien bekannt, theils durch vulkanische Ausbrüche vom Meeresboden

über den Wasserspiegel gehoben, theils in Jahrtausende langer schweigender, aber nie rastender Arbeit durch Korallen=
thiere aufgebaut worden sind, und welche einen Flächenraum von 1500 Meilen Länge bei 600 Meilen Breite
einnehmen.

Unser Sprichwort „der gerade Weg ist der beste" trifft hier jedoch nicht zu. In diesem Falle ist er im Gegentheile
ziemlich gefährlich. Trügerische Korallenbänke umgeben oft meilenweit und ungekannt die Inseln, und ihre scharfen
Zacken lassen das auf ihnen festkommende Schiff selten wieder los. Ebenso hemmen die Bodenerhebungen oft den
Passat, machen ihn unregelmäßig und schwächen ihn ab, so daß ein segelndes Fahrzeug zwischen den Inseln viel mehr
Zeit braucht als im freien Wasser. So viel Reiz eine Fahrt mitten durch diese ebenso fremdartigen wie schönen und
interessanten Archipele haben würde, umschifft man ihn deshalb in einem stumpfen Winkel, dessen Spitze die Hawaii=
gruppe bildet, um von dort bis zur chinesischen Küste einen direkten westlichen Kurs zu steuern, dessen letzter Theil
allerdings zu gewissen Jahreszeiten jenen furchtbaren Wirbelstürmen, den Teifunen, ausgesetzt ist, die im chinesischen
Meere der Schrecken der Schifffahrt sind.

Da bei dem Stande der Sonne Ende Januar die Grenze des Passates sich südlicher erstreckt als sonst, lief die
„Mathilde" bald in ihn hinein und richtete ihren Weg nordwestlich. Die Erinnerung an die Unbilden der südlichen
Breiten und der Magelhanstraße haftete noch zu frisch im Gedächtnisse, um nicht den Gegensatz der schönen Gegenwart
doppelt zu empfinden. O, wie wohl that die prachtvolle Witterung; wie verachtungsvoll wurden Oelzeug, Seestiefel
und der brave Südwester in düstere Winkel verwiesen, obwohl sie bei Sturm und See so treu ihre Schuldigkeit gethan
und den Körper warm und trocken gehalten hatten. In schnödem Undank wurde das Alles vergessen und schleunig die
lustige Tropenkleidung hervorgeholt, welche frei die kühlende Brise durchstreichen ließ und die Tropenhitze zu einer milden
Wärme abdämpfte, die für Körper und Geist gleich behaglich war. Bei dem gleichmäßigen Wetter und der ruhigen
See konnten die Batteriepforten Tag und Nacht geöffnet bleiben, um dem Winde freien Durchzug zu gewähren; die in
allen Luken geheißten Windsäcke fingen den reinen Hauch des Meeres mit weit ausgebreiteten Armen auf und führten
ihn durch ihre cylindrischen Körper den untern Räumen zu, um auch dort alle jenen übeln und gesundheitsschädlichen
Dünste zu vertreiben, die bei schlechtem Wetter und geschlossenen Luken sich in Schiffen so leicht entwickeln.

Alles athmete frei und leicht an Bord, alles zeigte ein heiteres Gesicht, und die zufriedene Stimmung machte sich
überall bemerkbar. Bald war das äußere Aussehen des Schiffes brillant und kaum noch einer Vollkommnung fähig,
weil Jeder mit Lust das Seine nach Kräften dazu beitrug. Die Exercitien gingen spielend vor sich; bei gutem
Willen hatte lange Uebung den Leuten erstaunliche Sicherheit und Gewandtheit verliehen, und die Zwölfjährigen hatten
schon lange nichts mehr vor den Dienstpflichtigen voraus. Da es sich jetzt nur darum handelte die Mannschaft auf
diesem Höhepunkt zu halten, so gab es natürlich auch mehr Freizeit als sonst, wo noch gelernt werden mußte, und
das trug ebenfalls zum Wohlbehagen der Besatzung bei. In den ersten Tagen nach dem Verlassen des Hafens äußerte
sich dasselbe indessen noch nicht so laut wie später, denn es gab noch interessantere Beschäftigung als Spiel und Tanz.
Nicht allein die Briefe wurden wieder und wieder durchgelesen, bis jeder der theuren Schriftzüge dem Gedächtnisse fest
eingeprägt war, sondern nach ihnen kamen auch die Zeitungen an die Reihe. Die Post hatte sie in großen Packeten für
Kapitän und Offiziere gebracht, und sie fanden allmählich ihren Weg chargenmäßig abwärts, wenn sie dabei auch immer
weicher wurden und schließlich in Stücke zerfielen, obwohl sie dadurch nichts von ihrem Werthe einbüßten. Wie würden
sich die Redakteure über die rührende Andacht gefreut haben, mit der ihre trockensten und unverständlichsten Leitartikel
im Stillen Ozean von den Matrosen studirt wurden, ohne eine Zeile dabei zu überschlagen. In den Freizeiten glaubte
man sich in ein Lesekabinet versetzt; selbst das Aus= und Einpacken des beliebten Kleidersacks, das Sonntags Nachmittags
im Leben des Seemannes die erste Rolle spielt, mußte zurückstehen, bis der letzte Zeitungsfetzen mit den Kameraden
ausgetauscht und der letzte Buchstabe gelesen war. Gedrucktes übt auf einer Seereise stets einen besonderen Reiz aus, und die
Ansprüche an den Inhalt stimmen sich um so mehr herab, je länger jene dauert. Die Offiziere sind damit besser gestellt.
Es herrscht die sehr angenehme internationale Sitte, die aus der Heimath mitgenommene Lektüre in den ausländischen
Häfen mit anderen Schiffen oder auch mit dort ansässigen Deutschen auszutauschen, und es fehlt in den Offiziersmessen
deshalb nach dieser Richtung weniger an Unterhaltung. Einzelne Bücher schmuggeln sich auch durch Vermittelung der
Offizierburschen zu den Kameraden auf dem Vorderdeck, aber das sind immer nur Ausnahmen für einen kleinen Kreis,
da sich jene nicht wie die Zeitungen in einzelne Blätter theilen lassen.

Nach acht Tagen war der Zeitungsvorrath zerlesen, ohne daß man selbst die standesamtlichen Berichte geschont
hatte, und das allgemeine Interesse wandte sich anderen Beschäftigungen und Zeitvertreiben zu, bei denen die „feinen
Zwölfjährigen" mehr einer idealen Richtung huldigten, während die biederen Pommern praktischen Dingen den Vorzug
gaben. Jene pflegten Gesang, Tanz und Musik, und ein Streben nach Vervollkommnung trat dabei überall sichtbar
hervor, wenn auch oft Wollen und Können noch nicht recht im Einklang standen, doch „es wächst der Mensch mit

Das Floß.

seinen höheren Zwecken". Aus den abendlich gesungenen einfachen Liedern wurden allmählich ganz hübsche Quartette, das Musikcorps wagte sich an klassische Kompositionen, und die Künstler und Kraftgenies, welche bisher die Kameraden auf dem Vorderdeck durch ihre mimischen und akrobatischen Vorstellungen entzückt hatten, wenn deren Pointe auch hauptsächlich in derbe Püffe auslief, planten nichts Geringeres, als den Kothurn zu besteigen und einen Theaterzyklus zu eröffnen. Diese Idee fand lebhaften Anklang und wurde auch von den Offizieren unterstützt, da Theaterspiel die Leute auf zweckmäßige Weise beschäftigt und bei guter Laune erhält. Zwar blieb es noch eine offene Frage, woher man den Text nehmen wollte, indessen das war nebensächlich. Zunächst galt es den äußeren Apparat zu beschaffen, Bühne, Kulissen, Garderobe, und das wurde mit Energie in Angriff genommen — ein Dramaturg würde sich dann unter den 400 Mann schon finden.

Ein großer Theil der Dienstpflichtigen dagegen schwärmte weniger für Kunst und traf unter Anleitung des darin bewanderten Schnabel-Rathke die nöthigen Vorbereitungen für den Fischereisport, der auf der vorliegenden Tour günstige Chancen bot. Mit regstem Eifer wurden Angelschnüre, Haken, Köder, Harpunen, Elger und Netze in den Stand gesetzt und gefertigt, und wenn es nach deren Zahl gegangen wäre, hätte Petri Fischzug in den Schatten gestellt werden müssen; aber der gute Wille allein thut es nicht. Das Meer, namentlich in tropischen Gegenden, wimmelt von Fischen. Große Scharen von Schweinfischen, Delphinen und Bonniten begleiten oft stunden- und tagelang das Schiff, spielen um dasselbe und schwimmen in gleichem Tempo ganz nahe unter der Oberfläche in schönem Farben-spiel vor ihm her. Das Geräusch des die Wogen durchschneidenden Bugs scheucht jeden Augenblick Schwärme von fliegenden Fischen auf, die oft nach vielen Hunderten zählen — aber die Kunst ist nur, sie zu fangen, und die ist durchaus nicht leicht. Es gehört ebensoviel Glück wie Geschick dazu, und wenn die Besatzungen auf den Fischfang im offenen Meere angewiesen wären, würde es oft traurig um sie stehen. Auf Angeln beißen überhaupt wenige Arten; außer dem allerdings stets dazu bereiten Hai nur Delphin und Bonnit, d. h. wenn es ihnen paßt, was selten genug der Fall ist. Bisweilen hüpft der Köder in Gestalt eines blanken Zinnfisches bei Fahrt des Schiffes (nur dann überhaupt lassen sie sich sehen) stundenlang zwischen ihnen umher, ohne daß sie davon Notiz nehmen, und man muß ihnen noth-wendig einen ziemlichen Grad von Klugheit einräumen. Sie betrachten das Schiff offenbar als Jagdhund, der für sie das Wild aufscheucht und es ihnen bequem macht. Lediglich deshalb laufen sie so stetig vor ihm her. Sobald eine Schar fliegender Fische sich über die Oberfläche erhebt, folgen sie ihnen mit blitzähnlicher Geschwindigkeit unter Wasser, ergreifen sie mit tödtlicher Sicherheit beim Niederfallen und kehren auf ihren Posten zurück, um den Zinnfisch auch fernerhin mit Verachtung zu strafen. Mit Harpune und dem neunzackigen Elger hat man deshalb bessere Chancen, aber bei der Schnelligkeit und Kleinheit des Zieles gehören ein sicheres Auge und große Gewandtheit dazu, und der Fang gelingt selten genug. Ueberdem ist das Fleisch sehr trocken, grobfaserig und nicht verlockend, so daß das Jagd-vergnügen oder vielmehr der Jagdärger über die Fehlschläge die Hauptsache bleibt.

Günstiger kann sich die Ausbeute an fliegenden Fischen stellen, wenn man die Sache versteht, und darin wußte der Offizierskoch gründlich Bescheid. An der Außenwand der Schiffe befinden sich querab von den Masten die Rüsten, horizontalliegende Planken oder Eisenplatten von ungefähr 2 Fuß Breite. In ihnen werden die unteren Enden der seitlichen Haltetaue der Masten befestigt, um ihnen mehr Spreizung zu geben, als dies innenbords geschehen könnte. Vorn und hinten an den Rüsten wurden wagerechte Stangen von einigen Metern Länge angebracht und darunter flache Netze ausgespannt. Der Fang geschieht jedoch nur nachts, und werden zu dem Zwecke Laternen in den Rüsten aufgehängt. Am Tage sehen die Fische das Schiff und fliegen von ihm ab, nachts dagegen dem Lichte zu, und bei etwas Glück klatscht bisweilen ein ganzer Schwarm gegen die Bordwände, um sich zum Theil in den Netzen zu verfangen, wenn diese groß genug und möglichst niedrig über Wasser angebracht sind. Auf der Fregatte war die Ausbeute ziemlich ergiebig, und gar oft prangte auf dem Frühstückstisch der Messen eine Schüssel der gebratenen Fische als ebenso wohlschmeckende Speise wie angenehme Abwechselung und mehrte den Ruhm des Koches, der natürlich für sich und seine engere Tafelrunde ebenfalls vorsichtig sorgte. Die fliegenden Fische haben durchschnittlich die Größe eines Herings; Flossen und Rücken sind dunkelblau, der Bauch silberweiß und das Fleisch ist zart und saftig.

Die neuere Industrie hat durch präservirte Speisen für Seereisen reiche Abwechselung geschaffen; aber es ist nicht alles Gold, was glänzt. Einzelne Gemüse, wie Spargel, Erbsen, Bohnen, halten sich jahrelang vortrefflich und verlieren nichts, die Fleischspeisen dagegen schmecken nach 6—8 Monaten fast alle ziemlich gleich, und ohne die Etikette würde man oft schwer unterscheiden, ob man Hasenpastete, gebratene Rebhühner, Beefsteak, Hammelfleisch oder Erbswurst genießt, und ein Gericht frischer Fische ist deshalb unter solchen Umständen ein sehr willkommener Genuß.

Seit dem Verlassen von Valparaiso waren bereits vierzehn Tage verflossen. Mit dem günstigen Winde hatte die Fregatte in schlanker Fahrt ihren Weg verfolgt, nahezu 600 Meilen zurückgelegt und näherte sich dem Aequator. In der ganzen Zeit hatte sie einsam auf den Wassern geschwebt, und die Eintönigkeit der Reise, auf der ein Tag dem andern glich, war durch nichts Bemerkenswerthes unterbrochen worden. Kein Segler tauchte am fernen Horizonte auf, und nur dann und wann zog das Aufsteigen eines Wasserstrahls aus dem Blaseloche eines Walfisches oder der Vorbeizug einer Herde Pottfische vorübergehend die Blicke auf sich. Um so lebhafter war deshalb die Aufregung, als eines Morgens der Ausguck im Vortop den Ruf erschallen ließ: „Drei Strich in Lee treibt etwas auf dem Wasser, es scheint ein Boot zu sein." Die Meldung ließ Alles emporschnellen, und zu Dutzenden enterten die Leute bis in die Spitzen der Toppen, um die außergewöhnliche Erscheinung zu betrachten. Der Kommandant ließ darauf zusteuern, aber es dauerte eine geraume Zeit, ehe man ihren wahren Charakter und in dem Gegenstande ein Floß erkannte, das mit gebrochenem Mast steuerlos als Spiel der Wellen und des Windes auf dem Ozean trieb. Die scherzenden Zurufe der Leute in der Takelage verstummten bei dem Anblicke; schweigend kehrten sie auf das Deck zurück; es war, als sei ein Alp über sie gekommen und als ahnten sie die furchtbare Geschichte, welche das schwankende Floß erzählen würde von grauser Noth und unnennbarem Weh ihrer Mitmenschen.

In der Kombüse.

Auf einige Hundert Schritte Entfernung wurde die „Mathilde" unter den Wind gedreht und ein Kutter zu Wasser gelassen. Auf seinem Wege folgten ihm Hunderte von Augen, aber auf dem Floße war nichts zu entdecken; das vom gebrochenen Mast herabflatternde Segel verbarg seine Oberfläche den forschenden Blicken. Als das Boot anlegte, erhob sich mit rauschenden Flügelschlag und durchdringendem Schrei ein Fregattvogel in die Lüfte; drei bis vier Haie drängten sich eng um den Rand des Floßes und wichen erst den auf sie gerichteten Stößen mit Bootshaken und Riemen.

Wie lange schon mochten sie das verlassene Fahrzeug begleitet haben; wie viele seiner früheren unglücklichen Insassen ihnen bereits zur Beute gefallen sein?

Nichts gab Kunde davon; die letzten Zeugen hatte der Tod stumm gemacht. Hinter dem Segel und halb verdeckt von ihm lagen drei Leichen, zum Skelett abgemagert und der Verwesung nahe — weiterhin gegen den Rand des Floßes die vierte. Gesicht und Brust waren zerfleischt von Fängen und Schnabel des Raubvogels, den der Kutter aufgescheucht hatte und der jetzt über ihm in der Höhe langsam seine Kreise zog.

Der Bootsoffizier ließ ein Tau befestigen und den schwimmenden Sarg an Bord der Fregatte bugsiren, wo man ihn in schweigendem Ernste empfing. Die Leichen wurden in Hängematten genäht, mit Eisen beschwert und unter stillem Gebet in die Tiefe gesenkt. Die genaue Untersuchung des Floßes gab äußerst wenig Anhalt für seine Herkunft und das grause Geschick seiner Besatzung. Von Speise und Trank war nirgends eine Spur zu entdecken, nicht einmal ein Gefäß fand sich, in dem Wasser hätte aufbewahrt werden können. Die mangelhafte Konstruktion ließ darauf schließen, daß sie in größter Hast vorgenommen und die Katastrophe, welche dazu zwang, so plötzlich vor sich gegangen sein mußte, daß nichts als das nackte Leben gerettet war, freilich nur, um langsam verschmachtend es unter schrecklichen Qualen zu enden.

Als man das Segel vom Floß nahm, fanden sich auf einem Streifen desselben eine Reihe Schriftzeichen. Sie hatten eine röthlich-gelbe Farbe und waren mit Blut geschrieben. Nach vieler Mühe gelang es dieselben zu entziffern, wenigstens größtentheils. Sie lauteten „Amerikanisches Schiff . . . . . Bin der Letzte von siebzehn, Gott erbarme sich meiner . . . ." Der Name des Schiffes und die Unterschrift waren unleserlich.

Die Mannschaft stand tief erschüttert. Die wenigen Worte, welche in ihrer furchtbaren Kürze so viel und so unendlich Trauriges berichteten, preßten das Herz zusammen. Sie bildeten den Epilog eines jener entsetzlichen Dramas, die sich, wenn auch glücklicherweise nicht mehr so häufig wie früher, auf dem Ozean abspielen, ob auch oft nur Wogen und Winde die Zeugen sind. Die „Mathilde" braßte voll und nahm ihren Kurs wieder auf. Eine Zeit lang sah man das freigegebene Floß noch auf den Wellen schweben; dann war es den Blicken entschwunden. Am Abend aber schwieg Gesang und Musik, und die Leute saßen in Gruppen und flüsterten leise.

Wenige Tage später passirte das Schiff zum zweitenmal den Aequator mit allen unangenehmen Beigaben der Stillen Region von unzähligen Gewittern, wolkenbruchartigen Regen und gewaltsamen Böen. Diesmal traf man es jedoch günstiger und kam mit einer vierundzwanzigstündigen großen Wäsche durch. Dann brach sich das dunkle Gewölk; freundlich schaute das Blau des Himmels herab, das Schlagen der nassen Segel gegen Masten und Stengen verlor von seiner Heftigkeit, ein leiser nordöstlicher Hauch begann sie zu schwellen, und über die glatte Meeresfläche liefen Katzenpfoten als Vorboten des kommenden Passats, der sich bereits als dunkler Streifen am Horizonte abzeichnete.

Die nächsten 14 Tage brachten nichts Bemerkenswerthes und flossen in jener ruhigen Eintönigkeit dahin, welche zwar die Zeit schnell entschwinden läßt, weil keinerlei markante Ereignisse gewissermaßen Meilensteine bilden, an denen der Geist jene bemessen kann, welche aber trotzdem recht herzlich langweilig und abspannend sein kann. Als daher am 36. Tage der Reise endlich die Umrisse der Insel Hawaii über dem Horizonte emportauchten, zog es wie ein frischer Hauch durch das ganze Schiff; die Besatzung lebte förmlich auf, und die müde Gleichgültigkeit, welche sich in letzter Zeit der Gemüther bemächtigt, wich einer munteren Elastizität.

Wenn überhaupt Wechsel das Leben erfreut und begehrenswerth macht, so sind die lieblichen Sandwichinseln besonders dazu angethan, jenen für Herz und Sinne schön und angenehm zu gestalten. Unter sonnigem, heiterem Himmel gelegen, den nur in den Wintermonaten vorübergehend dunkles Gewölk und Regen trübt, während jene schweren Stürme unbekannt sind, von denen gewisse tropische Gegenden so schwer heimgesucht werden, herrscht auf ihnen ein prachtvolles Klima, dessen Zuträglichkeit und Gleichmaß sich selten auf der Erde wiederfinden. Das umgebende Meer und der Passatwind dämpfen die Gluth der heißen Zone und während die Temperatur nie über 30° C. steigt, wie auch wir sie im mittleren Deutschland in den Sommermonaten haben, sinkt sie andererseits nie unter 18°, so daß der Jahresunterschied nur 12° beträgt.

Unter solchen günstigen Verhältnissen muß natürlich die Natur das Füllhorn ihrer Gaben im reichsten Maße über diesen glücklichen Fleck der Erde ausschütten und paradiesische Gegenden schaffen. Aus dem fruchtbaren Boden sprießt die Vegetation überall in üppigster Fülle. Die Abhänge der Berge sind von Wäldern bedeckt, deren Pracht und Schönheit mit denen Brasiliens wetteifert und die seltene und kostbare Holzarten in sich bergen. In den Thälern gedeihen die tropischen Kulturgewächse in wunderbarer Weise und lohnen jede auf ihren Anbau verwandte Mühe hundertfach; Zuckerrohr, Reis, Baumwolle, Tabak, Kaffee u. s. w. wachsen in unvergleichlicher Ergiebigkeit. Auf fetten Weidegründen tummeln sich unzählige Scharen von Rindern und Pferden; mit Brotfruchtbäumen wechseln Anpflanzungen von Papiermaulbeer, aus denen die Eingeborenen kunstvoll Basttuch zu bereiten wissen, mit solchen der Tarowurzeln, welche die beliebte Volksnahrung Poi geben. Neben ausgedehnten Pisanghainen, deren kostbare goldgelbe Frucht zu Millionen nach Kalifornien verschifft wird, wiegen schlanke hochstrebende Kokospalmen ihre Häupter leise rauschend im Winde. Dichte Schlinggewächse ranken sich an den Stämmen bis zu den Blätterkronen hinauf und umgeben sie mit einem Gewebe saftigen Grüns, aus dem Tausende von duftenden Blumen farbenprächtig hervorleuchten. Wahrlich, es ist ein köstliches Stück irdischen Paradieses, das hier die Wogen des Ozeans umrauschen, das wie ein Smaragd auf seiner dunkelblauen Tiefe schwimmt und danach angethan scheint, alles das zu gewähren, was Menschenglück heißt. Doch auch hier ruht Tod und Unheil unvermittelt neben Leben und Glück, und wie ein Damoklesschwert schwebt das Verderben über den Bewohnern.

Dieselben gewaltigen Kräfte, welche einst den Archipel aus dem Schooße des Meeres an das Licht hoben, sind auch jeden Augenblick bereit, ihr Werk wieder zu zerstören. Ohne Rast arbeiten sie seit Jahrtausenden weiter und bedrohen besonders die Insel Hawaii. Aus ihrem Innern erheben sich drei mächtige schneebedeckte Bergkegel, die höchsten aller Südseeinseln. Zwei davon sind noch thätige Vulkane, und der eine von ihnen, der 4300 Meter hohe Mauna Loa, hat in den letzten 40 Jahren durch nicht weniger als sechs Ausbrüche Schrecken verbreitet, ganze Distrikte verwüstet, Ortschaften mit ihren Bewohnern unter Lavafluthen begraben und über viele Quadratmeilen des prachtvollsten Landes Tod und Vernichtung gebreitet.

Honolulu.

Die „Mathilde" segelte an der Westküste Hawaiis entlang. Die innere Hochebene der Insel stürzt hier steil ab, und nur ein schmaler Küstensaum umgürtet die schroffen Felswände. In der Ferne erschien die Bucht von Kralakakua, in der Cook 1778 von den Einwohnern erschlagen wurde und wo sich sein mit einem einfachen Kreuze geschmücktes Grab nahe dem Strande befindet. Dann senkte sich Hawaii allmählich unter den Horizont, seine Nachbar-inseln tauchten auf und kurze Zeit darauf kam Oahu in Sicht mit Honolulu, der Residenz des Königs und dem nächsten Ziel der Reise. Honolulu besitzt den einzigen völlig sichern Hafen des ganzen Archipels, und er wird durch Korallenriffe gebildet, die den übrigen Inseln fehlen. Der Anker fiel in unmittelbarer Nähe der Stadt, die Segel wurden festgemacht, und 21 Salutschüsse donnerten als Gruß gegen den Punschnapfhügel, den Krater eines ausgebrannten Vulkans, zu dessen Füßen sich die Stadt lagert und von dessen Höhe eine Batterie den Salut beantwortete.

Welch liebliches Panorama breitete sich vor den Blicken aus! wie anmuthig lugten die weißen Gebäude aus dem sie umgebenden frischen Grün hervor, überragt von Brotfruchtbäumen und Palmen! Im Hintergrunde das aufsteigende Gebirge mit seinen dichten Waldungen, am Strande viele Hunderte von Menschen in fremdartigen Trachten durcheinanderwogend und neugierige Blicke nach dem deutschen Kriegsschiffe auswerfend, für dessen Heimathsland man auf den Inseln so warme Sympathien hegt. Die Schiffe im Hafen ließen zur Begrüßung ihre bunten Flaggen lustig flattern, schlanke Pirogen kreuzten hin und her; draußen auf den Riffen rauschten brandend die Wogen, der Wind trug kostbare Blumendüfte vom Lande herüber zum Schiff, und über das ganze entzückende Bild goß die Sonne ihr goldenes Licht.

Die Mannschaft erhielt Urlaub, die Exercitien hörten während der Zeit auf und die bequeme Nähe des nur einige hundert Schritte entfernten Ufers trug nicht wenig dazu bei, für Alle den kurzen Aufenthalt auf das angenehmste zu gestalten.

Honolulu ist eine reizende mittelgroße Stadt von etwa 15000 Einwohnern mit schönen geraden und breiten Straßen, anspruchslosen, meist niedrigen Häusern, die, von Gärten umgeben, ungemein freundlich erscheinen. Mit seiner Sauberkeit und dem äußeren Komfort gleicht der Ort einer europäischen Großstadt; es giebt dort Droschken, Straßen=sprengung, Telephone und dergleichen. Weiter hin nach dem lieblichen Nuuanuthale, an dessen Eingange Honolulu liegt, werden die Straßen weitläufiger, und es beginnt eine Reihe von einzeln liegenden Villen, die sich wie Schmuckkästchen präsentiren. Sie gehören den wohlhabenden Kaufleuten der Stadt, den höheren Beamten, und ganz oben im Thale zeigt sich das Landhaus des Königs, wo er inmitten der prachtvollen Natur und idyllischer Ruhe Erholung von den Regierungsgeschäften sucht, die ihm jedoch Zeit genug lassen, um sich recht viel in seinem Tuskulum aufzuhalten.

Die Eingeborenen, wie auf allen Südseeinseln, Kanaken d. h. Menschen genannt, sind ein schöner, kräftig gebauter Schlag von brauner Hautfarbe, mit schwarzem aber nicht wolligem Haar, hübsch aussehend und sehr bildungsfähig. Sie sind sämtlich Christen und bekennen sich zum weitaus größten Theile zur protestantischen Konfession.

Die Erscheinung, daß farbige Bevölkerungen ihrem Untergange entgegengehen, wo die Civilisation der Weißen wesentlichen Einfluß auf sie übt, zeigt sich gerade hier in erschreckender Weise, und es wird in nicht langer Zeit der letzte Kanake ausgestorben sein. Das Völkchen selbst scheint sich jedoch keine Sorge darüber zu machen. Leichtsinnig und lebenslustig genießt es die Freuden der Gegenwart. Es liebt, singt und tanzt mit Blumen geschmückt durch dies Leben. Wie Amazonen thun Mädchen und Frauen es im wilden Reiten den Männern zuvor, und ihr wagehalsiges Schwimmen in der Brandung stempelt sie zu Najaden. Beide Geschlechter schwelgen im berauschenden Kava, und ihre Bedürfnißlosigkeit läßt ihnen Zeit den größten Theil des Tages in süßem Nichtsthun zu verbringen. Kava und Poi deckt in Bezug auf leibliche Nahrung alle ihre Wünsche. Für Europäer ist ersterer wegen seiner Bereitung nicht verlockend; die Kavawurzel wird von jungen Mädchen gekaut und der dünne Brei durchgeseiht, das ergiebt das Getränk. Der Poi, die Nationalspeise, dagegen ist pulverisirte und mit Wasser angefeuchtete Tarowurzel und auch von den Weißen hochgeschätzt. Gabel und Löffel werden dabei nicht verwandt; man taucht die Finger in den Brei und leckt sie ab.

Die jungen Frauen und Mädchen sind oft liebliche Geschöpfe, und wenn die stattlichen braunen Gestalten mit prangendem Blumenschmuck im Haar, mit flatterndem Shawl und in leuchtend farbigen Kleidern, die sie geschickt wie Beinkleider zu falten wissen, rittlings auf schnellfüßigen Rossen im sausenden Galopp durch die Straßen oder Ebenen dahinfliegen, so gewährt das nicht nur ein hochinteressantes Schauspiel, sondern man fühlt sich unwillkürlich von diesen kühnen Reiterinnen lebhaft gefesselt. Viel weniger anziehend dagegen erscheinen sie zu Fuß, wenn sie von ihren Lieblingsthieren, meistens Schweinen, begleitet oder vielmehr diese begleitend, die grunzenden Thiere an ihr Herz drücken, sie mit Liebkosungen überhäufen, über jedes Hinderniß im Wege sanft fortheben und auch wohl, wenn sie an einem Bach kommen, sich ihres eigenen Kleides, das in den mittleren Klassen nur lose wie ein Hemd getragen wird, entledigen, um es in Wasser getaucht über den schnaufenden feisten Liebling zu decken, und ihm Kühlung gegen die Sonnengluth zu verschaffen.

Ein wohlthuendes Gefühl für den Deutschen ist die Wahrnehmung, welche hohe Stellung unter den eingewanderten Fremden unsere Landsleute einnehmen und wie auch hier das Jahr 1870 die Achtung vor dem deutschen Namen hoch gehoben hat. In Honolulu leben über 500 Deutsche, in deren Händen sich der Haupthandel der Inseln befindet. Die Soldaten tragen Uniformen nach preußischem Muster, ein deutscher Forstmann ist mit der Verwaltung der Staats=waldungen beauftragt, ein Deutscher leitet die Gartenbauschule, ein preußischer ehemaliger Garde=Stabstrompeter steht an der Spitze der Militärmusik, und unter seiner Leitung leisten die sehr musikalisch veranlagten Kanaken Vorzügliches. Früher hatten überall die Franzosen den Vorrang, doch sie haben uns weichen müssen, und Kaiser Wilhelm I., Bismarck und Moltke sind nicht nur den Kanaken bekannte Namen, sondern werden von ihnen, die selbst so tapfer sind, hoch geehrt. Wenngleich ein langer Friede den Eingeborenen in letzter Zeit keine Gelegenheit gegeben hat ihre Tapferkeit und ihren Muth auf dem Schlachtfelde zu bethätigen, so zeigen sie dieselben in ihren kühnen und wagehalsigen Spielen und

Vergnügungen, wie das verwegene Reiten, Brandungsschwimmen, Schlittenfahren in engen Gräben von steilen Abhängen herunter u. s. w. zur Genüge.

Ein tiefes Bedauern empfindet man deshalb bei dem Gedanken, daß dies körperlich und geistig vor andern farbigen Rassen sich so vortheilhaft auszeichnende Volk offenbar einem baldigen Untergange geweiht ist und ebenso, ja leider noch viel schneller, vom Feuer der Civilisation der Weißen verzehrt werden wird, wie die Indianer in Amerika.

Die Einwanderung Fremder auf dem Hawaii-Archipel wächst von Jahr zu Jahr, ebenso ihr Einfluß in politischen Dingen. Durch die Königin Wittwe Emma rollt bereits weißes Blut in den Adern der Herrscherfamilie, und es wird nicht lange dauern, bis der Weiße die Inseln auch direkt beherrscht, wie er indirekt es schon in bedeutendem Maße thut. Wie aber auf der einen Seite der eingeborene Kanake und mit ihm die Bestandtheile des eigentlichen niederen Volkes vergehen, so wächst auf der andern die Zahl der Chinesen, die bereits 15 Prozent der Einwohnerzahl Honolulus ausmacht und durch steten Zuzug in raschem Wachsen begriffen ist. Für die Kultur und Ausbeutung der so sehr reichen Hülfsquellen der Inseln ist dies Zuströmen der arbeitsamen Söhne des himmlischen Reiches ein Vortheil, für die Civilisation aber gewiß nicht. An dem Chinesen prallen alle Versuche ihn dem Europäer zu assimiliren, wirkungslos ab. Er bleibt unter allen Verhältnissen und in allen Ländern stets der Asiate mit verhärtetem gefühllosen Herzen, schlauem berechnenden Verstande, der nur nach materiellem Gewinne strebt, und mit allen Untugenden und Lastern seiner Heimath.

Vier Tage hatte der Kapitän der „Mathilde" als Dauer des Aufenthalts bestimmt, und sie flossen nur zu rasch dahin; aber was im Fluge von den Schönheiten und Annehmlichkeiten der reizenden Insel erfaßt und genossen werden konnte, das geschah von Offizieren und Mannschaften, die täglich zur Hälfte beurlaubt wurden, nach besten Kräften. Natürlich machte man bei dem Pferdereichthum Honolulus alles hoch zu Roß und wetzte die Scharte von Rio de Janeiro vollständig aus, wenn auch die zahlreichen Geschwader oft sonderbare Kurse steuerten, die einzelnen Fahrzeuge sich oft vor den Bug kamen und verschiedene kenterten. Gasthöfe und Restaurationen giebt es in Honolulu wie Sand am Meer, ebenso ganz vortreffliches baierisches Bier, das seinen civilisatorischen Umzug um die Erde längst vollendet hat, und so fehlte es nicht an guten Ankerplätzen, wenn irgend ein schlimmes Kap glücklich abgewettert war, oder die Wölfe sich zu unangenehm bemerklich machten. Oft auch wurde von Einzelnen vor der in Grün versteckten zeltartigen und mit Schilf gedeckten Hütte eines Kanaken beigedreht, um dessen gastfreundlicher Einladung zu folgen, sich von den jungen Mädchen des Hauses mit ihren Fingern Poi in den Mund wischen, sich den Kava gut schmecken zu lassen, bis man hinter das Geheimniß seiner Bereitung kam, und mit den braunen Schönen heiter zu lachen und zu scherzen, obwohl kein Wort der gegenseitigen Sprache verstanden wurde. Genug, es war ein herrliches Vergnügen für Alle an Bord und in gewisser Beziehung gut, daß der Aufenthalt so kurz bemessen wurde. Honolulu drohte ein Capua zu werden. Trotz der wenigen Tage hatten sich so viele Herzen gefunden, daß der Abschied von der modernen Phäakeninsel sich gar traurig gestaltete. Als die Segel gesetzt, der Anker gelichtet war und das Schiff seinen Kopf seewärts drehte, da klang das „Muß i denn, muß i denn zum Städtle hinaus!" des Musikcorps wehmüthiger als sonst beim Verlassen eines Hafens; am Ufer standen Tausende von Menschen, weiße, braune, schwarze, gelbe, am meisten in ihrem weiblichen Theile vertreten. Tücher wurden geschwenkt und in vielen Sprachen ein Lebewohl den Deutschen nachgerufen, die es verstanden hatten, sich so bald bei Hoch und Gering, Alt und Jung, bei Männlein und Weiblein beliebt zu machen und die selbst so sehr, sehr gern noch geblieben wären.

Adieu du schöne Insel mit deinen Palmen, deinem Sonnenschein und deinen guten Menschen, wir werden dich nicht so bald vergessen und in den Herzen behälst du einen Ehrenplatz.

Die „Mathilde" verließ den Hafen gegen Abend, um am andern Morgen bei den westlichsten Inseln der Gruppe Kauai und Niihau einzutreffen, um dort eine Schießübung vorzunehmen.

Das Schießen auf See bei bewegtem Wasser oder vielmehr das Treffen ist eine sehr schwierige Sache, da sich in den meisten Fällen sowohl das Ziel bewegt, als auch das Geschütz selbst mit dem Schiffe beständig schwankt. Es gehört deshalb, um den richtigen Moment des Feuerns zu erfassen, nicht allein ein scharfes Auge und ruhige Ueber- legung, sondern auch große Uebung dazu. Die Artillerie ist von jeher an Bord die entscheidende Waffe gewesen und ist es trotz Sporn und Torpedo immer noch, da letztere beide einen Nahkampf voraussetzen, den man nicht immer erzwingen kann. Wer am besten zu schießen versteht, hat die meisten Chancen des Sieges, und es wird deshalb von allen Seemächten große Sorgfalt auf die Ausbildung der Geschützführer gelegt. Dies sind seemännische Unteroffiziere oder Matrosen, welche die Kanonen richten und abfeuern. Weil es sich dabei aber nur um einen Moment handelt, sind diese Leute ganz selbständig, können von Offizieren nicht kontrolirt werden, sondern müssen den günstigen Augenblick selbst wahrnehmen. Zu ihrer Ausbildung haben sie einen Lehrkursus auf dem Artillerieschulschiffe durchzumachen, auf dem alle in der Marine gebräuchlichen Kaliber vertreten sind, und sie werden nur zu jener Charge befördert, wenn sie

Klar Schiff.

einen bestimmten Prozentsatz von Treffern erreicht haben. Durch maschinelle Einrichtungen werden auch im Hafen mit den sogenannten Abkommgeschützen die zweierlei Bewegungen, wie sie bei Seeschlachten vorkommen, nachgeahmt.

Um in der Uebung zu bleiben, sind auf größeren Reisen in gewissen Zeitabschnitten Schießübungen vorgeschrieben, die den wirklichen Gefechtsverhältnissen möglichst entsprechen. Das feindliche Schiff wird durch eine schwimmende Scheibe markirt, deren Form dem Abschnitte einer Schiffswand ähnelt (etwa 20 Fuß lang und 12 Fuß hoch) und die aus einem mit Kanonenpforten bemalten und auf einem Floß stehenden Lattengerüst hergestellt ist, an dem das Schiff auf verschiedene Entfernungen und mit verschiedener Fahrt vorbeidampft.

Außer gutem Treffen ist eine schnelle Bedienung der Geschütze natürlich ebenfalls von größter Bedeutung. Das Geschützexerziren ist deshalb diejenige Uebung, auf welche man den meisten Werth legt und für welche die meiste Zeit ausgeworfen ist. Es wird darin aber auch mit der Zeit eine solche Vollkommenheit erreicht, eine solche Schnelligkeit, Kraftleistung und Gewandtheit seitens der Mannschaften entwickelt, daß ein Landbewohner, der es nicht selbst gesehen, sich gar kein Begriff davon machen kann.

Das Kriterium für die artilleristische Tüchtigkeit einer Besatzung ist die Zeit, welche sie gebraucht, um das Schiff in gefechtsfertigen Zustand zu versetzen oder, wie es technisch heißt, „Klar Schiff" zu machen. Diese Uebung wird regelmäßig, wenn es der Zustand der Witterung nur irgend gestattet, Freitag vormittags vorgenommen, wobei man natürlich das Schießen nur markirt, da die Munition der schweren Schiffsgeschütze viel zu kostbar ist, um mehr als fünf scharfe Schuß pro Geschütz für jede wirkliche Schießübung zu verfeuern. Es ist früher schon erwähnt, daß der Seemann den großen Ehrgeiz besitzt es überall seinen Kameraden zuvor zu thun, und daß dieser Charakterzug es den Offizieren sehr erleichtert, eine Kriegsschiffsbesatzung auf den Höhepunkt der Leistungsfähigkeit zu bringen. Bei „Klar Schiff" tritt dies Streben besonders zu Tage, und nie sieht man einen größeren Wetteifer, als bei diesem Manöver. Jeder will der Erste sein, jedes Geschütz dem andern vorbeiarbeiten, und es wird dabei auch nicht etwas Schmuggelei verschmäht, d. h. Dieser oder Jener sucht hier und dort und unbemerkt von den Offizieren kleine Vorbereitungen zu treffen, durch welche er den andern Geschützen den Rang abläuft.

Mit Tagesanbruch war die „Mathilde" vor Kauai angelangt und fand in einer Bucht auch sehr bald die gewünschten Bedingungen: steiles unbewohntes Ufer, gegen welches man ohne Sorge die Geschosse verfeuern konnte, freies Fahrwasser zum unbehinderten Manövriren um die Scheibe und Landschutz, der größeren Seegang verhinderte. Als man nach dem Frühstück die Scheibe über Bord gesetzt und Wind und Wellen überlassen hatte, wurden die Segel festgemacht, die oberen Stengen und Raaen an Deck genommen, wie es im wirklichen Gefecht geschieht, und die Maschine in Gang gesetzt. Tambour und Hornist standen fertig für das betreffende Signal, und die Leute boten alle Schlauheit auf, um auf unverfängliche Weise in die möglichste Nähe ihrer Gefechtsstationen zu gelangen. Auf einen Wink des Ersten Offiziers wurde jetzt Generalmarsch mit Horn geschlagen. Kaum vernahm man die ersten Takte, als ein sonderbares Schauspiel begann. Ein Zuschauer, dem die Sache fremd war, würde nicht anders gemeint haben, als die ganze Mannschaft sei plötzlich von der Tarantel gestochen; denn es entwickelte sich ein solches Chaos, begleitet von einem solchen Heidenspektakel, daß man alles andere, nur nicht ein Kriegsschiff vor sich zu haben glaubte, wo Ordnung und Ruhe Grundbedingungen sind.

Die 400 Mann schnellten plötzlich in die Höhe und stürzten dann anscheinend wild nach allen Richtungen durcheinander, Diese an die verschiedenen Geschütze, Jene zu den Handwaffen. Hier enterte ein halbes Dutzend in die Wanten hinauf, dort sprangen sie vom Deck in großen Sätzen in die Batterie und das Zwischendeck die Treppen hinunter, bevor diese fortgenommen und durch Strickleitern ersetzt wurden. Die Wände der Kapitänskajüte verschwanden wie durch Zauber, um freies Feld für die Rückzugsgeschütze zu gewinnen; der Oberfeuerwerker holte vom Ersten Offizier die Schlüssel zu den Pulver- und Granatkammern; um die Luken, durch welche das Pulver nach oben ging, spannten sich Filzvorhänge mit engen Oeffnungen zum Durchreichen der Kartuschtragen, damit kein Feuerfunke nach innen schlagen konnte. Die Zimmerleute machten Pumpen und Spritzen klar und legten alle Gegenstände zum Stopfen von Lecken bereit, Kugelpfropfen, Werg, Bleiplatten und dergleichen, während die Segelmacher Matratzen und Decken für die Verwundeten nach unten schafften. Hängematten aus den Finknetzen wanderten nach oben in die Toppen als Bollwerke für die dort postirten Scharfschützen; die Krankenträger brachten Tragstühle in die Nähe der Luken; Aerzte und Lazarettgehülfen schlugen im unter Wasser liegenden Schiffsraume den Schlachtverband auf. Im Zwischendeck bildeten sich die menschlichen Ketten für den Munitionstransport, die Verdecke wurden mit Sand bestreut, um den Füßen festen Halt zu geben, Gefäße mit Wasser zum Trinken und andere zum Auswaschen der Kanonenwischer wurden aufgestellt. Die Köche löschten das Feuer in der Kombüse; Feuerwerksmaate vertheilten Gewehr- und Revolvermunition, und die Geschützpforten klappten nieder. Die Signalgäste klarten die Flaggleinen und rangirten die Signalflaggen zum unmittelbaren Gebrauch; das Dampfruder wurde besetzt und die unter Wasser befindliche Reserve-Ruderpinne zum Gebrauch

Abfeuern des Geſchützes.

fertig gemacht für den Fall einer Beſchädigung des Rudergeſchirrs auf dem Deck. Töpfe, Kaſſerole, Eimer, Bottiche — alles, was Splitter geben konnte, und nicht durchaus nothwendig in der Batterie war, wanderte Hals über Kopf in das Zwiſchendeck hinunter, und noch hunderterlei andere Verrichtungen und Vorbereitungen nahmen ebenſoviele Menſchen in Anſpruch. Jeder lief, trug und ſchleppte etwas, legte, ſtellte oder warf es hier oder dort hin. Das ganze Schiff glich einem Ameiſenhaufen, in dem alles ſcheinbar regellos durcheinander wimmelte, und das Arbeiten mit den vielen, meiſt ſchweren Gegenſtänden auf den hölzernen Verdecken und den beſchränkten Räumen mußte natürlich einen gewaltigen Lärm machen, obwohl die Menſchen ſelbſt kein lautes Wort ſprachen und ſich nur durch Winke oder höchſtens flüſternd verſtändigten. Wehe dem Ungeſchickten, der in dies Chaos gerieth, ohne genau ſeine Obliegenheiten zu kennen und ſich nicht ſchlangengleich überall durchzuwinden — er brauchte für Püffe und Stöße von allen Seiten nicht zu ſorgen.

Noch nicht fünf Minuten hatte das wüſte Durcheinander gewährt, als es ſich plötzlich zu klären begann. Das Laufen und Haſten hörte auf, der Lärm verſtummte, die Leute ſtanden bei ihren Geſchützen oder auf den ihnen ſonſt zugewieſenen Poſten, die Offiziere warfen prüfende Blicke auf ihre Abtheilungen, dann kommandirten ſie „Stillgeſtanden!“ und wie mit einem Zauberſchlage herrſchte muſterhafte Ordnung. Das Schiff war klar zum Gefecht, ſtramm und lautlos ſtand alles in Reih und Glied, und der Batterie-Offizier eilte nach oben zur Kommandobrücke, um dem dort befindlichen Kapitän die betreffende Meldung zu machen. Dieſer hatte den Befehl übernommen, und der Navigations-Offizier war bei ihm auf der Brücke, um nach ſeiner Weiſung die nautiſche Führung des Schiffes zu leiten, ſowie durch Telegraph und Sprachrohr nach Maſchine, Pulverkammern und Ruder die erforderlichen Befehle zu geben. Der Erſte Offizier befand ſich ebenfalls auf dem Deck, um das Ganze zu überwachen, überall einzugreifen und anzuordnen, und, wenn es nöthig werden ſollte, ſofort die Stelle des Kapitäns einzunehmen.

„Volle Kraft vorwärts, Kurs Nordoſt!“ kommandirte der Letztere. Die Schraube ſchlug an, das Ruder drehte ſich, und das Schiff fiel auf den neuen Kurs.

„Tauſend Meter, mit Langgranaten! Richtung auf die Scheibe, Lauffeuer von vorn, chargirt! lautete der weitere Befehl. Blitzſchnell wurden die Geſchütze geladen und die der Backbordſeite ſo weit wie möglich nach vorn gerichtet, wo demnächſt die Scheibe erſcheinen mußte. Die Geſchützführer ſtanden mit der Abzugsleine in der Hand fertig.

Da rollte der Donner des Buggeschützes auf dem Oberdeck über das Wasser. Es hatte das freieste Schußfeld und war zuerst zu Schuß gekommen. Zischend sauste die Granate durch die Luft, und Aller Blicke folgten ihrer Bahn, doch sie ging zu hoch und krepirte einige hundert Meter hinter der Scheibe.

„Halt! 800 Meter!" erscholl es von der Kommandobrücke; die Entfernung war zu weit geschätzt, und sofort änderten die Geschützführer ihren Aufsatz. Jetzt kam die Scheibe in das Gesichtsfeld des ersten Batteriegeschützes; die Augen der Bedienungsmannschaft hafteten auf dem Geschützführer, um nach seinen Winken Höhen= und Seitenrichtung zu korrigiren. Seine linke Hand fuhr schnell auf die rechte nieder; die Leute ließen die Richttaue fallen und sprangen einen Schritt vorwärts, um frei vom Rücklauf der Kanone zu sein. Die Richtung war gut, und als beim Ueberholen Ziel, Korn und Aufsatz in eine Linie kamen, fiel der Schuß. Der Pulverdampf versperrte die Aussicht in der Batterie, doch an Deck rief es „Treffer!" und stolz blickte der Geschützführer zu seinen Kameraden hinüber. „Macht es mir nach!" las man auf seinem Gesichte.

Soutien der Enter-Division.

Und sie machten es ihm nach. Kaum war der Rauch vollzogen, feuerte das zweite Geschütz, und folgten ebenso schnell die anderen. Von 8 Schuß hatten 5 gesessen, ein gutes Resultat in See für ein so kleines Ziel, und die Scheibe war hart mitgenommen.

„Hart auf mit dem Ruder!" befahl der Kapitän. Das Schiff beschrieb einen Halbkreis, und Steuerbord=Batterie kam an die Reihe. Als ihre Schüsse abgegeben waren, trieben nur noch die Trümmer der Scheibe auf den Wellen. Da ertönte Hörnerruf. „Erste Enter=Division!" Von jedem Geschütz brachen Leute ab, um auf das Oberdeck zu stürmen, dort sich mit den Taklern und Scharfschützen zu vereinigen und unter Führung des Ersten Offiziers die Enter=Division zu bilden. Mit dem Säbel in der Faust springt das erste Glied auf die Verschanzung, während hinter ihm die Gewehr= leute zur Deckung stehen und von den Scharfschützen in den Marsen unterstützt werden.

„Zweite Enter=Division!" schmettert das Horn. Wiederum brechen Leute von den Geschützen ab, um nach oben zu eilen und den Kameraden zu Hülfe zu kommen. Mit Hurra wird der Angriff wiederholt und gelingt; der Feind ist abgeschlagen. „An die Geschütze!" befiehlt der Kapitän, und in wenigen Sekunden sind dieselben wieder vollbemannt.

Zwei mit Flaggen gekrönte Tonnen, die man mit Ballast beschwert, werden über Bord gesetzt, und die Fregatte manövrirt unter vollem Dampf zwischen ihnen, um nach beiden Seiten feuern zu können. Die eine Flagge ist bald heruntergeschossen trotz des winzigen Zieles, doch die andere bleibt hartnäckig wehen, obwohl die Granaten sie umsausen und die Sprengstücke in engem Kreise um sie das Wasser aufwühlen. Da werden konzentrirte Breitseiten abgegeben, d. h. sämtliche Geschütze einer Seite feuern zugleich. Das Schiff erzittert bei dem gewaltigen Stoß in allen Fugen und ist für einige Sekunden in eine dichte Rauchwolke gehüllt, doch als der Wind den Dampf verweht, sind beide Tonnen verschwunden.

„Klar Schiff aufhören!" kommandirt der Kapitän, und der Tambour schlägt ab. Die Schießübung ist beendet, und die Geschützführer haben bewiesen, daß sie ihre schwierige Kunst noch verstehen. Die Pulver- und Granatkammern werden geschlossen, die Geschütze festgemacht und alles an Ort und Stelle zurückgebracht. Die Fregatte dampft noch mit voller Fahrt durch die Kaulaka-Passage zwischen Niihau und Kauai bis in den frischen Passat hinein; dann werden die Segel gesetzt, die Feuer in der Maschine gelöscht und der Rest des Tages dem edlen Werke der Reinlichkeit gewidmet, um jede Schmutzspur zu verwischen, welche Maschinen- und Pulverdampf allerdings in reichem Maße hinterlassen hatten.

Noch vor Abend ist die große Aufgabe von den 400 Mann glücklich gelöst; die „Mathilde" prangt wieder in ihrem Festgewande und eilt mit rund geschwellten Segeln und sanftem Wiegen nach Westen der chinesischen Küste zu.

Die zweite Hälfte der Reise verlief nicht so eintönig wie die erste. Von Valparaiso bis Hawaii giebt es auf der geraden Strecke kein Land, und das Begegnen eines Schiffes gehört zu den seltenen Vorkommnissen. Da die ostwärts steuernden Fahrzeuge wegen der ihnen innerhalb der Tropen entgegenwehenden Passate mehr südlich oder nördlich gehen müssen, so kann man höchstens einen Mitsegler einholen oder von ihm überholt werden, und dieser Umstand war auch den Schiffbrüchigen auf dem Floße zum Verderben ausgeschlagen. Von der Hawaiigruppe an gewährt jedoch eine Reihe von Inseln des Anson-, Magelhaus- und Lutschu-Archipels, die theils vulkanischen, theils korallinischen Ursprungs sind, häufige Abwechselung, sei es, daß man nur in der Ferne ihre Umrisse schaut oder in der Nähe vorbeisegelt und Herz und Sinne an ihrer prachtvollen Vegetation und idyllischen Schönheit weidet. Gar oft wurde das Interesse auch noch lebendiger, wenn einige jener schlanken schmalen Pirogen sich vom Ufer ablösten, welche auf allen Südseeinseln im Gebrauch sind, um ihren Weg zur Fregatte zu nehmen. Wenn diese Fahrzeuge ihr mächtiges Lateinsegel aus weißschimmerndem Basttuche gesetzt haben, gleichen sie in der Ferne Vögeln, die Riesenschwingen ausgebreitet haben und über den Ozean daherfliegen. Man würde nicht begreifen, daß bei dem Mißverhältnisse des Segels zum schmalen Rumpfe das Fahrzeug nicht kentert, wenn man nicht an der Windseite ein Brett hinausgeschoben sähe, auf dessen äußerem Ende je nach der Stärke des Windes ein oder zwei Männer sitzen, um dem seitlichen Drucke des Segels als Gegengewicht zu dienen. Es ist eine wagehalsige Position, auf der dünnen Planke so unmittelbar über dem Wasser zu schweben, doch fast alle Südsee-Insulaner sind ebenso fertige Schwimmer wie kühne Seeleute, und es ist nichts Seltenes daß sie auf diese Weise Seereisen von 90—100 Meilen machen.

Wenn die Böte in die Nähe der Fregatte kamen, versäumte diese nicht, beizudrehen, um die tropischen Früchte und Erzeugnisse einzutauschen, die sie brachten, was natürlich stets sehr willkommen war und nicht wenig dazu beitrug, Offiziere und Mannschaft in eine höchst behagliche Stimmung zu versetzen. Uebt schon überhaupt der Magen auf den Geist bedeutenden Einfluß aus, so spielt er auf längeren Seereisen eine um so wichtigere Rolle. Mag der Dienst noch so streng und schwer sein, wenn nur die Verpflegung gut und angenehm wechselnd ist, dann herrscht auch ein guter Geist an Bord.

Nachdem Honolulu ungefähr acht Tage verlassen war, passirte man den 180. Längengrad, was bekanntlich zur Folge hat, daß, wenn man wie die „Mathilde" westlich segelt, ein Tag aus dem Kalender gestrichen werden muß, um nicht mit dem Datum in Kollision zu kommen. Jeder Längengrad westlich oder östlich gesegelt, macht + oder — 4 Minuten aus, die ein Schiff mehr oder weniger an Zeit gegen stationäre Punkte hat, und gliche man diesen Unterschied bei einer Reise um die Erde nicht aus, so würde man, westlich gehend, am Ausgangsorte mit einem Tage zu viel und östlich mit einem Tage zu wenig ankommen.

Eines Abends wurde die Besatzung durch den Ruf des Ausgucks „Feuer voraus!" in die größte Aufregung versetzt. Land gab es nicht in der Richtung; die Vermuthung lag deshalb nahe, daß man sich einem brennenden Schiffe nähere, und es war erklärlich, daß der Gedanke alle an Bord auf das Lebhafteste ergriff. Fast eine Stunde währte es, ehe man so weit herankam, um den brennenden Gegenstand genau zu erkennen. Es war wirklich ein Schiff, aus dessen Oberdeck eine Flamme emporlohte. Man sah durch die Fernrohre im Scheine des Feuers die Masten, zu denen dann und wann dichte schwarze Rauchwolken emporwirbelten, bald entdeckte man auch Menschen — aber merkwürdig genug schienen deren Bewegungen weder Unruhe zu verrathen, noch breitete sich das Feuer weiter aus. Die verschiedensten Erklärungen der seltsamen Erscheinung wurden gesucht — da löste sich plötzlich das Räthsel durch den Ruf eines Matrosen: „Es ist ein Südseemann, es brennt Thran!" und die ängstliche Spannung, welche so lange die Ge= müther beherrscht, löste sich in einer Fluth derber Scherze. Ja, es war so; der Wallfischjäger briet Speck aus, und um keinen Zweifel darüber zu lassen, führte der Wind einen so infernalischen Geruch auf die in Lee des Fremden passirende Fregatte, daß man fast daran erstickte. Zwischen Groß= und Fockmast haben die Südseefischer, die zum größten Theile Nordamerikaner sind, einen großen steinernen Herd aufgebaut, auf dem sie den Thran ausschmelzen, sobald sie einen Walfisch gefangen haben, und da ein solcher oft 60—80 Tonnen Thran ergiebt, so dauert diese Arbeit zwei bis drei Tage und Nächte. Das Feuer wird größtentheils mit den Fleischfaserresten des ausgekochten Specks genährt, und daher stammt der schreckliche Geruch.

Der Südseemann lag vor dichtgereeften Marssegeln beigedreht, was darauf schließen ließ, daß er sich auf guten Jagdgründen befand. Die Fregatte mit ihren vollen Segeln schoß deshalb schnell an ihm vorbei; aber Jeder war froh darüber sobald als möglich wieder aus dem Bereiche seiner furchtbaren Atmosphäre zu kommen und reine Luft zu athmen.

Wenn es nicht ganz besonders glücklich ist, gebraucht ein solches Schiff drei Jahre, bevor es so viel Fische ge= fangen, daß es eine volle Ladung Thran hat. In dieser ganzen Zeit läuft es aus Besorgniß, daß die Leute deser= tiren, kaum drei= bis viermal auf kurze Zeit Land an. — Was für eine schreckliche Existenz muß es sein, nur um= geben vom Himmel und Wasser, bisweilen in vielen Monaten nicht einmal die Aufregung eines Fanges, dabei überall Schmutz, Thran, Gestank und die tödtlichste Langeweile! Da ist es kein Wunder, wenn die Besatzung halb blödsinnig wird und der richtige Matrose die Südseefahrer als unehrlich ansieht. Zweifelhafte Elemente sind gewiß genug darunter, denn für einen ordentlichen Seemann kann ein solches Leben unmöglich Reiz haben.

Nach vierzehn Tagen kam die Insel Formosa in Sicht, deren hohe Berge sich schon auf viele Meilen dem Blicke zeigten. Die Insel bildet die Grenze zwischen dem Stillen Ozean und dem Chinesischen Meer, hat einen Flächenraum von etwa 1300 Quadratmeilen und steht nominell unter der Herrschaft Chinas, thatsächlich jedoch nur mit ihrer west= lichen flachen Hälfte. Ein bis zu 4000 Meter aufsteigender Höhenzug theilt letztere von der östlichen ab, die, durchweg gebirgig, von vielen sehr fruchtbaren Thälern durchschnitten und überall schroff zum Meere abfallend, keine Häfen besitzt. Sie wird von einem wilden, unabhängigen Volke bewohnt, das zu dem malaiischen Stamme gehört, von den Chinesen nicht unterjocht werden kann, im Gegentheil, oft von seinen Bergen herabkommend, die Letzteren auf dem Flachlande brandschatzt. Der Hafen von Kelung im Norden ist bis jetzt der einzige bekannte; die Insel, reich an Kohlen, Metallen und tropischen Produkten, würde in anderen Händen eine kostbare Perle sein.

Die „Mathilde" segelte durch den Baschi=Kanal, nahe unter der etwa vier Meilen breiten Südspitze Formosas hin. Von hier aus gewährte die Insel einen prachtvollen Anblick. Vom Ufer terrassenförmig aufsteigend, zeigten sich wundervolle Hochebenen in üppigster Vegetation. Sie glichen unseren künstlich angelegten Parks mit Rasenplätzen, Boskets und Waldung; man sah Vieh auf ihnen weiden und hier und dort Dörfer. Einzelne Erhebungen waren mit Palmen gekrönt, nach Norden zu wuchsen die Höhenzüge immer majestätischer empor und schwammen in jenen duftig bläulichen Tinten, die den südlichen Gegenden eigenthümlich sind.

Bis Hongkong hatte die Fregatte nur noch ungefähr 100 deutsche Meilen zurückzulegen, die sich unter gewöhn= lichen Verhältnissen in zwei bis drei Tagen abmachen lassen, aber dem schönen Stillen Ozean mit seinem prachtvollen Passat, in dessen Annehmlichkeiten man zehn Wochen lang geschwelgt, war Valet gesagt, und das Chinesische Meer ist tückisch und trügerisch. Es bildet die Brutstätte jener schrecklichen Orkane, die, unter dem Namen von Teifunen bekannt, namentlich beim Wechsel der Monsune wüthen, unendlich viele Schiffe vernichten und auch an den chinesischen Küsten namenloses Unheil stiften. Ist es doch vorgekommen, daß ein einziger solcher Wirbelsturm, der, mit unbeschreiblicher Gewalt sich um einen Mittelpunkt drehend, in größerer oder geringerer Ausdehnung seinen oft Hunderte Meilen langen Weg nimmt, 800 große chinesische Fischerdschunken zerstörte und ihre 20 000 Mann Besatzung in den Wellen begrub. Die Teifune treten hauptsächlich beim Wechsel der Monsune ein. Dies sind, im Gegensatz zu den stets aus derselben Richtung wehenden Passaten, halbjährliche Winde. Im Sommer, von April bis Oktober, wehen sie aus Südwest, im Winter aus Nordost, und sind eine Folge des verschiedenen Sonnenstandes. Im Sommer werden die ostasiatischen Steppen hoch erwärmt, und es entsteht der südwestliche Luftstrom vom kühleren Meer her zur Ausgleichung, während im Winter das Umgekehrte stattfindet. Die Wechsel der Monsune sind von gewaltigen elektrischen Erscheinungen be= gleitet, und sie erzeugen die Teifune, die an anderen Orten, im indischen Ozean und in Westindien, unter dem Namen der Orkane auftreten. In früheren Zeiten mußten die Schiffe diese furchtbaren Geißeln willenlos über sich ergehen lassen und kamen dann selten davon; jetzt hat die Wissenschaft den Seemann in den Stand gesetzt, ihre Annäherung und ihre Bahn ungefähr zu erkennen, und ihm damit die Mittel gegeben, durch geeigneten Kurs ihnen entweder ganz zu entfliehen, oder wenigstens ihrem Mittelpunkte fern zu bleiben, in dem sich ihre größte Gewalt konzentrirt. Unser berühmter Dove war der Erste, der durch sein Gesetz der Stürme hierfür den richtigen Weg wies. Mit Hülfe desselben, das die Drehung des Windes im Norden und Süden des Aequators bestimmten Regeln unterwirft, sowie unter systematischer Beobachtung des Barometers und Zuhülfenahme seemännischer Erfahrung gelingt es meistens den Schiffen den Mittelpunkt der Teifune zu meiden.

Die „Mathilde" gelangte Anfang April in das chinesische Meer, und kaum war Formosa aus Sicht, als auch schon die Anzeichen eines solchen Sturmes sich kundgaben. Bleifarbiger und theils braunroth gefärbter Himmel, unaufhörliches Wetterleuchten, wirre, aus allen Richtungen laufende See, in der das Schiff gewaltsam hin und hergeworfen wurde, Scharen von Insekten, die der Sturm wie Nebelwolken vom Land aufgenommen hatte und vor sich hertrieb, Landvögel, die angstvoll auf dem Schiffe Schutz suchten, das Erscheinen von vielen Fischen an der Oberfläche, die, nach Luft schnappend, die Schnauzen aus dem Wasser steckten, sowie das starke Fallen des Barometers — das alles waren Warnungen vor einem Teifun, der heranzog und seinen Weg gerade auf die Fregatte zu nahm. Sie wurden nicht mißachtet, und der Kapitän ließ sofort die erforderlichen Vorbereitungen treffen, um dem unheimlichen Sturme zu begegnen. Sobald durch die Beobachtungen des Barometers und der Windrichtung, welche in den nächsten Stunden dieselbe blieb, während der Sturm wuchs, festgestellt war, daß der Teifun seinen Weg auf das Schiff zu nahm, galt es, dessen verderbenbringender Bahn so weit wie möglich auszuweichen und dies durch einen Kurs zu bewerkstelligen, der im rechten Winkel von jener abführte. Die Maschine wurde geheizt und nach kurzer Zeit flog die „Mathilde" unter dicht gereeften Marssegeln und mit voller Kraft der Schraube vor dem Winde nach Südwesten zu, während der Teifun von Südost heranrückte.

Immer höher und gewaltiger lief die See, immer wüthender tobte der Sturm und warf das Schiff wie eine Nußschale umher. Donnernd brachen die Wogenkämme über, hüllten die Fregatte in dampfenden Gischt und ihr Anprall ließ sie in allen Fugen erzittern. Sie rollte in den schweren Wellen, daß fast die Spitzen der Raaen das Wasser berührten; die Seitenböte wurden von ihren Krähnen gerissen, die Geschütze mußten mit schweren Tauen doppelt versichert werden, um nicht von ihren Befestigungen loszubrechen, auf dem Deck und in der Batterie wogte das überkommende Wasser in rauschenden Wellen hin und her. Ueberall mußte man Taue ziehen, damit die Leute beim Gehen sich an ihnen halten konnten, um nicht nach Lee geschleudert zu werden, dabei rollte der Donner, zuckten die Blitze unaufhörlich, und wolkenbruchartig strömte der Regen vom Himmel hernieder. Bange Stunden verflossen, denn die Wuth der Elemente blieb in beständigem Wachsen. Nach dem Fallen des Barometers schätzte man den Abstand des Mittelpunktes noch 30—40 deutsche Meilen und schon wehte es orkanmäßig — wer wußte, ob nicht der Teifun, wie es häufig geschieht, eine Biegung machte und man vergebens ihm zu entfliehen suchte! Doch endlich drehte sich der Wind, ein Zeichen, daß das Zentrum seine bisherige Richtung zum Schiffe änderte und hinter diesem vorbeimarschirte. Die Gefahr war damit beseitigt, das Barometer fiel nicht mehr, die konkave Oberfläche des Quecksilbers wurde konvex, und dann begann langsames Steigen. Von Stunde zu Stunde nahmen See und Wind ab, die Gewitter verzogen sich, der Himmel klärte sich auf, und nach zwölfstündigem Segeln war man aus dem Bereich des furchtbaren Feindes, ohne von einem größeren Unfalle betroffen zu sein. Zwar hatte er die „Mathilde" arg zerzaust und auch durch den erzwungenen Kurs weit aus ihrer Richtung verschlagen, aber das war nebensächlich, ließ sich in verhältnißmäßig kurzer Zeit wieder ausgleichen und der Sturm hatte auch sein Gutes gehabt. Die Mannschaften wurden durch ihn aufgefrischt und, wenn auch etwas unsanft, daran erinnert, daß sie Seeleute waren. Die 2½ Monate im stillen Ozean hatten dies fast vergessen lassen; unter solchen Verhältnissen wie dort hätten auch alle alten Weiber zur See fahren können.

Einige Tage später kam die chinesische Küste in Sicht. Wie glühend brannte die Sonne auf die röthlichen Basaltfelsen nieder, deren seltsam geformte Zacken und Kegel in öder Dürre, ohne eine Spur von Vegetation gen Himmel starrten, und wie wohlthuend berührte im Gegensatz zu diesem trostlosen Anblicke die Erscheinung der Insel Hongkong mit ihrem in frisches Grün gekleideten Victoriaberge, ihren hochkultivirten Thälern und der an der Nordseite sich terrassenförmig erhebenden Hauptstadt Victoria, deren palastartige Gebäude den Reichthum und die Wichtigkeit dieser Kolonie kundthun, die als Mittelpunkt des ostasiatischen Handels eine so großartige Bedeutung für den Weltverkehr besitzt.

Vor wenig mehr als vierzig Jahren noch war Hongkong ein ebenso kahler, ausgebrannter Fels, wie sie die umherliegenden Inseln und die chinesische Küste ausnahmslos zeigen, wasserlos, ungesund, ja mit mörderischem Klima, das die englischen Besatzungen dezimirte — heute ist es eine liebliche Oase, mit schattigen Wäldern, prachtvollen Parkanlagen und in schönstem Blumenflor prangenden Gärten. Ueber 200 000 Menschen bewohnen die kaum fünf Quadratmeilen große Insel, welche ihnen jeden erdenklichen Komfort bietet; sie ist der gesündeste Platz an der ganzen Küste geworden. Hunderte von Schiffen aller Nationen ankern in dem sicheren, geräumigen Hafen, und alles das giebt

Hongkong.

Zeugniß von dem handelspolitischen Scharfblick, dem Unternehmungsgeiste und der Energie der Engländer, die 1841 im Opiumkriege diesen öden Fleck annektirten, um ihn in wenigen Jahrzehnten zu dem zu machen, was er jetzt ist, zu dem Bankplatze für den gesamten chinesischen Handel, wo merchant princes, Kaufmannsfürsten, den Markt beherrschen und mit gewaltigen Geldmitteln kommerzielle Transaktionen vollführen, wie sie Europa in solcher Ausdehnung kaum kennt.

Victoria ist eine europäische Großstadt mit hocheleganten Gebäuden, unter denen das unvermeidliche Klubhaus in der Nähe des Landungsplatzes eine hervorragende Rolle einnimmt, während von der Mitte des Berges aus die romantisch gelegene Residenz des Gouverneurs auf die zu Füßen liegende Stadt und den sich unmittelbar am Wasser hinstreckenden Cricketplatz schaut, der als Sammelplatz der Bewohner auf ihren Abendspaziergängen dient und vom Meer erfrischende Kühle empfängt.

Man hat sie freilich nöthig, diese Kühle, namentlich im Südwestmonsun, der bei Ankunft der „Mathilde" seinen Anfang genommen, denn da sind Stadt und Hafen bei Tage ein Gluthofen, weil die Engländer bei Anlage der Stadt doch den einen großen Fehler gemacht, daß sie letztere an der Nordseite des Berges erbauten, der ihr den Wind nimmt, wenn die Sonnenstrahlen sie senkrecht treffen.

Der Aufenthalt der Fregatte in Hongkong währte vierzehn Tage, ausreichend genug, um alles Angenehme und Interessante zu genießen und nicht durch die Hitze erstickt zu werden. Das Angenehme bestand in den Genüssen des Festlandes nach langer Seereise, das Interessante in der Beobachtung des chinesischen Lebens, das sich in dem westlichen und größten Theile der Stadt, der nur von Chinesen bewohnt wird, unverfälscht kundgiebt, wenn man davon absieht, daß englische Polizei die Straßen etwas sauberer und weniger übelriechend hält, als drüben auf dem Festlande. Die betriebsamen Söhne des himmlischen Reiches hausen hier in konservativster und echt chinesischer Weise ihren vieltausendjährigen Ueberlieferungen gemäß, und der Europäer findet eine treffliche Gelegenheit die unvermittelten Gegensätze des chinesischen und europäischen Lebens zu beobachten. Wie merkwürdig geben sich dieselben schon bei ganz oberflächlicher Betrachtung in äußeren Dingen kund! Die Bücher der Chinesen beginnen hinten, der Schüler dreht dem Lehrer, wenn er etwas aufsagt, den Rücken zu; bei Besuchen und Festlichkeiten behält man den Hut auf und zieht die dicksten Schuhe an, die man auftreiben kann; wenn man dem Wirthe entgegentritt, schüttelt man nicht ihm, sondern sich selbst die Hand. Die zärtliche Mutter hält ihren Säugling an die Nase, um ihn zu riechen, statt zu küssen, der Taufname steht hinter dem Vaternamen; der Reiter schwingt sich von der rechten Seite auf das Pferd, die Greise lassen Drachen steigen, während die Jugend zuschaut. Die Mahlzeiten beginnen mit Süßigkeiten und enden mit Suppe und Fisch; die Trauerfarbe ist weiß und ebenso wichst man die Schuhe weiß, statt schwarz wie bei uns. Ihre Magnetnadel zeigt nach Süden und die Militärmandarinen tragen zwar keine Waffen, dafür aber einen gestickten Unterrock, ein Perlenhalsband und einen Fächer. Die linke Seite ist der Ehrenplatz, der Sitz der Vernunft ist nach chinesischen Begriffen im Magen, und wenn der Sohn dem betagten Vater einen besonderen Beweis seiner Liebe und Achtung geben will schenkt er ihm einen Sarg.

Es ist ein kurioses Volk, aber auch bei allen seinen Schrullen, Eigenthümlichkeiten, Fehlern und Lastern das arbeitsamste und genügsamste der Welt. Geht man abends um 11 Uhr durch das Chinesenviertel, so sieht man in den meisten Häusern alles noch eifrig bei der Arbeit, und morgens 5 Uhr wird schon wieder mit der Thätigkeit begonnen. Dabei bedürfen die Menschen an Kleidung und Nahrung so wenig, wohnen so erbärmlich und gedrängt und machen so geringe Ansprüche an irgend etwas, das man Komfort nennen könnte, daß kein weißer Arbeiter mit ihnen konkurriren kann, und es ist den Amerikanern nicht zu verdenken, wenn sie die chinesische Einwanderung gesetzlich einschränken.

Aber nicht die Männer allein sind so arbeitsam, sondern auch die Frauen, und sie zeigen dabei eine Ausdauer, Kraft und Gewandtheit, wie man nirgends anders findet. Fast alle Flußböte — und sie zählen in China nach Hunderttausenden, sollen doch zehn Millionen Menschen nur auf Böten und Schiffen geboren werden, leben und sterben — werden allein von einer Frau gerudert, und man muß staunen, mit welchem Geschick sie das eine, bisweilen 30—40 Fuß lange Ruder regieren, damit das Fahrzeug vorwärts bewegen und im größten Gedränge lenken. Auch andere Arbeiten, die sonst überall den Männern zukommen, verrichten sie. Dutzendweise sieht man sie an den Landstraßen sitzen, um Steine zu klopfen, sie sägen Holz und schleppen Balken. Freilich verstümmeln sie auch nicht die Füße, wie die herrschende Tartarenrasse, sonst wären solche Beschäftigungen unmöglich. Hübsch sind sie nicht, aber doch ganz erträglich anzuschauen, bronzefarben und bei aller Last des Lebens eitel genug, um selbst beim Steineklopfen ihr reiches, schwarzes Haar stets so künstlich zu coiffiren, als wollten sie zu Balle gehen. — Außer Victoria giebt es auf der westlichen Inselseite noch eine kleine Stadt von 5000 Einwohnern, Aberdeen, die jedoch fast nur von Chinesen bewohnt wird, und unweit davon liegt das Chinesendorf Little=Hongkong, das, von Wald umgeben, den romantischsten Theil der Insel bildet und wohin Picknickpartien gemacht werden, alles in Sänften. Gehen gilt für einen Europäer als unanständig und Fahren gestattet das Terrain außerhalb Victorias nicht, deshalb sind Sänften das allgemeine Transportmittel, und als die gastfreundlichen Deutschen Hongkongs das Offiziercorps der Fregatte zu einer solchen Partie einluden, zu der natürlich auch alle Lebensnothdurft mitgenommen werden mußte, wenn man sich nicht auf Reis und lauen Thee beschränkt sehen wollte, wies der Zug einige 50 Sänften mit 200 Kulis auf.

Pferderennen spielen auf der Insel eine große Rolle und wer sich zur guten Gesellschaft gerechnet wissen will, betheiligt sich daran. Ebenso blüht aber auch der Wassersport, und Regattas sowohl von seiten der Landbewohner mit ihren Wherrys und Auslegerböten, wie auch mit Schiffsböten sind sehr beliebt.

Einige englische Kriegsschiffe auf der Rhede schlugen ein Wettrudern vor. Natürlich waren sie überzeugt, die schwerfälligen Deutschen, die noch dazu von einer monatelangen Reise kamen und keine Uebung haben konnten, gründlich zu schlagen. Wie konnte es auch anders sein! Brittannia rules the waves, und was fällt eigentlich den Deutschen ein mit ihren Schiffen so ohne weiteres in der Welt herumzufahren? Man wollte ihnen zeigen, daß sie noch viel zu lernen hatten, und sie mußten geduckt werden.

Merkwürdig genug nahmen die Deutschen die Herausforderung wirklich an, nur machten sie die Bedingung, daß die Ruderbahn eine deutsche Meile lang sein sollte. Sie wurde bereitwilligst von der Gegenpartei angenommen — der Sieg war ja dann nur um so glänzender.

Drei Tage wurden zur Vorbereitung ausgesetzt und die Zeit ausgenutzt, um die Böte in besten Stand zu bringen, ihren Boden möglichst glatt zu machen und mit Fett einzuschmieren, für die stärksten und elastischsten Riemen zu sorgen, vor allem aber die tüchtigsten Leute als Besatzungen auszusuchen, deren Muskelkraft mit der nöthigen Ausdauer gleichen Schritt hielt. Unter den Pommern bot sich dafür eine reiche Auswahl, und als die Leute sich an einigen Morgen und Abenden eingerudert hatten, sah man auf der „Mathilde" der Entscheidung mit ziemlicher Ruhe entgegen.

Der Kampftag erschien, und selten wohl hat außerhalb Englands ein Wettrudern so viel Zuschauer angelockt wie hier. Halb Hongkong war auf dem Wasser, und es kostete den Dampfbarkassen nicht geringe Mühe Ordnung unter den vielen Hunderten von Böten mit Neugierigen zu schaffen, um die Rennbahn von ihnen frei zu halten. Galt es doch einen Wettkampf zwischen zwei Nationen, deren eine seit Jahrhunderten die Herrschaft des Meeres beansprucht, aber doch das instinktive Gefühl hat, daß die andere sich anschickt ihr, wenn auch langsam, so doch stetig, diese Herrschaft streitig zu machen, und insofern ging die Bedeutung weit über ein gewöhnliches Wettrudern hinaus.

Die Böte lagen, einige zwanzig an der Zahl, in Linie nebeneinander, die Riemen in die Höhe gestellt, klar zur Abfahrt und des Signals dazu gewärtig; die fünf deutschen Böte auf dem linken, die übrigen englischen auf dem rechten Flügel; eine Dampfbarkasse mit den Schiedsrichtern unmittelbar dahinter. In jedem Boote befand sich ein Offizier, die Leute in leichtester Kleidung, ohne Kopfbedeckung, um in keiner Weise genirt zu sein. Am jenseitigen Festlande bei Kaulung war auf eine halbe Meile Entfernung eine Boje mit Flagge verankert. Sie mußte umfahren werden, und auf dem Rückwege war das in der Nähe der „Mathilde" liegende englische Flaggschiff das Endziel.

Punkt 4 Uhr entfaltete sich das betreffende Signal vom Großtopp. Gleichzeitig schlugen sämtliche Riemen auf das Wasser nieder und die Flottille setzte sich in Fahrt, begleitet von vieltausendstimmigem Hurra der Zuschauer vom Wasser und den Schiffen, in deren Bemastung es von Matrosen wimmelte. Dann trat einen Augenblick Stille ein, doch schon nach einigen Minuten erscholl wieder ein lautes Hip, hip, hurräh! aus den Toppen der Engländer; ihre Böte gewannen zusehends, die deutschen blieben zurück. Nun, es konnte ja auch nicht anders sein, diese schwerfälligen Dutchmen, diese would be sailors, diese poor devils und was sonst noch an höhnischen Bemerkungen von den Raaen herunterklang — wie konnten sie es auch nur wagen sich mit Engländern messen zu wollen. Letztere gewannen immer mehr an Distanz, auf dem halben Wege hin hatten sie schon wenigstens einige Hundert Schritte voraus, dann ließen sich die Böte mit bloßem Auge nicht mehr unterscheiden und auch den Fernrohren erschienen sie nur noch als eine in Schlangenwindungen sich dahinbewegende dunkle Linie. Da ist die Boje erreicht und das erste sie umrudernde Boot zeigt sich breit und mit auswehender Flagge. Wiederum ertönt ein donnerndes Hip, hip! aus den Toppen, denn natülich ist es ein Engländer. Da erscheint das zweite — aber warum schweigen plötzlich die Hurrähs drüben und erschallt ein hundertfaches deutsches Hurrah an seiner Statt? Nun, die Fernrohre hüben und drüben haben entdeckt, daß die Flagge des ersten Bootes nicht roth, mit dem Georgenkreuz, sondern weiß, mit dem Reichsadler ist. Dieselbe Flagge zeigt das zweite und dritte und erst dann kommt eine englische. Wie kleinlaut man drüben auf einmal geworden ist! Ja, ihr Herren Engländer, ein wenig schwerfällig sind diese Dutchmen, aber sie haben Mark in den Knochen, und umsonst haben die Deutschen nicht die Bedingung einer ganzen Meile Ruderbahn gesetzt.

„Ruhig, Leute, ruhig; immer gleichen Schlag!" so ermahnten die deutschen Offiziere ihre Pommern und Mecklenburger, als anfangs die englischen Böte an ihnen glatt vorbeischossen, „die Länge trägt die Last!" und die Mahnung fand eine gute Stätte. Der ruhige, gleichmäßige Schlag war das Geheimniß des endlichen, sicheren Sieges, während sich die gewaltige Kraft, mit der die Gegner sich hinter die Riemen legten, verhältnißmäßig bald erschöpfte und sie allmählich eingeholt wurden. Näher und näher kamen die Böte. Vergebens gaben die Engländer ihre letzte Kraft aus, um das Verlorene wiederzugewinnen — es half ihnen nichts, die drei deutschen Böte behielten die Führung, dann kam ein Engländer, aber mit ihnen auf gleicher Linie die zwei anderen deutschen Böte, Hunderte von Schritten dahinter erst der Rest. „Pik die Riemen!" ertönte das deutsche Kommando, als der Sieger das englische Flaggschiff erreichte; es war der erste Kutter der „Mathilde". Die Riemen flogen in die Höhe, stellten sich senkrecht im Boot und ein nicht endenwollendes Hurra empfing die tapferen Kameraden, welche, wenn auch im friedlichen Wettstreit, die Ehre der Flagge gewahrt und einen so glänzenden Sieg davongetragen hatten.

Mit sauersüßer Miene gratulirten die englischen Schiedsrichter — sie haben es früher schon öfter thun müssen bei ähnlichen Gelegenheiten —, ihre Matrosen schwiegen neidisch; aber aus den mit Chinesen besetzten Booten tönte desto lauter die Anerkennung in jenem Kauderwelsch, dem sogenannten Pitschen Englisch (business English — Geschäfts= Englisch), mit dem sich an der ganzen Küste Chinesen und Europäer verständigen.

Auf der „Mathilde" wurde am Abend der Sieg bei einer kräftigen Grogbowle, die der Kapitän spendete und die nicht zu stark von Wasser war, sowie mit Spiel, Tanz und Gesang gebührend gefeiert. Daß bei letzterem weder „Die Wacht am Rhein", noch „Ich weiß nicht, was soll es bedeuten" fehlten, war natürlich — ohne diese beiden Lieder ist eine deutsche Kriegsschiffsmannschaft undenkbar, wenn sie vergnügt ist.

Die Ankunft der Post — seit der letzten in Valparaiso waren drei Monate verflossen — versetzte das ganze Schiff in die freudigste Aufregung, nicht allein durch die vielen heißersehnten Briefe, sondern auch durch den ein= getroffenen Befehl, daß die Fregatte die Heimreise anzutreten habe, und dieser wurde mit lautem Jubel begrüßt. Zwar ging es nicht direkt zurück; Singapore, Kapstadt und verschiedene Punkte der Westküste von Afrika sollten noch angelaufen werden, was noch mindestens sechs Monate Zeit beanspruchte; aber doch war es die Heimkehr, und dieser Gedanke bewegte alle Herzen froh. Am nächsten Morgen flatterte der 60—70 Meter lange Heimathswimpel vom Topp, den die von längeren Reisen zurückberufenen Schiffe heißen, eine dunkle Rauchsäule wirbelte aus dem Schornstein, der Anker wurde gelichtet und die Fregatte dampfte aus dem Hafen südwestwärts. Das einzig Kummervolle bei der Sache war, daß gedampft werden mußte, und die Leute gingen dem ersten Offizier sorgsam aus dem Wege; denn er schaute gar grimmig aus. Leider ließ sich nichts daran ändern; der Südwestmonsun wehte dem Schiffe gerade in die Zähne, und gegen die flaue Brise anzukreuzen hätte bis Singapore eben so viele Wochen gekostet wie unter Dampf Tage, und so mußte man sich schon mit dem Gedanken trösten, daß sich noch ein bedeutender Vorrath Scheuersteine an Bord befand und angesichts des Ozeans voraussichtlich kein Wassermangel eintreten würde, um s. Z. den Schornsteinschmutz wieder fortzubringen.

Um Kohlen zu sparen, wurde bei dem mäßigen Gegenwinde nur mit halber Kraft gedampft und die Reise, welche nichts Bemerkenswerthes bot, in acht Tagen zurückgelegt. Nur wurde die Hitze so unerträglich wie noch nicht während der ganzen Tour. Eine äußere Durchschnittstemperatur von 28—30° C. und dabei in den Kesseln noch zwei kolossale Wärmflaschen im Schiffe, die 150° ausstrahlen, können einem schon das Leben sauer machen. Alle erdenk= lichen Windsäcke und Ventilatoren für jede in den Verdecken und Bordwänden befindliche Oeffnung wurden erfunden und angebracht, aber es half nicht viel. Man durchlebte ein wahrhaftes Fegefeuer und seine Qualen wurden noch durch den „rothen Hund" erhöht, eine in diesen Gegenden einheimische Ausschlagskrankheit, deren Jucken und Brennen zur Verzweiflung bringt. Das Auftauchen Singapores am Horizont wurde deshalb wie eine Erlösung begrüßt. Wenn es auch fast unmittelbar unter dem Aequator gelegen ist (1° Nordbreite), so erfreut es sich dafür eines verhältnißmäßig kühlen Klimas, und außerdem erträgt man gern 30 Grad Sonnenwärme, wenn nur nicht noch so und so viel Grad Kesselwärme dazukommen. Namentlich war es aber den armen Heizern zu gönnen. Acht Stunden täglich in den Tropen vor dem Feuer zu stehen und dann noch ungebraten zu sein, ist ein Kunststück.

Man sagt, daß die alten Mönche es verstanden für den Bau ihrer Klöster stets die schönsten Punkte, mit dem fruchtbarsten Boden und dem einträglichsten Zehnten ausfindig zu machen. Jedenfalls haben die Engländer in der Wahl ihrer Kolonien einen ebensolchen Scharfblick gehabt und selten einen Fehlgriff gethan. Wie Hongkong, so ist auch Singapore ein Beispiel davon; jenes wurde den Chinesen im Opiumkriege abgejagt, dieses zwanzig Jahre früher dem Sultan von Djohore unter dem nothwendigen Drucke „abgekauft".

Damals war Singapore dicht mit Urwald bedeckt und seinen Küstensaum bewohnten armselige Malayen, welche Fischfang und gelegentlichen Seeraub betrieben, heute zählt es 200000 Einwohner, und wie Hongkong der Bankplatz für ganz Ostasien, so ist Singapore der Stapelplatz für fast den gesamten Handel des malayischen Archipels, Cochinchinas, Siams und Javas. Seine beiden schönen Häfen werden jährlich von Tausenden europäischer Schiffe, unzählbaren malayischen Prauen und chinesischen Dschunken besucht und es exportirt für Hunderte Millionen an tropischen Produkten.

Europäischer Bungalo auf Singapore.

Die Stadt selbst bietet nichts Anziehendes in ihrem Aeußern, wenngleich sie vom ethnographischen Standpunkte außerordentlich interessant ist. Ebensowenig zeichnet sich die Insel durch großartige Scenerien aus; sie ist flach und ihre höchsten Erhebungen steigen nur bis zu wenigen Hundert Fuß, aber trotzdem ist die Landschaft überall schön, lieblich und bestrickend. Segelt man an der Küste entlang, so hat man ein stets wechselndes Panorama von bezaubernder Pracht vor Augen. Hier erstreckt sich der jungfräuliche Urwald bis unmittelbar an die See und taucht seine Zweige in dessen glänzende Oberfläche, dort erhebt sich der Küstensaum als schroffe, bräunliche Klippe oder fällt als saftiggrüne Matte sanft zum Wasser ab, während ringsherum kleine Inseln wie leuchtende Edelsteine auf dem Azur des Meeres schwimmen und abends mit dem Landwinde der kostbare Duft von Millionen Blumen und Blüthen zu einem einzigen unbeschreiblich schönen Wohlgeruch verdichtet hinausgetragen wird. Und wie von außen, ist auch das Innere der Insel in seiner reichen Abwechselung der üppigsten Tropenflora, in den idyllisch gelegenen Landhäusern oder Bungalos der Europäer, den schönen dorthin führenden Wegen und dem regen Leben und Treiben einer fremdartigen Menschenwelt, selten anziehend und interessant. Namentlich bietet aber der frühe Morgen draußen auf den Bungalos eine Fülle der schönsten, anmuthenden Reize. Die Luft ist dann noch kühl, ja oft recht frisch, wie bei uns im Mai, und über der ganzen Landschaft ruht ein unbeschreiblicher Zauber. Unter den schattigen Bäumen wandelt man dahin wie in einem Eden. Orchideen in wunderbaren Formen, prangenden Farben und voll süßen Duftes hängen von den Zweigen hernieder, und Schlingpflanzen, mit einem Blüthenmeere bedeckt, ranken sich zu ihnen hinauf. Hier und dort steigt der Stamm einer Aloe, geschmückt mit weißen Blumenglocken, kerzengerade bis zu zwanzig Fuß empor, oder goldgefärbte Apfelsinen und feurige Granatblüthen leuchten aus dem dunklen Blätterwerk. Und wenn auch dem lieblichen Bilde ein Farbenton fehlt und das Ohr sich nicht an dem frischen, klingenden Gesange der mit dem jungen Tage erwachenden Vogelwelt ergötzt, so vermißt man es kaum, weil sich dem Auge so viel anderes Schöne bietet, und den mangelnden Gesang ersetzen die geflügelten Bewohner des Waldes durch das brillante Farbenspiel ihres Gefieders, das im Sonnenlichte funkelt und blitzt, wenn sie sich in dem Gezweige tummeln und durch das Grün der Gesträuche huschen.

Die Fregatte mußte Kohlen nehmen, legte zu diesem Zwecke an den Hafendamm, und Jeder, dem der Dienst keine Fesseln anlegte, floh das während dieser Zeit so ungastliche Schiff. Das Arbeiten im Sonnenbrand ist in den Tropen sehr gesundheitsgefährlich für Europäer, und das kam auch den Matrosen zu Gute. Chinesen und Hindus schleppten die Kohlen an Bord und reichlicher Urlaub gab auch Jenen Gelegenheit, die prachtvolle Insel zu genießen und in dem unglaublichen Reichthum ihrer wohlschmeckenden Früchte zu schwelgen. In den Häfen erhob sich ein wahrer Mastenwald der Hunderte von Schiffen aller Nationen der Erde, die sich hier ein Rendezvous zu geben schienen, unter ihnen auch die merkwürdigen chinesischen Dschunken, jene ungeschlachten Fahrzeuge, deren Form seit Jahrtausenden wahrscheinlich dieselben geblieben sind. Vorn niedrig, mit zwei mächtigen, gemalten Augen versehen, hinten hoch aufgethürmt, mit Pfahlmasten, an denen dunkele Mattensegel gesetzt werden, machen sie den Eindruck wie gigantische Käfer, die mit aufgerichteten Flügeln über das Wasser kriechen. „No hab eyes, how can see?“ Wenn das Schiff keine Augen hat, wie kann es sehen? sagt der Chinese, und er kennzeichnet damit den Standpunkt seiner Nautik. Man begreift nicht, wie diese antediluvianischen Gebäude, welche sich mit Hülfe ihrer Lotsen von Landspitze zu Landspitze mit dem günstigen Monsun fühlen, also im Jahre nur eine Reise von China und zurück machen, überhaupt über See kommen. Nun freilich, in einem Teifun gehen öfter auch Hunderte verloren — doch China leidet keinen Mangel an Menschen. Passirt man diese wunderbaren Fahrzeuge nachts, so bieten sie ebenfalls ein seltsames Schauspiel. Gongs werden geschlagen, Glocken läuten, Laternen schwingen hin und her, Fackeln leuchten, Lebensmittel werden in das Meer geworfen, Goldpapier verbrannt und dazwischen ertönt mißklingendes Geschrei der Besatzung. Es sind dies die allnächtlichen religiösen Zeremonien, um die bösen Geister aus dem Schiffe zu jagen und die Götter zu gewinnen, und jedenfalls lassen es sich die Chinesen auf dem Wasser mehr Mühe kosten als am Lande. Hier kaufen sie in den Tempeln von ihren Bonzen wirksame, gedruckte Gebete und lassen sie gleichzeitig von jenen verbrennen. Das ist bequem. Der Gott hat seine Gebete, der Priester sein Geld und der Tempelbesucher das Bewußtsein, seine religiöse Pflicht erfüllt zu haben. Nur immer praktisch.

Das Straßenleben in Singapore ist hoch interessant, bedeutend vielseitiger als in Hongkong und macht einen bunteren und freundlicheren Eindruck als dort, was hauptsächlich dem vielfach vertretenen malayischen Elemente zuzuschreiben ist. In Hongkong ist der niedere Chinese vorwaltend und man sieht ihn unabänderlich, Mann und Weib, in einfarbiges Dunkelblau gekleidet, während der Malaye helle, leuchtende Farben liebt und seine Tracht, der Sarong und das diademähnlich gefaltete Kopftuch, romantischer erscheint als der uniforme Kittel des Chinesen. In langem weißen Rock und gleichfarbigen weiten Beinkleidern, sowie mit cylinderförmiger, goldgestickter Mütze schreitet langsam und bedächtig der reiche Araber von der Küste Koromandel durch die bunte Menge, nur ängstlich besorgt nicht durch die Berührung eines schmutzigen Chinesen sein sauberes Gewand zu verunreinigen, während der Parse in schwarzem Talar und dem eigenthümlich geformten hohen Hute an Grandezza ihm den Rang abzulaufen strebt, aber Beide beim Begegnen verächtlich das Gesicht abwenden, wie es frommen Sunniten und Schiiten geziemt, welche die geringe Verschiedenheit ihres Glaubens zu Todtfeinden macht.

Klingmädchen mit schwarzsammetner Haut, aber schneeweißen Zähnen, Hand und Fuß mit dicken Silberspangen umwunden, im Haare goldene Nadeln und Pfeile, in den Ohren mächtige Ringe und im rechten Nasenflügel einen goldenen Knopf, lassen ihre feurigen, schwarzen Augen umherschweifen und erproben deren magnetische Kraft an ihren dünnbeinigen Landsleuten oder an hellbraunen, schlank und stolz dahinschreitenden Javanen mit enganschließender, buntfarbiger Jacke, Kopftuch und mit reich verziertem, dolchartigen Kris im Gürtel. Laskarische Matrosen von phantastischem, seeräuberähnlichem Aussehen und Kostüm ziehen truppweise daher; chinesische Arbeiter sind sich in die Haare oder vielmehr in die Zöpfe gerathen, reißen sich daran, spucken sich ins Gesicht, kratzen sich und schimpfen einander in kreischenden Fisteltönen, bis die Klingpolizei ihre keulenartigen Amtsstäbe auf die kahlen Schädel niedersausen läßt und der Haufe jammernd auseinanderstiebt. Weiße der verschiedensten Nationalitäten, Farbige aller Nüancen und aller Welttheile wogen durcheinander, und dazwischen haben ambulante Krämer, Wechsler, Händler und Garköche ihre Buden und Tische aufgeschlagen, schreien, gestikuliren und preisen in allen möglichen Mundarten ihre Gewerbe und Schätze an. Nach Sonnenuntergang wird das Leben und Treiben noch bunter, lauter und interessanter. Die Läden, welche jedes einzige Haus aufweist, werden durch unzählige Papierlaternen, die Tische und Buden durch Fackeln erleuchtet, Tausende von Arbeitern erfüllen die Straßen, und man kann sich nur mit Mühe einen Weg durch dies ameisenartige Gewimmel bahnen, dessen Lärmen und Wogen erst gegen 8 Uhr nachläßt, wenn die Chinesen die Opiumläden aufsuchen, um ihren Tagesverdienst in dem theuren, berauschenden Gift zu vergeuden, dessen Verkauf sich die englische Regierung als Monopol reservirt hat. In Bengalen wird es gewonnen, auf englischen Schiffen zugeführt, und in Singapore allein zahlen die Opiumbuden jährlich drei Millionen Mark an Abgaben für den Verkauf. Es ist doch etwas Schönes um solche Zivilisationsbestrebungen.

Singapore ist das Land schöner und billiger Früchte, namentlich wächst Ananas in gewaltiger Größe und prachtvoller Schönheit in so außerordentlichen Mengen, daß man das Stück für drei Pfennig hat, und der Bumbootmann für die gewährte Erlaubniß, während der wenigen Tage Lebensmittel an die Mannschaft verkaufen zu dürfen, seiner Dankbarkeit dadurch Ausdruck verlieh, daß er ein ganzes Boot voll — 5—600 — der kostbarsten Früchte beim Absegeln des Schiffes der Mannschaft zum Geschenk machte.

Schwerbeladen mit süßen Schätzen der in so überreicher Fülle spendenden Insel verließ die „Mathilde" den Hafen, und sie erschien fast wie ein Fruchtmagazin. Auf dem Deck, in der Batterie, in den Messen und Kammern, in den Böten und in den Marsen, überall schimmerten goldig die aufgehängten Ananas oder mächtige Bananendolden mit Hunderten von Früchten. Lange freilich dauerte die Herrlichkeit dennoch nicht. Vierhundert Mann legten bald schreckliche Breschen in die endlos scheinenden Vorräthe, und sie schmolzen wie Schnee in der Sonne, wozu freilich der Gedanke beitragen mochte, sie in kurzer Zeit auf dem schönen Java noch einmal ergänzen zu können, bis, wenigstens nach dieser Richtung, Schmalhans wieder Küchenmeister wurde und das edle Salzfleisch nebst der biederen Erbse die Situation aufs neue beherrschte.

Die etwa hundert Meilen lange Strecke von Singapore bis zur Sundastraße läßt sich in zwei Tagen bequem abdampfen, aber da der Wind günstig war, segelte die „Mathilde". Der Weg führt durch zwei enge Fahrwasser, durch die Riou= und weiter südlich durch die Bankastraße. Letztere wird durch Sumatra und die den Holländern gehörige zinnreiche Insel Banka gebildet, die mit ihrer am Wasser liegenden Hauptstadt Mintok einen überaus freundlichen Eindruck macht, während die unbewohnte, überall dicht mit Dschungeln bewachsene Küste Sumatras monoton und düster ausschaut.

Am zweiten Abend lief die Fregatte mit flauer Brise und ganz ruhigem Wasser in die Bankastraße ein. Es war schönes, klares Wetter und der Feuerthurm von Mintok hell in Sicht, als von Sumatra ein Gewitter heraufzog, wie sie sich fast allabendlich über den Sunda=Inseln zu bilden pflegen und die bei unaufhörlichen elektrischen Entladungen einen ausgiebigen Tropenregen mit sich führen, der in einer Stunde mehr leistet als bei uns in acht Tagen. Obwohl diese Gewitter selten weiter nach See hineinreichen, wurde die „Mathilde" doch mit einer nassen Ecke bedacht und durch den strömenden Regen in ägyptische Finsterniß gehüllt. Da man jedoch kurz vorher das Leuchtfeuer gesehen, war der Schiffsort genau bekannt und der Kurs wurde deshalb weiter gesteuert. Der Guß hielt etwa eine halbe Stunde an, aber das Wasser wogte fußhoch auf dem Deck und die Regenröcke wie die braven Südwester hielten ihm eben so wenig Stand wie Löschpapier. Dann hörte es auf, doch gleichzeitig ertönte der Ruf des Ausgucks auf der Back „Land voraus! Ganz nahe!"

Einen Augenblick stand alles wie vor Schreck gelähmt. Wie war es möglich, wo konnte Land in dieser Richtung herkommen? Und doch war jeder Zweifel ausgeschlossen; es lag da, keine tausend Schritt entfernt; man sah mit bloßem Auge klar und deutlich Buschwerk und Bäume; es war eine Insel, die sich auch noch nach rechts und links hinausstreckte.

„Was liegt an?" rief der auf der Kommandobrücke befindliche Kapitän den Leuten am Ruder zu, indem er gleichzeitig einen Blick auf den vor ihm stehenden Peilkompaß warf.

„Süd zum West!" lautete die prompte Antwort. Auch der Peilkompaß zeigte denselben Kurs; ein Fehler am Steuern konnte deshalb nicht gemacht sein — aber war es denn ein Blendwerk der Hölle, dieses Land? Zum Ueberlegen blieb keine Zeit; es mußte schnell gehandelt werden. Es war einer jener Momente plötzlich auftauchender Gefahr, wie sie so oft an den Seemann herantreten und augenblicklichen Entschluß fordern.

„Klar bei den Ankern!" erschallte die durchdringende Stimme des Kapitäns nach dem Vorderdeck.

„Alles klar!" kam es von dort zurück.

„Fallen Steuerbord Anker, fünfzig Meter Kette vor."

„Aus der Kette!" rief der Unterlieutenant des Verdecks warnend nach der Batterie hinunter, dann ließ ein Hebeldruck den Anker aus seinen Befestigungen schlippen und er rauschte mit der Kette donnernd in die Tiefe.

„Stopper zu!" lautete der Befehl, als fünfzig Meter Kette ausgelaufen waren und der Kettenstopper wurde zugekniffen. Das Schiff ruckte in die Kette und war in seiner Fahrt gehemmt.

„An die Geitaue und Gordings sämtlicher Segel! Gei auf!"

Es war noch nicht acht Uhr, die gesamte Mannschaft wach und sie eilte blitzschnell auf ihre Stationen. Die Schooten lösten sich und flogen in die Höhe; die oberen Raaen rasselten an den Stängen nieder und wurden vierkant gebraßt, die Segel waren zusammengeschnürt. Beide Manöver hatten kaum eine Minute beansprucht, Exercitien und Disziplin sich auf das Glänzendste bewährt.

„Wie viel Wasser?" fragte der Kapitän.

Die Leute am Loth in der Großrüst, von denen an jeder Seite des Schiffes in flachen Fahrwassern einer beständig postirt ist, ließen die Senkbleie einigemal im Kreise schwingen, dann sausten sie durch die Luft nach vorn und die Leinen glitten durch die Hand, bis das Loth Grund hatte.

„Grade zwanzig!" sangen die Leute in jenem eigenthümlichen Tonfall, der den Accent auf die Tiefe, als auf das Wichtige legt — „das Schiff steht!"

„Zwanzig Meter war die regelrechte, auf den Karten verzeichnete Tiefe in der Mitte des Fahrwassers, aber woher kam die Insel? es gab dort keine. War sie vom Himmel gefallen? Die Sache wurde immer räthselhafter, aber Jeder athmete auf, denn es lag keine unmittelbare Gefahr mehr vor. Der Anker hielt, das Schiff stand und bei der flauen Brise war Treiben ausgeschlossen.

„Ersten Kutter klar!" befahl der Kapitän. Die wunderbare Geschichte mußte aufgeklärt und das Land untersucht werden. Doch was ist das? Das Schiff liegt fest, mit dem Bug der Insel zu, die Kette zeigt voraus und doch nähert sich die geheimnißvolle Insel auffallend schnell. Sie ist kaum noch einige Hundert Schritte entfernt und muß in wenigen Minuten mit der Fregatte zusammentreffen. In scheuem Staunen blicken Alle schweigend auf die unerklärliche Erscheinung, da ertönt auf einmal auf der Brücke ein herzliches Lachen. „Es ist eine schwimmende Insel!" ruft der Kapitän, „sie kommt mit dem Strom und wir werden sie gleich vor dem Bug haben."

Das Räthsel war gelöst und Allen fiel ein Stein vom Herzen. In jenen Gewässern bildet sich bei der ungemeinen Ueppigkeit des Pflanzenwuchses an den Ufern auf zusammengetriebenen Baumstämmen und dergleichen in überraschend kurzer Zeit dichtes Buschwerk, dessen Wurzeln, sich verfilzend und ausbreitend, einen Boden für neue Gewächse abgeben und bald Strecken von vielen hundert Metern mit dichtem Grün bekleiden, das zwar auf dem Wasser schwankt, aber doch fest genug ist, um mit Sicherheit Menschen und Thiere zu tragen. Bei heftigem Winde oder durch sonstige Zufälle reißen sich mehr oder minder große Theile davon ab, werden von der Strömung in das Fahrwasser getragen, und eine solche schwimmende Insel war es, welche der Besatzung der Fregatte den Schrecken eingejagt hatte. Nach kurzer Zeit hatte sie das Schiff erreicht. Wenn sie auch in Wirklichkeit nicht so groß war, wie sie anfangs in der Dunkelheit erschien, so maß sie doch in der Länge einige Hundert Meter, und als sie sich mit ihrer Mitte auf die Ankerkette legte, klappten ihre beiden Hälften sich längsseit der Fregatte, so daß diese ringsum von prachtvoller tropischer Vegetation eingehüllt war. Vom ästhetischen Standpunkte mochte diese neue Situation ganz hübsch erscheinen, obwohl die Dunkelheit sie nicht voll würdigen ließ, aber praktisch hatte sie doch einen unangenehmen Haken. Umschlossen von der grünen Masse, konnte die „Mathilde" nicht Anker lichten und segeln, sondern wäre durch ihre Umhüllung mit dem Strome willenlos irgendwo hingetragen, und es galt deshalb, sich mit Hülfe von Beil und Messer baldmöglichst von der Insel zu befreien.

Der zu Wasser gelassene Kutter wurde zu diesem Zwecke nach vorn geschickt. Kaum hatten die Zimmerleute jedoch mit der Arbeit begonnen, als sie plötzlich Hals über Kopf in das Boot zurücksprangen und unter dem lauten Geschrei: „Ab, ab, so schnell wie möglich!" demselben einen so heftigen Stoß gaben, daß es weit in den Strom hinausflog.

„Was ist los?" rief ihnen der auf der Back stehende erste Offizier zu, „seid Ihr toll geworden?"

Bevor jedoch die Leute noch eine Antwort geben konnten, machte sich dieselbe in erschreckender Deutlichkeit von einer anderen Stelle her vernehmbar. Ein dumpfes Brüllen tönte von der Insel herauf und setzte die ganze Besatzung in eine mit Bestürzung gemischte Aufregung. Ein Tiger begrüßte sie als Nachbar.

Die Sache war kritisch und die Nähe des gefährlichen Raubthieres nichts weniger als willkommen. Zwar sah man es nicht, aber das Brüllen verrieth, daß es keine zwanzig Schritt vom Schiffe in einem dichten Buschwerk verborgen lag, das sich durch größere Höhe von der Umgebung abzeichnete. Sein Brüllen ließ darauf schließen, daß der Tiger bereits gereizt war — was hinderte ihn, bei seiner gewaltigen Muskelkraft, mit einem Satze von der Insel auf das

Im tropischen Regen.

Deck der Fregatte zu springen? Der Gedanke hatte selbst für die eifrigen Nimrode, die in Singapore so jagdlustig gewesen, durchaus nichts Verlockendes und es fehlte nicht an heimlichen Gänsehäuten.

Bis zum Tagwerden durfte man nicht warten. Abgesehen von der mehr als ungemüthlichen persönlichen Lage, mußte man das Schiff unbedingt bald von der Insel befreien; bei zunehmendem Winde konnte der Druck der Masse die Ankerkette brechen, und dann stand es schlimm.

Es war deshalb nothwendig, das Thier auf irgend eine Weise unschädlich zu machen, bevor es der Fregatte einen Besuch abstattete, und Massenfeuer erschien dafür als das Zweckmäßigste. Bald waren fünfzig Mausergewehre bereit, und ein halbes Dutzend an lange Stangen gebundene Laternen wurden über die Bordwand langsam nach dem Gebüsch zu geschoben. Der Tiger kam trotzdem zwar nicht zum Vorschein, aber sein wiederholtes drohendes Brüllen verrieth genau den Ort seines Verstecks. Dreißig Gewehre richteten sich auf denselben, während zwanzig sich in der Reserve hielten.

„Fertig, Feuer!" kommandirte der erste Offizier.

Die Salve krachte. Man vernahm ein heftiges Rascheln in dem Gebüsch, Zweige knackten und brachen — dann war alles todtenstill.

„Zweites Glied fertig, Feuer!"

Wiederum donnerten die Schüsse durch die Nacht, aber auf der Insel regte sich nichts mehr. Der Tiger mußte todt oder so schwer verwundet sein, daß er sich nicht mehr bewegen konnte.

Vom Kutter aus schob man eine Laterne nahe an das Gebüsch, und als auch dann alles ruhig blieb, bestiegen mit fertigem Gewehr einige Bootsgäste vorsichtig die Insel. Sie fanden das Thier verendet und von nicht weniger als fünfzehn Kugeln durchbohrt. Schade um das schöne Fell — es war ein mächtiger Königstiger und er wurde im Triumph an Bord geheißt.

Wie bereits oben bemerkt, wird Singapore dadurch von Tigern bevölkert, daß sie von Malakka hinüberschwimmen. Gelegentlich mögen sie sich zum bequemeren Fortkommen auch schwimmender Inseln bedienen oder durch Zufall auf sie gerathen — jedenfalls war die eben beendete nächtliche Jagd ebenso ungewöhnlich wie interessant gewesen und es dauerte geraume Zeit, bis die Aufregung an Bord sich legte.

Das Durchhauen der Insel fand nun weiter keine Hindernisse und war nach einer halben Stunde beendet. Die frei gewordenen Hälften trieben fort, die „Mathilde" lichtete Anker und bald steuerte sie unter vollen Segeln wieder südwärts, ohne daß neue Abenteuer die Fahrt bis zur Sundastraße unterbrochen hätten.

Schiffe, welche ost= und westwärts diese Straße passiren, haben gewöhnlich monatelang kein Land gesehen oder gehen einer längeren Reise durch den indischen Ozean entgegen. Sie fühlen deshalb das Bedürfniß ihre Mann= schaften zu erfrischen oder sich mit frischem Proviant für die nächsten Tage und Wochen zu versehen und fast alle ankern zu diesem Zwecke vor dem kleinen, bequem gelegenen Städtchen Anjer an der javanischen Küste. Es ist dies ein wunderlieblicher und idyllischer Ort, den der ganze Zauber tropischer Herrlichkeit umgiebt und dessen Bild sich der Seele unvergeßlich einprägt. Um dem Besucher die Großartigkeit der Vegetation so recht vor Augen zu führen, erhebt sich nahe dem Ufer ein isolirt stehender Bananenbaum, dessen Stamm mit den ihn eng und wie eine dichte Wand umgebenden Luftwurzeln einen Umfang von einigen sechzig Fuß hat, und in dem Schatten seiner gewaltigen Krone kann sich ein ganzes Regiment Soldaten aufstellen. Mit bewunderndem Staunen steht der Beschauer vor diesem Baumriesen, der ungezählte Jahrhunderte gesehen und um den sich in einiger Entfernung mehrere kaum schwächere Kameraden gruppiren.

Nur wenige Stunden blieb die „Mathilde" vor Anker, aber sie genügten, um das vollständig zu erreichen, was sie wünschte. Die Malayen sind darauf zugeschnitten, heimkehrenden Kriegsschiffen in kürzester Frist Massenvorräthe zu verhandeln, und unmittelbar nach dem Ankern kommen sie mit Dutzenden von Böten längseit, bis an den Rand mit allen möglichen Erzeugnissen der Insel gefüllt, um gewöhnlich schon nach einer halben Stunde geleert zu sein, während die Besitzer mit schmunzelnder Miene an Land zurückrudern und die Gold= und Silbermünzen vergnügt durch die Finger gleiten lassen, deren Werth die schlauen Händler genau kennen, aus welchem Lande sie auch stammen mögen.

Hühner, Eier, Schweine, Tigerkatzen, Zwerghirsche, Papageien, kleinere Vögel jeder Art, Schildkröten, Affen, Muscheln, Korallen und alle möglichen Früchte werden mit bewunderungswerther Zungenfertigkeit in den verschiedensten Sprachbrocken angepriesen und — gekauft. Wer noch einen Groschen besitzt, dem brennt er in der Tasche und ohne Feilschen giebt er ihn hin — das ist nun einmal die Art der Seeleute, und wenn sie sich dadurch auch oft genug unnützen Ballast aufladen.

Vor Abend lichtete das Schiff wieder Anker. Noch einmal wurde mit vollen Zügen der kostbare Duft eingeathmet, den der Landwind von Blumen und Blüthen schöpfte und hinaustrug — dann ging es fort südwestwärts in den indischen Ozean, um wochenlang wieder nur zwischen Wasser und Himmel zu schweben.

Kapstadt.

Der Passat weht in diesen Gegenden flott und bisweilen so steif, daß die „Mathilde" mit 11—12 Knoten Fahrt durch das Wasser fegte und die südlicheren Breiten bald die bisherige Hitze mäßigten.

Nach vier Wochen kam die Südostspitze von Afrika in Sicht, aber die geträumte baldige Ankunft erwies sich einmal wieder als „Kombüsenbesteck", wie irrthümliche Rechnung an Bord genannt wird. Es war zwar Ausgang des Wonnemonats, doch die „Mailüfterl" am Kap der guten Hoffnung sind anderer Art, als bei uns in Deutschland; man nennt sie dort Winterstürme und sie zerzausten die „Mathilde" noch acht Tage lang nach Herzenslust bei berghoher See, ehe sie ihr gestatteten in den Hafen einzulaufen und eine Zeit lang auszuruhen.

Das Kap der guten Hoffnung, welches seinen euphemistischen Namen mit großem Unrecht trägt und Kap der Stürme heißen sollte, ist eine Landspitze, die sich etwa acht Meilen weit südlich in den Ozean hineinstreckt und die Grenze zwischen dem indischen und atlantischen Ozean bildet. Die Basis dieser Landspitze ist der 1200 Meter fast senkrecht aufsteigende und wegen seiner Aehnlichkeit mit einer Tischplatte Tafelberg genannte Felsenberg, zu dessen Füßen sich die Kapstadt ausbreitet. Wie der Berg nur sein düster blickendes Gestein ohne Schmuck von Grün zeigt, liegt auch die 40 000 Einwohner zählende Stadt in einer sandigen öden Ebene, und nur an der Nordseite geben einige Parks und Gärten dem kahlen Strande ein freundlicheres Aussehen. Die Gebäude sind niedrig, meistens mit flachen Dächern und von geschäftsmäßigem, englischen Schnitt, ohne irgend architektonische Schönheit, die den Blick zu fesseln vermöchte. Die Rhede ist höchst unsicher, namentlich zur Winterzeit schweren Stürmen ausgesetzt, die schon so manches Schiff auf den Strand geworfen, und nur der innere Hafen, an dessen mächtigem Wellenbrecher seit 20 Jahren noch immer gebaut wird, gewährt Sicherheit. Der äußere Eindruck der Kapstadt ist deshalb kein bestechender und eben so wenig Reize zeigt ihr Inneres mit den ungepflasterten Straßen, in deren aufgeweichten Schmutz der Fuß versinkt. Nur etwa der sechste Theil der Einwohner ist von reinem europäischen Blute, die Uebrigen sind Mischlinge oder auch reine Neger, Hottentotten und Kaffern, welche den gemeinsamen Namen „Afrikaander" führen, denn wenn die Engländer auch schon 80 Jahre im Besitz des Kaplandes sind, ist die vorwiegende Sprache doch holländisch geblieben. Die Kaffern sind ein tüchtiger Menschenschlag, muthig, energisch, geborene Krieger und Reiter. Die englische Kaffern-Kavallerie macht einen sehr günstigen Eindruck. Wie klein, verkümmert und häßlich erscheinen dagegen die Hottentotten!

Ein Vorzug des Kaplandes ist das gesunde und glückliche Klima. Während man unter mächtigen, noch von den Holländern gepflanzten Eichenalleen dahin wandelt, reift hier im Freien Kaffee und Zucker neben unserm Obst und Korn, die Banane neben der Weintraube. Die Hauptausfuhrartikel der Kolonie sind der bekannte Wein und Straußfedern, von denen jetzt jährlich für etwa 20 Millionen Mark ins Ausland gehen, da seit zwei Jahrzehnten die Straußenzüchterei von allen Landwirthen betrieben wird.

Mit einer Partie nach dem 1½ Meilen entfernten, unmittelbar am Fuße des Tafelberges gelegenen und wie eine freundliche Oase in der umgebenden dürren Sandwüste ausschauenden kleinen Dörfchen Constantia, und einer zweiten nach dem Weinstädtchen Paarl mit der Eisenbahn, sind die Sehenswürdigkeiten des Kaplandes ziemlich erschöpft, wenn man von den vielen zahmen Straußen auf den Weiden und den mit zwanzig breithörnigen Ochsen bespannten vorsündfluthlichen Wagen absieht, mit denen die Boers aus dem Hinterlande ihre Wolle, Häute und sonstigen Produkte zur Stadt bringen und deren Führer mit gewaltig langen Peitschen von ihrem Sitze aus jeden einzelnen Ochsen in dem endlosen Gespann genau zu treffen wissen.

Der vierzehntägige Aufenthalt der Fregatte war verflossen, Straußenfedern und Constantiaweine, als theure Andenken an das Kap, hatten ihren Weg an Bord gefunden, wie die einzelnen Kassen erlaubten, und dann ging es fort ohne großes Herzeleid nach Norden in den atlantischen Ozean hinein. Weder Gegend noch Menschen hatten den Wunsch nach längerem Bleiben rege zu machen verstanden.

Das nächste Ziel war Angra Pequeña, die so viel besprochene deutsche Kolonie Lüderißland, kaum hundert Meilen von der Kapstadt entfernt, und acht Tage bequemen Segelns brachten die Fregatte in den durch eine vorliegende Insel geschüßten Hafen vor Anker.

Afrika! Du geheimnißvoller Erdtheil, wie hast du seit Jahrhunderten die Phantasie gereizt. Wie viele sind bemüht gewesen den Schleier zu lüften, der über dir ruhte, dein Inneres der Wissenschaft, der Zivilisation und dem Weltverkehr zu erschließen und wie viele tapfere Kämpen sind dabei zum Opfer gefallen. Deutschland hat einen Löwen= antheil an diesem Streben, und Hunderte seiner kühnen Forscher und glaubenstreuen Sendboten haben es mit ihrem Leben bezahlt, aber es ist wenigstens nicht vergebens gewesen. Ueber ungezählte Quadratmeilen afrikanischen Landes breitet der deutsche Adler jetzt schüßend seine Schwingen, und unter seinem starken Schuße werden die deutschen Kolonien allmählich erblühen, durch sie der Wohlstand, das Ansehen und die Macht des Mutterlandes wachsen, den Feinden und Neidern zum Truß.

Nur hüte man sich vor Illusionen und verlange nicht vom Augenblicke und einer kurzen Spanne Zeit, was angestrengte Arbeit erst in Jahrzehnten erringen kann. Viel Schweres muß zuvor überwunden werden; Unternehmungs= luft, Kraft und Ausdauer sind erforderlich, doch dann wird auch glänzender Lohn nicht ausbleiben.

Angra Pequeña ist jetzt ein öder Sandstrand ohne Baum, ohne Wasser, und oberflächliche Beobachter mögen mitleidig die Achseln zucken, daß ein kühner deutscher Kaufmann diesen anscheinend trostlosen Landstrich erworben hat und das deutsche Volk ihn mit patriotischer Genugthuung eine seiner Kolonien nennt — aber vor 40 Jahren war auch Hongkong ein öder, sonnenverbrannter Fels ohne eine Spur von Vegetation und jetzt zählt es 200,000 Einwohner und ist eine Goldgrube.

Jenseits des 20 Meilen breiten flachen Landstreifens von Lüderißland ist das Land bergig, mit subtropischer Vegetation bedeckt, mit Wasserfülle und üppigen Thälern, mit mineralischen Schäßen, großen Viehheerden, Millionen Hektaren fruchtbaren Bodens, welcher der Bebauung und Ausbeutung durch fleißige Hände harrt und durch welchen der Weg ostwärts nach Transvaal führt, um dort einem stammverwandten Volke, den tapferen kernigen Boers die Hände zu reichen. Dazu tritt ein Klima, das dem Nordländer gestattet den ganzen Tag im Freien zu arbeiten — was sollte hindern mit der Zeit auch aus Angra Pequeña eine Goldgrube, ein Neudeutschland zu machen, wo Millionen unserer Landsleute die Bedingungen eines sorgenlosen Lebens finden und sich eine Heimath gründen können, welche ihnen eine glückliche Zukunft verheißt? Zwanzig Meilen Eisenbahn auf einer Strecke, die wenig Terrainschwierigkeiten bietet, lassen sich leicht und schnell bauen; Wasser kann man erbohren, während der Regenzeit in Cisternen sammeln oder schlimmstenfalls aus Seewasser destilliren, wie es auf allen größeren Schiffen geschieht, und die Grundbedingung für einen Aufschwung der Kolonien, ein geschützter und für die Handelsschifffahrt genügend tiefer Hafen, ist vorhanden. Ohne ihn wäre Angra Pequeña ein werthloser Besiß, mit ihm kann es für Deutschland ein reicher Schaß werden, wenn sich die richtigen Männer finden, um ihn zu heben.

Unsere übrigen neu erworbenen Besißungen an der Westküste sind gewiß auch als werthvolle Errungenschaften freudig zu begrüßen, aber bis auf weiteres können sie nicht als eigentliche Kolonien, sondern nur als Handelsstationen in Betracht kommen, weil das Klima zu ungünstig ist. Durch die Annexion von Kamerun haben wir zwar dort ebenfalls einen guten und sicheren Hafen gewonnen, an denen die afrikanische Westküste troß ihrer 1000 Meilen Länge so auffallend arm ist, und in dem aufsteigenden Hinterlande soll nach den Berichten der Forscher das Klima besser sein, aber zur Ackerbaukolonie ist es für Deutsche untauglich, und für Plantagenwirthschaft in großem Maßstabe mit heimischen Arbeitskräften müssen die trägen Eingeborenen erst eine Gewöhnung und Schulung erhalten, welche lange Jahre erfordert. Wenn die Küste in gesundheitlicher Beziehung auch besser ist als ihr Ruf und man 50 Prozent der Sterbefälle und schweren Erkrankungen von Europäern auf deren eigene Schuld zurückführen kann, weil sie in ihrer Lebensweise zu unvorsichtig sind, so bleibt das Klima doch immer ein ungesundes, obwohl es nicht ausgeschlossen ist, daß sich dasselbe mit der Zeit wesentlich verbessern läßt, wie das ja schon so vielfach in anderen tropischen Gegenden geschehen ist.

Das Charakteristische der Küste an den Flußmündungen, die vorzugsweise in Betracht kommen, weil sie fast die einzigen sicheren Ankerpläße bieten, ist Deltabildung mit morastigem Boden und Lagunen, welche dicht mit Mangle= bäumen bestanden sind, deren von oben herabkommende und grundsuchende Luftwurzeln sich zu einem undurchdringlichen Wirrsal gestalten. Diese Manglewälder sind die Brutstätten der gefährlichen Miasmen, die man oft wie weiße Nebel= wolken aus den Morästen aufsteigen sieht, und welche die perniciösen Fieber erzeugen, denen so viele Europäer erliegen. Es dürfte deshalb wohl des Versuches werth sein, diese Manglen niederzubrennen und den Sonnenstrahlen Gelegenheit

Angra Pequeña.

zu geben die Moräste auszutrocknen. Damit würde dieser wuchernden Baumart, die nur in Sümpfen gedeiht, die Lebensbedingung entzogen, der mit ihrer Asche gedüngte und trockene Boden für Kulturpflanzen gewonnen und das Klima sicherlich ganz wesentlich gebessert werden. Aber wie bereits bemerkt, gehören Unternehmungsgeist, Kraft und Ausdauer dazu, um aus den Kolonien etwas zu machen.

Die Reise der Fregatte an der Küste hinauf, unter Anlaufen derjenigen Orte, wo deutsche Handelsinteressen vertreten waren, nahm einige Monate in Anspruch, aber sie bot wenig Abwechselung. Kleine Niederlassungen und einzelne Faktoreien, unsicherer Ackergrund, beschwerliches Landen mit Brandungsböten, aus Gesundheitsrücksichten kein Urlaub, glühende Hitze, faule Neger mit spitzgefeilten Zähnen und bemalten Gesichtern, theils fast unbekleidet, theils mit verwitterten europäischen Kleidern und wenn möglich mit einem eingetriebenen Cylinderhut als Zeichen besonderer Vornehmheit geschmückt, lodbrige Hütten inmitten eines üppigen tropischen Pflanzenwuchses, auf den Ankerplätzen vor der Küste viel Haie, in den Flüssen hier und dort ein Krokodil, lauwarmes Wasser zum Trinken, sehr spärlicher frischer Proviant und noch weniger Früchte, häufige schwere Gewitter, dann und wann ein Tornado mit Trommeln und Pfeifen, der das Schiff überfiel — das war die Physiognomie der afrikanischen Westküste, und es war Niemand von der Besatzung zu verdenken, wenn die Sehnsucht nach der geliebten Heimath immer stärker und der Jubel allgemein wurde, als man dem letzten Ankerplatze Lebewohl sagte und die Fregatte ihren Weg nach Norden wandte.

Leider war sie gezwungen noch einmal ein Stück Afrikas, wenn auch nur ein losgerissenes, St. Vincent, anzulaufen, um Kohlen aufzufüllen, da die Touren an der Küste wegen häufiger Windstille vielfach hatten gedampft werden müssen. Die Insel ist ein gar trostloser Fleck unserer lieben Erde, und ihre Beschreibung läßt sich in wenig Worten zusammenfassen, während sie zugleich auch auf die übrigen Kap Verden ungefähr paßt. Man denke sich eine wilde gegen den Himmel abgezeichnete Zickzacklinie, das sind die Konturen; ein röthliches, nur verschieden abgetöntes Braun ist die Färbung. Da es im Jahre ein-, höchstens zweimal regnet, kann natürlich auf den kahlen Felsen keine Pflanze gedeihen, und der Flora entspricht die Fauna. Eine in den Felsspalten horstende Fischadlerart, ein Kormoran, sowie einige halbverhungerte Ziegen und Esel, das sind die Repräsentanten der Thierwelt, wenn man das Ungeziefer abrechnet, das allerdings sich immer dort in großen Mengen findet, wo es Portugiesen giebt. Trotzdem zählt die Insel 2000 Einwohner, zu zwei Drittheilen Neger und Mischlinge, und sie ist die wichtigste der Gruppe. Ihr sicherer großer Hafen und ihre günstige Lage für süd- und nordwärts gehende Dampfschiffe hat sie in neuerer Zeit aus einer Sklavenhandelstation zu einem Kohlendepot gemacht, das jährlich von vielen Hundert Dampfern besucht wird. Die Kohlenarbeit besorgen Neger, und man muß es ihnen lassen, daß sie für ihre 50 Pfennig Tagelohn das Mögliche leisten; in acht Stunden war die Fregatte aufgefüllt.

Wasser giebt es außer destillirtem auf der Insel nicht; jedoch verbreitete sich die Nachricht, daß man für 2 Mark in dem Hotel der Stadt eine halbe Flasche Ale und abends noch einen Fandango von Negerdirnen niedrigster Sorte in den Kauf bekomme. An frischem Fleisch wurde nur ein junger Esel geboten, den man aber dankbarlich ablehnte. Apfelsinen gab es, von St. Antonio eingeführt, freilich so sauer, daß stumpfe Zähne die Folge waren. Nur Fische waren in Fülle vorhanden, und für zehn Mark wurde die gesamte Besatzung reichlich gespeist. Als einzige und nach deutschen Begriffen wirklich große Merkwürdigkeit der Insel ist hervorzuheben, daß der katholische Pfarrer zwei Frauen hatte.

St. Vincentius wurde bekanntlich auf dem Rost gebraten, und deshalb paßt der Name der Insel vortrefflich. Auch sie brät jahraus, jahrein in glühendem Sonnenbrand, und da sie jeder sonstigen Reize völlig bar ist, konnte sich Niemand entschließen sie auch nur zu betreten. Nur Eins söhnte mit ihr aus, die Empfangnahme der das Schiff erwartenden Post, deren heißersehnte Ankunft alle Mißklänge der letzten Monate verscheuchte und die Herzen erfrischte.

Als die zackigen Berggipfel St. Vincents unter den Horizont tauchten, athmete Jeder auf. Die gedachten und gesprochenen Abschiedsgrüße an Afrika mit seinem Angra Pequeña, Groß- und Klein-Popo, Bimbiah, Dobreka, Togo,

Kamerun, Aqua-, Bell-, Joss-, Hickory- und sonstigen Towns, mit deren Beschreibung sämtliche deutsche Blätter in Wort und Bild uns bereits bis zum Ersticken fütterten und die deshalb in diesem Werke, das außerdem den Titel „Zur See" trägt, nur ganz summarisch abgehandelt sind, lauteten nicht sehr schmeichelhaft. Sie gipfelten in dem Wunsche „Möchten wir eure Gefilde nicht so bald wiedersehen!"

Dagegen:

> Nord und Süd,
> De Welt is wiet;
> Ost und West,
> To Huus is best.

Das dachte Jeder, als die frische Brise die Segel der „Mathilde" wieder rund füllte und sie beim Winde mit schlanker Fahrt durch das Wasser und der Heimath zutrieb. Noch einmal wurden die Annehmlichkeiten des Passats durchkostet, wenn auch nur für kurze Zeit, denn seine bis zum 30. Breitengrade reichende Zone war bald durchmessen. Dann kamen einige Tage von jenen Witterungserscheinungen, die jener brave Kauffartheikapitän in tiefer naturphilosophischer Erkenntniß in seinem Schiffsjournal als „Umlaufende Stillte von alle Kanten" verzeichnete, und ihr folgten die Westwinde unserer nördlichen Breiten, mit denen es ostwärts ging.

Die Sehnsucht nach frischem Fleisch, Gemüsen und guten Früchten, welche die letzten Monate an der Küste so herzlich wenig geboten, ließ es im gesundheitlichen Interesse dem Kommandanten wünschenswerth erscheinen die auf dem

Kap Verdische Inseln.

Wege liegenden Azoren anzulaufen; bald zeigten sie sich am Horizont und der Anker fiel im Hafen von Fayal. Hatte man auf dem öden St. Vincent freiwillig auf Landgang verzichtet, so mußte man es hier gezwungen thun, so gern man sich auf der romantisch ausschauenden und in saftigem Grün prangenden Insel durch einen Spaziergang die Füße vertreten hätte. Aber die Herren Portugiesen sind streng und Afrika wirkte bis hierher nach. Die Fieberkranken waren längst wieder gesund, Niemand gestorben, trotzdem mußte die bekannte gelbe Flagge am Vortop geheißt werden. Ihr Wesen verkündet sonst, daß jede Kommunikation mit dem Lande untersagt ist; hier wurde die Sache etwas milder aufgefaßt. Von Bord durfte nur Geld, an Bord dagegen alles, was man zu haben wünschte, und das war ziemlich viel für 400 ausgehungerte Menschen. Wie bereitwillig und freundlich die biederen Insulaner die Sachen bootsladungs= weise brachten, sogar viel mehr, als man bestellt hatte, und wie eilig sie es an Bord abluden! Nun freilich, was einmal im Schiff war, durfte nicht wieder herunter, es hätte ja durch die Infektion die Insel verwüsten und entvölkern können. Zuletzt kamen dann die Rechnungen. Wenn auch der Beutel des Deutschen Reiches groß genug war, sträubten sich die Haare des Messevorstandes desto höher bei den angesetzten Preisen. Was half es aber? Bezahlt mußte werden und sonst hätte die Quarantaine auch keinen rechten Zweck gehabt. So brachte sie doch wenigstens den Insulanern ein ganz nettes Sümmchen. Nun, wenigstens schmeckten die Sachen gut, und statt junger Esel und saurer Apfelsinen gab es saftiges Fleisch, üppiges Gemüse und wohlschmeckende Früchte aller Art, wobei sich der Aerger über die Prellerei allmählich hinunterschluckte. Seeleute müssen sich im allgemeinen im Auslande daran gewöhnen das Geld nur als Chimäre zu betrachten.

Wenige Stunden genügten, um unter heimlichen Flüchen auf der einen und unter freundlichem Lächeln innerer Befriedigung auf der andern Seite die geschäftlichen Angelegenheiten abzuwickeln und dann wurde der Anker gelichtet, hoffentlich zum letztenmal vor Kiel. Wie schnell flog er in die Höhe! Die Musik konnte gar nicht in so schnellem Tempo spielen, wie die Leute um das Gangspill marschirten.

Die Jahreszeit der Tag- und Nachtgleiche sorgte für ausreichenden Westwind. Wenn die Fregatte nicht ein „unverheirathetes" Schiff gewesen wäre, hätte man glauben können, die Frau Liebsten zögen so gewaltig. Zwar segelte sie nicht so schnell, wie Schnabel-Rathkes letztes Schiff, der amerikanische Klipper, auf dem man bei steifer Brise nicht die Fahrt messen konnte, weil entweder die Loggleine brach oder die Rolle in Brand gerieth, aber sie machte sich doch ganz anständig und fegte mit 12—13 Knoten Fahrt durch die hohe Dünung, welche der atlantische Ozean gegen die europäische Küste wälzt. Das tiefe Blau des Meeres verfärbte sich in dunkles Grün, als man auf die „Gründe" kam, obwohl man auf ihnen noch mehr als tausend Fuß Wasser unter dem Kiele hat; Mit- und Gegensegler mehrten sich fast stündlich, und nach acht Tagen erscholl aus dem Vortop der Ruf des Ausgucks „Land voraus, zwei Strich an Backbord!" „Hurra Lizard, hurra Europa!" jubelte es auf der Fregatte, „in acht Tagen sind wir daheim!" und diesmal war es kein Kombüsenbesteck. Die steifen Westwinde zeigten sich treu, der beste Freund des Seemanns, der Mond, erhellte die Nächte und gab sicheres Geleit. Von keinem tückischen Nebel aufgehalten oder an freiem Ausblick gehindert, flog das Schiff in ruhigem Wasser nahe der Küste von England dahin; die Kreidefelsen von Dover wurden passirt, und bald hatte man den gefährlichen Goodwin Sand im Rücken, um wieder freies Fahrwasser zu gewinnen und in die Nordsee, in ein deutsches Gewässer einzulaufen.

Zwar wurden die durch den langen Aufenthalt in den Tropen verwöhnten Körper durch den herbstlichen West trotz der dicken Düffeljacken empfindlich berührt, aber im Herzen war es trotzdem warm, denn die traute Heimath, von der man fünf Vierteljahre getrennt gewesen, rückte von Stunde zu Stunde näher, und auch die trübe Wolkendecke, welche die Sonne verbarg, vermochte der stillen Freude oder lauten Lust keinen Eintrag zu thun, welche alle Gemüther erfüllte.

Die Südspitze von Norwegen kam in Sicht, dann Skagen. Wie gut es der Wind meinte! Gerade wie auf der Ausreise drehte er sich bei Kursänderungen immer günstig mit, und offenbar wollte Aeolus dem ersten Offizier nicht noch zu guterletzt den Schmerz anthun, das Schiff unter Dampf und die schönen weißen Verdecke unter einer Kruste von Kohlenschmutz ankommen zu lassen.

Der weiße Feuerthurm von Bülk schimmerte von Westen herüber, dann öffnete die Kieler Bucht ihre weiten Arme, um die Fregatte zu empfangen. Friedrichsort, Laböe flogen vorbei, die durchbrechende Sonne vergoldete das bräunliche Herbstlaub des Düsternbrooker Gehölzes, Fischerböte und kleine flinke Dampfer belebten den Hafen, von dem Vortop der Kriegsschiffe wehte die roth und weiße Flagge F. als Signal der Ankunft, die Balkons der Villen am Wasser füllten sich mit Zuschauern, weiße Tücher winkten Grüße — o, wie machte das alles das Herz weit und trieb das Naß in die Augen; Heimath, theure Heimath, wir haben dich wieder!

„An die Geitaue und Gordings sämtlicher Segel! Backbord-Kutter klar zum Führen!" erschallt der Befehl. Die Segel verschwinden auf das Ausführungskommando wie durch Zauber. Das Ruder wird an Bord gelegt, die Fregatte beschreibt unter dem helfenden Drucke des stehen gebliebenen Besans einen eleganten Bogen, der Kutter geht zu Wasser und befestigt ein Tau an der Boje, die durch den Hafenkapitän dem Schiffe zugewiesen ist.

„Hol ein!" ruft der Bootssteurer. Der Kopf der Fregatte wird über die Boje geholt, eine Ankerkette niedergelassen und in den Ring der Boje geschäckelt — das Schiff ist fest.

„Klar beim Salut!"

Die Schüsse rollen donnernd über das Wasser und begrüßen das wiedergewonnene Vaterland. Die schlanke Gig, weiß lackirt und mit Goldstreifen außenbords, hält längsseit, und der Kapitän fährt an Land, um sich beim Admiral zu melden. Auf seinen Zügen strahlt selige Freude. Das Fernrohr hat zuerst das von Bäumen bekränzte Häuschen aufgesucht, dem auch beim Abschiede der letzte Blick galt. Dort auf dem Balkon stand die treue Gefährtin; sie ließ zum Willkommen das Tuch flattern, und auch der blondgelockte Knabe winkte dem Vater mit den zarten Händchen einen Gruß. Ein stummer Dank stieg aus dem Herzen des ernsten Mannes zum Himmel empor, die Seinen waren ihm wiedergegeben.

Boot auf Boot drängte sich an den Fallreepen der „Mathilde" und brachte Kameraden, Freunde und Verwandte, um die Zurückkehrenden zu begrüßen. Was gab es da alles zu hören, zu erzählen, zu fragen und zu antworten! Um die Erde! Welche gewaltige Tour war es gewesen, von welchen unzähligen Gefahren war sie begleitet! Doch Gottes Hand hatte das Schiff sicher über der Tiefe gehalten, gnädig beschützt und wohlbehalten zum Heimathshafen zurückgeführt. Möge er auch fernerhin die theure deutsche Flagge auf allen Meeren schirmend in seine Obhut nehmen.

Geschwaderübungen und Manöver.

enn die Früchte des Feldes eingeheimst sind, der Herbstwind über die Stoppeln streicht und die Schwalben südwärts ihre Winter-quartiere aufsuchen, dann kommt auch im militärischen Leben des Heeres die Erntezeit für alle Mühe und Arbeit, mit der Vorgesetzte wie Untergebene die schweren Obliegenheiten ihres Berufes zu lehren und zu lernen sich bemüht haben, das Manöver. Ehe die Reserven entlassen werden, um neuen Rekruten Platz zu machen, gilt es noch einmal Generalprobe zu halten, um zu zeigen, daß für das blutige Drama des Krieges alle Rollen richtig vertheilt und einstudirt sind. Und welch farbenprächtiges Bild bietet solch Manöver auch für den Laien, soweit es bei der allgemeinen Dienstpflicht überhaupt noch Laien giebt: Die mit klingendem Spiel ein- und ausrückenden Regimenter, der Heerwurm, der sich durch das Land wälzt, die hin- und hereilenden Patrouillen und Ordonnanzen, das Gefecht selbst mit dem tiefen Baß des begleitenden Kanonendonners, dem Geknatter des Kleingewehrfeuers bis zum nervenerregenden Sturmmarsch, dem berauschenden Hurra der Sturm-kolonnen oder dem erderschütternden Hufschlag der heranbrausenden Schwadronen. Selbst der knauserigste Spießbürger, der eben noch dem Abgeordneten zugestimmt hat, der ihm vor allem Verminderung der Heereslast in den verlockendsten Farben geschildert, fühlt beim Anblick des Heeres sein patriotisches Herz schlagen; aus Küche und Keller wird das Beste hervorgeholt, um den müden, hungrigen und durstigen Vaterlandsvertheidiger zu bewirthen und gastlich aufzunehmen.

Ganz anders steht es mit der jüngeren Schwester der Armee, der Kriegsmarine. Zwar hat auch sie ihre Geschwaderübungen, ihre Manöver, und sogar im tiefsten Frieden ihre ernsten Aufgaben, wenn sie zum Schutz der deutschen Interessen im Auslande mit bewaffneter Hand auftreten muß; dennoch wird, trotz der unleugbaren Popularität, welcher sich dieselbe in neuerer Zeit mehr und mehr erfreut, von dem größeren Theile der Nation und der Mehrzahl ihrer berufenen Vertreter der Marine keine so warme, allgemeine Begeisterung wie dem Heere entgegengetragen. Welchen Schwierigkeiten, ja welcher Gleichgültigkeit begegnen nicht zuweilen die nothwendigsten Mehrforderungen im Marine-Budget. Das Interesse, welches im allgemeinen der Marine im Volke entgegengebracht wird, ist scheinbar ein künstliches, erzwungenes. Dies liegt zum größten Theile darin, daß nur einem kleinen Theile unserer Landsleute vergönnt ist das Meer, sowie Leben und Treiben, Licht- und Schattenseiten des Seelebens persönlich kennen zu lernen. Und selbst wer beim Auslauf von Schiffen in der Erwartung eines großartigen Schauspiels am Ufer steht, fühlt sich meist enttäuscht, denn alles militärische Leben ist in den unheimlich ausschauenden schwarzen Kolossen verborgen, bei denen nur der rauchende Schlot darauf hindeutet, daß Leben in ihrem Innern herrscht. Da sieht ja jedes schlanke Handelsschiff, das mit vollen Segeln daherkommt, schmucker aus, als diese abscheulichen Panzer, von denen soviel Wesens gemacht wird und die so unmenschlich viel Geld kosten. Ein paar bunte Lappen spielen an den Stumpfen herum, die man Masten nennt, man hört einige Kanonenschüsse, die dem militärischen oder diplomatischen Zeremoniell dargebracht werden, im günstigsten Fall auch wohl die Bootsmannspfeife, wenn der Anker gelichtet wird, man sieht einige paffende Dampfwolken aus den Schornsteinen steigen, und weg sind sie. So beschränkt sich denn die Seekriegs-Kenntniß — und zwar nicht nur des schönen Geschlechtes — im besten Falle auf den bewußten Ball an Bord, und die naive Frage: „Haben Sie schon einen Sturm erlebt?" hat für unsere See-Offiziere gar nichts Ueberraschendes mehr. Die Berichte der Reporter aber sind, wenn man sie überhaupt liest, meist mit einer Unzahl überflüssiger Kunstausdrücke gespickt, die die Sache nur unverständlich machen. Selbst in den Erzeugnissen mancher Militärschriftsteller findet man nicht selten die Anschauung, daß das Meer gewissermaßen die Grenze aller vernünftigen und praktischen Strategie sei. Die Hergänge auf den Kriegs-

schauplätzen neueren Datums scheinen das gewissermaßen zu bestätigen. Die Flotten verrichteten meistens nur Hülfs=
arbeit, und es entzieht sich diese den Blicken des kriegs=schaulustigen Publikums in einer Weise, die sie einem großen
Theil der Menge so gut wie nicht vorhanden erscheinen läßt. Kurz und gut, von dem Leben und Treiben unserer
Kriegsmarine weiß die Mehrzahl des deutschen Volkes nichts oder herzlich wenig. Ein Gewirr von meist erbärmlich
übersetzten englischen Seeromanen und Reisebeschreibungen, in denen es von den entsetzlichsten Stürmen und thurmhohen
Wellen wimmelt, läßt nur eine Art abergläubischer Furcht zurück. Was man aber nicht kennt, dafür kann das
Herz nie warm empfinden! So wollen wir denn — getreu der Tendenz unseres Werkes — unseren Lesern eine
Geschwaderübung, welche dem Manöver zu Lande entspricht, vorführen.

Im Seedienst umfaßt die Bezeichnung Manöver in erster Reihe die Kunst mit Schiffen zu manövriren, d. h.
Strömung, Wind und Wellen zu überwinden, sei es zum einfachen Navigiren oder im Kampf zum Angriff wie zur
Vertheidigung. Ferner umfaßt sie einen Theil der auf die kriegerischen Fertigkeiten des Seemanns bezughabenden Aus=
bildung und manches andere, das sich dem Auge und Verständniß des Laien entzieht und doch eine Hauptrolle spielt,
eine Rolle, die der rein militärischen Aktion des Seekampfes an Bedeutung wenig nachsteht. Zwar hat der Dampf
zum großen Theil die Nothwendigkeit jener Fertigkeiten des Seemannes beseitigt, doch stellt er andererseits, indem er die
Zuverlässigkeit der Schiffsbewegung garantirt, an das Individuum so hochgemessene Ansprüche an raschen Entschluß und
schnellstes Handeln, wie es in der Zeit der Segelschiffe kaum der Fall war.

Unter Flotte wird im allgemeinen die gesamte Seemacht eines Landes verstanden; in taktischer Beziehung
dient diese Bezeichnung für eine größere Anzahl in Dienst gestellter Kriegsschiffe, die unter gemeinsamem Oberbefehl des
auf einem dieser Schiffe befindlichen Flaggoffiziers (Admirals im weiteren Sinne) stehen.

Das Schiff, auf welchem der Admiral (dem General der Infanterie entsprechend) sich befindet, führt seine
Kommandoflagge.[1] Zunächst unter dem Admiral oder bei kleineren Flotten, wo sich kein solcher befindet, als Höchst=
kommandirender fungirt der Vice=Admiral (im Range des Generallieutenants der Armee), welcher in früheren Zeiten
gewöhnlich die Avantgarde befehligte. Der nächste Flaggoffizier bei größeren (höchstkommandirend bei kleineren Flotten)
ist der Kontre=Admiral (im Range des General=Majors), welchem früher bei größeren Flotten die Nachhut zu führen
übertragen war.

Jede innerhalb einer Flotte als selbständiges Ganze agirende Schiffsabtheilung wird Geschwader — Escadre —
genannt. Dieselbe Bezeichnung erhält aber auch jede Haupt=Flottenabtheilung, sobald sie selbst wieder in zwei bis drei
Unterabtheilungen gegliedert ist.

Die Unterabtheilungen eines Geschwaders heißen Divisionen, doch können auch die Unterabtheilungen einer
Flotte diesen Namen führen, sobald sie ungetheilt sind. Grundsätzlich besteht eine Division aus drei, unter Umständen
aber auch aus vier oder fünf Schlachtschiffen unter dem Befehl eines Flaggoffiziers oder Kommodors. Ein Kommodore
erster Klasse ist Kapitän zur See mit Brigade=Kommandeurs=Rang in der Armee. Er führt einen weißen dreieckigen
Stander mit dem eisernen Kreuz im Großtop als Kommandozeichen. Ein Kommodore zweiter Klasse führt dasselbe
im Vortop.

Geschwader bezw. Divisionen erhalten — und zwar in sich — eine vom rechten Flügel durch die ganze Flotte
laufende Nummer. So würde z. B. bei einer Flotte, welche zwölf Schlachtschiffe in der Linie zählt, die erste, sechs
Schiffe zählende Escadre aus der ersten und zweiten Division zu je drei Schiffen, und die zweite Escadre aus der
dritten und vierten Division bestehen. Eine solche Flotte könnte aber auch in drei Divisionen zu vier Schiffen getheilt
werden, die dann die Bezeichnungen erste, zweite, dritte Division erhalten würden, oder auch in vier Divisionen zu
drei Schiffen. Ein taktisches Ganze ist möglichst aus gleichartigen Elementen zusammenzusetzen, d. h. aus Schiffen von
gleichen Eigenschaften, entsprechender Schnelligkeit und gleichartiger Bewaffnung.

Die zum Repetiren der Signale bestimmten Schiffe (Repetiteure) halten sich seitwärts ihrer Divisionen, wenn
das Geschwader in Kiellinie ist, in allen anderen Fällen aber da, wo ihre Signale am besten gesehen werden, während
die zum Vorpostendienst, zum Jagen, Ueberbringen von Befehlen u. s. w. bestimmten Fahrzeuge den ihnen gewordenen
Aufträgen, doch ohne den Schiffen in der Linie im Wege zu sein, folgen oder ihren Posten speziell vom Admiral
angewiesen erhalten.

Unter Flottille wird die Vereinigung einer bedeutenderen Zahl solcher Fahrzeuge unter einem Flaggoffizier
oder Kommodore verstanden, deren Hauptzweck die Küstenvertheidigung ist.

Die Unterabtheilungen einer Flottille werden Flottillen=Divisionen genannt.

---

[1] Im Gegensatz von Schiffen und Fahrzeugen, die, von einem Kapitän zur See, einem Korvetten=Kapitän, Kapitän=Lieutenant oder Lieutenant
zur See geführt, einen Wimpel am Großmast führen.

Das Flaggschiff ist beim Manövriren unter Dampf oder Segel der Regulator für die Schnelligkeit, die Peilungen, sowie für Intervalle und Distancen. Verläßt der Admiral die Linie, so hat er, wenn es nicht schon vorher für alle Fälle geschehen ist, ein Schiff zu bestimmen, welches an seiner Statt die Rolle des Regulators übernimmt und als Zeichen dafür den entsprechenden Stander oder Wimpel setzt.

Als Schiffs-Intervalle und Distancen dienen gewöhnliche Intervalle und Distancen von zwei Kabellängen und dementsprechend halbe und doppelte Intervalle und Distancen von ein bezw. vier Kabellängen.

Die Geschwader-Uebungen unterscheiden sich vom Manöver am Lande wesentlich dadurch, daß ihr Feld das weite Meer ist, ohne Bedeckung, ohne Hindernisse außer Klippen und Sandbänken und, daß auf dem beweglichen Element nur Wind und Seegang die Bewegungen zu beeinflussen vermögen. Wo auch das Geschwader seinen Weg genommen, keine Spur bleibt auf dem Meere zurück, selbst kurze Zeit nach blutiger Seeschlacht hat dasselbe die Trümmer in seinem Schoß begraben.

Fast unbehindert können die Schiffe ihre Evolutionen ausführen, aber dafür fehlt ein anderes sehr wichtiges Moment, der beherrschende Standpunkt des Führers. Dieser ist mit seinem Admiralschiff verwachsen, der Ueberblick fehlt und damit die stete Orientirung der oberen Leitung. In ihren ersten Phasen gleichen die Geschwaderübungen einem Exerziren mit größeren Truppenverbänden, wobei das Abstandhalten 2c. der Schiffe peinlich geübt werden muß, um Unglücksfälle — besonders das Anrennen — zu verhindern.

Das wichtigste Kampfmittel im Seekampf unter heutigen Verhältnissen bleibt das Schiff, da dieses überhaupt erst ein gesichertes Verbleiben auf dem flüssigen Elemente und damit die Möglichkeit des Kampfes

Kreuzfahrer und Sarazenen

gewährt. Nicht die Größe der auf demselben befindlichen Besatzung kommt in Betracht — denn ihre Fern- und Nahwaffen (blanke Waffen, Gewehre) sind hier fast machtlos —, vielmehr wird das Schiff selbst zum kämpfenden Individuum; seine Waffe für den Nahkampf ist der Sporn, für den Fernkampf das Geschütz und der Torpedo. Gleiche Wichtigkeit wie die Waffen des Schiffes besitzt dessen Motor, welcher Hand in Hand mit jenen das bestimmende Moment für die Seetaktik geworden. — Welche Rolle die Torpedoboote in Zukunft dabei spielen werden, muß die Zeit lehren. —

Bis etwa 1500 n. Chr. wurden bekanntlich die Kriegsfahrzeuge im wesentlichen durch Menschenkraft (Ruderer) bewegt, waren also in der Aktion unabhängig vom Winde. Bei ihnen diente der Sporn, der Bug des Schiffes, als Hauptwaffe, welcher später bei den Galeeren noch durch Aufstellen von Geschützen verstärkt wurde. Der Flotten-Formationen in der Schlacht gab es verschiedene. Die gewöhnlichste und am meisten angewendete war die „Doppellinie" (acies duplex), in der die Flotte Schiff neben Schiff, der Bug dem Feinde zugekehrt, in zwei geraden Linien rangirt war, die großen Schiffe in der ersten, die kleineren in der zweiten; oder eine sichelförmige Linie (acies lunata sive falcata), in der die größten und stärksten Schiffe auf den Flanken lagen. Der Angriff geschah meist auf der ganzen Front zugleich und mit einem gewissen Ungestüm. Waren die gegnerischen Linien ineinander eingedrungen, so begann der Einzelkampf von Schiff gegen Schiff; gestattete es der Raum, so versuchte man zu rammen, d. h. den Sporn in die Seite des Gegners zu bohren, seine Schiffe leck zu stoßen oder zum Sinken zu bringen. Wo dies nicht gelang, versuchte man entweder den Feind durch Wurf- bezw. Brandgeschosse, durch Speere, Pfeile, ungelöschten Kalk u. a. zu bewerfen und zum Rückzuge zu zwingen, oder man trieb die Fahrzeuge aneinander, enterte sie und begann stehenden Fußes den Kampf von Verdeck zu Verdeck.

Alles das wurde vom Admiralschiffe aus durch Signale geregelt. Ein hoch aufgehängter vergoldeter Schild und eine rothe Flagge befahlen im Kampfe zu verharren; wurden diese Zeichen herabgelassen, so bedeutete es, daß der Rückzug anzutreten sei. Dies geschah meistens in sichelförmiger Ordnung, deren Außenseite dem Gegner die Schiffsschnäbel wies, während die beschädigten Fahrzeuge in die Mitte genommen wurden.

An die Zeit der Ruderschiffe schließt sich die der Segelschiffe mit Breitseitarmirung, deren Stärke nicht wie bei ersteren im Bug, sondern in den drei resp. vier Geschütetagen ihrer Breitseiten lag. Ihre Glanzperiode ist die Zeit von 1780 bis 1810, wo ein Rodney, Suffren, Nelson u. a. Seehelden die Welt durch ihre Erfolge in Staunen setzten.

Gekämpft wurde in zwei eng geschlossenen parallelen Linien, 6 Striche (63—69 °) am Winde, unter kleinen Segeln liegend, denn diese Formation war die einzige, welche den Schiffen jener Zeit gestattete alle ihre Geschütze, ohne Gefahr für die eigenen Schiffe, zu gebrauchen. Intelligenz, Umsicht, Schneid, besonders aber seemännische Erfahrung der Kapitäne, waren von größtem Einfluß auf die Entscheidung des Kampfes. Neben der Geschicklichkeit im Manövriren mußte jede Laune des Windes unverweilt verwerthet und selbst der Sturm mit Umsicht ausgenutzt oder bekämpft werden.

Dann folgt die Zeit, in der sich der Dampf in der Schifffahrt Bahn brach, die Dampfschiffe anfangs vorwiegend, später ausschließlich im Gefecht Verwendung fanden, und in der, neben der Breitseit=Artillerie, eine Rückkehr zur alten Art des Angriffs, Bug gegen Bug und zum Bugfeuer bemerkbar ist.

Die älteste und zugleich die neueste Art der drei Waffen des Seekrieges ist somit der Sporn, welcher nach Vollendung eines Kreislaufs von 2½ Jahrtausend in den Seekämpfen der Neuzeit abermals eine mehr oder weniger entscheidende Rolle spielen wird. Dazu ist in neuester Zeit ein anderes Kampfmittel aufgetreten, das die ungepanzerte Bodenfläche zu seinem Ziele wählt, der „Torpedo", der die größten Panzerkolosse zu vernichten vermag. Sämtliche Marinen legen in der Neuzeit ein wesentliches Gewicht auf die Torpedoböte. Die große Vorliebe für dieselben und die umfangreiche Beschaffung solcher Fahrzeuge machen sich sowohl bei den Staaten mit großen Flotten, als auch bei solchen Ländern bemerkbar, welche eine lange Küstenstrecke zu vertheidigen haben, und deren Finanzkraft einen häufigen Ersatz der Schlachtflotte nicht gestatten.

Die Eigenschaften dieser Torpedoböte mögen noch so vortrefflich sein, ihre absolute Verwendung in kriegerischen Operationen auf dem Ozean ist, da sie noch nicht genügend erprobt sind, fraglich. Daß die Geschwader in der Zukunft sich des automobilen Torpedos zu bedienen haben werden, haben die großen englischen und andere Flottenmanöver der letzten Jahre hinreichend bewiesen und wird Niemand in Abrede stellen wollen: die Torpedos aber mittelst solcher Torpedoböte, die dem Geschwader wie die Pilotchen dem Haifische folgen sollen, mitzuführen, ist bei hoher See absolut nicht durchführbar, dazu sind die kleineren wenigstens nicht seetüchtig genug und entbehrt ihre Maschinenkraft der Dauerleistung. Deshalb besitzt die englische Flotte schon Schiffe („Hecla" und „Vulkan"), welche eine Anzahl solcher Böte aufnehmen und sie dem Geschwader nachführen sollen, wohin der Dienst sie gerade ruft. Nur da, wo man in die Nothwendigkeit versetzt ist oder das Bestreben hat den Schwerpunkt der Seekriegführung auf eine lokalisirende Verhin= derung von Blockaden zu legen, beziehungsweise sich auf eine Küstenvertheidigung zu beschränken, sind die Torpedoböte mit Vortheil verwendbar. Die Gefährlichkeit des Torpedos wird zwar vielfach bezweifelt, gewiß aber dürfte sein, daß, wenn derselbe trifft, das getroffene Schiff, besonders ein solches älterer Konstruktion, in den meisten Fällen, wenn nicht zum Sinken gebracht, so doch außer Gefecht gesetzt wird.

Nicht die Bedeutung des Torpedoschusses kann daher in Frage gestellt werden, sondern nur die Treffsicherheit und höchstens die Zuverlässigkeit des Individuums im Augenblick des Gebrauchs.

Zum Schutz gegen Torpedoangriffe bedient man sich beim Stillliegen der Schiffe sogenannter Drahtnetze, mit denen man dieselben umgiebt und die bis etwa drei Meter unterhalb der Wasserlinie hinabreichen. Zum Trutz dienen Revolver= und Schnellfeuer=Kanonen verschiedener Kaliber und Konstruktion. Die ersteren, auch Mitrailleusen genannt, deren Rohre das Kaliber des Infanteriegewehrs besitzen, erwiesen sich bald als ungenügend zur Abwehr von Torpedoböten. Ihre Tragweite war zu gering; denn ihr wirksames Feuer reicht nur 1000 Meter weit, und diese Strecke durcheilen die mit sehr starken Maschinen versehenen Torpedoböte in so kurzer Zeit, daß sie durch Mitrailleusen=Feuer nicht zum Sinken gebracht werden können. Man stellte deshalb Schnellfeuer= Kanonen in die Schiffsartillerie ein, d. h. Maschinengeschütze von größerem Rohrkaliber, welche möglichst leicht sind, aber die Tragweite der leichten Feldgeschütze besitzen und noch die Anwendung der Schrapnells zulassen. Die letztgenannte Bedingung läßt sich bei 47 mm Rohrkaliber noch erreichen. Diese Geschütze sind in allen Marinen während der letzten Jahre erprobt und, nachdem sie mannigfache Verbesserungen erfahren haben, eingeführt worden. Die Durchschlagskraft ihrer Geschosse ist viel größer, als bei den Mitrailleusen, ihre Granaten durchbrechen selbst auf Abstände von 3000 m die aus Stahl gebauten und mit schwachen Panzerdecks geschützten Torpedofahrzeuge neuester Konstruktion, und sie bringen derartige Schiffe durch einige Treffer zum Sinken. Die Schnellfeuerkanone ist für die Verwendung von metallenen Einheitskartuschen mit Stahlgranaten. Zwei Mann bedienen diese Geschütze: der eine giebt Höhen= und Seitenrichtung, der andere bedient den Verschluß, führt mit der linken Hand die Ladung ein und feuert ab. Alle Funktionen sind so einfach, leicht und rasch (auch friktionslos) infolge genialer Konstruktion auszuführen, daß die Abgabe von 15 bis 16 wohlgezielten Schüssen in der Minute möglich ist. Die bekannten Konstrukteure Nordenfeldt und Hotschkiß haben beide eigenartige Ausführungen geliefert; auch die italienische Artillerie hat eine selbständige Konstruktion ausgeführt. In Deutschland hatte Krupp 1886 eine 8,4 cm Schnellfeuerkanone als Decksgeschütz konstruirt, welche fast 18 Schuß in der Minute ergab. Die Bestrebungen Krupps wurden durch einen 1886 mit der Metallpatronenfabrik von Lorenz in Karlsruhe abgeschlossenen Vertrag sehr unterstützt, das glänzende Ergebniß beruht aber auf der Verwendung der Metallpatronen mit Bodenzündung bei diesen Geschützen. In den folgenden Jahren hat Krupp die Versuche fortgesetzt, und sind sowohl kleinere Kaliber von 4 cm aufwärts, als größere bis 13 cm hinzugetreten. Das Grusonwerk hat hauptsächlich die kleineren Kaliber von 3,7 cm bis 5,7 cm hinauf ausgebildet, die für Feldzwecke bestimmten 5,3 cm Kanonen gestatten bis 40 Schuß in der Minute.

In England verheißt man den Schnellfeuer-Kanonen, als der Haupt-Armirung, nicht mehr wie bisher lediglich der Hülfs-Armirung von Kriegsschiffen, eine große Zukunft. Es handelt sich in diesem Falle um die mittleren Geschützkaliber bis zu der 15 cm Kanone hinauf. Insbesondere ist es der berühmte Geschütztechniker Sir William Armstrong in Elswick, welcher jenen neuen Zweig des Geschütz-Materials pflegt. Der von Armstrong gebaute italienische Panzerdecks-Kreuzer „Piemonte" hat sechs Schnellfeuer-Kanonen von 15,2 cm und sechs von 12 cm als Haupt-Armirung, daneben zehn sechspfündige (5,7 cm) und sechs einpfündige (3,7 cm) Hotschkiß-Revolver-Kanonen und vier 10 mm Maxim-Kanonen als Hülfs-Armirung. Auch in Frankreich wendet man dieser Geschützkonstruktion die größte Aufmerksamkeit zu. Hierfür bot die Welt-Ausstellung des Jahres 1889 eine gute Gelegenheit. Es waren folgende Firmen in gedachter Hinsicht vertreten: Die Gesellschaft Hotschkiß & Comp. in Paris (St. Denis), die Gesellschaft Forges et Chantiers de la Méditerrannée in La Seine bei Toulon, die Gesellschaft der alten Werke Cail in Paris, die Werke von St. Chamond, endlich die Gesellschaft Maxim und Nordenfeldt zu London. Die französischen Schnellfeuerkanonen zerfallen in zwei Klassen: die leichteren mit Massivrohr, die schwereren mit Mantelrohr. Das Material ist in flüssigem Zustande verdichteter Stahl. Der Verschluß ist ein Vertikal-Keilverschluß.

Während man den geringeren Kalibern der Schnellfeuerkanonen sämtlicher Marinen mit Rücksicht auf die beschränkte Geschoßwirkung und die Schwierigkeit der Schußbeobachtung nur für gewisse Zwecke Bedeutung zuerkannt, sind die mittleren und größeren Kaliber durchaus geeignet mit den jetzigen Geschütz-Konstruktionen in Wettbewerb zu treten, ja man möchte ihnen eine große Zukunft verheißen, denn ohne irgendwie in der Geschoßwirkung nachzustehen, stellen sie durch ihre in hohem Grade erleichterte Bedienung, den verringerten Bedarf an Mannschaften und die Zulässigkeit eines wesentlich beschleunigten Feuertempos eine außerordentlich erhöhte Feuerkraft dar. Eine Lebensbedingung für die Schnellfeuer-Geschütze ist die Anwendung des rauchschwachen Pulvers.[1]

Es war im Sommer des Jahres 18 . . Ein prächtiges Bild gewährt heute der Hafen von Kiel. In langer Reihe liegen auf der glitzernden Wasserfläche die schmucken Panzerschiffe: König Wilhelm, Kaiser, Preußen, Hansa und der Aviso Grille, weiter ab davon die Arcona, welche als Wachtschiff des Hafens von vielen ehrenvollen Fahrten ausruht. Außer den Flaggen, die an den Besansgaffeln wehen, scheint alle Bewegung erstorben; sie und die geschwätzigen Wellen wollen sich dem „Stillgestanden" nicht fügen. Da löst sich vom Lande ein weißes, ruderbeschwingtes Boot, die nassen Riemen blitzen in der Sonne, wenn sie sich im Takte aus dem Wasser heben, um die grünen Wellen zu schneeigem Schaum zu schlagen. An der Arcona vorbei schießt es an den König Wilhelm heran. „Stillgestanden!" erschallt die volltönende Stimme des ersten Offiziers, der Bootsmann pfeift die Seite, die Wache präsentirt, der Tambour schlägt zwei Wirbel. Der Kommandant und der erste Offizier empfangen den die Treppe emporsteigenden Admiral, und nach wenigen Minuten entfaltet sich am Flaggknopf der Kreuz-Oberbramstänge die Kommandoflagge desselben. Der Admiral hat das Kommando übernommen, und donnernd begrüßt die „Arcona" mit dreizehn Schuß das eiserne Kreuz im weißen Felde. Mit gleicher Zahl danken die Kanonen des König Wilhelm. Ein Signal steigt empor. Platschend gehen von den Schiffen die schneeweißen Gigs zu Wasser, und wie die Pfeile schießen sie mit ihren Kommandanten auf das Flaggschiff zu. Ein zweites Signal: „Dampf auf in zwei Kesseln!" Die Schlote beginnen zu rauchen; es geht also hinaus! Die Kommandanten kehren an Bord zurück, Böte werden geheißt, Fallreepstreppen und Backsbäume eingenommen und der blaue Peter flattert munter am Vortop der Schiffe des Panzergeschwaders. Gegen zwei Uhr erfolgt das Signal: „Anker lichten und in See gehen!" An den Schiffsseiten lungern eine Anzahl Landböte, die im letzten Augenblicke noch Reisebedürfnisse und Lebensmittel den Scheidenden gebracht haben Jetzt müssen die Fremden das Deck verlassen, die Böte legen ab, schon fängt die Schiffsschraube an zu schlagen, die

---

[1] Die Regierung der Vereinigten Staaten von Nord-Amerika beabsichtigt auf Grund stattgehabter Versuche, ein neues Zerstörungsmittel in die Seekriegführung aufzunehmen, die Zilinsky'sche Dynamitkanone; jedoch sind die Versuche an Bord des Fahrzeuges „Vesuvius" noch nicht zum Abschluß gelangt.

Klüver werden gesetzt, und die Schiffe drehen wie auf Kommando. „Im Kielwasser des Admirals folgen!“ heißt das nächste Signal, und nach wenigen Minuten dampft das Geschwader in obiger Ordnung (eins hinter dem andern) rangirt, das Flaggschiff voran, mit 1½ Kabellängen Abstand, der Aviso seitwärts von der Linie, dem Hafenausgange zu. Tücher werden von Bellevue, von Friedrichsort geschwenkt, allein Niemand auf den Schiffen nimmt Notiz davon, die Augen sind auf die Mastspitzen des Flaggschiffes, bezw. des Avisos gerichtet. Die heutige Fahrt ist nur von kurzer Dauer, denn schon um 4 Uhr erfolgt das Signal: „Zwei Kolonnen formiren!“ Kurs WNW.!“ (in die Strander Bucht), und als das Signal ausgeführt ist, nach kurzer Pause: „Zugleich ankern!“ Die vier Schiffe bilden ein Quarré, der Aviso liegt quer ab vom Flaggschiff. Dann setzt Hansa den Wachtwimpel. Ein weiteres Signal ruft die Kommandanten abermals an Bord des König Wilhelm, sowie Ordonnanz-Kadetten der einzelnen Schiffe zum Befehlsempfang. In der Kajüte wird ein reichhaltiges Programm entworfen. Am nächsten Morgen sollen die Schiffe auf ihre Kriegs-bereitschaft, das Funktioniren der Torpedo-Lancier-Apparate, den Verschluß der wasserdichten Abtheilungen und der Wallgänge vom Admiral inspizirt werden. Darauf wird den Kapitänen drei Tage Zeit gewährt, mit ihren Schiffen selbständig in See zu manövriren, die Drehungskreise mit verschiedenen Ruderwinkeln festzustellen, die Umdrehungszahl für langsame, halbe und volle Fahrt zu ermitteln, und alle Exercitien und Manöver vorzunehmen, welche sie vor Eintritt in die Geschwader-Uebungen als nothwendig erachten.

Kiellinie.

Jeden Abend haben sie jedoch auf den Ankerplatz zurückzukehren. Auf dem Halbdeck ist inzwischen Parole-Ausgabe; vom Flagglieutenant (Geschwader-Adjutanten) werden den Ordonnanz-Kadetten die Geschwader-Nummern der Schiffe, die Geschwader-Routine, das Tableau für die Landungs-manöver diktirt und die Masthöhen und Deviations-Tabellen der einzelnen Schiffe eingefordert.

Kurz vor fünf Uhr erfolgt das Signal: „Geschützmusterung!“ „Zwei Glas!“ Auf allen Schiffen wirbeln die Trommeln. Die Musterung dauert heute etwas länger, denn morgen soll ja Inspi-zirung vor dem Admiral sein. Endlich geht der Stander auf dem Flaggschiff

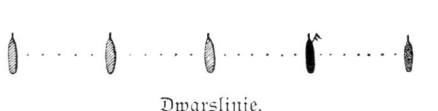

Dwarslinie.

nieder. Darauf hört man auf allen Schiffen Hornsignale (Toilette machen), die nach fünf Minuten wiederholt werden. „Es wird zum Futtern geblasen!“ belehrt der Koch senior auf dem Flaggschiff seinen ihm unterstellten Gehülfen. „Jetzt wird Kritik über uns Kochkünstler abgehalten, also aufgepaßt, und nicht etwa den Sherry statt in die Schildkrötensuppe in die Gurgel gegossen!“ Der Ober-Koch hat Recht; denn bald darauf sehen wir den Admiral mit seinem Stabe wie auch die Offiziere in hoffnungsreicher Stimmung an der Mittagstafel versammelt. Die Mahlzeit ist heute zu ungewöhnlicher Stunde und wird vom Admiral durch Tages-befehl zwischen vier und fünf Uhr, wo eine Pause im Exerziren ist, verlegt. Kurz vor dem Abendbrot der Mannschaft werden auf Signal vom Flaggschiff Bramstängen und Bramraaen an Deck genommen. Es ist

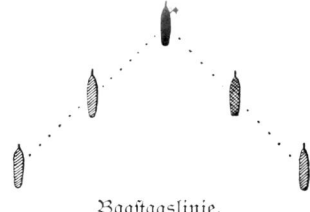

Bagstagslinie.

dies ein alter Brauch, noch aus der Zeit der Segelkriegsschiffe, wo jeden Abend die nöthigen Vorsichtsmaßregeln gegen etwa während der Nacht einsetzende Stürme — besonders wenn die Schiffe auf offener Rhede vor Anker lagen — getroffen wurden. Jetzt dient dies Exercitium mehr zur Prüfung der Behendigkeit und Geübtheit der Besatzungen, sowie gleichzeitig zum Anstacheln des Ehrgeizes derselben. Denn das Manöver wird vom Stabe des Admirals kontrollirt und die Zeitdauer aufgezeichnet. Heute hapert es noch hier und da, doch kommt kein Monitum vom Flaggschiff. Es ist das erste Mal und erst Uebung macht den Meister.

Auf der Hansa scheint es jedoch besonders langsam gegangen zu sein, denn der Kapitän fragt per Signal an, ob das Manöver wiederholt werden dürfe? Die Antwort lautet bejahend! Eine Warnung für sämtliche Besatzungen. Nachexerziren ist nicht angenehm.

Mit Sonnenuntergang werden alle Böte geheißt, die vorgeschriebenen Ankerlaternen und eine im Kreuztop des Flaggschiffes aufgezogen.

Fünf Minuten vor neun Uhr beginnt der Zapfenstreich auf sämtlichen Schiffen. Die Sicherheitswachen treten ins Gewehr, darauf: „Helm ab zum Gebet!“ Auf dem Flaggschiff hört man das Kommando „Fertig!“ und mit zwei Glas fällt der Wachtschuß. Darauf wird vom Musik-Corps ein Vers aus dem Gellert'schen Liede: „Nun danket Alle Gott!“ geblasen. Das Tagewerk ist heute beendet. Nur nach Mitternacht ertönt hier und da vom Sicherheitsposten noch der Ruf: „Boot ahoi!“ Die Antwort ist: „Ronde!“ Das Boot darf überall anlegen, und die vorgeschriebenen Formalitäten zwischen dem Ronde- und den Wachtoffizieren werden ausgetauscht. Um fünf Uhr morgens beginnt mit der Reveille und dem Wachtschuß vom Flaggschiff der Tagesdienst. Um sieben Uhr wird durch Signal der Anzug für die Mannschaft bestimmt; er ist heute „blau“ befohlen. Zehn Minuten vor acht Uhr erfolgt das Signal: „Bramstängen,

Bram= und Ober=Bramraaen auf!" Ueberall sieht man, dem Flaggschiff folgend, die Topsgasten wie die Eichkätzchen nach oben klettern. Die Stängen sind oben, die Raaen folgen; das Flaggschiff zeichnet sich heute besonders aus, denn mit acht Glas sind die Raaen „gekait", und unter dem Präsentirmarsch und präsentirtem Gewehr der Sichereitswachen steigen die Nationalflaggen langsam bis zur Nock der Gaffeln empor. Gleichzeitig wird der Wachtwimpel auf Preußen geheißt. Ein Boot von der Hansa überbringt den Wacht=Rapport zum Admiral; die Krankenzahl wird von sämtlichen Schiffen signalisirt, vom Geschwader=Arzt in einen General=Rapport zusammengetragen und von demselben um neun Uhr dem Admiral überreicht.

Fünf Minuten vor neun Uhr tritt die Sicherheitswache abermals ins Gewehr, und unter präsentirtem Gewehr und zwei Trommelwirbeln besteigt der Admiral, vom Kapitän, dem ersten Offizier und dem Wachtoffizier bis zum Fallreep begleitet, mit seinem Stabe das bereitliegende Boot zur Inspizirung der einzelnen Schiffe.

Kurz vor zwölf Uhr sind die Inspizirungen beendet, und um zwei Uhr nachmittags geht auch das Flaggschiff mit dem Aviso zur Vornahme der erforderlichen Einzelübungen in See. Abends acht Uhr liegt das Geschwader wieder wie am Morgen beisammen.

Am vierten Tage, morgens sechs Uhr, wirbeln aus den Dampfröhren sämtlicher Schiffe weiße Dampfwölkchen, ein Zeichen, daß die Kessel geheizt, die Maschinen bereit sind. Darauf erfolgt das Signal: „Anker lichten und in See gehen!" Welch reges Leben entwickelt sich da rings herum auf der Meeresfläche. Dem Seemann alten Schlages will zwar der Dampf immer noch nicht recht in den Sinn; er träumt noch von den Zeiten, da auf den Linienschiffen Nelsons und Collingwoods die schneeigen Segel sich entfalteten . . . Doch das sind eben nur Träume, der unpoetische, aber darum doch recht praktische Dampf führt schneller und sicherer zum Ziel. Auf allen Schiffen ertönen in der hellhörigen Morgenluft die Kommandos, das Klipp=Klapp der Gangspille, mit denen die Ankerketten eingewunden werden. Auf dem Flaggschiff giebt ein lustiger Marsch des Musikcorps, auf den übrigen Trommel oder Pfeife den Takt zum Umdrehen der Ankerwinden. „Auf und nieder!" hört man die Meldungen der Offiziere auf der Back, und in wenigen Minuten sind die Anker hoch. „Die Kiellinie formiren!" — „Halbe Fahrt!" — „Kurs ONO.!" bedeuten die verschiedenen auf dem Flaggschiffe wehenden Signale. Die Klüver werden geheißt, und die Schiffe beeilen sich ihre Posten in der Linie einzunehmen, das Flaggschiff voran, Grille an St.=B. (Steuer=Bord) der Linie.

Es herrscht fast völlige Windstille, nur ein leiser nördlicher Hauch kräuselt hier und dort die sonst wie ein Spiegel sich dehnende Meeresfläche, in deren Smaragdgrün die Sonnenstrahlen sich brechen. Bald ist der Leuchtthurm und die Tonne von Bülk erreicht, und der Admiral signalisirt, daß er von neun Uhr ab zu evolutioniren beabsichtige, während welcher Zeit die Schiffe „Klar Schiff" zu exerziren haben. „Zwei Glas!" Auf allen Schiffen hört man Trommelwirbel und Hornsignale, das Gepolter der die Treppen heraufstürmenden Mannschaften und einige derbe Flüche der Schiffspolizei, welche die Säumigen zur Eile antreibt. Dann erfolgt lautlose Stille, die Mannschaft steht in militärischer Haltung und erwartet so die weiteren Befehle ihres Kapitäns, welcher selbst das Kommando übernommen hat. „Wendungen um acht Strich nach St.=B.!" (Rechts um) ist das nächste Signal. Sobald das Contresignal (Beantwortungswimpel, daß das Signal verstanden ist) auf allen Schiffen vom Top des Großmastes weht, geht das Signal auf dem Flaggschiffe nieder, die Ausführung des Manövers erfolgt. Der Aviso muß sich beeilen seinen Posten hinter der Linie einzunehmen. — Auf dem Flaggschiffe wehen zwei Nummerwimpel als Monitum für das betreffende Schiff, daß es nicht auf seinem Posten ist, und zugleich das Signal „die Intervalle (seitliche Abstände) korrigiren!" Bald darauf liegen die Schiffe in Dwarslinie formirt mit gewöhnlichen Intervallen.

Nun folgt das Signal: „Die St.=B. Backstagslinie bilden" (en échelon aufmarschiren). Sobald dasselbe auf allen Schiffen verstanden ist, geht das Flaggschiff mit voller Fahrt voran, Nr. 2 und 3 folgen in gleichem Tempo, während Nr. 4 die Fahrt so viel als möglich verringert. Sobald das Flaggschiff von den übrigen Schiffen in einem Winkel von vier Strichen nach vorne gepeilt wird, nehmen alle Schiffe die halbe Fahrt wieder auf.

Der Aviso hat das Signal erhalten mit voller Kraft vorauszudampfen, nach vier Seemeilen Abstand umzudrehen und den Feind zu markiren, der das Geschwader zu durchbrechen hat. Es wehen mehrere Nummerwimpel als Monita für die betreffenden Schiffe, da es außerordentlich schwierig ist, die Linie so zu halten, daß die Großmasten der vier Schiffe sich decken; dabei ist genaue Innehaltung der Fahrgeschwindigkeit erforderlich. Die Monita werden in die Maschinenräume weiter gegeben. Es sind zwar die ersten Evolutionen im Geschwader, doch scheint der Admiral mehr Genauigkeit zu verlangen; er ruft dem Signal=Offizier zu, dem „Kaiser" das Signal zu geben, „seinen Posten in der Linie einzunehmen", — ein stärkeres Monitum. — Inzwischen hat der Aviso seine Distance abgelaufen und wendet sich dem Geschwader zu, um dessen Linie zu durchbrechen. Der Admiral signalisirt: „Der Feind ist abzuschlagen, der Kampf durch Manöver=Kartuschen zu markiren, Verwendung von Torpedos ist ausgeschlossen!" Er will sich auf diese Weise davon überzeugen, wie viel konzentrirte Breitseiten, bei denen sämtliche Kanonen einer Seite bezw. der Thürme auf denselben Punkt gerichtet und abgefeuert werden, auf den Feind (Aviso) wirksam obgegeben werden können.

Auf welche Entfernung die Abgabe des Feuers zu erfolgen hat, wird durch manche begleitende Umstände bedingt. Je kleiner der Abstand, um so rasanter ist die Flugbahn der Geschosse und um so größer die Wahrscheinlichkeit des Treffens, selbst bei unsicherer Abschätzung der Distance. Nur bei 500 m Entfernung würde daher volle Sicherheit des Treffens gewährleistet sein. Für den Artilleriekampf ist überdies die Lage und Stellungnahme der Gegner zu einander von der größten Wichtigkeit. Beide Theile werden bemüht sein durch fortgesetztes Manövriren entweder die vortheilhafteste Position, in der sie sich befinden, zu wahren, oder die Nachtheile einer solchen auszugleichen.

Der Befehl zur Abgabe eines konzentrischen Feuers erfolgt entweder vom Kapitän selbst oder durch den an der Peilscheibe oder am Richtgeschütz stehenden Offizier, nach vorherigem Avertissement. Das Abfeuern der Geschütze geschieht auf elektrischem Wege oder durch gleichzeitiges Abziehen der Schlagröhren durch die Geschützkommandeure. Größte Einfachheit, möglichste Beschränkung auf das praktisch Erreichbare und Erforderliche im Gebrauch der Artillerie ist das, worauf die Kapitäne von Kriegsschiffen besonders ihr Augenmerk zu richten haben. Geschützkommandeure, die schnell und gut richten und ein Objekt von der Größe eines Schiffes auf mäßige Distance und bei rascher Veränderung der beiderseitigen Situationen sicher treffen sollen, sowie Bedienungsmannschaften, von denen in erster Linie das Fertigstellen der Geschütze zum Schusse innerhalb der möglichst kürzesten Zeit, d. h. einer Minute, verlangt wird, bedürfen für solche Leistungen der unausgesetzten Uebung.

Versuchen wir uns die Scene am Bord eines Schiffes zu vergegenwärtigen, bei welcher alle Vorbereitungen zur Abgabe einer konzentrirten Breitseite getroffen sind und das erste feindliche Schiff in kürzester Frist in der Schußlinie sein wird. Alle Geschütze sind schußbereit, Todtenstille herrscht im ganzen Schiff. Der Feind nähert sich und hat vielleicht das Feuer eröffnet. Hinab zur Batterie, nach den Bug= und Thurmgeschützen geht der Befehl: „Achtung!" Alle Kompaßrosen sind arretirt (von der Pinne gehoben). Innerhalb fünf Sekunden ist der Feind in der Schußlinie angelangt, um auf irgend einen Punkt seiner Längenrichtung wirken zu können, und innerhalb dieser fünf Sekunden erfolgt das Kommando: „Feuer!" — Mit gewaltigem, donnerndem Krach entladen sich gleichzeitig die Feuerschlünde der St.=B.=Seite, ein Hagel von Geschossen saust pfeifend und zischend durch die Luft. Alles ist in dichten Rauch gehüllt; man hofft, daß die Breitseite sitzt und das feinliche Schiff, wenn nicht im Sinken, doch kampfunfähig gemacht sei. Durch den dichten Pulverdampf ist das Resultat allerdings noch nicht festzustellen. Schnell werden die Kompasse wieder in Funktion gesetzt, die Geschütze von neuem geladen; der Rauch zieht vorüber, und in analoger Weise folgt Breitseite auf Breitseite, je nachdem noch mehr feindliche Schiffe vorübereilen. Die einzige Ursache entstehender Verwirrungen würde in der Wirkung feindlicher Projektile liegen oder in dem Aneinandergerathen der Schiffe, sei es infolge eines absichtlichen Kommens oder eines Zufalls. Die Nothwendigkeit einer präzisen Abgabe des Feuers bei konzentrischen Breitseiten, sowie einer schnellen und deutlichen Befehlsertheilung nach der Batterie, den Thürmen, den Munitionskammern, dem Maschinenraum, dem Gefechtsruder u. s. w. weist auf die hochwichtige Bedeutung eines wohlorganisirten Systems in diesem Dienstzweige und namentlich auf eine zweifellose klare Verständigung zwischen dem Kapitän und den Offizieren auf den bezüglichen Stationen hin. Widersprechende oder mißzuverstehende Befehle können nicht allein Mißverständnisse der bedenklichsten Art herbeiführen, sondern sogar verderbenbringend für Schiff und Besatzung werden.

Doch kaum hat sich der Pulverdampf der ersten Breitseite verzogen, so ist auch schon das Signal erkenntlich: „Wenden um 16 Strich nach B.=B. (Back=Bord)!" — „Den Feind jagen!" Mit hart St.=B. gelegtem Ruder fliegen die Schiffe herum, das an der Tête befindliche fängt die Drehung zuerst an, und nun beginnt eine allgemeine Jagd auf den supponirten Feind. Dicke, schwarze Rauchwolken wirbeln aus den Schloten: „Mit aller Kraft aufheizen!" „Volle Fahrt!" erschallen die Kommandos in den Maschinen= und Kesselraum hinunter, und sobald die Mastspitzen des Verfolgten nur eben aus dem Dampf erkenntlich sind, krachen auch schon die Bug= und Thurmgeschütze von neuem. Nach einer halben Stunde weht auf dem Flaggschiff das Signal: „Klar=Schiff aufhören!" — „Keil formiren!" Das Flaggschiff als Leiter bildet zu den anderen Schiffen den Scheitelpunkt eines Winkels von 90°, auf dessen beiden Schenkeln sich dieselben so rangiren, daß die erste Hälfte an St.=B., die zweite an B.=B. des Leiters und zwar in den resp. Backstagslinien zu demselben sich befinden.

Dies Manöver scheint zur Zufriedenheit des Admirals ausgeführt worden zu sein; denn es erfolgt kein Monitum; wohl aber kurz darauf das Signal: „Gruppe!" — „Langsame Fahrt!" Das Flaggschiff leitet. Kein Schiff darf bei dieser Formation die Dwarspeilung des Leiters überschreiten, sein Kielwasser scheidet das Geschwader in zwei Hälften d. h. in die Schiffe an St.=B. und B.=B. vom Admiralschiffe. Ebenso bleibt die beim Keil bestimmte Reihenfolge der Schiffe, vom Flaggschiff aus gerechnet, für jede Hälfte maßgebend. Im übrigen wird keine Regelmäßigkeit verlangt — ob ein Schiff weiter vor oder zurück ist, ob es richtige Intervalle hat oder nicht, ist gleichgültig. — Es ist die allgemeine Marschordnung, während welcher die Mahlzeiten auf den Schiffen eingenommen werden sollen.

Nach Formation der Gruppe noch eine Schwenkung nach B.=B. mit „Westkurs". Auf allen Schiffen weht der Mittagswimpel, aber neben ihm steigen hier und dort Signale auf, die vom Flaggschiffe mit: „Gesehen!" beantwortet werden. Es sind die Meldungen über das Mittagsbesteck. — Dann signalisirt das Flaggschiff die um 12 Uhr mittags anzunehmende geographische Breite und Länge, und nun ist auch die Arbeit des armen, gehetzten Flagglieutenants gethan, der mit einem Seufzer der Erleichterung in die Admiralskajüte zum Frühstück niedersteigt. Hier ist alles in lebhafter Unterhaltung, die sich natürlich, anknüpfend an die Ereignisse des Morgens, um seemännisch=militärische Fragen dreht. Es ist zu natürlich und in allen Kreisen findet man das Gleiche. Juristen sprechen über ihre Prozesse, Aerzte über einen interessanten Fall, Maler und Bildhauer über ihre Kunst, mit einem Wort, überall wird „fachgesimpelt" — talked shop, wie es der Engländer bezeichnet. Und gerade die Kriegführung zur See, die Seetaktik, bietet bei den rapiden Fortschritten der Wissenschaft und dem lückenhaften Material, welche wir in der Kriegsgeschichte, die unsere beste Lehrerin sein sollte, finden, für Kombinationen einen überaus weiten Spielraum. Die Berichte über Seeschlachten und Gefechte sind, selbst heute noch kurz abgefaßt, meistens nur trockene Darstellungen ohne den Versuch einer Kritik, ohne wissen= schaftliche Behandlung der Vorgänge, so daß der, welcher an der Aktion nicht betheiligt war, sich nur schwer ein Bild von derselben zu machen im stande ist. Außerdem liefert die Seekriegsgeschichte während der letzten siebzig Jahre nur wenig Beispiele, wo Schiffe, ausgerüstet mit den Waffen der Neuzeit, gegeneinander kämpften. Ist doch erst eine Seeschlacht (Lissa) geschlagen worden, in welcher eine größere Zahl Panzerschiffe sich gegenüberstanden, und auch in dieser fehlte noch die heutige schwere Artillerie, sowie eine höchst wichtige Waffe, der Torpedo.

Der Verlauf der Schlacht bei Lissa ist insofern von erheblicher Bedeutung, als derselbe gewissermaßen den Uebergang der früheren zur modernen Seetaktik vermittelt; es möge daher eine kurze Schilderung der Schlacht hier Platz finden.

Am 16. Juli verließ die italienische Flotte unter Kommando des Admiral Persano „Ancona" mit dem Auftrage die Insel Lissa zu nehmen und durch deren Besitz inmitten der Adria die Herrschaft über das Meer zu erlangen. Sie bestand aus elf Panzerschiffen, sechs hölzernen Schrauben=Fregatten, einer Schrauben=Korvette, drei Raddampfern, sieben Avisos mit zusammen 654 Geschützen und 10 715 Mann Besatzung. Es war ein formidables Geschwader, welches das junge Königreich sich seit dem Jahre 1859 geschaffen hatte. Nur eins fehlte demselben, das sich nicht kaufen, nicht aus dem Stegreif schaffen läßt, das die Völker bloß um den Preis großer Opfer und jahrelanger Mühen erwerben: ein genügend zahlreiches Seeoffizier=Corps, dem das Seeleben zur zweiten Natur geworden, das geschult und durchdrungen war von jenem tief innern Gefühl der Disziplin und der Zusammengehörigkeit, welches allein das Ganze zu beseelen vermag. Die italienische Flotte war trotz des äußeren Glanzes noch lange nicht schlagfertig, als schon die Stimme des Volkes zur Aktion trieb; bedurfte es doch einer Genugthuung für Custozza.

Was hatte dagegen Oesterreich dieser scheinbar so furchtbaren Macht gegenüberzustellen? An der Spitze des Seewesens stand der Erzherzog Maximilian, dessen Schöpfung Pola ist. Mit ganzer Seele der Waffe angehörig, standen ihm leider keine großen Mittel zu Gebote, um die Flotte durch die Industrie des Auslandes in dem raschen Tempo wie die Italiener zu vervollkommnen. Die Oesterreicher waren vielmehr darauf angewiesen, mit ihren eigenen Hülfsmitteln, mit ihren größtentheils glatten Kanonen und ihren alten Schiffen, die man nach Möglichkeit mit Panzern versah, ihre Küsten zu vertheidigen, und auf der Rhede von Pola, im Augenblicke, da der Krieg entbrannte, ein Geschwader zu sammeln, das aus sieben Panzerschiffen, einem hölzernen Linienschiff „Kaiser", fünf Schrauben=Fregatten, einer Schrauben=Korvette, neun Kanonenböten und sieben Raddampfern, welche letzteren den Dienst als Avisos zu versehen hatten, mit zusammen 516 Geschützen und 7492 Mann Besatzung bestand.

Obige Vergleiche der beiden Flotten lassen erkennen, um wie viel die italienische Flotte der österreichischen sowohl an Zahl, als besonders an Material überlegen war. Erzählte man sich doch schon in Venedig, Admiral Persano werde, wie einst Tromp mit einem Besen im Großtop durch den englischen Kanal, seine Flotte durch die Adria führen und sämtliche österreichischen Schiffe aus derselben hinauskehren.

Gab sich Admiral von Tegetthoff bei Uebernahme seines Kommandos über die Flotte auch sicherlich keiner Täuschung hin über die Inferiorität seines schwimmenden Materials dem Gegner gegenüber, so versäumte er andererseits keinen Moment Offiziere und Mannschaften unausgesetzt zu exerziren und die Schiffe in den bestmöglichsten Zustand von Schlagfertigkeit zu setzen. Besonders ließ er die Geschützbedienungen auf konzentrirte Breitseiten einüben, durch welche Maßnahmen er mit den glatten Geschützen seiner Schiffe, deren schwerstes Kaliber aus 60= und 48=Pfündern bestand, die feindlichen Panzer dennoch zu durchschlagen und das Mißverhältniß mit der italienischen Schiffsartillerie einigermaßen auszugleichen hoffte.

Am 18. und 19. Juli war der Angriff der italienischen Flotte auf die Insel Lissa durch das wohlgezielte Feuer der österreichischen Batterien zurückgewiesen worden. Das Mißlingen des Unternehmens und die in Pola bereit liegende österreichische Flotte ließen bei Admiral Persano am 19. abends den Gedanken reifen das Signal zum Rückzuge zu geben, um die auf den meisten Schiffen nur noch auf zwei Tage vorhandenen Kohlenvorräthe in Ancona zu ergänzen. Sein Unstern wollte aber, daß er, trotz der Vorstellungen seines Stabes, dem an Bord des Flaggschiffes befindlichen Abgeordneten Boggio, der einem nochmaligen Landungsversuch auf Lissa das Wort redete, Gehör schenkte und am 20. Juli morgens die Beschießung der Werke und eine abermalige Landung befahl, als plötzlich das Erscheinen des auf Vorposten befindlichen Avisos „Esploratore" das ganze Unternehmen hinfällig machte. Das an seinem Top wehende Signal: „Feindliche Schiffe in Sicht!" kündete die Ankunft des zum Entsatz der Insel herbeieilenden „Tegethoff" an, der in Schlachtordnung unter voll Dampf sich schnell näherte und keinen günstigeren Zeitpunkt für sein Eingreifen hätte wählen können. Die Italiener waren von dem Angriff und den forcirten Landungen der beiden vorhergehenden Tage erschöpft; der „Formidabile" war tags zuvor durch die österreichischen Batterien so beschädigt, daß er durch Signal um die Erlaubniß nach Ancona zurückdampfen zu können bat, und, ohne weitere Befehle abzuwarten, dahin seinen Kurs nahm. Zwei Panzer unter Admiral Albini waren acht Seemeilen weit nach dem Osten der Insel detachirt, zwei andere, „Ré di Portugallo" und „Castelfidardo", meldeten die Beschädigung ihrer Maschinen; die Holzschiffe und Kanonenböte unter Admiral Vacca waren mit der Ausschiffung von Truppen beschäftigt — Gründe genug, um auch einen umsichtigeren und entschlosseneren Admiral als Persano in arge Verlegenheit zu setzen und die Chancen des Erfolges für den Gegner günstiger zu gestalten. Gegen neun Uhr gab Persano den Panzerschiffen das Signal: „Die Kiellinie mit einem NNO. Kurse zu formiren, und die Schiffe klar zum Gefecht zu machen!" Die Tête bildete „Principe Carignano", dann folgten „Castelfidardo", „Ancona", „Ré d'Italia", „Paläftro", „San Martino", „Terribile", „Maria Pia", „Varese", „Ré di Portugallo"; „Affondatore" lag zwischen „Paläftro" und „San Martino" an St.=B. der Linie. Contre=Admiral Vacca kommandirte die Avantgarde, Persano im Zentrum, Kommodore Ribotti die Arrièregarde. Vice= Admiral Albini mit den Holz= fregatten und den kleineren Fahr= zeugen, nach den allgemeinen Dispositionen dazu bestimmt das

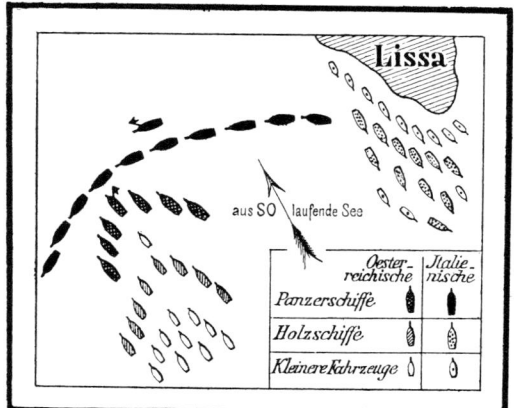

Skizze der Angriffsposition in der Seeschlacht von Lissa.

zweite Treffen zu bilden, war in etwa einer Seemeile Entfernung mit dem Landen der Truppen beschäftigt und brachte beim Heran= nahen des Feindes zunächst das Landungsmaterial wieder in Sicher= heit, statt dies den Kanonenböten zu überlassen.[1]

So erwartete Admiral Persano mit seinen Panzerschiffen in Kiel= linie, der Schlachtlinie der alten Segelschiffe, rangirt, mit einem nordöstlichen Kurse den Feind, und bot somit den mit einem Südoft=

kurse herandampfenden Oesterreichern seine schwächste Seite, die Flanke, ein Fehler, der sich auf das bitterste hätte rächen können, und nur durch einen anderen Fehler der Oesterreicher wieder aufgewogen wurde. Größer noch und unverzeihlicher war jedoch ein zweiter Mißgriff Persanos, als er kurz vor dem Zusammenstoß mit dem Feinde den „Ré d'Italia" verließ und seine Kommandoflagge auf dem Thurmschiff „Affondatore" heißte, ohne den Schiffskommandanten früher von dieser seiner Absicht Kenntniß gegeben zu haben. Er hatte diesen Wechsel vorgenommen, weil er glaubte, auf dem schnelleren „Affondatore" die Bewegungen der Schiffe leichter überwachen und leiten zu können, dabei aber übersehen, daß eine solche Aenderung unmittelbar vor der Schlacht, besonders aber bei einer neu formirten und wenig geschulten Flotte Gefahr von Verwirrungen und Mißverständnissen der ärgsten Art in sich barg.

Admiral Tegetthoff hatte sein Geschwader in drei Treffen hintereinander gruppirt, und zwar so, daß die gleich= artigen Schiffe unter sich einen „Keil" bildeten. Das erste Treffen bestand aus den sieben Panzerschiffen mit dem Flaggschiff „Erzherzog Ferdinand Max" an der Spitze, sodann „Don Juan d'Austria", „Drache", „Prinz Eugen" en échelon an St.=B., „Habsburg", Salamander" und „Kaiser Max" en échelon an B.=B. in Backstagslinie. Das zweite Treffen bildeten die sieben schweren Holzschiffe mit dem Linienschiff „Kaiser" an der Tête, unter Kommando des Kommodore von Petz, drei Fregatten an St.=B., zwei Fregatten und eine Korvette an B.=B. wie im ersten Treffen rangirt; das dritte Treffen bestand aus neun Kanonenböten, während die Radschiffe als Repetiteure zwischen den Abtheilungen vertheilt waren. Diese Formation, zwar in der Seetaktik neu, war unzweifelhaft kompakt und gut gewählt. Die Panzerschiffe konnten sämtlich ihre Hauptwaffe, den Sporn, und gleichzeitig die Hälfte ihrer Geschütze zur Geltung bringen. Die Holzschiffe dagegen mußten auf einen ungleichen Kampf mit den feindlichen Panzern gefaßt sein. Doch

---

[1] Der Berichterstatter der „Revue des deux mondes" hat Albini die Worte in den Mund gelegt: „Die Holzschiffe dürfen sich an den gepanzerten Schiffen nicht reiben." Wenn er sie auch gewiß nicht ausgesprochen hat, so scheint er doch nach dieser Ansicht gehandelt zu haben; sein Auftreten im Kampf bei Lissa scheint dies wenigstens zur Genüge zu beweisen.

hatte Tegetthoff mit den Kommandanten seiner Schiffe alle Chancen der Schlacht wohl erwogen und dieselben in seine Pläne eingeweiht; er wußte, daß seine Untergebenen von gleich patriotischem Geiste beseelt waren, daß keine Verwirrung eintreten würde, auch wenn er selbst fallen sollte.

So eilten die Oesterreicher mit etwa acht bis neun Knoten Geschwindigkeit schnell herbei, und am 20. Juli, morgens 10½ Uhr, wehten bereits vom Flaggschiff die Signale: „Klar Schiff zum Gefecht!" — „Distancen schließen!" — „Schiffe enggeschlossen bleiben!" — außerdem speziell für die Panzerschiffe: „Den Feind anrennen und zum Sinken

Deutsches Kriegsschiff im Gefecht.
Schützen im Mars.

bringen!" Der Kurs war auf das vierte Schiff von der feindlichen Tête gerichtet, hinter welchem eine Lücke war, die von dem Hintermann nicht sogleich ausgefüllt werden konnte, und unter voll Dampf ging es dann auf die Flanke der italienischen Panzerschiffe los. Die Schlacht begann um 10³/₄ Uhr, der „Principe Carignano", das Flaggschiff der italienischen Vorhut, eröffnete das Feuer, an dem sich sehr bald die übrigen Schiffe betheiligten, ohne daß ihre Geschosse jedoch dem Gegner viel Schaden verursacht hätten. Die Oesterreicher erwiderten den ehernen Gruß, und unmittelbar darauf erfolgte der Durchbruch. Dieser erste Anlauf Tegetthoffs, welcher zermalmend für den Feind zu werden schien, wurde ein Schlag ins Wasser. Die österreichischen Schiffe, geblendet durch Pulverdampf und Rauchwolken, verfehlten den Stoß und liefen durch die Zwischenräume der feindlichen Linie, ohne auch nur ein einziges Schiff des Gegners zu beschädigen. Sie würden den fehlgeschlagenen Angriff vielleicht theuer bezahlt haben, wenn der Feind den Moment richtig ausgenutzt hätte.[1] Die hinteren Schiffe der italienischen Linie fielen darauf östlich ab und bedrohten das zweite österreichische Treffen die Holzdivision. Admiral Tegetthoff, die Gefahr bemerkend, ließ seine St.=B.=Kolonne gleichfalls nach St.=B. abfallen, um den Fregatten Luft zu machen, während die B.=B.=Division sich durch eine Wendung nach B.=B. der feindlichen Vorhut entgegenwarf. Tegetthoff selbst ging scharf gegen das italienische Zentrum vor, der „Ré d'Italia" hatte einen Moment vier feindliche Panzerschiffe auf dem Halse, „San Martino" befand sich fast gleichzeitig zwischen zwei Feuern. Die „Maria Pia", welche, in der Meinung, daß zwei der österreichischen Panzerschiffe sich auf die italienischen Holzfregatten stürzen würden, dieselben daran verhindern wollte, wurde übel zugerichtet. Damit hörte jedoch so ziemlich jede taktische Ordnung in beiden Flotten auf, und es entstand ein allgemeines und wirres Durcheinander, zunächst der Panzer, dann auch der Holzschiffe. Die Oesterreicher feuerten konzentrische Breitseiten, aber ohne den gehofften Erfolg, die schwachen Kaliber zeigten sich überall unfähig die feindlichen Panzer zu durchschlagen; die Italiener gaben ihre Schüsse einzeln ab, aber wegen schlechten Zielens der Geschützkommandeure ebenfalls ohne Wirkung. Von vorher durchdachten Bewegungen, von einem planmäßigen Vorgehen konnte von jetzt ab nur wenig die Rede sein; der Pulverdampf hüllte Freund wie Feind ein, nur die Spitzen der Masten waren hin und wieder sichtbar. Man mußte sich darauf beschränken, die aus den Dampfwolken in nächster Nähe auftauchenden Gegner anzugreifen und ihre Rammstöße zu pariren. Unter diesen Verhältnissen ist es daher unmöglich ein richtiges Bild der Schlacht wiederzugeben, und kann man nur einzelne Phasen aus dem Durcheinander hervorheben.

Die Panzer kreuzten sich nach allen Richtungen, bisweilen nur auf wenige Schritte Entfernung, ohne zum Rammen zu gelangen, versuchten aber dann den Gegner mit einem Hagel von Geschossen zu überschütten. Nur das Flaggschiff Tegetthoffs war glücklicher oder geschickter. Seinem Kapitän gelang es zweimal einen Feind zu treffen, freilich unter ungünstigem Winkel und deshalb ohne Wirkung, zum dritten Male, später jedoch, mit furchtbarem Ausgang.

Der wohldurchdachte, wenn auch ungeschickt ausgeführte Angriff des Admiral Vacca hatte den wohlverdienten Erfolg nicht; die langsame Wendung seiner Schiffe ließ ihn das zweite österreichische Treffen nicht erreichen, und, sei es, daß der Pulverdampf oder Rauch das Gesichtsfeld der Geschützkommandeure verdunkelte, die Geschosse zu hoch gingen und unwirksam in die Tiefe sanken, sei es, daß die Unkenntniß der Kommandanten mit der Leistungsfähigkeit ihrer Schiffe die Schuld trug, er lief durch das dritte feindliche Treffen, ohne auch nur ein Schiff desselben anzurennen.

Admiral Albini ließ, nachdem er das Landungscorps wieder an Bord genommen hatte, mit einem NW-Kurse 1500—1800 m vom Landungsplatze entfernt, die Kiellinie formiren und scheint dort ruhiger Zuschauer der Schlacht geblieben zu sein. Einen Augenblick, als das Melée am dichtesten war, hatte er die Absicht sich auf die feindliche Nachhut der Holzschiffe zu werfen; das momentane Durchbrechen zweier österreichischer Panzerschiffe, welchen die „Maria Pia" nachsetzte, machte ihn jedoch unschlüssig. Ob die Signale des Admiral Persano: „In den Kampf einzugreifen!" von ihm nicht gesehen oder verstanden worden sind, mag dahingestellt bleiben — Faktum ist, daß Admiral Albini mit seinen acht Holzfregatten und vierhundert Kanonen fern vom Kampfplatze blieb.

Gegen Mittag waren die beiden österreichischen Holzdivisionen durch die feindliche Flotte gedampft. Kommodore von Petz mit der zweiten Division wandte sich in enggeschlossener Ordnung zum Angriff gegen die unter Lissa liegende italienische Holzflotte, wurde jedoch von den feindlichen Panzerschiffen unter Ribotti mit verderblichem Feuer empfangen und mußte daher von seinem Vorhaben abstehen. Es griff nun auch hier dasselbe chaotische Gewirr Platz wie auf dem anderen Flügel. Auf das Signal Tegetthoffs: „Drei Kolonnen formiren — Kurs NO!" — „Die Panzerschiffe auf dem linken Flügel zum Schutze der Holzdivision!" sammelte sich die Flotte von neuem. Das Bild hatte sich verändert, die Oesterreicher befanden sich jetzt zwischen Lissa und der italienischen Flotte, und schien es, als beabsichtige der Feind einen erneuten Vorstoß.

---

[1] Als Nelson bei Trafalgar die französisch-spanische Linie an einem bestimmten Punkte durchbrechen wollte, feuerten weder er noch Collingwood, trotz des Kugelhagels, mit welchem sie überschüttet wurden, einen Schuß ab, sondern behielten ihr Ziel unverrückt im Auge, bis sie dasselbe erreicht hatten.

Deutsches Kriegsschiff im Gefecht.

Nahkampf. Lootse fällt auf der Kommandobrücke. Marsraa kommt von oben. Leute im Bootsmannsstuhl flicken eine Schußstelle am Mast.

Die Italiener richteten zunächst ihre Angriffe auf den im Pulverdampf leichter zu erkennenden „Kaiser", welchen die Holzfregatten zu decken suchten, während die Kanonenböte jede Gelegenheit benutzten, wo sie einen Schuß anbringen konnten. Vier Panzerschiffe, unter ihnen der „Affondatore" (Flaggschiff des Admiral Persano) gingen zum Angriff gegen den „Kaiser" vor und beschossen ihn. Zwei 150pfündige Granaten des „Affondatore" krepirten in der Batterie des „Kaiser", demolirten zwei Geschütze, tödteten 22 und verwundeten 83 Mann. Sowohl das Linienschiff, als auch die übrigen Holzschiffe wurden in kurzer Zeit arg zugerichtet, doch mißglückte der Rammversuch des „Affondatore" gegen den „Kaiser". Dagegen richteten einige wohlgezielte Breitseiten des letzteren soviel Schaden auf dem Deck und den Drehvorrichtungen der Thürme des „Affondatore" an, daß er sich momentan zurückziehen mußte.

Seine Stelle ersetzte jedoch der „Ré di Portugallo", welchen Kommodore von Petz plötzlich aus dem Pulverdampf hervorbrechen sah. Letzterer parirte den drohenden Stoß durch geschicktes Manöver mit einem Gegenstoß, traf in schräger Richtung den Gegner und brach sich auf diese Weise Bahn aus dem für ihn gefährlichen Melée. Die Hoffnung des Kommodore von Petz, durch den Rammstoß mit seinem schweren hölzernen Schiffe selbst gegen ein Panzerschiff einen Erfolg zu erzielen, erwies sich als trügerisch; er machte ähnliche Erfahrungen wie sie im amerikanischen Sezessionskriege gemacht worden, daß Holzschiffe bei Rammversuchen gegen Panzer ohnmächtig sind. Nicht genug, daß das Bugspriet des „Kaiser" zerbrochen wurde, zertrümmerte auch der gleichzeitig herabfallende Fockmast den Schornstein. Der Rauch, aus den Feuerungen ohne Abzug, verbreitete sich über das Deck und drang in die Batterien, so daß es den Anschein hatte, als brenne das Schiff. Zwar erlitt der Gegner durch diesen Stoß ebenfalls Beschädigungen, jedoch ohne Beeinträchtigung seiner Gefechtsfähig-

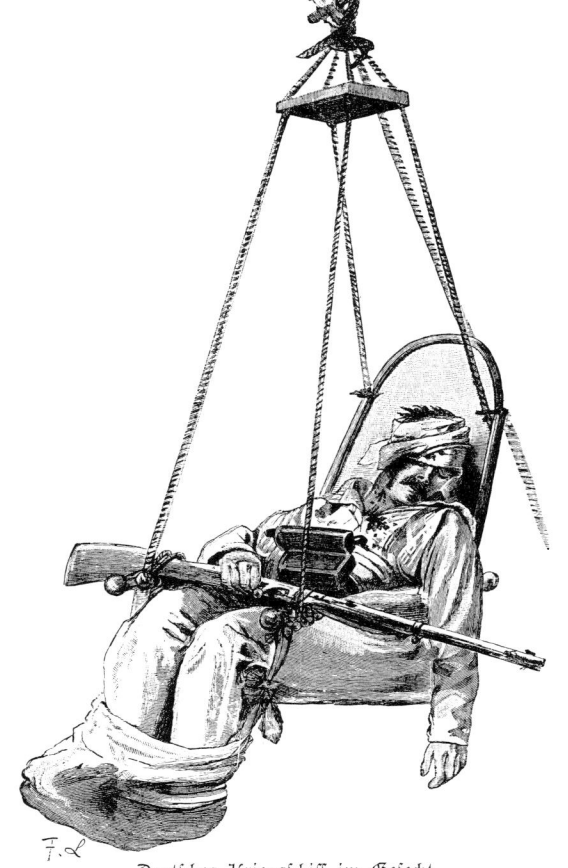

Deutsches Kriegsschiff im Gefecht.
Niederlassen eines Verwundeten mittelst Krankenstuhls aus dem Mars an Deck.

keit, und selbst die Breitseite, welche der „Kaiser" ihm beim Auseinandergehen der Schiffe auf ganz geringe Entfernung nachsandte, hatte wenig Effekt. Kaum war aber der „Kaiser" von diesem furchtbaren Gegner befreit, als er wiederum von der „Maria Pia" und dem „Affondatore" gleichzeitig bedroht wurde. Wenn auch die Rammversuche der beiden Panzerschiffe nicht glückten, so erhielt er doch ein so heftiges Feuer von den Gegnern, daß er nach heldenmüthigem Kampfe fast wehrlos war und sich jetzt, wenn er nicht in die Hände der Feinde fallen wollte, nach dem Hafen von St. Giorgio (auf Lissa) zurückziehen mußte. „Affondatore" fuhr hierauf durch die Reihe der österreichischen Holzfregatten, zog sich dann aber, gleichfalls beschädigt, aus dem Melée zurück.

Inzwischen tobte der Geschützkampf unablässig fort, Breitseite auf Breitseite erschütterte die Luft, die See war bedeckt vom Pulverdampf der 1182 Kanonen, die hier ihre ehernen Grüße austauschten; die Schiffe bewegten sich mit voller Maschinenkraft, und schwarze Rauchsäulen aus den Schornsteinen verdunkelten die Luft.

Admiral Tegetthoff durchfurchte mit dem „Erzherzog Max" die Gefechtsfläche in allen Richtungen, suchte bald hier, bald dort Rammstöße auszutheilen, und fuhr auf alles los, was grau gestrichen war.[1] Bereits zweimal hatte er gerammt, wenn auch ziemlich schräge und ohne weiteren Erfolg, nur daß beim zweiten Stoße, der wahrscheinlich gegen den „Palästro" ging (genau zu erkennen war das Schiff im Pulverdampf nicht), dessen Gaffel und Flagge auf das Deck des „Erzherzog Max" stürzte und erbeutet wurde. Dann versuchte er sich an dem „Ré d'Italia", der sich von nicht weniger als vier österreichischen Panzern umringt sah. Der „Palästro" eilte zu Hülfe, erhielt jedoch ein so heftiges Feuer von den Oesterreichern, daß sein Schicksal alsbald besiegelt war. Eine feindliche Granate drang durch das ungepanzerte Heck und verursachte im Innern des Schiffes einen so heftigen Brand, daß er kampfunfähig sich aus dem Melée zurückziehen mußte und nordwärts abbog. Fast gleichzeitig hatte auch der „Ré d'Italia" von den österreichischen Geschossen arg gelitten, so daß er momentan bewegungslos dalag und in diesem hülflosen Zustande vom Kapitän des „Ferdinand Max" unmittelbar vor dem Bug seines Schiffes liegend bemerkt wurde. War nun der Steuerapparat des „Ré d'Italia"

---

[1] Die Schiffe der italienischen Flotte waren mit einem grauen Anstrich versehen.

durch die soeben erhaltenen Geschosse havarirt und seine Maschine beschädigt worden, wie die Italiener behaupten, oder zögerte sein Kommandant, wie die Oesterreicher meinen, mit Rücksicht auf die Gefahr, die ihm bei einer Wendung in der Flanke drohte, sein Schiff seitwärts zu drehen und seinen Kurs mit dem des herankommenden „Ferdinand Max" möglichst parallel zu wählen und so den Stoß abzuschwächen — gewiß ist, daß der „Ré d'Italia" keinen dieser Auswege einschlug, sondern die Maschine stoppte und rückwärts zu entkommen suchte, und daß der „Ferdinand Max", trotzdem das dem Verderben geweihte Schiff seinem Angreifer die volle Breitseite entgegenschleuderte, mit voller Fahrt heranbrauste. Ein furchtbarer Krach erfolgte. Sein Sporn, alles vernichtend und zerschmetternd, bohrte sich tief in die Seite des unglücklichen Gegners und riß eine Bresche von 136 Quadratfuß unter und über der Wasserlinie. Unmittelbar nach dem Anprall neigte sich der „Ré d'Italia" ein wenig nach St.-B., dann aber kam ein plötzliches Ueberkränzen nach B.-B., wobei das Schiff seine entsetzlich klaffende Wunde in die sich rasch hineingießenden Wellen tauchte und dann fast augenblicklich versank. Es war für den Sieger ein furchtbar großartiger Anblick, als das ganze Deck des feindlichen Schiffes sich dicht vor seinen Augen hoch aufrichtete, die wackere Bemannung, welche noch in diesem Augenblicke von Deck und den Marssen ihre letzte Salve abgab, allmählich an Boden verlor, die Menschen nach Lee hinabglitten und endlich das stolze Schiff in einem Abgrunde von 200 Faden Tiefe für immer versank. Während dieser grauenhaften Scene, die den österreichischen Seeleuten für einen Augenblick, ungeachtet der Aufregung des Kampfes, das Herz im Leibe erstarren machte, liefen, so viel man bei der immer schiefer werdenden Lage des Decks überhaupt noch laufen konnte, einige italienische Matrosen nach dem Heck, in der Absicht, die Flagge an der Gaffel zu streichen. Dies bemerkend, sprang der Kapitän des „Ré d'Italia", del Santo, der spätere italienische Marine-Minister, gefolgt von einem anderen Offizier Razetti, jenen Leuten in den Weg und verhinderte sie, ihr Vorhaben auszuführen. So sank das imposante Schiff mit hochflatternder Nationalflagge in die rauschenden Fluthen der Adria. Baron Sterneck, der Kommandant des „Ferdinand Max", hatte den Zwischenfall, der sich einige Sekunden vor dem gänzlichen Verschwinden des Schiffskörpers abspielte, beobachtet und seinen Blick auf jene beiden Offiziere geheftet. Kapitän del Santo blickte jetzt auch auf das österreichische Schiff hinüber. Sterneck und del Santo fixirten einander in einer Nähe, daß das Weiße im Auge sichtbar war. del Santo vermochte sich nicht mehr aufrecht zu erhalten; seine Füße waren schon im Wasser, das vielleicht sein Grab werden sollte. In diesem Moment schwang er den Hut in die Luft und rief mit der flammenden Begeisterung eines sterbenden Heros zu den Oesterreichern hinüber: „Evviva l'Italia!" Baron Sterneck, eine sonst keineswegs emphatisch angelegte Natur, trat in diesem Moment aus sich heraus. Auch er zog den Hut und rief mit dem vollen Enthusiasmus des triumphirenden Siegers hinab zu dem sinkenden del Santo, über dessen Haupte gleich darauf die Schaumkämme der Wogen zusammenschlugen: „Hoch Oesterreich!" — Darauf trat eine sekundenlange Todtenstille ein, die nur durch das Schnauben der Maschine und das Sausen des Windes im Takelwerke wie von Geisterstimmen unterbrochen wurde. Lautlos, im Tiefinnersten der Seele ergriffen, starrten die Oesterreicher auf die Stelle hin, auf der sich soeben noch das größte und schönste Panzerschiff der italienischen Flotte mit 600 tapferen Seeleuten geschaukelt und wo jetzt diese vielen Hunderte von Schiffbrüchigen, denen es gelungen, ins Wasser zu springen, bevor sie von dem reißenden Wirbel ergriffen wurden, mit dem Tode rangen. Unter Denjenigen, welche das Bruchstück einer Spiere erhascht und sich dadurch die Möglichkeit verschafft hatten, sich länger über Wasser zu halten, befand sich auch del Santo. Auf das Holzstück gestützt, war es ihm leichter, sich allmählich seiner Kleider zu entledigen, Stück um Stück von sich zu werfen und, halb schwimmend, halb an das Holz geklammert, volle vier Stunden auf dem Wasser umherzutreiben. Unzählige Menschen sah del Santo während dieser qualvollen Stunden ermatten, verzweifeln und untersinken. Auch ihn begannen die Kräfte allmählich zu verlassen. Der Fieberfrost schüttelte seinen ermüdeten Körper. Seine Sinne wurden wirr. Endlich, als die Noth am größten, fischte ihn ein italienisches Boot auf, das ihn an Bord der Fregatte „Principe Umberto" brachte. Zwar tobte der Kampf noch eine halbe Stunde lang, und die „Ancona" suchte noch einmal, jedoch vergeblich, den „Ferdinand Max" zu rammen, da kam der Brand auf dem „Palästro" zum vollen Durchbruch. Der dichte aus dem Schiffskörper hervorquellende Rauch veranlaßte einige seiner Kameraden, ihm zu Hülfe zu eilen, doch wies er die Hülfe zurück mit dem Hinweise darauf, daß er das Feuer mit seiner Besatzung allein zu bewältigen im stande sei. Er zog sich brennend hinter die italienische Schlachtlinie zurück. Um 2½ Uhr loderte plötzlich eine Flammensäule aus dem Schiffskörper senkrecht in die Luft empor; zehn Sekunden später erschütterte ein furchtbarer Krach die Atmosphäre, und das zweite italienische Panzerschiff war in die Tiefe verschwunden. Das war der letzte Akt des furchtbaren Dramas, und damit war die Schlacht beendet. Admiral Tegetthoff schickte die dritte Division nach Lissa, während er mit den anderen beiden Divisionen die Italiener verfolgte. Die letzteren hatten jedoch in der Richtung nach Ancona einen Vorsprung gewonnen, und trug der österreichische Admiral auch wohl kein großes Verlangen, einen so ungleichen Kampf, in dem er vielleicht doch hätte erliegen können, zu erneuern. Als daher die feindlichen Schiffe allmählich am Horizont verschwanden, ließ auch er sein Geschwader sich im Hafen von San Giorgio sammeln. Seine Aufgabe war vollendet, Lissa entsetzt, Italiens gewaltige Flotte gedemüthigt heimgeschickt.

Der Verlust der Oesterreicher betrug 33 Todte und 124 Verwundete. Die italienische Flotte hatte im ganzen 740 Mann verloren; hiervon ertranken 400, ferner kamen 230 bei der Explosion des Palästro um, und 110 wurden sonst getödtet und verwundet.

Kehren wir zu unserem Geschwader zurück. Der Wind ist während der Mittagspause aus nördlicher Richtung aufgefrischt; der Admiral beabsichtigt mit den Schiffen unter Segel zu manövriren; die Maschinen dürfen nur so weit Verwendung finden, als dies bei der Unbehülflichkeit der Panzerschiffe unter Segel zur Vermeidung von Kollisionen erforderlich ist. Um zwei Uhr wird die Kiellinie mit einem westlichen Kurse formirt. Darauf folgt das Signal: „Alle Segel setzen!" Die „Hansa" wetzte hierbei ihre Scharte von neulich nicht allein vollständig aus, sie wird sogar per Signal belobt. Das darauf folgende Manöver ist: „Zugleich wenden!" (unter Dampf: „Wendung zugleich um 12 Strich nach St.=B.!"). Sobald das Signal niedergeholt ist, legen die Schiffe das Ruder in Lee; der Druck der vor dem Segelschwerpunkt liegenden Segel wird durch Loswerfen der Schooten verringert, während durch Anholen der Besanschoot derselbe hinter dem Schwerpunkt vermehrt wird. Der Bug der Schiffe wird auf diese Weise nach Norden gedrückt. Sind die Schiffe auf dem Winde, so werden die Achterraaen nach der entgegengesetzten Seite umgebraßt, das Ruder mitschiffs gelegt. Die Schiffe beginnen den zweiten Theil des Manövers, d. h. sobald dieselben genügend abgefallen sind, so daß die Achtersegel wieder vollstehen, werden auch die Vorraen herumgebraßt. Beim Halsen läßt man auf analoge Weise die Schiffe erst zehn Striche abfallen und dann wieder zehn Striche anluven.

Verschiedene andere Segelmanöver wurden im Laufe des Nachmittags auf Signal ausgeführt, Wendungen und Wechsel der Positionen durchgenommen, bis um vier Uhr das Signal: „Segel fest!" die Manöver und Exercitien des heutigen Tages beschloß. Dann wurde die „Kiellinie" formirt und unter Dampf nach der Bucht von Eckernförde gesteuert. Am nächsten Tage (Sonnabend) herrschte auf dem Geschwader die übliche Ruhe; es wurde „Reinschiff" gemacht. Am Sonntag fanden zahlreiche Beurlaubungen statt, während den Landbewohnern nach Beendigung des Gottesdienstes die Besichtigung der Schiffe gestattet wurde. Am Montag Morgen mit Tagesanbruch hatten Kanonenböte von Kiel 500 See= soldaten nebst einigen Landungs= und Revolver=Geschützen in Eckernförde gelandet mit dem Auftrage, die nördlichen Höhen des Fjords östlich von der Stadt zu besetzen, um als supponirter Feind zu dienen, der von dem Landungscorps des Geschwaders vertrieben werden sollte. Die Generalidee des Landungsmanövers war, sich einem von Norden heranrückenden Feinde entgegenzuwerfen und seinen Vormarsch aufzuhalten. Gleichzeitig waren zwei Kanonenböte und sechs Torpedoböte, von Kiel kommend, dem Geschwader unterstellt worden, um den Eingang der Föhrde gegen feindliche Fahrzeuge zu decken.

Um fünf Uhr erhielt die „Grille" den Befehl, sich auf Signaldistanz zwischen den Fahrzeugen auf Stoller Grund und den Schiffen des Geschwaders zu legen, um event. das Erscheinen des Feindes dem Geschwader zu signalisiren. Die Schiffe hatten von fünf Uhr ab unter Dampf zu liegen. Sodann folgte um sieben Uhr das Signal zur Landung, welche von dem Moment des Aussetzens der Böte, bis dieselben den Strand berührten, genau dreiviertel Stunden dauerte. In dieser Zeit wurden 1100 Mann mit sechs von Matrosen gezogenen Landungsgeschützen ans Ufer geworfen, welche nach Zurücklassung einer Wache bei den Böten sofort gegen die nördlichen Höhen vorgingen. Doch kaum waren die Vorposten einige hundert Meter avancirt, als sie von den Knicks aus mit lebhaftem Gewehrfeuer empfangen wurden. Dies war das Signal zu einem imponirenden Schnellfeuer der Schiffe auf den nördlichen Höhenkamm, hinter welchem sich die feindlichen Streitkräfte einlogirt hatten.

Das Vorgehen der Seesoldaten und Matrosen erfolgte mit ungemeiner Frische, in großer Ordnung und unter sachgemäßer Benutzung der Knicks, was um so mehr Anerkennung verdient, als die Leute bisher sehr wenig Gelegenheit gehabt hatten, dergleichen Uebungen auszuführen. Die Höhen wurden im Sturm genommen, dann trat eine Pause ein.

Gegen zehn Uhr wurde die „Grille" zurückberufen, als von Osten her Kanonendonner hörbar war, und in der Annahme, daß feindliche Schiffe sich dem Eingange der Föhrde näherten, die ausgeschifften Mannschaften zur Rückkehr signalisirt. Das Landungscorps zog sich nach den Böten zurück. Der Feind versuchte den Abzug durch heftiges Nach= drängen zu stören, wurde aber durch das Feuer der Schiffsgeschütze zurückgewiesen. Die Einschiffung der Mannschaft und das Wiedereinsetzen der Böte dauerten etwa eine Stunde, worauf das Geschwader unter Dampf ging und, nachdem die Kanonen= und Torpedoböte nach Kiel zurückgeschickt worden waren, im Laufe des Nachmittags noch evolutionirte, bald Kiellinie, Dwarslinie, Keil oder Quarré formirte, bald einen Treffenwechsel oder Schwenkungen vornahm. Während der Nacht blieb das Geschwader in der Nähe von Langeland unter Dampf, wo bis Mitternacht die verschiedenen For= mationen mittelst Nachtsignalen ausgeführt, sowie die elektrischen Apparate erprobt wurden. Mit Tagesanbruch ging es dann weiter durch den Großen Belt, bei der Insel Spragöe vorüber, durchs Kattegatt, bis die NO.=Spitze von Jütland, Skagen, passirt war; alsdann wurde durch das Skagerrak gesteuert und unter Benutzung der Segel in die Nordsee hineingedampft. Der Wind blies heftig aus NNW., und die See ging hoch. Wer einmal bei hohem Seegange die Nordsee befahren, vergißt die unangenehmen Empfindungen nicht leicht wieder, die das Stampfen und Rollen, besonders der Panzerschiffe, hervorbringt. Steil, oft stoßweise steigen die Wellen aus der Tiefe auf; ihre weiß behaupteten Köpfe schüttelnd, überschlagen sie sich, brechen plötzlich, einen trichterartigen Abgrund bildend, in sich zusammen, oder suchen eine die andere gleichsam zu verschlingen. Auf ihrem Rücken scheinen selbst die größten Panzerkolosse nur der Spielball ihrer wilden Launen zu sein; bald heben sie den Bug, daß das Schiff einem sich überschlagenden Pferde gleicht, bald das Heck, als wollten sie es in einen bodenlosen Abgrund stürzen; tückisch stürmen sie jetzt gegen die St.-B.-, im nächsten Augenblicke gegen die B.-B.-Seite, daß die starken Panzerplatten fast unter dem Anprall ächzen, und mancher weniger geschulte Süßwassermatrose eine unfreiwillige Rutschpartie macht oder mit dem Kopfe eines Kameraden karambolirt. Dann klettern sie wieder wie enternde Korsaren am Schiffskörper empor und schleudern ihre schäumenden Wassermassen an Bord, die, alles vor sich niederwerfend, in wilder Hast von vorn nach hinten über das Deck jagen.

Wachtposten auf der Back während der Regenbö.

Diese Tücke der Nordsee wurde auch auf den schwer stampfenden Schiffen des Geschwaders empfunden, und selbst wettergewohnte Matrosen der Wache mochten erleichtert aufathmen, als im Osten der erste Dämmerschein den kommenden Morgen verkündete und die angerichteten Havarien bei Tageslicht erscheinen ließ.

Dem Admiral schien dies Wetter nicht unangenehm zu sein, denn die Seeschlachten — wie er meinte — würden nicht immer bei gutem Wetter geschlagen. Er wollte daher die Seetüchtigkeit seiner Schiffe, die Gebrauchsfähigkeit der Artillerie und den Schneid der Kommandanten und der Besatzungen auch bei hohem Seegange prüfen. Um neun Uhr befahl er daher, die Segel festzumachen, und eine halbe Stunde darauf wurde das Signal zum „Klarschiff" gegeben. Vom Flaggschiff wurde sodann eine Scheibe in Form einer Lattenpyramide über Bord gesetzt und befohlen, die Schiffe sollten in Kiellinie auf 500 m Abstand mit SSW.-Kurs, also quer Sees an der Scheibe vorüberdampfen und einen Schuß pro Geschütz gegen die Scheibe abgeben, während die Grille die Treffwirkung in angemessenem Abstande beobachten und notiren sollte. Hierzu bedurfte es jedoch einer Menge Vorbereitungen, die Lucken des Oberdecks und der Batterie, die Maschinenfenster mußten geschalkt, die Böte sowohl auf Deck als außenbords mit doppelten Zuringen versehen, das Gefechtsruder besetzt werden u. a. Sodann hieß es: „Den Bewegungen des Flaggschiffes im Kielwasser folgen!" Kaum aber hatten die Schiffe den Kurs aufgenommen, so entwickelten sich bei denselben die berechtigten Eigenthümlichkeiten fast aller Panzerschiffe in hoher See. Die Batteriedecks glichen mitunter einer blinden Klippe; Offiziere und Mannschaft standen bisweilen bis Brusthöhe im Wasser. Dabei mußte die größte Aufmerksamkeit bei der Bedienung der Geschütze verwendet werden, denn wehe, wenn die Bremshebel nicht richtig bedient wurden und das Geschütz sich losriß. Das Flaggschiff dampfte bei der Scheibe vorüber. Es wurde Lauffeuer von vorn kommandirt, vierzehn Schüsse krachten, allein die Scheibe blieb unversehrt. Ebenso ging es dem nächsten Schiffe, dem „Kaiser". Dann kam „Preußen", welches zwei Treffer und schließlich „Hansa", welches einen Treffer zu verzeichnen hatte. Darauf erfolgte eine Wendung des Geschwaders um 16 Strich, worauf die Scheibe aus den B.-B.-Geschützen der einzelnen Schiffe, in umgekehrter Ordnung mit konzentrirten Breitseiten beschossen wurde. Das Resultat derselben war nicht ungünstig, denn wäre das Ziel ein Panzerschiff statt einer so winzigen Scheibe gewesen, so würden nicht viel Geschosse fehlgegangen sein. Am günstigsten schloß diesmal das Flaggschiff ab, denn als der Pulverdampf verzogen war, sah man nur die Stücken der Scheibe noch umherschwimmen.

Mit dem „Klarschiff aufhören", und nachdem Offiziere und Mannschaften sich in trockene Kleider gesteckt hatten, wurde auch das Wetter manierlicher. Mittags wurde das Besteck von den Schiffen ausgewechselt und von allen die Wassertiefe gemessen.

Am Nachmittage wurden Rammversuche angestellt und zu dem Zwecke von jedem Schiffe kleine mit Fähnchen in verschiedenen Farben versehene Pyramiden, ähnlich wie die am Vormittage, über Bord gesetzt. Das rammende Schiff fuhr aus einer Entfernung von 5000 bis 7000 m mit Volldampf heran, stoppte dann kurz vor dem Ziele die Maschine, so daß dasselbe seine Fahrt verlangsamte, und suchte so die kleinen Scheiben überzusegeln.[1] Daß kurz vor dem Rammen die Fahrt verringert wird, ist kriegsgemäß und geschieht deshalb, weil ein in der Wirklichkeit mit voller Kraft ausgeführter Rammstoß wahrscheinlich den Untergang sowohl des rammenden als des gerammten Schiffes zur Folge haben würde. An den nächsten Tagen wurden die Exercitien den einzelnen Kommandanten überlassen. Die Kohlen gingen inzwischen auf die Neige und steuerte das Geschwader zur Ergänzung derselben daher der Jahdemündung zu. Kohlenergänzung! Schreckliches Wort im nautischen Lexikon! Wie viele Kommandanten und ersten Offiziere haben schon graue Haare deshalb bekommen, besonders wenn es ununterbrochen dabei regnet. Von den Hunderten in dem engen Raume zusammengedrängten Menschen wird der Schmutz überall hingetragen, jedes Fleckchen im ganzen Schiffe mit einer schwarzen Kruste überzogen, und Jeder an Bord gleicht einem Schornsteinfeger. Das Geschwader traf auf der Rhede von Wilhelms= haven ein, die üblichen Salute und Formalitäten waren ausgetauscht, die Kohlen in kürzester Frist ergänzt, und Alles zur Abreise wieder bereit. Kurz vorher war jedoch von Berlin der Befehl eingegangen, daß der Chef der Admiralität an einem bestimmten Tage, zu welchem das Geschwader um zwei Uhr morgens vor der Elbe sein sollte, ein Flotten= manöver beabsichtige. Es würden dort behufs supponirter Forcirung der Elbe noch zwei Kreuzerfregatten „Stein" und „Elisabeth", die Panzerfahrzeuge „Brummer" und „Skorpion", sowie sechs Torpedoböte zum Geschwader stoßen. Die Elbmündung solle von den Panzerschiffen „Friedrich Karl", „Friedrich der Große" als Flaggschiff, vier Panzerkanonen= böten „Arminius", „Basilisk", „Cameleon", „Wespe", ferner dem Aviso „Blitz" und acht Torpedoböten unter Mit= wirkung der Landbatterien vertheidigt werden. Darauf ging das Uebungsgeschwader in See.

Am Morgen des bestimmten Tages um zwei Uhr hatte sich das aus westlicher Richtung kommende feindliche Geschwader dem Defensivgeschwader so weit genähert, daß man in der Morgendämmerung die Lichter desselben erkennen konnte. Das Defensivgeschwader lag nördlich von „Neuwerk", hatte sich mit Wachböten umgeben und die Torpedo= netze an den Seiten hinuntergelassen; an der Tete lagen die Torpedoböte, die, beständig in Bewegung, den Feind auf= zuspüren und anzugreifen hatten. Hierzu bot sich eine vorzügliche Gelegenheit, indem das feindliche Panzerschiff „Hansa" etwas unvorsichtig manövrirte und sich bei seinem kühnen Vordringen in die sogenannte Norder=Elbe verlief. Diese ungemüthliche Situation benutzend, drangen vier Torpedoböte auf dasselbe ein und näherten sich ihm auf mindestens 200 m, so daß eine Vernichtung des Panzerschiffes damit gleichbedeutend war, da ein Torpedoschuß auf drei= bis vier= hundert Meter als Treffer gilt. Gleichzeitig erhielt die „Hansa" von „Friedrich dem Großen" wohlgezielte und wirksame Breitseiten. Dagegen zeichnete sich das feindliche Panzerfahrzeug „Brummer" mit seiner 1500 Pferdekraft starken Maschine und großen Geschwindigkeit aus, indem es den Torpedoböten viel zu schaffen machte und dieselben zur Flucht trieb; es hätte wenig gefehlt, und mehrere der Torpedoböte wären abgeschnitten worden.

Trotz des Verlustes eines seiner Schiffe war die Uebermacht des Feindes dennoch zu groß, um von seiten des Defensivgeschwaders an ein weiteres Vordringen denken zu können, so daß letzteres sich nach einem einstündigen, aber hartnäckigen Gefechte allmählich stromaufwärts zurückzog. Dieser Rückzug bot einen überaus imposanten Anblick. Schwarze, dichte Rauchwolken wirbelten aus den Schornsteinen der mit aller Kraft arbeitenden Maschinen, und allmählich eilte ein Fahrzeug nach dem anderen in aller Eile nach Südost, um so schnell wie möglich die durch die schwer armirten Schanzen von Cuxhaven geschützte Rhede zu erreichen. Voran dampfte der „Friedrich Karl", in Gefechtstakelage eine mächtige Bugwelle vor sich aufthürmend, dann folgte „Friedrich der Große", gleichfalls in Gefechtstakelage, hierauf die Panzer= fahrzeuge und der „Blitz" mit seinen Schutzbefohlenen, den Torpedoböten. Nachdem die Minensperre bei Cuxhaven passirt war, machten die Schiffe Kehrt und nahmen wieder Stellung zu dem auf Schußweite folgenden Feind, welcher doch in respektvoller Entfernung vor dieser gefährlichen Barriere Halt machte und ankerte. Hierbei sei erwähnt, daß eine westliche Dünung in die Elbe hineinrollte, begleitet vom frischen Winde, und die Torpedoböte beider kriegführenden Parteien einen recht schweren Stand hatten. Zwei derselben des Defensivgeschwaders erlitten Havarie durch Kollision, die jedoch nichts weiter auf sich hatte, wenngleich die Fahrzeuge von der weiteren Betheiligung an den Manövern aus= geschlossen blieben. Mit dem sich rückwärts konzentrirenden Defensivgeschwader lief auch das genommene, bezw. vernichtete Panzerschiff „Hansa" ein. Das Gefecht war auch auf seiten der Vertheidiger nicht ohne Verlust geblieben, wenngleich derselbe in gar keinem Verhältniß zu dem des Feindes stand. Es wurden vom Feinde durch dessen Torpedoböte zwei

---

[1] In Wirklichkeit gelingt dies selten, denn gewöhnlich werden diese kleinen leichten Objekte durch die Bugwellen beiseite geschoben.

Schleppdampfer, sowie ein Minenprahm und vier Dampfbarkaffen, die als Wachböte dienten, abgeschnitten oder über=
holt. Während des Gefechtes führte der Lotsendampfer „Wilhelmshaven" die Parlamentärflagge.

Nachdem es dem feindlichen Geschwader gelungen war, das Defensivgeschwader zurückzudrängen, war es zunächst
Aufgabe des ersteren, um weiter vorrücken zu können, die Minensperre zu beseitigen und eine freie Passage zu erzwingen.
Diese Aufgabe beschäftigte den Feind in der nächsten Nacht. Selbstverständlich wurde von seiten des Defensivgeschwaders
alles aufgeboten, dieses zu verhindern, und das genommene Panzerschiff „Hansa", der Aviso „Blitz" und einige Schlepp=
dampfer wurden bis zur Minensperre vorgeschickt und beläftigten die feindlichen Böte bei ihren Arbeiten durch ein
beständiges Feuer aus den Revolverkanonen. Der Feind beleuchtete die Scene seiner Thätigkeit durch elektrisches Licht;
namentlich waren es die kräftigen Reflektorapparate des „König Wilhelm", welche ihre Lichtkegel über das Operations=
feld warfen, gleichzeitig aber auch die Position des Feindes verriethen. Desgleichen wurden Raketen in der Richtung

Deutsches Kriegsschiff im Gefecht.
Richten des Geschützes.

der Minensperre abgefeuert, die ebenfalls eine momentane Beleuchtung bewirkten und die Arbeiten erkennen ließen. Gegen
11 Uhr nachts schickte der Feind seine Torpedoböte vor, die gewaltsam die vertheidigenden Fahrzeuge verdrängen sollten;
einigen gelang es auch sich dem Aviso „Blitz" auf Schußweite zu nähern, so daß dessen Existenz jedenfalls in Frage
gestellt war. Ebenso wurde auch diesseits ein Torpedobootangriff auf den Feind gemacht. Unter dem Schutze der
Dunkelheit liefen vier Torpedoböte dicht am Ufer entlang, um den Feind in der Flanke und im Rücken zugleich anzu=
greifen, doch war dieser jedenfalls auf einen solchen Angriff gefaßt, denn man sah sehr bald alle elektrischen Apparate
in Thätigkeit, und ein heftiges Feuer aus den Revolverkanonen zeigte an, daß die Böte entdeckt seien. Nichtsdestoweniger
konnte die Panzerfregatte „Preußen" als kampfunfähig bezeichnet werden, indem es zwei Torpedoböten gelang, sich ihr
auf sichere Schußweite zu nähern. Letztere kehrten nach Mitternacht nach der Rhede von Cuxhaven zurück. Der übrige
Theil des Devensivgeschwaders lag unter Dampf auf der Rhede vor Anker, alle Lichter waren entweder gelöscht oder
doch nach außen unsichtbar, selbst die Ankerlaternen fehlten, so daß dem Feinde keinerlei Ziel geboten war. Bei
Aufgang des Mondes wurden die Feindseligkeiten eingestellt. Um sieben Uhr morgens stießen die feindlichen Torpedo=
böte gegen das Devensivgeschwader vor, wurden aber durch beständige Salven aus den Hotschkißkanonen so arg mit=
genommen, daß sie sich ergeben mußten. Unter der Voraussetzung, daß es dem feindlichen Geschwader gelungen war, die

Minensperre wegzuräumen, rückte dasselbe um acht Uhr weiter stromaufwärts vor und nahm seinen Kurs auf das noch vor Anker liegende Defensivgeschwader. Im Schußbereich der nördlichen Schanzen angelangt, nahmen diese das Feuer auf, unterstützt von den Geschützen des Defensivgeschwaders. Der in Kiellinie vorrückende Feind befand sich somit im Kreuzfeuer. Letzteres konnte jedoch nicht sehr wirksam werden, da die Schiffe nahezu Bug gegen Bug lagen und nur von ihren Buggeschützen Gebrauch zu machen vermochten; ebensowenig konnte aus demselben Grunde das feindliche Feuer den diesseitigen Schiffen bedeutenden Schaden zufügen. Da inzwischen die Ebbe eingesetzt hatte, wurden die Panzer=kanonenböte mit einem Heckanker verankert, so daß sie mit Erfolg ihr einziges aber außerordentlich schweres Geschütz verwerthen konnten. Es entspann sich nach und nach eine heftige Kanonade, an welcher sich die in Kiellinie heran=dampfenden feindlichen Schiffe: „König Wilhelm", „Kaiser", „Preußen", „Stein", „Elisabeth", „Brummer" und „Skorpion", das Defensivgeschwader mit den Schiffen: „Friedrich Karl", „Friedrich der Große" und die Panzer=

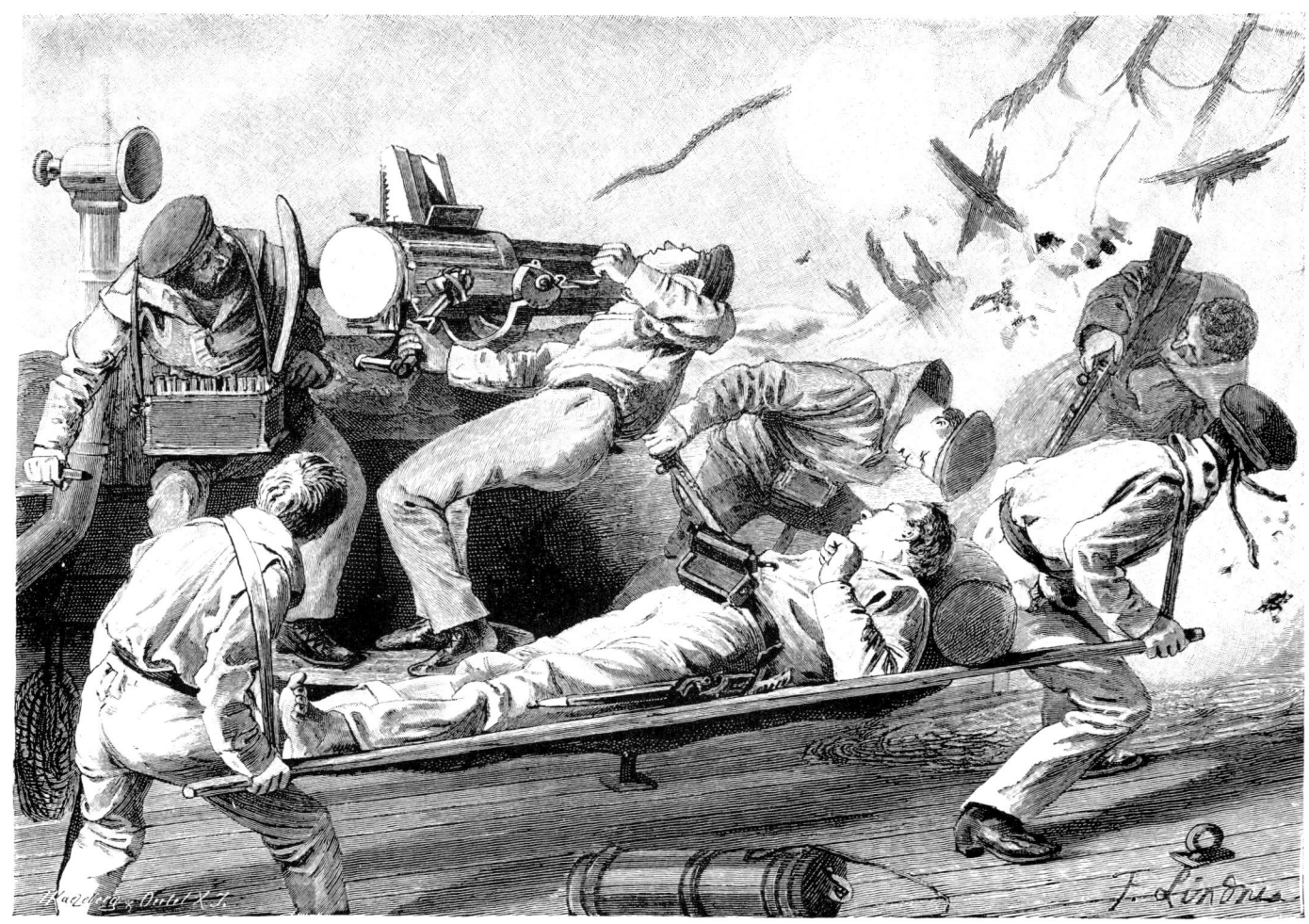

Deutsches Kriegsschiff im Gefecht.
Transport eines Verwundeten.

fahrzeugflottille „Arminius", „Basilisk", „Cameleon", „Wespe", „Blitz", sowie sämtliche Schanzen betheiligten. Den feindlichen Schiffen wurde durch das Kreuzfeuer der Schanzen und der Schiffe schon nach kurzer Zeit derart zugesetzt, daß das Offensiv=Geschwader kehrt machte und sich zurückzog. Soweit das Feuer von den Schanzen den fliehenden Feind noch mit Erfolg erreichen konnte, wurden ihm Schüsse nachgesandt. Das Gefecht endete schließlich mit einem verzweifelten Angriff der dem Feinde noch gebliebenen Torpedoböte, die aber durch kräftige Salven zurückgetrieben wurden.

Das (feindliche) Uebungsgeschwader mit seinen Verstärkungen dampfte sodann nach Wilhelmshaven, füllte dort abermals Kohlen auf und setzte seine Uebungen fort.

Ein Geschwadermanöver ist, zumal wenn windstilles, heiteres Wetter die Uebung begünstigt, ohne Frage eines der interessantesten Schauspiele, die man sich denken kann, und hat nur die eine — leider für die Popularität der Marine im Volke schwerwiegende — Schattenseite, daß es nicht allen Theilen unserer Nation vergönnt ist, solchen Geschwaderübungen wie den Manövern des Landheeres zuzuschauen und so aus eigener Anschauung einen imponirenden Eindruck von den Leistungen unserer Marine zu gewinnen.

Auf einem Schnelldampfer.

Die Abreise.

Die an die Gründung Bremerhavens geknüpften Hoffnungen haben sich in reichem Maße erfüllt. Die Hegemonie Bremens über seine Handelsrivalen an der Weser ist durch dieselbe befestigt und bis auf den heutigen Tag erhalten. Keine Mühe und keine Ausgabe wurde gescheut, um diesen Zweck zu erreichen und die dem Verkehr und dem Handel dienenden Anlagen zu mustergültigen zu machen. Zugleich trug Bremen aber auch Sorge, daß der Sprößling der Vaterstadt nicht über den Kopf wachse. Bremerhaven sollte eine Ladestelle sein und eine Ladestelle ist es geblieben, wenn auch die Statistik die Stadt infolge der 1500 Seeschiffe, die jährlich dort verkehren und welche einen Tonnengehalt von über eine Million Registertonnen repräsentiren, zu den ersten Verkehrsstädten Deutschlands zählt. So wird es erklärlich, daß das Innere der Stadt noch heute das Wesen eines Landstädtchens zur Schau trägt, während in der Nähe der Hafenanlagen ein Leben und Treiben herrscht, wie es nur an den dem Weltverkehr dienenden Stätten zu finden ist.

Von allen Seiten dringt der Gesang und das Hoiho der arbeitenden Matrosen zu uns, während Dampfheuler und Sirene, Glocke und Signalpfeife zeigen, wie man es verstanden hat, sich den Dampf dienstbar zu machen.

In der Nähe des „Neuen Bassins", dem Hauptliegeplatz der großen Ozeandampfer, erreicht das Leben und Treiben seinen Höhepunkt. Für jeden des Anblicks Ungewohnten hat es etwas geradezu Verblüffendes, besonders an den Tagen, an welchen einer der auf der New-Yorker Linie verkehrenden Schnelldampfer expedirt wird. Dann gilt es nicht allein eine bedeutende Menge noch in den letzten Stunden eintreffender Eilfracht zu verladen, sondern zugleich auch viele Hunderte aus allen Gegenden der Welt hier zusammenströmenden Passagiere an Bord zu schaffen.

Das zur Reise bestimmte Schiff verläßt meistens schon am Abend vor dem festgesetzten Abfahrtstage den Hafen, um unabhängig von dem Eintritt der Fluth mit dem Eintreffen des letzten Passagiers und des letzten Postsacks die Reise beginnen zu können. Der größte Theil der Ladung und der Ausrüstung ist schon eingenommen, während das Schiff im Bassin lag. Die noch eintreffende Eilfracht wird dem auf der Rhede liegenden Ozeandampfer mit Schleppern und Leichtern zugeführt. Die Uebernahme dieser Güter geschieht in erstaunlich kurzer Zeit mit Hülfe von Dampfwinden. Kaum ist die Heißkette um eines der mächtigen Frachtstücke geschlungen, so schwebt dies auch schon hoch in der Luft, um gleich darauf in den Lagerräumen des Schiffes zu verschwinden. Hier wird es von berufsmäßigen „Stauern" in Empfang genommen und so fest und sicher gestaut, daß eine Aenderung seiner Lage im Schiffe selbst bei schwerem Seegange fast nie vorkommt.

Die lebendige Fracht des Dampfers, die Passagiere, erfordert in den meisten Fällen zu ihrer Beförderung zwei Extrazüge, von denen der erste, welcher Bremen beim Morgengrauen verläßt, die Zwischendeck-Passagiere überbringt.

Vor noch nicht langer Zeit fanden ihrer nicht selten über Tausend mit einem Dampfer Beförderung. Diese Zahl wurde in den letzten Jahren nicht mehr erreicht, doch kommt es noch häufig vor, daß über 600 Personen allein im Zwischendeck eines Dampfers die Reise über den Ozean machen. — Heute bringt der Zug 460 solcher Passagiere von dem Sammelpunkte Bremen bis zu der vom Lloyd in der Nähe des Deichs errichteten Wartehalle. Kaum hält der Zug, so drängt sich alles schiebend und stoßend aus den vollgepfropften Coupés in das Freie. Einen Augenblick herrscht ein wirres Durcheinander, dann aber bilden sich auf dem grünen Platze neben dem Geleise geordnete Gruppen. Es sind Familien, deren einzelne Glieder das mitgeführte Gepäck zusammentragen und dann neben demselben gelagert im warmen Sonnenscheine des schönen Junitages noch eine kurze Rast halten, bevor sie den heimathlichen Boden verlassen. Dadurch wird es möglich sich eine Vorstellung zu machen, aus welchen Bestandtheilen sich der Völkerdünger zusammensetzt, der für die Entwickelung der neuen Welt eine so bedeutungsvolle Wichtigkeit erlangt hat. Ein Blick belehrt uns, daß Idealgestalten, wie sie Freiligrath uns schildert, unter der Menge nicht zu finden sind. Es sind armselige Menschenkinder, denen man es ansieht, daß Eisenbahnwagen 4. Klasse und schmutzige Auswandererhäuser ihnen manchen Tag, Vielen wochenlang Heimath und Herberge waren. So schmutzig und elend sehen sie aus, daß es scheinen mag, als ob Europa ihren Verlust leicht verschmerzen könnte. Wer aber den Werth williger, arbeitsgewohnter Arme zu schätzen weiß und wem bekannt ist, daß heutzutage das Gros der Auswanderer sich nicht mehr aus querköpfigen Europamüden zusammensetzt, sondern aus Arbeitern, welche der Landhunger und der Wunsch, für sich und ihre Kinder eine Heimstätte und Eigenthum an Grund und Boden zu erwerben, in die Ferne treibt, der wird nur mit Bedauern diese Scharen kräftiger Männer und Frauen, diese Menge flachsköpfiger pausbäckiger Kinder einem Lande zuströmen sehen, welches, wie kein anderes, es versteht, das Gefühl der Zusammengehörigkeit mit dem Vaterlande zu vernichten.

Ihre gesunden Arme und die Liebe zur Arbeit bilden unzweifelhaft den größten Schatz der Auswanderer, doch ist auch der materielle Verlust, den Europa durch die Auswanderung erleidet, kein geringer. Fast jeder Ankömmling führt bei der Landung in Newyork eine Summe baren Geldes bei sich, welche zur Bestreitung des Unterhaltes für die ersten Wochen nach der Landung, für die Lösung von Eisenbahnbillets nach den oft noch weit entfernten Zielpunkten der Reise und für ähnliche Ausgaben bestimmt ist. Viele besitzen außerdem noch größere Beträge, welche zum Ankauf von Ländereien, zur Beschaffung von Ackergeräth und Hausrath in der neuen Heimath dienen sollen. Rechnet man

Auswanderer an Bord gehend.

hinzu den Werth der mitgenommenen Kleider, der Betten und des anderen Hausraths, der Uhren, des Schmucks und des Handwerksgeräthes, so ergiebt sich ein Gesamtbetrag, welcher von amerikanischen Statistikern auf 123 Dollars für den Kopf — ca. 500 Mark — geschätzt wird. Die Summe ist wohl zu hoch gegriffen; nimmt man aber auch nur die Hälfte derselben als für die deutschen Auswanderer richtige Ziffer an, so ergiebt sich bei einer Gesamtzahl von etwa zwei Millionen Personen, welche seit dem Jahre 1870 von Deutschland nach den Vereinigten Staaten auswanderten, eine Summe, welche die Milliarden der Kriegskontribution Frankreichs weit in den Schatten stellt.

Von den Auswanderern, die wir vor uns sehen, tragen nur sehr wenige noch die Tracht der Heimath. Trotzdem ist es nicht schwer zu erkennen, daß die Mehrzahl Landleute sind; der Rest setzt sich größtentheils aus Fabrikarbeitern und Handwerkern zusammen. Die Zahl Derer, denen man es ansieht, daß sie „bessere Tage gesehen haben", ist dagegen eine verschwindend kleine. Von den deutschen Auswanderern, welche vielleicht die Hälfte der Gesamtzahl bilden mögen, stammen wohl die meisten aus Niedersachsen und Pommern, der Rest ist aus vieler Herren Ländern hier zusammengetroffen. Neben dem stupid aussehenden Böhmen steht der Ungar; der urkräftige Skandinavier neben einer Gruppe polnischer Juden. Diese sind zweifellos die Elendesten der Elenden. In ihren langen, schwarzen, schmutzstarrenden Kaftans, hohe schwarze Hüte auf den ungeschorenen Köpfen, umgeben von bettelnden Weibern und einer Schar bleicher, kränklicher Kinder, machen sie einen unsagbar jammervollen Eindruck.

Die Einschiffung der Zwischendeck-Passagiere nimmt unter der Leitung einer Anzahl alter Seeleute nur kurze Zeit in Anspruch. Es ist lustig zu sehen, wie diese es gelernt haben mit einer solchen Gesellschaft umzugehen und wie sie, wie die Schäferhunde — wohl mit Bellen, aber ohne Beißen — ihres Amtes warten.

Unter ihrer Leitung ordnet sich alles schnell und willig zum Zuge nach dem Fährdampfer, welcher auf der anderen Seite des Deichs der Passagiere harrt. Der Weg dorthin erfordert nur wenige Minuten. Bald ist die Krone des Deichs erreicht, und von derselben bietet sich den armen Wanderern das herrliche Schauspiel eines weiten Meeresarmes, auf dessen im Sonnenglanz ruhendem Spiegel, in nicht allzuweiter Ferne das gute Schiff, die „Eider", mit seinen flaggengeschmückten Masten ihrer harrt. Der Anblick desselben mag ihnen wie eine Erlösung erscheinen und sie die Bedeutung des Augenblicks vergessen lassen: die Meisten von ihnen verlassen den heimischen Boden, um ihn nie wieder zu betreten. Nur Wenigen haben Freunde bis hierher das Geleite gegeben, doch fehlt es nicht an ergreifenden Abschiedsscenen. Da steht ein alter Mann mit dem scheidenden Sohne zusammen am Steg. Das Herz mag Beiden voll zum Zerspringen sein, aber der Schmerz findet nicht den befreienden Weg zu den Lippen, stumm starren Beide vor sich hin, bis der Zuruf des Kapitäns den Jungen an Bord treibt. — Ein kurzes Abschieds= und Segenswort, eine letzte Umarmung, und der Alte steht einsam am Ufer. Die Taue, welche den Dampfer halten, werden gelöst, die Schaufelräder setzen sich in Bewegung, und mit einem heulenden Pfiff schießt das Schiff hinaus in die gelbe, strömende Fluth.

Der Alte steht noch lange da und schaut dem Dampfer nach, bis die wachsende Entfernung ihm nicht mehr gestattet das Tuch zu erkennen, welches sein Sohn als letzten Abschiedsgruß im Winde flattern läßt; dann heben sich langsam seine Arme, ein Zittern fliegt durch die Glieder und halblaut kommt es über die Lippen: „Mein Sohn, mein armer unglücklicher Sohn!" —

Einige Stunden später langt der Zug an, welcher die Kajütenpassa- giere und die Post bringt. Auch dieser Zug ist zu früher Stunde von Bre- men abgefahren, zu einer Zeit, die Manchem, der den letzten Abend in der Heimath zu einer gründ- lichen Probe der Weine des Bremer Rathskellers benutzt hatte, grausam früh erscheint. Die Fahrt durch die öde Heide bietet wenig Abwechslung, um so lieber benutzt man die sich bietende Gelegenheit Bekanntschaften anzu- knüpfen, welche oft für den Verkehr während der Ueberfahrt entscheidend

Auswanderer am Bord.

sind. Der Zug durchfährt die Schwesterstädte Geestemünde und Bremerhaven in weitem Bogen und fährt dann auf dem Damm zwischen den Hafenbassins hindurch bei der Wartehalle vor. Kaum hält er, so ist auch schon die Avantgarde unterwegs, junge Männer in gut sitzenden Kleidern mit eleganten Reisetaschen in der Hand und einem Bündel Regenschirme unter dem Arm. Man merkt es ihnen an, daß sie in einem Lande zu Hause sind, in welchem Jeder sich bemüht bei derartigen Gelegenheiten der Erste zu sein. Ihnen folgt das bunte Heer der Familien, nachdem die armen Papas sich persönlich überzeugt haben, daß all die Ungeheuer von Koffern, welche ihren Begleiterinnen gehören, richtig und unversehrt eingetroffen sind.

Die Zahl der Kajütspassagiere schwankt mit der Jahreszeit, aber selten sind es deren weniger wie Hundert. Bei dieser Fahrt weist die Passagierliste der „Eider" 223 Namen auf, von denen ungefähr 90 die Ueberfahrt in der zweiten Kajüte machen werden. Eine bunte Menge! Die Kanzel, das Theater, die Fabrik und das Kaufhaus, die Eisenhütte und das Laboratorium haben Vertreter gestellt und Aerzte, gewesene Offiziere, sowie Landwirthe fehlen in ihr nicht. Auch unter den mitreisenden Damen findet sich jedes Alter und jeder Stand vertreten. Während das Gepäck an Bord geschafft wird und die Postsäcke sich auf dem Deck des Dampfers zu einem Berge häufen, wird das Gespräch unter den Reisenden so allgemein und lebhaft geführt, als ob die eben Zusammengetroffenen schon langjährige Bekannte wären. Hier erzählt eine junge Amerikanerin, wie sie es fertig gebracht hat, zusammen mit Vater und Mutter halb Europa in drei Wochen zu bereisen, dort berichtet ein Herr von einer prachtvollen Fahrt auf dem Zweirad von der Paßhöhe des Brenners hinab bis nach Innsbruck, während eine andere Gruppe den Abenteuern eines Herrn lauscht, welcher

Rußland von Archangel bis Moskau, den Tornister auf dem Rücken, durchquerte. So vergeht die ungemüthliche Zeit des Wartens, und mit der Uebernahme des letzten Postsacks setzt sich der Dampfer unter den Hurrarufen der an Land Bleibenden zur letzten Fahrt nach der „Eider" in Bewegung.

Ueber den Deich des westlichen Ufers lugt, halbverschleiert von leichtem Sonnennebel, der Thurm der Kirche von Blexen zu uns hinüber, eines der ältesten und ehrwürdigsten Bauwerke Deutschlands. Aber heute zeigt Niemand dafür Interesse, ebensowenig wie für den mächtigen Leuchtthurm und die übrigen vom Deich halbverdeckten Gebäude Bremerhavens, an welchen der Dampfer vorüberfährt; denn vor uns liegt die „Eider", die uns über das sturmbewegte Meer zu dem Lande der sinkenden Sonne führen soll. Schlank wie eine Yacht liegt das Schiff da. Es ist schwer sich von seiner Größe einen richtigen Begriff zu machen, bis der „Willkommen" sich mit kurzem Bogen an die Seite der „Eider" legt. Wie ein Riese erscheint nun der Ozeandampfer neben seinem kleinen Gefährten, haushoch erheben sich seine Seiten über den niedrigen Bord des zum Zwerg Gewordenen. Vom Deck herunter tönen fröhliche Weisen uns entgegen. Am Fallreep stehen die Schiffsoffiziere, umgeben von Quartiermeistern, Stewards und Mannschaften im Sonntagsstaat, bereit, die Ankommenden zu empfangen. Um sie herum drängt sich das Heer der Zwischendeckspassagiere, während oben auf der Brücke, in unnahbarer Höhe, der Kapitän das bunte Leben und Treiben zu seinen Füßen überwacht. Er winkt, und ein Plankensteg gleitet vom Schiff herab, und über ihn hinauf ziehen die Passagiere, Männlein wie Fräulein, in geschäftiger Eile.

Dem letzten Passagier folgt das Gepäck und die Post. Mit deren Uebernahme bleibt aber nur ein Theil der Mannschaft beschäftigt, der andere Theil geht nach vorn, wo die Dampfwinde bereits in Gang gesetzt ist, um den Anker zu lichten. Während die Passagiere zu den ihnen überwiesenen Schlafkabinen eilen und einen Blick in die ihnen übergebenen Passagierlisten werfen, steigt der Anker in die Höhe. Bald ist das Schiff „los" und wendet mit Hülfe des „Willkommen" den Bug langsam dem offenen Meere zu. Die Maschine setzt sich in Bewegung und von ihr getrieben gleitet das edle Schiff an dem Fort Brinkama, welches wie eine Riesenschildkröte im Uferschlamm daliegt, vorbei, den Fluß hinab.

Die Wesermündung ist eins der gefährlichsten Fahrwasser der Welt, von allen Seiten drängen sich Sandbänke und Watten in dasselbe hinein und lassen zwischen sich nur eine schmale und gewundene, wenn auch tiefe Fahrrinne. Das gelbe Wasser, welches die weite Fläche überströmt, verhüllt die unter ihm schlummernden Gefahren, und selbst dem geübtesten Lotsen würde es nicht möglich sein, den Weg zwischen ihnen hindurchzufinden, wenn nicht zu beiden Seiten der Fahrrinne Bojen ausgelegt wären, die ähnlich wie Meilensteine den sicheren Weg bezeichnen. Bei gutem Wetter und bei Tage ist die Einsegelung dadurch eine leichte Aufgabe geworden, anders aber ist's bei Nebel und im Sturm. Bei Nacht war eine Einsegelung in die Weser bis vor kurzer Zeit eine äußerst gefährliche Aufgabe, welche aber durch die Erbauung des Leuchtthurms auf dem Rothen Sande seine größten Schwierigkeiten verloren hat. Es ist dies ein Werk, auf das nicht allein die Stadt Bremen, welche die Gesamtkosten des Baues getragen hat, sondern auch ganz Deutschland das vollste Recht hat stolz zu sein. Der Bau mußte in offener See ausgeführt werden. Ein Felsen, wie er bei der Erbauung des Leuchtthurms auf Eddystone und bei den späteren Bauten auf Skerryoose, Wolf's Rock und Haut le Bréhat als Fundament benutzt werden konnte, war nicht vorhanden. Es mußte erst geschaffen werden, gewiß eine der schwierigsten Aufgaben, welche je einem Ingenieur gestellt wurde. Auf Vorschlag des Bremischen Bauraths Hanckls wurde hierzu, zum ersten Male in offener See, ein sogenannter Senkkasten benutzt, ein mächtiger Eisenbau von länglich runder Form. Er erhielt zunächst eine Höhe von 22,76 Meter, während seine Länge ungefähr 14 Meter, seine Breite 11 Meter betrug. Am unteren Boden des Kastens setzt sich eine Schneidekante von ca. 2 Meter Höhe an.

Der Raum unter diesem Boden bildete die Arbeitskammer, welche durch eingepumpte komprimirte Luft wasserleer gehalten wurde. Von hier aus wurde der ausgehobene Boden mit einem Sandgebläse nach oben befördert. Indem man zugleich das Innere des Senkkastens mit Beton und Mauerwerk ausfüllte, zwang man das mächtige Eisenwerk sich zu senken, bis es in einer Tiefe von 22 Meter unter niedrig Wasser eine Schicht von Muscheln erreichte, welche in lebendem Zustande in der Nordsee nicht mehr angetroffen werden. Man war damit zu einer Bodenschicht gelangt, die als eine unveränderliche angesehen werden konnte.

Das Herausschaffen des Sandes unter dem Boden wurde nun eingestellt, das weitere Senken des Thurmes dadurch verhindert und der Bau in die Höhe geführt. Trotz der langen, durch die Winterstürme gebotenen Unterbrechungen wurde er so schnell vollendet, daß bereits im Herbst 1885 das Leuchtfeuer auf dem Thurme angezündet werden konnte.

Seit der Zeit strahlt von der Kuppel des Thurmes allnächtlich eine mächtige Lichtgarbe hinaus über das dunkle Meer. Durch die sinnreiche Anwendung eines Jalousien-Blendapparates wird sie zum Theil in ein Blitzfeuer verwandelt, welches den Seemann vor den gefährlichen Sandbänken warnt, während das feste Leitfeuer ihm den Weg zum sicheren

Hafen weist. — Bevor die „Eider" den Leuchtthurm erreicht, hält das Schiff noch einmal an, Denjenigen, welche ihren Freunden bis hierher das Geleit gegeben haben, Gelegenheit zu bieten, den Dampfer zu verlassen. Um sie zusammenzurufen, wird die Sirene in Gang gesetzt und das Gong in allen Theilen des Schiffes angeschlagen. Das schauerliche Duett geht durch Mark und Bein, aber es erfüllt seinen Zweck. In wenigen Minuten steht das kleine Häuflein der Getreuen auf dem „Willkommen".

Mittlerweile hat der Kapitän den richtigen Empfang von Post und Ladung bescheinigt. Die Taue, welche unsere Begleiter bis dahin hielten, werden gelöst und, während die Musik eine lustige Weise spielt, dreht er mit kurzem Bogen dem Heimathshafen zu. Ein Hurra schallt von ihm herüber, welches 1000 kräftige Kehlen von der „Eider" aus erwidern. Dann wird unsere Maschine wieder in Gang gesetzt und bald verschwindet der „Willkommen" im leichten Nebel.

Auf dem Leuchtthurm steigt die Flagge empor, welche wir Deutsche in kurzer Zeit so lieben gelernt haben, und senkt sich, als die „Eider" vorbeifährt, zum Gruße. Unser Schiff erwidert ihn in derselben Weise; dann wendet es sich westlich und fliegt dem offenen Meere zu.

Wieder ertönt das Gong, aber diesmal gilt es den Passagieren des Schiffs, welche er zur ersten Mahlzeit in die Kajüte ruft. Man merkt es, daß sie lange gefastet haben, und den beiden warmen Gerichten, sowie den ungezählten kalten Speisen, aus welchen das „Luncheon" zusammengesetzt ist, wird tapfer zugesprochen.

Während des Frühstücks passirt die „Eider" das Weserfeuerschiff. Die frische Brise, welche am Morgen wehte, ist eingeschlafen, so daß die weißen Segel der in Stille treibenden Segelschiffe klatschend gegen die Masten schlagen.

Die „Eider" hat jetzt ihre volle Fahrt aufgenommen; bis in den fernsten Schiffswinkel macht sich die rhythmische Bewegung der Maschine fühlbar. Der scharfe Bug durchschneidet das glitzernde Wasser und wirft zwei mächtige Wellen auf, welche, zur Seite ausweichend und allmählich geringer werdend, noch lange sichtbar bleiben. An den Seiten im weiten Umkreis kocht das perlende Wasser in die Höhe, als ob das Schiff in einem Meere von Schaumwein schwämme. Im Kielwasser des Schiffes tummelt sich eine Schar von Möven, die gierig die über Bord geworfenen Speiseüberreste sich streitig machen. Von Zeit zu Zeit steigen aus den Schornsteinen schwarze Rauchwolken auf und lagern sich zu niedrigen Streifen über dem Meeresspiegel. Die Farbe des Wassers hat sich zu einem dunkeln Grün verändert. Eine leichte Dünung macht sich fühlbar, in welcher der Bug, sich leicht wiegend, auf= und absteigt. Das Land im Süden verschwindet den Blicken, wir sind auf hoher See! Als die Sonne untergeht, liegt schon die deutsche Küste hinter uns. Die Feuer an der holländischen Küste werden sichtbar, von welchen geleitet die „Eider" die Einfahrt zum Kanal gewinnt. Eine klare Nacht folgt dem schönen Tage. Die Reisegefährten begeben sich allmählich zur Ruhe. Uns aber fesselt noch das wunderbare Schauspiel des in vollem Glanze der Sterne erstrahlenden, wie auf dem Seehorizont ruhenden Himmelsgewölbes an Deck, und bei einem Glase guten Rheinweins gedenken wir in Treue der daheimgebliebenen Lieben und des Vaterlandes, bis die Mitternachtsstunde auch uns mahnt, in unseren Kojen den Schlaf zu suchen.

Am nächsten Morgen um neun Uhr ist die Eider bereits bei Dover angelangt. Das alte Schloß und die mächtigen Festungswerke, welche die Kreidefelsen Alt=Englands krönen, ruft alle Passagiere an Deck, und das herrliche Bild, welches sich allmählich entfaltet, als das Schiff an den Küsten von Kent und Sussex vorbeifährt, hält sie gefesselt. Auf der Welt giebt es wohl keinen Küstenstrich, der in gleichem Maße uns anspricht, wie gerade dieser. Die alten Wachtthürme, welche am Ufer entlang errichtet sind, erinnern uns an die mannigfachen Heereszüge, die unternommen wurden, um sie zu gewinnen, und die lachenden Gefilde, welche im schönsten Schmuck des Sommers prangen, die vielen Städte, deren rauchende Schornsteine von der Arbeit vieler tausend fleißiger Hände erzählen, die herrlichen Seebäder, deren langgestreckte Häuserreihen von dem Reichthum und Wohlstand Alt=Englands Kunde geben, machen es erklärlich, wie diese Gestade für Römer, Dänen und Normannen, Franzosen und Spanier denselben Reiz besaßen wie die blühenden Gefilde Italiens für unsere Vorfahren. Der Wind weht frisch aus Osten, und wie die „Eider" dahinsaust, passirt sie Hunderte von Schiffen, welche gegen den Wind aufkreuzen. Von der Kraft des Windes weit übergebeugt, bilden ihre Masten einen scharfen Winkel mit dem Horizont. Jedes kleinste Segel ist gesetzt, und bei dem stillen Wasser durchschneiden die scharfen Buge die Fluth mit sausender Fahrt. Dann und wann erhebt sich eine Welle und sendet einen feinen Sprühregen über das Schiff; hinten aber auf dem Kajütsdeck steht der Schiffer und sieht heute mit Verachtung auf den qualmenden und rauchenden Kollegen.

Nachmittags gegen drei Uhr passiren wir das Feuerschiff „Owers". Die Insel Wight tritt jetzt aus dem leichten Nebel deutlicher hervor. Unser Schiff wendet sich rechts und fliegt dem Grunde der Bucht zu. Vorüber geht es an Feuerschiffen, an einem Geschwader von Panzerschiffen und an riesigen Panzerthürmen. Dann wird rechts Gosport sichtbar und Portsmouth, in dessen Hafen die stolzeste Reliquie Englands, die „Victory", liegt. Links bleibt die Insel Wight uns zur Seite, bis der Dampfer in das Fahrwasser einlenkt, welches nach Southampton führt.

Wie ein mächtiger Strom erscheint dieser Meeresarm. Von seinen hohen Ufern sehen prächtige Landsitze und reiche Pachtgüter auf uns herab, während rechts vor uns die malerische Ruine der Abtei von Netley in Sicht kommt. Hier stoppt die „Eider", um die Passagiere und die Post an Bord zu nehmen, welche von London aus über Southampton unserem Schiffe hier zugeführt werden.

Einige Glückliche haben mit dieser Gelegenheit Briefe erhalten. Wir Anderen begnügen uns, einem Zeitungs= jungen einige der ausgerufenen Londoner Morgenzeitungen und eine kleine Bibliothek von illustrirten Zeitschriften und Magazinen abzukaufen. In einer halben Stunde ist die Uebernahme der Poststücke beendet. Unser kleiner Gefährte verläßt uns, und in wenigen Minuten fliegen auch wir wieder mit voller Fahrt der See zu. Ein aufziehender Regen treibt uns unter Deck und läßt uns williger dem Aufenthalt auf Deck entsagen und den Genüssen des harrenden Mittags= mahles uns hingeben. Als wir nach aufgehobener Tafel an Deck kommen, sind die Needles bereits passirt und Hurst Castle liegt von der Abendsonne beschienen hinter uns.

Das schöne Bild fesselt uns jedoch nicht lange. Denn vor uns erhebt sich eine Rauchsäule, welche als Vorbote eines anderen von Newyork kommenden Dampfers des Norddeutschen Lloyd bezeichnet wird. In wenigen Minuten wird die „Werra" erkannt, deren Eintreffen von Lizard gemeldet war. Bald wird auch der schlanke Rumpf sichtbar, dann die Menge der sich drängenden Gesichter der Passagiere. Mit riesiger Geschwindigkeit sausen wir aneinander vorüber. Hüben und drüben ertönt ein Hurra, die Sirenen erheben ihre Stimmen zum Gruße, weiße Tücher flattern; noch einige Minuten vergehen, und wir sind wieder allein auf weiter Fluth.

Die „Eider".

Als im Anfang der siebziger Jahre das Pionierschiff einer neuen Dampfergesellschaft, der White Star Linie, in den Hafen von Newyork einlief, rief die eigenthümliche, von der herkömmlichen weit abweichende Form desselben eine lebhafte, meist abfällige Kritik hervor. Man glaubte, daß der lange schlanke Bau nicht die nöthige Fähigkeit besäße,

Dampf auf.

um mit den Wogen des Nordatlantic kämpfen zu können, und daß der Bug sich unter den Wellenbergen begraben müsse; allgemein war man der Ansicht, daß die Compagnie in kurzer Zeit der Konkurrenz der rivalisirenden Linien erliegen würde. Aber die Leiter der Gesellschaft verstanden das Publikum zu interessiren. Sie wiesen nach, daß ihre Schiffe durch höchst zweckentsprechende Verbandkonstruktion, Her= stellung aller Decks aus Eisen u. s. w. eine Festigkeit erhalten hatten, welche kein bis dahin gebautes Schiff besaß. Sie be= riefen sich bezüglich der Seefähigkeit ihrer Schiffe auf das Urtheil ihrer Passagiere, luden die Gesellschaft Newyorks ein, die brillante Einrichtung der Innenräume in Augenschein zu nehmen, und zeigten sich in jeder Beziehung als Meister im Reklame= wesen. Die Reisen der neu eingestellten Schiffe verliefen glücklich, in kurzer Zeit waren die Kajüten bis auf den letzten Platz gefüllt und die Passagiere des Lobes der neuen Linie voll.

In einer Beziehung aber sollten die Unglücksraben Recht behalten, welche der Linie Unheil prophezeit hatten. Seit alter Zeit sind nämlich die Schiffe, welche den Namen von Meeren tragen, als Unglücksschiffe verrufen; seitdem die „Baltic" in den fünfziger Jahren spurlos verschwunden war, hatte wohl kein Schiff wieder einen derartigen Namen erhalten, und nun wurden die neuen Schiffe ominöser Weise: „Oceanic", „Atlantic", „Baltic" und „Adriatic" getauft. — Grund genug, um auch ihnen ein grauenvolles Schicksal zu prophezeien. Und die „Atlantic" erlitt wirklich Schiffbruch, wobei über sechshundert Menschenleben umkamen.

Es war ein schwerer Schlag für das junge Unternehmen, und wenn auch die Begründer den Muth besaßen, den Verlust durch den Bau größerer und schnellerer Dampfer zu ersetzen, so gaben sie doch die Absicht auf, ihnen Namen von Meeren zu geben; statt „Arctic" und „Pacific", wie man es geplant hatte, wurden sie „Germanic" und „Britannic" genannt.

Diese Schiffe waren die ersten, welche Etmale von über 400 Seemeilen zurücklegten, d. h. diese Strecke in einer Zeit von einem Mittag bis zum nächsten durchliefen. Sie waren somit die ersten „Schnelldampfer" im modernen Sinne des Wortes. Bis vor wenigen Jahren war ein Etmal von 300 Seemeilen als eine vorzügliche Leistung angesehen und solche von 350 Meilen früher nur in seltenen Ausnahmefällen erreicht worden. Das reisende Publikum drängte sich in immer dichteren Scharen zu den Dampfern, und die Gesellschaft erntete in der von ihr inaugurirten Aera der Schnelldampfer goldenen Lohn. Zu ungefähr gleicher Zeit wurden von vier anderen Gesellschaften Dampfer in Bau gegeben, welche der „Britannic" ihren wohlverdienten Lohn entreißen sollten; zwei von ihnen, „City of Rome" und die „Servia", hatten noch die älteren Formen, bei der Konstruktion der beiden anderen, der „Arizona" der Guion-Linie und der „Elbe" des Norddeutschen Lloyd, legte man die beim Bau der White Star-Dampfer befolgten Prinzipien zu Grunde.

Die beiden erstgenannten Schiffe entsprachen den Erwartungen zunächst nur in geringem Grade, „Arizona" und „Elbe" übertrafen aber an Schnelligkeit die „Britannic".

Seit dieser Zeit sind von englischen, deutschen und französischen Gesellschaften zahlreiche Schnelldampfer erbaut und in Dienst gestellt worden, welche noch für die Beförderung der amerikanischen Post nach Europa in erster Linie herangezogen werden.

Ein die Zeit vom 30. Juni 1888 bis zum 30. Juni 1890 umfassender Bericht des amerikanischen General-Postmeisters führt eine genaue Kontrolle über die Zeit, welche jedes einzelne Schiff für die Ablieferung der Post beansprucht hat.

Während sonst immer englische Schnelldampferlinien den ersten Platz, was die Schnelligkeit der Postbeförderung anbetrifft, eingenommen haben, wird in dem vorliegenden Bericht die hocherfreuliche Thatsache festgestellt, daß die Hamburg-Amerikanische Packetfahrt-Aktien-Gesellschaft durchschnittlich die amerikanische Post mit ihren neuen Doppel-schrauben-Dampfern am schnellsten nach England geliefert hat. Der Postmeister räumt deshalb auch der Hamburger Gesellschaft die erste Stelle in der seinem Bericht beigefügten statistischen Aufstellung über die Reisedauer ein. Den zweiten Platz hat die Inman-Line, den dritten die White Star-Line, beide zwischen Liverpool und Newyork verkehrend, erlangt. Der Norddeutsche Lloyd rangirt als viertschnellste Linie, während die früher den ersten Platz einnehmende Cunard-Linie sich mit dem fünften Platz begnügen muß. Aus dem Zahlenmaterial der Statistik sind die folgenden Einzelheiten besonders interessant. Für die Lieferung der Post von Newyork bis London hat der hamburgische Schnelldampfer „Columbia" im ersten Quartal durchschnittlich 179 Stunden 5 Minuten gebraucht, im zweiten Quartal hat er diese Zeit auf 178 Stunden reduzirt und im vierten Quartal die Postbeförderung sogar in 177 Stunden durchschnittlich besorgt. Die schnellste Reise der „Columbia" nahm 175 Stunden und 2 Minuten in Anspruch (einschließlich der Zeit für die Bahnbeförderung der Post von Southampton nach London). Der Hamburger Schnelldampfer „Normannia" hat durchschnittlich 181 Stunden und 1 Minute und der dritte Hamburger Schnelldampfer, die „Augusta Victoria", 186 Stunden gebraucht. Der schnellste englische Dampfer, „City of Paris" brauchte durchschnittlich 179 Stunden und 9 Minuten, die „City of Newyork", gleichfalls der Inman-Line gehörig, 184 Stunden und 3 Minuten. Die neuen Doppelschrauben-Schnelldampfer der White Star-Line brauchten:

die „Teutonic" 185 Stunden 4 Minuten,
„ „Majestic" 188 „ 9 „

Es kommen dann die Schnelldampfer des Norddeutschen Lloyd, welche in folgender Reihenfolge rangiren:

Dampfer	„Lahn"	185 Stunden 8 Minuten,
„	„Trave"	197 „ 6 „
„	„Saale"	201 „ 9 „
„	„Aller"	202 „ 7 „
„	„Eider"	206 „ 9 „
„	„Fulda"	207 „ 7 „
„	„Werra"	208 „ 3 „
„	„Ems"	208 „ 7 „
„	„Elbe"	215 „ 7 „
„	„Kaiser Wilhelm II."	218 „ 6 „

von der Cunard-Linie brauchte die

„Etruria" 187 Stunden 4 Minuten,
„Umbria" 193 „ 7 „

Von der französischen Gesellschaft, der Compagnie Générale Transatlantique, brauchten die Dampfer von 205 bis 225 Stunden. — Der Bericht meldet weiter, daß von der amerikanischen Postverwaltung in Gemeinschaft mit dem deutschen Reichs-Postamte die Einrichtung von Postbureaus auf den Hamburger und Bremer Schnelldampfern in Aussicht genommen ist.[1] Die Posten werden darnach von zwei an Bord eines jeden Schnelldampfers befindlichen Postbeamten schon während der Reise sortirt werden, und hofft man dadurch eine wesentlich schnellere Auslieferung der Posten zu erzielen. Unzweifelhaft dürften in Zukunft angesichts dieser Thatsachen die neuen Hamburger Schnelldampfer in erhöhtem Maße zur Postbeförderung herangezogen werden, um so mehr, als der neueste, gleich der „Columbia" auf der Stettiner Schiffswerft „Vulkan" erbaute Doppelschrauben-Schnelldampfer der Hamburg-Amerikanischen Packetfahrt-Aktien-Gesellschaft, „Fürst Bismarck", — ein schwimmender Palast — auf seiner im Mai 1891 stattgehabten Erstlingsreise die bisherige schnellste Erstlingsreise noch um 7¼ Stunden übertroffen hat. Eine für die Strecke Southampton—Newyork berechnete vergleichende Uebersicht der Erstlings-Reisen der berühmten englischen und deutschen Schnelldampfer stellt sich wie folgt:

„Fürst Bismarck",	Reisedauer 158 Stunden	}	
„Columbia"	„ 165 „	}	Hamburg-Amerikanische Packetfahrt-A.-G.
„Normannia"	„ 166 „	}	
„City of Paris"	„ 169 „		Inman-Line
„Majestic"	„ 170 „		White Star Line
„Augusta Victoria"	„ 170 „		Hamburg-Amerikanische Packetfahrt-A.-G.
„Teutonic"	„ 174 „		White Star Line
„Havel"	„ 174 „	}	Norddeutscher Lloyd"
„Lahn"	„ 181 „	}	
„City of Newyork	„ 193 „		Inman-Line
„Spree"	„ 200 „		Norddeutscher Lloyd

Die „Eider" ist wie ihre Schwesterschiffe von der Fairfield Shipbuilding Company in Govan bei Glasgow im Jahre 1884 erbaut. Dieselbe ist 131 m lang, 14,4 m breit, 10,6 m tief, wiegt leer ca. 5000 Tonnen oder 100000 Centner und ist im stande, ungefähr das gleiche Gewicht als Fracht und Ausrüstung an Bord zu nehmen. Sie wird durch 7 Querwände in 9 wasserdichte Abtheilungen getheilt. Selbst wenn die größte dieser Abtheilungen sich mit Wasser gefüllt haben sollte, so würde dadurch allein noch keine ernste Gefahr für die Sicherheit des Schiffes entstehen können.

Die innere Einrichtung des Schiffes ist selbstverständlich eine so komplizirte, daß es in den ersten Tagen des Anbordseins schwer hält, sich in den Ecken und Winkeln, den Treppen und Gängen zurechtzufinden. Vergleicht man das Schiff mit einem Haus, so entsprechen den Laderäumen die Keller, dem Zwischendeck das Parterre, während sich im ersten Stock die beiden Salons, die Kabinen der Kajütspassagiere und die erforderlichen Sanitätseinrichtungen befinden; im zweiten Stock, einem Aufbau auf dem eigentlichen Oberdeck, liegt mittschiffs das Rauchzimmer, während die Wohnungen der Schiffsoffiziere und die Küche an den Seiten angebracht sind. Noch eine Treppe höher befindet sich der Damensalon und daranstoßend das Kartenhaus.

Der erste Salon liegt vor dem Maschinenraum, ungefähr in der Mitte des Schiffes, dort, wo sich die Bewegung am wenigsten fühlbar macht. Es ist ein mächtiger Saal, welcher die ganze Schiffsbreite einnimmt und ungefähr ebenso lang wie breit ist. Das Tageslicht dringt durch mehrere Seitenfenster, sowie durch die farbigen Glasfenster eines mächtigen Lichtschachts ein. Während den Raum unter den Fenstern gute Gemälde eines namhaften Berliner Künstlers einnehmen, sind die Decken und die Wände mit reichem dekorativen Schnitzwerk im Renaissancestil geschmückt. Auf dickem, weichem Teppich sind längsschiffs zwei mächtige Speisetische nebst drehbaren Sesseln aufgestellt. An einer der Tafeln präsidirt bei den Mahlzeiten der Kapitän, dem zur Seite sich die vielumworbenen Ehrenplätze befinden. Der Raum zwischen diesen Tafeln und der Schiffswand ist durch kleinere Tische ausgefüllt, welche besonders für größere Familien bestimmt sind. Ein Pianino und ein Buffet vervollständigen die elegante Einrichtung.

Von dem Salon der ersten Kajüte aus laufen nach vorn und hinten je zwei Korridore, an welchen die Schlaf-kabinen der Passagiere liegen, kleine Räume in Länge von ungefähr 2,5 m, bei einer Breite von 3 m. Trotz der geringen Größe bieten sie durch praktische Einrichtung bequeme Unterkunft für zwei Passagiere und haben feste Betten, welche übereinander an der inneren Kabinenlängsseite angebracht sind. Muß wegen starker Besetzung des Dampfers noch eine dritte Lagerstätte hergestellt werden, so wird hierzu das Sopha benutzt, welches sich an der äußeren Längsseite befindet. Sein Licht empfängt der kleine Raum durch ein rundes Fenster in der Schiffsseite (Ochsenauge), welches so hoch über Wasser liegt, daß ein Schließen desselben nur beim Eintritt schlechten Wetters erforderlich ist.

Der zweite Salon befindet sich hinter dem Maschinenraum, und die Einrichtung entspricht ungefähr der, welche man früher auf Dampfern in der ersten Kajüte fand. Die Schlafräume liegen nebenan und enthalten je vier Schlafplätze.

---

[1] Ist bereits zur Ausführung gelangt.

Das Zwischendeck ist in drei mächtige Abtheilungen geschieden, wie dies ein in den Vereinigten Staaten erlassenes Gesetz vorschreibt. In der ersten, der vordersten Abtheilung, sind die allein reisenden Männer, in der mittleren die Familien, in der hinteren die einzelnen Frauen untergebracht. Als Schlafplätze dienen ihnen viereckige Kasten von ca. 2 m Länge und 0,5 m Breite, die in zwei Reihen übereinander liegen und je nach der Breite des Schiffes zu größeren oder kleineren Gruppen vereinigt sind. Einige herunterzulassende Tische und Bänke sind ebenfalls vorhanden. So einfach das alles auch ist, so ist man doch sichtlich bemüht, der Bequemlichkeit der Passagiere und den Anforderungen der Sittlichkeit und der Hygiene soweit als angängig Rechnung zu tragen. Davon zeugen auch außer der Ventilations= einrichtung, welche besonders hervorzuheben ist, die auf dem Oberdeck befindlichen Waschräume und andere Anstalten.

Die vorstehend beschriebenen Räume liegen sämtlich unter dem eigentlichen Oberdeck, welches vorn und hinten schildförmige Aufbauten, die sogenannten Schildkröten=Decks, und einen größeren Aufbau mittschiffs trägt, in welchem sich außer den Kabinen der Offiziere das bequem eingerichtete Rauchzimmer befindet. Das Deck vor demselben ist für die Zwischendeckspassagiere, das Hinterdeck für die Passagiere der zweiten Kajüte zum Tummelplatz bestimmt. Eine Treppe höher befindet sich das zierlichste aller am Bord vorhandenen Gemächer, der Damensalon der ersten Kajüte. Die zu ihm führende Treppe mündet auf das ungefähr 60 Meter lange, für die Passagiere erster Klasse bestimmte Promenaden=Deck.

Die Tageseintheilung für die Passagiere ist eine verschiedene, je nachdem die Hauptmahlzeit fällt; in der zweiten Kajüte und dem Zwischendeck wird in der Mitte des Tages, bei den Passagieren der ersten Kajüte gegen 6 Uhr nach= mittags gegessen. Die Beköstigung der ersten Kajüte entspricht den Lebensgewohnheiten in England und Nordamerika. Zum ersten Frühstück, um acht Uhr, werden neben Kaffee und Thee warme Fleisch= und Eierspeisen servirt; zum zweiten Frühstück, dem Luncheon, wird außer zwei warmen Gerichten eine reiche Auswahl kalter Speisen aufgetragen, während das Diner aus fünf bis sechs Gängen besteht. Die Beköstigung in der zweiten Kajüte ist nach deutscher Art eingerichtet und, wenn auch weniger reichhaltig, als die der ersten Kajüte, doch gewiß allen billigen Ansprüchen mehr wie genügend. Wein und Bier werden in vorzüglicher Auswahl jedem Schiffe mitgegeben. Selbst an Musik fehlt es am Bord nicht; als Stewards (Kellner) der zweiten Kajüte werden nämlich nur berufsmäßige Musiker engagirt, welche an jedem Tage zu bestimmten Zeiten spielen.

Die Maschine der „Eider" entwickelt bei voller Dampfspannung ungefähr 7000 Pferdekräfte und zählt somit zu den mächtigsten Maschinen, welche je von Menschenhand erbaut wurden. Der erforderliche Dampf von circa fünf Atmosphären Druck wird in sechs Stahlkesseln erzeugt. Von den drei vorhandenen Cylindern arbeitet der mittlere mit Hoch=, die beiden anderen mit Niederdruck. Die Schraubenwelle ist aus Stahl von besonderer Güte geschweißt, während die Schraube aus Mangan=Bronze hergestellt ist, einem Metall, welches besondere Festigkeit und Zähigkeit besitzt.

Als Takelage hat die „Eider" vier Masten, von denen jedoch nur die vordersten mit Raaen versehen sind. Gesteuert wird das Schiff mittelst eines Dampfruders, dessen Maschine sich unter dem hinteren Schildkrötendeck befindet, während der Steuernde seinen Platz im Ruderhause auf dem Promenaden=Deck hat.

Zur Aufnahme der Passagiere und der Mannschaften bei Unfällen, welche ein Verlassen des Schiffes nöthig machen, sind zehn Böte vorhanden, von denen jedes ungefähr vierzig Personen zu fassen vermag. Außerdem befinden sich noch soviel Rettungsgürtel am Bord, daß im Nothfall jeder Passagier sich damit versehen kann. Keine andere Linie hat bessere derartige Einrichtungen, welche zudem den in Deutschland und den Vereinigten Staaten erlassenen gesetzlichen Bestimmungen vollauf entsprechen. Dennoch ist es zweifellos, daß die bisher auf Schiffen üblichen Rettungsapparate noch entschieden verbesserungsfähig sind. Rettungsgürtel können immer nur als Nothbehelf und auf kurze Zeit Dienste leisten, besonders wenn sie von Frauen und Kindern benutzt werden müssen; die Böte aber fassen häufig kaum ein Drittel der menschlichen Wesen, welche sich am Bord eines Dampfers befinden. Von den gesamten Passagieren des „Oregon" z. B., welcher bei stillem Wetter während der Fahrt von einem Segelfahrzeuge angerannt und in den Grund gebohrt wurde, hätte somit, trotz der besonders günstigen Witterungsverhältnisse, nur die kleinere Hälfte gerettet werden können, wenn nicht durch das zufällige Begegnen mit der „Fulda" die Bergung sämtlicher Passagiere ermöglicht worden wäre.

Gut Wetter.

Fast den halben Weg bis zur neuen Welt hat die „Eider" zurückgelegt, und bis jetzt ist ihr das Glück treu geblieben. Ein schöner Tag folgte dem andern, nicht eine Stunde lang ist die Fahrt durch Gegenwinde verzögert worden. Mit der vollen, ungehemmten Kraft der Maschine hat sie täglich ungefähr 400 Seemeilen zurückgelegt, eine

Strecke, welche der Entfernung Hamburg—Paris oder Berlin—Triest, in der Luftlinie gemessen, gleichkommt. Benutzt man die schnellsten Kourierzüge, so gebraucht man für die Reise zwischen den obigen Orten 20 Stunden 34 Minuten beziehungsweise 38 Stunden 28 Minuten. Die Fahrt mit der Eisenbahn ist demnach nur dann die schnellere, wenn die Richtung der Bahn sich der Luftlinie möglichst nähert.

Seitdem die „Eider" den Kanal verlassen hat, verfolgt sie einen Kurs, welcher auf der Karte nicht als gerade Linie sich darstellt und Uneingeweihten wie ein Umweg erscheinen mag.

In Wirklichkeit entspricht jedoch die nach Norden gekrümmte und den 50. Breitenparallel berührende Bogen= linie dem Theile eines größten Kreises, welcher den Ausgang des Kanals mit dem südlichen Zipfel der Neufundland= Bank verbindet. Ein mehr nördlicher Kurs, welcher auf das Kap Race, die südliche Spitze der Insel Neufundland, zuführte, würde allerdings die zu durchlaufende Strecke um 100 Seemeilen kürzen, aber auch das Schiff der Gefahr aussetzen, mit einem der Eisberge zu kollidiren, welche um diese Zeit auf der Neufundland=Bank in großer Zahl angetroffen werden, und die zu meiden ein gewissenhafter Kapitän stets bemüht sein muß.

Wie ein Traum erscheinen uns Passagieren die Ereignisse der letzten Tage. Das Leben hat sich so gleichmäßig gestaltet, ein Tag ähnelt dem andern so sehr, daß man auf den Flug der Zeit nicht mehr achtet. Wohl nur wenige wünschen, daß es anders wäre. So lange das Meer uns umgiebt, leben wir eben in einer anderen Welt. Wir können Unheil, welches unsere Familie daheim, unser Geschäft, unsere Zukunft vielleicht bedrohen mag, nicht abwenden, und weder unsere eigenen, noch die Interessen Anderer fördern. Was nützt daher Sorgen und Kümmern, was Spekuliren und Grübeln? Besser ist es, froh die kurze Spanne Zeit zu genießen, in welcher wir von den Plagen des modernen Lebens, von Zeitungen, Briefen und Telegrammen verschont bleiben. Und leicht genug wird uns das gemacht. Wir leben zweifellos in der besten aller Welten. Zur bestimmten Stunde deckt sich der Tisch und bietet uns Speise und Trank in Hülle und Fülle. Unsere Reisegefährten zeigen sich von ihrer besten, weil von ihrer natürlichen Seite, und überall herrscht ein harmloser, fröhlicher Ton, welcher den geselligen Verkehr zu einem sehr angenehmen macht. Die Damen tragen Reisetoiletten, und wir Herren bringen Anzüge zum Vorschein, welche vergangenen Generationen angehört haben könnten. Nur einige wenige Evastöchter haben im Anfang der Reise versucht Toilette zu machen, aber so wenig Dank für ihre Bemühungen geerntet, daß sie bald davon wieder abgekommen sind. Dadurch sind auch in dieser Beziehung die Unterschiede, welche sonst gesellschaftliche Stellung und ungleicher Besitz hervortreten lassen, halb verwischt, und die Passagiere begegnen sich auf dem Fuße völliger Gleichheit.

Das scheint dem Verkehr zwischen den extremen Richtungen unserer Gesellschaft besonders zu Gute zu kommen und Freundschaften vermittelt zu haben, welche unter anderen Umständen als unmögliche angesehen sein würden. Oder ist es anders zu erklären, wenn man einen älteren Geistlichen fast immer in Gesellschaft eines jüngeren Mannes findet, der aus seinen mehr wie freien Anschauungen nie ein Geheimniß macht; wenn ein gemächlicher Großkaufmann sich am wohlsten in der Gesellschaft eines „Bartlosen" zu finden scheint, welcher ein Engagement an einer Bühne in St. Francisko antreten will?

Zur Feier des Sonntags werden wir schon früh am Morgen durch einen Choral geweckt, welchen unsere Musik recht brav spielt. Dem Choral folgt das bekannte Lied: „Dies ist der Tag des Herrn", und dann noch einige andere Stücke. — Gedämpft dringen die Töne durch das offene Seitenfenster zu uns. Als die Musik schweigt, macht sich wieder das Brodeln und Zischen der uns umfluthenden See bemerkbar. Dann und wann platscht eine leichte Welle gegen die Schiffswand. Von den oberen Betten sieht man durch das runde Fensterchen hinaus auf einen Streifen im Sonnenschein glitzernden Wassers. Frisch und würzig dringt die Luft in das enge Kämmerchen und lockt unwiderstehlich an Deck.

Ein Methodistenprediger hatte sich die Erlaubniß erwirkt, in dem Salon Gottesdienst abzuhalten. Mit Hülfe einiger jungen Damen gelang es ihm, sogar die Liturgie seiner Kirche in recht ausdrucksvoller Weise durchzuführen. Wir Deutschen sind im allgemeinen ein nur wenig kirchliches Volk. Trotzdem hatte sich eine ansehnliche Schar im Salon zusammengefunden, welche der Geistliche für seine von Herzen kommenden und zum Herzen gehenden Worte zu Dank verpflichtete.

Zur Mittagszeit findet sich der Kapitän mit dem ersten Offizier auf der Brücke ein, um die Mittagshöhe der Sonne zu nehmen und nach derselben die Breite zu berechnen. Zur Bestimmung der Länge haben schon früher Beobachtungen stattgefunden, so daß das „Aufmachen des Bestecks" nur noch wenig Zeit erfordert. Das Resultat der Berechnungen, „das Mittagsbesteck", wird an einem Anschlagebrett veröffentlicht, und so den Passagieren Gelegenheit gegeben, den Ort des Schiffes in die ihnen zur Verfügung gestellten Routenkarten einzutragen.

Heute wurde diese Mittheilung mit besonderer Spannung erwartet. Einige Herren hatten nämlich eine kleine Lotterie veranstaltet, bei welcher Jedem gegen einen geringen Einsatz freigestellt war, auf einen Zettel diejenige Anzahl von Meilen anzugeben, welche seiner Ansicht nach seit dem gestrigen Mittag zurückgelegt waren. Derjenige sollte gewinnen, welcher mit seiner Angabe dem durch die Observation gewonnenen Resultate am nächsten kam.

Der Gewinner war ein sauertöpfisch aussehender Mann, dem man sein Glück um so weniger gönnte, weil er von Allen die niedrigste Zahl angenommen hatte, nämlich 396 Seemeilen. Nach dem Besteck haben wir in Wirklichkeit nur 394 Seemeilen über den Grund durchlaufen, während nach dem Log 407 Knoten gemacht waren. Der Strom scheint uns somit ziemlich stark entgegen gewesen zu sein.

Der Nachmittag findet, wie gewöhnlich, die meisten der Passagiere auf Deck. In mitgebrachten bequemen Schiffs= oder Feldstühlen und auf Bänken haben sie sich bequem gemacht; nur einige unermüdliche „Decktrotter"
spazieren ohne Ruh und Rast auf und ab. Andere halten Bücher in der lässigen Hand, scheinen aber dem Lesen auch keinen rechten Geschmack abgewinnen zu können. Weiße glänzende Wolken segeln über uns hin, ihre Schatten ziehen langsam über die glitzernden Wellen und geben ihnen hier und da eine dunklere Färbung. Langsam wiegt sich das Schiff in einer leichten Dünung. Der durch die Fahrt abgeschwächte Wind besitzt eben Kraft genug, um dann und wann einen Zipfel der von den Damen um den Kopf geschlungenen Schleier zu lüften und wie liebkosend gegen Wange und Stirne der frischen, sich bräunenden Gesichter zu wehen.

Plötzlich zeigt sich unter den Anwesen= den eine leichte Erregung. An der veränderten Richtung, in welcher das Kielwasser erscheint, hat man bemerkt, daß der Kurs geändert ist, und die auf einen Punkt gerichteten Fern= gläser der Offiziere lassen vermuthen, daß etwas Besonderes die Aufmerksamkeit erregt hat. Ein Passagier wagt es, einige Stufen der zur Kommandobrücke führenden Treppe hinauf zu klettern, und bringt die Nachricht, daß ein Wrack in Sicht ist und daß wir auf dasselbe zuhalten. In wenig Augenblicken ist der letzte Passagier an Deck und schaut mit gespanntester Aufmerk= samkeit in die Ferne. Bald will man Nothsignale entdeckt haben; Taschentücher kommen zum Vorschein und werden zum Trocknen schöner, mitleidiger Augen in Bereitschaft gehalten.

„Shuffle board"-Spiel.

Wir kommen näher heran an das Wrack und bemerken, daß dasselbe von Menschen verlassen ist. Von den drei Masten sind alle bis auf den vordersten gebrochen. An diesem hängt noch eine geknickte Raa mit zerfetztem Segel. Das Schiff liegt mit dem Deck unter Wasser, nur der Bug ragt noch etwas heraus. Langsam und schwerfällig taumelt es in der See hin und her, und die mit langem Meergras bewachsenen Seiten zeigen, daß es schon geraume Zeit in seiner jetzigen Lage gewesen sein muß. Eine See klatscht unter den breiten Spiegel und hebt ihn ein wenig. Ein halb verwaschener Name wird sichtbar — Twenty one Friends, Boston, so entziffert ihn der Kapitän, welcher uns noch mittheilt, daß dieses Wrack schon seit Monaten im Ozean umhertreibe, was ihm aus einer in Washington (monatlich) veröffentlichten Karte bekannt gewesen sei.

Die „Eider" dreht wieder auf ihren Kurs. Mancher Blick bleibt noch lange auf das verlorene Fahrzeug gerichtet. Giebt es wohl auf Gottes weiter Erde ein verlasseneres Ding als solch ein auf hohem Ozean treibendes Wrack?

Der Nachmittag vergeht ohne weitere Ueberraschungen. Nur eine Herde Delphine, die pfeilschnell unseren Kurs kreuzen, lockt noch einmal die Neugierigen an die Schiffsseite. Schnaubend springt hier und da ein übermüthiger Bursche aus dem Wasser. Auf dem Kajütsdeck spielt man „Shuffle board". Man versucht dabei Bleischeiben aus einer ziemlich großen Entfernung mittelst Holzkrücken in ein mit Kreide aufs Deck gezeichnetes Viereck hineinzuschieben, welches in verschiedene, durch Ziffern bezeichnete Abtheilungen zerlegt ist. Mancher wohlgezielte Stoß wird durch die Bewegung des Schiffes abgelenkt oder trifft sonstwie das Ziel nicht, worüber jedesmal allgemeine Heiterkeit ausbricht — an Bord ist man mit den harmlosesten Vergnügungen zufrieden.

Die Zwischendeckler haben ein Tanzkränzchen arrangirt, eine Harmonika intonirt den Takt, auf einem Blechtopf wird gepaukt, zwei eiserne Nägel dienen als Triangel. Aber jungen Beinen ist bekanntlich leicht zum Tanze zu pfeifen. Man unterhält sich prachtvoll, und unermüdlich drehen und schieben sich die Paare auf dem engen Raum durcheinander. Uebrigens bleibt man beim Tanzen hübsch ernst und würdevoll, wie das norddeutsche Art ist, und scheint das Lachen und Hopsen einiger Ungarn, die in der Ecke einen Czardas zu improvisiren bemüht sind, beinahe als heidnisches Gebahren anzusehen.

So geht es fort bis Sonnenuntergang, dessen hohe Farbenpracht wir ebenso genießen, wie in der Nacht den Reflex des Mondlichtes auf den Wellen, einem glitzernden Strome fluthenden Goldes vergleichbar!

F. L. Meyer X A.
Kommandobrücke bei schlechtem Wetter.

Schlecht Wetter.

Das Wetter ist umgeschlagen. Am siebenten Tage der Reise hatte die „Eider" einen Sturm zu bestehen, zu dessen Empfange aber schon alle Vorbereitungen getroffen waren.

Die See geht hoch; mit der ganzen Gewalt, welche eine Maschine von 7000 Pferdekräften dem Eisenkoloß verleiht, durchschneidet die „Eider" die schäumenden Wasserberge. Ihr mächtiger Bug hebt sich und nimmt Ströme Wassers über, ebnet aber zu beiden Seiten die See zu weiten glatten Flächen, aus welchen der quirlende Schaum sich nach oben drängt. Wie der Berg bis zum Hinterschiff weiter wandert, senkt sich der Bug von neuem in das sich vor ihm öffnende Wellenthal. Die Schraube wird aus dem Wasser gehoben und würde sich wirbelnd in der Luft drehen, dabei die Maschine gefährdend, wenn nicht sofort die aufgestellten Regulatoren in Thätigkeit träten und durch Abdrosseln des

Dampfes den Gang der Maschine wieder auf das vorgeschriebene Gleichmaß zurückführten. Tauchen die Schraubenflügel wieder ein, so scheint die Maschine einen Augenblick im Gange zu stocken, aber auch jetzt thun die Regulatoren ihre Schuldigkeit und führen der Maschine den vollen Dampfdruck wieder zu.

Auf der Brücke hat der Kapitän neben dem wachthabenden Offizier seinen Posten eingenommen. Schweigend stehen die beiden Männer in der dunklen Nacht nebeneinander. Das um die Brücke gespannte Schutzkleid aus Segeltuch schützt sie einigermaßen gegen die Gewalt des Wetters, trotzdem würden sie bald bis auf die Haut durchnäßt sein, wenn sie nicht das dichteste Regenzeug angelegt hätten; denn der Gischt des über die Back brechenden Wassers fegt in dichtem Sprühregen durch die Takellage und gegen das Schutzkleid weit hinaus über das Ende des riesigen Schiffes.

Allmählich graut der Tag, aber der Aufgang der Sonne bringt nicht das belebende Gefühl mit sich, welches ihr Erscheinen sonst zu begleiten pflegt. Als bleifarbige Massen heben sich die Wellenberge empor, ein grauer Wassernebel nimmt selbst dem Weiß des brechenden Wellenkammes sein Leuchten. Graue zersetzte Wolken fliegen in Masthöhe über das Schiff hin — ein trostloser Anblick. Und doch wird der Anbruch des Tages von den Männern auf der Brücke freudig begrüßt; denn jetzt wird es möglich, Sturm und Wellen besser zu beobachten. Dem Kapitän scheinen seine Wahrnehmungen nicht sehr zu behagen. Augenscheinlich kann die volle Fahrt noch nicht wieder aufgenommen werden und alle Zeichen lassen darauf schließen, daß das Zentrum des Sturmes noch nicht passirt, das Schwerste somit noch nicht vorüber ist.

Im Laufe des Tages setzen denn auch weitere Böen mit erneuter, rasender Wuth ein. Zugleich aber macht sich eine gesteigerte Drehung des Windes bemerkbar und damit verschwindet die bis dahin vorhandene Gefahr, daß das Schiff sich dem Sturm-Zentrum direkt nähert. Ob dasselbe aber weiter auf seinem Kurse erhalten werden kann, oder ob die Gewalt der See es zum Abfallen und zum Aufsuchen ruhigeren Wetters zwingen wird, bleibt noch fraglich. Das Abweichen vom Kurse erfordert Stunden, und die Kapitäne der Postdampfer müssen mit Minuten geizen, wenn anders ihr Schiff den Ruf nicht verlieren soll, zu den „Windhunden des Ozeans" zu gehören.

Langsam schleichen die Stunden hin, das den Passagieren aufgetragene Frühstück bleibt unberührt. Nur einige wenige, seegewohnte Herren haben sich aus den Betten herausgewagt. Man hat über dem Deck Taue gespannt, an denen sie sich halten können, wenn sie Lust haben sollten, den Sturm aus erster Hand zu genießen. Aber das Wetter ist gar zu arg, und selbst die Tapfersten wagen es nur, den Kopf aus dem Kajütseingang hinaus zu strecken, bis der nächste Spritzer sie zum eiligen Rückzuge in das Rauchzimmer zwingt. Auch die Zigarre will heute nicht recht brennen und schmeckt schlecht. Karten kann man bei solchem Wetter nicht auf dem Tisch halten, zum Trinken ist es zu früh. Ist es da ein Wunder, daß selbst die see-gewöhnten Passagiere sich arg über das Wetter beklagen, welches ihnen den ganzen Spaß verdirbt? Von den Damen der Kajüte ist nichts weiter zu ver-melden, als daß sie unsichtbar sind. Ein anderes weibliches Wesen feiert dagegen heute seinen Ehrentag: die Stewardeß. Vom frühen Morgen ist die Uner-müdliche unterwegs, um den ihrer Obhut an-vertrauten Frauen und

Ankeraufsetzen auf die Back.

Kindern beizustehen und sie zu trösten, wahrlich keine leichte Aufgabe! Am schwersten leiden die Passagiere des Zwischendecks unter dem Ungemach, welches mit „Schlecht Wetter" ver-bunden ist. Die Um-stände gestatten nicht, für diese Leute persön-liche Bedienung zu halten, und da sie meist nicht so viel Energie besitzen, sich selbst zu helfen, so ist ihr Zustand ein be-jammernswerther, so viel auch seitens des wackeren Kapitäns ge-schieht, ihre Leiden zu mildern.

Das Zwischendeck durchschreitend, findet der Kapitän eine Gruppe, die ihn auf einige Augenblicke fesselt. Es sind kleine Kinder, welche sich in der leeren Koje unter einem der Seitenlichter zusammengefunden haben. Wie dies bei ihresgleichen häufig der Fall, sind sie von der Seekrankheit verschont geblieben. Nun unterhalten die Kleinen sich damit, nach dem grünen Wasser zu haschen, welches über die Glasscheibe des Seitenfensters strömt, wenn eine See gegen die Schiffsseite klatscht. Von den Kindern wendet sich der Kapitän dem Hospitale zu, wo „etwas los sein soll". In dem einen findet er eine Frau in Kindesnöthen; dann hört er von dem Arzte, daß ein alter Mann, welcher schon leidend an Bord gekommen, in dem anderen schwer krank darniederliegt. Eben will der Kapitän einer Wöchnerin, einem schlecht genährten Weibe, einige ermunternde Worte sagen, als er mit einem Male stutzig wird. In der rhythmischen Bewegung des Schiffes ist eine Aenderung eingetreten, ein Anhalten, ein nicht definirbares Etwas, welches Unheil bedeutet.

Im Nu ist er fort und schon die halbe Treppe hinauf, als ein donnerähnlicher auf das Deck niederfallender Schlag erfolgt, welcher in dem weiten Raume des Zwischendecks dumpfen Wiederhall findet. Das Schiff legt sich schwer auf die Seite. Trotz seiner 50 Jahre fliegt der Kapitän die Treppe weiter hinauf. Auf Deck strömt ihm eine Fluth von Wasser entgegen, in welcher alles Bewegliche in wirrem Durcheinander umherschwimmt. Trotzdem gelingt es dem Manne, auf die Luvseite des Schiffes und von hier auf die Brücke zu gelangen. Das Heulen des Sturmes hat so zugenommen, daß er die Worte des wachthabenden Offiziers kaum versteht, aber dessen ausgestreckte Hand läßt erkennen, daß das Schiff vorn getroffen ist. Dort sieht man auf der Back ein Dutzend Matrosen damit beschäftigt, das Wrack des dort aufgestellten eisernen Ankerkrahns zu bergen, dessen sechszöllige schmiedeeiserne Spindel durch die Gewalt einer übergekommenen See gebrochen ist. Noch halten einige Eisenfasern, und wenn es gelingt, den Krahn zu sichern, bevor die nächste See übertritt, so wird es möglich sein, weiteres Unheil abzuwenden. Andernfalls liegt die Gefahr nahe, daß der Krahn, wenn er ganz losgerissen wird, das Deck durchschlägt. Den Leuten, die dort auf der Back schon in schwerster Arbeit begriffen sind, ist wohl bekannt, welche Folgen das haben kann, und ihr Pflichtgefühl sagt ihnen, daß sie ihr Leben daran zu setzen haben, um dem vorzubeugen. Die Fahrt des Schiffes ist bereits verringert, und eine unmittelbare Gefahr somit in den nächsten Minuten nicht zu befürchten, da bei langsam gehendem Schiffe schwere Seen

nur in längeren Zwischenpausen über die Back zu brechen pflegen. Bald sind die erforderlichen Stroppen und Takel zur Stelle. Der erste Flaschenzug wird gehakt und steif gesetzt, in wenigen Minuten auch der zweite, aber noch ein drittes Takel ist erforderlich, um die zunächst nothwendige Stütze zu gewähren. Schon erhebt sich dicht vor dem Schiff eine neue, mächtige See. Ohne der drohenden Gefahr zu achten, wird der Stropp umgeschnürt und das Takel gehakt. Bevor aber dasselbe steif gesetzt werden kann, hebt sich schon der Bug, um den Schlag der See zu empfangen. Noch im letzten Augenblicke gelingt es, das Takel

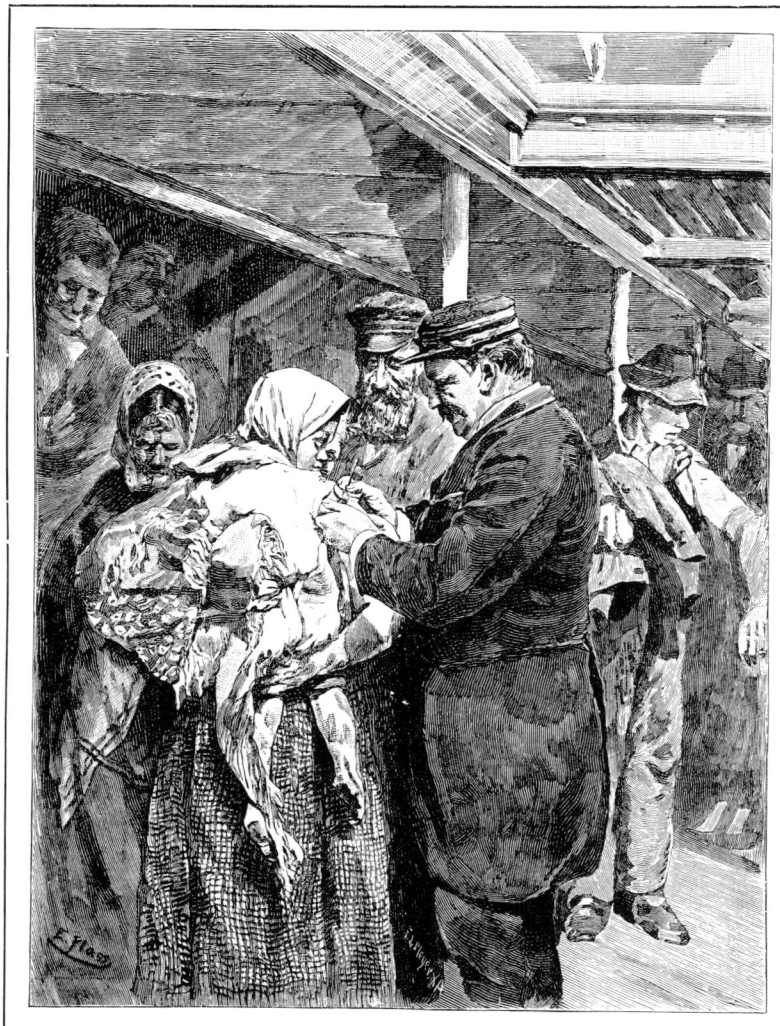

Impfen am Bord.

durchzuholen. Nun haltet fest, heißt es, wenn ihr brave Seeleute seid!

Einen Augenblick ragt der grüne Wellenberg haushoch vor dem Schiffe empor. Steil hebt sich der Bug, dann überschüttet die See das Vorschiff in donnerndem Ungestüm. Wie ein Wildbach rast die weiße Fluth um die Leute auf der Back, bis an die Hüften emporsteigend. Einen Augenblick scheint es, als ob die Wackeren den Halt verlieren müssen. Aber sie bleiben eisenfest auf ihrem Posten. Drei mal hintereinander wird die Back von der See überströmt, Einer und der Andere ist von derselben zu Boden geworfen, was machts? Nicht einen Zoll weit haben sie

das Tau in ihren Händen fahren lassen, bald ist der Krahn geborgen und kunstgemäß so fest gezurrt, daß ein Losreißen nicht mehr zu befürchten bleibt. Die Gewalt des Sturmes hat jetzt ihren Höhepunkt erreicht, aber da ein Fallen des Barometers nicht mehr bemerkbar und sich die Richtung des Windes weiter geändert hat, so kann man annehmen, daß das Sturm-Zentrum bald passirt sein wird.

Es ist Mittag. In der Kajüte ist der Tisch gedeckt. Auf demselben sind hölzerne Leisten angebracht, welche die Teller und die aufgetragenen Speisen vor dem Herabfallen schützen sollen. Der Ober-Steward hat sich besondere Mühe gegeben, nur solche Speisen herrichten zu lassen, welche im Rufe stehen, den Appetit zu reizen. Aber kaum ein halbes Dutzend der Passagiere haben sich in die Kajüte locken lassen, und selbst von diesen sieht sich noch der Eine oder Andere während der Mahlzeit genöthigt, an Deck zu eilen, um — nach dem Wetter zu sehen.

Gegen zwei Uhr nachmittags tritt endlich die ersehnte Aenderung zum Besseren ein. Der Regen, welcher bis dahin mit kurzen Unterbrechungen herniedergeströmt ist, läßt nach, und über den niedrig dahersegelnden Wolken wird

AUF DEM KLÜVERBAUM

dann und wann ein Stückchen blauer Himmel sichtbar. Die Böen verlieren allmählich an Stärke, und als nun auch das Barometer zu steigen begonnen hat, gestattet sich der Kapitän zum ersten Male, nach sechzehnstündigem Aufenthalte auf der Brücke, das Deck zu verlassen und etwas Nahrung zu sich zu nehmen.

Allmählich klärt sich der Himmel auf, die Sonne bricht dann und wann halbverschleiert durch. Die See hat wieder eine tiefblaue Farbe angenommen und ebnet sich nach und nach. Gegen Abend wagen sich schon einige Damen auf das Deck.

Im Rauchzimmer findet sich eine beträchtliche Anzahl von Herren zusammen, um mit einem solennen Punsch den Tag zu beschließen. Der Kapitän, der dazu geladen war, erscheint auf einige Augenblicke und hört die ungekünstelte Rede mit an, die ihm zu Ehren aus dem Stegreif geleistet wird; er antwortet dankend, es wäre so schlimm nicht gewesen, nur so eine Mütze voll Wind, und das käme alle Tage vor. — Im Herzen aber denkt er, es ist doch gut gewesen, daß die Geschichte mit dem Krahn noch so abgelaufen ist, sonst säßen meine Herren jetzt schwerlich hier so im Trocknen und lachten über den Spaß.

Die Ankunft in New-York.

Die Nachricht, daß Land in Sicht sei, hatte sich am Sonnabend Morgen wie ein Lauffeuer durch das Schiff verbreitet und die Passagiere zu ungewohnt früher Stunde an Deck getrieben. Von lichtem Morgennebel halb verschleiert, war die Küste zunächst nur schwach sichtbar, aber wie das Schiff vorwärts eilte, traten die Umrisse derselben bald schärfer hervor.

Mit leuchtenden Augen schauen nun Diejenigen unter uns, welche die Vereinigten Staaten ihre Heimath nennen, zu dem aufdämmernden Lande hinüber. Sie werden nicht müde, die Namen all der sichtbaren Küstenpunkte zu nennen und die Herrlichkeit der Heimath zu preisen. Rechts erheben sich über niedrigem Sandstrande die Riesenhotels von Rockaway und Coney Island. Links voraus tritt Sandy Hook, eine niedrige, mit grünem Gebüsch bedeckte Landzunge deutlicher hervor; auf ihrer Spitze steht der Leuchtthurm, den Eingang der Bai von New-York bezeichnend.

Ausschiffung in New-York.

Zweifellos ist diese einer der schönsten Buchten der Erde, wenn auch ihre Ufer den großartigen Charakter nicht besitzen, wie etwa die der Bai von Rio de Janeiro, daher fühlt sich mancher der Passagiere enttäuscht, der — aus See kommend — New-York zum ersten Male besucht. Aber wie unser Dampfer weiter vordringt und die Enge zwischen den Staaten Island und Long Island erreicht, wie im Hintergrunde die unzähligen Spitzen und Kuppeln der Stadt New-York sowie die riesige und doch so graziöse Brooklyn-Brücke sichtbar werden, welche die Metropole mit Brooklyn, der Stadt der Kirchen, verbindet, — da gesteht wohl ein Jeder, daß das Bild vor ihm von großem und höchst eigenartigem Reize ist. Unser Schiff hält hier an, um die Beamten der Zoll- und Gesundheitsbehörde an Bord zu nehmen. Die Herren lassen sich mit dem An-Bord-Kommen Zeit. Aber dann erledigen sie ihre Geschäfte mit einer Geschwindigkeit, die man in Deutschland nicht kennt. Unsere Zwischendeckspassagiere werden zum Theil noch geimpft. Die Kajütspassagiere verschont man hiermit, dagegen nimmt man es bei der Zolldeklaration mit ihnen genauer. Wir werden gefragt, ob wir Steuerbares mitführen und müssen eine bezügliche Erklärung durch einen Eid bekräftigen, den wohl Niemand ernst nehmen kann. Dabei geht's ziemlich lustig her. Eine junge Dame tritt an den Tisch. Der eine Beamte fragt: Sie sind geborene Amerikanerin? — Ja wohl, mein Herr. — Dachte mir's, habe noch nie ein wirklich hübsches Frauenzimmer gesehen, das keine Amerikanerin war. — Was würde man sagen, wenn dergleichen bei uns passirte! Aber hier ist das auch etwas anderes. So, wie das Wort herauskam, konnte es von Niemand anders aufgenommen werden, denn als das Kompliment eines Mannes, der einer Nation angehört, welche wohl manche Untugend haben mag, aber den Respekt vor den Frauen als unverbrüchlichen Glaubenssatz gelten läßt.

Innerhalb einer Stunde sind die vorgeschriebenen Formalitäten erfüllt, und die „Eider" setzt sich langsam wieder in Bewegung. Die Passagiere sehen verändert aus. Alle haben sich herausgeputzt, selbst die Zwischendeckler den Sonntagsfrack angezogen.

Erst beim Einlaufen in den eigentlichen Hafen bemerkt man staunend den riesigen Verkehr, welcher in demselben herrscht. Hier große, weiße Raddampfer, deren Etagendecks mit Passagieren vollgepfropft erscheinen; dort überfüllte mächtige Fährböte, groß genug, um neben Hunderten von Passagieren ein Dutzend Wagen nebst Pferden aufzunehmen; kleine puffende Schlepper, Segelböte und Seeschiffe jeder Art begegnen, überholen und kreuzen sich. Wir passiren die Inseln Ellis und Bedloe, auf welch' letzterer die von Frankreich den Vereinigten Staaten zum Geschenk gemachte Monstre= statue „Freiheit, die Welt erleuchtend" errichtet worden ist, und nähern uns dem Ziele unserer Reise, der Landungsbrücke in Hoboken. Hunderte von Menschen stehen auf ihrer Spitze. Wie wir uns nähern, flattern ungezählte Tücher wie eine Wolke weißer Tauben zum Gruße uns entgegen, und bald drückt der Freund dem Freunde die Hand zum Willkomm.

Am Bord werden nur flüchtige Abschiedsworte gewechselt, höchstens noch ein Händedruck hier und da bei intimer gewordenen Bekannten oder mit dem wackeren Kapitän und seinem ersten Offizier. Sobald der Dampfer fest ist, drängt sich Alles über die Laufplanken, das neue Land zu betreten.

Am Bord des Kauffahrers.

„ss mi to sin," sagte Klaas Kädensteek und gab seiner Frau den sauber geschriebenen Brief aus Berlin, „up so'n Snack verstoh ick mi nich!" Oll Keppen Klaas von der Bark „Kaspar" erhob sich vom alten Leder= sopha, das Päth Kaspar Kühlewein vor mehr als dreißig Jahren zur fröhlichen Hochzeit geschenkt hatte.

Frau Dörte wurde während der Durchsicht der Zeilen sichtlich gespannt und sagte schließlich: „Weißt du, Niklas, das müssen wir zusammen bereden und ich werde dir vorlesen."

„Hochgeehrter Herr Schiffskapitän!

Nachdem ich nunmehr das Gymnasium absolvirt habe, tritt an mich die Frage heran, welchen Beruf ich erwählen soll. Ich habe mich während meiner Primanerzeit bereits eingehend mit dem antiken und im Anschluß daran mit dem modernen Seewesen beschäftigt und zwar, weil ich Gelegenheit nehmen konnte, Herrn Prof. Dr. Schuttstöber bei der Abfassung seiner Abhandlung „De populorum re navali, qui ab origine exstiterunt" zu assistiren. Ich wurde dabei auf die Nothwendigkeit hingeleitet, schon behufs richtiger fachmännischer Benennung der einzelnen Theile eines Schiffes und der Klarlegung ihres Zweckes die gesamte Theorie des Seewesens und des modernen Schiffbaues nach dem ausführlichen Lehrbuch von Bobrik zu studiren. Um das Meer praktisch kennen zu lernen, machte ich im letzten Sommer mit einem meiner Verwandten auf seiner Fischerquatz eine Fahrt von Ueckermünde nach Seeland und Falster; die Eindrücke von dieser Reise, verbunden mit denjenigen, welche ich aus den vortrefflichen Schilderungen des Marine=Kapitäns Marryat und Anderer empfangen, haben in mir den Entschluß gezeitigt, mich der See zu widmen. Zwar waren meine Mutter und der Vormund anfangs nicht damit einverstanden, aber jetzt habe ich ihre Einwilligung erhalten. Mein Schulkamerad Albert Rosig, dessen Familie Sie kennen, machte mich auf Sie aufmerksam als einen Seekapitän, unter dessen Leitung ich zu einem tüchtigen Seemanne ausgebildet werden müßte. Ich glaube, gute Anlagen für diesen Beruf zu haben und werde mich mit Begeisterung demselben unterziehen, auch vor seinen etwaigen Unannehmlichkeiten gewiß nicht zurück= schrecken. Darf ich mich der Hoffnung hingeben, daß Sie so gefällig wären, mich auf Ihrem Schiffe anzustellen, wenn auch in einer der untersten Chargen, bei denen ja jede Carriere zu beginnen pflegt?

Mit der Bitte, mir recht bald günstigen Bescheid geben zu wollen, zeichne ich

hochachtend   Ihr Gehorsamster

Adalbert . . .

„Hm" — machte Kädensteek, als die Lesung zu Ende war — „wat een Näswater! Ick kann Hinrich Rosig nich begripen! Mökt den Jung noch dwatscher as he is! „Mit Begeisterung" seggt he? Wo heit mi dit? Son' Geisters kann't am Burd nich bruken; dat is as Sniders un Schausters van de Franzisko'sche Hüerbaas; sünd ok rare Seelüd, wenn se an Burd kommt un nahsten, denn spiegt se de Seils von baben vull. Bliewt mi von dat Burd mit son Diert, dar sitt de Worm in!"

Aber so leichter Hand ließ sich die Attacke doch nicht abschlagen. Hier gab es in Frau Dörtens Revier zu kreuzen, und diese wußte als gute Schiffersfrau vortrefflich, wie gegen Wind und Strom anliegen, besonders wenn er aus der Kante kam. Voll bei und ein bißchen pressen! Sie raffte ihre ganze Autorität zusammen und nahm das Ruder. Dann wurde geholt, was kommen wollte, lange und kurze Enden von Verwilderung und allgemeiner Verdummung der Seeleute, vom Glück und Verdienen des „Kaspar" unter Dörtens Regiment, und alles wurde gestoppt mit der Frage: ob Heinrich Rosig als Reichskommissar des Seewesens, in Bezug auf Bequemlichkeit und angesehene Stellung, nicht viel besser daran sei denn jeder Schiffer. Und das dankte Rosig doch nur seiner Bildung! Und war Rosig kein vermögender Mann?

hatte er nicht gelegentlich Kädenſteek ein paar Tauſend Thaler gerhedet, als die große Havarie dem „Kaſpar" ſoviel gekoſtet? War es nicht weſentlich ſein Einſehen geweſen, was dem Kädenſteek wieder von Legerwall losgeholfen hatte, als die große Kommiſſion darüber zu Rathe ſaß, ob der „Kaſpar" durch ſein Verſchulden den Bremer Schooner bei Nacht niedergerannt hatte?

„So, ſo, nu ſall in und denn beleg datt!" ſagte Kädenſteek und ſprang auf; „datt is för Dag ſlimm mit de Affaten uttokamen, un du büſt ok een!"

Die kleine Emma hatte ſoeben am letzten Magenſtrumpf den Faden verſteckt und machte noch einmal eine Fauſt, um das kunſtvoll getrenſte Liek am Peajacket zurecht zu zauſen, indem ſie ſagte: „Sieh, Papa, iſt es ebenſo gut, als wenn es Klaus Linkerpoot gemacht hätte?"

„Es iſt beſſer, Mädel, beſſer! Der Segelmacher iſt nur ein linkpootſcher Deubel! Ich weiß es ſchon, du biſt auch ein Advokat, du und deine Mutter, und ihr ſollt die erſte Inſtanz gewinnen, aber die zweite iſt mein!"

„Mein Herr, würden Sie ſo gut ſein, mir dieſe Kiſte weitertransportiren zu helfen? Ich bin als Leichtmatroſe hier engagirt und möchte den Herrn Steuermann ſprechen!"

Solchen Vortrag hatte wahrſcheinlich der „Kaſpar", ſo alt er war, noch nicht erlebt, und Anton Wantkruper, an den er adreſſirt war, erſt recht nicht. Der Mann war Vollmatroſe und folglich nicht „mein Herr", ſondern nur Anton. „Mein Herr" iſt für Wantkruper eine Sottiſe. Ferner ſchleppt man nicht ſo ohne weiteres für Andre Kiſten, außer wenn man offiziell mit Stauen beſchäftigt wird, erſt recht aber gar nicht für Leichtmatroſen. Und wegen „Steuermann ſprechen", — das darf man nur, wenn man von dieſem Offizier nach achter gerufen wird oder wenn man da hinter= rücks was klatſchen will; für letzteres aber kommt immer der Tag heimlicher Rache.

Somit hatte natürlich Wantkruperchen (ſo genannt, weil er trotz ſeiner fünfzig Jahre noch nicht Militärmaß und ein linkes vollendetes Nullbein hatte) ganz Recht, wenn er ſein Froſchmäulchen ſo ins Extrem einer von Natur ſchon bewundernswerthen Breite zog, daß, wenn die Ohren nicht dageweſen wären, man hätte glauben müſſen, der Schlitz ginge rundrum. Dieſe Mimik bedeutete bei ihm ſoviel wie Lächeln, und weil nun Martin Bradenaal ſein intimer Freund war und eben aus der Rooſthür daher geſegelt kam, um den Gegenſtand zu peilen, aus welchem unheimlicher= weiſe wider alles Seerecht hintereinander zwei ganze Sätze Wortkram ausgepackt wurden, hatte Martin für das Lächeln volles Verſtändniß und fragte: „Wat is denn dat förn Kommerſchenrath?" „O, dat will een Lichtmatros weſen," meinte Kruperchen. Sein Kojenkamerad ſtand ſchon längſt auf ſeinen regelrechten X=beinen (natürlich Wirkungen des vielen Am=Ruder=Stehens) in Boxerſtellung, denn das war offenbar: hier lag irgend ein Jux vor, und Bradenaal läßt ſich nicht juxen, noch dazu von einem Landlubber.

„Wat hä ji dar?" ſchaute es von achtern, und Steuermann Emil Klattſteert kam langſam längsdeck, in Hemds= ärmeln. Nun klärte ſich die Geſchichte ja auf, und einige Minuten darauf mußte Halbmann Gabriel Blankholt Adalberts nagelneue Seekiſte und andere Sachen in den Roof tragen. Die Matroſen warfen einen glupſchen Blick achternach und brummten ſo was von „Dwallhamel" und „Sklavendriever", denn das hatten ſie ja jetzt weg, daß hier ein zukünftiger Kapitän herangebildet werden ſollte, und Martin war erſt vor einem halben Jahre von der Marine entlaſſen, wo der unſichere Kantoniſt bei ſeinen fünf und dreißig Jahren die Offiziere als Sklaventreiber eſtimirt hatte.

„Wo heitſt du denn?" fragte der alte Segelmacher Linkerpoot aus der Koje heraus, während Adalbert ſich anſchickte, nach Anweiſung des kleinen Kochsmaaten ſeine Kiſte vorſchriftsmäßig an zwei Ringe im Fußboden feſtzuzurren, damit ſie ſpäter bei Seegang nicht „über Stag ging". Da es kurz nach dem Mittageſſen war, lag Linkerpoot rauchend auf ſeiner Bettſtatt. Als er die Antwort vernommen, brummelte er:

„Adalbert — Adalbert — wat is dat förn Uekelnam;[1] dat kann'n am Burd nich bruken; wie warn woll'n annern finden. Dann rauchte er ſeine lange Kalkpfeife weiter und ſagte nach einer Weile: „Na, un wenn du nu klar büſt, denn ſo treck di man erſten dat oll Tügs ut un denn kunnſt du mi bi dat Wickeln uthelpen!"

Bloß das eine Wort „Wickeln" glaubte der arme Novize zu verſtehen; alles Andre war ihm völlig ſchleierhaft. Da es aber in der Welt bekanntlich eine ganze Maſſe zu wickeln giebt und dieſer Spezialfall nicht im Bobrik vorgeſehen war, konnte nur eine beſcheidene Anfrage aus dem Dilemma helfen.

„Was verſtehen Sie unter Wickeln?"

Adalbert wußte noch nichts vom Takt gegen Seethiere und war äußerſt perplex, ein ſolches, nein, zwei ſolche ſich langſam um ſechzehn Kompaßſtrich um ſich ſelbſt wälzen zu ſehen, infolgedeſſen die Bretter der Kojen knicken und knacken, und aus der unter dem Segelmacher befindlichen Bucht heraus ein Grunzen zu hören: „Holl din Mul, bet du fragſt

---

[1] Uzname.

büßt, segg ick!" Das kam aber nur etwa wie im Selbstgespräch heraus, nicht gerade vorwurfsvoll. Ist ja ein reizendes „Guten Tag", dachte unser Freund und mußte erschrocken nach der offenen Roofthür sehen, durch welche das graue Tageslicht und leiser Frühjahrsregen hereinfielen; er glaubte unter so etwas wie Gewitterheren gerathen zu sein, so brummelte es auch links von ihm und alles gleich auf Du und Du.

„Mintsch, lat dat doch wäsen, Du süßst ja, hei kennt dat nich." Die Klangfarbe darin hatte entschieden etwas Menschliches; aber wo war der „Minsch", an den die sonst ausnahmsweise leicht verständliche Rede ging? Sollte er das Fragen lassen oder der Andere das Kujoniren?

Da bellte es schon wieder. Der Bootsmann Hinrich Speckmul steckte sein strotzendes Gesicht zur Roofthür herein und hatte „Turn to" gerufen, die Leute zur Arbeit. Während sie sich erhoben und an Deck krochen, klopfte er dem Neuling auf die Schulter und winkte ihn heran.

Nun folgte eine Erklärung, was Wache ist im Hafen und auf See, was ein Halbmann bedeutet, und daß Adalbert als solcher zu allen Matrosen[1] und höheren Vorgesetzten „Sie" sagen müßte. Da das augenscheinlich ein Vorzug der höheren Klasse war, erklärte sich's von selber, daß alle Welt den Halbmann „Du" titulirte. Weiter hätte dann unser Freund als Jüngster im Berufe die Großroyalraa allein zu bedienen und müßte erst alle „Enden" kennen lernen, wo sie fahren u. dgl. m., wobei der Herr Lehrer den jungen Mann langsam an all den betreffenden Herrlich= keiten auf Deck vorbeispazieren führte. Leider war nur das Hochdeutsch so haarsträubend und so gänzlich unpassend zu dem dummstolzen Air, was sich der neugebackene Bootsmann (er war erst vor wenigen Wochen dazu ernannt) zu geben ver= suchte, daß Adalbert trotz der Feierlichkeit der Situa= tion und nicht weniger in stillem Selbstbewußt= sein seiner theoretischen Vorkenntnisse, sich eines mokanten Gesichtsaus= druckes nicht enthalten konnte. Er war bald achtzehn Jahre alt und hatte Talent genug, um

Beim Garnwickeln.

zu empfinden, weß Geistes Kind hier Professorstelle vertrat. Um endlich den lästigen Mann los zu werden, redete er ihn an: „Herr — Herr — ja Pardon — wie soll ich Sie denn nennen?"

„Ich bin der Boots= mann am Bord, und Du wirst zu meiner Wache, Steuerbordwache, gehören, verstanden?"

„Ja, ich denke doch!" Der Bootsmann sah mit seinen rothen kleinen Schweinsäuglein so boshaft darein, daß Adalbert fürchtete, ihn beleidigt zu haben, und demgemäß fragte.

Statt der Antwort kam eine Art vernichtenden Blicks und eine Wendung halb links zum Delinquenten hin, als wenn des Feldes Stier gegen ein Aergerniß losrennen will.

Betrübt, verschüchtert, zugleich komisch berührt und mit dem deutlichen Gefühl der Verachtung vor etwas Ekelhaftem stand Adalbert da und hörte gleichgültig auf die weiteren durcheinandergewürfelten Erklärungen von Nagelbänken, Marsfallen, Ankern, Betings, Grätings und manchem anderen Dings, wovon das eine immer obskurer und schmutziger aussah, wie das andere. Noch schnöder wurde die Geschichte bei der Wanderung durch den „Raum", unter Deck bezw. auf dem Schiffsboden. Alte Fässer mit entsetzlichem Geruch standen da herum, Bretter lagen darüber und dazwischen; unentwirrbares Tauwerk, dick und dünn, mit Holzkloben durchspickt, in denen Rollen sichtbar waren, füllten das innere Vorschiff aus; eiserne Stroppen und Haken an den Blöcken funkelten ermunternd hie und da aus dem allgemeinen trüben Dunkelgrau hervor.

Endlich schickte der Führer seinen Pflegebefohlenen an die Arbeit.

Da gab es allerhand nützliche Kurzweil: aus den Pökelfleischfässern waren die Salzklumpen herauszupolken und die innere Faßwand vorsichtig abzukratzen, Scharen alter Nägel aus dem lakigen Bodenwasser am Kielschwein zusammenzusuchen.

Endlich ließ sich der Bootsmann wieder hören; er rief durchs Großluk herab das „Turn out (scheid aus!)" — zum Feierabend.

Als unser Debütant sich die Hände in einer alten Blechschüssel wusch — selbstverständlich wartete er, in der Würdigung seiner Subalternstellung dank der niederdrückenden und ungeahnten Beschäftigung von heute an wesentlich

---

[1] In Pommern werden die Matrosen mit „Er" angeredet.

fortgeschritten, bis alle Anderen fertig waren —, waren sie wund und schmerzten. Er hätte auch nie daran gedacht, daß ein paar Stunden krumm stehen den Rücken so angreifen kann; er war recht müde.

„Du! — wo heit de Jung doch recht — Du, Kommerschenrath! komm eins her un fat hier mit án!“ Nach den Empfangsfeierlichkeiten konnte Adalbert nicht mehr im unklaren über den Adressaten zu diesen Worten sein, und er folgte instinktiv einem langen Kerl in weißer Mütze, mit langem, rothem Bart, einem Barbarossa mit kahlgeschorener Oberlippe. Der Inhaber dieser bei Dorfschullehrern und Seewölfen so beliebten Fraise, war kein anderer als Jürg Grüttmaker, Kajüts= und Mannschaftskoch der braven Bark „Kaspar“. Er führte den gepreßten Substituten in sein Allerheiligstes, einen Anbau hinterm Roof, der auf Steuerbordseite zwei Kojen — die obere: Schlafstätte des Küchen= gewaltigen, die unter: voll Kleinholz, Kartoffeln, einigem Grünzeug und zwei Bündeln der beliebten langen englischen Kalkpfeifen — auf Backbord eine respektable und nett gehaltene Kochmaschine nebst allerlei Fachutensilien enthielt. Der

angehende Meergreis nahm einen größeren Kessel mit aufgekochtem Thee vom Herde und übergab ihn Adalbert zum Weitertransport nach dem Mannschaftsraum. Die ganze Gesellschaft saß auf ihren Seekisten, die rundum an den Roofseiten entlang vor den Unter= schlafkojen aufgestellt waren. Den Tisch bildeten zwei solcher Kisten, in der Mitte nebeneinander stehend, und darüber war kom= fortablerweise als Tischtuch ein ausrangirter Lappen Segellein= wand gelegt. Man aß in stiller Harmonie an Land gekauftes Weiß= brot mit Butter, kaltes Fleisch von Mittag her, hie und da tauchte ein Stück Wurst als Privateigen= thum auf, an dem aber immer wenigstens einige als Theilhaber sich labten, und Einer kramte aus seiner Koje einen Blechkumm Klöße hervor, die ihm der gute Koch zum Abend in den Resten der Sauce vom Kajütstisch auf= gebraten hatte, weil er sich gut mit dem Leichtmatrosen stand. Das war Hermann Düvel, ge= nannt Klütenfräter, ein werdender

Der Zimmermann ist landfein.

Seemann von neunzehn Jahren, der sich bei den Kameraden durch Schipperhaftigkeit (er hatte ver= schiedene Jahre auf Spreezillen und Odergottliebs gefahren) und unstillbares Verlangen nach jenem reizenden Kunstobst zu Ehren gebracht hatte, das man bei uns zu Lande zwar Klöße nennt, aber noch gar nicht genügend würdigt, während in dessen Kultur die Ostseeküste wohl das Ideal erreicht hat. Als echter Sohn Danzigs konnte Hermann dreiKumms voll, mit Pflaumen gekocht, „Plumm’ und Klüt“ dalholen, ohne regungs= los wie eine Boa Constrictor auf dem Kampfplatz liegen zu bleiben; und als „Speckklüt“, d. i. Mehl= klötzchen (nicht =klößchen) mit Fett und Zwiebeln übergossen, verstaute er sie mittags schon im Vorrath auf den ganzen Tag; der Rest wurde theils kalt zum nächsten Frühstück, eine Austercampagne, in natura oder im Napf mit Kaffee aromatischer gemacht, hin= untergeschlückert, theils abends in dritter Auflage fein à la Brat= kartoffeln verknuspert. Endlich

wurde auch Hermann satt (Adalbert war es schon längst) und die Tafel aufgehoben. Der Zimmermann Jean Vörpahl, der sich immer mehr als eine Art Respektsperson entpuppte und bei seiner Wortkargheit und Brummbärenstimme, ganz abgesehen von der ehrenhaften Zimmermannskrause aus graumelirten Borsten unterm Kinn, vorzüglich zu einem Roof= Präsidenten eignete, machte sich landfein.

„Albert“, wandte er sich an unseren Freund, „komm, min Jung, wullt Du mi wol eens de Stäweln putzen?“ Vörpahl war ein Sohn Rostocks, und des Städtchens schöner Dialekt kam so hübsch breit gemüthlich über die lange gerade Linie seiner schmalen Lippen geflossen, wie ein mit Verstand genossener Grog auf halb und halb aus dem Glase in Vörpahls feuerfesten Hals hinein. Solche Grogs waren aber auch des Mannes einzige Liebe, viel zu treu gepflegte Liebe, als daß sie der Welt kein Abbild gelassen. Wie ein Schiff am Gallion, trug Vörpahl das Abbild an seiner Nase, ein farbenglühendes Miniaturbild einer funkelnden Punschbowle.

Nachdem der Schiffszimmermann mit Feierlichkeit und Mithülfe Adalberts erst die blauen Landgangsbuxen angezogen, dieselben mittelst Hangern und Racktaljen in Form der zugehörigen Träger (wenn auf Schiffen Hosenträger gesehen werden, befindet sich auch ein Zimmermann am Bord) steifgesetzt, dann blaue Weste und Jacket in richtigen Trimm gebracht, setzte er noch Leesegel an beiden Seiten und holte die Schoothörner dieser gewaltigen Vatermörder dicht vor bis an das Scheibegatt vom Papiervorhemd, steckte einen Doppelknopf als Schloßholz ein und ließ zum Abschluß die Stroppen der zebragestreiften Krawatte um die ganze Geschichte legen, welchem Aktus sich Adalbert mit ebensolchem Geschick wie stillem Vergnügen unterzog. Ja, dieser ging so weit, ohne Umstände dem biederen Innungsalten aus der Busentasche das rothbaumwollene Schnäuztuch zum stutzermäßigen Auslug aufzuholen, reichte ihm den bisher unterm Decksbalken verborgen gewesenen „Blaumenstrutz", Handschuh und Ochsenziemer; Vörpahl hatte nur noch Bramstänge aufzubringen und etwas nach achtern wegzustagen, indem er dem Cylinderhut einfach vörkant einen kleinen Schubs gab; dann luvte er in den Wind nach der Roofthür und fiel, sobald er erst den Steg vom Schiff auf die Dockwand und die Passage an Land ab-

gelaufen hatte, willig weg nach seinem beliebten Ankerplatze.

Natürlich stand der Habitus des Logisvaters im Roof jetzt zur Debatte.

„Dat süht eegen ut, dat lett em!" sagte der Segelmacher, „hei is doch een fixer Kierl; un dat mutt Een seggen," fuhr er leiser zu Bradenaal fort, „de Jung hett Geschick!"

Adalbert verstand den Schlußpassus und den Seitenblick der beiden Kritiker und verzeichnete still in sich seinen ersten Facherfolg.

„O, joh," sagte der Matros, „dat schall woll wäsen; man dat hei noch Allens so mit Patentfingers anfaten dauhn deiht."

„Dat gellt," replizirte der Segelmacher; „man hei hett mi hüt dat Garnklugn bi das Kleident ümt End nahmen, reglär as dat sin möt; de Jung ward noch

Kleiden eines End's.

bäter, as wie alltohop sünd."

Daß der „Junge" noch besser werden könnte, als alle, schmeichelte unserem Freunde nicht wenig; die Leute mußten ja Kenner sein; befriedigt kroch er in seine Bucht auf die mit- gebrachte Seegrasmatratze und unter die wollenen Decken, um vorzüglich zu schlafen.

Am anderen Morgen früh 6 Uhr rief Steuer- mann Kattsteert „reise, reise!"[1] in den Roof, und nach zehn Minuten kam des Bootsmanns „Turn to!"

Der Kupferboden des Schiffes wurde mit langen Schrubbern gesäubert, wäh- rend einige Leute aus dem Raume die Pferdeleinen und Trossen an Deck mannten und dort klar zum Gebrauche längs Deck aufschossen. Der „Kaspar" sollte heute aus dem Dock zu Wasser ge- lassen werden.

Um 8 Uhr wurden die

Schleusen geöffnet und das hochgebaute Dock voll Wasser gelassen. Zoll um Zoll sank es weg. Von unten beginnend, nahm man eine Stütze nach der anderen vom Schiff los, brachte Trossen nach dem Glacis des Docks aus und hielt damit den „Kaspar", als er nach einigen Stunden innerhalb des Docks frei im Wasser schwamm.

Dann kam ein kleiner, starker Schleppdampfer; eine Trosse wurde per Boot an Bord desselben gebracht und um einen festen Haken mittschiffs gelegt.

Bei dem Ausstecken der Trosse stand Adalbert nahe am Fallreep und ließ das dicke, steife Tau durch die Hände gehen; dabei stolperte er über dasselbe, verlor die Balance und plumpste kopfüber zu Wasser. Das war ein gänzlich unerwartetes, höchst kaltes Bad. Der Zimmermann und Gabriel waren draußen im Boot und konnten nach einigem Suchen den verunglückten Neuling mittelst eines langen Bootshakens und ihrer Ruder herausfischen. Da er mehr todt wie lebendig war von Schreck und Wasserschlucken, wurde von Deck ein Tau herabgelassen, ein Paalsteek um seine Brust gelegt und er an Bord geholt.

„Goh man to Koje, min Jung, dat gift sick wedder," sagte der Zimmermann, „wie hebbt dat of dörchmakt."

---

[1] Engl. arise, arise: steht auf, steht auf!

Das freundliche Wort that Adalbert wohl; an Deck nahm ihn der Steuermann ab und half ihm zu Bett.

Als er zu Mittag wieder aufstand, sobald „Schaffe, Schaffe!“ d. h. zum Essen gerufen wurde und er, bei der Anwesenheit der Leute im Roof nicht liegen bleiben mochte, kam der Karpenter (Zimmermann) Vörpahl und fragte: „Na, wo is Di dat bekamen? dat möst Di marken: fasthollen as mit Düvelsklauen,[1] süs geiht he mit Di los.“

Das Schiff war an den Hafenquai verholt worden, um Maschinentheile und andere Stückgüter als Fracht an Bord zu nehmen und sich seeklar zu machen. Die Ketten der Dampfkrähne rasselten Tag und Nacht; während eine Anzahl Hafenarbeiter unter Aufsicht des Stauers das Placiren der schweren Güter im Raum besorgte, hatte die Schiffs= mannschaft alle Hände voll mit Arbeiten in der Takelage, dem Segelunterschlagen und sonst am Schiff zu thun.

Adalbert sollte das erste Mal nach oben und Bramsegel mit anschlagen helfen. Wantkruper lud ihn zu der Thurmpartie ein.

„Na, denn jump up; un wenn Du dalfallen wist, denn so segg dat man vörher, denn goht wie darunner weg.“ Aber Adalbert hatte gar nicht den Wunsch, Jemandem auf den Kopf zu fallen. Als er dicht unterm Mars angelangt

Mit dem Schlepper aus dem Dock.

war und an den Püttings rücklings hängend um die Kante der Saling herumkriechen sollte, that er einen Blick nach unten. Alle irdischen Gegenstände hatten an Größe erheblich verloren, am meisten die an Deck, und die Höhe wollte doch etwas bedenklich scheinen. Unten stand Wantkruper und war soeben im Begriff, das linke Nullbein um das nächste Hofttau zu legen und sich ebenfalls nach oben zu trollen. Er sah hinauf und den Halbmann zaudern.

„Man tau, man tau,“ rief er, „schall ick mit'n Marlspieker[2] achter Di kamen?“

Adalbert krabbelte, sich hier bald die Hand abschindend an den theerigen Unterwanten, dort bald die Füße quetschend und ausrenkend zwischen den eng und enger nebeneinander laufenden Stängwanten, schließlich in die Bram= saling. Hier wurde ihm doch ein wenig schwindlig zu Muthe, so hoch hätte man sich die Sache nicht gedacht! Und nun gar noch den Schritt vom Stängentopp fort auf das lose in gestrecktem Bogen unter der Bramraa hängende Tau, das sich zwar dem Namen nach als Pferd gerirte, im übrigen aber keinen Schatten von Aehnlichkeit mit dem auch für Sonntagsreiter noch hinreichend sicheren, breitrückigen Sattelträger auf dem Lande hatte! Indes, was half's? Zwar

---

[1] Teufelsklaue ist ein scherenartig konstruirtes Hülfsmittel zum Festhalten von Gegenständen. Je mehr Kraft (Zug) auf das an die Außenenden der Schere angreifende Tau kommt, desto fester faßt die Klaue vorn, welche den zu regierenden Gegenstand hält.

[2] Ein spitzes Instrument aus starkem Rundeisen, welches von den Seeleuten als Dorn gebraucht wird, um durch Taue, Segel u. s. w. Löcher zu stoßen oder aufzutreiben.

etwas bleich und unterm Einfluß unwillkürlicher dunkler Reminiscenzen an die Gesetze der Beschleunigung frei fallender Körper langte Adalbert nach irgend einem Halt auf der Raa, hielt sich eisenfest an ihr oder dem Jackstag und schob Schritt für Schritt den Fuß seitwärts auf dem Pferd fort, nach der Nock hinaus.

Kruperchen legte auf die andere Seite aus, und sobald von den Leuten an Deck unter den üblichen unartikulirten Tönen, die der Seemann euphemistisch Aussingen nennt, das Bramsegel dicht unter die Raa geheißt war (die Leute sahen dem armen Adalbert wie Meerschweinchen aus), begannen die Informationen, wie man das Segel unterzuschlagen habe. Sie bestanden darin, daß Adalbert gelegentliche Zurufe von Krupern erhielt: „Na, nu holl fast! nu hol em ut! stopp! Du Donnerslag, wat kannst Du dine Kabelgarns nich fast hollen und schmittst ehr an Deck?" Dabei holte Wantkruper mit dem Stück Taustropp, was er bis dahin im Leibriemen hängen hatte und aus dem er in einzelnen Strähnen seinen Bedarf an Kabel=

garns herauszog, aus, als wollte er eine „Lex" per Tauende ertheilen. Der Stropp mochte ihm aber zu zerfasert und also wirkungslos erscheinen, und so gab er sich wieder kroch hinter Adalbert herum auf dessen Raaseite, wobei er ihm eins in die Kniekehlen stieß, und nähte das Segel an. „Nu man dal mit Di an Deck und hol din Garn un denn na de Marschraa!"

Adalbert enterte nieder; die Passage nach dem Stängewant war rückwärts noch schlimmer als vordem; dann ging's besser und besser. Im Großwant kam er schon in schnelleres Tempo; als er an Deck war, winkte ihm der Zimmermann. „Komm, Adalbert, Du sast mi helpen up de Raa; und Du mötst mit Dine Hann'n nich an de Webelins faten, so as Du dauhn däbst, de sünd för de Fäut dar; dat kann bräken und den kömmt Ein van baben; ümmer fast= hollen an de Hofttauen; up de Hann'n kömmt dat an, nich up de Fäut!"

Das war wirklich was gesagt; Adalbert fühlte sich immer mehr zu dem alten Isegrimm hingezogen.

Jungmanns Abschied.

Er that auf der Raa sein Mögliches; der Zimmermann unterwies ihn im Lapidarstil, aber verständlich, und das war ganz richtig.

So lernte er in den nächsten acht Tagen eine ganze Menge. Der Verkehr mit den Schiffsmaaten war zwar nicht freundlicher geworden, aber Adalbert segte zur Zufriedenheit aus, twaidelte und schwabberte den Fußboden rein genug, schaffte die Mahlzeiten herbei, wobei er nur die ersten paarmal Erbsen oder Grütze verschüttete, und brachte nachher die abgeknabberten Knochen wieder hübsch beiseite. Die Gabeln schob Jeder nach stattgehabtem Gebrauch einfach unter den Balken der Logisdecke, das Messer in die Tasche oder die Lederscheide am Leibriemen, nachdem man beide an den im Dienst ergrauten und durch Fettüberfluß nie verlierenden „Büxen" abgewischt. Nur der Zimmermann benutzte zur Reinigung seiner Gabel und eines veritablen Messers entweder das Tischtuch oder am Sonntag sein Rothbaumwollenes, und als Adalbert den Speiseinstrumenten seines Gönners die Liebe erwies, sie unter dem Geschirr in der Kombüse mit abzuwaschen und mit Asche zu poliren, war ein neues Band der Freundschaft geschaffen. Für die übrigen Backgenossen glaubte er diese Interessennahme nicht am Platze, am wenigsten für die Vollmatrosen, die ihn gelegentlich wegen seines Hochdeutschschnackens aufzogen.

Aehnlich aber im Kujonirtwerden ging es auch dem Jungmann Blankholt wegen seines Vornamens und seiner für einen Seemann zu mädchenhaften Manieren, genannt de söte Engel Gabriel. Er war der einzige unter der Mannschaft, welcher sogar seinen Kollegen Düvel rüffelte, wenn er für a und ha aoh und hoah sagte nach Bremer Manier; naturgemäß schlossen er als gewesener Tertianer und Adalbert sich enger aneinander; letzterer hatte dabei doch wenigstens Einen am Bord, den er in verständlicher Sprache um Auskunft über ihm unklare Fachsachen fragen konnte. Blankholt wollte jetzt schon die dritte Reise mit dem Kaspar machen, er war mehrere Wochen zu Haus gewesen und erst vor einigen Tagen an Bord zurückgekehrt in Gesellschaft des Kapitäns, nachdem das Schiff bereits auf dem Strom verholt hatte. Es war morgens, gerade um die Frühstückszeit. Adalbert, der das Rojen vom Zimmermann inzwischen schon leidlich gelernt hatte, und Klinkerwieß waren ins Boot geschickt worden, um die Ankömmlinge vom Landungssteg abzuholen. Da sah unser Freund den Jungmann von seiner weinenden Mutter Abschied nehmen, während man noch auf Kädensteek wartete; und das Schwesterchen stand in der Nähe auf dem Steg und hielt ein großes Bündel in den Armen; es waren gewiß für den Bruder Lieblingsspeisen und derlei Köstliches darin, das auf See nicht zu haben ist.

Hafenfrieden.

Adalbert sah alles vom Boot aus, auch den neugierigen kleinen Bollwerkschlingel, der höchst interessirt nach dem großen Schiff hinüberguckte; wie mochte dem das alles noch imponiren! Unserem Halbmann war wehmüthig genug zu Sinne. Im Schiffsdienst hat aber das Träumen keinen Zweck.

Endlich kam Kädensteek; mit ihm noch ein dreizehnjähriger Junge. Letzterer hatte zu viel mit Schluchzen zu thun, um für die Umgebung Aug und Ohr zu haben. Der „Alte", wie der Kapitän gemeiniglich am Bord heißt, nahm nicht die geringste Notiz von seinen Leuten, stieg schweigend ins Boot, setzte sich ans Ruder und ließ abstoßen. Der Jungmann nahm dem Gebieter ebenso schweigend einen mitgebrachten Chronometer ab, der auf der Seewarte justirt war, und hielt denselben während der Fahrt freischwingend an dem Riemen des Kastens, um das empfindliche Werk vor Erschütterungen zu bewahren. Ohne auch beim Anlegen ans Schiff ein Wort gesprochen zu haben, gingen Alle an Bord, Kädensteek vom Steuermann empfangen und eine Minute stillstehend, um den Rapport entgegenzunehmen, worauf er ein kurzes „all right" sagte und in der Kajüte verschwand.

Um den neuen Jungen kümmerte sich Niemand, bis Adalbert, den das in der Erinnerung des eigenen Empfanges jammerte, zu ihm in die Nähe des Fallreeps trat. Der Kleine sagte, daß er als Kochsmaat gemustert wäre, und maß mit neugierigen blöden Blicken die Umgebung. Da kam der Steuermann, rief: „Jochen Puttfarken!", worauf der Junge nach hinten lief und winkte Adalbert fort mit den barschen Worten: „Marsch, an die Arbeit!"

Jetzt war die Mannschaft vollzählig am Bord; im Laufe des Nachmittags kamen noch einige kleinere Segelfahrzeuge, lieferten Proviant, Kohlen u. dgl. ab, und im Roof munkelte man beim Abendessen von Ankeraufgehen morgen früh.

Seitdem der „Kaspar" auf dem Strome lag, hatte von der Besatzung Jeder je eine Stunde in der Nacht Ankerwache zu gehen. Adalbert, dem eine Unterbrechung des Schlafes an und für sich ein ungewohntes Ding war und der noch dazu von der Tagesarbeit sich regelmäßig abstrapazirt fühlte, hatte einigemal der Versuchung nicht widerstehen können, bei dem regnerischen und kalten, aber sonst ruhigen Wetter sich unter irgend eine schützende Bucht zu verkriechen und da seinen Träumen nachzuhängen.

Da lag das Schiff, einsam und abgeschieden: nicht allzuweit links das Bollwerk mit seinen ruhig gewordenen Krähnen; rechts hob sich nach der Ferne zu in dunkler Silhouette die Stadt mit ihren Thürmen vom nächtlichen Himmel ab; in einzelnen Häusern brannten Lichter. Glückliche Leute, die da wohnten! Zunächst konnten sie in Frieden die Nacht durch schla= fen! Ach, die Ruhe im Hause hatte man doch früher so gar nicht zu würdigen verstanden; und da= heim war man über= all so freundlich zu ihm gewesen! Jetzt — geradezu wie ein Ausgestoßener war er behandelt worden von der guten Gesell= schaft! — Zwar nicht in aktiver, grober Schiffsweise, nein, in passiver, artiger Landweise. Wobei? Er hatte neulich aus der Stadt mit einer Trage auf den Schul= tern, wie zu Hause die Dienstmädel, mit zwei Pützen daran, Wasser ins Boot schleppen müssen und in große Fässer gießen, bis die Ladung komplett war. Dann war diese an Bord abgeliefert wor= den und die Leier von vorn losgegangen, und zwar mehrere Tage

Ausrüstung zur ersten Seereise.

hindurch. Er war zum Dienstmann de= gradirt; die Landwelt hatte ihn einfach ignorirt. Zuletzt hatte er sogar vier Fässer voll Theer aus der Stadt herbeiholen müssen. Als er in melancholische Be= trachtungen versun= ken, still und ergeben in schmutzigem Ar= beitsanzug, die Mütze tief im Genick, seines Weges vor sich hin die braune Tonne gekullert hatte, waren ihm beim Passiren des Straßendammes ein paar Fräuleins in so bedenkliche Nähe gekommen, daß er gefürchtet hatte, ihre sauberen Garderoben für ewig zu ruiniren, wenn er nicht laut sein „Vorsicht" ge= rufen und dem Faß durch eine kräftige Flankenbewegung eine andere Lauf= richtung ertheilt hätte; die Mädchen aber

stießen einen Schrei aus, rafften resolut ihre Kleider auf mit einer Geste, die nur zu deutlich sagte: der Kerl färbt ab! — und Adalbert hatte schmerzlich die runden weißbestrumpften Beine im Regennebel verschwinden sehen; aber von dem einen kleinen Backfisch war ihm der Blick unvergeßlich geblieben, den sie über den Rücken hin ihm geschenkt: „es ist doch schrecklich mit diesen Schiffsmenschen!"

Während er heut im hellen Mondschein wieder so an die Kombüsenwand gelehnt saß und träumte, fühlte er sich plötzlich am Aermel berührt, und siehe da, neben ihm stand der neueste Eleve, der kleine Puttfarken. Er hatte sich erst nicht recht herzugetraut; als er aber Adalbert wiedererkannte, faßte er Muth. Es sei ihm so heiß in der Kombüse, wo er die Unterkoje unterm Koch als Schlafraum angewiesen erhalten hatte, und er könnte nicht schlafen, er müßte sich noch ein bißchen hier umsehen. Nach allerlei Gesprächen führte der Kleine seinen Kameraden wieder an die Kombüsenthür, wo noch immer seine allmächtige Seekiste stand, weil in der Kombüse noch kein Platz dafür gefunden worden war. Er fing an, darin herumzukramen. Obenauf lag ein Gesangbuch und die Bibel, die Mama hineingelegt; der Kleine erzählte treuherzig von den Thränen, die dabei geflossen, von Mütterchens Ermahnungen, die sie über diese Bücher gegeben, daß er ja recht ordentlich und fromm sein sollte und nicht so viel auf den alten Masten herumkrabbeln und sich hübsch an den Kapitän halten. Während er im besten Gange war, selbst noch einmal vor Wehmuth das Greinen anzufangen und dabei weiter kramte, gerieth ihm ein wunderschönes Butterbrot in die Finger, das letzte des heimischen Vorraths; erst schüchtern, dann dreister wurde die Papierhülle herabgenommen, und der Kleine verzehrte sein Henkersmahl. Wirklich, ein solches sollte es gewesen sein.

Die Beiden waren nämlich, nachdem sie die Kiste wieder zugeworfen, unter die Back gegangen, um sich vor dem schnell auffrischenden und kalten Februarwinde zu schützen, hatten da geplaudert und waren darüber, weil sowohl arbeitsmüde wie geweint und gegessen habende Leute in frischer Luft keine guten Wächter sind, sanft auf Tauringen eingeschlafen. Durch einen Heidenskandal wurden sie geweckt: „Wer hett de Wach?" rief Einer, kein Geringerer als der Steuermann selbst. An Deck trampelten verschiedene Füße herum, und dunkle Gestalten kamen näher.

Nach See zu.

„Wat is los?" fragte es, und Adalbert, der sich vergegenwärtigte, daß seine Wache längst um sein müsse und er sträflicherweise vergessen habe, seinen Nachfolger zu „purren", erkannte erleichtert des Zimmermanns Stimme.

„Zimmermann, ich habe die Wache verschlafen," sagte er.

„Hm," war die Antwort, „aberst wat giot dat denn?"

Da war eine Kohlenschute, ein ziemlich großes, flachbordiges Fahrzeug, durch Strom und Wind von ihrer Anlegestelle losgekommen, ins Treiben gerathen und rannte nun auf unsinnige Weise gegen den „Kaspar" an. Sie hatte sich in der Hecktrosse des Schiffes verfangen, welche an einem Duc d'Alben befestigt war und jetzt bei der gestiegenen Fluth zu Wasser lag.

Man steckte die Trosse, machte sie mit Bootshaken frei von den Hindernissen, ließ das Schiff langsam ausscheren und die Schute treiben, wohin sie wollte.

Unterdes hatte Adalbert dem Kleinen, der ganz fassungslos war, gerathen, für alle Fälle schleunigst zur Koje zu gehen. Der Maat drückte sich geschickt im Schatten der Rehling entlang und verschwand in der Küche, aber auf so geräuschvolle Weise, indem er über seine Kiste stolperte, daß ihm unversehens ein Wasserstiefel derbe an den Kopf flog. Der Küchengewaltige war erwacht und rächte die Störung seiner Ruhe.

Während der Kleine noch heulte und die Flüche des Koches hörbar waren, hatten sich Wandkruper und der Boots=mann über den Hauptdelinquenten hergemacht. „Wat, du Das, slöpst up Wach?" platsch, goß ihm der Bootsmann eine Pütze Wasser über die Ohren. „Un mi hest du nicht purrt, du Lüchting? ick schull ja Klock siv den Stüermann warschaun," sagte Kruper und gab dem Armen einen Tritt.

„Was fällt Ihnen denn ein?" rief Adalbert in ziemlicher Erbitterung, „Sie haben kein Recht, mich zu mißhandeln!"

Das hörte der Karpenter, der soeben zur Koje wollte. „Hallo, Jungens, wat beschafft ji dar? schamt juh wat! hei ward dat in Taukunst sin laten!" Dann deckte er seinem Protegé den Rückzug, und zögernd trollten die beiden Peiniger ihre Wege.

Von da ab aber hatte Adalbert zwei Feinde am Bord. Der Bootsmann warf ihm aus seinen Schweinsaugen einen tückischen Blick nach und grollte: „Komm mi man erst up See!"

Dann trat der Steuermann vor den Roof. „Nehmt fix noch ein Auge voll, Leute," er meinte nämlich Schlaf, „Klock fünf werfen wir los."

Das gab nun den Köpfen eine andere Rich=tung. Das Schimpfen im Roof hörte auf, Adalbert schluckte Scham und Er=bitterung hinunter; man hatte nur noch zwei Stun=den zum Schlummern.

Um fünf Uhr mor=gens kam ein Schrauben=dampfer längsseits und setzte einen Lotsen auf dem „Kaspar" ab; man gab eine doppelte Pferdeleine an Bord des Dampfers; dieser ließ die Maschine wieder angehen, schoß ein paar Klafter vorauf, und die Trossen von den Duc d'Alben wurden losge=worfen.

Jetzt erschien Kapitän Kädensteek auf dem Kajüts=deck. Den Oelrock bis oben zugeknöpft, eine Mütze auf, stand er da, auf das Geländer gestützt, in der ihm eigenen Hoheit eines

Kapitän Kädensteek.

unbeugsamen Schiffsbän=digers, und sah gelassen in den Trubel unter sich.

Die Schlepptrosse, welche um die Spillbeting belegt war, ruckte langsam, knarrend ein, während sie sich spannte und das Wasser von sich schüttelte; man fühlte förmlich, welch große Kraft auf derselben stand, während erst gemach, dann immer schneller die Bark durch die mehlsuppengraue Fluth geschleppt wurde.

Adalbert stand dicht vorm Ankerspill und be=trachtete die Befestigungs=art der Trosse. „Weg da von der Beting," rief ihm der Steuermann zu, der oben auf der Back stand und das Ausbringen des Klüverbaumes überwachte, „wenn die Leine bricht, geht die Nase zum Deibel! Komm hier mit an die Talje und reiß, daß die Arme knacken!"

Kattsteert war offen=bar heut zu allerhand Ulk aufgelegt; sonst hatte er sich nie sonderlich mit den Leuten abgegeben. „Na, will's nicht? Töw eins!" Damit packte er selber mit den beiden vierkantigen Fäusten an den Taljenläufer, die Kraft der Leute zu unterstützen; „ohö, hol em up, giv him, Timmermann; so, noch eins! — o, is gut, mak fast!" Anton mußte mit Hermann hinauskriechen und legte die Laschung um Bugspriet und Klüverbaum; der Bootsmann holte mit einigen Leuten die verschiedenen Stage, Domper und derlei Nippes steif, die Klüver= und Jagerleiter wurden gesetzt, die Segel aus ihrer Koje herbeigemannt und an die Kraggen gereiht, die Haken der Schoten gemanst und was dergleichen für Landratten unverständliche, heilige Aktionen noch mehr sind, von deren promptester Ausführung so oft Hab und Gut, die Erhaltung des Lebens vieler Menschen abhängt.

Je weiter man hinaus in den freien Strom kam, desto steifer blies der Wind, desto grünlicher, dabei aufgeregter und verworrener wurde das Wasser.

„Sails los! — Marssails un Klüver bi! Fock dal! Hol ut Besan!"

Vor Blankenese warf der Dampfer das Schlepptau los; unter dem melodischen „o — hö — iö — hol away" der Leute wurde es an Bord des „Kaspar" eingeholt und in langen Buchten quer über die Decksböte zum Trocknen gehängt.

Das hätte Adalbert sich nicht gedacht, daß das Segelsetzen so viel Arbeit und Anstrengung verursacht. Auch fand er, daß die theoretische Kenntniß der zur Bedienung der Raaen und Segel vorhandenen Taue Einem keineswegs zur annähernd sicheren Orientirung verhelfe. Ueber die Zwecke all dieser wüst durcheinander fahrenden „Enden" war er wohl so ungefähr im klaren; aber unter welchen Umständen und wie sie hier wirklich gehandhabt wurden, blieb ihm noch unerschlossenes Geheimniß. Als das Großmarsfall geholt werden sollte, lief er im Eifer des Geschäftes an den Galgen vor dem Großmaste und warf das End los — nein, die Lee-Marsschot warf er los. Rrrr! sagte oben die eiserne Kette, und das Schothorn fuhr schlagend und hauend mit dem Winde davon. Ein Glück, daß Kruperchen nicht in Adalberts Nähe war, sonst wäre wohl ein Monitum à la Nashorntödter unvermeidlich gewesen. „Jung, Jung, lat dine Hann'n davon!" sagte jetzt bloß der gute Vörpahl, „du mößt ersten de Enden weiten, wo se to Deck fahrt, sünß kann dat mal eklig malüren!"

Wrack im Watt.

Das war wieder ein schlagendes Argument, und Adalbert gelobte sich Vorsicht. Um seine Dummheit wieder gut zu machen, wollte er jetzt aber herzhaft mit an das Marsfall fassen und stieg, wie er schon öfter den Bootsmann hatte thun sehen, auf die Nagelbank, um einen guten Platz am End zu finden und um seine Hände über denen der Anderen angreifen zu lassen.

„Kumm dal, min Jung," rief aber der Karpenter, „kiek, dat schickt sich nich for en Näswater, as wat du büst; Schippsjungs fat' achter de Hand an! Nimm em (das Marsfall) ünnern Kovennagel un denn stopp em af!"

Na ja, auch das fromme Seebärchen hebt die Tatzen, wenn die Würde verletzt wird.

Alle Mann rissen am Fall. Speckmul sang aus im Takt reiner schwerer Spondeen und Jamben, als wenn ein Troß dressirter Walrosse mit Wasserstiefeln im Parademarsch langsdeck trottet:

„Und muß ich denn zum Städtchen 'naus, odieu —
Mein Liebchen schaut zum Fenster raus, ahiö —
Feins Liebchen geh mich wieder rein, holeweh,
Ich kann nicht länger bei dir sein, ..."

Der letzte Reim klang so was wie auweh, denn mit einem Male ruckte die Raa, und vom eingeholten Fall schrickten ein paar Dezimeter wieder weg; es war nicht richtig gestoppt worden; zugleich riß Adalbert seine Hand zurück, als wäre sie verbrannt.   Der Zeigefinger war ihm gequetscht, während er das schlierende Tau zu halten versuchte.

„Nu kiek, du Unglücksworm, wat du nu wedder maken dauhn deihst; du mötst en Toller (Zoll) söß von den isern Nagel afbliewen, sünst geiht di noch eens de ganze Poot to'n Deuwel.“

Der „Kaspar“ lief schlanke Fahrt durch das Wasser und lag bei etwas Seegang fest und steif unter dem gleich= mäßigen seitlichen Winddruck, während einige vorüberkommende Fischerewer und kleine Schooner in den vorhandenen Wellen schon an zu tanzen fingen.   Es war zwar der Jahreszeit angemessen noch gehörig kalt, aber die Sonne hatte das graue Gewölk längst durchbrochen, die Leinwand des „Kaspar“ erglänzte in leidlichem Weiß, und die gelb= und rothbraunen Segel der vielen kleinen Passanten belebten überaus freundlich mit ihren warmen Farben die blitzende Wasserfläche.   Man kam an dem Wrack eines gestrandeten Schiffes vorüber, das mit seinen kahlen Spanten und einzigem Untermast als trübseliges Memento mori aus dem seichten Wasser rechts überm Watt hervorsah.   Links ragte der Leucht= thurm von Cuxhaven in verschwommenen Umrissen in die Luft, und die „Alte Liebe“, das brave Bollwerk, verlor sich bereits am Horizonte — letzter Gruß vom Heimathland.

Als wollte der nordische Himmel den jungen Wanderer, den seine Sehnsucht in die Ferne trieb, noch einmal

Fata morgana.

zurückrufen und ihm zeigen: ich kann auch so originell sein, wie der Süden mit seinen Phänomenen, ließ er, in diesen Gegenden ein ziemlich seltenes Schauspiel, eine Fata morgana sehen: Helgoland auf dem Kopf stehend und an den Wolken hängend.

Adalbert sah es mit Staunen, die Anderen betrachteten es nicht; selbst der süße Gabriel, obgleich doch noch ein junger Grashüpfer, pfiff leichtsinnig, auf der Back stehend und das Ankertakel umklammernd:

Wenn de Pott aber nu een Lock hett,
Lieber Heinrich, lieber Heinrich, stopp et tau —
Libbe libbe Lise, stopp et tau!

Das war eine jener geistvollen Kanzonen, wie sie oft auf stiller Wache in finsterer Mitternacht aus dem Munde eines elegischen Seemannes in die ungeheure Einsamkeit hinauszittern. —

Da luvwärts kein Land mehr sichtbar war, begann die ziemlich große Bark zu wiegen. Adalbert war im Kabelgatt beschäftigt, wo die noch nie erlebte Schiffsbewegung sich ihm doppelt lästig fühlbar machte.   Er begann so etwas wie Magendrücken zu fühlen und beschloß, an Deck zu gehen.

Die Scenerie draußen schien gänzlich verändert.   Lange Wellen liefen munter eine hinter der andern her und überkugelten sich rauschend mit weißen Köpfen.   Es bumste gegen die Schiffsseite, und unser See=Eleve, an der Rehling sich anhaltend, bekam eine kalte Dusche ins Gesicht.   Die Wasserströhnen rieselten zwischen nacktem Fell und Wollhemd über den malkontenten Bauch; äh, naß und eklig! Während er sich noch umdrehte, um die von einem Windstoß plötzlich aufgelüftete Mütze zu haschen, bevor sie ganz auf Reisen ging, dampfte es schon wieder über, aber dickfälliger als vorher, so ein halbes Dutzend Eimer etwa; die Ladung patschte in den Nacken, und es rutschte wie eine Herde eisiger Fische den Rücken nieder und füllte Strümpfe und Schuhe von oben. Der auf Deck hülflos umherirrende Blick wollte nirgend recht haften bleiben; alles wiegte im Tempo des Schunkelwalzers; ja sogar eine große dunkle Masse unter der Back, hinterm Spill, war nicht einmal stationär; im Gegentheil, die fing an, sich davonzukollern. Aus der Masse heraus quakte und grunzte es halb wie ein Knabe, halb wie ein Großvater. Das arme Puttfarken machte seinem Namen alle Ehre und sielte sich als jugendliches Schweinchen in einer kleinen Tunke, in der die zum heutigen Frühstück reservirten und verputzten Erbsen von gestern wie kleine Sternchen erglänzten. Verführerischer Anblick!

Diese nahrhafte und wohlschmeckende Schiffsspeise nämlich war Pottferkelchens Leibfutter; die Arftenbütte, ob voll grauer oder gelber Rehposten, ebenso seine Domäne, wie Hermann Düwels der Klütenpott; die beiden Jungen waren, eine häufige Erscheinung unter jungen Schipperaspiranten — Bradenaal und der Koch hatten es in langer Abendsitzung definitiv festgestellt — weitaus die gefräßigsten Individuen am Bord. Ein Glück für den Roof, daß sie keine direkten Konkurrenten waren. Im Anfang hatte unser fettes Farken, wie sonst die Vierfüßler pflegen, so langsam und infolge= dessen natürlich auch immer so ausverschämt lange gekaut, daß seinem Herrn und Meister, zu dessen Füßen die taktlose Prozedur vor sich ging, die Galle überlief. „Hab ich solch ein Gefreß schon in meinem ganzen geborenen Leben gesehen!" hatte der Küchenfürst geschimpft und schwubbs, mit seinem Szepter (dem Twaidel mit Holzstiel für Heißabwaschen) Arftenkumm und Schweinespeck aus Jochens schmuddligen Pfoten geschlagen. Schade um den feinen Papp, dachte damals der Nimmersatt, aber noch mehr schade um die Raxerei; muß ich Unschuldiger das auch noch von der Diele auflöffeln (hinterm Rücken des Gestrengen fraß er's nämlich dabei auf) und hinterher scheuern. Von jetzt an knabberte und schlang er mit derselben affenartigen Geschwindigkeit wie jeder gedrillte Schiffsmann.

„Arftenkönig un de Kommerschenrath spiegt sick!" sagte der Segelmacher ganz ehrpußlich zum Steuermann; „schall ick ehr 'ne lütje Meddizin anbeiden?"

„Dau du dat, Sailmaker, dann ward se nich so kaput."

Linkerpoot schlug eine Pütze Wasser auf; damit begaben sich die beiden Aerzte in die Vorkajüte, nahmen einen Porzellankumm aus dem „Schopp", füllten von dem klaren Meerwasser hinein, thaten eine Hand voll Bullrichsches dazu, einer rührte mit dem dicken Dollenfinger um, und dann begab sich Dr. Eisenbart=Linkerpoot nach vorn zu den beiden Kranken.

„Nu mak mal den Kemen (Kiemen) apen," tröstete er den Kleinen, „dat helpt di davon af!" und dabei goß er ihm die Hälfte des Labsals in den Hals. Der Operirte schluckte mechanisch, dann neigte er matt den kugligen Kopf vornüber gegen das Spill und glitschte infolge der seifenartigen Glätte der Planken bei dem nächsten Hopser des „Kaspar" mühelos bäuchlings bis zum Vorluk.

Der Kommerzienrath aber sah, wie die barmherzigen Samariter den gefallenen Streiter wegschleppten, hinter den Roof auf eine alte Persenning, die der Steuermann dazu hingeworfen; trotz momentanen Lebensüberdrusses raffte er den Rest der Kräfte zusammen und turkelte spornstreichs hinter den Großmast davon, um der schrecklichen Krankenpflege zu entgehen, und opferte von selber Neptun die Hekatomben.

Selbstverständlich übernahm um zwölf Uhr ein Anderer den Speisetransport in den Roof; der Reis mit Rosinen hatte heut für unseren Freund alle Anziehungskraft verloren.

Von der Lotsengalliot kam inzwischen auf das übliche Flaggensignal hin ein Boot herüber und nahm den Lotsen ab.

Adalbert hatte kein Auge für die Kunst= und Kopfsprünge, welche die winzige Nußschale mit ihren vier Insassen in der bewegten See machte, und kein Ohr für die Kommandos vor und beim Anlegen und das Klattern der Patentblöcke beim Back= und Wiedervollbrassen des Großtopps. Er sah auch nur mit halben Sinnen, wie das Feuerschiff „Kaspar" von dem eiligen Namensvetter passirt wurde und rasch achteraus wanderte. Man war human genug, ihn bis um vier Uhr sich selbst zu überlassen. Bald danach war die Seekrankheit einigermaßen überwunden; er konnte erträglich gehen und stehen, füllte sich aus dem mittschiffs auf Deck liegenden Wasserfasse mittelst des im Spundloche hängenden Schöpfmaßes süßes Wasser in den Magen, schlief bis 8 Uhr wie ein Dachs und konnte am Abendbrot wieder Antheil nehmen.

Der Wind war zu Nacht ein wenig ruhiger geworden, und Kapitän Kädensteek, der mit langen schweren Schritten, die Hände auf dem Rücken, das Kajütsdeck nach Seemannsart auf= und abpatrouillirte und dabei leise vor sich hinpfiff, ließ Bramsegel setzen und die Großoberbramraa aufbringen.

Die Bark führte doppelte Marsraaen und nur im Großtopp ein Oberbramsegel, hier am Bord „Royal" genannt.

Der Bootsmann schickte Adalbert nach oben. Den Weg nach dem Brameselshaupt hatte er ja schon im Hafen kennen gelernt und war jedesmal reichlich matt oben angelangt. Heut galt es, auch noch die nicht zu „Strickleitern" ausgewebten Bramwanten hochzuampeln und ein Ende lang an der kahlen, mit Fett geschmierten oberſten Stänge hinauf= zukrepeln (denn auf Handelsschiffen glaubt man in der Regel die Toleranz gegen die Mannschaft, insbeſondere gegen die Jungen, denen ja die oberſten Segel als leichteſte ſpeziell zugewieſen ſind, nicht ſo weit treiben zu müſſen, daß man hinter der Bramſtänge eine Jakobsleiter anbringt, etwa wie auf Kriegsschiffen); und das alles im Düſtern und unter etlichem Wiegen des Schiffes; als unſer Freund in der Saling war, merkte er, in wie viel größeren Bogen da in luftiger Höhe die Rundhölzer ſchwingen, als wie ein Gegenſtand an Deck. Es war gerade hell genug, um während des Los= nehmens der Beschlagzeiſinge vom Segel von der Royalraa hinab bis zu den ſchwarzen Fluthen ſehen und wahrnehmen zu können, daß das Schiff ſtetig doch noch ſo

weit nach Lee weglag, daß man im Fall des Hinunterpurzelns nicht etwa an Deck anlangen, ſondern ein ganz gehöriges Ende ſeitab ins Waſſer plumpſen würde. Das wäre ja nun ſcheinbar ſogar ein Troſt geweſen, wenn man bedenkt, wie hart Holz und wie nachgiebig und weich Waſſer iſt. Aber wer garantirt Einem, daß man auf= recht wie ein Pfahl niederſauſt und nicht beim Aufschlagen kaput geht, ganz abgeſehen davon, daß es einige Schwierigkeit hat, wieder aufs Schiff zu kommen?

Das Accommodationstalent der Menſchheit reicht bekanntlich ſehr weit, also warum nicht auch bis zum Flaggenknopf am Großmaſt einer Bark? Wantkruper und der Bootsmann ſorgten nach ihrer Weiſe auch dafür, daß der Kommerzien= rath — der Titel blieb nun einmal — das „Jumpen" gründlich erlernte. Speck= maul hatte angeordnet, daß die Bauchgor= dings der Bramſegel, wenn dieſe geſetzt waren, überholt und mit Kabelgarn vor ihren Leitblöcken loſe aneinander gezeiſt würden. Wenn nun Adalbert auf Wache zog, waren ſie entweder nicht gezeiſt, dann mußte er hinauf, oder ſie waren gezeiſt, dann waren ſie zu loſe oder zu ſtraff, kurzum er mußte hinauf. Ging ſeine Wache zu Ende, ſo waren wieder die Geitaue am Royal nicht nach Zufriedenheit — er mußte nach oben, und zwar jetzt thatſächlich bis unter den Flaggenknopf. Armer Junge! Die erſten Male koſtete es Schienbeine und

Kochsmaat vor der Kombüſe.

Thränen der Wuth, da der Kochsmaat, der auf Steuerbordwache war, es ihm längſt geſteckt hatte, daß er, Puttfarken, jedesmal extra die Zeiſer wieder ſchneiden müßte, um bei der Gelegenheit gleichfalls das Jumpen zu lernen, was ſeiner kurzen und dicken Perſon noch ſaurer wurde, als das ewige Pötte= oder Sichſelberſcheuern, Kartoffelſchälen, Klütenkneten und Schlägekriegen.

Nach etlichen Tagen Fahrt hatte der „Kaſpar" Landsend erreicht. Die Tage vergingen in eintönigem Wach= dienſt; alle halbe Stunden mußten die Jungen, Adalbert oder Puttfarken, ſich an die Schiffsglocke überm Roof begeben und „glaſen"; jedesmal ein Glas, einen Schlag an die Glocke mehr, bis acht Glas den Ablauf von vier Stunden und die Ablöſung der Wache anzeigte. Fünf Minuten vorher mußten die Leute gepurrt werden. Das geſchah durch einen melancholiſchen Singſang, der nur anfangs etwas von Trommelwirbel an ſich hatte, beſonders wenn die Jungleute, die sich schon etwas erlauben durften, durch Fußtrampeln auf der Roofdiele die Wirkung forcirten. Es wurde also munter gebrüllt:

> „Rrrraaaaiſe Quartier in Gottes Nam'n,
> Ihr sollt den Mann am Ruder verfang'n!"

Puttfarken fügte einmal auf Hermann Düwels Geheiß hinzu:

> „Und wenn ihr nicht werdet gleich rauskommen,
> So werdet ihr Alle was mit'm Knüppel bekommen!"

für welche Naseweisheit ihm mindestens ein halbes Dutzend Stiefel und Südwester an den dicken Kopf flogen.

„Hermann hett mi dat doch so seggt," heulte er.

„Rut mit di an Deck," rief es ihm aber entgegen, und Einer gab ihm einen beschleunigten Schubs, so daß er vor der Roofthür Hermann vor die Beine fiel.

„Wat, du Wruckdings, du klöhnst ock noch, dat ick dat seggt hevv? töw!" und er schleifte ihn vor die Bank, unter der eine Theerbütte stand, und salbte ihm auf das verheulte Gesicht eine noch dauerhaftere Dreckschicht.

Zweimal in der Woche mußte die Morgenwache (vier bis acht Uhr) Deck waschen. Wir sehen auf unserem Bilde Hermann Düwel das Plan=schen besorgen und Putt=farken den Besen führen.

Ob er wohl wieder vom Stüermann was ab=kriegen wird? Obgleich man ihn zu fast allen Tages=zeiten, wenn auch nicht ernstlich wo fegen, aber doch mit seinem Spezialinstru=ment bewaffnet sieht, weiß der Steuermann nur zu wohl, daß der Bengel jede aufsichtslose Minute zum Bärenhäutern ausnutzt und schnell wie der Blitz zu seinem Szepter greift, wenn irgend ein Feind im Anzuge scheint. Wird der Sünder in flagranti ertappt, so wird er in der Regel zugleich als heimlicher Butter= oder Speckfresser entlarvt; natür=

Glasen.

lich mußte jeder Einzelfall an ihm „spezifikaliter" vom Koch gesühnt werden; aber auch anderweitig zeigte er sich nicht im vortheilhafte=sten Lichte und mußte zu mancherlei Scherzen aus dem Gebiete des Marine=pennalismus herhalten. Als er einmal auf der Back verdrossen und ächzend den Kolben der Bugpumpe auf und nieder zog, um das zum Deckspülen nöthige Wasser heraufzuschaffen, nahm ihm der Wind seine Mütze fort; er sah sie gegen die Rehling fliegen und dann mit einem lustigen Satz über Bord verschwin=den; in seiner Rathlosig=keit war er wieder nahe am Plärren. „Jung," sagte der Steuermann, einer Regung von Mitleid folgend, „lauf nach achtern und sage dem Rudersmann, er soll anhalten, dann steigst —" aber da lief der Kleine schon wie ein Kiewitt davon und über's Kajütsdeck; er sah nicht mal den „Alten" dort auf der Bank sitzen mit dem Rücken an den Besansmast gelehnt. Der Segelmacher hatte gerade seinen Rudertörn, und ihm trug Jochen des Steuermanns Weisung vor. In halblautem ingrimmigen Ton, wie Einer, der gerne beißen möchte, aber nicht darf, hauchte ihn der Segelmacher an: „Wullt du glik maken, dat du wegkümmst, süs krieg ich di bi de Slafitten und schmit di över de Rehling, du Dämelklaas, du gottsheiligverdammte!"

„Jung, komm eens her!" rief jetzt Kapitän Kädensteek, „wat wullt du von den Sailmaker?" — „O, Kaptain, nix nich, ich wollte man . . . ." — „Na wat denn, min Jung, segg't man!" — „Ach, Herr Kaptain, meine Müß' is weg!" — „Un da schull de Sailmaker se di wedder rut picken ut das Water, nich?" — „Nee, Kaptain, ich wollt sie mich schonst sülben wiederholen." — „Womit denn?" — „Der Segelmacher sollte das Schiff anhalten, dann wollte ich aussteigen und — —"

Weiter kam er nicht. Kädensteek brach in ein Lachen aus, daß die Windrose im Kompaßhäuschen bebte und ihm der kurze Kalkpiepenstummel aus dem Munde fiel und noch ein Ende davon abbrach.

„Jung, wo büst du to Hus, wat för een Putschenellerkram lettst du di ansnacken — Donderlüchting noch mal tau — Junge, wo ist de Tamp?!"

Der Tamp, das dicke Tauende, hing beim Koch in dessen Koje, handgerecht — ach, das wußte Jochen viel zu gut! Er begann zu winseln und hielt sich die runden Pfoten vor die Augen.

Aber oll Kädensteek stemmte beide Pranken in die Hüften und lachte von neuem.

„Loop, Junge, nimm dien Spillspaken in'e Hann'n un een anner mal jachter mi nich over't Kajütsdeck as een Kunstriderpird, wat Füer onder den Steert hett!"

Als der arme Kleine wieder nach vorn kam, nahm ihn Wandkruper in Empfang: „süh, dat hett mal hild (schnell) gahn; künnst du nich ümmer so fix to Been wesen, as nu? Töw, wi willt di nu aberst de Brassen anholen!"

Schon wieder ein Standgericht und obligate „Tagel"? O mein Himmel — Ferkelchen war am Verzweifeln; aber das Donnerwetter zog über seinem struppigen Haupte hin, ohne einzuschlagen. Der Matrose hatte bloß von der Zukunft

Deckwaschen.

gesprochen. Erleichtert machte sich der Kleine das klar und dachte: „Töw, dien Botter sall mi die best Salv wesen up de afängsterte Mag!"

Als man Kap Finisterre passirt hatte, kam ein strammer Luftzug. „Reewe, Reewe!" tönte es zum Roof hinein in einer Tonart, als wenn ein musikalischer Delphin zum Spundloche des Heidelberger Fasses hineingröhlt.

Nach alter Gewohnheit bei Seeleuten war die Mannschaft unverzüglich aus den Kojen gesprungen und hatte sich kaum die Zeit zum Anziehen genommen; Adalbert, im festen Schlaf der gesunden Jugend, fand sich nicht sogleich in die Situation und mußte erst vom Karpenter ermuntert werden: „Jung, du möst de Irst an Deck wesen un büst nu de Letzt'! mak man quick!" „Ich bin bloß der Vorletzte, Zimmermann," antwortete der Kommerschenrath, drängte sich vor den Freund und Kritikus und lief in Hemdsärmeln barhaupt hinaus. An Steuerbord lagerte überm Horizonte eine graue, trotz des leichten Morgennebels erkennbare Bank, und einige Wolkenfetzen begannen nach dem Zenith zu steigen. Bram- und Gafftoppsegel, sowie Großstängestagsegel und Butenklüver waren schon fest, die Untersegel hingen im Gei, die Marsraaen lagen auf der Kappe, der Klüver war niedergeholt, Vorstängestagsegel und gereefte Besan standen. Die

Leute enterten auf! nur Adalbert ging mit dem Karpenter und einem Jungmann nach vorne, um den Klüver zu bergen. Der Mann am Ruder luvte etwas an, um das Manöver zu erleichtern. Jetzt ein Brausen in der Oberluft, ein vernehmliches Pfeifen und Heulen im Takelwerk — da fiel die Bö ein, die Bark fühlte ihre volle Wucht und legte sich für einen Augenblick fast platt weg. „Luv, Luv, hart in den Wind!" tutete durchs Sprachrohr der alte Kädensteek, der im langen Oelrock, Südwester und riesigen Wasserstiefeln auf dem Kajütsdeck luvwärts stand, ruhig wie ein Felsen, im

Reewe! Reewe!

Habitus eines alten Seekönigs aus normannischer Sagenzeit, die Augen zusammengekniffen vor der Hagelfluth, die aus dem allgemeinen Fahlgrau oben herniederpeitschte, das Gesicht affektfest, hart und wetterrünstig.

„Wie fangt von buten an, Adalbert," schrie der Karpenter unserem Kommerschenrath zu, „süs sleiht di de Klüver van den Boom un du mökst mit de Makrelen Bekanntschaft!" Wahrhaftig wie ein wildes Thier geberdete sich das hauende Segel, kaum zu bändigen. Endlich, Schlag um Schlag bekamen sie es dicht. Auf Sekunden ragte Bugspriet und Klüverbaum in die Luft, als hätte sich der alte „Kaspar" auf das breite Heck gesetzt und wollte mit der langen Nase die Windsbraut selber in der Luft suchen und im Zorne aufspießen; nun rutschten die schwärzlich durchsichtigen Wasserberge, Neptuns wilde Hammelherde, nachdem die kleineren den Leuten im Pferd über die Füße galoppirt, die größeren ihnen dazu von oben auf den Sturmhut gespuckt hatten, an Bug und Steven hinunter, tief weg — hu — so tief; ein Abgrund that sich auf, schaumgurgelnd, als wäre das Bett des Atlantik eine Billionliterbuddel, in welche die ganze Wassersuppe durch einen engen Hals hineingluckerte, bis der brave „Kaspar" als Korken obenauf saß; inzwischen mochte wohl dem alten Kasten das Herumschnüffeln in den oberen Regionen zu anstrengend geworden sein, er ließ den Bug in Asthmabeschwerden wieder ächzend sinken und steckte die Nase hinein in den Grund; bums — klatsch — ging es, als das ganze Gallion im wüsten Wogenschwall verschwand und — — „holl di fast an't Stag," schrie der Zimmermann seinem Maaten zu, „de mökt klar Deck!" Da brach auch schon die See über.

Jetzt geht die Reise los! dachte Adalbert, wie neulich des Bootsmanns Papagei geschrieen hatte, als die Schiffskatze mit ihm davongegangen war.

Aber ehe er recht wieder zur Besinnung kam, saß er am Fuße des Großmastes; sanft wie in weichen Armen war er translozirt, ebenso sanft niedergesetzt worden, natürlich ohne nur einen einzigen trockenen Faden am Leibe zu behalten.

Er rappelte sich erstaunt nach einiger Zeit auf, als ihm der Zimmermann entgegenkam: „Junge di! dat is noch licht afgohn; de Waterfaten sünd to'n Deubel, un du büst noch dor; so wat hev ick noch nicht belevt; du büst ja as uns' Herrgott sin Annerbölkenkind! kumm, nu möt wi to Mast."

Alle Mann kletterten im Luv-Großwant nach oben und vertheilten sich dann auf der Marsraa. Der Zimmer=
mann ritt auf der Luvnock, den Steckbolzen in der Hand; zunächst vor ihm beugte sich Wantkruper über die Raa, das
schlagende Segel zu dämpfen, zu packen und Griff für Griff bis zum Reefband aufzuholen, während Adalbert die der
Stenge zunächst befindlichen Reefzeisinge knotete. Es sah von oben schrecklich aus, wie das Schiff beim weiteren Abfallen,
wobei es in großem Bogen lief, seine Fahrt vergrößerte und zuletzt mit rasender Eile davonzog, die Leeverschanzung im
Wasser schleppend. O wie klein das riesige Gebäude, zum Boot zusammengeschrumpft! Warum es nur nicht umfällt?
Wahrhaftig man kann's mit der Angst bekommen. Aber es fällt nicht so leicht, die Schiffbauer wissen das wohl
einzurichten, und der Kapitän giebt seinen Senf dazu. Er kann mit seinem Fahrzeug lesen und schreiben, besonders so
ein alter Seemann wie Kädensteck.

Zwei Reefe waren eingesteckt. Dann ging es eine Etage tiefer, Großsegel festmachen, darauf zurück an Deck,
Marsraa heißen und brassen.

„Acht Glas.“ Adalbert holte die Bohnensuppe aus der Kombüse und machte die Back zu Mittag zurecht. Das

Ein Essen im spitzen Winkel.

war ein Essen mit Hindernissen, ein Diner im spitzen Winkel; dazu gelegentlich Wasser im Roof; denn übergekommene
Seen hatten die Roofthür beschädigt, und gelegentlich guckte immer wieder so ein weißköpfiger Bursche über die Rehling.
Hier goß sich Einer seinen Futternapf über die Beine, dort karambolirten Zwei und überschütteten sich gegenseitig mit
Suppe und Flüchen, ein Vierter stürzte mitsamt der Backskiste vornüber und versetzte dem vis-à-vis, Herrn Wantkruper,
eine Backpfeife mit dem Eßlöffel.

Als das Wetter sich gebessert hatte, wurde am Nachmittag große Zeugwäsche gehalten. Auch Adalbert betheiligte
sich, obgleich er noch reichlich Vorrath hatte. Salzwasserschaumseife war ein gesuchter Artikel, und der Koch erleichterte
seinen „Freunden“ die Sache nur mit warmem Süßwasser. Aus den Fässern durfte für solche Zwecke nichts entnommen
werden. Was für die Handtechnik widerspenstig war, wurde mit dem Schrubber bearbeitet.

Es war März geworden; der Wind war selten für das Vorwärtskommen sonderlich günstig: Südwest bis
Nordwest. In den langen Seen des atlantischen Ozeans lag die Bark besser als in der Nordsee. Die Frühjahrsstürme

waren zwar nicht allzuheftig gewesen, hatten aber, da sie konträr kamen, die Reise verzögert. Infolge des häufigen Wechsels von feuchter und trockener Luft hatten die Wanten gereckt und mußten nachgesetzt werden, eine Arbeit, welche Adalberts Seemannspraxis nicht unerheblich förderte. Zu derlei Beschäftigungen blieben vor und nach Tische immer beide Wachen an Deck.

Großer Waschtag.

Es gab ferner Matten zu weben, weil bei den ewig scharfangebraßten Raaen die zum Schutze der vordersten Wanten, der Stage u. s. f. aufgebrachten durchschamvielt waren — kurzum, am Bord reißt die Arbeit nie ab.

An einem schönen und warmen Apriltage hatte der Koch Angeln ausgehängt, in der Hoffnung von den in der Gegend zahlreich vorhandenen Makrelen zu fangen und mit einem schmackhaften Gericht, übrigens seinem Lieblingsessen, das Einerlei des Küchenzettels unterbrechen zu können. Puttfarken war damit beschäftigt, die Kupferhaut in und über der Wasserlinie zu reinigen und mit Oel zu streichen. Er arbeitete auf seiner Stelling tapfer mit dem riesigen Farbenquast. Mit einem Male schrie der söte Gabriel, der bei ihm war: „ein Hai, ein Hai," und suchte die Rehling zu gewinnen. Jochen sah das Thier aus der Tiefe aufschießen und kletterte in höllischem Schrecken dem Jungmann nach. Dabei warf er natürlich Farbtopf und Quast ins Wasser. Aber im Eifer der Neugier bemerkte es Keiner. Rasch eine große Angel her! Ein gehöriges Stück Speck brachte der Koch dazu und spießte es an den fingerdicken Haken. Jetzt warfen sie den Leckerbissen aus. Es dauerte auch nicht lange, so biß der Fisch. Hurra! Hol ein die Leine, bis das Beest unter den Davids schwimmt. Nun Takel klar und abgeführt, nach einiger Mühe ein Tauende mit einem Pfahlsteek unter den Patron gebracht; hak ein und hol durch! Heiß up den Fisch! Hallo, er kommt! Aber verdammt schwer, ein barbarischer Bursche. Wie er mit dem flopsigen Maul hantirt und die Rehling mit dem Schwanz bearbeitet! Jungmann Blankholt ist zu naseweis, als er das Schwanzende binnen holen will; der Hai wischt ihm eins aus, und der söte Gabriel schlägt einen Purzelbaum in der Luft. „Töw, dat soll Di leed warn," grunzt der Steuermann den Fisch an. Endlich liegt das Unthier auf Deck und speit Blut aus. „Karpenter, komm eens her; Du versteihst dat am besten, mit de Aext ümtogahn!" Der Zimmermann hatte auch

Heiß up den Fisch.

schon seine Axt in der Hand. Ein paar kaltblütige und sichere Hiebe: da lag der Schwanz, und der unterseeische Räuberhauptmann hauchte seine schwarze Fischseele aus. Man zerlegte ihn; das Rückgrat bekam der Steuermann, der sich später mit dem Segelmacher gemeinschaftlich Spazierstöcke daraus schnitzte, die Haut der Zimmermann, der sie ein paar Wochen zum Trocknen aushing und später das Holz der beiden neu von ihm gebauten Laternenständer damit glatt raspelte. Das Fleisch warf man als ungenießbar weg, weil ja keine Chinesen am Bord waren Ragout davon zu kochen.

Jetzt bekam Ferkelchen es wieder mit der Angst. Sein Handwerkszeug hatte er verbummelt. Aber sieh! Als der Koch den Angelhaken aus dem Fischmagen schnitt, kamen Farbtopf und Quast ebenfalls zum Vorschein. Auch ein alter Schuh und eine Haarbürste, ersichtlich Reliquien von früheren Freveltaten des Seebanditen her, wurden herausgezogen. Natürlich auch der verschluckte Speckhappen; derselbe wanderte alsbald wieder ohne weitere Zeremonie in die Fleischtonne zurück, um s. Z. den Kasparleuten neue Nahrung zu spenden.

Es wurde dann Deck gewaschen und die alte Arbeit wieder aufgenommen. Aus den Bestrebungen, der guten Bark ein properes Exterieur zu bereiten, war der Schluß berechtigt, daß man bald Land haben würde. Weil aber hintereinander mehrere Nebeltage sich eingestellt hatten und keine astronomischen Messungen gemacht werden konnten, war der Schiffsort nicht mit unbedingter Sicherheit festzustellen; der Wind war fast gänzlich eingeschlafen.

Der letzte Matrose.

„Anton, Du hast gute Augen, geh nach oben und lug gut aus," sagte der Steuermann. Wantkruper nahm den Kieker (das Fernrohr) und ging auf die Vorbramraa.

Nach einer Stunde sang es von oben: „Fahrzeug voraus, drei Strich Backbord." Eine halbe Stunde später wurde ausgemacht, daß dies ein Boot sei mit absonderlich hergerichtetem Mast. Man kam immer näher hinzu.

In dem einen Bootsende — es war nicht zu erkennen, ob vorn oder hinten — saß ein Mann, wahrscheinlich nackt.

Kapitän Kädensteek ließ darauf zuhalten. Wirklich, es war kein Zweifel, der Mensch saß da und stierte apathisch vor sich hin. Aus Riemen war ein Nothmast errichtet, der einen Bootshaken oben als Gaffel trug. Ein Paar zusammengeknotete, zersetzte Hemden machten das Segel aus. Ja, entsetzlich — im Boote lagen noch zwei Männer, Einer mit verzerrtem Antlitz, die Augen aus ihren Höhlen tretend und in der Glanzlosigkeit des Todes; der Andere in sich zusammengekauert, das Gesicht nach abwärts gewendet.

Man stand vor dem Schlußakt einer Tragödie, unerhört und gräßlich! Der letzte Matrose!

Er sitzt im Bug des Bootes und sieht das große Schiff nicht, das ihn retten will.

Man prait (ruft) ihn an. Er stiert weiter wie eine Bildsäule.

Kädensteek läßt backbrassen und entsendet den Steuermann nebst drei Matrosen im Seitenboot, um die Unglücklichen an Bord zu holen und nach irgend welchen Dokumenten suchen zu lassen.

Das Boot kommt zurück und bringt zwei Todte und einen Irren; am Heck des fremden Bootes findet sich die Stelle, an welcher sonst irgend ein Name oder sonstiges Erkennungszeichen angebracht zu sein pflegt, leer; nach den vorhandenen Nagelspuren hat wirklich ein Schild dort gesessen und ist abgerissen worden. Sonst weder an den Riemen noch an den vorfindlichen Bekleidungsgegenständen irgend eine Marke, welche zu Schlüssen Anhalt bieten könnte. Gott weiß, welche höhere Gewalt, welche fremde Schandthat, welches eigene Verbrechen vielleicht die Männer in den Untergang getrieben.

Claus Linkerpot mußte alte Segelleinwand heraufholen, nähte zwei Säcke und that ein paar große Stücke Steinkohlen in jeden. Dann wurden die Todten hineingesteckt, die Säcke vernäht und über Bord gesetzt. Geräuschlos schloß sich das Wasser über ihnen.

Der dritte Mann kam inzwischen in die Kajüte, der Steuermann träufelte ihm einige Tropfen Branntwein ein und reichte ihm ein kleines Quantum Brotstaub. Der Mann schluckte wie ein Automat. Nach einer Viertelstunde schlief er ein.

Das fremde Boot wurde an Deck geheißt und kieloberst neben dem eigenen auf dem Roof verstaut; denn die Nähe von Land machte es unwahrscheinlich, daß dadurch eine unnütze oder unbequeme Bürde für das Schiff geschaffen würde.

Erst gegen Abend meldete der Mann auf der Bramraa Land.

Nach Sonnenuntergang setzte ein frischer Landwind ein und trug den Erdgeruch übers Wasser. Noch bis zum andern Mittag hatte man die Küste an Backbord und fuhr in mäßiger Entfernung dieselbe entlang. Von beiden Bugankern waren die Laschungen losgenommen, und die Ketten aus dem Raum an Deck geholt, um an ihre Anker geschäkelt zu werden. An zehn Faden wurden mit Hülfe der Kettenhaken auf jeder Seite längsdeck in sauberen Buchten, eine

Fallen Anker!

neben der andern, aufgeschossen und ein Doppelschlag mit jeder Kette um das Bratspill genommen. Dann wurden die Anker fertig zum Fallen gemacht.

Ein Mann mit einigen Pützen Wasser stand in Bereitschaft.

Endlich war man auf der Rhede von Halifax in Neu-Schottland.

Bramsek weg, Butenklüver dal, Gafftoppsel weg! — Backbord Ruder — study —! Gei auf Grotsail und Fock! — Klar bi Stüerbord Anker! Klar von de Ketten! Fallen Anker! Segel fast!

Die Ketten donnerten hinter ihren Ankern in die Tiefe; Rauch und Flammen schossen am Spill auf infolge der gewaltigen Reibung und wurden mit Wassergüssen erstickt. Wehe dem, der seinen Fuß jetzt mit der Kette noch in Berührung gehabt hätte! Endlich glitt die Kette langsamer und stoppte mit Auslaufen. Es wurden noch ein paar Faden gesteckt, dann ein Kopfschlag genommen und alle Segel festgemacht. Das Schiff drehte langsam auf, bis es in der Windlinie hinter seinem Anker lag.

Kapitän Kädensteek kam landfein an Deck und ging unverzüglich ins Boot.

———————

Jetzt wurde das Deck aufgeklart, und der Zimmermann hatte alle Hände voll zu thun, die verschalkten Luken zu öffnen. Ein Steuerbeamter kam an Bord. Briefe aus der Heimath brachte der Kapitän von Land zurück und ließ sie an die Adressaten vertheilen. Welche hohe Freude für unsern Freund, die Grüße der Angehörigen aus weiter Ferne zu vernehmen; die Briefe wurden fast auswendig gelernt und noch nachts auf Ankerwache immer wieder studirt.

Der fremde, dem Hungertode entronnene Matrose hatte bis jetzt noch kein Wort gesprochen, nur gegessen und geschlafen. Er wurde dem Hospital übergeben, auch ein Protokoll unter Beisein des Arztes und eines Polizisten aufgenommen und dasselbe vom Kapitän und Steuermann unterzeichnet.

Das Boot des Mannes wurde gelegentlich zu Brenn- und Stauholz zerhackt.

Früh sechs Uhr am nächsten Morgen kamen Lichterfahrzeuge, und das Löschen der Ladung begann; in sieben Tagen war diese aus dem Schiff.

Während dieser Zeit war von Landgang nicht viel die Rede. Es war meist regnerisches oder sonst unwirthliches Wetter. Adalbert saß jeden Mittag und Abend beim Schreiben; eine ausführliche Antwort nach Hause, ein wahres kleines Buch!

Außer bei Gelegenheit einiger Bootfahrten in Gemeinschaft des Kochs behufs Herbeischaffung von Gemüsen und frischem Fleisch war Adalbert nicht ans Land gekommen. Nur an einem einzigen Abend ließ er sich durch ein Landboot übersetzen und blieb bis in die Nacht fort.

Merkwürdig! Vor dem Uebertritt in die Praxis, wie herrlich hatte das Glück geschienen, fremde Länder und Menschen sehen zu dürfen! Die entsetzlich nüchterne Existenz am Bord unter Menschen, von denen kaum einem Einzigen auch nur eine Spur solcher Elastizität und geistiger Durchbildung eigen war oder wenigstens bis jetzt eigen schien, daß es sich der Mühe verlohnt hätte Intimität anzustreben oder auch nur den Versuch zu machen einmal kordial zu sein, hatte auch bei ihm das Gefühlsthermometer nahezu auf den Gefrierpunkt gebracht. Arbeit, nur immer Arbeit, rücksichts= lose, grobe Arbeit! Aber Empfindungen sind wie komprimirte Gemüse; wenn der Deckel einmal erbrochen ist, keimen sie über Nacht wieder auf. Als er sich nur erst wieder aus dem Stumpfsinn aufgerafft und das Land betreten hatte, andere Dinge auf seine Sinne wirkten, als Raaen, Kloben, Taue, Wantkruper und Puttfarkens, zog es ihm schwermüthig durch die Seele. Er sah die Männer in anständiger Gangart und Kleidung mit intelligenten Gesichtern durch die Straßen gehen und gesittet sprechen; wie anders, wenn Bradenaal seine Watscheltouren auf der Back hielt und mit einem Maule wie ein alter Walfisch gähnte und gröhlte; er hörte die Frauen und Kinder lachen — Musik für seine Ohren, die nichts weiter als das klägliche Geheul des Windes, das monotone Rauschen des Wassers, das Geblaffe der Kommandos, die stupiden Renommistereien der Matrosen im Roof gehört hatten. Und die jungen Mädchen, wie sie dahinhüpften, anmuthig und lebensfroh; wie nett das klang, das never mind, was die Eine soeben zu ihm sagte, als er, ein träumender Bärenjüngling, sie beinahe über den Haufen gerannt und erst sein pardon it gebrummt, wie die Kleine schon lange die Artigkeit erwidert hatte; was hätte wohl Wantkruper erwidert? Es ekelte unsern Freund; er wollte auch nicht so weiter denken, denn ihm war dabei äußerst kläglich, er kam sich vor wie ein Exilirter, der hier durch einen Irrthum seiner Wächter zurückgelassen wäre und schon wieder gesucht würde. Ja, der Boden unter den Füßen schwankte ihm, als wäre er auf See, während er dort zuletzt gar nichts mehr vom Schwanken bemerkt hatte. Welcher Widerspruch! Er fühlte, daß Land und Meer heterogene Reiche seien, verschieden von Grund aus. Ihn erfaßte plötzlich ein heftiges Verlangen, mit anderen honetten Interessen in Berührung zu kommen, die mit seinem Berufe gar nichts zu thun hätten. Aber wie das anstellen innerhalb weniger Stunden, in einer Stadt, deren Sprache er nicht einmal beherrschte und in der er keine Seele kannte.

Er wanderte planlos in den Straßen umher, froh, bloß wirkliche Menschen zu sehen, nicht aber unglückselige Mißgebilde, halb Heros, halb Pojaz. Es erquickte ihn, die zwar nicht wie in Berlin eleganten, aber doch nett aus= gestatteten, erleuchteten Läden und die Gewißheit vor Augen zu sehen, daß es auch noch andere Dinge in der Welt giebt, die des Schweißes der Edlen werth sind, als bloß Seedroschkenkutscher spielen und Ladungen transportiren, Aufentern, Erbsenessen und Deckfegen.

Wohl! Diese Reaktion in den Anschauungen war ganz natürlich. Das junge Herz suchte unbewußt das Glück, vielmehr die beiden Hälften zum einzig echten Glück: den rechten Beruf, der unserm Wollen und Können adäquat ist und beiden ein Feld ehrlicher, kräftiger und von der Liebe zur Sache dirigirter Bethätigung bietet, sodann ein zweites Herz, das mit uns ist, mit uns sich freut und leidet, und dem wir alles sind. Aber das verstand der junge Kopf noch nicht, er war noch nicht in der Schule des Lebens zurechtgerückt, hatte sich noch nicht aus den verworrenen Jugendträumen zur Tagesklarheit des männlichen Selbstbewußtseins erhoben. Unser Freund wußte noch nichts, gar nichts von dem scheinbar Leichtesten, in Wahrheit Schwierigsten im Leben: die Spreu vom Weizen zu scheiden und den Begriff des Ideals richtig zu formen; er wollte noch alles Ideale realisirt sehen, anstatt das Reale idealisirt.

Er ging zum Bollwerk. So spät es war, auf den Schiffen rasselten noch die Ketten der Winden; auf einem englischen Dampfer wurden Kohlen gelöscht.

Er nahm ein Boot und fuhr an Bord zurück.

Als der „Kaspar“ leer war, wurde er nach der Ballaststelle verholt. Auf dem mit Brettern belegten Pfahlrost entlang wurden karrenweise Sand und Steine herangefahren, ersterer in den Raum geschüttet, letztere durch die Matrosen hineingemannt.

Jochen war eines Tages aufs Vorbramsteg geschickt worden, und ritt auf einem Bootsmannsstuhl in der luftigen Höhe. Wie so vieles bei der ganzen Seefahrt ist auch diese Nomenklatur „Stuhl“ eine höchst euphemistische, denn die ganze Chaise besteht aus einem nicht gerade allzu eckigen Knüppel oder Sitzbrett, an dem ein Ende mittelst irgend eines gordischen Knotens festgesteckt ist. Der zum Labsalben Auserkorene setzt sich auf das Hölzchen, hält sich genügend am Jollentau fest, welches mittelst eines Pahlsteeks oder sonst einer verquickten Schlinge auf dem der Einreibung bedürftigen Tau entlang schliert, und beginnt vom Mast aus seine Luftreiterpartie abwärts bis zum nächsten Mast u. s. w. Jochen wurde die Schinderei sauer genug; seine Hände waren zwar dick, aber doch noch zu niedlich, um jedesmal ein größeres Quantum Theer aus der Pütze herauslangen zu können, die vor seinen Knien hing. Und wie manches Tröpfchen der braunen Salbe tropfte herab und verkleisterte das struppige Haar; denn die neugewaschene Mütze hatte gleich nach dem Anfang wieder seewärts Abschied genommen. Ist es denn noch nicht bald zu Ende? Warum hatte ihm der Steuermann auch gerade das allerlängste Tau am Bord ausgesucht? Er sah sich um nach rückwärts — o weh — da glitt die Hand aus — Herr Gott — halt fest! — aber der Salbelappen flog davon und die Beine gaben dem Theerbottich einen Stoß nach oben; wenn nicht Pottferkelchens Gesicht dagewesen wäre, worin das Zeug backen blieb, es wäre wahrhaftig der gesamte schöne Theer über Bord gegangen. Was thun? Für einen Blinden schnell genug rutschte der Unglückliche nach dem Klüverbaum und krabbelte sich bis zum Deck. Er konnte genug sehen, wie Wantkruper, der mit dem Reuscheren der Taljereepen in den Jungfern der Fockwanten beschäftigt gewesen, jetzt auf der Back stand und sich fluchend den von

oben gekommenen Theer aus dem Hemd kratzte. Das Hülfsinstrument zum Taljereepholen hatte er in der Faust: einen barbarischen Holzknüppel.

Ach Zimmermann, du Engel in der Noth, wo bist du? Und der söte Gabriel, er guckt so mitleidig! Wird er zur Hülfe erscheinen? Der kann nicht, er ist ja blos Jungmann.

„Nu lick dat up!" begann Kruper und schmiß dem Kleinen den Drehknüppel an die Beine, daß er wie eine Kulpadde da lag. Als wenn der noch lecken könnte und möchte! Er hatte in der Todesangst schon oben einen Mundvoll Adalbert überhaupt nichts zu sehen bekam.

Labsalven.

hinuntergewürgt; „un denn wurachst du mi de ganze Kledasche rein, mit din eegen Botterratschon (Butterration), dat segg ick, Anton Wantkruper".

Das war des Himmels Rache für die einst in dem kleinen bockigen Dickkopf geplante Vergeltung an dem Vorgesetzten: Butter wegfressen. —

Auch das Ballasteinnehmen war beendigt. Die Bark ging wieder in See, längs der Küste nach Norden, und warf nach einigen Tagen vor Bathurst Anker, einem eigentlich nur aus Sägemühlen und ein paar Geschäftshäusern bestehenden kleinen Orte, von dem

Zweite Auflage des vergnüglichen Ballspieles. Stein für Stein, der Sand Schaufel für Schaufel wurde einfach durch die vom Zimmermann in der Bordwand geöffnete Ballastpforte in die See geworfen, und hatte doch viel Geld gekostet; freilich, das Landen desselben wäre noch theurer geworden.

Dann legten etliche Lichter an, mit langen Holzplanken beladen. Die Bemannung, Abkömmlinge der alten kanadischen Indianerstämme und der französischen Einwanderer, radebrechten in einem Mischjargon aus beiden Sprachelementen und schleppten tagaus tagein in Gemeinschaft mit den Kasparleuten durch die Bug- und Heckpforten die schweren Planken an Ort und Stelle, bis der Raum im Schiffsinnern so klein wurde, daß man nur gebückt, wie in einem ganz engen Schacht, vorwärtskriechen konnte. Ein Stauer beaufsichtigte das Stapeln und sachgemäße Verkeilen der einzelnen Bretterlagen, damit sie auf See nicht loskämen. Auch der letzte leere Raum war endlich ausgefüllt, die Luken wurden geschlossen. Dann ging das Vollpacken des ganzen Decks los, bis an die Rehling. Man nahm Takel zu Hülfe. „Hiv up," scholl es den ganzen Tag und „führ weg!" —

Die Prähme warfen los und zogen ihre Wege. Nun ging's wieder in See.

Wenn aber Landmenschen glauben, am Bord eines Schiffes höre denn doch jede Poesie auf, so sind sie trotzdem im Irrthum. Man wußte, jetzt ging's nach Liverpool, und dann nach Hause, d. h. für Diejenigen, die nicht in diesem betriebsamen Orte schon eine Heimath, wenigstens eine Interimsheimath hatten.

Klabautermann

Bei der Fahrt über die Neufundlandbank brachte fast jeder Tag mehr oder minder Nebel, aber bei dem stillen Wetter plauderte sich's ganz angenehm, und das muß man sagen, für irgend ein Garn, je länger desto besser, sind die Herren im Durchschnitt recht empfänglich. Der Eine erzählte, wie einst ein Matrose in Ostindien die Nacht im Mondschein auf der Back verschlafen und infolge davon am Morgen ein schiefes Gesicht bekommen hätte, und zwar wäre der Mond ein so böser Bursche und verderbe den Menschen die Physiognomie in Grund und Boden. Ein Anderer brachte die Geschichte vom Klabautermann aufs Tapet, der seine Seekiste an Bord geschleppt bringt und auf der Bramraa sein Pfeifchen raucht, wenn er zufrieden mit Schiff und Mannschaft ist; eine Art maritimes Heinzelmännchen mit der Eigenthümlichkeit, daß er überall als Solist fungirt, sieht er im Raum und in der Takelage nach dem Rechten, wobei er zuweilen so viel zu rumoren hat, daß man es deutlich zu hören bekommt. Schlimm, wenn der gute Kerl von Bord geht; dann nimmt er seine Kiste auf den Buckel, geht betrübt nach der Back und steigt einfach aus. Wahrscheinlich hat er Wassertreten gelernt und kann es aushalten, bis er wo anders wieder einsteigt. Das von ihm verlassene Schiff aber muß zu Grunde gehen; das weiß immer der Meergeist; er muß also von maßgebenden Persönlichkeiten, welche über alles auf dem Meere Schwimmende Buch führen und über dessen Sein und Nichtsein zu verfügen haben, entschieden inspirirt werden, weil anders nicht anzunehmen ist, daß er sich wissentlich erst die Mühe des Quartiernehmens macht, um danach wieder auszuziehen. Wie dem auch sei, jedenfalls hat, wie alles, was auf Schiffen herumhantirt, auch Klabautermann seine schlimmen Seiten. Er kann sogar schändlich boshaft sein. Dann setzt er sich (er geht

Andre Städtchen, andre Mädchen.

immer im Südwester) rittlings auf das Bugspriet und glotzt mit seinen tellergroßen Augen auf das Schiff. Derjenige sieht ihn, auf den er's gemünzt hat, und muß es selbstverständlich auf irgend eine raffinirte Art mit dem Leben bezahlen. Es ist sogar vorgekommen, daß der böse Geist mit seinem Opfer eigenhändig abgefahren ist.

Auch bei Tage riß der Faden der Poesie jetzt nicht mehr ab. Wenn das Präludium des „Vollschlagens" der Bäuche mit Klößen, Bohnen, Erbsen mittags zu Ende war, war auch der große Moment gekommen, den Pegasus anzuspannen. Was kann aber poetischer sein, als eine „fixe Deern", noch dazu wenn es Fanny ist, welche in Liverpool des Vormittags mit solchem Chic auf den Schiffen herumgeklettert und mit so melodischer Stimme Nadeln und Zwirn, Cavendish, Salzwasserschaumseife, Strümpfe, Wichse und als Spezialität Lackstiefel den „Herren Seeleuten" angepriesen, wie es eben nur die Singdrossel vom glatten Aal fertig bekommt? Ach, und wie Heimweh ist die Erinnerung an das einzige, aber desto ergreifendere Lied, das die englisirte Deutsche immer geflötet: write me a letter-love. Um so mehr, als sie Künstlerin ist und bekanntlich alle derartigen Leute von Berufs wegen nothwendig liederlich sind, muß es anerkannt werden, wie hübsch wirthschaftlich sie ihr Geld zu Rathe hält; ja, sogar die Logiskosten sparte die Lackfanny, wo es ging

Schwerer Brecher kommt über.

z. B. wenn sich hinterm Rücken des Steuermanns Gelegenheit fand, mit dem sauber angezogenen Mädchen zu scherzen und ihre Erlebnisse zu hören. Zwar liebt der Seemann das Weinen nicht. Aber wenn Lackfanny weinte, ihr Schicksal beweinte — wie das Dienstmädchenspielen ihr so schlecht bekommen bei der schlimmen Herrschaft in Danzig, wie sie unterm Schutze des Kollierkapitäns zwar nach England sich gerettet, der harte Mensch aber hier seinen Ballast und sie über Bord geworfen — Junge di, un danzen deiht se di as en engelschen Peilut[1] up dat ruge Water von de Gudwins.

Der Koch=Barbarossa macht mit in Idyllen. „Als ich noch jung war", — er meint damit, als er noch Man of war war (d. h. seine drei Jahre bei der Kriegsmarine diente), wobei er sich weidlich in die Brust wirft — „und in Malaga de lütje Tine wiedersah, die sich spanisch trug und viel Geld in ihrem Hotel verdiente — — und als ich noch

Andre Städtchen, andre Mädchen.

einmal jung war und in Calcutta die söte braune Hexe hatte — ja, bei uns heißt's immer: andre Städtchen, andre Mädchen! Watt schall ick mit'n Fru? Koken kann't sülben un fräten ok!"

„Een varfluchte Kirl, de Kock, eenen ganzen Dörchdriver!" konstatirte voll Bewunderung Herr Speckmaul, der soeben dazu kam.

Auf dem Wasser berühren sich die Gegensätze. Am Ruder steht um dieselbe Zeit Bradenaal; die Sonne sticht; die Luft ist dick und diesig, die See still und grau, eine weite Ebene wie von geschmolzenem Blei. Was ist da zu steuern? Wach erhalten wird der Mann nicht durch die Causerieen im Roof; er senkt sein edles Haupt auf den Radkranz und steuert im Traume — — vielleicht nach Fannys Home? — —

Adalbert war an Deck gegangen und beschäftigte sich damit, auf einige hellblau gestrichene Holzeimer mit

---

[1] Auf den Goodwinsbänken vor der Themse ist zumeist „rauhes" Wasser. Die Lotsenkutter (hier pilot = Lotse für solchen gebraucht) tanzen auch bei heftigem Seegang vortrefflich, wie eine Ente auf den Wellen, ohne viel Wasser überzunehmen.

blanken Reifen die Initialen J. L. zu malen. Der Segelmacher, welcher die Eimer in Halifax für sein „Döchting" Johanna gekauft und unsern Freund gebeten hatte, hier als „Schillermaler" sein erstes Debüt zu machen, stand dabei, lobte die schwarzen Buchstaben und begann voll Erkenntlichkeit redselig zu werden. Er erzählte von seinem Hanning zu Hause, die ihre gebratenen Aepfel anfaß, wenn er am Ofen auf der Holzbank saß und für den kleinen wilden Bruder Schiffe und Böte aus Borke schnitzte.

Also unter Larven doch eine fühlende Brust.

Weiter vergingen die Wochen eintönig; nur Aenderungen in Wind und Wetter brachten Abwechselung.

Adalbert fühlte sich immer mehr allein. Kein Freund auf der einsamen Nachtwache war da für ihn, als die eigenen Gedanken, Gedanken nach Haus! Auch wenn er am Ruder stand (die Geheimnisse des Steuerns lernte er auch allmählich) und auf einen Stern steuerte, während hinten das wirbelnde Kielwasser phosphorisch leuchtete und überkommende Seen auseinanderstiebten wie Haufen glühender Funken, summten ihm im Kopfe frommer Jugendlieder schwermüthige Melodien: „Bringst Du nach Hause wieder die alte Lieb und Treu, so grüßt Dich Alles wieder mit alter Lieb und Treu!" Endlich, endlich war man im St. Georgs-Kanal. Wieviel Tage, Stunden noch bis Liverpool? Der Steuermann hätte es gewußt, mancher Matrose vielleicht auch. Er fragte aber Niemand.

Die Brise wurde frisch, immer frischer. Der Wind drehte mehr nach Norden. Eine steife Kühlte kam durch und wühlte die See immer höher auf. „Reewe, reewe" stand wieder auf der Tagesordnung.

Die Kühlte wurde zum Sturm aus Nordwest, der Sturm zum Orkan; ein entsetzliches Wetter. Wie die grünen gläsernen Berge heranwanderten! Und zu was für riesigen Burschen waren sie auf ihrer weiten Bahn über den Atlantik gewachsen! Der „Kaspar" war nur ein schwaches Boot solchen Dimensionen gegenüber.

Seit ungefähr vier Tagen hatte man weder Sonnen- noch Sternbeob-

Am Ruder eingeschlafen.

achtungen machen können, da der Himmel ständig von einem Chaos ineinander gewirbelter Wolken bedeckt war, und die Bark hatte die ganze Zeit schon unter dichtgerefften Marssegeln beigelegen; folglich mußte die Abtrift bedeutend sein und das gegißte Besteck gab keine genügende Sicherheit für richtige Bestimmung des Schiffsortes; auch war die Stromversetzung nicht genau berechenbar. Die englische Küste konnte nicht mehr weit sein, die See ging himmelhoch. Die verantwortlichen Führer waren sich des Ernstes der Situa-

tion wohl bewußt, und es wurde jede Stunde gelothet, eine unter solchen Verhältnissen schwierige Arbeit, deren Gefährlichkeit nur der günstige Umstand abschwächte, daß die Bark infolge ihrer Holzladung etwas rank war; sie legte sich zwar periodenweise so weit weg, daß die Unterraanocken fast das Wasser küßten, nahm indes nur selten eine See über, sondern dieselben rollten unter ihr weg. Die Bewegungen des Schiffes in dem wüsten Wogenschwall waren derart, daß Adalbert zuweilen daran glaubte, das Schicksal Aller wäre besiegelt. Es war ein Uhr nachts. Da fegte eine besonders harte Bö daher.

„Luv, Luv, hart an den Wind!" Mit einem dumpfen Schlag, als würde ein schweres Geschütz gelöst, flog das Vormarssegel davon, als eine gewaltige See passirt war und die Segel aus der durch dieselbe bewirkten Winddeckung wieder heraustraten; dann holte das Schiff, auf dem Kamm der nächsten Woge rollend, so schwer nach Lee über, daß es zum Kentern lag. Kein Mann auf Deck blieb auf den Beinen stehen. Der alte „Kaspar" schien sich eine bange Folge von Sekunden lang nicht wieder aufrichten zu können.

„Großmarssegel weg! Steck auf Leeschoot, dally, Leute, dally!"

Auf allen Vieren kroch Wantkruper und der Segelmacher zur Großmastnagelbank, indem sie sich auf dem Wege eisenfest an die Stroppen der Decksladung hielten.

Die Marsschootenkette ruckte heftig aus, stoppte aber wieder und schlierte nicht wieder durch die Scheibe an der Raanock.

„Mann na baben!" brüllte Kädensteek wie ein Löwe, und der Bootsmann schickte Adalbert hinauf. Jetzt hieß es, Seemann sein!

Als er auf dem Pferd stand oder vielmehr lag, umklammerte er mit der einen Faust den Sicherheitshandstropp auf der Raa, mit der anderen griff er in die Kette und fiel aus Leibeskräften ein. Die Kette gab keinen Zoll. Verzweifelnd kletterte er weiter nach der Nock und versuchte von neuem. Umsonst.

„Schickt'n annern Mann na baben rupper un schlagt dem eins ins Genick rinner," bellte Kädensteek wieder mit heiserer Stimme. Der Steuermann selber ging ins Want.

Da — ruck — die Kette schlierte, aber — sie nahm dem Halbmann die rechte Hand mit unter das Scheibegatt, brach den Zeigefinger nach rückwärts durch und riß das Fleisch entzwei. Vor wahnsinnigem Schmerz schrie er auf und fühlte sich seinen Weg durch die Finsterniß zurück an Deck.

Die zerfleischte Hand wurde in der Kajüte verbunden.

„Marsch an Deck," kommandirte Kattsteert, nachdem er die Kabelgarns um die umgelegten Lappen fest geknotet hatte.

Das Schiff hatte sich wieder aufgerichtet; das Segel mit dem losen Schoothorn hatte ein-, zweimal geschlagen, dann war nichts mehr davon übrig geblieben, als am Jackstag ein paar auswehende Fetzen.

„Sturmfock bei! Besahn dichtreefen!"

Der Segelmacher daheim.

Mit unsäglicher Mühe gelang es, und man lag wieder bei bis zum Morgen.

Was war das? Ein Schuß — noch einer!

„Da sitzt schon Einer im Garn, wir sind dicht unter Land", schrie der Steuermann dem „Alten" ins Ohr, denn es war unmöglich, sich auf mehr als eine halbe Armlänge Abstand noch gegenseitig durch Sprechen verständlich zu machen.

„Halfe," gröhlte es vom Kajütsdeck.

„Rundhalfen im Sturm!" denn an ein Wenden war bei der See und den kleinen Segeln nicht zu denken.

„Gei auf Besahn! Auf mit dem Ruder!"

Aber das Schiff fiel nicht. Man schickte Leute auf die Fockraa, ließ sie die Mitte der Fock eisenfest beschlagen und setzte den Luvfockhals bei, wahrlich, ein verzweifeltes Manöver.

Das Schiff fiel jetzt, bis es dwars Wind und See kam, und blieb in dieser gefährlichsten Position liegen. Jede See nahm es zwanzig Schritt mit, auf die Küste zu. Es war keine Zeit zu verlieren.

„Schickt Presennings ins Vorwant!"

Drei Mann schleppten einen aufgerollten großen Lappen getheerten Segeltuchs herbei und breiteten diesen mit Lebensgefahr flach übers Luvfockwant. Es half nichts, weiter fiel das Schiff nicht. Wehe, wenn schwere Seen jetzt eingeschifft wurden und vielleicht ein Wrack machten!

„Kapp weg — Besansmast!"

Eine Trosse wurde um den Top des Mastes gesteckt und im Achterschiff steif festgemacht. Dann ging der Zimmermann mit der Axt an den Mast und hieb bis zur Hälfte einen Kerb hinein; darauf kappte er die Leewanten und Pardunen. Als das Schiff wieder zu einer schweren Schlingerbewegung nach Lee überholte, kappten drei Mann die Luvwanten, sowie das Besansteg, und der Mast krachte und stürzte mitsamt seinem ganzen Geschirr. Im selben Augenblick aber traf eine furchtbare See von der Leeseite die Bark, höher denn alle anderen, eine von der Sorte, welche beim Begegnen der aus offenem Wasser gegen Steilküsten laufenden und von diesen als Widersee zurückgeworfenen Wellen entstehen.

„Wahr dich, die kommt," schreit der söte Gabriel dem Matrosen Klinkerwieß zu, der mit ihm am Ruder steht. Beide umklammern die Felgen des Rades.

Da bricht es über! Ein Donnerbrüllen der Wasserfluthen, ein Schmettern von splitterndem Holzwerk! Zwischen Trümmern vom Großboot und der von oben gekommenen Besansgaffel liegt Puttfarken gebettet, eine Hand krampfhaft um eins der auf dem Kajütsdeck umherliegenden Enden geballt. Noch einige Sekunden, dann schlingert das Schiff wieder gegen den Wind, und der Wasserstrom spült den Kleinen mit hinunter in die Tiefe. Als sich der Guß verlaufen, ist auch Bradenaal nicht mehr zu sehen.

Wieder schollen Nothschüsse, scharf, aus nächster Nähe vernehmbar. Der „Kaspar" hob sich hoch auf die See. Man sah weit ringsum. Da trieb ein Schicksalsgefährte, ohne Masten, die Rehling und das Schanzkleid weggeschlagen, ein völliges Wrack. Der „Kaspar", ungehorsam dem Ruder, nur dem Impuls von Wind und See folgend, kam in größere Nähe. Man sah drüben an den Pumpen verzweifelte Leute ums Leben reißen, verwundet und in zerfledertem Anzug; Andere lagen auf dem Hinterdeck und hatten wohl ausgespannt vor Ermattung, oder die See hatte ihnen den Lebensodem ausgequetscht, denn sie ging übers Wrack hinweg wie über blinde Klippen.

Die Bark konnte nichts für die Unglücklichen thun; Kädensteek athmete auf, als sein Schiff, das schneller trieb, als das Wrack, frei von diesem ausscherte; ein Zusammenstoß hätte beide Theile vernichtet.

Immer mehr schwand die Hoffnung, der „Kaspar" werde noch abfallen. Es blieb nichts übrig, als auch den Großmast wegzuhauen, und koste, was es wolle, die Fock zu setzen, um Fahrt zu erlangen und dann den letzten Versuch zu machen, auf den anderen Bug zu kommen.

Die gereefte Fock stand, Hals und Schoot waren straff wie Eisenstangen, und die Brassen standen zum Brechen.

In wilder Jagd lenzte die Bark eine Minute hindurch; die Seen liefen noch schneller und brachen über das Heck; das Schiff zerrte wild hin und her; wieder haute die See gegen das Ruder; flink wie der Blitz mit einem Satze sprang Kädensteek mit ans Rad; ein Moment! da lag er auf dem Rücken, aber die Fäuste hielten die Speichen fest. Der Matrose Klinkerwieß flog im Bogen übers Rad hinweg und klatschte auf der anderen Seite gegen das Schanzkleid; der süße Gabriel blieb am Ruderhaus in Zuckungen und blutspeiend liegen. Das herumgeschlagene Rad hatte ihn wohl innerlich schwer verletzt.

„Ruder gebrochen! Der Kopf abgedreht! Himmeldonnerwetter! Und da Brandung rechts voraus!"

„Keine Rettung mehr. Keine?

Runter mit dem Tiefloth. — Kein Ankergrund, das Wasser ist zu tief und der Grund felsig, der Anker würde nicht halten.

In aller Teufel Namen denn! Dort scheint etwas Vorland, an einzelnen Felshaufen erkennbar.

Platt vorm Sturm auf die Felsen losgehalten. Das Schiff ist voll Holz vom Kiel bis zu den Decksbalken; es wird wohl zusammenhalten, bis Hülfe kommt — vielleicht, heißt das; jedenfalls wird's nicht sofort in Stücke gehen.

Kapp weg Vesansmast.

Zwischen zwei Felsen kam „Kaspar" fest; gescheiterweise auf dem Rücken einer See heranjagend, lief er hübsch weit auf; die nachfolgenden Wogen rückten ihn noch weiter und günstiger zurecht.

Der Fockmast war beim Anprall vornüber gestürzt und hatte das Vorschiff oben zertrümmert.

Jetzt blieb zu thun nichts mehr übrig, als auf dem Wrack auszuharren, so lange es zusammenhielt, und dann erst auf den Trümmern die Rettung zu versuchen, falls es überhaupt nöthig werden sollte.

Zwar fegte noch ein und die andere Grundsee über das ganze Deck der Bark hinweg, that aber weiter keinen Schaden, als Theile der Decksladung mitzunehmen und Heck nebst Schanzkleid gründlich zu demoliren.

Gegen Abend begann es abzuwehen; den nächsten Morgen lief eine zwar noch hohe, aber todte Dünung.

Man befand sich etliche Meilen südlich Holyhead.

Am folgenden Tage wurden die Schiffbrüchigen von einem Lotsendampfer vom Wrak abgeholt und nach Liverpool gebracht.

Bei der Abmusterung vorm Konsul wurden den Leuten die Heuerbeträge ausgezahlt. Jeder konnte gehen, wohin es ihm beliebte. Adalbert verabschiedete sich nur vom Zimmermann und dem Segelmacher, von den übrigen Leuten nicht.

Gabriel Blankholt lag mehrere Monate im Hospital, bevor er wiederhergestellt war.

Nun war unser Freund ja frei. Warum ging er nicht direkt nach Hause, sondern blieb noch fast vier Wochen in Liverpool? So schwer es ihm geworden, er hatte sich dazu entschlossen, weil in dem auf dem Konsulat ihm behändigten Briefe seine Mutter ihm den Tod des Vaters und ihre aus Sparsamkeitsrücksichten erfolgte Uebersiedelung nach ihrem kleinen Geburtsorte mitgetheilt. Da wollte er nicht als zeitweiser Invalide die Bürde vergrößern, noch dazu als Einer, der nicht weiß, was er nun anfangen soll.

Da die verwundete Hand sofortiger Pflege und der Schonung bedurfte, konnte er nichts Vernünftigeres thun, als von den in den fünf Monaten seiner Reise ersparten dreißig Thalern ein paar Wochen zu baronisiren, was ja bei eingeschränkter Lebensweise schließlich anging; er hoffte, bald hergestellt zu sein und dann nach einer deutschen Hafenstadt als Seemann kostenfrei sich „hinüberarbeiten" zu können. Zunächst sollte der bewußte Genuß der goldenen Freiheit nach erduldeter Sklaverei an Stelle des kläglichen, bei ihm heimisch gewordenen Stumpfsinnes wieder Elastizität und Thaten= lust erwecken.

Auf einem seiner täglichen Spaziergänge traf er den alten Kädensteck. Der Mann hatte ja während der ganzen Amerikafahrt kein einziges Wort an ihn verloren, überhaupt nicht von seiner Existenz Notiz genommen; aber hatte er es denn, bei Lichte besehen, mit irgend Jemand am Bord anders gemacht? Jetzt redete der Schiffsbändiger ihn äußerst freundlich, fast liebreich an, und zwar per „Sie"; es schien gar nicht derselbe Mensch zu sein; er lud seinen einstigen Schiffsjungen sogar ein mit ihm zu gehen und zu essen.

Da kam denn die Rede auf die Reise, und Adalbert gab seinen Anschauungen Ausdruck, erzählte auch seine Erlebnisse, von denen er annahm, daß sie Kädensteck nicht bekannt waren.

„Ich freue mich, daß Sie sich so tapfer gehalten und nicht bei mir beklagt haben. Hätte Ihnen auch weder geholfen, noch zu helfen vermocht. Sie passen nicht für die Seefahrt, wenigstens nicht für die Handelsmarine, und das brauchen Sie nicht zu bedauern. Glauben Sie, ich würde zum zweiten Male Seemann? Sie sind von Jugend auf gewöhnt, Anderes vom Leben zu erwarten, als Ihnen im Kauffahrteidienst geboten werden kann. Sie brauchen andere Aufgaben, als die, welche Sie hier zu lösen hätten. Sie werden auch später nie ein brauchbarer Kapitän werden für unseren Dienst. Versuchen Sie's doch bei der Kriegsmarine. Dort finden Sie anders geartete Ziele, als bei uns. Sie können sich ja darüber am besten in Berlin orientiren. Ich rathe Ihnen, treten Sie als Kadett ein, aber bald, ehe Sie zu alt werden".

Da gestand Adalbert, aufrichtig gerührt von des Mannes Art, die er nie und nimmer in ihm gesucht hätte, daß ihm dazu die Mittel fehlten, und er seine Wege allein finden müsse, legte auch seine Familienverhältnisse klar.

„Ich habe hier noch einige Tage mit der Verklarung in betreff meines Schiffsunfalles zu thun," begann Kädensteck wieder. „Am Ende habe ich nicht allzuviel Schaden aus der Affaire. Die Assekuranz zahlt mir zwar für das alte Schiff nicht viel, aber es hat sich selber schon bezahlt gemacht. Fahren Sie mit mir zusammen nach Hause. Ich muß auch nach Berlin und habe dort einen Bekannten, der Ihnen nützen kann. Später reden wir mehr über die Sache."

Adalbert ist wieder zu Hause bei Mütterchen. Schätze hatte er zwar nicht mitgebracht, nur ein paar große Muscheln und andere Reise=Andenken. Aber der Mutter war er selber ja das Willkommenste. Wie braun er war, und was für breite Schultern er hatte, und erst die Hände! Ueberhaupt wie anders er nun war gegen früher! Er genirte sich vor keiner Arbeit. Er sägte mit besonderem Vergnügen auf dem Hofe das Holz für den Winter und hackte es

Wieder bei Mütterchen.

fuhrenweise im Stalle klein; er blieb in immerwährendem Basteln und war doch früher ein so verwöhnter Junge gewesen, der sich geschämt hatte, persönlich für den Papa Tinte kaufen zu gehen.

Wie war das Mütterchen traurig, als er wieder abreiste, und doch froh, weil sie wußte, daß er zu seinem früheren Kapitän fuhr, bei dem er ja schon vor der Heimkehr zu ihr ein paar Wochen gewohnt hatte, bis seine Hand ausgeheilt war, und daß dieser für ihn sorgen wollte während der Kadettenzeit.

„Leb wohl, mein lieber Sohn, und grüß die braven Leute herzlich und grüß auch die kleine Emma, von der du mir so viel erzählt hast, und schreib auch recht viel.“ —

Ja, die kleine Emma war nicht wenig für ihn eingetreten, und ihre Mama hatte sekundirt.

Kädensteek war ja zu Hause wieder eben der alte Kädensteek, der die Bequemlichkeit liebte und eigentlich kein Freund der „gebildeten Elemente“ war; die eigneten sich nicht für die Seefahrt am Bord seines Schiffes. Von jetzt ab hatte er aber die Seefahrt aufgesteckt, und ohne sich was zu vergeben, konnte er Konzessionen an Frau Dörte machen, größere als früher. Und als er noch geschwankt hatte, Ja zu sagen (obwohl er's an und für sich gern von selber gethan hätte) zu dem Ansinnen, Adalbert für die Seekadettenzeit vorschriftsmäßig zu versorgen, hatte die kleine Emma ihm die neuen zierlichen Strümpfe gebracht, die sie für Papa im Frühjahr gestrickt, an Stelle der alten häßlichen Magenstrümpfe für die See und den neuen Schlafrock vorgezeigt, indem sie wieder eine Faust um das Liek machte und daran zupfte, um zu erweisen, daß es eisenfest sei, obwohl es bloß mit rothem Besatz wundernett beschmartingt war; wie ehedem hatte sie gefragt: „Ist es nicht ebenso gut, als wenn es der Segelmacher gewesen wäre?“ Und Kädensteek hatte gelacht über die Faust, wie ehedem, und gesagt: „Ja, ja, denn der Segelmacher war ein linkpootscher Deubel, und Du bist noch ein besserer Advokat wie Deine Mutter.“ „Und nicht wahr, Papa,“ hatte die Kleine geschmeichelt, „wenn der Adalbert erst Offizier ist, näh ich ihm auch einen Schlafrock, und die Mama näht mir einen, und Du, Papa, Du kaufst uns das Haus, worin wir wohnen können, wenn wir sie beide anziehen.“

Sechste Abtheilung.

Organisation der Kaiserlich Deutschen Marine

und

Kurzer Rückblick auf die Entwickelung derselben.

Sechste Abtheilung.

Organisation der Kaiserlich Deutschen Marine.

Mit der Gründung des Deutschen Reiches war auch die deutsche Wehrkraft zur See zur Nothwendigkeit geworden. Die Ueberweisung von 200 Millionen Mark aus der französischen Kriegsentschädigung für Zwecke der Marine beseitigte 1872 alle finanziellen Schwierigkeiten, mit welchen Preußen vor 1866 so schwer hatte kämpfen müssen, und es konnten mit großer Energie die Ausführung des Flottengründungsplanes, sowie der Ausbau der beiden Kriegshäfen Wilhelmshaven und Kiel nebst der Werft Danzig in Angriff genommen werden. Die Kaiserliche Admiralität richtete dabei ihr Augenmerk auf die Unterstützung der deutschen Schiffsbau- und Maschinenbautechnik, um die Marine vom Auslande unabhängig zu machen. Ihre Bestrebungen sind von günstigem Erfolge begleitet gewesen. Unsere Industrie hat sich nach dieser Richtung so gehoben, daß sie in jeder Beziehung mit dem Auslande konkurrirt und unsere Schiffe und Besatzungen allen älteren Marinen ebenbürtig zur Seite stehen.

Die Kaiserliche Marine gliedert sich in Kommandobehörden, Verwaltungsbehörden, Institute und Kommissionen. Die Zentral-Marine-Behörde, mit dem Sitze in Berlin, besteht aus: dem Ober-Kommando der Marine, dem Reichs-Marine-Amt und dem Marine-Kabinet. Ersteres wird von dem Kommandirenden Admiral nach den Anordnungen Sr. Majestät des Kaisers geführt; die Pflichten und Rechte desselben entsprechen denjenigen eines Kommandirenden Generals der Armee. Die Verwaltung der Marine, unter der Verantwortlichkeit des Reichskanzlers, leitet der Staatssekretär des Reichs-Marine-Amtes mit den Befugnissen einer obersten Reichsbehörde. Entsprechend dem Militär-Kabinet für die Armee hat die Bildung eines Marine-Kabinets stattgefunden. Vom Ober-Kommando der Marine ressortiren: die Stations-Kommandos, die Marine-Inspektionen, das Bildungswesen, die Marine-Theile am Lande, die Kommandanturen, Hafen-Kapitanate, Flotten-, Geschwader-, Flottillen- und Divisions-Kommandos u. s. w. Die Inspektion des Torpedowesens ressortirt vom Ober-Kommando nur in den Angelegenheiten der ihr unterstellten Marine-Theile.

Das Reichs-Marine-Amt unter einem Admiral umfaßt: das Marine-Departement, das Hydrographische Amt, die militärische Abtheilung, alle drei unter höheren Seeoffizieren, das Verwaltungs-Departement unter einem Wirklichen Geheimen Admiralitätsrath, als Direktoren. Unterstellt sind dem Reichs-Marine-Amt die technischen Institute: die Werften von Wilhelmshaven, Kiel und Danzig; ferner die Inspektion des Torpedowesens in technischer Beziehung ꝛc. Im Uebrigen ressortiren vom Reichs-Marine-Amt alle Behörden und Anstalten, welche in entsprechender Weise bei der Armee vom Kriegsministerium abhängen, als: Intendanturen, Bekleidungs- und Verpflegungs-Aemter, Kassen- und Rechnungswesen, Garnison-Verwaltung, Lazarette, Artillerie- und Minendepots u. s. w.; außerdem die Artillerie- und Schiffs-Prüfungs-Kommission, Vermessungs-Dirigenten, endlich die deutsche Seewarte in Hamburg und das Lotsenwesen auf der Jahde. An militärischem Personal ressortiren vom Reichs-Marine-Amt: Feuerwerks-, Zeug-, Torpeder-, Mechaniker-Personal u. s. w.

Die deutschen Küsten und die sie begrenzenden Meerestheile werden in zwei Bezirke — die heimischen Stationen — eingetheilt: die Station der Ostsee, mit dem Sitze in Kiel, und die der Nordsee in Wilhelmshaven. Jedem derselben steht ein Marine-Stations-Kommando als oberste Territorial-Behörde der Marine vor, an deren Spitze Stations-Chefs — Admirale — mit den allgemeinen Befugnissen und Pflichten eines Divisions-Commandeurs der Landarmee stehen.

Die den Stationen unterstellten Marine=Theile zerfallen in Kommando=Behörden zur See: das Ober=Kommando der Flotte, die Geschwader=, Flottillen= und Divisions=Kommandos, sowie die Kommandos der allein= segelnden Schiffe, und in Kommando=Behörden am Lande: die Marine=Inspektionen, die Inspektionen der Marine= Artillerie und des Torpedowesens, sowie der Marine=Infanterie, die Kommandanturen und die Kommandos der Marine=Theile.

Den Marine=Inspektionen, an deren Spitze ein Contre=Admiral oder Kapitän zur See, mit den allgemeinen dienstlichen Befugnissen eines Brigade=Commandeurs in der Armee, steht, sind die Matrosen=Division, die Werft= Division, die Freiwilligen= und Maschinisten=Schulschiffe, das Wachtschiff u. s. w. unterstellt.

Die Matrosen=Divisionen bilden das Depot, aus welchem das seemännische Personal für die Besatzung der Schiffe und Fahrzeuge entnommen wird und in welches es nach der Außerdienststellung wieder zurückkehrt.

Jede der beiden Matrosen=Divisionen (Kiel und Wilhelmshaven) zerfällt in zwei Abtheilungen, jede Abtheilung wieder in drei Stamm=Compagnien. Der Commandeur einer Matrosen=Division ist ein Kapitän zur See mit den allgemeinen Befugnissen eines Regiments=Commandeurs in der Armee. Der Abtheilungs=Commandeur ist Korvetten=Kapitän und entspricht dem Bataillons=Commandeur in der Armee; die Compagnieführer sind Kapitän=Lieutenants.

Jede der beiden Matrosen=Divisionen besteht den einzelnen Kategorien nach aus: Bootsleuten, Feuerwerkern, Steuerleuten, Feldwebeln, Wachtmeistern, Bottelieren, Matrosen und einem Musik=Corps. Zum Etat der ersten Matrosen= Division (Kiel) gehören außerdem die Seekadetten und Kadetten.

Die Ausbildung der Compagnien der Matrosen=Divisionen ist zunächst darauf gerichtet, daß sie jedem Manne die allgemeine militärische Ausbildung im Exerziren mit dem Gewehre und im Dienste Unterricht giebt und ihn dann mit dem Leben an Bord eines Kriegsschiffes bekannt macht.

Die beiden Werft=Divisionen haben den Zweck, die nachstehend näher bezeichneten Mannschaften auszubilden, die ähnlich wie die Matrosen=Divisionen das Depot für die Besatzung der Schiffe bilden, in welches die Mann= schaften nach der Außerdienststellung wieder zurückkehren.

Jede Werft=Division zerfällt in fünf Stamm=Compagnien, von denen zur ersten das Maschinisten= und Zahlmeisterpersonal, zur zweiten und dritten das Feuermeister= und Heizerpersonal, zur vierten die Materialien=Verwalter, Lazarettgehülfen, Büchsenmacher, Bäcker und Schreiber gehören, während die fünfte Compagnie aus den Ober=Meistern, Meistern, Ober=Zimmermanns=, Segelmachermaaten und Oekonomie=Handwerkern ꝛc. gebildet wird.

Der Commandeur einer Werft=Division ist ein Kapitän zur See mit den allgemeinen Befugnissen eines Regiments= Commandeurs in der Armee. Die Führer der Compagnien sind Korvetten=Kapitäne und Kapitän=Lieutenants.

Das Exerziren mit der Büchse, das Turnen und der Dienstunterricht bilden auch hier die Grundlage für die Ausbildung.

Der Inspektion der Marine=Artillerie sind die Matrosen=Artillerie=Abtheilungen, das Artillerie= und Minen=Schulschiff unterstellt. An ihrer Spitze steht ein Contre=Admiral oder Kapitän zur See als Inspecteur.

Den Matrosen=Artillerie=Abtheilungen liegt die Bedienung der Küsten=Artillerie und der Torpedo=Batterien, sowie das Legen von Minen= und anderen Sperren ob. In jedem der Reichs=Kriegshäfen liegt eine Abtheilung.

Der Inspecteur der Marine=Artillerie leitet die gesamte Ausbildung der Matrosen=Artillerie=Abtheilungen, sowie den Dienstbetrieb des Artillerie= und Minen=Schulschiffes.

Der Inspektion des Torpedowesens sind die Torpedo=Abtheilungen, das Torpedo=Schulschiff, das Torpedo=Versuchs=Kommando, die in Dienst befindlichen Torpedoböte, sofern sie nicht einem Geschwader=Verbande angehören, unterstellt.

Der Inspecteur des Torpedowesens, ein Kapitän zur See oder Korvetten=Kapitän, leitet die Ausbildung des ihm unterstellten Personals im Gebrauch der Torpedowaffe und der Torpedoböte.

Der Inspektion der Marine=Infanterie sind das erste und zweite See=Bataillon zu vier Compagnien unterstellt, welche zur Vertheidigung der Reichskriegshäfen (Kiel und Wilhelmshaven) bestimmt sind und auch an der Besetzung der Schiffe theilnehmen. Der Inspecteur hat Obersten= und Regiments=Commandeur=Rang. Der Commandeur eines See=Bataillons hat die Befugnisse eines Bataillons=Commandeurs in der Armee; die Offiziere ergänzen sich aus den Infanterie=Offizieren der Armee und bilden ein Offizier=Corps für sich.

Die Seesoldaten werden auf den Schiffen als Sicherheitswache verwandt, dienen für das Gefecht hauptsächlich als Schützen und bilden bei Landungen die Kerntruppen des Landungs=Corps. Im Schiffsdienst dürfen die Seesoldaten nie zu den Exercitien und Arbeiten in der Takelage verwendet werden.

In der Schiffsjungen=Abtheilung werden Schiffsjungen zu Kriegsmatrosen derart herangebildet, daß dieselben sich später für die Unteroffizier= und Deckoffizierstellen in den seemännischen Dienstzweigen eignen. Die Abtheilung erhält hierzu einen Stamm von Offizieren und Unteroffizieren, welche, soweit als thunlich, denselben Jahrgang Schiffsjungen durch die verschiedenen Stufen seiner Ausbildung an Land und an Bord begleiten.

Außer den bereits angeführten Marinetheilen gehören zu den Stationen noch die Werften, marinetechnische Institute, mit der Bestimmung, die ihnen zugewiesenen Schiffe zu erbauen, im Stande zu erhalten, sowie das zur Ausrüstung derselben erforderliche Inventar und Material zu beschaffen und bereit zu halten. Die Geschäfte der Werft werden von einem Admiral oder Kapitän zur See geleitet.

Für jede der Marine=Stationen besteht ferner eine Marine=Intendantur, ein Bekleidungsamt und ein Verpflegungsamt.

Die Artillerie= und Torpedo=Depots haben Kriegsmaterial, welches zur artilleristischen und submarinen Kriegführung dient, zu beschaffen und in kriegsbrauchbarem Zustande zu erhalten. Bei jedem Depot werden die Geschäfte desselben von einem Offizier als Depot=Vorstand geleitet.

Die Hafenpolizei und das Beleuchtungswesen unterstehen in jedem Reichskriegshafen einem Hafen= Kapitän, der See=Offizier ist; die Leitung der technischen Arbeiten des Vermessungsfahrzeuges sind einem Vermessungs= Dirigenten, der ebenfalls See=Offizier ist, anvertraut.

Der wissenschaftlichen Ausbildung der See=Offiziere und Kadetten dienen die Marine=Akademie und die Marineschule, der der Deckoffiziere und Unteroffiziere die Deckoffizierschule.

An der Spitze dieser Institute steht ein Contre=Admiral oder ein Kapitän zur See als Direktor.

Als dauernde Kommissionen sind ferner die Havarie=Kommission, die Schiffsprüfungs=Kommission, die Schiffsartillerie=Prüfungs=Kommission und das Torpedo=Versuchs=Kommando zu erwähnen.

Das Offizier=Corps der Marine zerfällt in:

     die Admirale,

     das See=Offizier=Corps,

     das Offizier=Corps der Marine=Infanterie,

     das Maschinen= und Torpedo=Ingenieur=Corps,

     die Feuerwerks=, Zeug= und Torpedo=Offiziere,

     das Sanitäts=Corps.

Das See=Offizier=Corps besteht aus dem Verbande des See=Offizier=Corps der Marinestation der Ostsee bezw. der Nordsee und den Offizieren des Ober=Kommandos der Marine und des Reichs=Marine=Amts.

Ihrem Range gliedern sich die See=Offiziere in folgende vier Hauptklassen:

1. Flaggoffiziere oder Admirale — Admirale, Vice=Admirale und Contre=Admirale,

2. Stabsoffiziere — Kapitäne zur See und Korvetten=Kapitäne.

3. Kapitän=Lieutenants,

4. Subaltern=Offiziere — Lieutenants zur See und Unter=Lieutenants zur See.

Diesen vier Hauptklassen entsprechen im Landheere und bei der Marine=Infanterie die der Generale, Stabsoffiziere, Hauptleute und Subaltern=Offiziere.

Das Maschinen= und Ingenieur=Corps (inkl. Torpeder=Ingenieure) steht in Betracht seiner Rechte und Pflichten neben dem See=Offizier=Corps der Marine. Die Maschinen=Ober=Ingenieure haben den Rang der Kapitän=Lieutenants, die Maschinen=Ingenieure den der Lieutenants zur See, die Maschinen=Unter=Ingenieure den der Unter=Lieutenants zur See.

Die Feuerwerks=, Zeug= und Torpeder=Offiziere sind dem See=Offizier=Corps attachirt, ohne Mitglieder desselben zu sein.

Die Feuerwerks= und Zeug=Offiziere gliedern sich in: Feuerwerks= bezw. Zeug=Hauptleute, Premier=Lieutenants und Lieutenants. Die Torpeder=Offiziere in: Torpeder=Kapitän=Lieutenants, Lieutenants und Unter=Lieutenants.

Das Sanitäts=Offizier=Corps steht in Betracht seiner Rechte und Pflichten neben dem See=Offizier=Corps. Die Sanitäts=Offiziere beider Marine=Stationen bilden einen gemeinsamen Verband, welchen der General=Arzt der Marine leitet.

Die Marine=Zahlmeister sind Reichsbeamte mit bestimmtem militärischen Range. Den Rang der Kapitän= Lieutenants haben die Marine=Ober=Zahlmeister, den der Lieutenants zur See die Zahlmeister und den der Unter=Lieutenants zur See die Marine=Unter=Zahlmeister.

Die Mannschaften der Marine werden nach Chargen eingetheilt in:

     Ober=Deckoffiziere und Deckoffiziere (hierzu auch Zahlmeister=Aspiranten);

Unteroffiziere mit Portepee (Feldwebel bezw. Wachtmeister, Vice=Feldwebel, Seekadetten, Vice=See=
kadetten, Unter=Aerzte und einjährig=freiwillige Aerzte);
Unteroffiziere ohne Portepee (Ober=Maate und Maate)

und

Gemeine.

Die Deckoffiziere unterscheiden sich in Bezug auf ihre Stellung dadurch von den übrigen Mannschaften, daß sie nicht Löhnung, sondern Gehalt empfangen, und daß auf sie in Bezug auf Pensionirung und Versorgung die für Offiziere gültigen Bestimmungen Anwendung finden.

Ober=Deckoffiziere, Deckoffiziere, Ober=Maate und Maate zerfallen in verschiedene Branchen, je nach den besonderen Dienstzweigen, in welchen sie verwendet werden. Nach diesen Branchen bestimmen sich ihre Titel, z. B. Ober=Bootsmann, Feuerwerker, Ober=Steuermannsmaate, Segelmachersmaate u. s. w.

Zu den Gemeinen gehören auch die Ober=Matrosen und Gefreiten, desgleichen die Kadetten.

––––––––––

Carrieren.

Die seemännische Laufbahn ist eine vorzugsweise praktische. Man kann die Seemannschaft nicht aus Büchern erlernen, sondern muß sie sich auf praktische Weise und durch langjährige Erfahrung aneignen. Wenn sich auch für einzelne Fälle Regeln aufstellen lassen, so ist der Seemann doch in den bei weitem meisten Vorkommnissen lediglich auf seine eigenen Hülfsquellen, seine Erfahrungen und seine Thatkraft angewiesen. Dies gilt für den Kommandirenden sowohl wie für den Untergebenen. Es ergiebt sich daraus aber, daß die Lehrzeit des Seemannes eine verhältnißmäßig lange sein muß. Um den mannigfaltigen Anforderungen zu genügen, welche die Ausübung seines schweren Berufes an ihn stellt, bedarf er auch vielseitiger Erfahrung, und zwar nicht allein seemännischer, sondern auch technischer Art. Schon aus den Anforderungen, welche man bei der Heranbildung des See=Offizier=Corps stellt, ist ersichtlich, wieviel Sorgfalt neben der theoretischen auch auf die technische und praktische Ausbildung der Aspiranten verwendet wird. In ungleich höherem Maße muß auf den technischen und praktischen Theil des Wissens bei der Heranbildung des Matrosen=, Unter= offizier= und Deckoffizier=Corps Bedacht genommen werden.

Das See=Offizier=Corps ergänzt sich aus jungen Leuten, welche nach Prüfung ihrer persönlichen und wissen= schaftlichen Befähigung und nach Maßgabe des vorhandenen Bedarfs als Kadetten eingestellt werden.

Der Ausbildungsgang vom Kadetten zum See=Offizier vollzieht sich theils auf der Marineschule, welche in einen Kadetten= und einen Offizier=Cötus getheilt wird, theils an Bord von Kadetten= und Seekadetten=Schulschiffen.

Die Einstellung als Kadett erfolgt einmal im Jahre, in der Regel im Monat April. Die Anmeldung geschieht schriftlich bei dem Kaiserlichen Ober=Kommando der Marine in den Monaten August und September des der Einstellung vorhergehenden Jahres.

Junge Leute, welche als Kadett eingestellt zu werden wünschen, dürfen, wenn sie die Abiturienten=Prüfung bestanden haben, ein Lebensalter von 19 Jahren, wenn sie diese Prüfung nicht bestanden, ein solches von 18 Jahren nicht überschritten haben.

Das Ober=Kommando der Marine ist befugt, in besonderen Fällen hinsichtlich des Lebensalters einzelne Ausnahmen eintreten zu lassen.

Der für den Eintritt als Kadett erforderliche wissenschaftliche Bildungsgrad ist durch Vorlegung eines vollgültigen Abiturienten=Zeugnisses eines deutschen Gymnasiums oder eines deutschen Realgymnasiums, oder durch Beibringung des Zeugnisses der Reife für die Prima einer solchen Lehranstalt und gleichzeitiges Ablegen der Kadetten=Eintrittsprüfung, oder endlich durch Vorlage eines Zeugnisses über die bestandene Portepeefähnrichs=Prüfung der Armee nachzuweisen.

Unmittelbar vor der Eintritts=Prüfung findet eine Untersuchung der Betreffenden auf körperliche Tauglichkeit für den Seedienst seitens eines Marinearztes statt.

Unmittelbar nach der Einstellung als Kadett erfolgt die Einschiffung an Bord des Kadetten=Schulschiffes auf die Dauer von etwa sechs Monaten. Im Anschluß daran erfolgt die Kommandirung zum Kadetten=Cötus der Marineschule, und ist nach Ablauf von etwa sechs Monaten die Seekadetten=Prüfung abzulegen.

Nach der Beförderung zum Seekadetten erfolgt die Kommandirung auf das Seekadetten=Schulschiff für die Dauer von etwa zwei Jahren.

Die erste Seeoffizier=Prüfung wird nach Beendigung des Kursus auf dem Seekadetten=Schulschiff abgelegt, nach deren Bestehen die Ernennung des Seekadetten zum Unterlieutenant zur See ohne Patent erfolgt.

Die Unter=Lieutenants zur See werden, nachdem sie fünf bis sechs Monate praktischen Dienst am Bord oder am Lande gethan haben, zu dem etwa elf Monate dauernden Offizier-Cötus der Marineschule kommandirt, und wird nach Schluß desselben die Seeoffizier-Berufsprüfung abgelegt.

Das zu dieser Prüfung erforderliche Fachwissen umfaßt die Navigation, Seemannschaft und Seetaktik, Artillerie, Schiffsmaschinenkunde, Torpedolehre, den Schiffbau, die Naturlehre, Mechanik, Fortifikation, Landtaktik, Mathematik, englische und französische Sprache u. dergl.

Die Verleihung eines Patents als Unter-Lieutenant zur See kann nach bestandenem Examen nach dreijähriger Seedienstzeit erfolgen, während fünf Jahre Seedienstzeit für die Beförderung zum Lieutenant zur See unerläßliche Bedingung sind.

Auch die Beförderung zum Kapitän-Lieutenant setzt eine mehrjährige Seefahrtszeit als Lieutenant zur See voraus.

Für Kapitän-Lieutenants und Lieutenants zur See besteht die bereits oben erwähnte Einrichtung der Marine-Akademie in Kiel. Der Lehrkursus ist ein zweijähriger, findet indessen nur während der Wintermonate statt; während der Sommermonate werden die Akademiker zur Dienstleistung an Bord des Panzergeschwaders kommandirt. Die Vorlesungen auf der Akademie umfassen zunächst die Berufswissenschaften, ferner Mathematik, Physik, Chemie, nautische Astronomie, physikalische Geographie, Geologie, lebende Sprachen, Seekriegsgeschichte, Verwaltungskunde, Militär-gerichtsverfassung, Völker-, Kriegs- und Seerecht.

Um zum Korvetten-Kapitän zu avanciren, muß der Kapitän-Lieutenant wenigstens ein Jahr hindurch als erster Offizier kommandirt gewesen sein. Die Beförderung zum Kapitän zur See bedingt eine zweijährige Fahrzeit als Kommandant eines kleinen Schiffes bezw. als erster Offizier auf Panzerschiffen.

Zur Beförderung zum Contre-Admiral ist eine längere Fahrzeit als Kommandant von Panzerschiffen oder Kreuzer-Fregatten erforderlich.

Welche pekuniäre Mittel die See-Offizier-Carriere erfordert, darüber Näheres zu erfahren, wird nicht nur für Eltern, sondern auch für weitere Kreise von Interesse sein.

Folgende Zusammenstellung mag als Anhalt dienen:

Sogenannte Freistellen für Kadetten giebt es in der Kaiserlichen Marine nicht. Der Staat trägt die Kosten für deren Ausbildung und gewährt denselben außerdem nach bestandener Eintrittsprüfung und bis zur Beförderung zum etats-mäßigen Seekadetten eine Löhnung von 40,50 Mark monatlich (inkl. Bekleidungs-Vergütigung) und bei späteren Beförderungen die Gebührnisse der höheren Chargen, welche beim Seekadetten 792 Mark, beim Unterlieutenant z. S. 1200 Mark jährlich betragen, ohne Hinzurechnung von Servis-Zuschuß am Lande und von Tafelgeldern an Bord. Für die standesgemäße Unter-haltung der Kadetten haben die Angehörigen derselben zu sorgen und eine Zulage von mindestens 30 Mark monatlich bis zum Lieutenant z. S. zu zahlen. Dies beträgt auf die Dauer von 8 bis 9 Jahren etwa . . . . . 3060 Mark.

Hierzu treten die Kosten der ersten Equipirung als Kadett . . . . mit ca.   900 „
   „   „   „   „ Seekadett . . . . „   500[1] „
   „   „   „   „ Unterlieutenant z. S. . . „   650 „
   „   „   „   „ Lieutenant z. S. . . . . „   160 „

Ferner die Kosten zur Beschaffung der erforderlichen nautischen Instrumente (Sextant, Fernrohr, Sekunduhr rc.) . . . . mit ca.   400 „

Zur Unterhaltung der Equipirung sind jährlich ca. 300 Mark erforderlich, für 8 bis 9 Jahre also ca. . . . . 2600 „

Die Gesamtsumme der Unterhaltungskosten stellt sich hiernach auf ca. . . . . 8270 Mark oder rund 9000 Mark.

Die Zulage ist seitens der Angehörigen mit 120 Mark für 4 Monate voraus und sodann mit 30 Mark monatlich bis zu dem Zeitpunkte zu entrichten, wo der Betreffende nach bestandener Seeoffizier-Berufsprüfung die Marineschule verläßt. Mit Bezug auf Beschaffung der Equipirung ist die Einrichtung getroffen, daß auch neu eintretende Kadetten dem Offizier-Kleiderkassen-Verband beitreten können, wodurch ihnen eine Ersparung von etwa 20 pCt. erwächst. Die Angehörigen haben in diesem Falle für die erste Ausrüstung 450 Mark als Vorschuß und demnächst 18 Mark monatlich zu zahlen, so lange nicht größere Beschaffungen, zu denen das Guthaben der Kleiderkasse nicht ausreicht, auch noch weitere Einzahlungen erfordern.

Das Maschinen-Ingenieur-Corps ergänzt sich aus Ober-Maschinisten, welche sich durch ihre wissenschaftlichen und technischen Kenntnisse und Erfahrungen zur Leitung großer Schiffsmaschinen eignen und zugleich in Betreff der allgemeinen und geselligen Bildung, sowie der persönlichen Verhältnisse und Eigenschaften der Aufnahme in das Maschinen-Ingenieur-Corps würdig sind.

Die Feuerwerks- und Zeugoffiziere ergänzen sich aus den Ober-Feuerwerkern und Ober-Zeugfeldwebeln.

Die Torpeder-Offiziere werden aus den Ober-Torpedern entnommen, soweit sie die Qualifikation dazu besitzen und das dafür vorgeschriebene Examen bestanden haben.

---

[1] Die Kleider werden durch den Dienst an Bord — in der Takelage, am Geschütz und in der Maschine — erheblich abgenutzt und namentlich durch die Wäsche im Auslande stark mitgenommen, so daß sie nach drei Jahren so gut wie werthlos sind.

Der Ersatz der Matrosen-Divisionen besteht aus den Dienstpflichtigen der seemännischen Bevölkerung, den einjährig-freiwilligen Seeleuten und den vierjährig Freiwilligen.

Junge Seeleute von Beruf, welche den Berechtigungsschein zum einjährig-freiwilligen Dienst oder das Zeugniß der Befähigung zum Seesteuermann besitzen, können in die Matrosen-Divisionen und in die Torpedo-Abtheilungen als Freiwillige eingestellt werden. Aus ihnen gehen die Reserve- und Seewehr-Offiziere hervor.

Die Vierjährig-Freiwilligen setzen sich aus jungen Leuten der halb-seemännischen und der Landbevölkerung zusammen, welche das zwanzigste Lebensjahr noch nicht vollendet haben und sich verpflichten, vier Jahre in der Kaiserlichen Marine zu dienen. Sie können bei guter Führung und den nöthigen Kenntnissen nach 48 monatlicher Seefahrzeit zu Ober-Matrosen und nach 72 monatlicher Fahrzeit zu Unteroffizieren befördert werden.

Die Matrosen-Artillerie erhält Armee-Ersatz.

Die Marine-Infanterie erhält ihren Ersatz aus den Dienstpflichtigen der Landbevölkerung.

Junge Leute aus der Landbevölkerung, welche den Berechtigungsschein zum einjährig-freiwilligen Dienst besitzen, können in die See-Bataillone, die Matrosen-Artillerie, und sofern sie Schiff- resp. Maschinenbau-Techniker sind, in die Werft-Divisionen eingestellt werden. Der Ersatz von Maschinen- und Heizerpersonal wird von den Dienstpflichtigen der See- und Flußdampfer entnommen; der der Handwerker aus der Landbevölkerung.

Die Schiffsjungen.

Wie schon oben ausgeführt, rekrutiren sich die seemännischen Besatzungen unserer Schiffe in den unteren Chargen auf dreierlei Weise: aus den militärpflichtigen Berufs-Seeleuten, aus Vierjährig-Freiwilligen (Halb- oder Nicht-Seeleuten) und aus Schiffsjungen. Die ersteren haben wie in der Armee drei Jahre zu dienen und kehren dann bis auf einen Bruchtheil Kapitulanten zur Handelsmarine zurück. Die Klasse der Vierjährigen tritt gewöhnlich im Alter von 18—20 Jahren ein und liefert auch nur einen verhältnißmäßig geringen Ersatz an Unteroffizieren. Mit solchen zum größten Theil nur durchgehenden Mannschaften kann aber die Marine die ihr zufallenden schwierigen Aufgaben nicht lösen; sie bedarf dazu eines längere Zeit geschulten Stammes und namentlich eines erfahrenen, mit den so außerordentlich verwickelten Dienstverhältnissen engvertrauten Unter- und Deckoffizier-Personals, um leistungsfähig und schlagfertig zu sein. Um sich solche Leute zu sichern, hat man deshalb fast in allen größeren Marinen und so auch bei uns darauf Bedacht genommen, sich dieselben aus Schiffsjungen heranzuziehen, die in jugendlichem Alter eingestellt und mit großer Sorgfalt für ihren Beruf ausgebildet werden. Dem Institut gehören sie drei Jahre an, und als Aequivalent für ihre völlig kostenfreie Erziehung legt ihnen der Staat die Verpflichtung auf, für jedes Jahr in der Anstalt zwei in der Marine zu dienen. Dazu tritt dann auch die Ableistung der dreijährigen Militärpflicht, so daß sie also zwölf Jahre hintereinander in der Marine bleiben. Die Einstellung erfolgt im Alter zwischen 14 und 16 Jahren, Anfang April jeden Jahres. Nach ärztlicher Untersuchung und Einkleidung der Zöglinge in Friedrichsort (bei Kiel) bleiben dieselben etwa acht Tage am Lande, um sich allmählich an die neuen Verhältnisse zu gewöhnen und in den Anfangsgründen des militärischen Verhaltens unterwiesen zu werden. Dann geht es an Bord in die neue Heimath auf das Schiffsjungen-Schiff, auf welchem sie bis September bleiben. Die erste Kreuztour wird theils in der Kieler Bucht, theils in der Ostsee unternommen. Dann kehrt das Schulschiff in den Hafen zurück; dasselbe wird abgetakelt, und die Zöglinge werden in Friedrichsort kasernirt.

Das Winterhalbjahr am Lande wird dazu verwendet, um neben der Fortbildung in seemännischen Kenntnissen und Fertigkeiten und einem geregelten Elementar-Unterricht den Schiffsjungen eine militärisch stramme Haltung, sowie die Handhabung der Büchse und den Infanterie-Dienst in seinen einfachen Formen beizubringen.

Anfang April, nach erfolgter Inspizirung und mündlicher Prüfung des bisher Erlernten, nimmt mit dem Beginne ihres zweiten Dienstjahres eine Schiffsjungen-Korvette den Jahrgang Zöglinge an Bord und macht mit denselben eine etwa 18 monatliche Seereise, in der Regel nach Westindien, Südamerika oder dem Mittelmeere. Auf dieser Reise gehen praktischer und theoretischer Unterricht Hand in Hand. Ende September des dritten Dienstjahres kehrt die Korvette nach Kiel zurück. Die Zöglinge erhalten einen vierwöchentlichen Urlaub, und werden dann die brauchbarsten derselben an Bord des Artillerie-Schulschiffes „Mars" geschickt, um dort einen Artillerie-Exerzier-Kursus zu absolviren und sich das Zeugniß als Geschützführer zu erwerben. Schiffsjungen von besonders guter Führung können schon während des dritten Dienstjahres zu Schiffsjungen-Unteroffizieren ernannt und nach Absolvirung des Artillerie-Kursus zu Ober-Matrosen befördert werden, während die übrigen den Matrosen-Divisionen überwiesen werden. Während der Zeit ihrer Ausbildung werden die Schiffsjungen nicht als Personen des Soldatenstandes, sondern als Zöglinge angesehen. Nach 72 monatlicher Seefahrzeit, von denen mindestens 12 Monate als Ober-Matrose erworben sein müssen, können sie dann nach guter Führung und Befähigung zu Unteroffizieren (Maaten) aufrücken. Hierbei bleibt ihnen überlassen, sich die Branche, in welcher sie weiter dienen wollen und es, vorausgesetzt, daß sie sich die vorgeschriebenen Kenntnisse dazu erworben haben, bis zum Deckoffizier bringen können, zu wählen.

Dahin gehören: die Bootsmanns=, Feuerwerker=, Steuermanns=, Materialienverwalter= u. s. w. Carrieren. Die nöthigen Kenntnisse können sie sich in den Abtheilungs= und Divisions=, bezw. der vereinigten Maschinisten=, Steuermanns= und Torpedoschule in Kiel erwerben. Widmen sie sich der Feuerwerker=Carriere, so werden sie als Feuerwerksmaate auf die Oberfeuerwerker=Schule in Berlin zur Absolvirung des dortigen Lehrkursus für die Armee kommandirt.

In der Feuerwerks=, Torpeder=, Zeug= und Zahlmeister=Carriere können sie dann mit der Erwerbung des Offizierranges abschließen.

Die höchste Stufe im Leben der Schiffsjungen und des Kriegsschiffsmatrosen bildet die der Deckoffiziere (Ober=Bootsmann, Ober=Feuerwerker, Ober=Steuermann, Ober=Torpeder 2c.). Sie bildet den Schlußstein der Carriere, die aber nur von einer geringen Anzahl erreicht wird, da es selbst auf den größten Schiffen nur vier aus Seeleuten hervorgegangene Deckoffiziere giebt. Die Uniform derselben ist die der Seeoffiziere, nur tragen sie Achselklappen von gleichem Stoff und Farbe wie der Rock mit den Abzeichen der verschiedenen Branchen. Der Deckoffizier=Säbel mit dem silbernen Portepee ist dem Offizier=Säbel gleich. Die Mütze ist von demselben Tuch und Schnitt wie die der Seeoffiziere, das Mützenband von schwarzem Mohair, 2 cm breit, die Kokarde ohne Eichenlaubstickerei. Ueber der Kokarde befindet sich eine goldene Kaiserkrone mit Kronenbändern in Gold.

Die Handelsmarine.

Der Dienst auf Handelsschiffen ist nur auf den großen, transatlantischen Dampfern annähernd dem der Kriegsmarine ähnlich, wenn auch nicht in so genau abgepaßte Formen gezwängt und von derselben Gleichartigkeit.

Der Führer eines Seeschiffes heißt Kapitän (Seeschiffer), die ihm zunächst stehenden Beamten Steuerleute (erster, zweiter, dritter Steuermann). Zu einer Seeschiffs=Besatzung gehören ferner: der Bootsmann, der Zimmermann, der Schiffskoch, Matrosen (Voll= oder befahrene Matrosen und Leichtmatrosen — Jungleute) und Jungen.

Die Carriere beginnt mit dem Jungen (Kajüts= oder Deckjungen). Hat er sich einige seemännische Kenntnisse erworben, so verheuert er sich als Leichtmatrose und dann als Matrose.

Lehranstalten, auf welchen die Seeleute (Matrosen) ihre theoretische Ausbildung zum Steuermann (Seesteuermann) und zum Seeschiffer (Kapitän) empfangen, heißen Navigationsschulen. Der Unterricht in ihnen beginnt im Oktober und dauert für Matrosen ein Jahr, für Steuerleute sechs Monate.

Zum Besuch der Steuermannsklasse sind 33 Monate Seefahrtszeit als Matrose, zum Besuch der Schifferklasse außerdem 24 Monate als Steuermann auf seegehenden Schiffen Bedingung. In der Schifferklasse werden nur solche Seeleute aufgenommen, welche die Steuermanns=Prüfung bereits bestanden haben.

Kurzer Rückblick
auf die Entwickelung der Kaiserlich Deutschen Marine.

Angesichts der wehrtüchtigen und stattlichen Kriegsschiffe, welche in zunehmender Zahl die deutsche Flagge bis in die fernsten Meere tragen und die maritime Machtstellung Deutschlands befestigen, dürfte ein aphoristischer Rückblick auf die Entwickelung, welche das deutsche Flottenwesen seit Friedrich Wilhelms des Großen Kurfürsten Tode erfahren hat, hier nicht ohne Interesse sein. Zwar vermögen wir dem Leser nur das Bild einer Marine in der Kindheit vorzuführen; allein selbst diese Momente erfreuen das patriotische Herz, denn sie alle gipfeln in dem ernsten Streben unseres erhabenen Herrscherhauses, Kurbrandenburg und Preußen in die Reihe der Seemächte Europas zu stellen.

Mit der Unterzeichnung der Urkunde, in welcher Friedrich Wilhelm I. am 13. Juli 1720 für sich und seine Nachfolger auf alle Besitzungen der ehemals brandenburgisch-afrikanischen Handelsgesellschaft verzichtete, war die Schöpfung des Großen Kurfürsten zu Grabe getragen. Es folgte eine lange Zeit der Ruhe, während welcher die letzten Reste des Materials

Prinz Heinrich von Preußen.
Nach einer Original-Aufnahme von J. C. Schaarwächter, Berlin.

der brandenburgischen Seemacht vergingen. Selbst als Friedrich II. den Thron bestieg und für das Recht und die Hoffnungen seines Vaterlandes gegen halb Europa zu kämpfen wagte, konnte die Wiederbelebung der Schöpfung seines großen Ahnherrn nicht erhofft werden; bedurfte er doch aller seiner Kräfte, um sich gegen die ihn umgebenden Feinde zu vertheidigen. Zwar stand er, als ihm 1744 Ostfriesland als Reichslehn zugefallen war, wiederum festen Fußes an der Nordsee, zwar wehten wiederum die preußischen Farben vom alten Schlosse „Gretsyhl", allein die Geschichte des Heldenkönigs zeigt uns, daß er, obgleich von der Nothwendigkeit einer Kriegsflotte überzeugt, doch klar sah, daß zur Gründung

einer solchen nicht nur Geld, sondern auch Zeit gehöre, und daß wenige Fahrzeuge, deren Beschaffung nicht schwierig sein konnte, nur ein illusorischer Schutz seiner Küsten sein würden, wenn er nicht bewährte Männer fände, die erst dem todten Holzwerk Lebensfähigkeit zu geben vermochten.

Unter Friedrichs II. Regierung dürfen wir jedoch das am 10. September 1759 zwischen preußischen und schwedischen Kriegsfahrzeugen im Stettiner Haff vorgekommene Gefecht nicht unberührt lassen, sei es auch nur, um zu konstatiren, daß auch in den Tagen des großen Königs etwas in Preußen geschah, das den Anschein einer Wehrhaftigkeit auf dem Wasser hatte. Seit jenem Gefechte ruhte zwar die Schaffung einer Flotte, allein ganz ist sie nie von der preußischen Regierung vernachläßigt worden. Diejenigen, welche glauben, daß die Ansicht von der Nothwendigkeit einer preußischen Seemacht und die Bestrebungen, eine solche ins Leben zu rufen,[1] erst vom Jahre 1835 datiren, oder daß es gar erst des Jahres 1848 bedurfte, um diese Idee bei der preußischen Regierung wachzurufen, befinden sich in argem Irrthum.

Immerhin hatte das Jahr 1848 neben den vielen bedauerlichen Ereignissen doch das eine Gute, daß die Begeisterung für die Größe und Einheit des Vaterlandes in den deutschen Herzen von neuem erwachte und die Nothwendigkeit einer der politischen Machtstellung Deutschlands entsprechenden Flotte sich vollends Bahn brach.

---

[1] Siehe Beiheft Nr. 15 und 17 des Marine-Verordnungsblattes.

Wenn auch Napoleons I. Herrschaft jeden Aufschwung deutschen Seewesens gehindert hatte, so ruhten doch während der darauf folgenden Friedensjahre bis zum Tode Friedrich Wilhelms III. die auf maritime Einrichtungen gerichteten Bestrebungen durchaus nicht; vielmehr ist gerade diese Epoche reich an ernster Arbeit, an genialen Entwürfen und an praktischem Verständniß für die Aufgabe eines auch zur See mächtigen Preußens. Wohl wird mancher unserer Leser, der in Wilhelmshaven die im Jahre 1848/49 erbauten, theilweise zur Pontonbrücke über den Hafenkanal verwendeten Ruderkanonenböte gesehen, oder solche zum Transport von Kohlen neben den stolzen Panzerfregatten „König Wilhelm" oder „Kaiser" liegend bemerkt hat, die Achseln zucken über die beschränkten Auffassungen und die geringe Produktionskraft jener Generation. Allein wir sind fest überzeugt, daß alle Diejenigen, welche die Schwierigkeiten zu ermessen vermögen, die für den Eintritt einer Landmacht in die Reihe der Seemächte zu überwinden sind, den fast 30 Jahre hindurch immer wieder erneuten, auf die Gründung einer Marine gerichteten Anstrengungen einzelner Männer, und zwar hauptsächlich Offiziere des Landheeres mit der Unterstützung eines genialen See-Offiziers (Longé) ihre Anerkennung nicht versagen werden.

Es war zur Zeit des deutsch-dänischen Krieges, am 14. Juni 1848, als die deutsche Nationalversammlung für die Errichtung einer Reichsflotte sechs Millionen Thaler bewilligte. Man empfand es als eine Schmach, daß die Marine des kleinen Dänenreiches durch die Blockade der deutschen Häfen und die Bedrängung unserer Handelsschiffe auf offener See unseren überseeischen Handel völlig niederzuhalten im stande war. Der gänzliche Mangel einer eigenen Flotte ließ es außerdem im schleswig-holsteinischen Kriege nicht dazu kommen, den Inselstaat auch zu Lande nachdrücklich zu bekämpfen. Man kennt das Fiasko unserer ersten Liebesmühen um die Gründung einer Reichsflotte. England erklärte, eine deutsche Flagge nicht zu kennen, und dieselbe wie eine Seeräuberflagge behandeln zu wollen. Die angekauften

Prinz Adalbert von Preußen.

Schiffe erreichten die deutschen Häfen theils in kriegsuntüchtigem Zustande, theils gingen sie verloren oder wurden am Auslaufen aus fremden Häfen verhindert; es fehlte vor Allem an See-Offizieren und den nöthigen Besatzungen. Widerwärtigkeiten und Zerwürfnisse ernster Art machten sich bald nach verschiedenen Richtungen hin geltend, das übereiferte Werk, welches den Todeskeim in sich trug, begann zu kränkeln; die Mittel flossen nach und nach spärlicher, bis sie endlich ganz versiegten, und so konnte es nicht überraschen, wenn ein Tagesbefehl des inzwischen zum Admiral beförderten Kapitäns Brommy, Oberbefehlshabers der Flotte, vom 31. März 1853 den See-Offizieren und Flottenmannschaften verkündete, daß von diesem Tage an die Reichsflotte aufhöre zu existiren.

Bei der Versteigerung des schwimmenden Flottenmaterials erwarb Preußen die Schiffe „Barbarossa" und „Gefion" (letztere die den Dänen am 5. April 1849 bei Eckernförde abgenommene Fregatte).

Seit dem 5. September 1849 war eine dem Kriegsministerium unterstellte „Marine-Kommission" unter dem Vorsitz des Prinzen Adalbert von Preußen gebildet; Preußen unterhielt seitdem eine kleine Flottille, eine MatrosenDivision, ein Marine-Corps aus Nicht-Seeleuten (das jetzige See-Bataillon) und richtete allmählich in Danzig ein WerftEtablissement ein. Allein das Marine-Budget blieb noch sehr klein. Im Jahre 1850 betrug es eine Million Thaler, 1863 etwas mehr als das Doppelte.

1855 war zwar ein Flottengründungsplan aufgestellt, allein für Ausführung desselben ein Zeitraum von 15 Jahren und eine Summe von 12 Millionen Thalern beansprucht worden. Das Ziel blieb immerhin ein beschränktes, da viele Schwierigkeiten noch zu überwinden waren. Ein eigenes tüchtiges See-Offizier-Corps und ein tüchtiges UnteroffizierCorps mußte erzogen, auch eine Reserve für den Kriegsfall gesichert werden. Dank der Begeisterung und der Vaterlandsliebe des Prinzen Adalbert wurde mit den dürftigen Mitteln das Möglichste geleistet.

Die Bewohner der preußischen Küstenstriche lieferten ein vortreffliches Material zur Bemannung der Flotte

Junge Leute von guter Erziehung wurden als Offizier=Aspiranten eingestellt und Offiziere aus fremden Kriegsflotten, wie geeignete Persönlichkeiten aus der Handelsmarine herangezogen. Armee=Offiziere widmeten sich dem neuen Berufe und wurden zu weiterer Fachausbildung neben den aus der Handelsmarine übergetretenen Seeleuten auf die englische, amerikanische und holländische Flotte kommandirt. Der Erfolg des ernsten Strebens blieb nicht aus; das homogene, an innerer Tüchtigkeit und kameradschaftlicher Zusammengehörigkeit dem traditionellen festen Gefüge des Offizier=Corps der Armee ebenbürtige junge deutsche See=Offizier=Corps verehrt in dem verstorbenen Prinzen Adalbert von Preußen seinen Schöpfer. Mit der Heranbildung des Personals hielt auch die Vermehrung der Schiffe gleichen Schritt. In Danzig wurde eine Königliche Werft errichtet, auf welcher die ersten in Deutschland selbst gebauten Kriegsschiffe, die Korvetten „Danzig", „Arcona" und „Gazelle" entstanden, in Stettin und Stralsund Marine= Depots 2c. angelegt.

In die Zeit der Ausführung des Flottengründungsplanes von 1855 fiel eine allmähliche Umwälzung der Schiff= bauverhältnisse in allen Marinen. Die Segelschiffe wurden als Schlachtschiffe beseitigt und die Räderschiffe durch Schlachtschiffe verdrängt. So mußte denn auch in Preußen die Marine modernisirt werden. Das erforderte neue Opfer! 1863 wurde daher dem Landtage ein neuer Flottengründungsplan vorgelegt. Im Jahre 1853 war die Ablösung der Marine=Angelegenheiten vom Kriegs=Ministerium und die Uebertragung derselben an die nunmehr selbständige Admiralität unter Leitung des Prinzen Adalbert erfolgt; zehn Jahre später fand eine abermalige Reorganisation der obersten Marinebehörde in Ober=Kommando und Ministerium statt. Auch die Kriege von 1864 und 1866 forderten erneute Modifikationen, da die Aufgaben zur See durch die Neugestaltung Deutschlands bedeutend erweitert worden waren. Rüstig wurde das Werk gefördert, die Werften von Kiel und Wilhelmshaven ausgebaut, und im Sommer 1869 konnte das erste deutsche Panzergeschwader zu Uebungszwecken in See geschickt werden.

So war man mitten im neuen, freudigen Schaffen; ein Panzergeschwader von vier Schiffen unter dem Befehle des Prinz=Admirals befand sich auf einer Uebungsfahrt nach dem Atlantischen Ozean, als 1870 der Krieg gegen Frankreich ausbrach. Eine mächtige französische Flotte erschien sowohl in der Nordsee als in der Ostsee, die Blockade unserer Häfen war mit den schwachen deutschen Streitkräften nicht zu hindern. In der Nordsee lauerten die Franzosen von Helgoland aus unserem kleinen aus vier Panzerschiffen und einem Aviso bestehenden Jahde=Geschwader auf. Dasselbe befand sich in der Nähe der Insel Wangeroog, um die noch unfertigen Marine=Etablissements von Wilhelmshaven zu decken, schickte häufig zur Beunruhigung des Feindes einzelne Schiffe und Fahrzeuge auf Rekognoszirungen aus und ging nach einem Sturme sogar selbst in See, die feindliche Flotte aufzusuchen. In der Ostsee erschienen sieben feindliche Panzerschiffe, denen wir außer zwei Korvetten nur Kanonenböte entgegenzustellen hatten. Die Gefahr vor französischen Landungen war um so größer, als die exponirtesten Flußmündungen, Buchten und Küstenpunkte erst im Laufe des Feldzuges durch Sperren und Strandbatterien nothdürftig geschützt werden konnten. Natürlich reichten unsere See= streitkräfte nicht aus, dem weit überlegenen Feinde auf offener See, in rangirter Schlacht, die Spitze zu bieten; trotzdem hat es dem französischen Admiral nicht glücken wollen, die mit Aufwand bedeutender Kräfte in Scene gesetzte und mit großem Eclat angekündigte Landung auf deutschem Boden auszuführen. Die nächtliche Rekognoszirung der „Nymphe" bei Danzig, wie der Kampf des „Meteor" mit dem französischen Aviso „Bouvet" in den westindischen Gewässern und das Vordringen der „Augusta" bis in die Garonne=Mündung legten Zeugniß von der Tüchtigkeit der preußischen See=Offiziere ab und flößten auch dem Feinde Achtung vor der jungen Flotte ein. Seit 1871 haben wir nun ein deutsches Reich und eine deutsche Flotte!

Durch Allerh. Kabinetts=Order vom 30. November 1871 wurde in der „Kaiserlichen Admiralität" eine Zentralbehörde für die Kaiserlich Deutsche Flotte geschaffen, welche Kommando und Verwaltung in sich vereinigt.

Im Mai 1872 legte die Reichsregierung dem Reichstage eine Denkschrift vor, in welcher nachgewiesen wurde, daß zu der nothwendigen Verstärkung der Panzerschiffe und der Geschützkaliber, sowie infolge der Steigerung der Löhne und Materialienpreise, und namentlich der Erweiterung der zu vertretenden Interessen des jungen Deutschland, zur weiteren Ausführung des Flottenplanes von 1867 noch bedeutend größere Summen als bisher erforderlich seien. Die französischen Milliarden gewährten hinreichend die Mittel zur Ausführung des Planes.

Nach dem Kriege von 1870/71 übernahm Prinz Adalbert das Ober=Kommando über die Marine nicht wieder, wirkte jedoch bis zu seinem am 6. Juni 1873 erfolgten Tode mit ungeschwächtem Interesse fort. Trotzdem der hochselige Prinz von Beruf und Erziehung nicht Seemann war, so ist er doch als der eigentliche Gründer der Kaiserlich Deutschen Flotte anzusehen, und wenn es ihm auch nicht vergönnt gewesen ist, an der Spitze eines mächtigen Panzer= geschwaders Seesiege von weltbewegender Bedeutung über die Feinde seines Vaterlandes zu erringen, so ist dafür die gedeihliche Fortentwickelung der Flotte ganz wesentlich seiner unermüdlichen Arbeit zu verdanken, und nicht nur der deutsche Seemann, sondern jeder Patriot wird beim Anblick des im Jahre 1882 dem prinzlichen Herrn in

Wilhelmshaven vom See = Offizier = Corps gesetzten Denkmals mit Stolz und Freude des ersten preußischen Admirals gedenken.

Auf allen Gebieten der Wehrhaftigkeit unseres Vaterlandes verdanken wir unsere Erfolge der Weisheit und Energie unseres erlauchten Herrschergeschlechtes. Darum schließen wir auch unser Werk „Zur See" mit der dankbaren Erinnerung an den verewigten Prinz=Admiral, in freudigem Aufblick zu dem hoffnungsvollen jungen Prinzen, der, dem erlauchten Vorbilde folgend, mit edlem Eifer und regstem Schaffensdrang — ein echter Hohenzollernsproß — der Kriegsmarine seine Dienste widmet, und in dankbarer Verehrung und Begeisterung für unsern kaiserlichen Herrn, der unserer Wehrhaftigkeit zur See und der weiteren Förderung und Entwickelung unserer deutschen Kriegsmarine ein so warmes Interesse entgegenbringt.

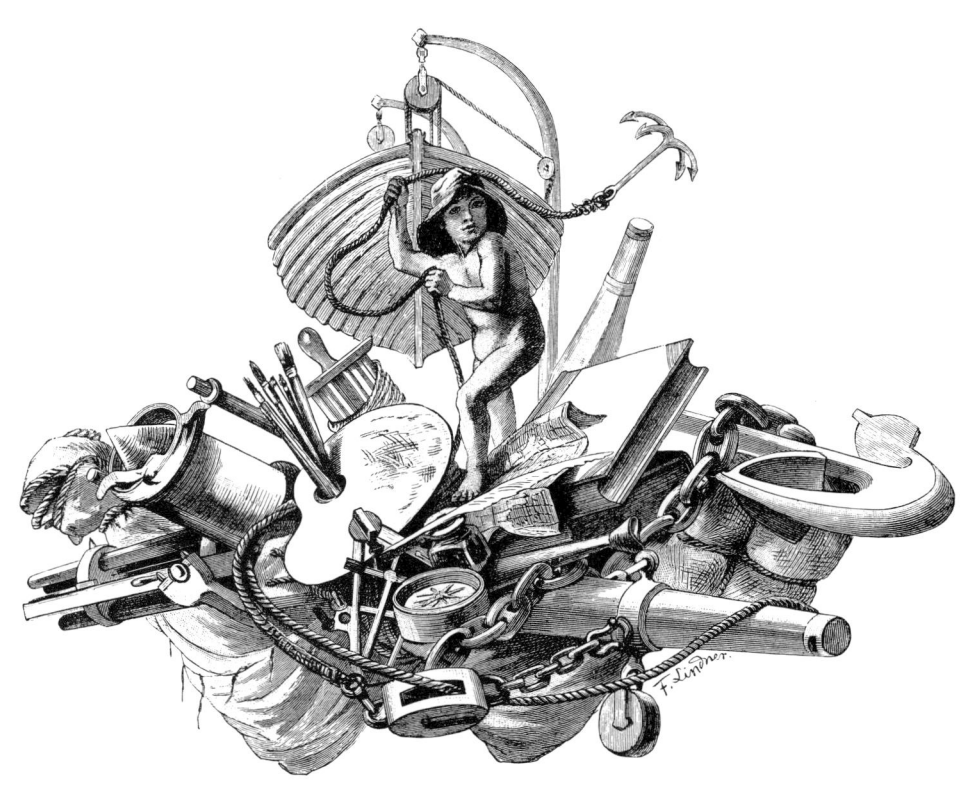

Druck und Einband der Verlagsanstalt und Druckerei Actien=Gesellschaft (vormals J. F. Richter) in Hamburg.